Däumler (†)/Grabe/Meinzer

Investitionsrechnung verstehen

Zusätzliche digitale Inhalte für Sie!

Zu diesem Buch stehen Ihnen kostenlos folgende digitale Inhalte zur Verfügung:

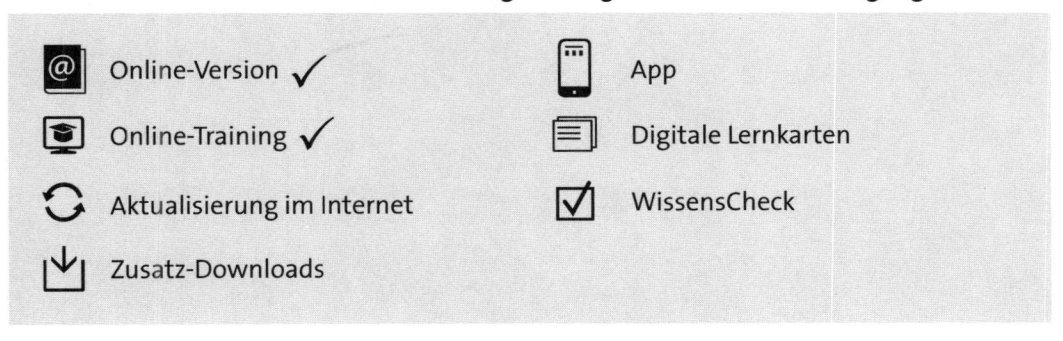

- Online-Version ✓
- Online-Training ✓
- Aktualisierung im Internet
- Zusatz-Downloads
- App
- Digitale Lernkarten
- WissensCheck

Schalten Sie sich das Buch inklusive Mehrwert direkt frei.

Scannen Sie den QR-Code **oder** rufen Sie die Seite **www.nwb.de** auf. Geben Sie den Freischaltcode ein und folgen Sie dem Anmeldedialog. Fertig!

Ihr Freischaltcode

BACJ-VQQK-FZYZ-FUZT-DVAAVJ

www.nwb.de

NWB Studium Betriebswirtschaft

Investitionsrechnung verstehen

Grundlagen und praktische Anwendung mit Online-Training

- Dynamische und statische Verfahren
- Amortisationsrechnung und Break-even-Analyse
- Einführung in die Unternehmensbewertung

Begründet von
Professor Klaus-Dieter Däumler (†) und Professor Jürgen Grabe

Ab der 14. Auflage fortgeführt von
Professor Jürgen Grabe und
Dr. Christoph R. Meinzer

14., aktualisierte und erweiterte Auflage

▶ nwb STUDIUM

Kein Produkt ist so gut, dass es nicht noch verbessert werden könnte. Ihre Meinung ist uns wichtig! Was gefällt Ihnen gut? Was können wir in Ihren Augen noch verbessern? Bitte verwenden Sie für Ihr Feedback einfach unser Online-Formular auf:

www.nwb.de/go/feedback_bwl.

Als kleines Dankeschön verlosen wir unter allen Teilnehmern einmal pro Quartal ein Buchgeschenk.

ISBN 978-3-482-**52304**-5

14., aktualisierte und erweiterte Auflage 2019

© NWB Verlag GmbH & Co. KG, Herne 1976
www.nwb.de

Alle Rechte vorbehalten.

Dieses Buch und alle in ihm enthaltenen Beiträge und Abbildungen sind urheberrechtlich geschützt. Mit Ausnahme der gesetzlich zugelassenen Fälle ist eine Verwertung ohne Einwilligung des Verlages unzulässig.

Satz: Griebsch & Rochol Druck GmbH, Hamm
Druck: medienHaus Plump GmbH, Rheinbreitbach

VORWORT

Dieses Buch enthält eine systematische Darstellung der Investitions- und Wirtschaftlichkeitsrechnung. Es erläutert die gängigen Investitionsrechnungsverfahren und bewertet sie im Hinblick auf ihre praktische Tauglichkeit. Deshalb ist es gleichermaßen für Studium und Praxis geeignet. Die deutschen Großunternehmungen wissen, wie wichtig Investitionsrechnungen als Entscheidungshilfen sind. Sie setzen durchschnittlich drei bis vier Investitionsrechnungsmethoden nebeneinander ein, um so zu einem abgerundeten Gesamtbild ihrer Investitionsvorhaben zu gelangen. Der Text des Buches ist in sechs Kapitel gegliedert:

- Grundlagen der Investitionsrechnung,
- Dynamische Verfahren,
- Statische Verfahren,
- Amortisationsrechnung,
- Kritische Werte-Rechnung (Break-even-Analyse),
- Unternehmensbewertung als Investitionskalkül.

Beim Gang durch den Text unterstützt Sie das Buch durch zahlreiche Beispiele, Abbildungen und Übersichten sowie durch die praxisorientierte Stoffauswahl. Am Kapitelende finden Sie Zusammenfassungen, die der Stoffwiederholung dienen, sowie Fragen und Aufgaben, die den Lernerfolg und die Festigung des Gelernten sichern. Zur Selbstkontrolle können Sie, liebe Leser, die Antworten und Lösungen dem Anhang entnehmen. Sie sollten das Buch mit dem Bleistift in der Hand durcharbeiten und alle angebotenen Übungsmöglichkeiten nutzen, denn Investitionsrechnung lernen Sie nicht durch bloßes Lesen, sondern nur durch selbstständiges Üben.

Das Buch ist so aufgebaut, dass Sie es nicht nur als Lehr- und Nachschlagewerk, sondern auch als Grundlage zum Selbststudium verwenden können. Betrachten Sie jedes Kapitel als eine Lektion. Gehen Sie erst dann zur Folgelektion über, wenn Sie die Fragen und Aufgaben am Kapitelende gelöst haben. Nehmen Sie sich je Kapitel drei bis vier Stunden Zeit. Lösen Sie danach als krönenden Abschluss die Musterklausur. Sie schaffen dies in weniger als 60 Minuten, da die Klausur nach dem Multiple-Choice-Verfahren aufgebaut ist. Erzielen Sie bei der Klausur mindestens 50 Prozent der Gesamtpunktzahl, haben Sie Ihre Zeit vorteilhaft investiert.

Das Buch wurde an der Fachhochschule Kiel und an der Wirtschaftsakademie Schleswig-Holstein erprobt. Es enthält Erfahrungen aus Weiterbildungsveranstaltungen für Führungskräfte der Wirtschaftspraxis, ist also für Studierende und Praktiker geschrieben. Es eignet sich für das Studium an Hochschulen ebenso wie für die Ausbildung an Berufs-, Wirtschafts- und Verwaltungsakademien. Neben Wirtschaftlern spricht es auch betriebswirtschaftlich interessierte Vertreter ingenieurwissenschaftlicher Fachrichtungen an.

Sie können das Buch ohne finanzmathematische Vorkenntnisse durcharbeiten, da die nötigen finanzmathematischen Verfahren im Lehrtext jeweils an der Stelle erläutert werden, wo Sie sie benötigen. Im Tabellenanhang finden Sie die finanzmathematischen Faktoren, die für die Lösung der Beispiele erforderlich sind. Sollten Sie darüber hinaus zur Bewältigung praktischer Fragestellungen umfangreichere Tabellen benötigen, sei auf das im Literaturverzeichnis genannte Tabellenwerk verwiesen.

VORWORT

Die 14. Auflage wurde vollständig überarbeitet und um vier Kapitel erweitert. Sie finden in diesem Band nun auch die Effektivzinsberechnung bei unterjähriger und vorschüssiger Zahlungsweise, die dynamische Stückkostenrechnung und eine Einführung in die Unternehmensbewertung. Zahlen und Literaturangaben wurden auf den neuesten Stand gebracht, der Lehrtext wurde aktualisiert und verbessert.

Zudem umfasst die neue Auflage erstmals ein umfangreiches **Online-Training** in modernem und ansprechendem Format. Das Training setzt sich zum Ziel, die Studierenden während ihrer Lernphasen bzw. im Selbststudium zielgerichtet und effizient zu unterstützen. Neben vielen Fragen und Antworten aus dem Buch finden Sie im Training zudem die Musterklausur.

Mithilfe der drei Schwierigkeitsgrade „Einsteiger", „Fortgeschrittene" und „Profis" können Sie sich leichter selbst einschätzen und die Verwendung des Online-Trainings an Ihre individuelle Lerngeschwindigkeit anpassen. Sie müssen die Aufgaben nicht in linearer Reihenfolge abarbeiten, sondern können ganz nach Bedarf Themen auswählen. Das System zeigt Ihnen nach Lösung jeder Aufgabe an, ob Sie richtig lagen oder nicht. Selbstverständlich wird Ihr Lernstand gespeichert, sodass Sie immer wissen, wo Sie stehen. Tipps und Lösungshinweisen helfen Ihnen schließlich dabei, die Aufgaben zu durchdringen und erfolgreich zu lösen.

Das Online-Training stellt also eine ideale Ergänzung zum Buch dar. Kombinieren Sie beide Medien in Ihrem Lernalltag und Sie sind auf Ihre Prüfung bestens vorbereitet.

Entwickelt wurde das Online-Training vom neuen Mitautor, Herrn Dr. Christoph Meinzer, und der Lektorin des NWB Verlags, Frau Andrea-Alexandra Krause, der wir für die sachkundige Begleitung des Buchprojekts danken. Für seine Mitarbeit danken wir ebenfalls Herrn Christian Brenner.

Für Anregungen und konstruktive Kritik danken wir unseren Studierenden und Herrn Dr. I. Grabe, Frau Dipl.-Betriebsw. A. Kauke, Frau Dipl.-Ing. S. Hoffmann, Herrn Dipl.-Volksw. W. Idelberger, Herrn Prof. Dr. K. Poggensee, Herrn Prof. Dr. K. Ringwald, Frau Dipl.-Volksw. R. Zachos und Herrn Dipl.-Betriebsw. G. Ziegler.

Kiel, im Juni 2019

Klaus-Dieter Däumler
Jürgen Grabe
Christoph Meinzer

INHALTSVERZEICHNIS

	Rdn.	Seite
Vorwort		V
Abbildungsverzeichnis		XV
Abkürzungsverzeichnis		XIX

			Rdn.	Seite
Kapitel 1.	**Grundlagen der Investitionsrechnung**			**1**
1.1	Notwendigkeit und Zweck der Investitionsrechnung		1000	1
	1.1.1	Volkswirtschaftliche Notwendigkeit	1000	1
	1.1.2	Betriebswirtschaftlicher Zweck	1010	5
1.2	Investitionsbegriff und Vorteilhaftigkeit von Investitionen		1015	6
	1.2.1	Investitionsbegriff	1015	6
	1.2.2	Vorteilhaftigkeit von Investitionen	1030	10
	1.2.3	Rechnungselemente der Investitionsrechnung	1035	11
1.3	Rechnungselemente bei betrieblichen Rechnungen		1040	13
	1.3.1	Rechnungszweck als Bestimmungsgröße	1040	13
	1.3.2	Abgrenzung von Kostenrechnung und Investitionsrechnung	1045	13
1.4	Verfahren zur Bewertung von Investitionen		1050	16
1.5	Kalkulationszinssatz		1070	20
	1.5.1	Festlegung des Kalkulationszinssatzes	1070	20
		1.5.1.1 Begriff Kalkulationszinssatz	1070	20
		1.5.1.2 Kalkulationszinssatz bei Eigenfinanzierung	1075	21
		1.5.1.3 Kalkulationszinssatz bei Fremdfinanzierung	1080	21
		1.5.1.4 Kalkulationszinssatz bei Mischfinanzierung	1085	22
		1.5.1.5 Kalkulationszinssatz in der Praxis	1090	22
		1.5.1.6 Kalkulationszinssatz nach der Nutzwertanalyse	1095	24
		1.5.1.7 Kalkulationszinssatz nach Opportunitätskosten	1110	26
	1.5.2	Kalkulationszinssatz als subjektive Größe	1120	28
	Zusammenfassung		1130	29
	Aufgaben 1-18		1140	31
Kapitel 2.	**Dynamische Verfahren**			**35**
2.1	Kapitalwertmethode		2000	35
	2.1.1	Finanzmathematische Grundlagen	2000	35

				Rdn.	Seite
		2.1.1.1	Leitgedanke der Kapitalwertmethode	2000	35
		2.1.1.2	Aufzinsen einer heutigen Zahlung	2005	35
		2.1.1.3	Abzinsen einer späteren Zahlung	2010	38
		2.1.1.4	Abzinsen und Summieren einer Zahlungsreihe	2015	40
		2.1.1.5	Aufzinsen und Summieren einer Zahlungsreihe	2020	43
	2.1.2	Kapitalwertkriterium		2025	47
	2.1.3	Kapitalwert im Zweizahlungsfall		2030	49
	2.1.4	Kapitalwert bei konstanten Jahreszahlungen		2035	52
	2.1.5	Kapitalwert und Horizontwert		2040	55
	2.1.6	Kapitalwert bei unterschiedlichen Jahreszahlungen		2045	56
	2.1.7	Kapitalwert bei unbegrenzter Nutzungsdauer		2050	58
	Zusammenfassung			2060	60
	Formeln und Symbolverzeichnis			2065	62
	Aufgaben 19-38			2070	63
2.2	Interne Zinsfuß-Methode			2100	68
	2.2.1	Kriterium der internen Zinsfuß-Methode		2100	68
	2.2.2	Errechnung des internen Zinssatzes		2105	69
		2.2.2.1	Grafische Methode	2105	69
		2.2.2.2	Arithmetische Methode (Regula falsi)	2115	75
	2.2.3	Vier Sonderfälle		2125	79
		2.2.3.1	Ewige Rente	2125	79
		2.2.3.2	Restwertgleiche Anschaffungsauszahlung	2130	79
		2.2.3.3	Restwertlose Investition	2135	81
		2.2.3.4	Zweizahlungsfall	2140	83
	2.2.4	Effektivbelastung im Finanzierungsfall		2150	86
		2.2.4.1	Problemstellung	2150	86
		2.2.4.2	Genaue Effektivzinsermittlung	2155	86
		2.2.4.3	Festlegung des Auszahlungskurses	2160	89
		2.2.4.4	Approximative Effektivzinsermittlung	2165	89
		2.2.4.5	Effektivzinsermittlung mit Hilfe des Restwertverteilungsfaktors (RVF)	2170	91
		2.2.4.6	Zusammenfassender Abschluss	2175	93
	Zusammenfassung			2180	94
	Formeln und Symbolverzeichnis			2185	97
	Aufgaben 39-52			2190	98
2.3	Annuitätenmethode			2200	102
	2.3.1	Finanzmathematische Grundlagen		2200	102
		2.3.1.1	Leitgedanke der Annuitätenmethode	2200	102

				Rdn.	Seite
		2.3.1.2	Verrentung einer heutigen Zahlung	2205	102
		2.3.1.3	Verrentung einer späteren Zahlung	2210	106
	2.3.2	Annuitätenkriterium		2215	110
	2.3.3	Überschussermittlung bei konstanten jährlichen Nettoeinzahlungen		2220	112
	2.3.4	Kapitaldienst		2225	114
		2.3.4.1	Aufteilung des Kapitaldienstes	2225	114
		2.3.4.2	Approximativer Kapitaldienst	2230	116
	2.3.5	Überschussermittlung bei unterschiedlichen jährlichen Nettoeinzahlungen		2235	119
	2.3.6	Durchschnittlicher jährlicher Überschuss und Kapitalwert		2240	124
	2.3.7	Durchschnittlicher jährlicher Überschuss und Horizontwert		2245	125
	Zusammenfassung			2250	127
	Formeln und Symbolverzeichnis			2255	129
	Aufgaben 53-68			2260	130
2.4	Spezielle Anwendungen und Probleme der dynamischen Verfahren			2300	134
	2.4.1	Effektivzins bei unterjähriger Zahlungsweise		2300	134
		2.4.1.1	Entscheidungssituation und Zinsumrechnungsformel	2300	134
		2.4.1.2	Zweizahlungsfall	2310	138
			2.4.1.2.1 Lösung nach Zwei-Schritte-Schema	2310	138
			2.4.1.2.2 Lösung nach Zweizahlungsformel	2315	141
		2.4.1.3	Ratenfall I: Heutige Zahlung oder spätere Zahlungsreihe?	2320	143
		2.4.1.4	Ratenfall II: Jetzige Zahlungsreihe oder spätere Zahlung?	2330	149
	Zusammenfassung			2340	154
	Formeln und Symbolverzeichnis			2345	156
	Aufgaben 69-78			2350	157
	2.4.2	Effektivzins bei vorschüssiger Zahlungsweise		2400	161
		2.4.2.1	Vorschüssige und nachschüssige Zahlungsweise	2400	161
		2.4.2.2	Barwert einer vorschüssigen Zahlungsreihe	2405	162
		2.4.2.3	Umrechnung einer heutigen Zahlung in eine vorschüssige Zahlungsreihe	2410	163
		2.4.2.4	Umrechnung einer späteren Zahlung in eine vorschüssige Zahlungsreihe	2415	165
		2.4.2.5	Endwert einer vorschüssigen Zahlungsreihe	2420	167
		2.4.2.6	Zusammenfassendes Beispiel	2430	168
		2.4.2.7	Durchführung der Effektivzinsberechnung	2440	171
	Zusammenfassung			2450	174

	Rdn.	Seite
Formeln und Symbolverzeichnis	2455	175
Aufgaben 79-80	2460	176
2.4.3 Dynamische Stückkostenrechnung	2500	177
2.4.3.1 Problemstellung	2500	177
2.4.3.2 Allgemeine Lösung	2510	178
2.4.3.3 Lösung bei vorzuleistenden Auszahlungen	2520	183
2.4.3.4 Lösung bei nachzuleistenden Auszahlungen	2530	187
2.4.3.5 Lösung bei vor- und nachzuleistenden Auszahlungen	2540	190
Zusammenfassung	2550	194
Formeln und Symbolverzeichnis	2555	195
Aufgaben 81-85	2560	196
2.4.4 Spezielle Probleme der dynamischen Methoden	2600	198
2.4.4.1 Mehrdeutigkeit des internen Zinssatzes	2600	198
2.4.4.1.1 Problemstellung	2600	198
2.4.4.1.2 Praktische Bedeutung der Mehrdeutigkeit	2610	200
2.4.4.2 Widersprüchlichkeit der dynamischen Verfahren	2620	202
2.4.4.2.1 Problemstellung	2620	202
2.4.4.2.2 Die Bildung von vollständigen Alternativen mittels Differenzinvestitionen	2635	206
Zusammenfassung	2650	209
Aufgaben 86-93	2660	210
Kapitel 3. Statische Verfahren		**213**
3.1 Statische Verfahren in Abgrenzung zur dynamischen Betrachtungsweise	3000	213
3.2 Kostenvergleichsrechnung	3010	216
3.2.1 Entscheidungssituationen	3010	216
3.2.2 Kostenvergleichsrechnung und Alternativenvergleich	3015	216
3.2.3 Kritik der Kostenvergleichsrechnung	3030	223
3.3 Gewinnvergleichsrechnung	3035	224
3.3.1 Gewinnkriterium in unterschiedlichen Entscheidungssituationen	3035	224
3.3.2 Durchführung der Gewinnvergleichsrechnung	3040	225
3.3.3 Kritik der Gewinnvergleichsrechnung	3050	227
3.4 Rentabilitätsrechnung	3060	230
3.4.1 Rentabilitätskriterium und Entscheidungssituationen	3060	230
3.4.2 Ermittlung von Kapitaleinsatz und Rentabilität	3070	233
3.4.3 Kritik der Rentabilitätsrechnung	3080	237

	Rdn.	Seite
Zusammenfassung	3100	239
Formeln und Symbolverzeichnis	3105	242
Aufgaben 94-105	3110	243

Kapitel 4. Amortisationsrechnung — 247

			Rdn.	Seite
4.1	Bedeutung der Amortisationsrechnung		4000	247
4.2	Statische Amortisationsrechnung		4010	247
	4.2.1	Amortisationskriterium und Entscheidungssituationen	4010	247
	4.2.2	Ermittlung der Amortisationszeit	4020	249
	4.2.3	Kritik der statischen Amortisationsrechnung	4040	252
4.3	Dynamische Amortisationsrechnung		4070	259
	Zusammenfassung		4100	263
	Formeln und Symbolverzeichnis		4105	264
	Aufgaben 106-113		4110	265

Kapitel 5. Kritische Werte-Rechnung (Break-even-Analyse) — 267

			Rdn.	Seite
5.1	Kritische Werte in Bezug auf eine Investition		5000	267
	5.1.1	Begriff und Arten	5000	267
	5.1.2	Praktische Ermittlung	5010	270
	5.1.3	Ermittlung kritischer Werte bei linearen Kapitalwertfunktionen	5015	271
	5.1.4	Ermittlung kritischer Werte bei nichtlinearen Kapitalwertfunktionen	5030	277
5.2	Kritische Werte in Bezug auf zwei Investitionen		5045	282
	5.2.1	Begriff und Arten	5045	282
	5.2.2	Praktische Ermittlung	5055	285
5.3	Entwicklung entscheidungsrelevanter kritischer Werte im Zeitablauf		5060	290
	Zusammenfassung		5070	294
	Formeln und Symbolverzeichnis		5075	296
	Aufgaben 114-129		5080	297
5.4	Optimale Nutzungsdauer und optimaler Ersatzzeitpunkt		5100	302
	5.4.1	Problemstellung	5100	302
	5.4.2	Praktische Bedeutung	5110	304
	5.4.3	Optimale Nutzungsdauer bei einmaliger Investition	5115	305
	5.4.4	Optimale Nutzungsdauer bei wiederholter Investition	5135	312
		5.4.4.1 Entscheidungssituation	5135	312

				Rdn.	Seite
		5.4.4.2	Problemlösung bei konstanten jährlichen Einzahlungen	5140	313
		5.4.4.3	Problemlösung bei unterschiedlichen jährlichen Einzahlungen	5150	318
	5.4.5	Optimaler Ersatzzeitpunkt		5160	322
		5.4.5.1	Entscheidungssituation	5160	322
		5.4.5.2	Problemlösung bei Restwerten von Null	5165	323
		5.4.5.3	Problemlösung bei von Null verschiedenen Restwerten	5175	327
		5.4.5.4	Allgemeine Problemlösung	5185	330
Zusammenfassung				5200	334
Formeln und Symbolverzeichnis				5205	336
Aufgaben 130-141				5210	337

Kapitel 6. Unternehmungsbewertung als Investitionskalkül — 341

6.1	Bewertungsanlässe			6000	341
6.2	Wert und Preis der Unternehmung			6010	342
6.3	Der Zukunftserfolgswert			6020	343
	6.3.1	Zukunftserfolgswert und unternehmerische Handlungsmöglichkeiten		6020	343
	6.3.2	Errechnung des Zukunftserfolgswertes		6030	344
	6.3.3	Zukunftserfolgswert und Zeit		6040	350
	6.3.4	Zukunftserfolgswert und Zins		6050	352
	6.3.5	Zukunftserfolgswert und Nettoeinzahlungen		6060	353
	6.3.6	Zukunftserfolgswert und Kapitalwert		6070	354
Zusammenfassung				6100	357
Formeln und Symbolverzeichnis				6105	359
Aufgaben 142-149				6110	360

Kapitel 7. Lösungen zu den Übungsaufgaben — 363

Kapitel 1: Grundlagen der Investitionsrechnung	7001	363
Kapitel 2: Dynamische Verfahren	7019	369
Kapitel 2.1: Kapitalwertmethode	7019	369
Kapitel 2.2: Interne Zinsfuß-Methode	7039	378
Kapitel 2.3: Annuitätenmethode	7053	388
Kapitel 2.4: Spezielle Anwendungen und Probleme der dynamischen Verfahren	7069	400
Kapitel 2.4.1: Effektivzins bei unterjähriger Zahlungsweise	7069	400
Kapitel 2.4.2: Effektivzins bei vorschüssiger Zahlungsweise	7079	404

Kapitel 2.4.3: Dynamische Stückkostenrechnung	7081	407
Kapitel 2.4.4: Spezielle Probleme der dynamischen Methoden	7086	411
Kapitel 3: Statische Verfahren	7094	415
Kapitel 4: Amortisationsrechnung	7106	423
Kapitel 5: Kritische Werte-Rechnung und Break-even-Analyse	7114	427
Kapitel 5.1 bis 5.3: Kritische Werte	7114	427
Kapitel 5.4: Optimale Nutzungsdauer und optimaler Ersatzzeitpunkt	7130	438
Kapitel 6: Unternehmensbewertung als Investitionskalkül	7142	445
Musterklausur		**447**
Lösung zur Musterklausur		**459**
Investitionsrechnungsformular		**471**
Tabellen für die finanzmathematischen Faktoren		**475**
Literaturverzeichnis		**539**
Stichwortverzeichnis		**545**

ABBILDUNGSVERZEICHNIS

ABB. 1:	Bruttoanlageinvestitionen von Unternehmungen und Staat	1
ABB. 2:	Investitionsquote im internationalen Vergleich	2
ABB. 3:	Investitionsziele	3
ABB. 4:	Kapitalstock, Kapitalkoeffizient und Kapitalintensität im Jahr 2008	4
ABB. 5:	Investitionsarten	6
ABB. 6:	Wirkungsbezogene Investitionen	8
ABB. 7:	Kurzdefinition von Strömungsgrößen aus dem Rechnungswesen	12
ABB. 8:	Abgrenzung von Kostenrechnung und Investitionsrechnung	15
ABB. 9:	Verfahren der Investitionsrechnung	16
ABB. 10:	Investitionsrechnungsverfahren bei Großunternehmungen	18
ABB. 11:	Investitionsrechnungsverfahren bei Mittelständlern im Jahr 1996	19
ABB. 12:	Gründe für fehlende Investitionsrechnung	20
ABB. 13:	Festlegung des Kalkulationszinssatzes aufgrund des Risikos	25
ABB. 14:	Entwicklung des Kapitals im Zeitablauf	36
ABB. 15:	Kapitalwert bei unterschiedlichen Kalkulationszinssätzen	50
ABB. 16:	Mit steigendem Kalkulationszinssatz nimmt der Kapitalwert ab	50
ABB. 17:	Aufteilung der Nettoeinzahlungen in Zins und Wiedergewinnung	54
ABB. 18:	Tabellarische Kapitalwertermittlung I	57
ABB. 19:	Tabellarische Kapitalwertermittlung II	58
ABB. 20:	Vorteilhaftigkeit hängt vom Kalkulationszinssatz ab	70
ABB. 21:	Kapitalwert sinkt mit steigendem Kalkulationszinssatz I	71
ABB. 22:	Kapitalwert sinkt mit steigendem Kalkulationszinssatz II	73
ABB. 23:	Kapitalwert sinkt mit steigendem Kalkulationszinssatz III	74
ABB. 24:	Kapitalwert sinkt mit steigendem Kalkulationszinssatz IV	75
ABB. 25:	Die Regula falsi ersetzt die Kurve durch eine Gerade	76
ABB. 26:	Kapitalwertkurven für Investition und Finanzierung	88
ABB. 27:	Genaue und weniger genaue Verfahren der Effektivzinsbestimmung	93
ABB. 28:	Fälle und Lösungsmethoden	96
ABB. 29:	KWF als Kehrwert des DSF	104
ABB. 30:	Aufteilung des Kapitaldienstes in Zins- und Wiedergewinnungsanteil	115
ABB. 31:	Genaue und approximative Kapitaldienstberechnung	117
ABB. 32:	Genauer und angenäherter Kapitaldienst	118
ABB. 33:	Prozentuale Abweichung des approximativen Kapitaldienstes	118
ABB. 34:	Kontoentwicklung bei monatlicher und jährlicher Zinsverrechnung	135
ABB. 35:	Effektivzins bei zwei Zinsterminen	137

VERZEICHNIS Abbildungen

ABB. 36:	Finanzinvestition „Sofortige Zahlung" = Differenzinvestition (1) - (2) I	139
ABB. 37:	Finanzinvestition „Sofortzahlung" = Differenzinvestition (1) - (2) I	140
ABB. 38:	Finanzinvestition „Sofortige Zahlung" = Differenzinvestition (1) - (2) II	145
ABB. 39:	Finanzinvestition „Sofortzahlung" = Differenzinvestition (1) - (2) II	147
ABB. 40:	Finanzinvestition „Sofortzahlung" = Differenzinvestition (1) - (3)	148
ABB. 41:	Jetzige Zahlungsreihe oder spätere Einmalzahlung?	149
ABB. 42:	Finanzinvestition „Anzahlungsraten" I	151
ABB. 43:	Finanzinvestition „Anzahlungsraten" II	152
ABB. 44:	Finanzmathematische Behandlung nachschüssiger Zahlungsreihen	161
ABB. 45:	Forschungs- und Entwicklungszahlungen fallen meist vor der Produktionszeit an	179
ABB. 46:	Bergschäden fallen oft noch Jahre nach der Förderung von Bodenschätzen an	180
ABB. 47:	Dynamische Stückkosten nach der Annuitätenmethode	181
ABB. 48:	Dynamische Stückkosten nach der Kapitalwertmethode	182
ABB. 49:	Dynamische Stückkosten eines Pkw nach der Annuitätenmethode	184
ABB. 50:	Dynamische Stückkosten eines Pkw nach der Kapitalwertmethode	185
ABB. 51:	Dynamische Stückkosten je Fördertonne nach der Annuitätenmethode	188
ABB. 52:	Dynamische Stückkosten je Fördertonne nach der Kapitalwertmethode	190
ABB. 53:	Zahlungsvorgänge mit ein- und mehrmaligem Vorzeichenwechsel	201
ABB. 54:	Investitionsrechnungsmethode beeinflusst Rangfolge	204
ABB. 55:	Rangfolge und Kalkulationszinssatz I	205
ABB. 56:	Rangfolge und Kalkulationszinssatz II	205
ABB. 57:	Betragsmäßige und zeitliche Unterschiede dreier Investitionen	206
ABB. 58:	Statische und dynamische Methoden	215
ABB. 59:	Ermittlung des durchschnittlich gebundenen Kapitals DGK	218
ABB. 60:	Ermittlung der kritischen Menge I	220
ABB. 61:	Ermittlung der kritischen Menge II	222
ABB. 62:	Vergleich von Fremdbezug, Halbautomat und Vollautomat	223
ABB. 63:	Gewinnvergleich zweier Verfahren	226
ABB. 64:	Gewinnvergleich	227
ABB. 65:	Ermittlung der Kapitalwerte	229
ABB. 66:	Ermittlung des durchschnittlich gebundenen Kapitals	234
ABB. 67:	Amortisationszeit nach Kumulationsrechnung	251
ABB. 68:	Amortisationszeitermittlung	252
ABB. 69:	Kurze Amortisationszeiten	253
ABB. 70:	Objekte mit gleichen Amortisationszeiten	254
ABB. 71:	Investitionsrechnung einer Großunternehmung	258
ABB. 72:	Ermittlung der dynamischen Amortisationszeit	259

ABB. 73:	Die dynamische Amortisationszeit liegt über der statischen	261
ABB. 74:	Kritische Werte als Höchst- und Mindestwerte	269
ABB. 75:	Ermittlung der kritischen Menge III	275
ABB. 76:	Ermittlung des kritischen Preises	277
ABB. 77:	Ermittlung der kritischen Nutzungsdauer	279
ABB. 78:	Kritische Werte in Bezug auf zwei Investitionen	283
ABB. 79:	Drei kritische Werte der Verkaufsmenge	284
ABB. 80:	Ermittlung dreier kritischer Mengen I	286
ABB. 81:	Ermittlung dreier kritischer Mengen II	287
ABB. 82:	Ermittlung von sechs kritischen Mengen	289
ABB. 83:	Nutzungsdauer und Ersatzproblem	303
ABB. 84:	Optimale Nutzungsdauer bei einmaliger Investition	306
ABB. 85:	Optimale Nutzungsdauer nach Annuitätenmethode	309
ABB. 86:	Grafische Ermittlung der optimalen Nutzungsdauer I	310
ABB. 87:	Optimale Nutzungsdauer nach Kapitalwertmethode	311
ABB. 88:	Grafische Ermittlung der optimalen Nutzungsdauer II	311
ABB. 89:	Investitionskette	312
ABB. 90:	Zeitliche Grenzauszahlungen und durchschnittliche jährliche Auszahlungen	314
ABB. 91:	Ermittlung der durchschnittlichen jährlichen Auszahlungen DJA	315
ABB. 92:	Optimale Nutzungsdauer bei wiederholter Investition	316
ABB. 93:	Optimale Nutzungsdauer bei Investitionswiederholung	317
ABB. 94:	Die wiederholte Investition wird kürzer genutzt	318
ABB. 95:	Kapitalwert einer Investitionskette	319
ABB. 96:	Optimale Nutzungsdauer bei Investitionswiederholung	321
ABB. 97:	Optimale Nutzungsdauer bei identischer Investitionswiederholung	321
ABB. 98:	Entscheidungssituation beim Ersatzproblem	323
ABB. 99:	Fragwürdige Kostenvergleichsrechnung	325
ABB. 100:	Kapitaldienst der Altanlage bei Ersatzproblem	327
ABB. 101:	Restwert Altanlage und Ersatzproblem	328
ABB. 102:	Verhandlungsspielraum beim Verkauf einer Unternehmung	342
ABB. 103:	Verhandlungen ohne Einigungsmöglichkeit	342
ABB. 104:	Die ersten drei Dekaden bringen 94 % des Maximalwertes	350
ABB. 105:	Die ersten drei Dekaden bringen 99,6 % des Maximalwertes	351
ABB. 106:	Zukunftserfolgswert und Zins	353
ABB. 107:	Zukunftserfolgswert bei Änderungen der jährlichen Nettoeinzahlungen	354
ABB. 108:	Zusammenhang zwischen Zukunftserfolgswert und Kapitalwert	355
ABB. 109:	Endwertkurve	370
ABB. 110:	Kapitalwertkurve I	373

VERZEICHNIS Abbildungen

ABB. 111:	Kapitalwertkurve II	380
ABB. 112:	Kapitalwertkurve III	381
ABB. 113:	Sehnenverfahren (Regula falsi)	382
ABB. 114:	Grafische Effektivzinsberechnung	383
ABB. 115:	Kapitalwertkurve IV	396
ABB. 116:	Rangfolge ist zinsabhängig	412
ABB. 117:	Zwei Investitionen mit drei kritischen Zinssätzen	414
ABB. 118:	Grafische Ermittlung der kritischen Mengen	417
ABB. 119:	Gewinnvergleich zweier Verfahren	418
ABB. 120:	Finanzmathematische Durchschnittsbildung	419
ABB. 121:	Statische und dynamische Amortisationszeit	426
ABB. 122:	Drei kritische Werte der Nutzungsdauer	429
ABB. 123:	Ermittlung der kritischen Lebensdauer	432
ABB. 124:	DJÜ-Funktionen in Abhängigkeit vom Rohstoffpreis	435
ABB. 125:	Drei mögliche Kapitalwertfunktionen	437
ABB. 126:	Kapitaldienst sinkt mit steigender Laufzeit	441
ABB. 127:	Wiederholte Investition wird schneller ersetzt	442

ABKÜRZUNGSVERZEICHNIS

A

a. a. O	am angegebenen Ort
AfA	Absetzung für Abnutzung
AG	Aktiengesellschaft
Aufl.	Auflage

B

bspw.	beispielsweise

C

ca.	circa

D

d. h.	das heißt

E

EK	Eigenkapital

F

f./ff.	folgende

G

gem.	gemäß
ggf.	gegebenenfalls
GmbH	Gesellschaft mit beschränkter Haftung

H

Hrsg.	Herausgeber
hrsg.	herausgegeben

I

i. d. R.	in der Regel
i. H. d.	in Höhe der/des
i. H. v.	in Höhe von
i. S. d.	im Sinne der/des
i. S. v.	im Sinne von
i. V. m.	in Verbindung mit

VERZEICHNIS Abkürzungen

L

LSP	Leitsätze für die Preisermittlung aufgrund von Selbstkosten

P

p. a.	pro annum
p. Hj.	pro Halbjahr
p. J.	pro Jahr
p. M.	pro Monat
p. Q.	pro Quartal
p. T.	pro Tag
p. W.	pro Woche

S

S.	Seite
sog.	sogenannte/r/s
Sp.	Spalte

V

vgl.	vergleiche

Z

z. B.	zum Beispiel

Kapitel 1. Grundlagen der Investitionsrechnung

1.1 Notwendigkeit und Zweck der Investitionsrechnung

1.1.1 Volkswirtschaftliche Notwendigkeit

Die Bedeutung der Investitionsrechnung für Unternehmungen vergrößert sich in dem Maße, wie Produktionsprozesse mechanisiert und automatisiert werden und damit auch kapitalintensiver werden. Die folgende Übersicht zeigt, dass die Brutto-Anlageinvestitionen (= Gesamtheit der Investitionen zur Erhaltung, Verbesserung und Erweiterung des Produktionsapparates der Volkswirtschaft) seit den 1990er Jahren in Deutschland von 393 Mrd. € auf 604 Mrd. € im Jahr 2015 in jeweiligen Preisen stiegen.

ABB. 1:	Bruttoanlageinvestitionen von Unternehmungen und Staat (*Quelle:* Institut der deutschen Wirtschaft, Deutschland in Zahlen 2017, S. 28.)					
Jahr	Insgesamt	Ausrüstungsinvestitionen		Bauinvestitionen		Sonstige Anlagen	
		Unternehmen	Staat	Unternehmen	Staat	Unternehmen	Staat
	in jeweiligen Preisen, in Milliarden Euro						
1991	392,7	146,4	8,7	159,4	32,6	37,4	8,1
1995	443,6	125,3	6,7	226,8	33,8	42,1	8,9
2000	486,5	171,4	7,1	208,8	32,1	57,5	9,5
2005	438,8	156,9	8,3	175,0	24,7	63,4	10,5
2010	501,4	164,1	11,8	203,7	33,4	74,2	14,2
2015	603,8	187,7	12,4	260,2	34,8	91,5	17,1

Eine Volkswirtschaft, die wettbewerbsfähig bleiben will, muss investieren. Die Investitionsquote gibt an, wie viel Prozent der gesamtwirtschaftlichen Leistung eines Jahres für Ausbau und Modernisierung der Produktion und für Verbesserung der Infrastruktur ausgegeben werden. Im Vergleich mit den großen westlichen Industrieländern nahm Deutschland im Jahr 2015 mit 20,6 % einen Platz im unteren Mittelfeld ein. Der Erstplatzierte Schweden verwendete im gleichen Jahr 23,6 % des Bruttoinlandsprodukts zu Investitionszwecken. Auffällig ist die weltweit zu verzeichnende Abnahme der Investitionsquote im Zeitablauf: Sie fiel in Deutschland von 25,5 % im Jahr 1970 auf 20,6 % im Jahr 2015.

KAPITEL 1 Grundlagen der Investitionsrechnung

ABB. 2:	Investitionsquote im internationalen Vergleich (*Quelle:* Institut der deutschen Wirtschaft, Deutschland in Zahlen 2011, S. 139, 2017, S 137.)					
Land	Inlandsinvestitionsquote Bruttoanlageinvestitionen in Prozent des Bruttoinlandsprodukts					
	1970	1980	1990	2000	2010	2015
Belgien	22,7	21,1	22,4	22,5	21,8	23,0
Deutschland (ab 1995 mit NBL)	25,5	22,6	23,8	23,5	20,0	20,6
Dänemark	24,7	18,8	20,3	21,5	18,1	19,2
Frankreich	24,1	23,0	23,4	21,4	22,1	21,5
Griechenland	29,4	30,0	23,2	24,6	17,6	11,5
Großbritannien	19,0	18,0	20,2	18,2	15,6	16,9
Italien	24,6	24,3	22,2	20,4	19,9	16,6
Niederlande	26,5	21,4	23,5	23,2	20,3	19,9
Spanien	26,0	22,2	26,6	26,1	23,0	19,7
Norwegen	26,5	24,1	23,1	19,8	20,6	
Schweden	22,3	20,0	24,1	22,1	22,3	23,6
Österreich	25,9	25,7	24,7	25,7	21,6	22,6
Schweiz	27,5	23,8	28,3	25,3	22,8	
USA	18,0	20,2	17,6	22,9	17,9	19,8
Japan	35,5	31,6	32,7	25,2	20,0	21,7

In einigen Ländern sind die Investitionsausgaben in laufenden Preisen trotz abnehmender Investitionsquote gewachsen. Dies gilt nicht nur für die Volkswirtschaft als Ganzes, sondern auch für die einzelnen Unternehmungen.

1004 Wie Abb. 3 zeigt, wurde in den 1970er und 1980er Jahren hauptsächlich die Rationalisierung als Investitionsmotiv genannt. Ab Anfang der 1990er Jahre dominiert der Wunsch nach Kapazitätserweiterung – ein gutes Omen für die konjunkturelle Entwicklung.

ABB. 3:	Investitionsziele (*Quelle:* Institut der deutschen Wirtschaft, Deutschland in Zahlen 2011, S. 28, 2017, S. 32.)		
Jahr	Als Hauptziel ihrer Investitionen nannten ... Prozent der Unternehmen		
	Kapazitätserweiterung	Rationalisierung	Ersatzbeschaffung
1976/80	27	43	30
1985	34	44	22
1990	50	28	22
1995	37	36	27
2000	57	19	24
2005	62	17	21
2010	61	13	26
2015	67	10	23

Teilt man den Kapitalstock, also den für produktive Zwecke nutzbaren Bestand an Sachkapital einer Volkswirtschaft, durch die Anzahl der Erwerbstätigen, so erhält man die Kapitalintensität, salopp auch als Kosten eines Arbeitsplatzes bezeichnet. Die in Abb. 4 ausgewiesene Kapitalintensität B (das ist der Kapitalstock je Erwerbstätigen zu Wiederbeschaffungspreisen) zeigt also, wie viel Geld man heute ausgeben müsste, um die für einen Arbeitsplatz benötigten Investitionen zu bestreiten. Sie berücksichtigt, dass ein Arbeitsplatz nicht nur aus Stuhl, Tisch und Telefon besteht, sondern auch (anteilig) aus Gebäuden, Maschinen und Vorräten. Die Errichtung eines Arbeitsplatzes im Bereich Energie- und Wasserversorgung kostete z. B. im Jahr 2008 1,47 Mio. €.

KAPITEL 1 — Grundlagen der Investitionsrechnung

ABB. 4: Kapitalstock, Kapitalkoeffizient und Kapitalintensität im Jahr 2008
(*Quelle:* Institut der deutschen Wirtschaft, Deutschland in Zahlen 2011, S. 27.)

	Kapitalstock[1] in Mrd. €	Kapital-koeffizient[2]	Kapitalintensität[3] in T€	
			A	B
	nach Wirtschaftssektoren 2008			
Gesamtwirtschaft (mit Wohnungsvermietung)	11.784,8	5,9	292,6	322,0
Land-, Forstwirtschaft, Fischerei	242,1	11,2	281,5	325,8
Produzierendes Gewerbe (ohne Baugewerbe)	1.367,9	2,7	170,4	178,9
Bergbau	25,1	2,7	310,0	325,6
Verarbeitende Gewerbe darunter:	956,6	2,1	124,8	129,8
Ernährungsgewerbe und Tabakverarbeitung	99,9	2,2	103,7	110,7
Papier-, Verlags- u. Druckgewerbe	75,9	2,2	144,8	140,8
Chemische Industrie	118,3	2,9	225,5	269,6
Metallerzeugung u. -bearbeitung	113,3	1,6	96,7	107,0
Maschinenbau	94,6	1,3	79,9	81,5
Herstellung von Büromaschinen, DV-Geräten, Elektrotechnik	114,4	2,2	105,9	106,1
Fahrzeugbau	169,4	2,9	174,1	178,0
Energie- und Wasserversorgung	386,2	7,4	1.374,3	1.474,0
Baugewerbe	74,7	0,6	34,1	35,4
Handel, Verkehr, Gastgewerbe	1.036,0	3,1	103,1	104,3
Finanzierung, Vermietung, Unternehmensdienstleister (ohne Wohnungsvermietung)	898,3	2,7	137,1	133,6
Öffentliche und private Dienstleister	2.485,0	5,5	204,7	227,3
Wohnungsvermietung	5.680,9	25,7	12.403,6	14.175,1

1 Bruttoanlagevermögen in Preisen von 2000.
2 Verhältnis Kapitalstock zu realer Bruttowertschöpfung.
3 Kapitalstock je Erwerbstätigen, A: in Preisen von 2000; B: zu Wiederbeschaffungspreisen („Kosten eines Arbeitsplatzes").

Für eine Volkswirtschaft, in der alljährlich viele Milliarden investiert werden, ist es von hoher Bedeutung, dass über diese Geldmittel sinnvoll disponiert wird. Dazu dient die Investitionsrechnung. Sie stellt ein Instrumentarium zur Verfügung, das Auskunft über die Vorteilhaftigkeit der jeweiligen Investitionen gibt und so die betrieblichen Investitionsentscheidungen auf eine rationale Grundlage stellt.

1.1.2 Betriebswirtschaftlicher Zweck

Neben die volkswirtschaftliche Bedeutung einer Investitionsrechnung, die in der hohen Investitionsquote zu sehen ist, tritt ihr betriebswirtschaftlicher Nutzen. Jede Unternehmung muss die ihr zur Verfügung stehenden Geldmittel optimal nutzen. Nur so kann sie auf Dauer am Markt bestehen. Deshalb ist der Einsatz eines Instruments, das im Hinblick auf die betrieblichen Investitionen die Spreu vom Weizen trennt, für jede Unternehmung reizvoll. Gewinnsituation und Überlebenschancen eines Unternehmens verbessern sich, wenn man vorteilhafte Investitionen erkennt und durchführt. Genauso wichtig ist es, unvorteilhafte Investitionsvorhaben zu erkennen und zu unterlassen. Aus der Sicht des investierenden Unternehmers, des Investors, hat die Investitionsrechnung demnach drei Hauptfragen zu beantworten: 1010

1. **Einzelinvestition:** 1012

    Soll über ein Einzelobjekt entschieden werden, so ermitteln Sie die Vorteilhaftigkeit im Sinne einer Ja-Nein-Entscheidung (= absolute Vorteilhaftigkeit). Die Kernfrage lautet also: Ist das zur Entscheidung anstehende Objekt vorteilhaft oder nicht?

2. **Alternativenvergleich und Rangfolgeproblem:**

    Ein Investor kann in der Planungsperiode mehrere miteinander konkurrierende Investitionen durchführen. Aufgrund einer Vorauswahl gelten zwei Investitionsobjekte als vorteilhaft. Dann muss geprüft werden, welches der beiden Objekte das wirtschaftlichere ist (= relative Vorteilhaftigkeit). Ein analoges Problem besteht bei der Planung des optimalen Investitionsprogramms. Die hier zu prüfenden Objekte schließen sich nicht gegenseitig aus. Die Bestimmung der relativen Vorteilhaftigkeit dient der Erstellung einer Rangfolge. Die Kernfrage lautet in beiden Fällen: Welches Objekt ist das beste, zweitbeste, drittbeste usw.

3. **Nutzungsdauer- und Ersatzproblem:**

    Im Maschinenbestand eines Unternehmens finden Sie meist alte und neue Objekte. Insbesondere (aber nicht nur) bei den älteren Anlagen fragen Sie, wann der optimale Zeitpunkt für den Ersatz dieser Anlage durch eine neue gekommen ist (Ersatzproblem). Die im Rahmen einer Investitionsrechnung zugrunde zu legende voraussichtliche Nutzungsdauer der Neuanlage sollte so bemessen sein, dass der Vorteil für den Investor maximiert wird. Die Kernfrage lautet:

    ▶ bei Altanlagen: Anlage sofort ersetzen oder noch ein Jahr weiterbetreiben?

    ▶ bei Neuanlagen: Anlage wie lange voraussichtlich nutzen?

Betriebliche Zwecke der Investitionsrechnung:
Die Investitionsrechung dient also dazu, die absolute und relative Vorteilhaftigkeit von Investitionen zu beurteilen sowie die optimale Nutzungsdauer und den optimalen Ersatzzeitpunkt von Investitionsobjekten zu bestimmen.

1.2 Investitionsbegriff und Vorteilhaftigkeit von Investitionen

1.2.1 Investitionsbegriff

1015 Allgemein versteht man unter einer Investition das Anlegen von Geldmitteln („Einkleiden") in Anlagegüter[1]. Dabei lassen sich verschiedene Arten von Investitionen unterscheiden.

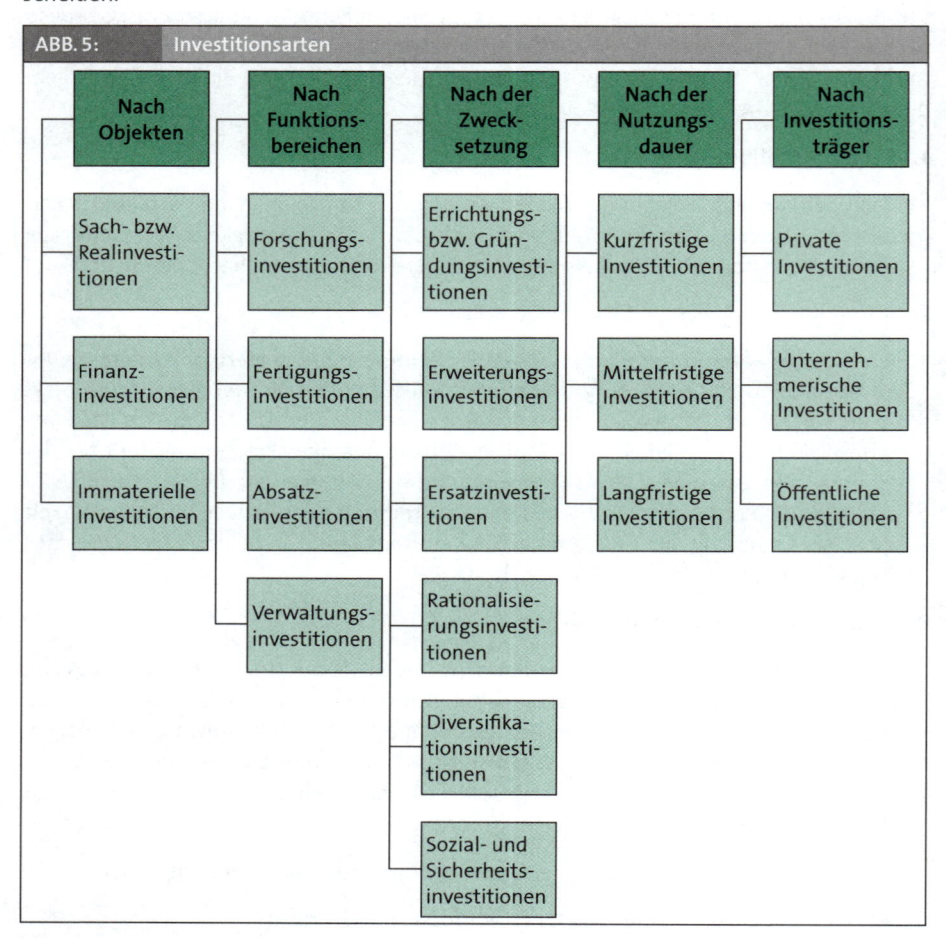

ABB. 5: Investitionsarten

Nach Objekten	Nach Funktionsbereichen	Nach der Zwecksetzung	Nach der Nutzungsdauer	Nach Investitionsträger
Sach- bzw. Realinvestitionen	Forschungsinvestitionen	Errichtungs- bzw. Gründungsinvestitionen	Kurzfristige Investitionen	Private Investitionen
Finanzinvestitionen	Fertigungsinvestitionen	Erweiterungsinvestitionen	Mittelfristige Investitionen	Unternehmerische Investitionen
Immaterielle Investitionen	Absatzinvestitionen	Ersatzinvestitionen	Langfristige Investitionen	Öffentliche Investitionen
	Verwaltungsinvestitionen	Rationalisierungsinvestitionen		
		Diversifikationsinvestitionen		
		Sozial- und Sicherheitsinvestitionen		

---

[1] Von lat. *investire* = einkleiden, bekleiden.

a) Systematisierung nach Objekten

1017

Zielt eine Investition darauf ab, den betrieblichen Produktionsprozess zu erhalten, zu verbessern und/oder zu erweitern, so spricht man von **Realinvestition** oder **Produktionsinvestition**. Dazu zählen nicht nur Maschinen, sondern auch Grundstücke, Gebäude, Werkzeuge, Vorräte, Fahrzeuge usw.

Werden dagegen Auszahlungen zum Zweck des Erwerbs von Forderungen getätigt (Forderungen = z. B. Bankguthaben, Pfandbriefe, Kommunalobligationen), so bezeichnet man diese Investitionen als **Finanzinvestitionen**.

Es ist zweckmäßig, auch die Finanzinvestitionen in den Investitionsbegriff aufzunehmen, obgleich sie streng genommen nicht das Kriterium der Einkleidung von Geldmitteln in Anlagegüter erfüllen.

Immaterielle Investitionen bezeichnet man auch als **immaterielle Realinvestitionen**. Dazu gehören Investitionen

- in das personelle Know-how,
- in die Werbung,
- in die Schaffung eines guten Firmenimages oder
- in Lizenzen.

Die Zurechnung der damit verbundenen Einzahlungen ist jedoch oft schwierig.

b) Systematisierung nach Funktionsbereichen

1019

Nach Funktionsbereichen lassen sich die Investitionen folgendermaßen unterscheiden:

- **Forschungsinvestitionen:** Investitionen, die der Entwicklung neuer Erzeugnisse dienen oder das Ziel der Optimierung verschiedener betrieblicher Abläufe oder Produktionsmethoden haben;
- **Fertigungsinvestitionen:** betreffen das Zentrum der Leistungserstellung in einer Unternehmung; sie sind vorzugsweise Gegenstand der Investitionsrechnung, da bei diesen Investitionen am ehesten die Möglichkeit einer quantitativen Datenerhebung besteht; oftmals werden Fertigungsinvestitionen in der Praxis nach ihrer Zwecksetzung weiter unterteilt;
- **Absatz oder Vertriebssektor:** ein weiterer Funktionsbereich, dem bestimmte Investitionen zugeordnet werden können (Absatz- oder Vertriebsinvestitionen) – dazu zählen Investitionen für das Marken- und Firmenimage oder langfristig wirksame Werbekampagnen, um die Erzeugnisse der Unternehmung am Markt zu etablieren und zu verkaufen;
- **Verwaltungsinvestitionen:** beziehen sich auf die interne Optimierung der Unternehmung – dazu zählen Investitionen zum Auf- und Ausbau der Organisation, wie z. B. die Verbesserung des Informationssystems, Investitionen im Personalbereich oder auch Investitionen im Sozialbereich.

1021 **c) Systematisierung nach der Zwecksetzung**

Investitionsarten, die nach ihrer Zwecksetzung klassifiziert werden, beschreiben die Auswirkungen auf das betriebliche Leistungspotenzial und werden auch „wirkungsbezogene Investitionen" genannt.[2]

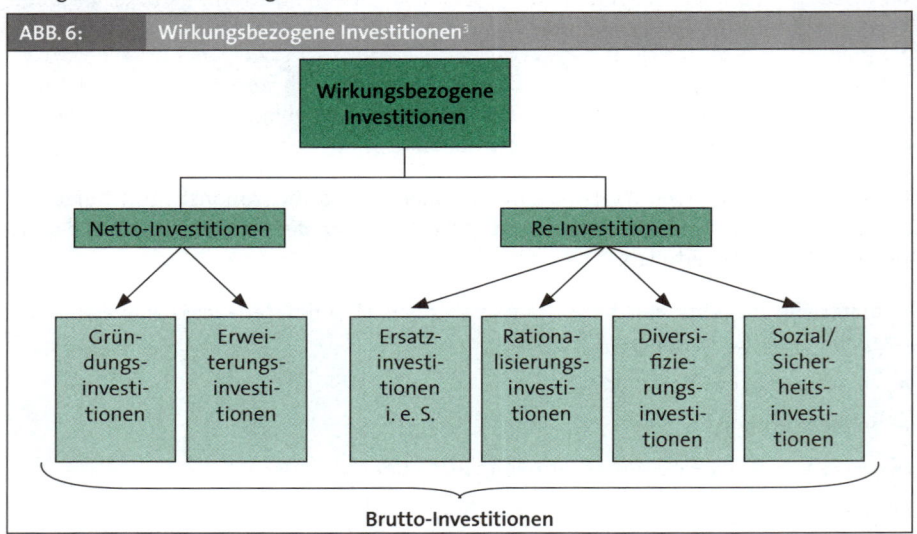

ABB. 6: Wirkungsbezogene Investitionen[3]

```
                        Wirkungsbezogene
                          Investitionen
                    ┌──────────┴──────────┐
              Netto-Investitionen    Re-Investitionen
              ┌────┴────┐    ┌────┬────┬────┬────┐
           Grün-   Erwei-  Ersatz- Rationa- Diversi- Sozial/
           dungs-  terungs- investi- lisierungs- fizie- Sicher-
           investi- investi- tionen  investi- rungs- heits-
           tionen  tionen   i. e. S. tionen  investi- investi-
                                             tionen  tionen
              └──────────── Brutto-Investitionen ────────────┘
```

Die gesamten Investitionen, die Brutto-Investitionen, lassen sich in Netto-Investitionen und Re-Investitionen aufspalten.

Gründungs- und Erweiterungsinvestitionen werden als **„Netto-Investitionen"** zusammengefasst, weil sie Investitionen beschreiben, die erstmals in der Unternehmung vorgenommen werden und über die durch Abschreibungen erfassten Wertminderungen des Vermögens hinaus vorgenommen werden.

Errichtungs- bzw. Gründungsinvestitionen (auch: Erstinvestitionen) fallen beim Kauf oder bei der Errichtung einer Unternehmung an. Sie sind die Grundlage erstmaliger Leistungserstellung, wobei der zu errichtende Betrieb – gegenüber dem einzelnen Investitionsobjekt – in den Vordergrund der Betrachtung tritt. Erweiterungsinvestitionen dienen der Vergrößerung eines vorhandenen oder der Schaffung eines neuen Leistungspotenzials. Hierbei tritt die Kapazitätserhöhung der Unternehmung in den Vordergrund.

Re-Investitionen dienen dem Erhalt der vorhandenen Produktionsfaktoren bzw. -kapazitäten. Buchhalterisch gesehen stellen sie den Gegenwert der Abschreibungen dar.

Wird ein im Betrieb befindliches Investitionsobjekt durch ein neues, gleichartiges Investitionsobjekt ersetzt, spricht man von einer **Ersatzinvestition**. Wenn sich diese Investition gegenüber anderen Investitionsarten, insbesondere der Rationalisierungsinvestition, abgrenzen soll, müsste es sich bei dem ersetzten Objekt um einen völlig identischen Austausch handeln.

---

2 Vgl. *Busse von Colbe, W.*: Betriebswirtschaftstheorie, Band 3. Investitionstheorie, S. 9.
3 Vgl. *Olfert, K.*: Investition, S. 33.

Bei **Rationalisierungsinvestitionen** handelt es sich auch um einen Austausch von Investitionsobjekten. Allerdings sind diese technisch verbessert, um eine Steigerung der Leistungsfähigkeit zu erzielen. Jedoch ist der Übergang zwischen Ersatz- und Rationalisierungsinvestition in der Praxis fließend: Es gibt kaum eine Ersatzinvestition, die nicht gleichzeitig einen Rationalisierungseffekt hat.

Zu den **Diversifizierungsinvestitionen** zählen Investitionen, die eine Veränderung oder Auffächerung des Produktions- und Absatzprogramms bewirken.

Sozial- und Sicherungsinvestitionen dienen nicht unmittelbar der Gewinnerzielung. Es handelt sich dabei zum einen um Investitionen zur Verbesserung von Arbeitsbedingungen, zum anderen aber auch um Investitionen, die den Fortbestand des Unternehmens gewährleisten sollen.

d) Systematisierung nach der Nutzungsdauer 1023

Nach der zeitlichen Wirkung, d. h. nach der Lebensdauer der Investitionsobjekte, lassen sich **kurz-, mittel- und langfristige Investitionen** unterscheiden. Die Dauer der Zeiträume kann willkürlich gewählt werden, eine mögliche Einteilung könnte z. B. wie folgt aussehen:

Einteilung	Lebensdauer
kurzfristige Investitionen	bis zu drei Jahre
mittelfristige Investitionen	zwischen drei und zehn Jahre
langfristige Investitionen	mehr als zehn Jahre

Ferner lassen sich Investitionen auch chronologisch trennen. Investitionen, die im Gründungsstadium vorgenommen wurden, heißen **Gründungsinvestitionen**. Die darauf folgenden Investitionen heißen **laufende Investitionen**.

e) Systematisierung nach dem Investitionsträger 1025

Im Hinblick auf den Investitionsträger sind private/unternehmerische und öffentliche Investitionen auseinanderzuhalten. Öffentliche Investitionen dienen häufig zur Deckung eines kollektiven Bedarfs (Daseinsvorsorge-, Bildungs- und Sicherheitsinvestitionen) und unterliegen keinem privatwirtschaftlichen Gewinnstreben.

Diese Einteilungskriterien sind im konkreten Fall meist nicht alternativ, sondern additiv zu verwenden.

> **BEISPIEL:** Wird in der Druck KG eine alte, aber technisch noch funktionsfähige Druckmaschine durch eine neue ersetzt, die einen kostengünstigeren Druck ermöglicht, so liegt hinsichtlich des vorherrschenden Investitionsmotivs eine Rationalisierungsinvestition vor. Weist die neue Anlage eine größere Kapazität als die alte auf, ist die Rationalisierungsinvestition gleichzeitig eine Erweiterungsinvestition. Ist die Restnutzungsdauer der Neuanlage größer als die der Altanlage, haben wir eine (vorweggenommene) Ersatzinvestition, die wahrscheinlich langfristiger Natur und chronologisch als laufende Investition zu bezeichnen ist. Da wir eine Produktionsanlage erneuert haben, können wir zusätzlich von einer Realinvestition sprechen. Außerdem liegt eine private Investition vor.

1.2.2 Vorteilhaftigkeit von Investitionen

1030 Für die Investitionsrechnung ist es von besonderer Bedeutung, dass alle Investitionsarten durch die jeweilige Auszahlungs- und Einzahlungsreihe, kurz: Zahlungsreihe, beschrieben werden können. Für die rechnerische Durchdringung einer Investition ist also nicht primär die Investitionsart interessant, sondern die durch die jeweilige Investition ausgelöste Zahlungsreihe. Wegen der großen Bedeutung des Begriffs der Zahlungsreihe für die Investitionsrechnung wird häufig der Investitionsbegriff mit dem Begriff Zahlungsreihe gleichgesetzt. Es gilt dann: Investition = Zahlungsreihe. Daraus lässt sich die folgende Definition der Begriffe „Investition" und „Finanzierung" ableiten[4]:

MERKE

▶ Eine **Investition** ist eine Zahlungsreihe, die mit einer Auszahlung beginnt.

▶ Eine **Finanzierung** ist eine Zahlungsreihe, die mit einer Einzahlung beginnt.

1032 Zur Beschreibung und Analyse einer Investition ist insbesondere die anhand des Zeitstrahls dargestellte Zahlungsreihe der betreffenden Investition von Nutzen. Das systematische Vorgehen am Zeitstrahl ermöglicht es, ein investitionsrechnerisches Problem anschaulich zu erfassen und zu lösen. Das macht der folgende Fall deutlich:

BEISPIEL: Kauf und Lagerung von Weinbrand

Ein Spirituosenhändler kauft eine Partie Weinbrand für insgesamt 10.000 €, lagert sie drei Jahre und hofft, den Weinbrand dann für 14.000 € weiterveräußern zu können.

Der Zeitstrahl dieser einfachen Investition besteht aus einer Auszahlung zu Beginn des ersten Jahres (= Zeitpunkt 0) und einer erwarteten Einzahlung am Ende des dritten Jahres (= Zeitpunkt 3).

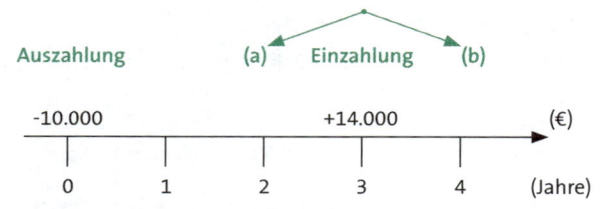

```
        Auszahlung        (a)   Einzahlung    (b)

        -10.000                 +14.000                  (€)
        |         |         |         |         |
        0         1         2         3         4       (Jahre)
```

Auf dem Zeitstrahl sind die einzelnen Jahre abgetragen. Zeitpunkt 0 ist der Beginn des ersten Jahres. Zeitpunkt 1 stellt das Ende des ersten Jahres und gleichzeitig den Beginn des Folgejahres dar. Entsprechend repräsentiert Zeitpunkt 3 sowohl das Ende des dritten Jahres als auch den Anfang des vierten Jahres. Die Auszahlung kennzeichnen wir als Kassenabgang mit einem Minuszeichen. Die Einzahlung wird durch ein Pluszeichen als Kassenzugang kenntlich gemacht.

Für die Vorteilhaftigkeit der betrachteten Investition ist zum einen die Höhe der Aus- und Einzahlungen maßgebend: Könnte der Händler Spirituosen billiger einkaufen (Auszahlung < 10.000 €) und/oder teurer verkaufen (Einzahlung > 14.000 €), ist einsichtig, dass die Investition vorteilhafter wäre.

---

4 Vgl. *Schneider, D.*: Investition, Finanzierung und Besteuerung, S. 20 f.

Investitionsbegriff und Vorteilhaftigkeit von Investitionen — KAPITEL 1

Die Vorteilhaftigkeit des Objekts hängt weiterhin von der subjektiven Mindestverzinsungsanforderung des Investors ab. Die Tatsache, dass die Einzahlung größer ist als die Auszahlung, reicht nicht aus. Ein Investor, der mit einem Zinssatz von 5 % pro Jahr kalkuliert, käme im gegebenen Fall zu einer positiven Einschätzung der Vorteilhaftigkeit. Ein Investor, der mit einem Zinssatz von jährlich 20 % als Untergrenze rechnet, käme zu einer negativen Beurteilung.

Drittens wirkt sich auch die zeitliche Verteilung der Ein- und Auszahlungen auf die Vorteilhaftigkeit der Investition aus:

1. Kann der Weinbrand infolge günstiger Marktentwicklung bereits zum Zeitpunkt 2 veräußert werden, so erhält der Investor die 14.000 € ein Jahr eher, was sich günstig auf die Vorteilhaftigkeit auswirkt.
2. Lassen sich die 14.000 € dagegen erst am Ende des vierten Jahres realisieren, so erscheint die Investition vergleichsweise weniger vorteilhaft.

MERKE

Zusammenfassend lässt sich sagen, dass die **Vorteilhaftigkeit einer Investition** von den „drei Z" abhängt, nämlich

- Zahlungshöhe,
- Zinssatz des Investors und
- zeitliche Verteilung der Zahlungen.

1.2.3 Rechnungselemente der Investitionsrechnung

Daraus folgt, dass für die Berechnung der Vorteilhaftigkeit einer Investition ausschließlich die Rechnungselemente „Einzahlungen und Auszahlungen" in Frage kommen können. Diese Rechnungselemente sind im Sinne reiner Kassenbewegungen zu verstehen: Eine Einzahlung (Auszahlung) liegt vor, wenn ein Geldbetrag in die Kasse eingeht (die Kasse verlässt). Bei den weiteren Ausführungen gehen wir von den in der folgenden Übersicht gegebenen Definitionen der Grundbegriffe des Rechnungswesens aus[5].

1035

---

5 Vgl. auch *Däumler, K.-D./Grabe, J.*: Kostenrechnungs- und Controllinglexikon, S. 129 ff.

KAPITEL 1 Grundlagen der Investitionsrechnung

ABB. 7:	Kurzdefinition von Strömungsgrößen aus dem Rechnungswesen	
Begriff	**Kurzdefinition**	**Dimension**
Auszahlung	Abgang liquider Mittel pro Periode	€/Periode
Einzahlung	Zugang liquider Mittel pro Periode	€/Periode
Ausgabe	Geldwert der Einkäufe an Sachgütern und Dienstleistungen pro Periode	€/Periode
Einnahme	Geldwert der Verkäufe von Sachgütern und Dienstleistungen pro Periode	€/Periode
Kosten	Bewerteter Verzehr von Sachgütern und Dienstleistungen im Produktionsprozess während einer Periode, soweit zur Leistungserstellung und Aufrechterhaltung der Betriebsbereitschaft notwendig	€/Periode
Leistung	In Geld bewertete, aus dem betrieblichen Produktionsprozess hervorgegangene Sachgüter und Dienstleistungen einer Periode	€/Periode
Aufwand	Zur Erfolgsermittlung periodisierte Ausgaben einer Periode (= jede Eigenkapitalminderung, die keine Kapitalrückzahlung darstellt)	€/Periode
Ertrag	Zur Erfolgsermittlung periodisierte Einnahmen einer Periode (= jede Eigenkapitalerhöhung, die keine Kapitaleinzahlung darstellt)	€/Periode

1037   Die Begriffspaare **Einzahlungen/Auszahlungen** und **Einnahmen/Ausgaben** sind klar voneinander zu trennen. Zwischen ihnen besteht die folgende Beziehung:

a) Wird weder auf Kredit gekauft noch verkauft, sind Einzahlungen und Einnahmen sowie Auszahlungen und Ausgaben identisch.

> 1. **Einzahlung = Einnahme**
> 2. **Auszahlung = Ausgabe**   } keine Kredite

Anders verhält es sich, wenn man Kredite in die Betrachtung einbezieht.

b) Zahlt der Käufer eines Gutes erst später, so kann der Verkäufer vorläufig zwar keine Einzahlung, wohl aber einen Forderungszugang verbuchen. Hat der Käufer beim Lieferanten noch ein Guthaben, etwa aus früher geleisteten Anzahlungen, mindern sich bei Lieferung eines Gutes die Schulden des Verkäufers. Also gilt unter Berücksichtigung von Krediten:

> 1. **Einnahme** =   Einzahlung + Forderungszugang + Schuldenabgang
> 2. **Ausgabe** =   Auszahlung + Forderungsabgang + Schuldenzugang

1.3 Rechnungselemente bei betrieblichen Rechnungen

1.3.1 Rechnungszweck als Bestimmungsgröße

Die Frage der Rechnungselemente berührt eine wesentliche Nahtstelle zwischen der Investitionsrechnung und anderen betrieblichen Rechnungen. Grundsätzlich gilt: Der Rechnungszweck bestimmt die Rechnungselemente. Rechnungselemente sind also nicht richtig oder falsch, sondern zweckmäßig oder unzweckmäßig, gemessen an den Aufgaben der jeweiligen Rechnung. Betrachten wir als Beispiel die betriebliche Finanzplanung. Ihre Zwecksetzung besteht in der Sicherstellung der künftigen Zahlungsbereitschaft. Ihre Kernfrage lautet: Ist die Unternehmung auch in den kommenden Perioden noch liquide? Aus der Zwecksetzung folgt: Es müssen die künftigen Zahlungsströme erfasst werden. Es gilt also: Rechnungselemente = Einzahlungen und Auszahlungen. Niemand wird eine Finanzplanung auf der Grundlage von Leistungen und Kosten oder auf der Basis von Erträgen und Aufwendungen durchführen, da es sich hierbei um Rechnungselemente handelt, die z.T. gar nicht oder nicht in derselben Periode oder nicht immer betragsidentisch zahlungswirksam sind.

1040

Anders verhält es sich bei der Investitionsrechnung: Selbst Großunternehmungen verwenden bei Investitionsrechnungen, wie empirische Untersuchungen Ende der achtziger Jahre belegen[6], nur selten die richtigen Rechnungselemente, nämlich Ein- und Auszahlungen (diese werden von 31,4 % der Unternehmungen genannt). Häufiger rechnen sie mit Kosten/Leistungen (52 %), Einnahmen/Ausgaben (45 %) und Aufwand/Ertrag (43 %). Da die befragten Unternehmungen gelegentlich mehrere Rechnungselemente nebeneinander nutzen, kommt man auf über 100 %. Bis 2018 hat sich daran wenig geändert. In einer empirischen Untersuchung von *Zischg*[7] zur Anwendung der Rechnungselemente bei dynamischen Verfahren haben sich folgende Zahlen ergeben: Ein- und Auszahlungen (36,4 %), Einnahmen und Ausgaben (24,3 %), Aufwendungen und Erträge (53,3 %) und Kosten und Leistungen (38,3 %).

1042

1.3.2 Abgrenzung von Kostenrechnung und Investitionsrechnung

Insbesondere die Kostenrechnung wird häufig nicht klar genug von der Investitions- und Wirtschaftlichkeitsrechnung getrennt. Dabei sind die Unterschiede zwischen beiden Rechnungen gravierend.

1045

1. Die Kostenrechnung erstellt man zu bestimmten **festen Terminen** (Monats-, Quartals-, Jahresende). Die Wirtschaftlichkeitsrechnung erfolgt dagegen diskontinuierlich **von Fall zu Fall**.

2. Die Kostenrechnung führt man für eine feste, vorgegebene **Planungsperiode** durch. Üblich sind monatliche bis jährliche Planungsperioden. Die Investitionsrechnung

---

6 Vgl. *Wehrle-Streif, U.*: Empirische Untersuchung zur Investitionsrechnung, S. 37 f.; *Broer, N./Däumler, K.-D.*: Investitionsrechnungsmethoden in der Praxis, Eine Umfrage, S. 724.
7 Vgl. *Zischg, K.*: Investitionsrechnung in erwerbswirtschaftlichen Unternehmen, S. 75.

stellt demgegenüber auf die **Gesamtlebensdauer** des betreffenden Investitionsobjektes ab und ist in diesem Sinne eine mehrperiodige Totalrechnung.

3. Die Kostenrechnung bezieht sich auf den **Betrieb als Ganzes** oder auch (bei Großunternehmen) auf einen Teilbetrieb. Die Investitionsrechnung bezieht sich dagegen in aller Regel nicht auf einen Betrieb oder Teilbetrieb, sondern auf ein einzelnes **Objekt** (z. B. Maschine, Gebäude) bzw. auf eine einzelne **Finanzinvestition** (z. B. Aktien, Obligationen). Dabei sind allerdings Rückwirkungen auf andere Bereiche möglich.

4. Der wichtigste Unterschied zwischen den beiden Rechnungen besteht in dem jeweiligen **Rechnungszweck**: Während die Investitions- und Wirtschaftlichkeitsrechnung die absolute und relative Vorteilhaftigkeit sowie die optimale Nutzungsdauer und den optimalen Ersatzzeitpunkt eines Investitionsobjekts bestimmt, ist die Kostenrechnung (interne Erfolgsrechnung) durch folgende Zwecksetzungen gekennzeichnet[8]:

   ▶ **Ermittlung des Betriebserfolgs:**

   Sie erfolgt monatlich oder vierteljährlich und dient der Beantwortung der Frage, ob der Betrieb als technischer Apparat der Unternehmung wirtschaftlich erfolgreich gearbeitet hat oder nicht.

   ▶ **Kalkulation der betrieblichen Leistungen:**

   Sie wird z. B. durchgeführt, um den Angebotspreis zu überprüfen, die kurzfristige und die langfristige Preisuntergrenze zu errechnen, den Preis bei öffentlichen Aufträgen aufgrund von Selbstkosten zu ermitteln[9].

   ▶ **Bereitstellung von Zahlenmaterial für Anpassungsentscheidungen im kurzfristigen Betriebsablauf:**

   Sie erfolgt z. B., um das gewinngünstigste Sortiment zusammenzustellen, das optimale Produktionsverfahren zu wählen und um sich richtig zwischen Eigenfertigung und Fremdbezug zu entscheiden[10].

   ▶ **Bereitstellung von Zahlenmaterial für die Bewertung in der Handelsbilanz:**

   Selbsterstellte Anlagen sowie Halb- und Fertigprodukte müssen in der Handelsbilanz zu Herstellungskosten bewertet werden.

1047 Aus dem unterschiedlichen Rechnungszweck der Investitions- und der Kostenrechnung folgen mit zwingender Notwendigkeit unterschiedliche **Rechnungselemente**.

Soll gem. der Fragestellung der Kostenrechnung untersucht werden, wie der Betrieb gearbeitet hat, so sind den betrieblichen Leistungen (= Betriebserträge = interne Erträge) die Werte der im Betrieb zum Zwecke der Leistungserstellung verbrauchten Sachgüter und Dienstleistungen (= Kosten) gegenüberzustellen. Dabei bleibt die Höhe des Be-

---

8 Vgl. etwa *Haberstock, L.*: Grundzüge der Kosten- und Erfolgsrechnung, S. 10 f.; *Däumler, K.-D./Grabe, J.*: Kostenrechnung 1, Grundlagen, S. 44 ff.

9 Zur Ermittlung von Selbstkostenpreisen vgl. etwa: *Däumler, K.-D./Grabe, J.*: Kalkulationsvorschriften bei öffentlichen Aufträgen, S. 22 ff.

10 Die drei Problemkreise sind ausführlich dargestellt bei: *Däumler, K.-D./Grabe, J.*: Kostenrechnung 2, Deckungsbeitragsrechnung, S. 29 ff., 139 ff., 161 ff.

triebserfolgs unbeeinflusst von der Frage, ob die betrieblichen Leistungen oder Kosten einer bestimmten Periode zahlungswirksam werden oder nicht.

Soll dagegen die Vorteilhaftigkeit einer Investition geprüft werden, so sind die „drei Z" maßgebend, also Zahlungen, deren zeitliche Verteilung und der Zinssatz des Investors. Die Forderung, Investitionsrechnungen nur auf der Grundlage von Ein- und Auszahlungen durchzuführen, ist keinesfalls nur theoretischer Natur. Sie stellt vielmehr eine praktische Notwendigkeit dar[11]. Zwei Beispiele sollen zeigen, dass in einer Planungsperiode im Regelfall keine Übereinstimmung zwischen Kosten und Auszahlungen sowie zwischen Betriebserträgen und Einzahlungen existiert:

1049

1. In der Kostenrechnung setzt man Materialkosten stets dann an, wenn in der Rechnungsperiode tatsächlich Material im Produktionsprozess verbraucht worden ist. Mit dem Materialverbrauch im Produktionsprozess sind jedoch keinesfalls zwingend Auszahlungen verbunden. Vielmehr können die Auszahlungen schon früher im Zusammenhang mit dem Aufbau des Materiallagers angefallen sein. Sie können aber auch erst später anfallen, falls das Lager mit Hilfe von Käufen mit vereinbartem Zahlungsziel aufgebaut worden ist. Nur ausnahmsweise, d. h. zufällig, ergibt sich in einer Planungsperiode eine Übereinstimmung von Kosten und Auszahlungen.

2. Wenn in einer Periode die Produktion über dem Absatz liegt, so entstehen Mehrbestände an Halb- und Fertigfabrikaten, die man für die Zwecke der Kostenrechnung der betrieblichen Leistung (Betriebsertrag) zurechnet. Zu Einnahmen führen diese Mehrbestände jedoch erst dann, wenn sie in einer späteren Periode verkauft werden können. Einzahlungen schließlich entstehen im Regelfall noch später, nämlich dann, wenn die entsprechenden liquiden Mittel zugeflossen sind.

ABB. 8:	Abgrenzung von Kostenrechnung und Investitionsrechnung	
Abgrenzungskriterium	Kostenrechnung	Investitionsrechnung
Regelmäßigkeit	Wird regelmäßig in bestimmten Abständen erstellt	Wird von Fall zu Fall, also diskontinuierlich erstellt
Planungsperiode	Wird für die Planungsperiode durchgeführt (= einperiodige Rechnung)	Wird für die gesamte Nutzungsdauer, meist mehrere Perioden, durchgeführt (= mehrperiodige Rechnung)
Bezugsobjekt	Betrieb als Ganzes	Einzelne Maschinen, Maschinengruppen, Gebäude, Betriebsteile
Rechnungszweck	Kurzfristige Kontrolle und Steuerung des gesamten Betriebs (Wie hat der Betrieb gearbeitet?)	Bestimmung der absoluten oder relativen Vorteilhaftigkeit einer einzelnen Investition; Bestimmung des optimalen Ersatzzeitpunktes
Rechnungselemente	Kosten und Leistungen	Einzahlungen und Auszahlungen

---

11 Die Frage der Rechnungselemente ist insbesondere bei großen und langfristigen Investitionen von Bedeutung. Bei kleinen Investitionen dagegen mag man die Wahl der richtigen Rechnungselemente als zweitrangiges Problem betrachten.

1.4 Verfahren zur Bewertung von Investitionen

1050 Verfahren der Investitionsrechnung können danach unterteilt werden, ob einzelne **Investitionen** oder komplette **Investitionsprogramme** betrachtet werden.

Beschränkt man sich auf die Bewertung einzelner Investitionen, kann man zwischen **eindimensionalen und mehrdimensionalen Verfahren** unterscheiden.

Die eindimensionalen Verfahren werden auch als **klassische Verfahren** der Investitionsrechnung bezeichnet. Sie betrachten ausschließlich die finanziellen Auswirkungen der Investitionstätigkeit und lassen sich danach unterteilen, ob sie den zeitlichen Anfall von Zahlungsströmen im Einzelfall berücksichtigen **(statische oder dynamische Verfahren)**.

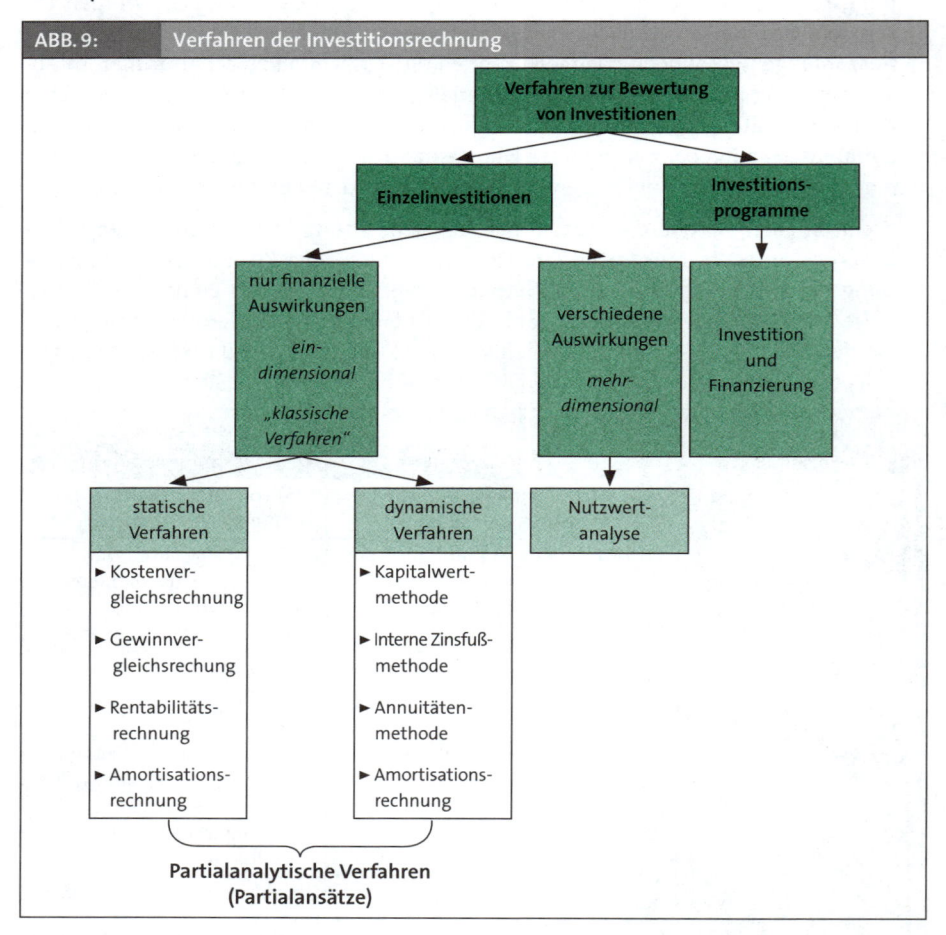

ABB. 9: Verfahren der Investitionsrechnung

Verfahren zur Bewertung von Investitionen
- Einzelinvestitionen
  - nur finanzielle Auswirkungen (eindimensional, „klassische Verfahren")
    - statische Verfahren
      - ► Kostenvergleichsrechnung
      - ► Gewinnvergleichsrechnung
      - ► Rentabilitätsrechnung
      - ► Amortisationsrechnung
    - dynamische Verfahren
      - ► Kapitalwertmethode
      - ► Interne Zinsfußmethode
      - ► Annuitätenmethode
      - ► Amortisationsrechnung
  - verschiedene Auswirkungen (mehrdimensional)
    - Nutzwertanalyse
- Investitionsprogramme
  - Investition und Finanzierung

Partialanalytische Verfahren (Partialansätze)

Die **dynamischen Verfahren** berücksichtigen die unterschiedlichen Zeitpunkte der Zahlungen und machen sie durch Diskontierung (Ab- bzw. Aufzinsen) vergleichbar.

Die zweite Gruppe der klassischen Verfahren bilden die Kostenvergleichsrechnung, die Gewinnvergleichsrechnung, die Rentabilitätsrechnung sowie die statische Amortisationsrechnung. Weil sie den unterschiedlichen Zahlungsanfall und die Entwicklung von Zahlungsströmen im Zeitablauf nicht berücksichtigen, werden diese Rechenmethoden auch als **statische Verfahren** der Investitionsrechnung bezeichnet[12].

1052

Die **Nutzwertanalyse** ist ein Verfahren, das zur Beurteilung von Investitionen verschiedene Auswirkungen berücksichtigt. Sie ist kein reines Instrument der Investitionsrechnung, sondern wird auch in anderen Bereichen der BWL angewendet. Eher dient sie der Strukturierung komplexer Entscheidungslagen als der Vorgabe von Entscheidungskriterien. Sie liefert einen Rahmen für den Ablauf von betrieblichen Prozessen zur Entscheidungsfindung und genießt im Rahmen der Investitionsbewertung aber auch deshalb einen Sonderstatus, weil sie verschiedene relevante Investitionswirkungen gleichzeitig in eine Beurteilung einbezieht.

Die statischen und dynamischen Verfahren der Investitionsrechnung und die Nutzwertanalyse dienen der Bewertung **einzelner Investitionen** bzw. **sich ausschließender Investitionsalternativen**. Ein ganzes Investitionsprogramm oder Wechselwirkungen von Investitionen und Finanzierungen werden nicht beurteilt. Deshalb werden diese Rechenverfahren mitunter auch als **Partialansätze** oder **partialanalytische Verfahren** bezeichnet.

Früher wurden insbesondere in kleineren Unternehmen und Betrieben bevorzugt statische Verfahren („Praktikerverfahren") eingesetzt. Dynamische Verfahren wurden aufgrund ihres hohen Datenerhebungs- und Rechenaufwands selten eingesetzt. Dies hat sich inzwischen durch eine verbesserte EDV-Unterstützung verändert[13]. Sowohl statische als auch dynamische Verfahren der Investitionsbeurteilung haben in der Praxis erhebliche Bedeutung und werden häufig angewendet. Insgesamt nimmt die Anwendung dynamischer Verfahren zu. Speziell bei kleineren Investitionen oder wenn Alternativen eingegrenzt werden müssen, werden statische Verfahren eingesetzt.

Abb. 10 dokumentiert den Siegeszug der dynamischen Investitionsrechnungsverfahren von 1974 bis 1996. Dabei fällt auf, dass das Vordringen der dynamischen Verfahren nicht zu einem entsprechenden Rückgang der statischen geführt hat, sondern dass vermehrt mehrere Verfahren nebeneinander eingesetzt werden. Wurden 1974 noch durchschnittlich 2,16 Methoden je Unternehmung eingesetzt, so hat sich dieser Wert auf 3,4 Methoden im Jahr 1996 erhöht. Großunternehmen setzen nebeneinander ca. vier Methoden ein, um zu einem abgerundeten Bild ihrer Investitionsvorhaben zu gelangen. Die Kostenvergleichsrechnung, die Rentabilitätsrechnung und die Gewinnvergleichsrechnung werden sogar häufiger genutzt als 1974 – ein deutlicher Trend zu größerer Verfahrensvielfalt. Diese Entwicklung wird durch die Untersuchung von *Zischg*[14] bestätigt.

1055

---

12 Eingehendere Ausführung zum Unterschied zwischen statischen und dynamischen Verfahren finden Sie in Kapitel 3: Statische Verfahren.
13 Vgl. *Boer, N./Däumler, K.-D.:* Investitionsrechnungsmethoden in der Praxis, S. 709 ff.
14 Vgl. *Zischg, K.:* Investitionsrechnung in erwerbswirtschaftlichen Unternehmen, S. 71.

ABB. 10:	Investitionsrechnungsverfahren bei Großunternehmungen (Quellen: *Grabbe, H. W.*: Investitionsrechnung in der Praxis, S. 26 ff.; *Broer, N./Däumler, K.-D.*: Investitionsrechnungsmethoden in der Praxis, S. 736; *Wehrle-Streif, U.*: Empirische Untersuchung zur Investitionsrechnung, S. 20; *Herrmann, B.*: Anwendung der Investitionsrechnungsmethoden in der Praxis, S. 34.)						
Methode	Anwendende Unternehmungen						
	1974[a]	Rang	1985[a]	Rang	1989[a]	Rang	1996[a]	Rang
Kapitalwertmethode	21 %	5	48 %	3	59 %	1	73 %	1
Interne Zinsfuß-Methode	43 %	2	52 %	1	59 %	2	68 %	2
Amortisationsrechnung[b]	77 %	1	50 %	2	55 %[c]	–	53 %[c]	–
▶ dynamische	–	–	–	–	36 %	6	49 %	3
▶ statische	–	–	–	–	37 %	5	19 %	6
Kostenvergleichsrechnung	26 %	4	43 %	4	46 %	3	46 %	4
Rentabilitätsrechnung	31 %	3	37 %	5	39 %	4	44 %	5
Annuitätenmethode	7 %	7	23 %	6	25 %	7	5 %	8
Gewinnvergleichsrechnung	10 %	6	15 %	7	14 %	8	14 %	7
MAPI-Methode	1 %	8	1 %	9	0,5 %	10	0 %	–
Lineare Planungsrechnung	–	–	1,5 %	8	4 %	9	3 %	9
Zahl der angewandten Methoden	2,16		2,73		3,25		3,4	

a Prozentzahlen ergeben mehr als 100, weil viele Unternehmungen mehr als eine Methode anwenden.
b Ab 1989 sind dynamische und statische Amortisationsrechnung getrennt ausgewiesen.
c Schätzwert

1057 Mögliche **Ursachen für die Tendenz zu größerer Verfahrensvielfalt** sind die folgenden Punkte[15]:

▶ die Bedeutung der statischen und der dynamischen Amortisationszeit zur Risikoabschätzung bei Investitionen, die zusätzlich zur Berechnung der Vorteilhaftigkeit erfolgen soll,

▶ das Beharren der Entscheidungsträger, die auch bei Einführung neuer Verfahren nicht auf die gewohnten bisher verfügbaren Informationen verzichten wollen,

▶ der Computereinsatz in der Investitionsrechnung, der es leicht macht, mehrere Verfahren nebeneinander durchzurechnen,

---

15 Vgl. auch *Blohm, H./Lüder, K.*: Investition, S. 53.

▶ die Nutzung unterschiedlicher Verfahren für unterschiedliche Investitionsarten oder unterschiedliche Entscheidungsprobleme – so wird die Kostenvergleichsrechnung vorrangig bei Kleininvestitionen und/oder zur Lösung des Ersatzproblems eingesetzt.

Neben der Zahl der angewandten Methoden hat sich auch die Rangfolge in der Beliebtheit der einzelnen Methoden geändert. Während 1974 die Amortisationsrechnung in 78 % aller Unternehmungen eingesetzt wurde und damit weit an der Spitze lag, führte 1996 die Kapitalwertmethode die Hitliste der Investitionsrechnungen an, gefolgt von der internen Zinsfuß-Methode, der dynamischen Amortisationsrechnung und der Kostenvergleichsrechnung. Daran hat sich bis 2018 grundsätzlich nichts geändert, wie die Untersuchung von *Zischg*[16] zeigt.

Mittelständische Unternehmungen wenden mit einer gewissen zeitlichen Verzögerung ähnliche Methoden an wie die Umsatzmilliardäre. Das gilt auch hinsichtlich der Verfahrensvielfalt. Dafür spricht das Ergebnis einer Umfrage[17] bei 500 Mittelständlern im Jahr 1996. Da es keine einheitliche Definition für den Begriff „mittelständisches Unternehmen" gibt, wurde für die Untersuchung Folgendes festgelegt: Mittelständler ist, wer 1994 einen Umsatz zwischen 20 und 399 Mio. DM hatte. Die Umfrage erbrachte 187 (37,4 %) verwertbare Fragebögen. Sie zeigt, dass die Rentabilitätsrechnung die am häufigsten verwendete Methode ist, dicht gefolgt von der internen Zinsfuß-Methode und der Kapitalwertmethode. 70 % der Mittelständler wenden wenigstens eine dynamische Methode an; nur 30 % rechnen ausschließlich statisch. Im Durchschnitt setzen sie 2,4 Methoden nebeneinander ein.

ABB. 11: Investitionsrechnungsverfahren bei Mittelständlern im Jahr 1996		
Verfahren	Anzahl der Unternehmen	Prozentualer Anteil an den 153 Unternehmen, die Investitionsrechnung anwenden
dynamisch	107	69,93
Rentabilitätsrechnung	72	47,06
Interne Zinsfuß-Methode	68	44,44
Kapitalwertmethode	55	35,95
Kostenvergleichsrechnung	53	34,64
dynamische Amortisationsrechnung	44	28,76
statische Amortisationsrechnung	32	20,92
Annuitätenmethode	18	11,76
Gewinnvergleichsrechnung	18	11,76
sonstige Verfahren	5	3,27
Lineare Planungsrechnung	4	2,61
MAPI-Methode	0	0,00

---

16 Vgl. *Zischg, K.*: Investitionsrechnung in erwerbswirtschaftlichen Unternehmen, S. 71.
17 Vgl. *Däumler, K.-D./Heidtmann, D.*: Anwendung von Investitionsrechnungsverfahren bei mittelständischen Unternehmungen, S. 4.

1062 Obwohl sich statische und dynamische Investitionsrechnungsverfahren in der Praxis laufend weiter verbreitet haben, verzichten erstaunlicherweise auch heute noch eine Reihe von kleinen, mittleren und auch großen Unternehmen auf die Anwendung dieser Verfahren. Dafür wurden in der Untersuchung von *Zischg*[18] folgende Gründe genannt:

ABB. 12:	Gründe für fehlende Investitionsrechnung	
Gründe	2001 (in %)	2018 (in %)
Fehlendes Fachpersonal	15,8	6,5
Keine Zeit	9,2	10,5
Investitionsvolumen zu gering	31,6	41,1
Zu kompliziert	5,3	2,4
Fingerspitzengefühl ist wichtiger	32,9	27,4
Überlastung der Entscheidungsträger	5,3	9,7
Sonstiger Grund	0,0	2,4
Summe	100,0	100,0

1.5 Kalkulationszinssatz

1.5.1 Festlegung des Kalkulationszinssatzes

1.5.1.1 Begriff Kalkulationszinssatz

1070 Wenn Sie eine Investition planen, dann müssen Sie vor der Durchführung Ihrer Investitionsrechnung den Zinssatz festlegen, den Sie mindestens von Ihrem Investitionsobjekt fordern. Mit dieser subjektiven Mindestverzinsungsanforderung wird das Vorhaben dann durchgerechnet (kalkuliert). Der in dieser Rechnung verwendete Zinssatz heißt **Kalkulationszinssatz** oder **Kalkulationszinsfuß**.

MERKE

Der **Kalkulationszinssatz** ist die subjektive Mindestverzinsungsanforderung des Investors an sein Investitionsobjekt.

Bei der Festlegung des Kalkulationszinssatzes im konkreten Fall sind die Finanzierungsverhältnisse und die erwarteten Risiken zu beachten.

---

18 Vgl. *Zischg, K.*: Investitionsrechnung in erwerbswirtschaftlichen Unternehmen, S. 70 und S. 74.

1.5.1.2 Kalkulationszinssatz bei Eigenfinanzierung

Soll eine Investition vollständig eigenfinanziert werden, so steht dem Investor als Alternative zur Durchführung der betrieblichen Investition die Anlage seiner Mittel am Kapitalmarkt offen. Daher kann sein subjektiver Mindestzins (= Kalkulationszinssatz) i_e niemals kleiner sein als der Habenzinssatz einer bestimmten Kapitalmarktanlage. Es gilt somit die folgende Gleichung:

Gleichung (1.1)
$i_e \geq$ Habenzinssatz
Symbole
i_e = Kalkulationszinssatz bei Eigenfinanzierung

Der Kalkulationszinssatz darf nicht etwa mit dem Kapitalmarktzinssatz verwechselt werden. Vielmehr stellt der Habenzins am Kapitalmarkt lediglich die absolute Untergrenze für den Kalkulationszinssatz dar[19]. Der Kalkulationszinssatz liegt im Regelfall beträchtlich über dem Marktzinssatz, da der Investor durch die Kapitalbindung im Investitionsobjekt ein Risiko eingeht. Die zu erwartenden jährlichen Ein- und Auszahlungen, die Nutzungsdauer und der Restwert sind unsichere, mit entsprechenden Risiken behaftete Größen. „Je größer das mit der Durchführung der Investition verbundene Risiko ist, desto höher wird der Kalkulationszinssatz im Allgemeinen angesetzt werden."[20] Bezeichnet man den Risikozuschlag, den ein Investor bei einer bestimmten Investition veranschlagt, mit z, so können wir statt Gleichung (1.1) auch Folgendes schreiben:

Gleichung (1.2)
i_e = Habenzinssatz + z
Symbole
i_e = Kalkulationszinssatz bei Eigenfinanzierung
z = Risikozuschlag

1.5.1.3 Kalkulationszinssatz bei Fremdfinanzierung

Wenn ein Investor eine Investition vollständig fremdfinanziert, dann orientiert er seine Mindestverzinsungsanforderung am Fremdkapitalzinssatz (= Sollzinssatz des Kapitalmarktes): Der Kalkulationszinssatz kann nicht kleiner sein als der Zinssatz, den der Investor für die Überlassung des Fremdkapitals zahlen muss[21]. Es gilt also:

Gleichung (1.3)
$i_f \geq$ Sollzinssatz
Symbole
i_f = Kalkulationszinssatz bei Fremdfinanzierung

---

19 Vgl. *Schneider, E.*: Wirtschaftlichkeitsrechnung, Theorie der Investition, S. 68.
20 Vgl. *ebenda*, S. 68.
21 Vgl. *ebenda* S. 68.

1082 Dabei repräsentiert der Fremdkapitalzinssatz die Untergrenze. Die Mindestverzinsungsanforderung des Investors liegt um den Betrag z über der Untergrenze, wenn z Ausdruck des mit der geplanten Investition verbundenen Risikos ist:

Gleichung (1.4)

$$i_f = \text{Habenzinssatz} + z$$

Symbole

i_f = Kalkulationszinssatz bei Fremdfinanzierung
z = Risikozuschlag

1.5.1.4 Kalkulationszinssatz bei Mischfinanzierung

1085 Für den Fall der Mischfinanzierung schlägt *Schneider*[22] einen Mischzinssatz i_m vor, der sich als gewichtetes Mittel aus dem Kalkulationszinssatz für das Eigenkapital i_e und dem Kalkulationszinssatz für das Fremdkapital i_f ergibt, wobei auch die Höhe des eingesetzten Eigenkapitals EK sowie die Höhe des eingesetzten Fremdkapitals FK zu berücksichtigen sind:

Gleichung (1.5)

$$i_m = \frac{EK \cdot i_e + FK \cdot i_f}{EK + FK}$$

Symbole

i_m = Kalkulationszinssatz (dezimal) bei Mischfinanzierung

Auch beim Einsatz des DCF-Verfahrens (Discounted-Cash-Flow-Verfahren)[23], z. B bei der Unternehmensbewertung, wird der Kalkulationszinssatz (Kapitalkostensatz) durch die gewichteten Eigen- und Fremdkapitalkosten (WACC = Weighted Average Cost of Capital) des Unternehmens bestimmt.

1.5.1.5 Kalkulationszinssatz in der Praxis

1090 Nach welchen Kriterien legt die Praxis den Kalkulationszinssatz fest und wie hoch ist dieser? Diese Frage wurde in der Umfrage von 1985 von 161 (= 79 % von 203) Unternehmen beantwortet[24]. Obwohl zu erwarten war, dass zu diesem Punkt nur zurückhaltend Angaben gemacht werden würden, nannten 108 (= 67 % von 161) Unternehmen sogar die genaue Höhe des von ihnen verwendeten Zinssatzes. Er lag 1985 im Mittelfeld zwischen 8 und 10 %: 1989 ergab die Untersuchung von *Wehrle-Streif* einen Kalkulationszinssatz von durchschnittlich 9,6 % bei den deutschen Großunternehmungen[25]. Die *Herrmann*-Untersuchung von 1996 zeigt den Kalkulationszinssatz bei deutschen Großunternehmungen in der Bandbreite von 7 bis 12 %; die am häufigsten genannten

---

22 Vgl. *ebenda*, S. 68 f.
23 Siehe Kapitel 2.2.
24 Vgl. *Broer, N./ Däumler, K.-D.*: Investitionsrechnungsmethoden in der Praxis, S. 725 f.
25 Vgl. *Wehrle-Streif, U.*: Empirische Untersuchung zur Investitionsrechnung, S. 44.

Werte waren 8 und 10 %[26]. Die Bandbreite von 7 bis 12 % gilt auch für Mittelständler, für die 1996 im Mittel ein Kalkulationszinssatz von 9,78 % errechnet wurde[27]. In der Untersuchung von *Zischg*[28] werden als Mittelwert bei Realinvestitionen 7 % und bei Finanzinvestitionen 10 % für den Kalkulationszinssatz genannt.

1996 äußerten sich 84 % (122 von 133) der antwortenden Unternehmungen zu ihrem Kalkulationszinssatz und zu dessen Bestimmungsgründen[29]. Meist (in 58 von 112 Fällen) nannten sie den Fremdkapitalzinssatz als Bestimmungsgrund für den Kalkulationszinssatz. Am zweithäufigsten (33 von 112) wählten sie die Eigenkapitalverzinsung. An dritter Stelle stand der Zinsaufwand der tatsächlichen Finanzierung (19 von 112). Diese Reihenfolge hat sich in der Untersuchung von *Zischg*[30] nicht geändert.

1092

Bei den ermittelten Zinssätzen handelt es sich oft nur um Basiswerte. Obwohl nur sehr wenige Angaben zu diesem Punkt in ausgefüllten Fragebögen gemacht werden, verhält es sich offenbar so, dass manche Unternehmen auf diesen Basiszins noch einen Aufschlag erheben, um steuerliche Auswirkungen, ein eventuelles Risiko und/oder Preissteigerungen zu berücksichtigen. Die Aufschläge auf den Basiszins können in ihrer Höhe dem Basiszins selbst nahe kommen und ihn in Ausnahmefällen auch übersteigen. So empfiehlt z. B. der Zentralverband der Elektrotechnischen Industrie (ZVEI) einen Kalkulationszinssatz von 27 %[31]. Dieser Zinssatz enthält mehrere Auf- oder Zuschläge, insbesondere wurde die Gewinnbesteuerung berücksichtigt. In solchen Fällen ist eine Diskussion um die richtige Untergrenze (Soll- oder Habenzinssatz) rein akademisch. Auch ist ein solches Vorgehen sachlich fragwürdig: Der Kalkulationszinssatz soll die zu verschiedenen Zeitpunkten anfallenden Zahlungen vergleichbar machen. Es empfiehlt sich nicht, ihm weitere Aufgaben zu übertragen. Wer ihm auch noch die Aufgabe aufbürdet, die Inflation, das Risiko und die Gewinnbesteuerung zu erfassen, der überfordert den Kalkulationszinssatz. Besser ist es, die Problemkreise Inflation, Risiko und Steuern gesondert zu betrachten, und zwar in der Zahlungsreihe bei den Ein- und Auszahlungen.

1094

---

26 Vgl. *Herrmann, B.*: Anwendung der Investitionsrechnungsmethoden in der Praxis, S. 52 ff.
27 Vgl. *Däumler, K.-D./Heidtmann, D.*: Anwendung von Investitionsrechnungsverfahren bei mittelständischen Unternehmungen, S. 26.
28 Vgl. *Zischg, K.*: Investitionsrechnung in erwerbswirtschaftlichen Unternehmen, S. 78.
29 Vgl. *Herrmann, B.*: Anwendung der Investitionsrechnungsmethoden in der Praxis, S. 56 ff.
30 Vgl. *Zischg, K.*: Investitionsrechnung in erwerbswirtschaftlichen Unternehmen, S. 78.
31 Vgl. *ZVEI Schriftenreihe 5*: Leitfaden für die Beurteilung von Investitionen, hrsg. v. betriebswirtschaftlichen Ausschuss des Zentralverbandes der Elektrotechnischen Industrie e.V., S. 39.

1.5.1.6 Kalkulationszinssatz nach der Nutzwertanalyse

1095 **MERKE**

Die **Nutzwertanalyse** ist ein Verfahren zur Bewertung von Handlungsmöglichkeiten, das auch solche Bewertungskriterien heranzieht, die nicht in Geldeinheiten messbar sind, z. B. technische, psychologische, soziale oder ökologische Tatbestände[32].

1097 Die Nutzwertanalyse ist universell anwendbar und – wie das folgende Beispiel zeigt – keinesfalls nur auf betriebswirtschaftliche Probleme beschränkt. Vielmehr wird sie (oft unbewusst) von den meisten von uns gelegentlich genutzt.

BEISPIEL: Partnerwahl mittels Nutzwertanalyse

Die heiratslustige Eva muss sich entscheiden zwischen A(nton), B(runo), C(hristian) oder D(ieter). Sie bewertet jede für sie interessante Eigenschaft mit bis zu zehn Punkten.

Eigenschaften \ Alternative	A	B	C	D
tüchtig	10	4	6	1
gebildet	9	2	4	10
gutaussehend	2	9	6	9
häuslich	10	2	5	1
sexy	1	10	7	9
vermögend	3	5	8	1
Punktsumme	**35**	**32**	**36**	**31**

Ergebnis: C(hristian) muss es sein.

1099 Ein Automobilhersteller gab an, Risikoanalysen mit Auswirkungen auf den „geforderten internen Zinsfuß" (= Kalkulationszinssatz) durchzuführen. Zuerst werden hier die Risiken einer Investition erfasst, um dann – je nach Umfang des Risikos – mit Punkten in einer Nutzwertanalyse bewertet zu werden. Für die erreichte Punktsumme wird dann eine interne Verzinsung in einer bestimmten Mindesthöhe gefordert. Auch ein Chemieunternehmen erklärte, in dieser Weise vorzugehen. Ein konkretes Projekt wird dann gem. den vorliegenden Umständen einer der Kategorien zugerechnet und mit dem zugehörigen Kalkulationszinssatz durchgerechnet[33]. Diese Zinssätze müssen im Zeitablauf nicht konstant sein. Vielmehr können sie mit dem Kapitalmarktzins schwanken, da ein bestimmter Kapitalmarktzins die Ausgangsbasis darstellt, auf die – je nach Risikokategorie – ein bestimmter Zuschlag kommt.

---

32 Vgl. *Däumler, K.-D./Grabe, J.*: Kostenrechnungs- und Controllinglexikon, S. 238 f.
33 Vgl. *Broer, N./Däumler, K.-D.*: Investitionsrechnungsmethoden in der Praxis, S. 731 f.

Kalkulationszinssatz — KAPITEL 1

BEISPIEL: Kalkulationszinssatz nach Nutzwertanalyse

ABB. 13: Festlegung des Kalkulationszinssatzes aufgrund des Risikos

Risikoart / Risikoeinschätzung	Sehr groß	Groß	Normal oder ohne Einfluss	Klein	Sehr klein
Genauigkeit des Investitionsumfangs	Grober Schätzwert 3	Detaillierter Schätzwert 6	Mischwert zwischen Schätzung und Richtpreis 8	Richtpreisrahmen 11	Richtpreis 14
Erfahrung mit der Technologie	Neue Technologie 3	**Extern erprobt** 6	Teils/teils 9	Intern erprobt 11	Bekannt 14
Technische Nutzungsdauer	Bis 2 Jahre 2	Bis 4 Jahre 4	**Bis 6 Jahre** 6	Bis 8 Jahre 8	Über 8 Jahre 10
Einsatzzeitraum (Produktionsprogramm)	Bis 2 Jahre 3	Bis 4 Jahre 7	Bis 6 Jahre 10	**Bis 10 Jahre** 14	Langfristig (über 10 J.) 17
Stückzahlrisiko	Sehr groß 4	Groß 8	Mittel 11	Klein 15	**Sehr klein** **19**
Anlaufsituation	Nicht greifbar 2	Geringer Einfluss 3	Nicht relevant 4	**Berücksichtigt d. Schätzung** 6	Berücksichtigt d. Erfahrung 7
Art und Umfang der Einsparungen	Gemeinkosten, indirekt 3	Zeitlohn 6	**Fertigungslohn** 9	Fertigungslohn + Material 11	Material 14
Auswirkungen auf die Arbeitsplatzgestaltung	Nicht enthalten 1	Indirekter Einfluss 2	Teilweise enthalten 3	Überwiegend enthalten 4	Voll enthalten 5

Punktsumme bis 60 = Interne Verzinsung von mind. 40 %
Punktsumme bis 80 = Interne Verzinsung von mind. 30 %
Punktsumme bis 100 = Interne Verzinsung von mind. 20 %

Wenn

- sich der Investitionsumfang nur grob schätzen lässt (3),
- die Technik noch nicht im eigenen Betrieb, sondern nur extern erprobt ist (6),
- die technische Nutzungsdauer bei maximal sechs Jahren liegt (6),
- das Produkt höchstens zehn Jahre im Programm bleiben kann (14),
- das Stückzahlrisiko sehr klein ist (19),
- die Anlaufsituation einschätzbar erscheint (6),
- die Investition Fertigungslohn-Einsparungen erbringt (9) und
- sich auf die Arbeitsplatzgestaltung nur indirekt auswirkt (2),

so ergibt sich eine Punktsumme von 65 und ein Kalkulationszinssatz von mindestens 30 %.

1.5.1.7 Kalkulationszinssatz nach Opportunitätskosten

1110 In der Literatur wird der Kalkulationszinssatz gelegentlich auch nach dem **Opportunitätskostenprinzip** fixiert. Unter Opportunitätskosten versteht man u. a. den entgangenen Gewinn. Der Begriff Opportunitätskosten[34] stammt von *Green*, der ihn erstmals 1894 im Sinne entgangenen Gewinns verwendete; danach wurde der Begriff von *Davenport* und *Marshall* übernommen[35]. Heute werden viele Entscheidungsprobleme mit Hilfe von Opportunitätskostenbetrachtungen gelöst. Von besonderer Bedeutung ist die Verwendung der Opportunitätskosten im Rahmen der Kostenrechnung sowie der Investitions- und Finanzierungsrechnung[36].

1112 *Münstermann*[37] definiert die Opportunitätskosten eines Beurteilungsobjekts als den gesamten Nutzen der besten nicht gewählten Alternative. Im Rahmen der Investitionsrechnung besteht der Nutzen der besten nicht gewählten Alternative in der dort erzielbaren Rendite oder Effektivverzinsung. Jede Geldeinheit, die im gewählten Investitionsobjekt gebunden wird, kann nicht bei der besten nicht gewählten Alternative eingesetzt werden. Dabei ist es gleichgültig, aus welcher Quelle die jeweilige Geldeinheit kommt, d. h. die Frage der Eigen- oder Fremdfinanzierung ist irrelevant. Da der Investor durch die Kapitalbindung in seinem Investitionsobjekt auf den Effektivzinssatz der besten nicht gewählten Alternative verzichtet, muss er diesen mindestens von der durchzuführenden Investition verlangen, wenn er wirtschaftlich nicht benachteiligt sein will. Die entgangene Verzinsung der besten nicht gewählten Alternative bildet somit den Maßstab für die Festlegung des Kalkulationszinssatzes[38]. Nach dem Opportunitätskostenprinzip gilt somit die folgende Bestimmungsgleichung für den Kalkulationszinssatz:

Gleichung (1.6)
i_0 = Alternativrendite

Symbole
i_0 = Kalkulationszinssatz gem. Opportunitätskosten

MERKE

Unter **Opportunitätskosten** einer Investition versteht man die Rendite der besten nicht gewählten Investitionsmöglichkeit.

---

34 Von engl. *opportunity costs* = Alternativkosten.
35 Vgl. *Green, D. I.*: Pain-cost and Opportunity-cost, S. 2; *Davenport, H. J.*: The Economics of Enterprise, S. 63; *Marshall, A.*: Priciples of Economics, An Introductory Volume, S. 519.
36 Vgl. auch *Däumler, K.-D./Grabe, J.*: Kostenrechnungs- und Controllinglexikon, S. 243.
37 Vgl. hierzu: *Münstermann, H.*: Die Bedeutung der Opportunitätskosten für unternehmerische Entscheidungen, S. 21.
38 Eine eingehende Begründung hierfür findet sich bei: *Bröhl, K.*: Der Kalkulationszinsfuß, S. 59 ff.

Kalkulationszinssatz

Die **Festlegung des Kalkulationszinssatzes nach dem Opportunitätskostenprinzip** steht nicht im Widerspruch zur Bemessung dieses Zinssatzes am Soll- oder Habenzins des Kapitalmarktes. So wurde die Festlegung des Kalkulationszinssatzes bei Eigenfinanzierung damit begründet, dass der Unternehmer als Alternative zur Investition seine Mittel am Kapitalmarkt anlegen könne. Daher könne der Kalkulationszinssatz niemals kleiner sein als der Habenzinssatz einer alternativen Kapitalmarktanlage. Das Opportunitätskostenprinzip greift diesen Gedanken auf und führt ihn weiter: Die relevante Alternativrendite ist beim Opportunitätskostenprinzip nicht allein der Effektivzinssatz einer bestimmten Investitionsart (Finanzinvestition am Kapitalmarkt), sondern der Effektivzinssatz derjenigen Vergleichsinvestition, die die beste nicht gewählte Alternative darstellt – gleichgültig, ob diese eine Finanz- oder Realinvestition ist.

Im Fall der Fremdfinanzierung gilt: Sind die Sollzinssätze am Kapitalmarkt entsprechend hoch, so kann die günstigste Verwendung freier Mittel in der Fremdkapitaltilgung zu sehen sein. Die dadurch vermeidbaren Auszahlungen verbessern die Nettoposition des Investors in den künftigen Perioden. Vermiedene Auszahlungen sind genauso gut wie Einzahlungen. Fremdkapitaltilgung kann als Finanzinvestition aufgefasst werden.

Wichtig ist, dass Sie bei der Festlegung des Kalkulationszinssatzes von der Rendite einer konkret existierenden Alternativanlage ausgehen. Denn die durchzuführende Investition konkurriert stets mit der Anlage der betreffenden Mittel zum Kalkulationszinssatz. Setzt der Investor den Kalkulationszinssatz willkürlich an, ist die Vergleichsinvestition mit ihrer Rendite nur gedanklich, nicht aber de facto vorhanden. Der Investor rechnet mit ihr, obwohl es sie gar nicht gibt[39]. Kommt es infolge des Ansatzes eines zu hohen Kalkulationszinssatzes zur Ablehnung von Investitionsobjekten, ist der Investor nicht dazu in der Lage, die durch die Ablehnung der Investitionsobjekte frei gewordenen Mittel zum in der Rechnung verwendeten Kalkulationszinssatz anzulegen. Da sich der Investor die Ablehnung von Investitionsobjekten nur dann leisten kann, wenn eine entsprechende Alternativanlage tatsächlich vorhanden ist, hat der Kalkulationszinssatz die Aufgabe, diese Alternativanlage zu repräsentieren. Der Kalkulationszinssatz als Effektivverzinsung einer tatsächlich existierenden Alternativanlage bewirkt, dass die Kriterien zur Prüfung der Vorteilhaftigkeit einer Investition[40] in ihrem Kern immer einen Vergleich zweier Möglichkeiten darstellen. Die Vorteilhaftigkeit eines Investitionsobjekts wird immer im Vergleich zu einem konkurrierenden Objekt (Anlage der Geldmittel zum Kalkulationszinssatz) bestimmt. Die möglichen Entscheidungen sollten hinsichtlich des Risikos vergleichbar (risikoähnlich) sein.

---

39 So auch: *Bröhl, K.*: Der Kalkulationszinsfuß, S. 61; *Heister, M.*: Investitionsrechnung als empirisches Problem, S. 348.
40 Die Kapitalwert-, interne Zinsfuß- und Annuitätenmethode, vgl. Kapitel 2.1, 2.2 und 2.3.

1.5.2 Kalkulationszinssatz als subjektive Größe

1120 Betrachtet man die für die Festlegung des Kalkulationszinssatzes genannten Kriterien, so wird deutlich, dass es sich hierbei um verschiedene Möglichkeiten handelt. Der Investor muss sich für eine dieser Möglichkeiten entscheiden. Dabei spielen seine individuellen Finanzierungsverhältnisse eine große Rolle. Es gibt also keine einheitliche Richtschnur für die Bemessung des Kalkulationszinssatzes. Der Kalkulationszinssatz ist stets subjektiv. Hierfür bestehen neben den jeweiligen Finanzierungsverhältnissen folgende Gründe:

1122 1. Die möglichen **Untergrenzen**, die Basiszinssätze Haben- und Sollzinssatz, sind in einer Volkswirtschaft nicht einheitlich. Es existieren vielmehr verschiedene Habenzinssätze, z. B. der Zinssatz für Pfandbriefe, Kommunalobligationen und Schuldverschreibungen. Ebenso gibt es in einer Volkswirtschaft nicht nur einen Sollzinssatz, sondern unterschiedliche Werte für Kontokorrent-, Hypothekar- und Wechseldiskontkredite.

2. Die **Zuschläge** auf den Basiszinssatz, insbesondere Risikozuschläge[41], aber auch Zuschläge, die Preissteigerungen[42] erfassen, und solche, die Steuern[43] berücksichtigen sollen, hängen von der Einschätzung und dem Vorgehen des Investors ab, sind also nicht objektiv.

3. Wird der Kalkulationszinssatz nach dem **Opportunitätskostenprinzip** festgelegt, so ist zu bedenken, dass das Feld der Investitionsmöglichkeiten – und somit der entgehenden Renditen – von Investor zu Investor verschieden ist. Verschiedene Investoren gelangen also im Regelfall zu verschiedenen Opportunitätskosten.

---

[41] Zu Investitionsentscheidungen bei Risiko vgl.: *Däumler, K.-D./Grabe, J.*: Anwendung von Investitionsrechnungsverfahren in der Praxis, S. 107 ff.
[42] Zu Investitionsentscheidungen bei Preissteigerungen vgl.: *ebenda*, S. 138 ff.
[43] Vgl. hierzu u. a.: *Däumler, K.-D.*: Zum Einfluss der Gewinnbesteuerung auf die Höhe des Kalkulationszinsfußes, S. 335 ff.

Zusammenfassung

▶ **Zweck der Investitionsrechnung** 1130

Der Unternehmer will wissen, ob eine Einzelinvestition vorteilhaft ist oder nicht (absolute Vorteilhaftigkeit). Stehen mehrere Investitionsobjekte zur Auswahl, dann will er wissen, welches Objekt das beste, zweitbeste, drittbeste ist (relative Vorteilhaftigkeit). Bei Anschaffung von Neuanlagen fragt er sich, wie lange diese voraussichtlich genutzt werden sollen (optimale Nutzungsdauer). Bei im Betrieb stehenden alten Maschinen ist alljährlich die Frage „Sofortersatz oder Weiterbetrieb?" zu beantworten (Ersatzproblem).

▶ **Investitionsarten**

Je nach Einteilungskriterium erhält man verschiedene Investitionsarten. Fragt man nach dem Investitionsobjekt, dann unterscheidet man Real-, Finanz- und immaterielle Investitionen. Fragt man nach der Zwecksetzung einer Investitionsentscheidung im praktischen Fall, dann unterscheidet man Errichtungs-, Ersatz-, Rationalisierungs-, Erweiterungs-, Sozial- und Sicherheitsinvestitionen. Aufgrund unterschiedlicher Nutzungszeiten unterscheiden wir kurz-, mittel- und langfristige Investitionen. Der Investor kann ein öffentlicher oder ein privater sein. Auf die Gründungsinvestition, die am Anfang der Geschichte eines Betriebs steht, folgen die laufenden Investitionen.

▶ **Investition als Zahlungsreihe**

Ganz egal, welche Investitionsart im praktischen Fall auch vorliegt – man kann das jeweilige Projekt durch die mit ihm verbundenen Ein- und Auszahlungen beschreiben. Deshalb bezeichnet man auch eine Investition als Zahlungsreihe, die mit einer Auszahlung beginnt. Umgekehrt definiert man eine Finanzierung als eine Zahlungsreihe, die mit einer Einzahlung beginnt.

▶ **Vorteilhaftigkeit**

Der Investor strebt danach, nur vorteilhafte Investitionen zu realisieren. Die Vorteilhaftigkeit hängt ab von den „drei Z" (Zahlungen, Zeit und Zins), d. h. von der Höhe der Ein- und Auszahlungen, deren zeitlicher Verteilung und dem Kalkulationszinssatz.

▶ **Investitionsrechnung und Kostenrechnung**

Allgemein gilt: Der Rechnungszweck bestimmt die in der Rechnung zu verwendenden Rechnungselemente. Da die Investitionsrechnung einen anderen Rechnungszweck verfolgt als die Kostenrechnung, sind auch andere Rechnungselemente zu verwenden, nämlich Ein- und Auszahlungen anstelle von Leistungen und Kosten.

Bei Ein- und Auszahlungen handelt es sich um kassenwirksame Größen. Eine Einzahlung bedeutet, dass liquide Mittel zufließen; bei einer Auszahlung fließen liquide Mittel ab. Da die Vorteilhaftigkeit eines Objekts auch davon abhängt, wann die entsprechenden Zu- und Abflüsse stattfinden, sind in einer Investitionsrechnung vorzugsweise Zahlungsgrößen zu verwenden. Die Verwendung anderer Rechnungselemente kann zu Fehlentscheidungen führen.

▶ **Kalkulationszinssatz**

Er gibt die subjektive Mindestverzinsungsanforderung des Investors an sein Investitionsobjekt an. In der betrieblichen Praxis beachtet man bei der Festlegung dieses Zinssatzes sowohl Finanzierungs- als auch Risikoaspekte. Häufig genannte Werte für den Kalkulationszinssatz liegen im Bereich von 8 bis 12 %, wobei meist der Sollzinssatz des Kapitalmarktes die Untergrenze bildet. Bei vergleichsweise sicheren und eigenfinanzierten Investitionen kann auch der Habenzinssatz des Kapitalmarktes als Basis in Betracht kommen. Bei einer Mischfinanzierung kann man sich am Mittelwert zwischen dem Kalkulationszinssatz bei Eigen- und Fremdfinanzierung orientieren.

▶ **Opportunitätskosten**

Sie sind definiert als Zinsentgang durch Verzicht auf die Alternativanlage. Maßstab ist die Rendite, die bei der besten nicht realisierten Investitionsmöglichkeit zu erzielen gewesen wäre. Von theoretischer Seite wird häufig gefordert, den Kalkulationszinssatz nach Maßgabe der Opportunitätskosten festzulegen.

Aufgaben

AUFGABE 1 (EINSTEIGER) 1140

Bitte begründen Sie kurz die Notwendigkeit der Investitionsrechnung aus volkswirtschaftlicher und betriebswirtschaftlicher Sicht!

Die Lösung finden Sie in Tz. 7001!

AUFGABE 2 (EINSTEIGER)

Bitte erläutern Sie den Unterschied zwischen Realinvestition und Finanzinvestition!

Die Lösung finden Sie in Tz. 7002!

AUFGABE 3 (EINSTEIGER)

Ist es für die Durchführung einer Investitionsrechnung von Bedeutung, ob eine Real- oder eine Finanzinvestition vorliegt?

Die Lösung finden Sie in Tz. 7003!

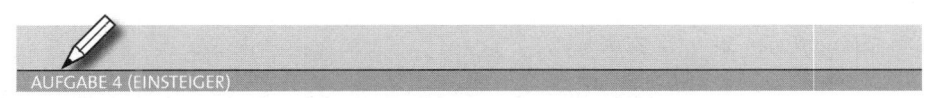

AUFGABE 4 (EINSTEIGER)

Mit welchen Rechnungselementen hat man im Rahmen der Investitionsrechnung zu arbeiten? Bitte begründen Sie Ihre Antwort!

Die Lösung finden Sie in Tz. 7004!

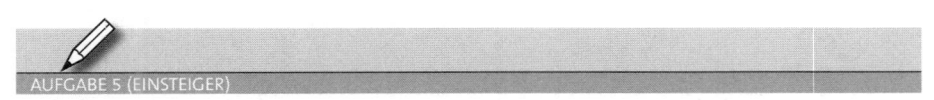

AUFGABE 5 (EINSTEIGER)

Inwiefern kann eine Ersatzinvestition gleichzeitig eine Rationalisierungsinvestition sein?

Die Lösung finden Sie in Tz. 7005!

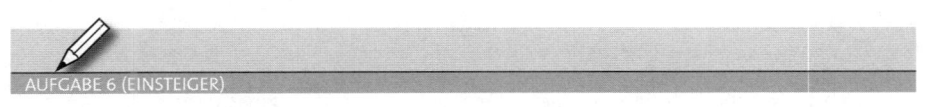

AUFGABE 6 (EINSTEIGER)

Bitte skizzieren Sie den Unterschied zwischen der Kostenrechnung und der Investitionsrechnung!

Die Lösung finden Sie in Tz. 7006!

KAPITEL 1 — Aufgaben

AUFGABE 7 (FORTGESCHRITTENE)

Bitte nennen Sie zu jeder der folgenden Definitionen den dazugehörigen Fachbegriff:

Definition	Fachbegriff
Geldwert eines Einkaufs pro Periode	
Geldwert eines Verkaufs pro Periode	
Bewerteter Güterverzehr im Produktionsprozess zur Leistungserstellung einer Periode	
Bewertete betriebliche Leistungen einer Periode	
Jede Eigenkapitalminderung einer Periode, die keine Kapitalrückzahlung darstellt	
Jede Eigenkapitalerhöhung einer Periode, die keine Kapitaleinzahlung darstellt	
Kassenminderung pro Periode	
Kassenzugang pro Periode	

Die Lösung finden Sie in Tz. 7007!

AUFGABE 8 (EINSTEIGER)

Bitte vergleichen Sie die beiden Hauptgruppen investitionsrechnerischer Verfahren und deren praktische Bedeutung!

Die Lösung finden Sie in Tz. 7008!

AUFGABE 9 (EINSTEIGER)

Was versteht man unter dem Kalkulationszinssatz?

Die Lösung finden Sie in Tz. 7009!

AUFGABE 10 (PROFIS)

Bitte zeigen Sie verschiedene Möglichkeiten zur Festlegung des Kalkulationszinssatzes und begründen Sie kurz jede dieser Möglichkeiten!

Die Lösung finden Sie in Tz. 7010!

AUFGABE 11 (FORTGESCHRITTENE)

Wodurch unterscheidet sich die Festlegung des Kalkulationszinssatzes nach dem Opportunitätskostenprinzip von der Festlegung des Kalkulationszinssatzes bei vollständiger Eigenfinanzierung nach Gleichung (1.2)?

Die Lösung finden Sie in Tz. 7011!

AUFGABE 12 (FORTGESCHRITTENE)

Kann es sinnvoll sein, den Kalkulationszinssatz höher als den Effektivzinssatz der besten Investitionsalternative festzulegen, wenn Risikogleichheit besteht? Bitte begründen Sie Ihre Antwort!

Die Lösung finden Sie in Tz. 7012!

AUFGABE 13 (FORTGESCHRITTENE)

Kann der Kalkulationszinssatz eines Investors als objektiv bezeichnet werden? Bitte begründen Sie Ihre Antwort!

Die Lösung finden Sie in Tz. 7013!

AUFGABE 14 (FORTGESCHRITTENE)

Wird die Vorteilhaftigkeit einer Investition isoliert (ohne Vergleich mit einem konkurrierenden Objekt) bestimmt?

Die Lösung finden Sie in Tz. 7014!

AUFGABE 15 (FORTGESCHRITTENE)

Ein Investor, der die Durchführung einer Investition plant, möchte seinen Kalkulationszinssatz festlegen. Welche Höhe hat der Kalkulationszinssatz, wenn das mit der Investition verbundene Risiko durch einen 6 %-igen Aufschlag berücksichtigt werden soll,

a) bei vollständiger Eigenfinanzierung und einem Habenzinssatz von 9 %, falls der Investor nach Gleichung (1.2) vorgeht;

b) bei vollständiger Fremdfinanzierung und einem Sollzinssatz von 11 %, falls der Investor nach Gleichung (1.4) vorgeht;

c) bei einem Eigenfinanzierungsanteil von 25 %, wenn der Investor nach Gleichung (1.5) vorgeht (Soll- und Habenzinssätze wie in a) und b));

d) bei einer verdrängten Rendite (= Effektivzinssatz der besten nicht gewählten Alternativinvestition) von 19 %, falls der Investor nach dem Opportunitätskostenprinzip aus Gleichung (1.6) vorgeht (Hinweis: Alternativinvestition ist mit dem gleichen Risiko behaftet wie Beurteilungsobjekt)?

Die Lösung finden Sie in Tz. 7015!

AUFGABE 16 (FORTGESCHRITTENE)

Einem Investor bieten sich für die Planungsperiode folgende Investitionsmöglichkeiten, die sich lediglich durch ihre Effektivverzinsung unterscheiden:

Investition	1	2	3	4
Rendite (%)	10	19	15	18

a) Wie hoch sind die Opportunitätskosten, wenn sich der Investor für Investition 2 entscheidet?

b) Wie hoch sind die Opportunitätskosten, wenn sich der Investor für Investition 4, 3 oder 1 entscheidet?

Die Lösung finden Sie in Tz. 7016!

AUFGABE 17 (EINSTEIGER)

Welche Höhe hat nach Ihrer Auffassung der niedrigste (höchste) in der Praxis verwendete Kalkulationszinssatz? Wie viel Prozent beträgt nach Ihrer Schätzung der am häufigsten vorkommenden Kalkulationszinssatz?

Die Lösung finden Sie in Tz. 7017!

AUFGABE 18 (EINSTEIGER)

Worin liegt der grundsätzliche Unterschied zwischen Investition und Finanzierung?

Die Lösung finden Sie in Tz. 7018!

Kapitel 2. Dynamische Verfahren

2.1 Kapitalwertmethode

2.1.1 Finanzmathematische Grundlagen

2.1.1.1 Leitgedanke der Kapitalwertmethode

Die Kapitalwertmethode ist die erste der dynamischen Investitionsrechnungsmethoden. Sie soll die Vorteilhaftigkeit von Investitionen prüfen und beruht auf einer einfachen Idee: Sie vergleicht die Gesamtheit der Einzahlungen und Auszahlungen eines Objekts. Dazu sind alle Ein- und Auszahlungen auf den Investitionsbeginn (= Zeitpunkt 0) mit dem Kalkulationszinssatz abzuzinsen (zu diskontieren). Daher setzt die Kapitalwertmethode die Kenntnis einfacher finanzmathematischer Zusammenhänge voraus, die im Folgenden erörtert werden. Dabei soll nach finanzmathematischem Brauch der Zinssatz künftig in Dezimalform geschrieben werden. Es gilt also:

$$p \Rightarrow \frac{p}{100} = i$$

Wenn sich der Zinssatz p beispielsweise auf 6 % beläuft, so drücken wir dies mit Hilfe der Dezimalzahl aus:

$$i = 0{,}06 = \frac{6}{100}$$

$$i = 6\,\%$$

2.1.1.2 Aufzinsen einer heutigen Zahlung

Welchen Endwert K_n erreicht ein Geldbetrag K_0, der für n Jahre angelegt wird, wobei die Zinsen jeweils am Jahresende dem Kapital zugeschlagen werden? Der Zinssatz sei i.

Sie verfolgen die Entwicklung des Kontostands über drei Jahre, wie im folgenden Zeitstrahl und in Abb. 14 dargestellt, und entwickeln daraus eine Gleichung.

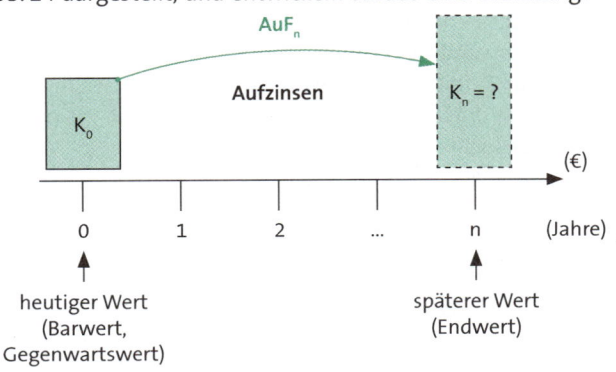

KAPITEL 2 — Dynamische Verfahren

ABB. 14: Entwicklung des Kapitals im Zeitablauf

Jahre	Wert des Kapitals am Jahresbeginn	Zinsen	Wert des Kapitals am Jahresende
1	K_0	$K_0 \cdot i$	$K_1 = K_0 + K_0 \cdot i$ $ = K_0 (1+i)$
2	K_1	$K_1 \cdot i$	$K_2 = K_1 + K_1 \cdot i = K_1 (1+i)$ $ = K_0 (1+i)(1+i)$ $ = K_0 (1+i)^2$
3	K_2	$K_2 \cdot i$	$K_3 = K_2 + K_2 \cdot i = K_2 (1+i)$ $ = K_0 (1+i)^2 (1+i)$ $ = K_0 (1+i)^3$
...	...	...	...
n	K_{n-1}	$K_{n-1} \cdot i$	$K_n = K_{n-1} + K_{n-1} \cdot i$ $ = K_{n-1}(1+i)$ $ = K_0 (1+i)^{n-1}(1+i)$ $ = K_0 (1+i)^n$

Abb. 14 zeigt, dass der Wert des Kapitals am Ende eines beliebigen Jahres n angegeben werden kann durch:

Gleichung (2.1.1)

$$K_n = K_0 (1+i)^n = K_0 \cdot AuF$$

↳ Aufzinsungsfaktor (AuF)

Gleichung (2.1.1) heißt **Aufzinsungsgleichung**. Der Faktor $(1+i)^n$ heißt **Aufzinsungsfaktor (AuF)**. Zur Vereinfachung setzt man häufig $(1+i) = q$. Der Aufzinsungsfaktor lautet dann q^n. Sie finden ihn und die anderen für die Investitionsrechnung wichtigen Faktoren im Tabellenanhang dieses Buchs. Für die Übungsbeispiele im Buch reichen die im Tabellenanhang erfassten Werte aus. Sollten Sie zur Bewältigung spezieller Praxisfragen weitere Werte benötigen, so sind spezielle Tabellenwerke erforderlich[44] oder Rechner mit finanzmathematischen Funktionen. Vor den Tabellen für die finanzmathematischen Faktoren finden Sie eine Übersicht, die Ihnen schematisch zeigt, wann welcher Faktor anzuwenden ist. Sie nutzen die Übersicht folgendermaßen: Erstens stellen Sie das zu lösende Problem mit Hilfe eines Zeitstrahls dar. Zweitens suchen Sie in der Übersicht den zu dem Zeitstrahl gehörigen Faktor. Beachten Sie bitte: Die bekannte und gegebene Größe ist durch den Punkt gekennzeichnet, die Pfeilspitze zeigt stets auf die unbekannte und gesuchte Größe.

---

[44] Däumler, K.-D.: Finanzmathematisches Tabellenwerk, S. 90 ff.

Kapitalwertmethode — KAPITEL 2

BEISPIEL: Sparbuchfall 2007

Auf welchen Betrag K_n wächst ein Sparguthaben von $K_0 = 10.000$ € in $n = 6$ Jahren beim Zinssatz von $i = 0,08 = 8\%$ an?

Lösung:

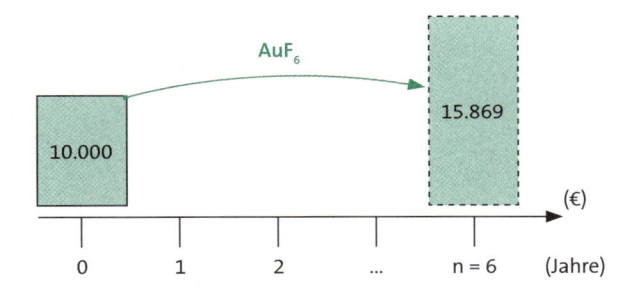

$K_n = K_0 \cdot AuF_6$

$K_6 = 10.000 \cdot 1,586874$

$K_6 = 15.868,74$ (€)

Ergebnis:

Nach sechs Jahren kann man über 15.868,74 € verfügen.

BEISPIEL: Einwohnerzahl-Prognose 2009

Die Einwohnerzahl einer Großstadt steigt durch Geburtenüberschuss und Zuwanderung jährlich um 6 % und betrug zuletzt 800.000. Wie viele Einwohner hat die Stadt in 15 Jahren, wenn die Einwohnerzahl weiter um 6 % jährlich wächst?

Lösung:

Wir verwenden die bisher gebrauchten Symbole K und i analog weiter. K steht dann für die jeweilige Bevölkerungszahl und i für den jährlichen Bevölkerungszuwachs in Prozent pro Jahr.

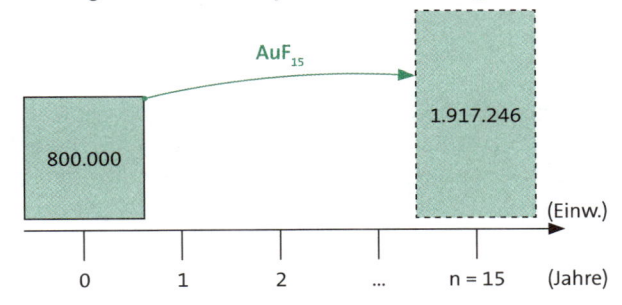

$K_n = K_0 \cdot AuF_{15}$

$K_{15} = 800.000 \cdot 2,396558$

$K_{15} = 1.917.246$ (Einw.)

Ergebnis:

Die Großstadt hat nach 15 Jahren 1.917.246 Einwohner.

2.1.1.3 Abzinsen einer späteren Zahlung

2010 Welchen Gegenwartswert oder Barwert K_0 hat ein nach n Jahren fälliger Betrag K_n bei einem Zinssatz von i?

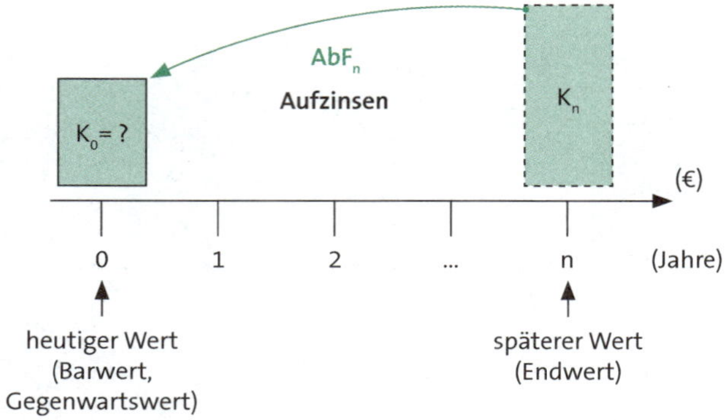

Die Gleichung (2.1.1) $K_n = K_0\,(1+i)^n$ ist nach dem gesuchten Wert K_0 (= Gegenwartswert oder Barwert) aufzulösen. Man erhält dann Folgendes:

Gleichung (2.1.2)

$$K_0 = K_n \cdot \frac{1}{(1+i)^n}$$

$$K_0 = K_n(1+i)^{-n} = K_n \cdot AbF$$

→ Abzinsungsfaktor (AbF)

Diese Formel heißt **Abzinsungsformel**. Der Faktor

$$\frac{1}{(1+i)^n} = (1+i)^{-n}$$

ist der **Abzinsungsfaktor**. Er wird häufig auch als q^{-n} geschrieben. Weil „diskontieren" „abzinsen" heißt, wird der Abzinsungsfaktor gelegentlich auch **Diskontierungsfaktor** genannt. Sie finden den Abzinsungsfaktor (AbF) neben dem Aufzinsungsfaktor (AuF) im Tabellenanhang.

BEISPIEL: Abfindung eines ausscheidenden Gesellschafters 2012

Ein Mitinhaber eines Unternehmens scheidet unter der Bedingung aus, dass er in fünf Jahren 125.000 € ausgezahlt erhält. Wie groß ist der jetzige Ablösungswert (Barwert) dieser Summe bei einem Zinssatz von i = 0,10 = 10 %?

Lösung:

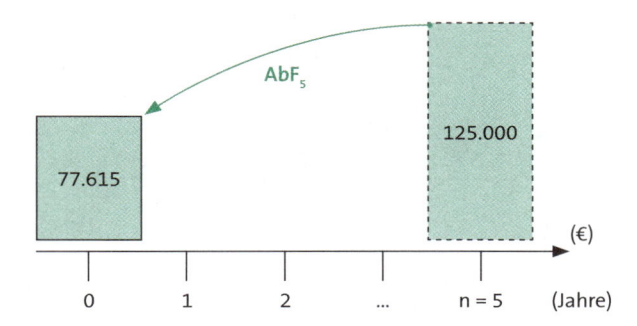

$K_0 = K_n \cdot AbF_5$
$K_0 = 125.000 \cdot 0,620921$
$K_0 = 77.615,13$ (€)

Ergebnis:

Der Barwert von 125.000 €, die in fünf Jahren fällig sind, beläuft sich auf 77.615,13 €.

BEISPIEL: Gegenwartswert dreier Zahlungen 2014

Beim Kauf eines Hauses wird abgemacht, dass der Käufer 60.000 € in bar, 60.000 € nach zwei Jahren und weitere 60.000 € nach fünf Jahren bezahlen soll. Wie viel kostet das Haus zum Zeitpunkt 0, wenn man mit einem Zinssatz von i = 0,08 = 8 % rechnet?

Lösung:

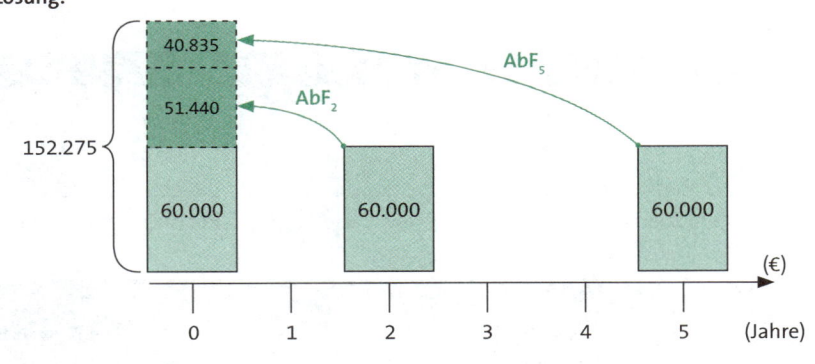

Man bezieht alle Teilbeträge auf den Zeitpunkt 0 und erhält dann:

$K_0 = 60.000 + 60.000 \cdot AbF_2 + 60.000 \cdot AbF_5$
$K_0 = 60.000 + 60.000 \cdot 0,857339 + 60.000 \cdot 0,680583$
$K_0 = 60.000 + 51.440 + 40.835$
$K_0 = 152.275$ (€)

Ergebnis:

Der Gegenwartswert der drei Raten beläuft sich auf 152.275 €.

2.1.1.4 Abzinsen und Summieren einer Zahlungsreihe

Wie groß ist der Gegenwarts- oder Barwert K_0 einer Zahlungsreihe, bei der für die Dauer von n Jahren jeweils am Jahresende ein im Zeitablauf gleich bleibender Betrag g anfällt? Der Zinssatz beläuft sich auf i.

Abzinsen und Summieren

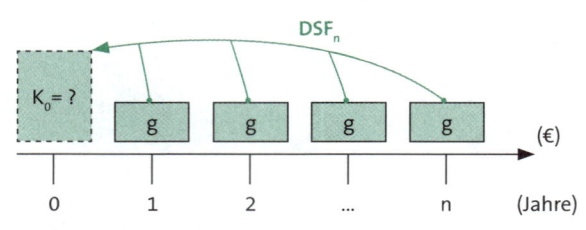

Wenn man die Jahreszahlungen g jeweils einzeln diskontiert (abzinst), so erhält man für K_0 (= Gegenwartswert der Zahlungsreihe) den Ausdruck:

Gleichung (2.1.3)

$$K_0 = g \cdot \frac{1}{(1+i)} + g \cdot \frac{1}{(1+i)^2} + g \cdot \frac{1}{(1+i)^3} + \ldots + g \cdot \frac{1}{(1+i)^n}$$

Die Berechnung des Barwertes K_0 ist nach dieser Methode stets möglich. Sie sehen jedoch, dass die Errechnung von K_0 mit zunehmender Länge der Zahlungsreihen, also mit wachsendem n, immer zeitaufwendiger wird. Es liegt daher nahe, Gleichung (2.1.3) zu vereinfachen.

Betrachten Sie Gleichung (2.1.3) genauer, so erkennen Sie, dass eine geometrische Reihe vorliegt, bei der sich jedes Glied durch Multiplikation des vorhergehenden mit dem Faktor f = 1 / (1+i) ergibt. Setzen wir zur Vereinfachung 1 / (1+i) = f, so können wir statt Gleichung (2.1.3) auch schreiben:

Gleichung (2.1.4)

$$K_0 = \underbrace{g}_{\substack{1.\text{ Glied} \\ a_1}} \cdot f + g \cdot f^2 + \ldots + g \cdot f^{n-1} + g \cdot f^n$$

Aus der Mathematik kennen wir die folgende Gleichung zur Bestimmung der Summe einer geometrischen Reihe:

Gleichung (2.1.5)
Summenformel für geometrische Reihe

$$S_n = a_1 \cdot \frac{1 - f^n}{1 - f}$$

Symbole allgemein	Bedeutung	Symbole in unserem Fall
S_n	Summe von n Gliedern einer geometrischen Reihe	K_0
a_1	Erstes Glied der geometrischen Reihe	$g \cdot f = g \cdot \dfrac{1}{1+i}$
f	Faktor, mit dem ein Glied der Reihe zu multiplizieren ist, um das nachfolgende zu erhalten	$\dfrac{1}{1+i}$

Setzen Sie unsere Symbole in die Summenformel ein. Sie erhalten dann:

$$K_0 = g \cdot \underbrace{\frac{1}{1+i}}_{a_1} \cdot \underbrace{\frac{1 - \frac{1}{(1+i)^n}}{1 - \frac{1}{1+i}}}_{\frac{1-f^n}{1-f}} \quad | \text{Brüche multiplizieren} \rightarrow$$

$\quad | \text{mit } (1+i)^n \text{ erweitern} \rightarrow$

Gleichung (2.1.6)

$$K_0 = g \cdot \frac{(1+i)^n - 1}{i(1+i)^n} = g \cdot \text{DSF}$$

↳ Diskontierungssummenfaktor (DSF)

Gleichung (2.1.6) dient zur Ermittlung des Barwertes einer Zahlungsreihe, bestehend aus n gleichen Zahlungen, die jeweils am Jahresende anfallen. Man hat also lediglich die konstante Jahreszahlung g mit dem Faktor

$$\text{DSF} = \frac{(1+i)^n - 1}{i(1+i)^n}$$

zu multiplizieren, um den Gegenwartswert der Zahlungsreihe zu erhalten. Weil dieser Faktor

1. alle Glieder der Zahlungsreihe mit dem Zinssatz i abzinst und
2. die Barwerte aller Glieder summiert,

heißt er **Abzinsungssummenfaktor** oder **Diskontierungssummenfaktor (DSF)**. Gelegentlich wird er auch **Kapitalisierungs- oder Barwertfaktor** genannt. Eine alternative Schreibweise, bei der (1+i) = q gesetzt wird, lautet:

$$\text{DSF} = \frac{q^n - 1}{q^n (q-1)}$$

Auch den Diskontierungssummenfaktor DSF finden Sie im Tabellenanhang für viele Kombinationen von i und n. Bitte beachten Sie, dass der Diskontierungssummenfaktor nur dann anwendbar ist, wenn folgende Bedingungen erfüllt sind:

1. Die Zahlungen fallen stets am Periodenende an (postnumerando, nachschüssig).
2. Die Zahlungsreihen sind äquidistant, d. h. der zeitliche Abstand zwischen den Zahlungen ist gleich. Meist wählt man Zeitabstände von einem Jahr. Die Zahlungen können aber auch in periodischen Abständen von Quartalen, Monaten oder Tagen anfallen.
3. Die Zahlungsreihen sind uniform, d. h. die einzelnen Zahlungen sind gleich.

Bei unterschiedlichen Zahlungen und/oder verschiedenen zeitlichen Distanzen bleibt Ihnen nichts anderes übrig, als die Geldbeträge jeder Periode einzeln mit dem Abzinsungsfaktor (AbF) auf die Gegenwart zu diskontieren (abzuzinsen).

2017 **BEISPIEL:** ▶ **Barwert des blauen Dunstes**

Ein Raucher gibt im Jahr 1.200 € für Tabakwaren aus. Wie groß ist der Gegenwartswert dieser Zahlungsreihe bei einer Restlebenserwartung des Rauchers von 40 Jahren und einem Zinssatz von i = 0,06 = 6 %?

Lösung:

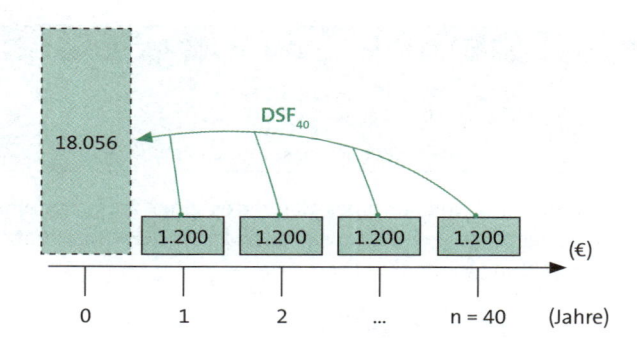

$K_0 = g \cdot DSF_{40}$

$K_0 = 1.200 \cdot 15{,}046297$

$K_0 = 18.056$ (€)

Ergebnis:

Der Barwert hat eine Höhe von 18.056 €.

2018 **BEISPIEL:** ▶ **Barwert von Unterhaltszahlungen**

Ein geschiedener Vater hat sich verpflichtet, für sein bei der Mutter lebendes Kind ein Unterhaltsgeld von jährlich 9.000 € zu zahlen. Der Unterhaltszeitraum beträgt 15 Jahre. Mit welchem Betrag könnte er die Zahlungsreihe heute ablösen, wenn man von einem Zinssatz i = 0,05 = 5 % ausgeht?

Lösung:

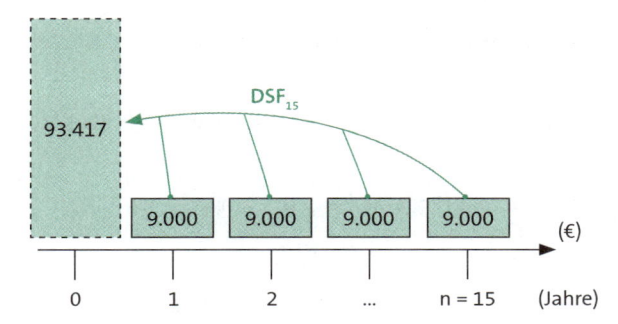

$K_0 = g \cdot DSF_{15}$
$K_0 = 9.000 \cdot 10,379658$
$K_0 = 93.417$ (€)

Ergebnis:
Die 15-jährige Rente von 9.000 € kann beim Zinssatz von i = 5 % durch die einmalige Zahlung von 93.417 € abgelöst werden.

MERKE

Rente heißt jede regelmäßige Geldzahlung. Nach der Zahlungsdauer unterscheidet man

▶ Zeitrente (feste Frist),

▶ Leibrente (unbekannte Frist) und

▶ ewige Rente (zeitlich unbegrenzt).

Kapitalisierung ist die Umrechnung einer Rente in eine einmalige Zahlung g heute.

2.1.1.5 Aufzinsen und Summieren einer Zahlungsreihe

Welchen Endwert K_n hat eine Zahlungsreihe, bei der für die Dauer von n Jahren jeweils am Jahresende ein gleich bleibender Betrag g anfällt, wenn man mit einem Zinssatz von i rechnet?

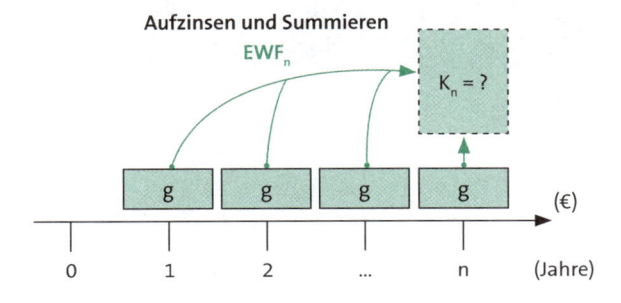

KAPITEL 2   Dynamische Verfahren

Die Lösung dieses Problems erfolgt in zwei Schritten:

1. Sie berechnen den Barwert der Zahlungsreihe mit Hilfe des Diskontierungssummenfaktors (DSF).
2. Sie zinsen den Barwert K_0 mit Hilfe des Aufzinsungsfaktors (AuF) auf den Zeitpunkt n auf.

Der folgende Zeitstrahl verdeutlicht die beiden Schritte:

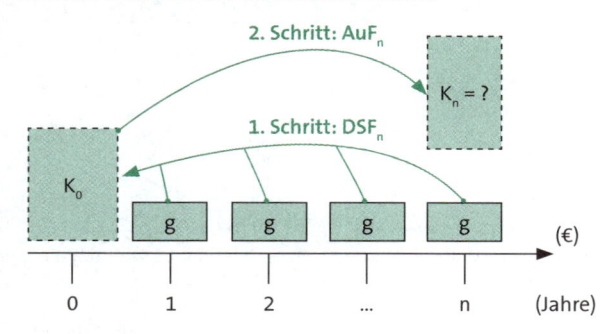

Für K_0 kann man schreiben (1. Schritt):

$$K_0 = g \cdot DSF = g \cdot \frac{(1+i)^n - 1}{i(1+i)^n}$$

Für K_n muss gelten (2. Schritt):

$$K_n = K_0 \cdot AuF = K_0 (1+i)^n$$

Unter Berücksichtigung der K_0-Gleichung lässt sich die K_n-Gleichung wie folgt schreiben:

$$K_n = \underbrace{g \cdot \frac{(1+i)^n - 1}{i(1+i)^n}}_{K_0} \cdot (1+i)^n \qquad | \text{kürzen mit } (1+i)^n \rightarrow$$

Gleichung (2.1.7)

$$K_n = g \cdot \frac{(1+i)^n - 1}{i} = g \cdot EWF$$

Endwertfaktor (EWF)

Der Faktor

$$\frac{(1+i)^n - 1}{i}$$

heißt **Endwertfaktor (EWF)** oder **Aufzinsungssummenfaktor**. Er gestattet die Bestimmung jener einmaligen Zahlung zum Zeitpunkt n, die einer Zahlungsreihe mit gleich bleibenden Jahreszahlungen bei einem Zinssatz von i wirtschaftlich gleichwertig (äquivalent) ist. Sie finden ihn im Tabellenanhang, wo auch seine alternative Schreibweise mit (1+i) = q notiert ist:

$$EWF = \frac{q^n - 1}{q - 1}$$

BEISPIEL: Endwertermittlung   2022

a) Ein Soldat hat sich auf acht Jahre zur Bundeswehr verpflichtet. Am Ende seiner Bundeswehrzeit möchte er sich ein Auto kaufen. Zu diesem Zweck legt er jeweils am Jahresende 1.500 € zurück, worauf ihm seine Bank 6 % Zinsen gewährt. Die Zinsen werden ihm stets am Jahresende gutgeschrieben und im folgenden Jahr mitverzinst. Wie viel kann er nach acht Jahren für den Wagen ausgeben?

b) Der Industrielle F. verspricht dem Abgeordneten L. eine jährliche Zahlung von 200.000 €. Wie viel kann L. nach zwei Legislaturperioden abheben, wenn er das Geld jeweils am Jahresende bei seiner Bank einzahlt, die ihm 7,5 % Zinsen gewährt?

Lösung a):

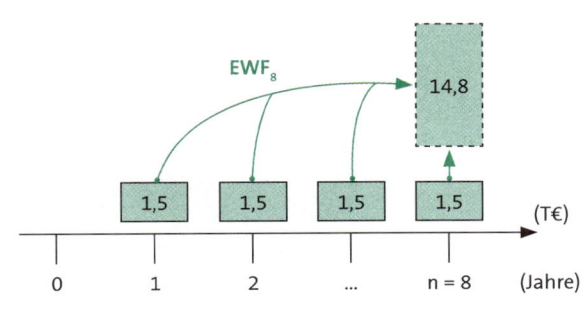

$K_n = g \cdot EWF_8$
$K_n = 1.500 \cdot 9,897468$
$K_n = 14.846$ (€)

Lösung b):

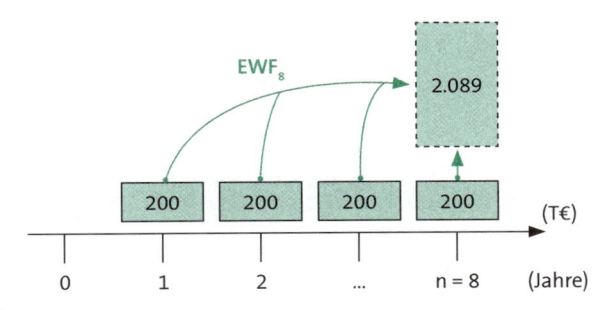

$K_n = g \cdot EWF_8$
$K_n = 200.000 \cdot 10,446371$
$K_n = 2.089.274$ (€)

Ergebnis:

Der Soldat kann nach acht Jahren 14.846 € abheben. Der Abgeordnete verfügt nach acht Jahren über 2,089 Mio. €.

2024 **BEISPIEL:** **Endwert des blauen Dunstes**

Ein Raucher gibt im Jahr 1.200 € für Tabakwaren aus. Wie groß ist der Endwert dieser Zahlungsreihe bei einer Restlebenserwartung des Rauchers von 40 Jahren und einem Zinssatz von i = 0,06 = 6 %? Wie erhält man bei gegebenem Endwert den Barwert? Wie kann man den Barwert noch errechnen?

Lösung:

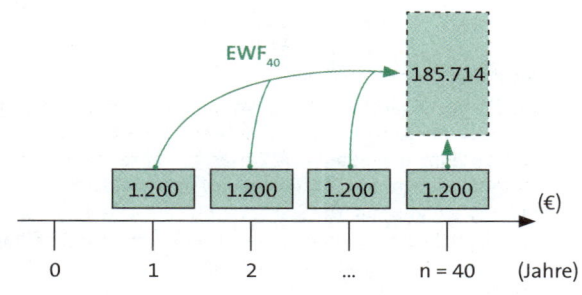

$K_n = g \cdot EWF_{40}$
$K_n = 1.200 \cdot 154{,}761966$
$K_n = 185.714$ (€)

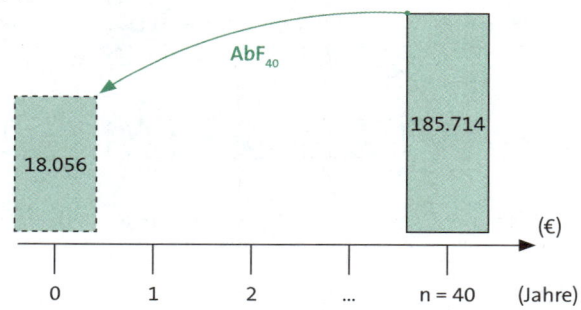

$K_0 = K_n \cdot AbF_{40}$
$K_0 = 185.714 \cdot 0{,}097222$
$K_0 = 18.055$ (€)

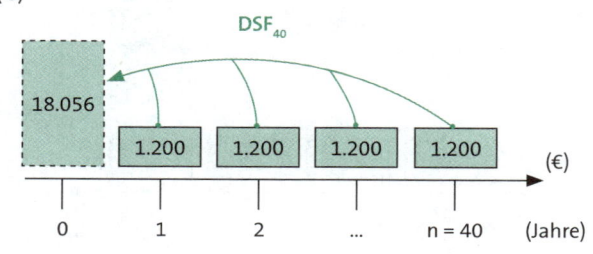

$K_0 = g \cdot DSF_{40}$
$K_0 = 1.200 \cdot 15{,}046297$
$K_0 = 18.056$ (€)

Ergebnis:

Der Endwert des blauen Dunstes beläuft sich auf 185.714 €. Bei gegebenem Endwert erhalten Sie den zugehörigen Barwert, indem Sie den Endwert mit dem Abzinsungsfaktor (AbF) multiplizieren, bei gegebener Zahlungsreihe, indem Sie diese mit dem Diskontierungssummenfaktor (DSF) kapitalisieren.

2.1.2 Kapitalwertkriterium

Die Kapitalwertmethode gehört zu den wichtigsten Investitionsrechnungsverfahren. 1985 nutzten sie 48 % der deutschen Großunternehmungen, 1989 setzten sie schon 59 % der Umsatzmilliardäre ein, 1996 waren es 73 % (vgl. Rdnr. 1055). Daneben nutzten 1996 40 % der Mittelständler die Kapitalwertmethode. Die Untersuchung von *Zischg*[45] bestätigt diese Entwicklung. Die Zahl der Unternehmungen, die ihre Investitionsentscheidungen unmittelbar aufgrund des Kapitalwertes fällen, liegt allerdings etwas unter den genannten Werten. Denn manche Unternehmungen, die den Kapitalwert errechnen, nutzen ihn nur als Vorstufe zur Ermittlung der Investitionsrendite (vgl. Kapitel 2.2: Interne Zinsfuß-Methode) oder der Annuität der Investition (vgl. Kapitel 2.3: Annuitätenmethode). Neben der Kapitalwertmethode setzen die Unternehmen häufig noch andere Entscheidungshilfen ein: Im Durchschnitt verwenden die Großunternehmungen heute 3,4 Investitionsrechnungsmethoden nebeneinander. Wenn die Unternehmungen theoriekonform vorgehen würden, müssten alle dynamisch rechnenden Investoren ihre Kalküle auf der Basis von Ein- und Auszahlungen erstellen. Diese werden mit 48 % mittlerweile zwar am häufigsten als Rechnungselemente genutzt, in 64 % der Anwendungsfälle werden aber nicht-zahlungswirksame Größen (Ausgaben/Einnahmen, Kosten/Leistungen, Aufwendungen/Erträge) genannt. 43 % der Unternehmungen verwenden nebeneinander unterschiedliche Rechnungselemente; 57 % setzen für alle Rechenverfahren die gleichen Rechenelemente ein[46].

2025

Die **Kapitalwertmethode** (Barwertmethode, Diskontierungsmethode, Gegenwartsmethode, Net Present Value-Methode oder Nettobarwertmethode, Discounted-Cash-Flow-Methode = DCF-Methode) beruht auf einer einfachen Entscheidungsregel, die angibt, welche Bedingung erfüllt sein muss, damit man eine Investition als vorteilhaft, lohnend oder wirtschaftlich bezeichnen kann. Die Entscheidungsregel, die die Voraussetzungen für die Vorteilhaftigkeit einer Investition fixiert, nennt man **Kapitalwertkriterium**. Wir wollen das Kapitalwertkriterium schrittweise entwickeln.

2027

1. Nach einer sehr einfachen und umgangssprachlich orientierten Fassung unserer Entscheidungsregel könnte man sagen:

> Investition lohnt sich, wenn sie mindestens so viel erbringt wie sie kostet

Diese Entscheidungsregel setzt voraus, dass in den „Kosten" eines Objekts auch Zinsansprüche des Investors enthalten sind.

---

[45] Vgl. *Zischg, K.:* Investitionsrechnung in erwerbswirtschaftlichen Unternehmen, S. 71.
[46] Vgl. *Herrmann, B.:* Anwendung der Investitionsrechnungsmethoden in der Praxis, S. 50 f.

2. Wir präzisieren die Formulierung, indem wir berücksichtigen, dass die zu verwendenden Rechnungselemente nicht Leistungen und Kosten, sondern Ein- und Auszahlungen sind. Wir verknüpfen die Rechnungselemente außerdem durch die Bedingung ≥, welche die verbale Formulierung „mindestens so viel wie" ersetzt.

> **Investition lohnt sich, wenn**
> **Einzahlungen ≥ Auszahlungen**

3. Wir haben gelernt, dass Zahlungen, die zu unterschiedlichen Zeitpunkten anfallen, nicht vergleichbar sind (1 € heute ist mehr wert als 1 € morgen). Wir machen die Zahlungen vergleichbar, indem wir alle auf einen einheitlichen Zeitpunkt, den Zeitpunkt 0, beziehen.

> **Investition lohnt sich, wenn**
> **barwertige Einzahlungen ≥ barwertige Auszahlungen**

Ab dem dritten Schritt ist die Entscheidungsregel rechnerisch korrekt. Die folgenden Umformungen dienen nur noch der Vereinfachung.

4. Wir schreiben die barwertigen Ein- und Auszahlungen kürzer als E_0 und A_0 und erhalten die Formulierung:

> **Investition lohnt, wenn $E_0 ≥ A_0$**
> **Investition lohnt, wenn $E_0 - A_0 ≥ 0$**

5. Die Differenz zwischen den barwertigen Ein- und Auszahlungen ($E_0 - A_0$) bezeichnen wir als Kapitalwert C_0 und schreiben:

> **Investition lohnt, wenn $C_0 ≥ 0$**

2029 Eine Investition ist also bei dem gewählten Zinssatz vorteilhaft, wenn der auf den Zeitpunkt Null bezogene Kapitalwert, also der Barwert aller Zahlungen, die zum Zeitpunkt 0 oder später anfallen, nicht negativ ist.

Die Formulierung „nicht negativ" macht deutlich, dass man die Investition im Grenzfall $C_0 = 0$ nicht abzulehnen hat. Sie kann vielmehr als gerade eben vorteilhaft bezeichnet werden, da sie mit einer Geldanlage zum gewählten Kalkulationszinssatz gleichwertig ist. Der Investor erhält in diesem Fall sein eingesetztes Kapital zurück und eine Verzinsung der ausstehenden Beträge in Höhe seines Kalkulationszinssatzes von i.

Das Kapitalwertkriterium ist eine der wichtigsten Entscheidungsregeln, und zwar sowohl bei Investitionen als auch bei Finanzierungen. Die Größe des Kapitalwertes einer Investition – und damit deren Vorteilhaftigkeit – hängt ab von den „drei Z":

1. der Höhe der Zahlungen,
2. deren zeitlicher Verteilung und
3. dem Zinssatz.

Eine Investition lohnt sich (ist vorteilhaft, ist wirtschaftlich), wenn der von den drei Z bestimmte Kapitalwert nicht negativ ist. Dieser wird folgendermaßen definiert:

Kapitalwertmethode — KAPITEL 2

MERKE

Kapitalwert einer Investition ist die **Summe** der Barwerte aller durch diese Investition verursachten Zahlungen (= Ein und Auszahlungen).

oder

Kapitalwert ist die **Differenz** zwischen den barwertigen Einzahlungen und den barwertigen Auszahlungen einer Investition.

Dadurch, dass der Kapitalwert alle Geldbeträge einheitlich auf den Zeitpunkt 0, den Investitionsbeginn, abzinst, berücksichtigt er, dass man Geldbeträge, die erst in der Zukunft fällig werden, heute niedriger bewertet. Der Wertunterschied zwischen gegenwärtigen und zukünftigen Gütern wird durch das Abzinsen erfasst, dabei ist der Zinssatz Maßstab für die Zeitpräferenz, d. h. die Höherschätzung des Heutigen und die Minderschätzung des Künftigen durch den Menschen. Damit begründeten Ökonomen wie *Böhm-Bawerk*, *Fisher* und *von Stackelberg* schon vor langer Zeit die Existenz des Zinses[47].

2.1.3 Kapitalwert im Zweizahlungsfall

Im Folgenden wird gezeigt, wie man den Kapitalwert eines Investitionsobjekts in unterschiedlichen Praxisfällen, d. h. bei unterschiedlichen Zahlungsverläufen ermitteln kann. Die einfachste denkbare Investition besteht aus lediglich zwei Zahlungen, einer Auszahlung und einer Einzahlung. Wir gehen von folgendem Fall aus.

2030

BEISPIEL: Zweizahlungsfall

Die Gemeinde B kauft ein Grundstück für 100.000 €. Nach einem Jahr verkauft sie es an einen ansiedlungswilligen Unternehmer für 108.000 €. Überprüfen Sie die Vorteilhaftigkeit dieser Investition bei unterschiedlichen Kalkulationszinssätzen i.

2031

Lösung:

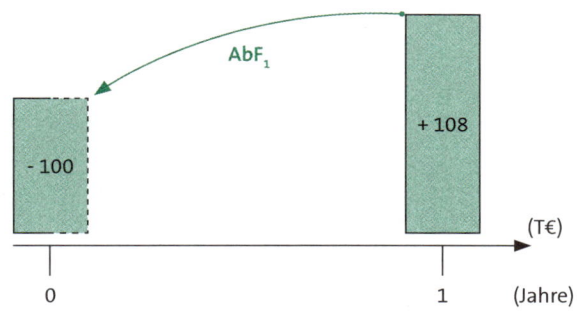

Rechnet der Investor mit einem Kalkulationszinssatz von 4 %, dann gilt für den Kapitalwert:

$C_0 = E_0 - A_0 = 108.000 \cdot AbF_1 - 100.000$

$C_0 = 108.000 \cdot 0{,}961538 - 100.000 = 3.846$ (€)

---

[47] Vgl. *von Böhm-Bawerk, E.*: Kapital und Kapitalzins, S. 318 ff.; *Fisher, I.*: The Nature of Capital and Income, S. 202; *von Stackelberg, H.*: Grundlagen der theoretischen Volkswirtschaftslehre, S. 288 f.

Der Kapitalwert dieser Investition nimmt unterschiedliche Werte an, wenn Sie mit unterschiedlichen Kalkulationszinssätzen rechnen.

ABB. 15:	Kapitalwert bei unterschiedlichen Kalkulationszinssätzen		
i (%)	AbF	$E_0 = 108.000 \cdot AbF$ (€)	$C_0 = E_0 - 100.000$ (€)
4	0,961538	103.846	3.846
6	0,943396	101.887	1.887
8	0,925926	100.000	0
10	0,909091	98.182	-1.818
12	0,892857	96.429	-3.571

Ergebnis:

Rechnet der Investor in unserem Beispiel mit einem Zinssatz, der kleiner als 8 % ist, so ist der Kapitalwert positiv. Die Investition lohnt sich. Liegt der Kalkulationszinssatz über 8 %, so ist der Kapitalwert negativ. Die Investition lohnt sich nicht. Der kritische Wert für den Kalkulationszinssatz liegt bei 8 %. Hier ist der Kapitalwert Null. Die Investition ist in diesem Fall eben noch lohnend. Der Investor erreicht mit seiner Investition gerade seine Mindestverzinsungsanforderung – nicht mehr und nicht weniger.

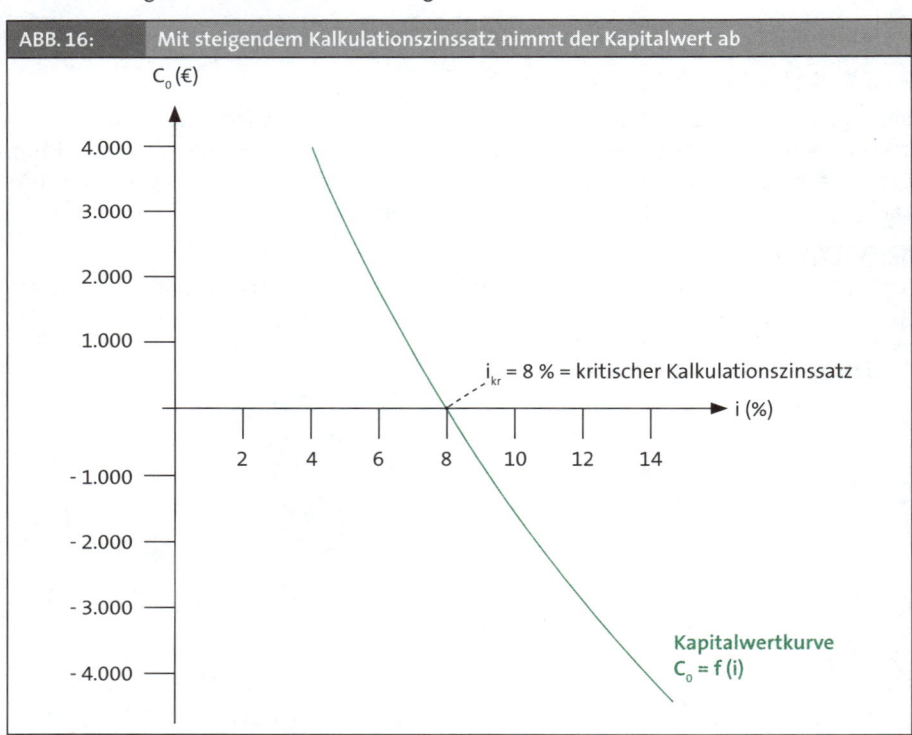

ABB. 16: Mit steigendem Kalkulationszinssatz nimmt der Kapitalwert ab

$i_{kr} = 8\%$ = kritischer Kalkulationszinssatz

Kapitalwertkurve
$C_0 = f(i)$

Kapitalwertmethode — KAPITEL 2

> **MERKE**
>
> Die **Kapitalwertkurve** gibt an, welche Werte der Kapitalwert der betrachteten Investition unter sonst gleichen Umständen bei unterschiedlichen Kalkulationszinssätzen annimmt. Sie verläuft monoton fallend und leicht linksgekrümmt. Sie verdeutlicht, dass der Kapitalwert mit steigendem Kalkulationszinssatz sinkt. Das ist damit zu erklären, dass mit steigendem Zinssatz ein immer größerer Geldbetrag durch den Mindestverzinsungsanspruch des Investors aufgezehrt wird und für die Wiedergewinnung und den Überschuss immer weniger übrig bleibt.

BEISPIEL: Zweizahlungsfall 2032

Ein Oldtimer-Händler kann einen gut erhaltenen Bugatti zum Preis von 100.000 € erwerben. Ein Sammler bietet ihm für das gute Stück 148.000 €, zahlbar nach fünf Jahren. Lohnen sich Kauf und Weiterverkauf für den Händler

- bei einem Kalkulationszinsfuß von 8 %,
- bei einem Kalkulationszinsfuß von 10 %?

Lösung:

$i_1 = 8\%$ → $C_{0,1} = E_0 - A_0 = 148.000 \cdot AbF_5 - 100.000$

$\qquad\qquad\quad C_{0,1} = 148.000 \cdot 0{,}680583 - 100.000$

$\qquad\qquad\quad C_{0,1} = +726\ (€)$ → **Investition lohnt!**

$i_2 = 10\%$ → $C_{0,2} = E_0 - A_0 = 148.000 \cdot AbF_5 - 100.000$

$\qquad\qquad\quad C_{0,2} = 148.000 \cdot 0{,}620921 - 100.000$

$\qquad\qquad\quad C_{0,2} = -8.104\ €$ → **Investition lohnt nicht!**

BEISPIEL: Kapitalwert und Zins 2033

Beweisen Sie rechnerisch unter Benutzung des Abzinsungsfaktors (AbF), dass der Kapitalwert einer Investition mit steigendem Kalkulationszinssatz i sinkt. Gehen Sie dabei von der Investition mit der Auszahlung von 100.000 € im Zeitpunkt 0 und einer Einzahlung von 108.000 € im Zeitpunkt 1 aus.

Lösung:

Der Kapitalwert C_0 der Investition

```
 -100.000              +108.000    (€)
    |                      |      →
    0                      1      (Jahre)
```

ergibt sich aus:

$$C_0 = -100.000 + 108.000 \cdot \frac{1}{1+i}$$

Ergebnis:

Wenn i steigt, wird der Abzinsungsfaktor $1/(1+i)$ kleiner. Dadurch wird stärker abgezinst und es sinkt der Einzahlungsbarwert E_0. Wegen $C_0 = E_0 - A_0$ nimmt der Kapitalwert entsprechend ab.

2.1.4 Kapitalwert bei konstanten Jahreszahlungen

Im praktischen Fall löst eine Investition meist mehr als zwei Zahlungen aus. Wenn Sie etwa den Maschinenpark Ihres Betriebs vergrößern, dann wird zum Zeitpunkt 0 die Anschaffungsauszahlung A für die neue Maschine fällig. Während der Nutzungsjahre verursacht die neue Maschine jährliche Betriebs- und Instandhaltungsauszahlungen a, die als konstant betrachtet werden. Die Konstanzannahme gilt auch für die während der Nutzungsjahre erwarteten jährlichen Einzahlungen e. Am Ende der Nutzungszeit geht der Restwert R ein. Abgesehen von der Anschaffungsauszahlung können alle anderen Größen nur geschätzt werden. Sie sind mit Risiko behaftet. Sinnvollerweise rechnet man mit dem wahrscheinlichsten Wert.

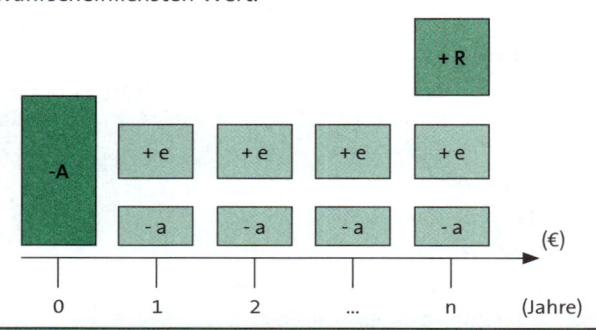

Symbole		
A	=	Anschaffungsauszahlung (€)
a	=	jährliche Betriebs- und Instandhaltungsauszahlungen (€/J)
e	=	jährliche Einzahlungen (€/J)
R	=	Restwert (€)
n	=	Nutzungsdauer (Jahre)

Der Kapitalwert einer solchen Investition lässt sich nach der Grundgleichung $C_0 = E_0 - A_0$ ausrechnen. Die barwertigen Einzahlungen erhalten Sie, indem Sie die Reihe der jährlichen Einzahlungen e mit dem Diskontierungssummenfaktor abzinsen und summieren und dazu den abgezinsten Restwert R addieren:

$E_0 = e \cdot DSF_n + R \cdot AbF^n$

Entsprechend ergibt sich der Gegenwartswert aller Auszahlungen als:

$A_0 = a \cdot DSF_n + A$

Für den Kapitalwert C_0 kann man mithin schreiben:

$$C_0 = E_0 - A_0$$
$$C_0 = e \cdot DSF_n + R \cdot AbF_n - a \cdot DSF_n - A$$

Gleichung (2.1.8)
Kapitalwert bei konstanten Jahreszahlungen

$$C_0 = (e - a) \cdot DSF_n + R \cdot AbF_n - A$$

Gemäß Gleichung (2.1.8) lässt sich der Kapitalwert einer Investition in vielen Praxisfällen bestimmen.

BEISPIEL: Kauf einer Zylinderschleifanlage 2037

Für einen kommunalen Betriebshof soll eine Zylinderschleifanlage zum Preis von 150.000 € angeschafft werden. Durch die eigene Zylinderschleiferei können jährliche Auszahlungen von 80.000 € vermieden werden, die bislang für Fremdarbeiten zu zahlen waren. Die jährlichen Betriebs- und Instandhaltungsauszahlungen der eigenen Anlage schätzt man auf 50.000 €. Die Zylinderschleifanlage kann vermutlich acht Jahre genutzt und danach gebraucht für 20.000 € weiterverkauft werden. Ist die Investition vorteilhaft, wenn der kommunale Investor mit einem Kalkulationszinssatz von i = 0,10 = 10 % rechnet?

Lösung:

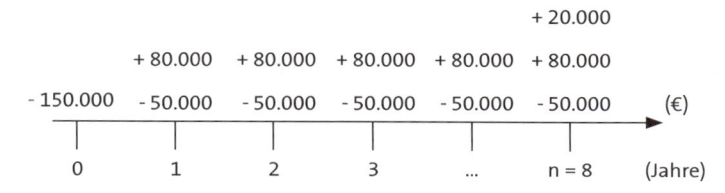

$C_0 = (e - a) \cdot DSF_8 + R \cdot AbF_8 - A$

Jetzt setzen wir die Zahlen laut Aufgabe ein, wobei wir die Werte für den DSF und AbF dem Tabellenanhang entnehmen (i = 10 %; n = 8 Jahre).

$C_0 = 30.000 \cdot 5{,}334926 + 20.000 \cdot 0{,}466507 - 150.000$

$C_0 = 160.045 + 9.330 - 150.000$

$C_0 = 19.378$ (€)

Ergebnis:

Die Investition ist vorteilhaft, da sich ein positiver Kapitalwert von 19.378 € ergibt. Der Investor gewinnt das eingesetzte Kapital zurück, erzielt auf die jeweils ausstehenden Beträge seine geforderte Mindestverzinsung i. H. v. 10 % und gewinnt zusätzlich einen barwertigen Überschuss von 19.378 €. Das verdeutlicht auch die Zeitstrahldarstellung.

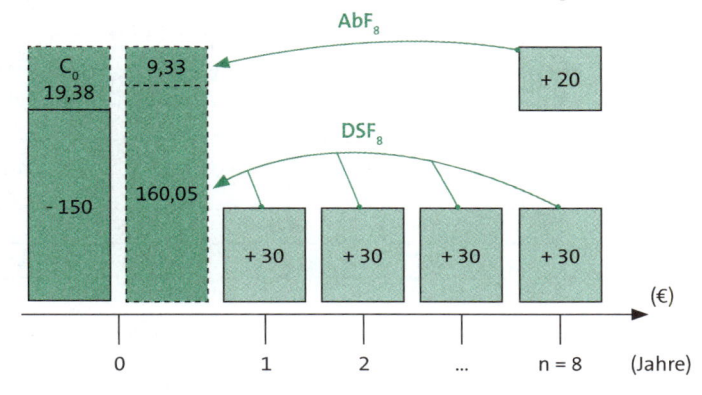

2039 **BEISPIEL:** Interpretation eines positiven Kapitalwertes

Es ist zu zeigen, dass der positive Kapitalwert von 19.378 € (vgl. obiges Beispiel) für den Investor Folgendes bedeutet:

1. Wiedergewinnung der Anschaffungsauszahlung, $C_0 < 0$
2. Verzinsung der jeweils noch ausstehenden Beträge mit i = 10 %, $C_0 = 0$
3. darüber hinaus einen barwertigen Überschuss von 19.378 €.

$C_0 > 0$

Lösung:

Wir stellen für das Beispiel der Zylinderschleifanlage eine Tabelle der Zahlungen auf, die für jedes Jahr ermittelt, wie viel von den laufenden Nettoeinzahlungen zur Verzinsung der noch im Investitionsobjekt steckenden Mittel benötigt wird und welcher Betrag zur Wiedergewinnung zur Verfügung steht.

Von der Nettoeinzahlung des ersten Jahres werden 15.000 € für die Verzinsung des zu Beginn dieses Jahres noch ausstehenden Betrags von 150.000 € benötigt. Zur Wiedergewinnung bleibt der Betrag von 15.000 €, um den sich das ausstehende Kapital zu Beginn des zweiten Jahres mindert. Folglich ist im zweiten Jahr ein geringerer Zinsanteil zu berechnen (13.500 €), und es bleibt ein höherer Wiedergewinnungsanteil (16.500 €). Dieser Prozess, geringerer Zinsanteil und wachsender Wiedergewinnungsanteil, setzt sich fort bis zum achten Jahr.

ABB. 17: Aufteilung der Nettoeinzahlungen in Zins und Wiedergewinnung

Jahr	ausstehender Betrag am Jahresanfang (€)	Nettoeinzahlung (€)	davon Verzinsungsanforderung (€)	davon Wiedergewinnung (€)	davon nicht zur Verzinsung oder Wiedergewinnung benötigt (€)
	I	II	III = I · i	IV = II - III	V = II - (III + IV)
1	150.000	30.000	15.000	15.000	0
2	135.000	30.000	13.500	16.500	0
3	118.500	30.000	11.850	18.150	0
4	100.350	30.000	10.035	19.965	0
5	80.385	30.000	8.039	21.961	0
6	58.424	30.000	5.842	24.158	0
7	34.266	30.000	3.427	26.573	0
8	7.693	50.000	769	7.693	41.538
		↑ inkl. Restwert	**Summe:**	150.000	

Zu Beginn des letzten Jahres stehen noch 7.693 € aus. Somit werden von den in diesem Jahr eingehenden Nettoeinzahlungen, die einschließlich Restwert 50.000 € betragen, nur 769 € zur Verzinsung benötigt. Da nur noch 7.693 € ausstehen, wird auch nur dieser Betrag zur Wiedergewinnung benötigt. Der Rest, also der Betrag, der weder zur Verzinsung noch zur Wiedergewinnung erforderlich ist, beläuft sich auf 41.538 €. Das ist der endwertige Überschuss, der auf den Zeitpunkt n bezogene Wert aller Ein- und Auszahlungen C_n.

C_0 =	Barwert der Nettoeinzahlungen, die nicht für Wiedergewinnung und Verzinsung benötigt werden	= endwertiger Überschuss · AbF_n = $C_n · AbF_n$
C_0 =	41.538 · 0,466507	
C_0 =	19.378 (€)	

Ergebnis:

Die Investition ist wegen des positiven Kapitalwertes von 19.378 € vorteilhaft.

Die Tabelle zeigt Ihnen, dass der Investor im Laufe der achtjährigen Nutzungsdauer
- die Anschaffungsauszahlung von A = 150.000 € wiedergewinnt,
- das jeweils noch ausstehende Kapital mit i = 10 % verzinst erhält,
- darüber hinaus einen endwertigen Überschuss von C_n = 41.538 € erzielt, dem ein barwertiger Überschuss von C_0 = 19.378 € entspricht.

2.1.5 Kapitalwert und Horizontwert

Horizontwert oder Endwert einer Investition ist die Summe aller mit dem Kalkulationszinssatz i auf den Zeitpunkt n (= Ende der Nutzungsdauer) aufgezinsten Ein- und Auszahlungen des Objekts. Die Bezeichnung Horizontwert besagt, dass sich dieser Wert auf das Investitionsende, auf das Ende des Planungshorizonts für das jeweilige Objekt bezieht. Der Horizontwert C_n repräsentiert den endwertigen Überschuss der Investition; der Kapitalwert C_0 stellt ihren barwertigen Überschuss dar. Zwischen dem barwertigen und dem endwertigen Überschuss besteht folgende Beziehung:

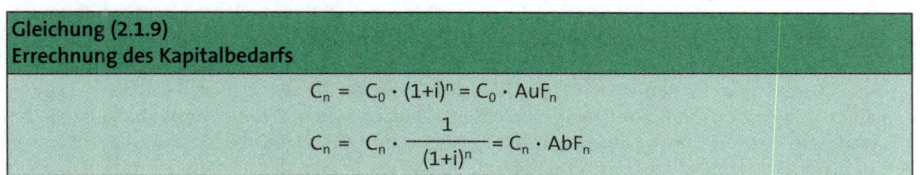

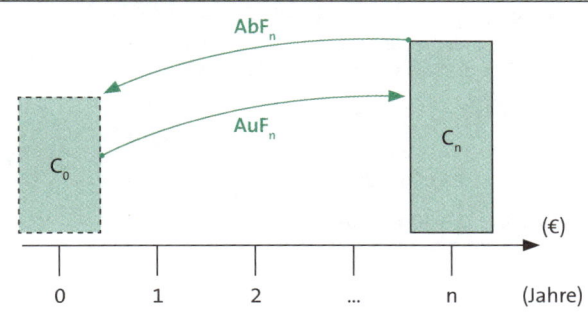

2040

Gleichung (2.1.9)
Errechnung des Kapitalbedarfs

$$C_n = C_0 \cdot (1+i)^n = C_0 \cdot AuF_n$$

$$C_n = C_n \cdot \frac{1}{(1+i)^n} = C_n \cdot AbF_n$$

Ist der Kapitalwert gegeben, erhalten Sie den Horizontwert, indem Sie den Kapitalwert auf den Zeitpunkt n aufzinsen. Bei gegebenem Horizontwert ermitteln Sie den Kapitalwert, indem Sie den Horizontwert auf den Zeitpunkt 0 diskontieren (abzinsen). Eine Investition, die nach der Kapitalwertmethode vorteilhaft ist, ist stets auch nach der Horizontwertmethode lohnend. Kapitalwert und Horizontwert sind zwei Ausdrucksformen eines einheitlichen Prinzips, wonach eine Investition dann vorteilhaft ist, wenn sich für einen beliebigen Bezugszeitpunkt ein Überschuss ergibt.

2.1.6 Kapitalwert bei unterschiedlichen Jahreszahlungen

2045 Bitte beachten Sie, dass in allen Fällen, in denen der Diskontierungssummenfaktor verwendet wurde, etwa bei Gleichung (2.1.9), vorausgesetzt wird, dass die Zahlungsreihe aus im Zeitablauf gleich bleibenden Jahreszahlungen besteht. In der Praxis darf man die Voraussetzung der zeitlichen Konstanz der Jahreszahlungen auch dann als erfüllt ansehen, wenn die tatsächlichen jährlichen Zahlungen jeweils in der Nähe eines Durchschnittswertes liegen. Werden die Abweichungen vom Durchschnitt jedoch zu hoch, so ist der Kapitalwert ohne Benutzung des Diskontierungssummenfaktors durch Abzinsen der einzelnen Jahresbeträge folgendermaßen zu ermitteln:

Gleichung (2.1.10)
Kapitalwert bei Einzeldiskontierung

$$C_0 = (e_1 - a_1) \cdot AbF_1 + (e_2 - a_2) \cdot AbF_2 + (e_3 - a_3) \cdot AbF_3 + \ldots + (e_n - a_n + R) \cdot AbF_n - A$$

Symbole

e_n = laufende Einzahlungen im Jahr n
a_n = laufende Auszahlungen im Jahr n
R = Restwert
a = Anschaffungsauszahlung

2047 **BEISPIEL:** **Kapitalwert bei Einzeldiskontierung**

Ein neu zu errichtendes Autobahnteilstück soll an den Ländereien eines Landwirtes entlangführen, der eine ergiebige Kiesgrube, die bislang nicht genutzt wurde, besitzt. Der Landwirt verpflichtet sich, der Baugesellschaft für vier Jahre eine bestimmte Menge Kies frei Baustelle zu liefern und erhält dafür jährlich 280.000 €. Solange die Baustelle noch weit von der Kiesgrube entfernt ist, rechnet der Landwirt mit erheblichen Auszahlungen für den Transport des Kieses. Diese Auszahlungen sinken dann jedoch in dem Maße, wie sich die Baustelle, bedingt durch den Baufortschritt, der Kiesgrube nähert. Danach, wenn sich die Autobahnbaustelle bei weiterem Baufortschritt wieder von der Grube entfernt, steigen die Auszahlungen für den Transport wieder. Die Anschaffungsauszahlung, die vor Beginn des Kiesabbaus anfällt, beläuft sich auf 600.000 €. Nach vier Jahren kann das Gerät für 200.000 € weiterveräußert werden. Als Verzinsung will der Landwirt mindestens 7 % auf seinen jeweiligen Kapitaleinsatz erzielen. Es fallen die aus dem Zeitstrahl ersichtlichen Zahlungen an.

Lohnt sich die Investition?

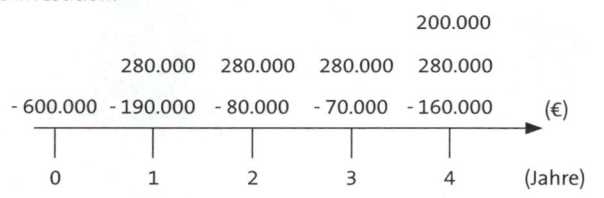

```
                                          200.000
                   280.000  280.000  280.000  280.000
- 600.000 -190.000 - 80.000 - 70.000 -160.000        (€)
    |        |        |        |        |
    |        |        |        |        |
    0        1        2        3        4      (Jahre)
```

Lösung:

ABB. 18:	Tabellarische Kapitalwertermittlung I				
Zeit-punkt	Daten des Beispiels		Kapitalwertberechnung		
	Auszahlungen A, a (€)	Einzahlungen e, R (€)	Nettoeinzahlun-gen (€)	AbF (7 %)	Barwerte (7 %) (€)
	I	II	III = II - I	IV	V = III · IV
0	600.000	–	-600.000	–	-600.000
1	190.000	280.000	90.000	0,934579	84.112
2	80.000	280.000	200.000	0,873439	174.688
3	70.000	280.000	210.000	0,816298	171.423
4	160.000	480.000 (inkl. Rest-wert)	320.000	0,762895	244.126
Kapitalwert = Summe der Barwerte aller Zahlungen:					74.349

Ergebnis:

Die Investition lohnt sich. Der Investor gewinnt das eingesetzte Kapital zurück. Daneben erhält er 7 % auf die ausstehenden Beträge. Außerdem gewinnt er einen barwertigen Überschuss von 74.349 €.

BEISPIEL: Anschaffung einer Fräsmaschine 2049

In einem Betrieb wurden Horizontalfräsarbeiten bislang an Fremdunternehmen vergeben. Es wird geplant, diese Arbeiten künftig selbst durchzuführen. Die anzuschaffende automatische Horizontalfräsmaschine soll 500.000 € kosten. Während der Nutzungszeit dieser Anlage fallen Betriebs- und Instandhaltungsauszahlungen von 100.000 € im ersten Jahr an; sie steigen von Jahr zu Jahr um 10.000 €. Der Restwert, der nach Ablauf der Nutzungsdauer von fünf Jahren realisiert werden kann, beläuft sich auf 30.000 €. Durch die Maschine werden künftig Auszahlungen an Fremdunternehmen i. H. v. 250.000 € jährlich vermieden.

Lohnt sich die Anschaffung, wenn der Unternehmer mit einem Kalkulationszinssatz von 8 % rechnet?

Lösung:

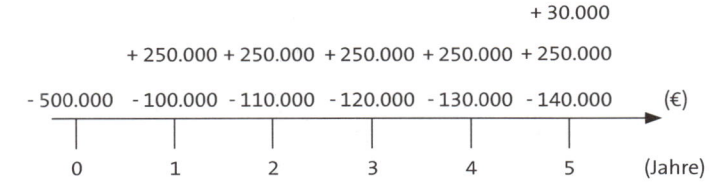

```
                                          + 30.000
               + 250.000 + 250.000 + 250.000 + 250.000 + 250.000
 - 500.000  - 100.000  - 110.000  - 120.000  - 130.000  - 140.000     (€)
     |          |          |          |          |          |      →
     0          1          2          3          4          5     (Jahre)
```

ABB. 19: Tabellarische Kapitalwertermittlung II

Zeit-punkt	Daten des Beispiels		Kapitalwertberechnung		
	Auszahlungen A, a (€)	Einzahlungen e, R (€)	Nettoeinzahlungen (€)	AbF (8%)	Barwerte (8%) (€)
	I	II	III = II - I	IV	V = III · IV
0	500.000	–	-500.000	–	-500.000
1	100.000	250.000	150.000	0,925926	138.889
2	110.000	250.000	140.000	0,857339	120.027
3	120.000	250.000	130.000	0,793832	103.198
4	130.000	250.000	120.000	0,735030	88.204
5	140.000	280.000 (inkl. Restwert)	140.000	0,680583	95.282
Kapitalwert = Summe der Barwerte aller Zahlungen:					45.600

Ergebnis:

Die Investition lohnt sich, da der Investor zusätzlich zur Wiedergewinnung und Verzinsung einen barwertigen Überschuss von 45.600 € erzielt.

2.1.7 Kapitalwert bei unbegrenzter Nutzungsdauer

2050 Es gibt auch Investitionen, deren Lebensdauer nicht von vornherein begrenzt ist: Wenn Sie z. B. ein Grundstück, ein Fischwasser, eine ewige Rente oder einen Goldbarren kaufen, können Sie und Ihre Erben das jeweilige Objekt ohne jetzt erkennbares Zeitlimit nutzen, weil diese Objekte keinem Verschleiß unterliegen. Auch beim Kauf von Unternehmungen oder Unternehmungsteilen geht man häufig von unbegrenzter Nutzungsdauer aus – und sei es nur deshalb, weil man nicht weiß, wann diese Unternehmungen vom Markt verschwinden[48]. Im Übrigen gibt es investitionsrechnerisch keinen wesentlichen Unterschied zwischen dreißigjähriger und unbegrenzter Nutzungsdauer. Der Barwert bei dreißigjähriger Nutzungsdauer macht 94% des Barwertes bei unbegrenzter Nutzungsdauer aus[49].

2052 Wenn der Kauf eines Grundstücks eine Anschaffungsauszahlung von A verursacht und gleich bleibende jährliche Nettoeinzahlungen von g verspricht, dann erhalten wir einen ins Unendliche reichenden Zeitstrahl.

---

48 Zur Unternehmensbewertung Rdnr. 6000.
49 Vgl. *ebenda*, S. 10 f.

Kapitalwertmethode KAPITEL 2

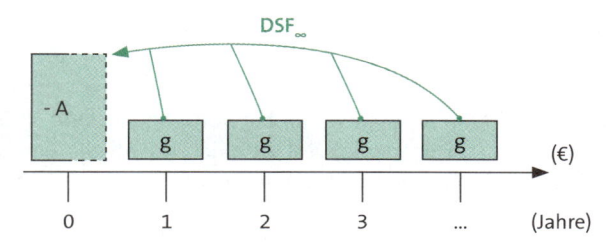

Den Kapitalwert dieser Investition erhält man, indem man eine Grenzwertbetrachtung anstellt, d. h. indem man n gegen unendlich streben lässt. Für den Kapitalwert gilt bei einer Lebensdauer von n Jahren:

$$C_0 = g \cdot \underbrace{\frac{(1+i)^n - 1}{i(1+i)^n}}_{DSF} - A$$

Da die Lebensdauer n nur im Diskontierungssummenfaktor (DSF) vorkommt, genügt es, die Grenzwertbetrachtung für den DSF allein vorzunehmen.

$$DSF = \frac{(1+i)^n - 1}{i(1+i)^n} \qquad \text{| kürzen mit } (1+i)^n \rightarrow$$

$$DSF = \frac{1 - \frac{1}{(1+i)^n}}{i}$$

Aus dieser Schreibweise erkennt man:

$$\lim_{n \to \infty} DSF = \frac{1}{i} \qquad \text{wegen} \qquad \lim_{n \to \infty} \frac{1}{(1+i)^n} = 0$$

Verwertet man diese Information in der Kapitalwertformel, so ergibt sich der einfache Ausdruck:

Gleichung (2.1.11)
Kapitalwert bei unbegrenzter Laufzeit

$$C_0 = g \cdot \frac{1}{i} - A$$

↳ DSF für $n \to \infty$

BEISPIEL: Kauf eines Grundstücks 2054

Ein Investor plant den Erwerb eines Grundstücks zum Preis von A = 90.000 €. Dieses Grundstück kann für unbegrenzte Zeit für den Nettobetrag von g = 10.000 € jährlich verpachtet werden.

Ist diese Investition bei einem Zinssatz von i = 0,10 = 10 % vorteilhaft?

Lösung:

$$C_0 = g \cdot \frac{1}{i} - A = 10.000 \cdot \frac{1}{0,10} - 90.000 = +10.000 \; (\text{€})$$

Ergebnis:

Die Investition „Kauf eines Grundstücks" ist wegen des positiven Kapitalwertes von 10.000 € vorteilhaft.

Zusammenfassung

2060 ▶ **Kapitalwert**

Er ergibt sich aus der Differenz zwischen den barwertigen Ein- und Auszahlungen bei einem bestimmten Zinssatz. Der Kapitalwert ist eine wesentliche Entscheidungshilfe, wenn es um die Frage geht, ob eine Investition vorteilhaft ist, oder nicht.

▶ **Kapitalwertkriterium ($C_0 \geq 0$)**

Eine Investition mit positivem Kapitalwert ist vorteilhaft. Ein negativer Kapitalwert bedeutet, dass die Investition unwirtschaftlich ist. Bei einem Kapitalwert von Null ist es gleichgültig, ob man investiert oder sein Geld zum Kalkulationszinssatz anlegt.

▶ **Informationen**

Der Entscheidungsträger muss Vorstellungen über den Verlauf der mit einer Investition verbundenen Zahlungen, über ihre Nutzungsdauer und über die Höhe des Kalkulationszinssatzes besitzen. Er muss A, R, e, a, n und i quantifizieren können.

▶ **Risiko:**

Die zahlenmäßigen Informationen sind naturgemäß mit Risiken behaftet; bei kleinen und mittleren Investitionen empfiehlt es sich, jeweils mit dem wahrscheinlichsten Wert zu rechnen. Bei Großinvestitionen sollte man spezielle Verfahren zur Risikoberücksichtigung einsetzen.

▶ **Berechnung**

Die Berechnung des Kapitalwertes erfolgt unter Benutzung finanzmathematischer Faktoren, wobei drei Fälle zu unterscheiden sind:

1. Zahlungsreihen mit im Zeitablauf konstanten Jahreszahlungen; hier wird der Diskontierungssummenfaktor eingesetzt.

2. Zahlungsreihen mit unterschiedlichen Jahreszahlungen; hier ist eine Einzeldiskontierung mit Hilfe des Abzinsungsfaktors erforderlich.

3. Zahlungsreihen mit im Zeitablauf konstanten Jahreszahlungen und unbegrenzter Laufzeit; hier wird der Diskontierungssummenfaktor zu

$$DSF = \frac{1}{i} \text{ (Grenzwert für } n \to \infty\text{)}$$

Kapitalwertmethode — KAPITEL 2

▶ **Interpretation**

Der Kapitalwert ist genau zu interpretieren. Ein positiver Kapitalwert von z. B. +100 € besagt:

1. Der Investor gewinnt sein eingesetztes Kapital zurück.

2. Der Investor erhält eine Verzinsung in Höhe seines Kalkulationszinssatzes auf die jeweils ausstehenden Beträge.

3. Der Investor gewinnt einen barwertigen Überschuss von 100 €.

Die Investition ist vorteilhaft.

Ein Kapitalwert von 0 € besagt:

1. Der Investor gewinnt sein eingesetztes Kapital zurück.

2. Der Investor erhält eine Verzinsung in Höhe seines Kalkulationszinssatzes auf die jeweils ausstehenden Beträge.

Ein darüber hinausgehender barwertiger Überschuss wird nicht erzielt.

Ein Kapitalwert von z. B. -100 € besagt:
Der Investor erleidet einen barwertigen Verlust i. H. v. 100 €. Dieser Verlust kann dadurch zustande kommen, dass die geforderte Mindestverzinsung auf die ausstehenden Beträge nicht erreicht wird. Er kann auch dadurch entstehen, dass die investierten Mittel nicht oder nicht in voller Höhe wiedergewonnen werden. Die Investition ist in beiden Fällen unvorteilhaft.

Formeln und Symbolverzeichnis

2065

Formeln	Symbole
$K_n = K_0 \cdot AuF$ $K_n = K_0 \cdot (1+i)^n$	K_n = Geldbetrag zum Zeitpunkt n K_0 = Geldbetrag zum Zeitpunkt 0 AuF = Aufzinsungsfaktor i = Zinssatz n = Anzahl Jahre
$K_0 = K_n \cdot AbF$ $K_0 = K_n \cdot (1+i)^{-n}$	AbF = Abzinsungsfaktor
$K_0 = g \cdot DSF$ $K_0 = g \cdot \dfrac{(1+i)^n - 1}{i(1+i)^n}$	DSF = Diskontierungssummenfaktor g = konstanter Geldbetrag pro Jahr
$K_n = g \cdot EWF$ $K_n = g \cdot \dfrac{(1+i)^n - 1}{i}$	EWF = Endwertfaktor
$C_0 = E_0 - A_0$	C_0 = Kapitalwert E_0 = Barwert aller Einzahlungen A_0 = Barwert aller Auszahlungen
$C_0 = (e-a) \cdot DSF + R \cdot AbF - A$ $C_0 = (e-a) \cdot \dfrac{(1+i)^n - 1}{i(1+i)^n} + R \cdot (1+i)^{-n} - A$	e = konstante jährliche Einzahlungen a = konstante jährliche Betriebs- und Instandhaltungsauszahlungen R = Restwert nach n Jahren A = Anschaffungsauszahlung
$C_0 = (e_1 - a_1) AbF_1 + (e_2 - a_2) AbF_2$ $+ (e_3 - a_3) AbF_3 + ...$ $+ (e_n - a_n + R) AbF_n - A$	jährliche Zahlungen sind nicht konstant $(e_n - a_n)$ = Nettoeinzahlungen des Jahres n
$C_0 = (e-a) \cdot \dfrac{1}{i} - A$	$\dfrac{1}{i}$ = DSF bei unbegrenzter Laufzeit

Aufgaben

AUFGABE 19 (EINSTEIGER)

2070

Das Volkseinkommen eines Staates beläuft sich zu einer bestimmten Zeit auf 3.000 Mrd. €. Welchen Wert weist es in 20 Jahren auf, wenn es in dieser Zeit durchschnittlich um 5 % pro Jahr in laufenden Preisen wächst?

Die Lösung finden Sie in Tz. 7019!

AUFGABE 20 (EINSTEIGER)

Auf welche Summe wachsen 100 € bei einem Zinssatz von i = 0,08 = 8 % in 5, 10, 15, ..., 30 Jahren an? Bitte stellen Sie die Höhe der Endwerte in Abhängigkeit von der Zeit grafisch dar!

Die Lösung finden Sie in Tz. 7020!

AUFGABE 21 (EINSTEIGER)

Jemand macht mit 40 Jahren eine Erbschaft von 100.000 €, die er für 20 Jahre zu i = 0,08 = 8 % anlegt. Nach dieser Zeit lässt er sich die dann jeweils am Jahresende auf das akkumulierte Kapital anfallenden Jahreszinsen auszahlen. Wie hoch sind diese?

Die Lösung finden Sie in Tz. 7021!

AUFGABE 22 (EINSTEIGER)

Ein Schuldner hat sich verpflichtet zu zahlen: 2.000 € nach zwei Jahren, 5.000 € nach fünf Jahren und 4.000 € nach sieben Jahren. Er will sich dieser Verpflichtung durch eine einzige Zahlung zum Zeitpunkt 0 entledigen. Wie hoch muss diese sein, wenn man mit i = 0,08 = 8 % rechnet?

Die Lösung finden Sie in Tz. 7022!

AUFGABE 23 (EINSTEIGER)

Für ein Wohnhaus bietet A 120.000 € bar, B 150.000 € nach fünf Jahren und C 180.000 € nach sechs Jahren. Welches Angebot ist das günstigste

a) bei i = 0,06 = 6 %,

b) bei i = 0,10 = 10 %?

Die Lösung finden Sie in Tz. 7023!

KAPITEL 2   Dynamische Verfahren

AUFGABE 24 (EINSTEIGER)

Ein bei einem Autounfall Geschädigter erhält eine Jahresrente von g = 6.000 € für n = 8 Jahre zugesprochen und möchte diese kapitalisieren. Welche sofortige Barabfindung K_0 entspricht der Rente beim Zinssatz von

a) i = 0,06 = 6 %,

b) i = 0,10 = 10 %?

Die Lösung finden Sie in Tz. 7024!

AUFGABE 25 (EINSTEIGER)

Ein Lottospieler gibt jährlich g = 2.000 € für sein Hobby aus. Welchen Endwert K_n hat diese Zahlungsreihe bei einer Spielzeit von n = 30 Jahren und einem Zinssatz von i = 0,07 = 7 %?

Die Lösung finden Sie in Tz. 7025!

AUFGABE 26 (EINSTEIGER)

Warum sind Zahlungen, die zu verschiedenen Zeitpunkten anfallen, nicht unmittelbar vergleichbar?

Die Lösung finden Sie in Tz. 7026!

AUFGABE 27 (EINSTEIGER)

Was versteht man unter dem Begriff Zeitpräferenz?

Die Lösung finden Sie in Tz. 7027!

AUFGABE 28 (EINSTEIGER)

Bitte zeigen und begründen Sie, wie sich der Kapitalwert einer Investition mit steigendem Zinssatz ändert!

Die Lösung finden Sie in Tz. 7028!

AUFGABE 29 (EINSTEIGER)

Was versteht man unter dem Kapitalwert?

Die Lösung finden Sie in Tz. 7029!

Aufgaben — KAPITEL 2

AUFGABE 30 (EINSTEIGER)

Eine Investition besteht aus einer einmaligen Auszahlung von 10.000 €. Nach n = 5 Jahren erfolgt eine Einzahlung von 14.800 €.

Ist diese Investition lohnend

a) beim Zinssatz von i = 0,08 = 8 %,

b) beim Zinssatz von i = 0,10 = 10 %?

Die Lösung finden Sie in Tz. 7030!

AUFGABE 31 (EINSTEIGER)

Ein Autofahrer, der einen Unfall verschuldet hat, steht vor folgendem Entscheidungsproblem:

1. Er kann den Unfallschaden ohne Inanspruchnahme seiner Haftpflichtversicherung selbst regulieren. Die dabei entstehende und sofort fällige Auszahlung beläuft sich auf 1.500 €.
2. Er kann die Schadenregulierung seiner Haftpflichtversicherung überlassen, hat dann jedoch durch den Verlust des Schadenfreiheitsrabattes in den nächsten Jahren mit folgenden zusätzlichen Prämienzahlungen zu rechnen:

1. Jahr:	500 € zusätzliche Prämienzahlung
2. Jahr:	400 € zusätzliche Prämienzahlung
3. Jahr:	400 € zusätzliche Prämienzahlung
4. Jahr:	300 € zusätzliche Prämienzahlung
5. Jahr:	300 € zusätzliche Prämienzahlung
6. Jahr:	0 € zusätzliche Prämienzahlung

Welche Entscheidung empfehlen Sie, wenn mit den folgenden Zinssätzen zu rechnen ist:

a) i = 0,08 = 8 % oder

b) i = 0,10 = 10 %?

Die Lösung finden Sie in Tz. 7031!

AUFGABE 32 (FORTGESCHRITTENE)

Ein Betrieb plant den Kauf einer Maschine zum Preis vom 10.000 €. Die Lebensdauer der Maschine wird auf n = 4 Jahre geschätzt. In jedem Jahr werden Einzahlungen von 5.000 € erwartet. Die jährlichen Betriebs- und Instandhaltungsauszahlungen werden mit 3.000 € veranschlagt. Nach Ablauf von vier Jahren kann ein Restwert von 4.000 € realisiert werden.

Lohnt sich diese Investition bei einem Zinssatz von i = 0,06 = 6 %?

Die Lösung finden Sie in Tz. 7032!

KAPITEL 2 — Dynamische Verfahren

AUFGABE 33 (EINSTEIGER)

Ein Fischereirecht, das dem Berechtigten (bzw. dessen Erben) für alle Zeiten zusteht, soll durch eine einmalige geldliche Abfindung abgegolten werden. Welche Höhe hat der Abfindungsbetrag, wenn der Wert des Fischereirechts mit jährlich 4.500 € angenommen wird,

a) beim Zinssatz von i = 0,08 = 8 %,

b) beim Zinssatz von i = 0,04 = 4 %?

Die Lösung finden Sie in Tz. 7033!

AUFGABE 34 (EINSTEIGER)

Das Wasser- und Schifffahrtsamt (WSA) Kiel übereignet der am Nord-Ostsee-Kanal liegenden Gemeinde Sehestedt die Zuwegung zur dortigen Auto- und Personenfähre. Da die Gemeinde dann für die Instandhaltung der Zuwegung verantwortlich ist, erhält sie vom WSA einen einmaligen Geldbetrag. Wie hoch muss dieser sein, wenn die Gemeinde Sehestedt mit i = 0,06 = 6 % rechnet und die jährliche Instandhaltung mit durchschnittlich 25.000 € veranschlagt?

Die Lösung finden Sie in Tz. 7034!

AUFGABE 35 (EINSTEIGER)

Steigt oder fällt der Kapitalwert einer Investition im Regelfall unter sonst gleichen Umständen und unter den folgenden Voraussetzungen? Bitte setzen Sie an entsprechender Stelle ein X!

		Kapitalwert steigt	Kapitalwert sinkt
a)	Steigende Anschaffungsauszahlung A		
b)	Steigende jährliche Betriebs- und Instandhaltungsauszahlungen a		
c)	Steigende jährliche Einzahlungen e		
d)	Steigende Nutzungsdauer n		
e)	Steigender Kalkulationszinssatz i		

Die Lösung finden Sie in Tz. 7035!

AUFGABE 36 (FORTGESCHRITTENE)

Sie können eine kanadische Goldmine zum Festpreis von 1 Mio. € erwerben. Ihre Investitionsentscheidungen fällen Sie unter Benutzung der Kapitalwertmethode. Ihr Kalkulationszinsfuß beträgt 9 %.

a) Wie wäre zu entscheiden, wenn das Goldvorkommen eine konstante jährliche Nettoeinzahlung von 315.471 € für die Zeit von vier Jahren erbringt? Danach ist das Vorkommen erschöpft. Weitere Zahlungen fallen nicht an.

b) Ermitteln Sie den Kapitalwert für den Fall, dass im Zeitpunkt 2 eine Großreparatur fällig wird, die den Nettobetrag einmalig um 215.471 € reduziert. Gleichzeitig stellt sich aber heraus, dass das Vorkommen nach vier Jahren nicht erschöpft ist und im Verkaufsfall 270.000 € erbringen würde.

c) Warum kann man im Fall b) nicht (allein) mit dem Diskontierungssummenfaktor arbeiten?

d) Wie hoch ist der Kapitalwert der Investition „Kauf einer Goldmine", wenn unmittelbar vor dem Erwerb infolge neuer geologischer Erkenntnisse feststeht, dass das Vorkommen für unbegrenzte Zeit nutzbar ist und jährlich konstant 95.000 € netto abwirft?

Die Lösung finden Sie in Tz. 7036!

AUFGABE 37 (FORTGESCHRITTENE)

Welche in die Investitionsrechnung eingehenden Werte sind normalerweise sicher, welche risikobehaftet? Bitte beschreiben Sie kurz tabellarisch mögliche Risiken (= negative Abweichung des Istwertes vom Planwert) und Chancen (= positive Abweichung des Istwertes vom Planwert)! Nutzen Sie dazu nachfolgende Tabelle.

In die Investitionsrechnung eingehende Größe	Risiko	Chance
Anschaffungsauszahlung A		
Jährliche Betriebs- und Instandhaltungsauszahlungen a		
Jährliche Einzahlungen e		
Nutzungsdauer n		
Restwert R		
Kalkulationszinssatz i		

Die Lösung finden Sie in Tz. 7037!

AUFGABE 38 (FORTGESCHRITTENE)

Bitte überlegen Sie, wie ein Formular zur Kapitalwertermittlung im Rahmen eines Tabellenkalkulationsprogramms aussehen muss! Fertigen Sie eine Skizze an, und vergleichen Sie diese mit dem Musterformular im Lösungsanhang.

Die Lösung finden Sie in Tz. 7038!

2.2 Interne Zinsfuß-Methode

2.2.1 Kriterium der internen Zinsfuß-Methode

2100 Für Investitionsrechnungen in der Praxis wird nicht selten die **interne Zinsfuß-Methode** (Methode des internen Ertragssatzes, Barwertrentabilitätsmethode, DCF-Methode = Discounted-Cash-Flow-Methode) als besonders brauchbar hervorgehoben. So empfiehlt z. B. der Zentralverband der Elektrotechnischen Industrie (ZVEI) seinen Mitgliedsfirmen schon seit Langem die Investitionsrechnung nach der Methode des internen Zinsfußes[50]. Der Zentralverband führt bei seiner Empfehlung insbesondere an, dass das Kriterium der internen Zinsfuß-Methode den Vorteil der Anschaulichkeit habe. Der ZVEI nennt daneben folgende Argumente für die Anwendung der internen Zinsfuß-Methode:

1. Die zinsgerechte Betrachtung, durch die der Zeitfaktor berücksichtigt wird. Damit wird der Tatsache Rechnung getragen, dass ein heute in der Kasse vorhandener Geldbetrag mehr wert ist als ein erst in zwei oder drei Jahren eingehender Geldbetrag gleicher Höhe.

2. Die Brauchbarkeit vorhandener Daten, die sich aus den Zahlen des Rechnungswesens und der Planung ableiten lassen.

3. Die Eignung zur Zusammenstellung von Investitionsprogrammen.

4. Die theoretisch einwandfreie Rechnung.

Ohne auf diese Argumente im Einzelnen eingehen zu wollen, sei doch betont, dass es sich hierbei im Wesentlichen um Vorteile der Gesamtgruppe der dynamischen Investitionsrechnungsmethoden handelt – und nicht etwa um Vorzüge, die speziell der internen Zinsfuß-Methode zu eigen sind.

2102 Die interne Zinsfuß-Methode ist in der Praxis sehr beliebt: 52 % der antwortenden Großunternehmungen orientierten sich 1985 bei ihren Investitionsentscheidungen am internen Zinssatz (vgl. Rdnr. 1055), 1989 waren es schon 59 %, 1996 68 %. Damit ist die interne Zinsfuß-Methode nach der Kapitalwertmethode (und vor der Amortisationsrechnung) die gebräuchlichste Methode bei den Großunternehmungen, was durch die Untersuchung von *Zischg*[51] bestätigt wird. 44 % der mittelständischen Unternehmungen nutzen die interne Zinsfuß-Methode (vgl. Rdnr. 1059). Sie liegt damit nach der Rentabilitätsrechnung und vor der Kapitalwertmethode auf dem zweiten Platz der Hitliste. Die gute Position dieser Methode ist bemerkenswert, wenn man bedenkt, dass die Errechnung des internen Zinssatzes, der Investitionsrendite einen vergleichsweise hohen Rechenaufwand erfordert. Die interne Zinsfuß-Methode wird beim praktischen Einsatz meist noch durch weitere Methoden ergänzt; weniger als 10 % der Umsatzmilliardäre nutzen sie als alleinige Entscheidungshilfe.

---

50 Vgl. *ZVEI*: Leitfaden für die Beurteilung von Investitionen, S. 17.
51 Vgl. *Zischg, K.*: Investitionsrechnung in erwerbswirtschaftlichen Unternehmen, S. 71.

Interne Zinsfuß-Methode **KAPITEL 2**

Man bezeichnet den internen Zinssatz, den eine Investition abwirft, auch als Effektivzins, Rendite, interne Rendite, internen Ertragssatz, Kapitalertragsrate, internal rate of return oder DCF-Rendite = Discounted-Cash-Flow-Rendite. Der Investor vergleicht den internen Zinssatz mit der Mindestverzinsungsanforderung, die er an das betrachtete Investitionsobjekt stellt. Das **Kriterium der internen Zinsfuß-Methode** lautet dann:

> **MERKE**
>
> Wenn der interne Zinssatz r (= erwartete Rendite) einer Investition mindestens so groß ist wie die Mindestverzinsungsanforderung i, die der Investor an das Investitionsobjekt stellt, so ist die betreffende Investition vorteilhaft.

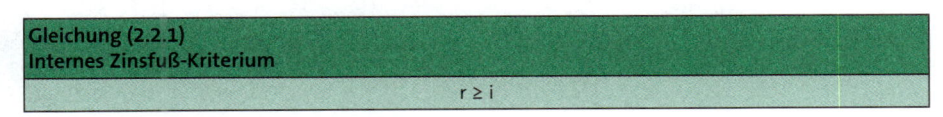

Gleichung (2.2.1)
Internes Zinsfuß-Kriterium

$$r \geq i$$

Beim internen Zinsfuß-Kriterium handelt es sich also um einen einfachen Zinsvergleich. Die Frage der Vorteilhaftigkeit einer Investition ist stets dann eindeutig beantwortet, wenn die beiden Zinssätze (interner Zinssatz sowie Mindestverzinsungsanforderung des Investors = Kalkulationszinssatz) quantifiziert sind. Es sind somit zwei Fragen zu stellen und zu beantworten:

1. Welche Höhe hat die Mindestverzinsungsanforderung i des Investors in Bezug auf eine Investition?

   Die Möglichkeiten zur Festlegung des Kalkulationszinssatzes haben Sie im Grundlagen-Kapitel kennen gelernt. Sie wissen, dass er meist nach dem Schema „Kalkulationszinssatz = Basiszins + Risikozuschlag" fixiert wird.

2. Welche Höhe hat die Rendite r einer Investition?

   Der interne Zinssatz einer Investition lässt sich rechnerisch ermitteln. Wir wenden uns im Folgenden den Rechenverfahren zur Effektivzinsbestimmung zu.

2104

2.2.2 Errechnung des internen Zinssatzes
2.2.2.1 Grafische Methode

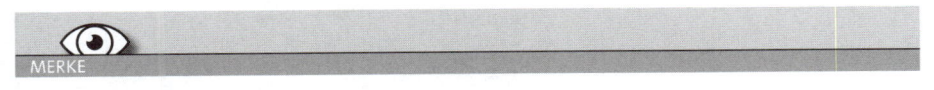

> **MERKE**
>
> Unter dem **internen Zinssatz** versteht man jenen Zinssatz, bei dessen Anwendung der Kapitalwert einer Investition gleich Null wird oder, was dasselbe besagt, bei dem die barwertigen Einzahlungen mit den barwertigen Auszahlungen übereinstimmen.

2105

Um zu verstehen, weshalb man durch die Bedingung $C_0 = 0$ den internen Zinssatz (= Rendite) einer Investition

1. definieren und

2. errechnen

kann, wollen wir das Kapitalwertkriterium und das interne Zinsfuß-Kriterium vergleichen. Dem Vergleich soll eine Investition zugrunde gelegt werden, die die folgende, sehr einfache Zahlungsreihe aufweist:

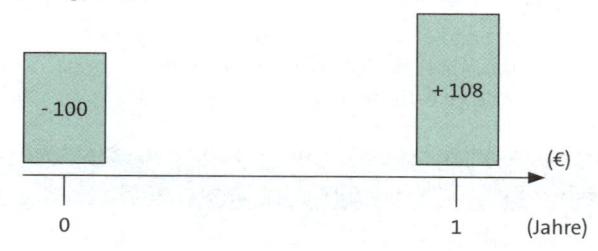

2107 Es ist unmittelbar einsichtig, dass die Rendite dieser Investition genau 8 % beträgt, d. h. es gilt $r = 0{,}08$. Wir prüfen nun, was sich über die Vorteilhaftigkeit dieser Investition aussagen lässt, wenn der Kalkulationszinssatz beispielhaft verschiedene Werte durchläuft. Aus Abb. 20 erkennen Sie dreierlei:

1. Bei einem Kalkulationszinssatz von $i_1 = 0{,}06 = 6\,\%$ ergibt sich ein positiver Kapitalwert. Das bedeutet, dass der Investor sein eingesetztes Kapital zurückerhält, er gewinnt für die ausstehenden Beträge die geforderte Mindestverzinsung und zusätzlich einen barwertigen Überschuss i. H. d. Kapitalwertes. Die Rendite ist größer als die Mindestverzinsungsanforderung.

2. Ist der Kalkulationszinssatz gleich der Rendite, so erhält der Investor sein eingesetztes Kapital zurück und gerade eine Verzinsung i. H. d. geforderten Mindestverzinsung. Der Kapitalwert ist Null. Umkehrschluss: Beim Kapitalwert von Null gilt $r = i$.

3. Steigt der Kalkulationszinssatz auf $i_3 = 0{,}10 = 10\,\%$, so wird die Investition unvorteilhaft, und es gilt $r < i$ und $C_0 < 0$.

ABB. 20: Vorteilhaftigkeit hängt vom Kalkulationszinssatz ab

Kalkulationszinssatz	Sachverhalt (allgemein formuliert)	Sachverhalt (gemäß Kapitalwert- und internem Zinssatz-Kriterium formuliert)
$i_1 = 0{,}06$	Investition ist vorteilhaft	$C_0 > 0$ $r > i$
$i_2 = 0{,}08$	Investition ist eben noch vorteilhaft	$C_0 = 0$ $r = i$
$i_3 = 0{,}10$	Investition ist unvorteilhaft	$C_0 < 0$ $r < i$

Interne Zinsfuß-Methode KAPITEL 2

Von besonderer Bedeutung ist dabei der zweite Punkt. Er enthält die Aussage, dass stets dann, wenn eine Investition eben noch lohnend ist, sowohl $C_0 = 0$ als auch $r = i$ gelten muss. Das wollen wir uns grafisch verdeutlichen, indem wir die Kapitalwertkurve des betrachteten Investitionsobjekts in ein Diagramm einzeichnen. Zur Erstellung der Zeichnung sind die zu den drei Kalkulationszinssätzen gehörenden Kapitalwerte nach dem Schema $C_0 = 108 \cdot AbF_1 - 100$ auszurechnen. Wir erhalten für die drei Kalkulationszinssätze folgende Kapitalwerte:

$i_1 = 0{,}06$ → $C_{0,1} = 108 \cdot 0{,}943396 - 100 = +0{,}189$ (€)
$i_2 = 0{,}08$ → $C_{0,2} = 108 \cdot 0{,}925926 - 100 = \pm 0$ (€)
$i_3 = 0{,}10$ → $C_{0,3} = 108 \cdot 0{,}909091 - 100 = -1{,}82$ (€)

ABB. 21: Kapitalwert sinkt mit steigendem Kalkulationszinssatz I

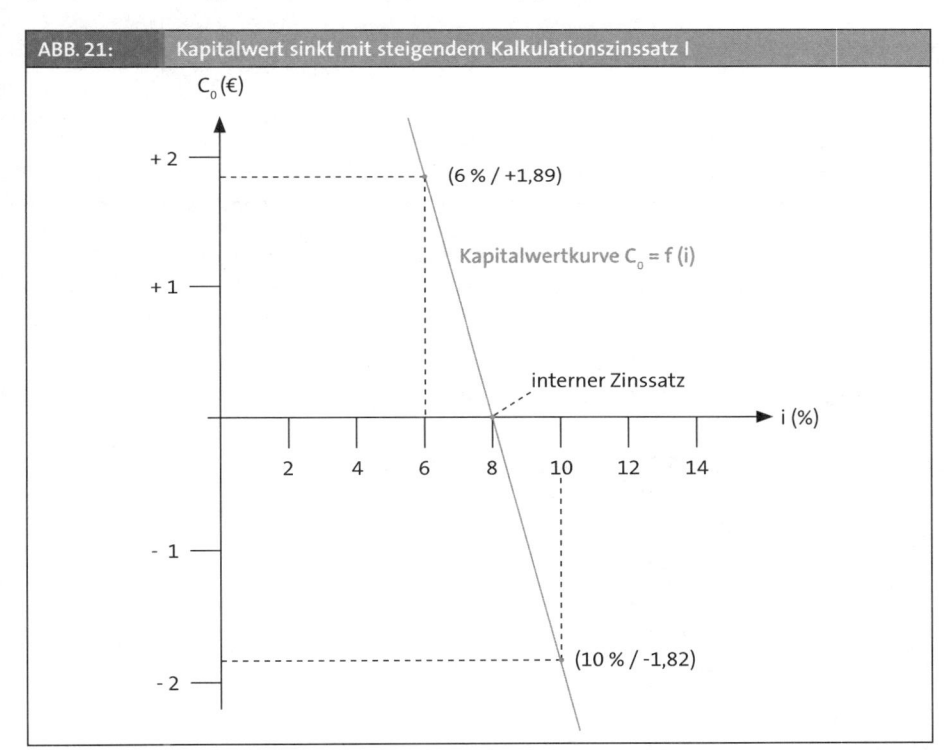

Sie sehen, dass die Kapitalwertkurve die Abszisse genau an der Stelle $i = 0{,}08$ schneidet. Das heißt: Rechnet man mit einem Kalkulationszinssatz, der genau die Höhe des internen Zinssatzes hat, so erhält man einen Kapitalwert von Null. Und umgekehrt: Der Zinssatz, bei dem der Kapitalwert Null wird, ist der interne Zinssatz (= Definition des internen Zinssatzes).

Die gezeigte Methode lässt sich allgemein zur Effektivzinsbestimmung bei Investitionen anwenden, indem Sie die Kapitalwerte zu drei verschiedenen Kalkulationszinssätzen errechnen. Vorher sollten Sie grob abschätzen, in welchem Bereich das Ergebnis – der interne Zinssatz – liegt und Probierzinssätze aus diesem Bereich wählen.

2110 BEISPIEL: Grafische Effektivzinsbestimmung

Ein Unternehmer erwägt die Durchführung einer Investition, die bei einer Anschaffungsauszahlung von 30.000 € und jährlichen Betriebs- und Instandhaltungsauszahlungen von 3.200 € pro Jahr 8.000 € an Einzahlungen erbringt. Die Lebensdauer wird auf acht Jahre geschätzt. Nach Ablauf der Investition erwartet man einen Restwert von 3.600 €. Welche Rendite weist diese Investition auf? Ist sie lohnend, wenn der Unternehmer einen Kalkulationszinssatz von 0,08 = 8 % ansetzt?

Lösung:

Grafische Methode:

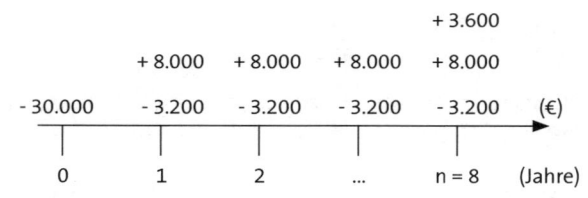

```
                                          + 3.600
                    + 8.000  + 8.000  + 8.000  + 8.000
       - 30.000  - 3.200   - 3.200   - 3.200   - 3.200    (€)
       ┬─────────┬─────────┬─────────┬─────────┬──────►
       0         1         2         ...       n = 8    (Jahre)
```

$C_0 = 4.800 \cdot DSF_8 + 3.600 \cdot AbF_8 - 30.000$

Bei der grafischen Ermittlung der Rendite geht man in drei Schritten vor:

1. Ermittlung von drei Kapitalwerten für drei verschiedene Kalkulationszinssätze. Die Genauigkeit der grafischen Lösung lässt sich verbessern, wenn man nicht nur zwei, sondern drei Wertepaare ermittelt. Dadurch berücksichtigt man die Krümmung der Kapitalwertkurve.
2. Einzeichnen der Kapitalwertkurve in ein Koordinatensystem.
3. Ablesen der Rendite am Abszissenschnittpunkt und Vergleich mit dem Kalkulationszinssatz.

$i_1 = 0,06$ → $C_{0,1} = 4.800 \cdot 6,209794 + 3.600 \cdot 0,627412 - 30.000$
$C_{0,1} = +2.006$ (€)

$i_2 = 0,08$ → $C_{0,2} = 4.800 \cdot 5,746639 + 3.600 \cdot 0,540269 - 30.000$
$C_{0,2} = -471$ (€)

$i_3 = 0,10$ → $C_{0,3} = 4.800 \cdot 5,334926 + 3.600 \cdot 0,466507 - 30.000$
$C_{0,3} = -2.713$ (€)

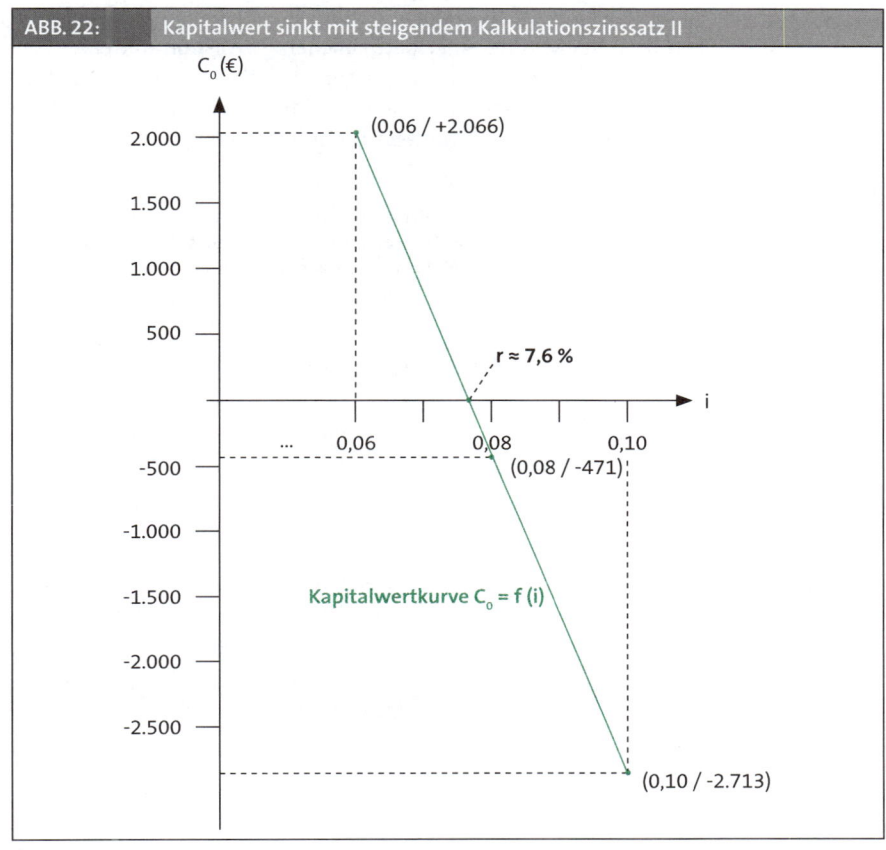

ABB. 22: Kapitalwert sinkt mit steigendem Kalkulationszinssatz II

Kapitalwertkurve $C_0 = f(i)$

Punkte: $(0{,}06 / +2{.}066)$, $(0{,}08 / -471)$, $(0{,}10 / -2{.}713)$; $r \approx 7{,}6\,\%$

Ergebnis:

Aus der Abbildung können Sie einen internen Zinssatz von etwa 7,6 % ablesen. Die Investition ist somit bei einer Mindestverzinsungsanforderung von 8 % nicht lohnend, was auch aus dem bei $i_2 = 0{,}08 = 8\,\%$ negativen Kapitalwert hervorgeht.

Wir können die Rendite zeichnerisch beliebig genau bestimmen, indem wir uns die Information, dass das Rechenergebnis bei 7,6 % liegt, zunutze machen. Dies geschieht, indem wir jenen Kurvenausschnitt, der zwischen $i = 0{,}07$ und $i = 0{,}08$ liegt, herausgreifen und ihn nochmals genau zeichnen. Wir ermitteln also die Kapitalwerte für $i_1 = 0{,}07$; $i_2 = 0{,}075$ und $i_3 = 0{,}08$. Aus einer solchen Zeichnung kann man den internen Zinssatz der Investition bereits mit einer sehr hohen Genauigkeit ablesen. Danach könnte man wiederum einen Kurvenausschnitt, in dem der gefundene Renditenwert liegt, herausgreifen und ihn unter Zugrundelegung neuer, noch dichter bei der Rendite liegender Kalkulationszinssätze in ein Diagramm zeichnen, aus dem sich der interne Zinssatz noch genauer ablesen ließe. Schritt für Schritt ließe sich so die Genauigkeit verbessern.

In der betrieblichen Praxis sind derartige Zusatzrechnungen im Regelfall nicht erforderlich. Abgesehen von der Anschaffungsauszahlung sind bei einer Realinvestition alle in die Investitionsrechnung eingehenden Werte Erwartungswerte, die subjektiv geschätzt werden müssen. Angesichts der Ungenauigkeit der Schätzwerte wäre es sachlich nicht gerechtfertigt, wenn man die Rendite einer betrieblichen Investition mit einer Genauigkeit von Prozentbruchteilen angeben würde. Anders verhält es sich bei manchen Finanzinvestitionen: Hier existieren Fälle, bei denen die künftigen Zahlungen mit höherer Sicherheit festliegen, sodass genauere Renditeberechnungen sinnvoll sind.

2114 **BEISPIEL:** Effektivzins einer Finanzinvestition

Eine staatliche 8 %-Anleihe mit einer Restlaufzeit von fünf Jahren und einem Nennwert von 100 € wird zum Tageskurs von 92 € gekauft. Welche Rendite ergibt sich, wenn der Investor sein Engagement bis zur Rückzahlung des Nennwertes nach fünf Jahren durchhält?

Lösung 1:

Grafische Methode:

Die Finanzinvestition „Kauf einer 8 %-Anleihe" ergibt den folgenden Zeitstrahl:

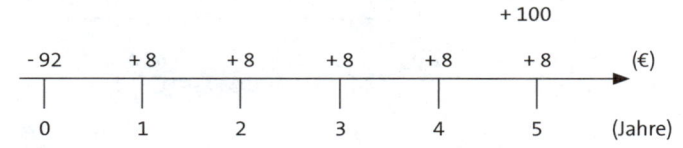

$$C_0 = 8 \cdot DSF + 100 \cdot AbF_5 - 92$$

$i_1 = 0{,}08 \quad \rightarrow \quad C_{0,1} = 8 \cdot 3{,}992710 + 100 \cdot 0{,}680583 - 92 = +8{,}00 \ (\text{€})$

$i_2 = 0{,}10 \quad \rightarrow \quad C_{0,2} = 8 \cdot 3{,}790787 + 100 \cdot 0{,}620921 - 92 = +0{,}42 \ (\text{€})$

$i_3 = 0{,}12 \quad \rightarrow \quad C_{0,3} = 8 \cdot 3{,}604776 + 100 \cdot 0{,}567427 - 92 = -6{,}42 \ (\text{€})$

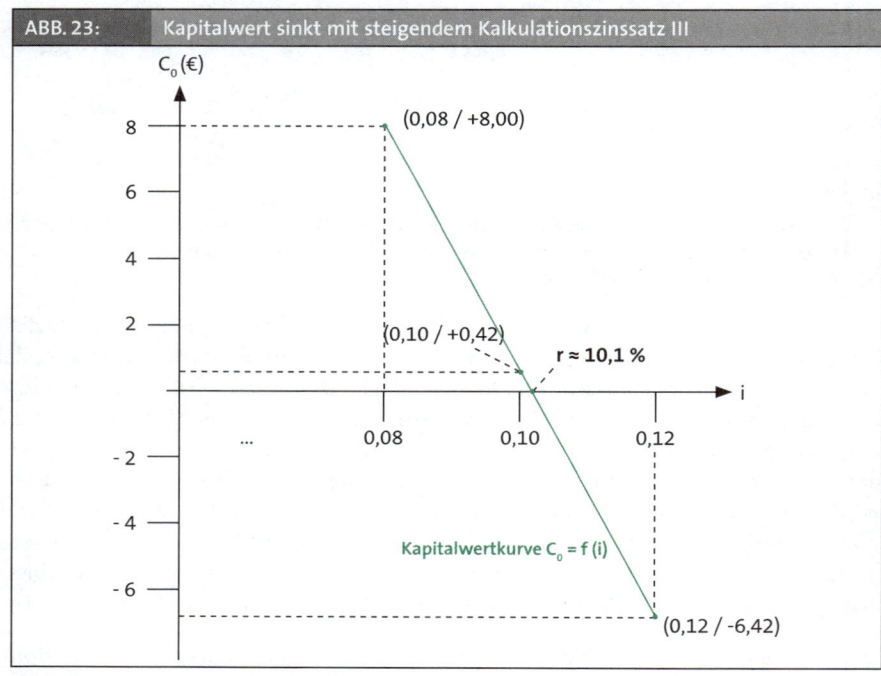

ABB. 23: Kapitalwert sinkt mit steigendem Kalkulationszinssatz III

Ergebnis 1:

Die Rendite der Finanzinvestition liegt bei gut 10 %.

Lösung 2:

Verbesserte grafische Methode:

Im gegebenen Fall einer Finanzinvestition mit sicheren Zahlungen ist es nicht unsinnig, wenn man die Rendite genauer ausrechnet. Aus Abb. 23 erkennen Sie, dass die Kapitalwertkurve die Abszisse zwischen 10 % und 10,5 % schneidet. Wir greifen also diesen Abschnitt heraus und errechnen neben dem bereits bekannten Kapitalwert für i = 0,10 auch noch jenen für i = 0,105. Dabei genügen zwei Wertepaare, wenn der Unterschied zwischen den Zinssätzen einen Prozentpunkt nicht übersteigt.

$i_1 = 0{,}10 \quad \rightarrow \quad C_{0,1} = 8 \cdot 3{,}790787 + 100 \cdot 0{,}620921 - 92 = +0{,}42\ (\text{€})$

$i_2 = 0{,}105 \quad \rightarrow \quad C_{0,2} = 8 \cdot 3{,}742858 + 100 \cdot 0{,}607000 - 92 = -1{,}36\ (\text{€})$

ABB. 24: Kapitalwert sinkt mit steigendem Kalkulationszinssatz IV

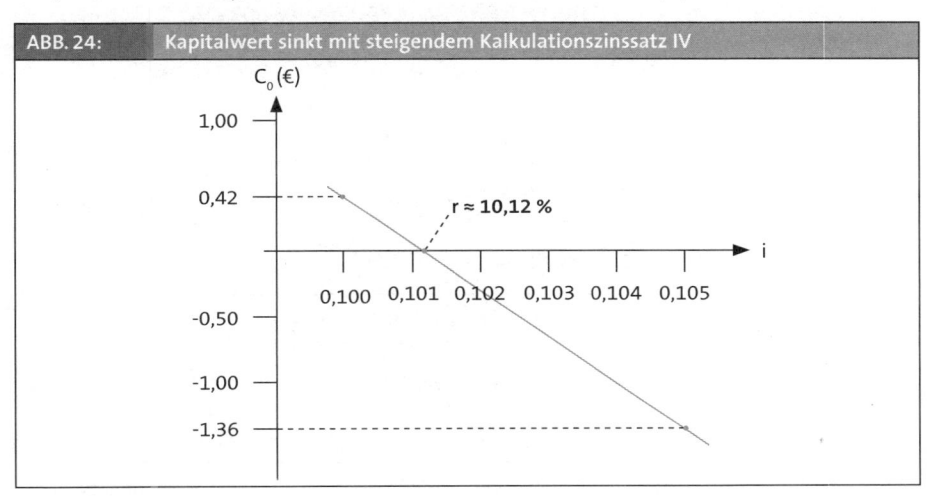

Ergebnis 2:

Abb. 24 zeigt, dass die Kapitalwertkurve die Abszisse bei einem Effektivzins von etwa 10,12 % schneidet. Dieses Ergebnis weist nur noch eine Ungenauigkeit von einem hundertstel Prozentpunkt auf.

Wünschen Sie eine noch höhere Genauigkeit, greifen Sie den Ausschnitt zwischen den Versuchszinssätzen $i_1 = 10{,}11\ \%$ und $i_2 = 10{,}13\ \%$ heraus.

2.2.2.2 Arithmetische Methode (Regula falsi)

Wir bleiben bei unserer Finanzinvestition „Kauf einer 8 %-Anleihe zum Tageskurs von 92" und stellen uns jetzt die Aufgabe, eine hinlänglich genaue Lösung zu finden, die ohne Zeichnung auskommt.

2115

Lösung 3 (zu Beispiel aus Rdnr. 2114):

Arithmetische Methode/Regula falsi:

Wir haben für $i_1 = 0{,}10$ einen positiven und für $i_2 = 0{,}105$ einen negativen Kapitalwert gefunden. Damit ist auch ohne Zeichnung klar, dass die gesuchte Rendite zwischen 10 und 10,5 % liegen muss. Neben der in Abb. 24 verwendeten grafischen linearen Interpolation kann man den internen Zinssatz auch rechnerisch durch lineares Interpolieren[52] ermitteln. Dabei geht

---

52 Von *Interpolation* (lat.) = Errechnen von Werten, die zwischen bekannten Funktionswerten liegen.

KAPITEL 2 Dynamische Verfahren

man nach dem sog. Sehnenverfahren (Regula falsi) vor. Regula falsi[53] ist ein Näherungsverfahren zur Bestimmung der Nullstelle einer Funktion, das auf linearer Interpolation beruht. In Abb. 25 ist eine Kapitalwertkurve schematisch aufgezeichnet. Für die beiden Zinssätze i_1 und i_2 wurden die Kapitalwerte $C_{0,1}$ und $C_{0,2}$ errechnet. Man ersetzt nun die Kapitalwertkurve zwischen i_1 und i_2 durch die Sehne P_1P_2, die die i-Achse an der Stelle i = r schneidet.

Man erkennt, dass r der tatsächlichen Lösung r' umso näher kommt, je näher die Versuchszinssätze i_1 und i_2 bei r' liegen. Abb. 25 verdeutlicht auch, dass es bei der rein grafischen Lösung stets empfehlenswert ist, nicht nur mit zwei, sondern mit drei Versuchszinssätzen zu arbeiten, weil so die Krümmung der Kurve berücksichtigt werden kann. Man erhält damit eine genauere Lösung.

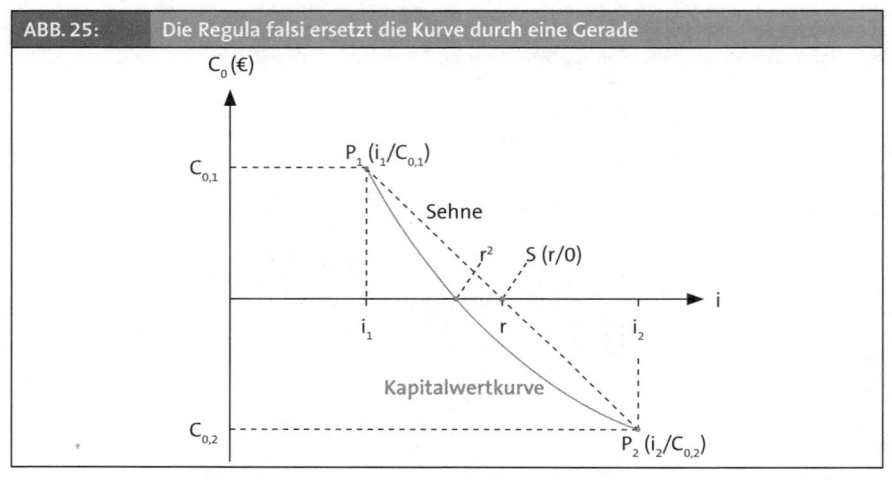

ABB. 25: Die Regula falsi ersetzt die Kurve durch eine Gerade

Die Gleichung für die Sehne kann, wenn wir die Koordinaten von P_1 und P_2 kennen, nach der Zwei-Punkte-Form der Geradengleichung aufgestellt werden. Diese lautet allgemein:

$$\frac{y - y_1}{x - x_1} = \frac{y_2 - y_1}{x_2 - x_1}$$

Somit gilt in unserem Fall:

$$\frac{C_0 - C_{0,1}}{i - i_1} = \frac{C_{0,2} - C_{0,01}}{i_2 - i_1}$$

Da wir den Schnittpunkt S der Sehne mit der Abszisse (die Nullstelle) ermitteln wollen, sind in diese Gleichung die Koordinaten von S (r/0) einzusetzen. Sodann ist die Gleichung nach dem Zinssatz aufzulösen. Der so gefundene Ausdruck repräsentiert dann den gesuchten Abszissenwert r.

$$\frac{0 - C_{0,1}}{r - i_1} = \frac{C_{0,2} - C_{0,1}}{i_2 - i_1} \qquad \text{|Kehrwerte bilden} \longrightarrow$$

$$\frac{r - i_1}{-C_{0,1}} = \frac{i_2 - i_1}{C_{0,2} - C_{0,1}} \qquad |\cdot (-C_{0,1}) \longrightarrow$$

$$r - i_1 = -C_{0,1} \cdot \frac{i_2 - i_1}{C_{0,2} - C_{0,1}} \qquad |+ i_1 \longrightarrow$$

---

53 lat. = Regel des Falschen

> **Gleichung (2.2.2)**
> **Regula falsi (Gleichung zur Effektivzinsbestimmung)**
>
> $$r = i_1 - C_{0,1} \cdot \frac{i_2 - i_1}{C_{0,2} - C_{0,1}}$$

Wenn Sie in die Gleichung (2.2.2) zur Effektivzinsbestimmung (= Regula falsi) die im Rahmen des Beispiels ermittelten Wertepaare ($i_1 = 0{,}10$ / $C_{0,1} = +0{,}42$ und $i_2 = 0{,}105$ / $C_{0,2} = -1{,}36$) einsetzen, erhalten Sie:

$$r = 0{,}10 - 0{,}42 \cdot \frac{0{,}105 - 0{,}10}{-1{,}36 - 0{,}42}$$

$$r = 0{,}10 - 0{,}42 \cdot \frac{0{,}005}{-1{,}78}$$

$$r = 0{,}10118 = 10{,}12\ (\%)$$

HINWEIS

Den Effektivzinssatz von 10,12 % können Sie auch ohne Zeichnung mit Hilfe der **Gleichung zur Effektivzinsbestimmung** ermitteln. Die Gleichung zur Effektivzinsberechnung (Regula falsi) ist bei allen Investitionstypen und Zahlungsverläufen anwendbar.

Voraussetzung ist die Kenntnis zweier Wertepaare; man muss also für zwei Versuchszinssätze den Kapitalwert ausrechnen. Das Ergebnis, der interne Zinssatz, ist umso genauer, je näher die Versuchszinssätze bei der gefundenen Lösung liegen. Bei betrieblichen Realinvestitionen genügt es, wenn wenigstens ein Versuchszinssatz nicht weiter als zwei Prozentpunkte vom Ergebnis entfernt ist. Bei Finanzinvestitionen, bei denen es auf mehr Genauigkeit ankommt, sollte wenigstens ein Versuchszinssatz nicht weiter als einen Prozentpunkt vom Ergebnis entfernt sein. Das Ergebnis ist dann meist auf zwei hundertstel Prozentpunkte genau, sofern die Zahlungen in Jahresabständen (und nicht unterjährlich) anfallen.

Sowohl die grafische als auch die arithmetische Methode zur Errechnung des internen Zinssatzes stellen Näherungslösungen dar, die allerdings eine beliebig genaue Ermittlung des Rechenergebnisses zulassen. Warum setzt man nicht einfach die Kapitalwertgleichung gleich Null und löst nach der gesuchten Größe, dem internen Zinssatz auf, um zur genauen Lösung zu kommen?

Wir wollen diese mögliche Vorgehensweise unter Benutzung der Zahlen unseres 8 %-Anleihen-Beispiels ausprobieren.

2120 **BEISPIEL:** Effektivzins einer Finanzinvestition

Die Finanzinvestition „Kauf einer 8%-Anleihe zum Tageskurs von 92" ergibt den folgenden Zeitstrahl:

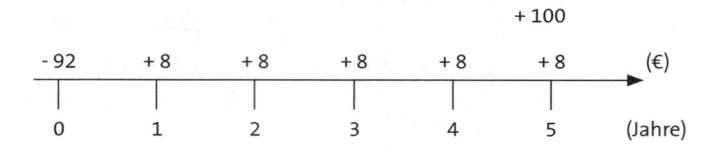

```
                                    +100
    -92    +8    +8    +8    +8    +8     (€)
     |     |     |     |     |     |
     0     1     2     3     4     5    (Jahre)
```

1. Kapitalwertfunktion aufstellen:

$$C_0 = -92 + 8 \cdot \frac{(1+i)^5 - 1}{i(1+i)^5} + 100 \cdot \frac{1}{(1+i)^5}$$

2. Kapitalwert gleich Null setzen:

$$C_0 = -92 + 8 \cdot \frac{(1+r)^5 - 1}{i(1+r)^5} + 100 \cdot \frac{1}{(1+r)^5}$$

3. Gleichung nach r auflösen:

Ist das möglich?

2121 Wenn es Ihnen so geht wie dem Rest der Menschheit, dann haben Sie Schwierigkeiten mit der Auflösung der Gleichung nach r. Allgemein gilt: Für Werte von n > 3 ist die Auflösung der Kapitalwertfunktion nach dem Zinssatz im Normalfall nicht möglich (Ausnahmen bestätigen die Regel). Also ist man im Regelfall auf die Näherungslösung angewiesen. Und so ist die Regula falsi, die ja eine beliebig genaue Ergebnisermittlung zulässt, das Standardverfahren zur Effektivzinsbestimmung, anwendbar in allen Fällen, d. h. bei allen Zahlungsverläufen.

2123 Eine Ausnahme bilden die vier nachfolgend vorgestellten Sonderfälle. In vier praktischen Anwendungsfällen (ewige Rente, restwertgleiche Anschaffungsauszahlung, restwertlose Investition, Zweizahlungsfall) lässt es der besondere Aufbau der Kapitalwertfunktion zu, dass Sie die Investitionsrendite schneller und/oder genauer ohne Zuhilfenahme der Regula falsi ermitteln können. Bei den vier Sonderfällen gehen wir – wie im gesamten Kapitel „Interne Zinsfuß-Methode" – davon aus, dass alle Zahlungen am Jahresende anfallen (jährlich nachschüssige Zahlungsweise). Da die interne Zinsfuß-Methode ein vielseitig verwendbares Instrument darstellt, könnte es sich lohnen, wenn Sie sich mit der Anwendung dieser Methode auf zwei wichtige Praxisfeldern beschäftigen:

1. Übertragung der internen Zinsfuß-Methode auf unterjährige und vorschüssige Zahlungsweise[54],

2. Übertragung der internen Zinsfuß-Methode auf den Finanzierungsbereich[55].

---

54 Vgl. ausführlich Rdnr. 2300 und 2400.
55 Vgl. ausführlich bei *Däumler, K.-D./Grabe, J./Meinzer, C.*: Finanzierung verstehen, Rdnr. 4310.

2.2.3 Vier Sonderfälle
2.2.3.1 Ewige Rente

BEISPIEL: Kauf einer Unternehmung   2125

Sie erwerben für 960.000 € eine Unternehmung, deren Nutzung zeitlich unbegrenzt ist und die Ihnen jährlich netto (e - a) = 90.000 € erbringt. Wie hoch ist die Rendite dieser Investition?

Lösung:

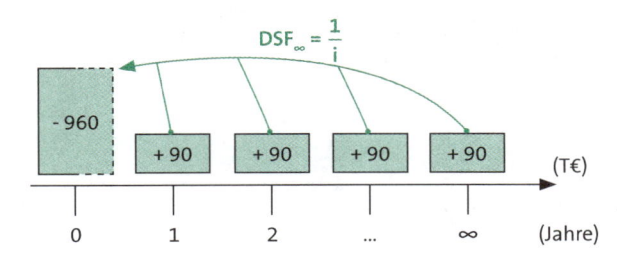

$$DSF_\infty = \frac{1}{i}$$

Zeitstrahl: -960 bei t=0; +90 in Jahren 1, 2, ..., ∞ (T€)

Zur Diskontierung unbegrenzter (ewiger) Zahlungsreihen ist der Diskontierungssummenfaktor (DSF) für n → ∞ zu verwenden. Er lautet (vgl. die Grenzwertermittlung auf Rdnr. 2050):

$$DSF = \frac{1}{i}$$

	allgemeine Lösung	Zahlen des Beispiels
1. Kapitalwertfunktion aufstellen:	$C_0 = (e - a) \cdot \frac{1}{i} - A$	$C_0 = 90 \cdot \frac{1}{i} - 960$
2. Kapitalwert gleich Null setzten:	$0 = (e - a) \cdot \frac{1}{r} - A$	$0 = 90 \cdot \frac{1}{r} - 960$
3. Gleichung nach r auflösen:	(2.2.3) $r = \frac{(e - a)}{A}$ **ewige Rente**	$r = \frac{90}{960}$ $r = 0{,}09375 = 9{,}38\ (\%)$

Ergebnis:
Die Rendite der ewigen Rente beläuft sich auf 9,38 %.

Die Anwendung von Gleichung (2.2.3) leuchtet unmittelbar ein, wenn Sie sich vorstellen, Sie legen bei Ihrer Bank 100.000 € auf ewige Zeiten an und erhalten alljährlich Zinsen i. H. v. 8.000 €. Die Rendite beläuft sich auf r = (e - a) / A = 8.000 / 100.000 = 0,08 = 8 %.   2127

2.2.3.2 Restwertgleiche Anschaffungsauszahlung

Sie erwerben ein Investitionsobjekt, das durch zwei Punkte gekennzeichnet ist: 2130

1. Der Restwert am Ende der Nutzungsdauer stimmt mit der ursprünglichen Anschaffungsauszahlung überein, es gilt: R = A.

2. Die jährlichen Nettoeinzahlungen sind im Zeitablauf gleich: (e - a) = const.

Wie hoch ist die Rendite?

Dynamische Verfahren

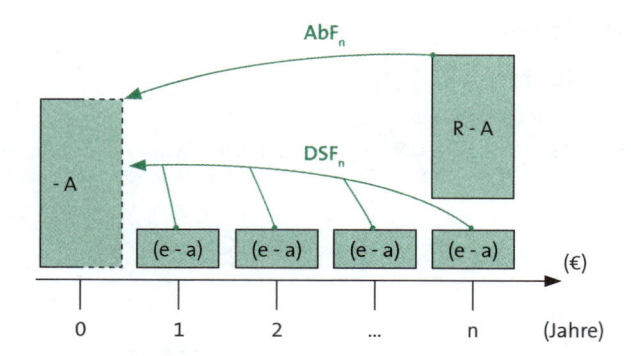

1. Kapitalwertfunktion aufstellen:

$$C_0 = -A + (e-a) \cdot \frac{(1+i)^n - 1}{i(1+i)^n} + A \cdot \frac{1}{(1+i)^n}$$

2. Kapitalwert gleich Null setzen:

$$0 = -A + (e-a) \cdot \frac{(1+r)^n - 1}{r(1+r)^n} + A \cdot \frac{1}{(1+r)^n}$$

3. Gleichung nach r auflösen:

$$0 = -A + (e-a) \cdot \frac{(1+r)^n - 1}{r(1+r)^n} + A \cdot \frac{1}{(1+r)^n} \quad \Big| + A - A \cdot \frac{1}{(1+r)^n} \rightarrow$$

$$A - A \cdot \frac{1}{(1+r)^n} = (e-a) \cdot \frac{(1+r)^n - 1}{r(1+r)^n} \quad \Big| : A \rightarrow$$

$$1 - \frac{1}{(1+r)^n} = \frac{(e-a)}{A} \cdot \frac{(1+r)^n - 1}{r(1+r)^n} \quad \Big| \cdot \frac{(1+r)^n - 1}{r(1+r)^n} \rightarrow$$

$$\frac{(e-a)}{A} = \left[1 - \frac{1}{(1+r)^n}\right] \cdot \frac{r(1+r)^n}{(1+r)^n - 1} \quad \Big| \text{Rechts Zähler und Nenner dividieren durch } (1+r)^n - 1$$

$$\frac{(e-a)}{A} = \left[1 - \frac{1}{(1+r)^n}\right] \cdot \frac{r}{\left[1 - \frac{1}{(1+r)^n}\right]} \quad \Big| \text{eckige Klammer kürzen} \rightarrow$$

Interne Zinsfuß-Methode **KAPITEL 2**

Daraus folgt:

> **Gleichung (2.2.4)**
> **Restwertgleiche Anschaffungsauszahlung**
>
> $$r = \frac{(e-a)}{A}$$

Ergebnis:

Stimmen Restwert und Anschaffungsauszahlung einer Investition überein und sind ihre jährlichen Nettoeinzahlungen im Zeitablauf konstant, dann lässt sich der interne Zinssatz als Quotient von jährlichen Nettoeinzahlungen und Anschaffungsauszahlung errechnen.

BEISPIEL: Geldanlage auf Festgeldkonto 2133

Dieser Fall tritt beispielsweise bei Ihrem Festgeldkonto auf, wenn Ihnen die Bank für den Anlagebetrag von 200.000 € während der Dauer von zwei Jahren 16.000 € pro Jahr an Zinsen überweist. Nach Ablauf der beiden Jahre können Sie wieder über Ihre 200.000 € frei verfügen (r = 8 %).

Bei betrieblichen Realinvestitionen ist die genaue Übereinstimmung von Restwert und Anschaffungsauszahlung genauso selten wie die Konstanz der jährlichen Nettoeinzahlungen. Hier wenden Sie Gleichung (2.2.4) dann an, wenn die Bedingungen R = A und (e - a) = konstant wenigstens näherungsweise erfüllt sind.

2.2.3.3 Restwertlose Investition

BEISPIEL: Restwert Null 2135

Eine Kuvertier- und Frankiermaschine kostet A = 40.000 €. Sie ermöglicht die Freisetzung einer Teilzeitkraft und damit jährliche Minderauszahlungen von 6.800 €. Die Nutzungsdauer der Maschine beträgt n = 9 Jahre, ihr Restwert ist R = 0 €. Wie hoch ist die Rendite dieser Investition?

Lösung:

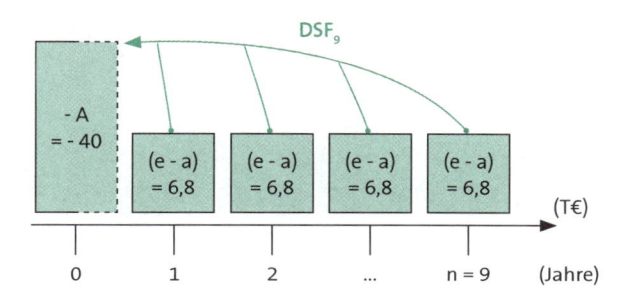

Dynamische Verfahren

	allgemeine Lösung	Zahlen des Beispiels
1. Kapitalwertfunktion aufstellen:	$C_0 = -A + (e - a) \cdot DSF_n$	$C_0 = -40.000 + 6.800 \cdot DSF_9$
2. Kapitalwert gleich Null setzen:	$0 = -A + (e - a) \cdot DSF_n$	$0 = -40.000 + 6.800 \cdot DSF_9$
3. Gleichung nach DSF_n auflösen:	(2.2.5) $DSF_n = \dfrac{A}{(e - a)}$ **restwertlose Investition**	$DSF_9 = \dfrac{40.000}{6.800}$ $DSF_9 = 5{,}882359$

Ergebnis:

Sie kennen den Wert des Diskontierungssummenfaktors und suchen in der Tabelle jenen Faktor, der bei n = 9 möglichst nahe bei 5,882359 liegt. Dies ist bei einem Tabellenzins von 9,5 % gegeben. Somit erbringt die betrachtete Investition eine Rendite von etwa 9,5 %. Eine gewünschte höhere Genauigkeit erreichen Sie durch Interpolieren.

2137 Das gezeigte Ermittlungsverfahren ist stets dann anwendbar, wenn eine Investition bei gleich bleibenden jährlichen Nettoeinzahlungen einen Restwert von Null aufweist. In der Praxis lässt sich das gezeigte Verfahren auch dann einsetzen, wenn der Restwert im Vergleich zu den anderen Zahlungen klein ist, also vernachlässigt werden kann.

Für die Effektivzinsbestimmung der restwertlosen Investition mit konstanten jährlichen Nettoeinzahlungen gibt es zwei gleichwertige Ansätze mit Hilfe der finanzmathematischen Faktoren: Neben dem Diskontierungssummenfaktor (DSF) können Sie den Kapitalwiedergewinnungsfaktor (KWF) nutzen[56].

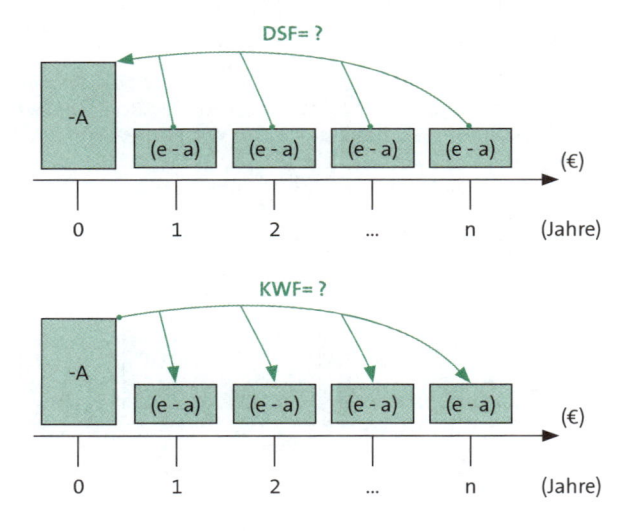

---

[56] Vgl. zum KWF Rdnr. 2200.

Allgemein gilt wegen

$$DSF = \frac{1}{KWF}$$

die folgende Gleichung:

Gleichung (2.2.6)
Restwertlose Investition

$$DSF = \frac{A}{(e-a)}$$

und

$$KWF = \frac{(e-a)}{A}$$

2.2.3.4 Zweizahlungsfall

Der Zweizahlungsfall ist das einfachste Zeitbild einer Investition: Sie besteht aus der Anschaffungsauszahlung A im Zeitpunkt 0 und der Einzahlung R am Investitionsende zum Zeitpunkt n.

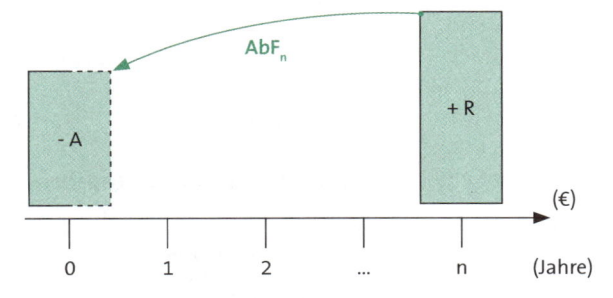

Unser 3-Schritte-Schema zur Effektivzinsbestimmung ergibt:

1. Kapitalwertfunktion aufstellen:

$$C_0 = -A + R \cdot \frac{1}{(1+i)^n}$$

2. Kapitalwert gleich Null setzen:

$$0 = -A + R \cdot \frac{1}{(1+r)^n}$$

3. Gleichung nach r auflösen:

$$A = R \cdot \frac{1}{(1+r)^n} \qquad |:R \rightarrow$$

$$\frac{1}{(1+r)^n} = \frac{A}{R} \qquad |\text{Kehrwerte} \rightarrow$$

$$(1+r)^n = \frac{R}{A} \qquad |\text{n-te Wurzel ziehen} \rightarrow$$

$$1 + r = \sqrt[n]{\frac{R}{A}} \qquad |-1 \rightarrow$$

Gleichung (2.2.7)
Zweizahlungsformel

$$r = \sqrt[n]{\frac{R}{A}} - 1 = \left(\frac{R}{A}\right)^{\frac{1}{n}} - 1$$

Ergebnis:

Im Fall von lediglich zwei Zahlungen bestimmen Sie den Effektivzinssatz, indem Sie die n-te Wurzel des Quotienten beider Zahlungen ermitteln und sie um 1 vermindern.

Sie können wegen

$$\sqrt[n]{\frac{R}{A}} = \left(\frac{R}{A}\right)^{\frac{1}{n}}$$

auch von der 1/n-ten Potenz des Quotienten der Zahlungen ausgehen.

2142 **BEISPIEL:** Effektivzins beim Goldmünzenkauf

Nehmen Sie Stellung zu folgendem Satz, der in einer Wirtschaftszeitung sinngemäß folgendermaßen veröffentlicht wurde:

„Die Goldmünze X war vor zehn Jahren für 350 € am Bankschalter zu haben. Heute nehmen sie die Banken für 810 € zurück. Differenz: 460 €. Das sind 130 % oder 13 % pro Jahr".

Lösung:

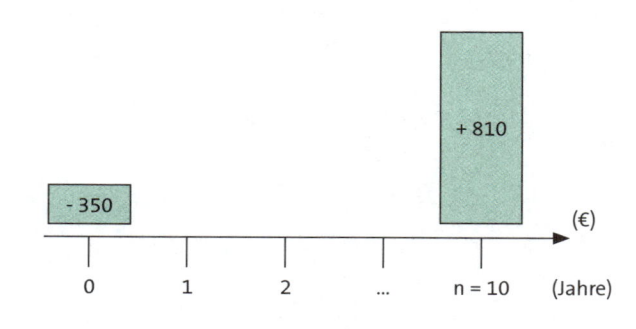

$$r = \left(\frac{R}{A}\right)^{\frac{1}{n}} - 1 = \left(\frac{810}{350}\right)^{0,10} - 1 = 0,0875 = 8,75\,\%$$

Ergebnis:

Der Münzsammler erzielt eine Rendite von 8,75 %. (Eigentlich müsste man von einem Wirtschaftsjournalisten verlangen können, dass er mit Zins und Zinseszins zu rechnen versteht.)

Der Spezialfall zweier Zahlungen kommt in der Wirtschaftspraxis dann vor, wenn ein Wirtschaftssubjekt einen Vermögensgegenstand erwirbt, um ihn nach einer bestimmten Zeit weiterzuveräußern, z. B. Kauf und späterer Weiterverkauf von Edelmetallen, Grundstücken, Kunstwerken, Edelsteinen, Zerobonds.

Der Zweizahlungsfall ist nicht auf den Investitionsbereich beschränkt, er kommt auch als Finanzierung vor, und zwar z. B. dann, wenn der Käufer einer Maschine eine Vorauszahlung leistet, die wegen des Vorauszahlungsrabatts unter dem Kaufpreis bei Lieferung liegt. Aber auch dann, wenn der Käufer eines Gutes den Lieferantenkredit nutzt, indem er auf den Skontoabzug verzichtet und die Rechnung erst später ohne Abzug begleicht. In beiden Fällen soll eine rationale Wahl stattfinden zwischen früherer (und niedrigerer) und späterer (und höherer) Zahlung. Es kann gezeigt werden, dass Gleichung (2.2.7) auf den Bereich der kurzfristigen Fremdfinanzierung übertragbar ist und eine rasche und genaue Effektivzinsbestimmung für den Lieferantenkredit, die Kundenanzahlung und den Wechseldiskontkredit ermöglicht[57].

2143

BEISPIEL: ▶ Lieferantenkredit

2144

Auf einer Lieferantenrechnung findet sich der Vermerk:

„Bei Zahlung innerhalb von 10 Tagen 2 % Skonto. Bis 30 Tage netto Kasse."

Die Rechnung lautet über 1.000 €. Gefragt ist nach der Höhe des effektiven Jahreszinssatzes des Lieferantenkredits.

Lösung:

Der Kunde hat die Wahl zwischen zwei unterschiedlichen Zahlungen zu unterschiedlichen Zeitpunkten.

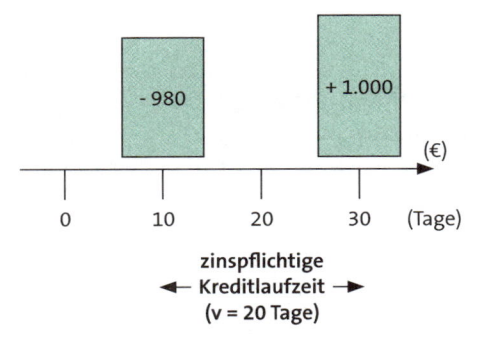

Bei Zahlung von 980 € zum Zeitpunkt 10 vermeidet man eine Zahlung von 1.000 € zum Zeitpunkt 30. Vermiedene Auszahlungen sind wie Einzahlungen zu behandeln (positives Vorzeichen). Die entgeltpflichtige Kreditlaufzeit beträgt v = 20 Tage. Es gilt:

---

[57] Vgl. ausführlich bei *Däumler, K.-D./Grabe, J./Meinzer, C.*: Finanzierung verstehen, Rdnr. 4400.

$$r = \sqrt[\frac{v}{365}]{\frac{R}{A}} - 1 = \left(\frac{R}{A}\right)^{\frac{365}{v}} - 1$$

$$r = \left(\frac{1.000}{980}\right)^{18,25} - 1 = 0{,}445852 = 44{,}59\,\%$$

Ergebnis:
Der interne Zinssatz der Finanzinvestition „Zahlung zum Zeitpunkt 10 statt Zahlung zum Zeitpunkt 30" beläuft sich auf 44,59 % pro Jahr.

Angesichts so hoher Zinssätze sind Rechnungen möglichst unter Skontoabzug zu begleichen, auch wenn hierfür ein Kredit aufgenommen werden muss.

Die gesamtwirtschaftliche Bedeutung der Lieferantenkredite ist enorm. Schon bei vorsichtiger Schätzung übersteigen sie die Gesamtsumme der kurzfristigen Kredite aller Banken in der Bundesrepublik an Nichtbanken[58].

2.2.4 Effektivbelastung im Finanzierungsfall

2.2.4.1 Problemstellung

2150 Es soll nun gezeigt werden, in welcher Weise das Verfahren zur Ermittlung der Effektivverzinsung einer Investition auf den Finanzierungsbereich übertragen werden kann. Die Bestimmung der mit einer Finanzierungsmaßnahme verbundenen Effektivbelastung (= Effektivverzinsung aus der Sicht eines Schuldners) ist besonders wichtig für den Vergleich verschiedener Darlehensangebote.

Die folgende Darstellung beschränkt sich auf die Effektivzinsermittlung bei einmaliger Gesamttilgung zum Laufzeitende im Falle der langfristigen Fremdfinanzierung. Unberücksichtigt bleiben andere Tilgungsformen, etwa Annuitäten- und Abzahlungstilgung. Ebenso bleibt die Effektivzinsbestimmung bei kurzfristiger Fremdfinanzierung unberücksichtigt.[59]

2.2.4.2 Genaue Effektivzinsermittlung

2155 **BEISPIEL:** Effektivzinssatz einer Zinshypothek
Eine Bank bietet einen Hypothekarkredit zu folgenden Konditionen an:
- Nominalbetrag: 100.000 €,
- Auszahlungskurs: 90 %,
- Nominalzinssatz: 9 %,
- Laufzeit: 20 Jahre,

---

58 Vgl. *Däumler, K.-D./Grabe, J./Meinzer, C.:* Finanzierung verstehen, Rdnr. 4412.
59 Eine ausführliche Darstellung der Effektivzinsbestimmung bei kurz- und langfristiger Fremdfinanzierung unter Berücksichtigung aller gängigen Tilgungsformen finden Sie etwa bei *Däumler, K.-D./Grabe, J./Meinzer, C.:* Finanzierung verstehen, Rdnr. 4500.

Interne Zinsfuß-Methode — KAPITEL 2

▶ Während der Laufzeit werden jeweils am Jahresende Zinsen entrichtet.
▶ Tilgung am Ende der Laufzeit in einem Betrag (einmalige Gesamttilgung).

Ermitteln Sie den Effektivzinssatz mit einer Genauigkeit von zwei Nachkommastellen.

Lösung:

Bei der gewählten Tilgungsform fallen während der Darlehenslaufzeit nur Zinsen an. Man spricht deshalb auch von einer Zinshypothek. Die Tilgung erfolgt in einer Summe am Ende des 20. Jahres, z. B. durch den Einsatz einer dann fällig werdenden Lebensversicherung oder als Umschuldungstilgung, bei der das alte Darlehen durch ein neues, etwa aus Bausparmitteln, abgelöst wird.

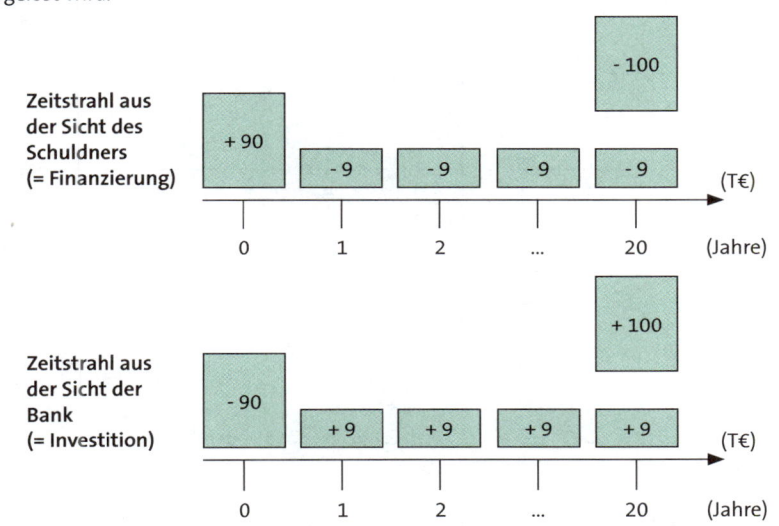

Zeitstrahl aus der Sicht des Schuldners (= Finanzierung)

+90 am Zeitpunkt 0; −9 in den Jahren 1, 2, …, 20; zusätzlich −100 am Ende des Jahres 20. (T€)

Zeitstrahl aus der Sicht der Bank (= Investition)

−90 am Zeitpunkt 0; +9 in den Jahren 1, 2, …, 20; zusätzlich +100 am Ende des Jahres 20. (T€)

Die Aufnahme des hypothekarisch gesicherten Darlehens ist aus der Sicht des Hypothekennehmers ein Finanzierungsvorgang (= Zahlungsreihe, die mit einer Einzahlung beginnt). Derselbe Vorgang wird zu einer Investition (= Zahlungsreihe, die mit einer Auszahlung beginnt), betrachtet man ihn aus der Sicht der kreditgewährenden Bank. Investition und Finanzierung entsprechen einander spiegelbildlich; sie unterscheiden sich lediglich durch das Vorzeichen.

Die Ermittlung des internen Zinssatzes wird zunächst grafisch mit Hilfe dreier Versuchszinssätze durchgeführt:

$i_1 = 0{,}08 \rightarrow$

$C_{0,1} = -90.000 + 9.000 \cdot \underbrace{9{,}818147}_{DSF_{20}} + 100.000 \cdot \underbrace{0{,}214548}_{AbF_{20}}$

$C_{0,1} = +19.818$ (€)

$i_2 = 0{,}10 \rightarrow$

$C_{0,2} = -90.000 + 9.000 \cdot \underbrace{8{,}513564}_{DSF_{20}} + 100.000 \cdot \underbrace{0{,}148644}_{AbF_{20}}$

$C_{0,2} = +1.486$ (€)

$i_3 = 0{,}12 \rightarrow$

$C_{0,3} = -90.000 + 9.000 \cdot \underbrace{7{,}469444}_{DSF_{20}} + 100.000 \cdot \underbrace{0{,}103667}_{AbF_{20}}$

$C_{0,3} = -12.408$ (€)

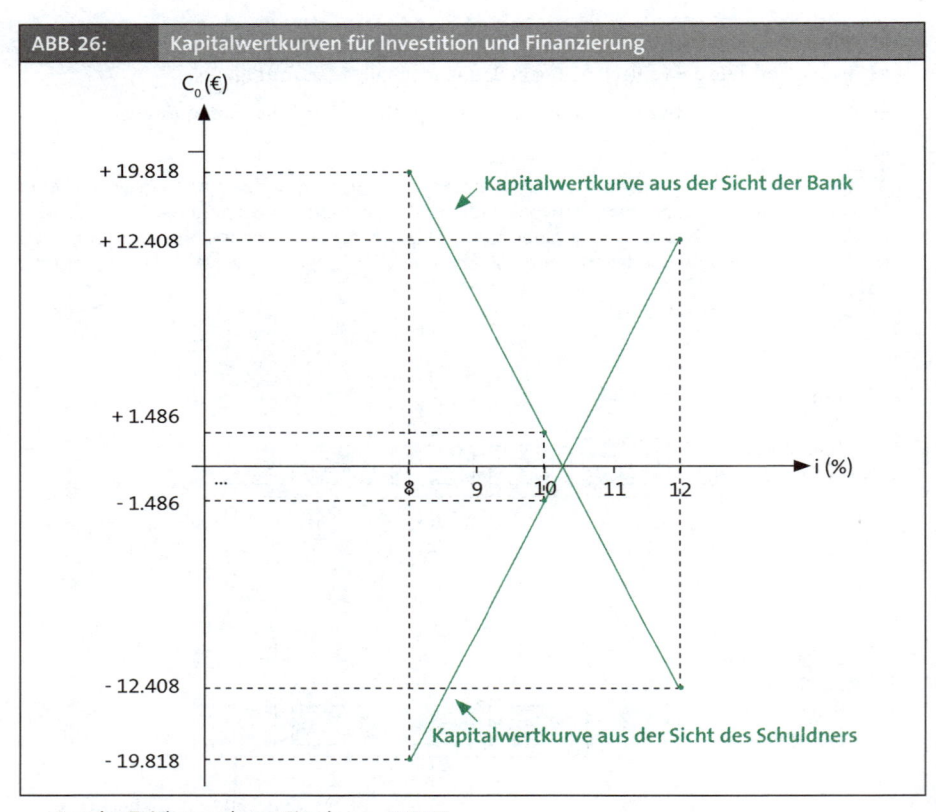

ABB. 26: Kapitalwertkurven für Investition und Finanzierung

[Diagramm: Kapitalwertkurven mit C₀ (€) auf der y-Achse und i (%) auf der x-Achse. Zwei sich kreuzende Geraden: "Kapitalwertkurve aus der Sicht der Bank" (fallend, von +19.818 bei 8% bis -12.408 bei 12%) und "Kapitalwertkurve aus der Sicht des Schuldners" (steigend, von -19.818 bis +12.408). Weitere markierte Werte: +1.486 und -1.486 bei etwa 10% bzw. 10,x%.]

Aus der Zeichnung lesen Sie ab: $r \approx 10{,}2\,\%$.

Um zu einer genaueren Lösung zu kommen, ergänzen Sie die Zeichnung durch die Gleichung zur Effektivzinsbestimmung (Regula falsi) mit den Probierzinssätzen 10 % und 10,5 %.

$i_1 = 10{,}0\,\%$ $\rightarrow$ $C_{0,1} = +1.486$ (€)

$i_2 = 10{,}5\,\%$ $\rightarrow$ $C_{0,2} = -90.000 + 9.000 \cdot 8{,}230909 + 100.000 \cdot 0{,}135755$

$\phantom{i_2 = 10{,}5\,\% \rightarrow{}}$ $C_{0,2} = -2.346$ (€)

$$r = i_1 - C_{0,1} \cdot \frac{i_2 - i_1}{C_{0,2} - C_{0,1}}$$

$$r = 10 - 1.486 \cdot \frac{10{,}5 - 10}{-2.346 - 1.486} = 10 + \frac{1.486 \cdot 0{,}5}{3.832} = 10{,}19\,(\%)$$

Ergebnis:

Der Hypothekarkredit kostet effektiv 10,19 % jährlich. Aus Bankensicht ist das ein Habenzins, aus Schuldnersicht ein Sollzins.

2.2.4.3 Festlegung des Auszahlungskurses

Der effektive Zinssatz ist mit 10,2 % rund 1,2 Prozentpunkte[60] höher als der Nominalzinssatz von 9 %. Das ist die ökonomische Wirkung des unter 100 % liegenden Auszahlungskurses. Der Hypothekennehmer erhält nicht 100.000 €, sondern nur 90.000 €. Die fehlenden 10.000 € muss er genau wie die erhaltenen 90.000 € erstens verzinsen und zweitens tilgen. Was spricht dafür, einen unter 100 % liegenden Auszahlungskurs festzusetzen oder zu akzeptieren?

▶ Das Disagio oder Damnum[61] zählt steuerlich u. U. zu den Geldbeschaffungskosten, die als Werbungskosten von den Einkünften aus Vermietung und Verpachtung abgezogen werden dürfen. Bei selbstgenutzten Einfamilienhäusern und Eigentumswohnungen muss der Auszahlungsverlust allerdings vor Bezugsfertigkeit angefallen sein.

▶ Der Abschlag vom Nominalwert kann auch vorgenommen werden, um eine Feinabstimmung des Effektivzinssatzes zu erreichen. Wenn man anstrebt, den Kunden Nominalzinssätze vom Typ 6 %, 6,25 %, 6,50 %, nicht aber solche von z. B. 6,48 %, anzubieten, dann ist eine bestimmte Kombination von Nominalzinssatz und Auszahlungskurs notwendig, um bei gegebenen Tilgungsmodalitäten und Laufzeit einen bestimmten Effektivzinssatz zu erreichen.

▶ Ein unter 100 % liegender Auszahlungskurs könnte auch zur Verschleierung eines hohen Effektivzinssatzes genutzt werden.

2.2.4.4 Approximative Effektivzinsermittlung

Für praktische Zwecke wird es gelegentlich als ausreichend erachtet, den Effektivzins eines Darlehens oder die Rendite eines festverzinslichen Wertpapiers nach einer der beiden banküblichen Näherungsformeln (2.2.8) auszurechnen. Die erste bezieht die Differenz zwischen Rückzahlungs- und Auszahlungskurs in der Weise in die Berechnung ein, dass R - A durch n dividiert und so gleichmäßig auf die Laufzeit verteilt wird; die zweite bezieht das auf die Laufzeit verteilte Disagio zusammen mit den Zinsen auf den Auszahlungskurs.

> **HINWEIS**
>
> Fassung a) der banküblichen Näherungsformel verlangt aus Dimensionsgründen die Eingabe der Variablen Z, A und R in Bruch- oder Dezimalbruchform (6 % = 6/100 = 0,06). Bei Fassung b) können Sie Prozente, Brüche oder Dezimalbrüche eingeben.

---

60 Sie sollten klar zwischen Prozent und Prozentpunkten unterscheiden. Prozentpunkte = Differenz zweier Prozentzahlen. Beispiel: Der Stimmanteil der Partei ist von 30 auf 33 % gestiegen; das sind 3 Prozentpunkte. Richtig auch: Der Stimmanteil der Partei ist um 10 % von 30 auf 33 % gestiegen. Falsch: Der Stimmanteil ist um 3 % gestiegen.

61 Disagio von ital. Abschlag, Damnum = Schaden, Nachteil.

Gleichung (2.2.8)
Banktübliche Näherungsformeln
Gleichung a)
$$r_{appr} = \frac{Z}{A} + \frac{R-A}{n}$$
Gleichung b)
$$r_{appr} = \frac{Z + \frac{R-A}{n}}{A}$$
Symbole
r_{appr} = approximative (lat. = angenäherte) Rendite (Näherungswert)
Z = Nominalzins (dezimal)
A = Auszahlungszins (dezimal)
R = Rückzahlungskurs (dezimal)
n = Laufzeit (Jahre)

2167 **BEISPIEL:** ▶ **Näherungsweise Effektivzinsbestimmung**

Ermitteln Sie die approximative Rendite nach beiden Näherungsformeln (2.2.8) für den Fall der im vorigen Beispiel (Rdnr. 2155) gegebenen Hypothekenkonditionen:

▶ Nominalbetrag: 100.000 €
▶ Auszahlungskurs: 90 %
▶ Nominalzinssatz: 9 %
▶ Laufzeit: 20 Jahre
▶ einmalige Gesamttilgung nach 20 Jahren

Lösung:

Gleichung a):

Z, A und R sind als Brüche oder Dezimalbrüche einzusetzen:

Z: 9 % → 0,09
A: 90 % → 0,90
R: 100 % → 1,00

$$r_{appr} = \frac{0,09}{0,9} + \frac{1,0 - 0,9}{20} = 0,1 + 0,005 = 0,105 = 10,5\,\%$$

Gleichung b):

Hier setzen wir wahlweise absolute oder Dezimalzahlen ein.

Z: 9 % → 9.000 € oder 0,09
A: 90 % → 90.000 € oder 0,90
R: 100 % → 100.000 € oder 1,00

$$r_{appr} = 9.000 + \frac{9.000 + \frac{100.000 - 90.000}{20}}{90.000}$$

$$r_{appr} = \frac{9.000 + 500}{90.000} = \frac{9.500}{90.000}$$

$$r_{appr} = 0{,}1056 = 10{,}56\ \%$$

$$r_{appr} = \frac{0{,}09 + \frac{1{,}00 - 0{,}90}{20}}{0{,}90}$$

$$r_{appr} = \frac{0{,}09 + 0{,}005}{0{,}90}$$

$$r_{appr} = 0{,}1056 = 10{,}56\ \%$$

Ergebnis:

Nach den banküblichen Näherungsverfahren erhält man eine Effektivverzinsung von 10,5 % bzw. 10,56 % und somit eine Abweichung von 3/10 bis gut 1/3 Prozentpunkten vom richtigen Ergebnis (10,19 %).

2.2.4.5 Effektivzinsermittlung mit Hilfe des Restwertverteilungsfaktors (RVF)

Abweichungen in der Größenordnung von mehreren Zehntelprozentpunkten können bei großen Darlehen, die über viele Jahre laufen, auf keinen Fall toleriert werden: Hier muss stets genau gerechnet werden. Die Faustformel zur Effektivzinsbestimmung (2.2.8) darf in der Praxis allenfalls dann angewendet werden, wenn das Damnum weniger als 2 % beträgt. Der Fehler der Faustformel (2.2.8) liegt in der Art, wie das Damnum auf die Laufzeit verteilt wird: Die schlichte Division des Damnums durch die Laufzeitjahre ist finanzmathematisch nicht korrekt; sie vernachlässigt Zins und Zinseszinsen. Diesen Fehler können Sie beheben, indem Sie den Damnumbetrag mit Hilfe des Restwertverteilungsfaktors RVF (zum RVF vgl. Rdnr. 2210) finanzmathematisch korrekt auf die Laufzeit verteilen. Sie erhalten:

2170

Gleichung (2.2.9)

$$r = \frac{Z + (R - A) \cdot RVF_n}{A}$$

Allgemein gilt: Der Restwertverteilungsfaktor RVF verteilt eine nach n Perioden fällige Einmalzahlung K_n (hier: R - A) unter Berücksichtigung von Zins und Zinseszins auf die Laufzeit von n Perioden (verwandelt „Einmalzahlung nach n Perioden" in Zahlungsreihe).

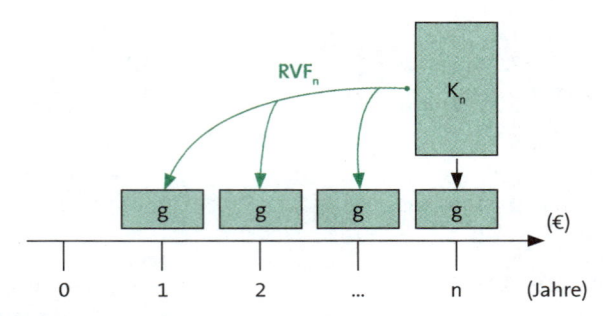

2172 BEISPIEL: Effektivzinsermittlung mit Hilfe des RVF

Ermitteln Sie den internen Zinssatz des bekannten Hypothekarkredites von (Rdnr. 2155) mit Hilfe des Restwertverteilungsfaktors (RVF).

Darlehenskonditionen:

- Nominalbetrag: 100.000 €
- Auszahlungskurs: 90 %
- Nominalzinssatz: 9 %
- Laufzeit: 20 Jahre
- einmalige Gesamttilgung nach 20 Jahren

Lösung:

$$r = \frac{Z + (R - A) \cdot RVF_n}{A}$$

$$r = \frac{9.000 + (100.000 - 90.000) \cdot 0{,}017460}{90.000} = \frac{9.175}{90.000} = 0{,}1019 = 10{,}19\,\%$$

Ergebnis:

Der mit Hilfe des Restwertverteilungsfaktors RVF ermittelte Wert von 10,19 % stimmt mit dem Ergebnis der Regula falsi überein. Also ist die RVF-Lösung hinreichend genau.

2173

Die Lösung mittels (2.2.9) ist offenbar eine elegante, weil besonders einfache. Achten Sie aber auf ein wichtiges Detail: den Restwertverteilungsfaktor (RVF). RVF = 0,017460 ist der Wert für n = 20 Jahre und i = 10 %. Beim Aufsuchen des RVF darf also nicht der Nominalzins (9 %) angesetzt werden, sondern ein Tabellenzins, der möglichst nahe beim Rechenergebnis, dem internen Zinssatz, liegt. Sie kennen dieses Problem auch schon von der Regula falsi, bei der die zu wählenden Probierzinssätze auch dicht bei der gesuchten Lösung liegen sollten. Bei praktischer Anwendung der Lösung (2.2.9) kann es Ihnen also passieren, dass Sie ein zweites Mal rechnen müssen, falls Ihr Lösungsschätzwert um mehr als einen Prozentpunkt von der gefundenen Lösung abweicht. Immer dann, wenn der Abstand zwischen Lösungsschätzwert (= Tabellenzinssatz zum Aufsuchen des RVF) und der gefundenen Lösung kleiner als ein Prozentpunkt ist, erhalten Sie ein hinreichend genaues Ergebnis mit einer Fehlerquote von maximal zwei hundertstel Prozentpunkten.

2.2.4.6 Zusammenfassender Abschluss

Die folgende Tabelle gibt Ihnen einen Überblick über die insgesamt zur Verfügung stehenden Lösungswege zur Effektivzinsbestimmung bei einmaliger Gesamttilgung mit einer kurzen Bewertung. Sie sollten nur die beiden letztgenannten genauen Lösungen verwenden.

ABB. 27:	Genaue und weniger genaue Verfahren der Effektivzinsbestimmung
Lösungsverfahren	**Bewertung**
$r_{appr} = \dfrac{Z}{A} + \dfrac{R-A}{n}$ Hinweis: Hier sind Z, A und R aus Dimensionsgründen als Brüche oder Dezimalbrüche einzugeben.	Banktübliche Faustformel, bei der das Disagio 1. ohne Berücksichtigung von Zins und Zinseszins auf die Laufzeit verteilt wird und 2. nicht zusammen mit den Zinsen auf den effektiven Ausgabekurs bezogen wird. Fehlerquote: Mehrere Zehntelprozentpunkte.
$r_{appr} = \dfrac{Z + \dfrac{R-A}{n}}{A}$	Banktübliche Näherungsformel, bei der das Disagio ohne Berücksichtigung von Zins und Zinseszins auf die Laufzeit verteilt wird. Fehlerquote: Mehrere Zehntelprozentpunkte.
$r = \dfrac{Z + (R-A) \cdot RVF_n}{A}$	Lösung hinlänglich genau, wenn der Tabellenzins beim Aufsuchen des RVF dicht bei gesuchter Lösung liegt. Ist der Abstand Tabellenzins zu Lösungswert nicht größer als ein Prozentpunkt, dann hat die Lösung eine Fehlerquote von maximal zwei hundertstel Prozentpunkten.
$r = i_1 - C_{0,1} \cdot \dfrac{i_2 - i_1}{C_{0,2} - C_{0,1}}$	Lösung hinlänglich genau, wenn die Probierzinssätze dicht beim Rechenergebnis liegen (s. o.).
Hinweis: Die beiden letzten Verfahren sind in ihrem Kern identisch.	

Zusammenfassung

▶ Fragestellung

Die interne Zinsfuß-Methode dient der Ermittlung des Effektivzinssatzes von Investitionen (und Finanzierungen). Sie soll die Frage beantworten, ob sich eine bestimmte Investition lohnt oder nicht.

▶ Kriterium ($r \geq i$)

Eine Investition, deren interner Zinssatz (Rendite) mindestens die Höhe des Kalkulationszinssatzes erreicht, ist vorteilhaft. Bleibt die Rendite unter dem Kalkulationszinssatz, so bedeutet dies, dass der Investor die von ihm geforderte Mindestverzinsung nicht erreicht; die Investition ist dann unwirtschaftlich. Bei Gleichheit beider Werte sind Investitionsdurchführung und -unterlassung gleichwertige Möglichkeiten.

▶ Benötigte Informationen

Wie bei der Kapitalwertmethode benötigt der Entscheidende auch bei der internen Zinsfuß-Methode Informationen über den Verlauf der Zahlungsreihe, d.h. über die Höhe der Ein- und Auszahlungen, deren zeitliche Verteilung und die Nutzungsdauer. Ferner muss er seinen Kalkulationszinssatz festlegen. Er muss A, R, e, a, n und i quantifizieren können.

▶ Risiko

Die zahlenmäßigen Informationen über eine Investition sind im Regelfall risikobehaftet. Bei kleineren und mittleren Objekten empfiehlt es sich, jeweils mit dem wahrscheinlichsten Wert zu rechnen, bei dem sich Risiken und Chancen ganz oder teilweise ausgleichen. Bei Großinvestitionen sollte man spezielle Verfahren zur Risikoberücksichtigung einsetzen.

▶ Kalkulationszinssatz

Der Kalkulationszinssatz wird in der betrieblichen Praxis meist in der Größenordnung von 8–12 % festgelegt, wobei der Sollzinssatz des Kapitalmarktes die Untergrenze bildet. Bei vergleichsweise sicheren Finanzinvestitionen wird man sich eher an der unteren, bei weniger sicheren Realinvestitionen eher an der oberen Grenze orientieren.

▶ Berechnung und Genauigkeit

Die Berechnung des internen Zinssatzes erfolgt meist unter Benutzung einer Formel (Regula falsi), die die Kenntnis zweier Wertepaare (zwei Zinssätze und jeweils zugehörige Kapitalwerte) verlangt. Für die Genauigkeit der Lösung ist es günstig, wenn wenigstens einer der beiden Zinssätze möglichst dicht bei dem Ergebnis liegt. Daneben gibt es vier Sonderfälle, die auch ohne Regula falsi gelöst werden können (vgl. Abb. 28).

▶ Interpretation

Das zahlenmäßige Ergebnis, der interne Zinssatz, ist im praktischen Fall genau zu interpretieren. So besagt ein interner Zinssatz von 8 %, dass der Investor alljährlich 8 % auf die jeweils noch im Investitionsobjekt gebundenen Geldbeträge erhält. Das bedeutet bei unterschiedlichen Kalkulationszinssätzen:

- i = 7 %: Der Investor gewinnt das eingesetzte Kapital zurück. Er erhält alljährlich 7 % auf die ausstehenden Beträge und darüber hinaus eine Extraverzinsung von 1 %. Die Investition ist vorteilhaft.
- i = 8 %: Der Investor erhält neben der Wiedergewinnung eine Verzinsung in Höhe seiner Mindestforderung. Die Investition ist gerade noch vorteilhaft.
- i = 9 %: Der Verzinsungsanspruch des Investors wird nicht voll erfüllt. Die Investition ist nicht lohnend.

▶ Einsatzbereich der internen Zinsfuß-Methode

Die interne Zinsfuß-Methode eignet sich für alle Fragen der Effektivzinsbestimmung im Bereich Investition und Finanzierung. Sie lässt sich einsetzen

- zur Errechnung der Rendite von Realinvestitionen (Maschinen, Grundstücke, Vorräte),
- zur Errechnung des Effektivzinssatzes von Finanzinvestitionen (Aktien, Industrieobligationen, Pfandbriefe),
- zur Errechnung der Effektivbelastung der langfristigen Fremdfinanzierung (Bankdarlehen, Schuldscheindarlehen, Schuldverschreibungen),
- zur Errechnung der Effektivbelastung der kurzfristigen Fremdfinanzierung (Anzahlungen, Lieferantenkredite, Wechseldiskontkredite),
- zum Zinsvergleich zwischen Kreditkauf und Leasing.

ABB. 28: Fälle und Lösungsmethoden	
Fälle	**Lösungsmethoden**
Allgemeiner Fall (beliebiger Zahlungsverlauf)	1. **Grafische Lösung** (Kapitalwertkurve mit drei Kapitalwerten) 2. **Rechnerische Lösung** (Regula falsi/Sehnenverfahren – zwei Wertpaare müssen bekannt sein) $r = i_1 - C_{0,1} \cdot \dfrac{i_2 - i_1}{C_{0,2} - C_{0,1}}$ Beide Methoden sind in allen Fällen anwendbar.
Sonderfall 1 (ewige Rente; (e - a) = const)	$r = \dfrac{(e-a)}{A}$
Sonderfall 2 (R = A; (e - a) = const)	$r = \dfrac{(e-a)}{A}$
Sonderfall 3 (R = 0; (e - a) = const)	$\dfrac{A}{(e-a)} = DSF_n \qquad \dfrac{(e-a)}{A} = KWF_n$ Zum DSF oder KWF gehöriger Zinssatz ist aus Tabelle ablesbar.
Sonderfall 4 (Zweizahlungsfall)	$r = \left(\dfrac{R}{A}\right)^{\frac{1}{n}} - 1 = \sqrt[n]{\dfrac{R}{A}} - 1$

Formeln und Symbolverzeichnis

Formeln	Symbole
$r = i_1 - C_{0,1} \cdot \dfrac{i_2 - i_1}{C_{0,2} - C_{0,1}}$	r = Rendite (Effektivzinssatz) i_1 = Probierzinssatz 1 $C_{0,1}$ = Kapitalwert 1 i_2 = Probierzinssatz 2 $C_{0,2}$ = Kapitalwert 2
$r = \dfrac{(e - a)}{A}$ $r = \left(\dfrac{R}{A}\right)^{\frac{1}{n}} - 1 = \sqrt[n]{\dfrac{R}{A}} - 1$ $DSF_n = \dfrac{A}{(e - a)}$ $KWF_n = \dfrac{(e - a)}{A}$	$(e - a)$ = konstante jährliche Nettoeinzahlungen A = Anschaffungsauszahlung R = Restwert n = Nutzungsdauer DSF = Diskontierungssummenfaktor KWF = Kapitalwiedergewinnungsfaktor
$r_{appr} = \dfrac{Z}{A} + \dfrac{R - A}{n}$ $r_{appr} = \dfrac{Z + \dfrac{R - A}{n}}{A}$ $r = \dfrac{Z + (R - A) \cdot RVF_n}{A}$	r_{appr} = angenäherter Effektivzins Z = Nominalzins (dezimal) A = Auszahlungskurs R = Rückzahlungskurs (dezimal) n = Laufzeit (Jahre) RVF = Restwertverteilungsfaktor

Aufgaben

AUFGABE 39 (FORTGESCHRITTENE)

Wie lautet das interne Zinsfuß-Kriterium und welches sind die beiden Teilfragen, die beantwortet werden müssen, wenn die Vorteilhaftigkeit einer Investition nach diesem Kriterium geprüft wird?

Die Lösung finden Sie in Tz. 7039!

AUFGABE 40 (EINSTEIGER)

Wie heißt der interne Zinssatz noch?

Die Lösung finden Sie in Tz. 7040!

AUFGABE 41 (EINSTEIGER)

Wie ist der interne Zinssatz einer Investition definiert?

Die Lösung finden Sie in Tz. 7041!

AUFGABE 42 (FORTGESCHRITTENE)

Warum schneidet die Kapitalwertkurve die Abszisse genau an der Stelle i = r?

Die Lösung finden Sie in Tz. 7042!

AUFGABE 43 (EINSTEIGER)

Lässt sich die Methode zur Berechnung des internen Zinssatzes auch zur Bestimmung der Effektivbelastung einer Finanzierung verwenden? Bitte begründen Sie Ihre Antwort!

Die Lösung finden Sie in Tz. 7043!

AUFGABE 44 (FORTGESCHRITTENE)

Was verstehen Sie unter dem Begriff Disagio (Agio)? Bitte erörtern Sie die ökonomischen Gründe für die Ausgabe eines Hypothekendarlehens mit Disagio! Gehen Sie dabei auf die Frage des Effektivzinssatzes ein. Interpretieren Sie Gleichung (2.2.8) ökonomisch.

Die Lösung finden Sie in Tz. 7044!

AUFGABE 45 (FORTGESCHRITTENE)

Ein Investor kauft zum Zeitpunkt 0 eine Aktie zum Kurswert von 88,50 €. Die Dividendenzahlung erfolgt jeweils am Jahresende und weist für die einzelnen Jahre folgende Werte auf:

- ▶ 1. Jahr: 7,00 €
- ▶ 2. Jahr: 8,00 €
- ▶ 3. Jahr: 9,00 €
- ▶ 4. Jahr: 9,00 €
- ▶ 5. Jahr: 6,00 €

Unmittelbar nach der letzten Dividendenzahlung verkauft der Investor die Aktie. Der Kurs zum Verkaufszeitpunkt beläuft sich auf 77,50 €. Welche Höhe hat die Effektivverzinsung, die der Investor bei dieser Finanzinvestition erzielt hat? War das Engagement lohnend, wenn der Investor mit einem Kalkulationszinssatz von i = 0,10 = 10 % rechnet?

Lösungshinweis:

Grafische Lösung mit den Versuchszinssätzen $i_1 = 0,06$, $i_2 = 0,08$ und $i_3 = 0,10$.

Die Lösung finden Sie in Tz. 7045!

AUFGABE 46 (FORTGESCHRITTENE)

Eine staatliche 8 %-Anleihe mit einer Restlaufzeit von zehn Jahren und einem Nennwert von 100 € wird zum Tageskurs von 92 € gekauft. Welche Rendite ergibt sich, wenn der Investor sein Engagement bis zur Rückzahlung des Nennwertes nach zehn Jahren durchhält?

a) Aufgrund der Näherungsformeln.

b) Aufgrund der grafischen Lösung mit $i_1 = 0,06$, $i_2 = 0,08$ und $i_3 = 0,10$.

c) Bei unbegrenzter Restlaufzeit (ewige Rente).

Die Lösung finden Sie in Tz. 7046!

AUFGABE 47 (PROFIS)

Bitte zeigen Sie Schritt für Schritt, wie die Gleichung zur Effektivzinsbestimmung (2.2.2), Seite 76, Rdnr. 2115 zustande kommt!

Die Lösung finden Sie in Tz. 7047!

KAPITEL 2 — Dynamische Verfahren

AUFGABE 48 (FORTGESCHRITTENE)

Gegeben sind die folgenden Konditionen für ein Hypothekendarlehen:

- ▶ Nominalbetrag: 50.000 €
- ▶ Auszahlungskurs: 92 %
- ▶ Nominalzinssatz: 6 %
- ▶ Laufzeit: 10 Jahre
- ▶ Tilgung in einer Summe am Ende der Laufzeit

a) Bitte ermitteln Sie den internen Zinssatz dieser Finanzierungsmaßnahme nach folgenden Methoden:

1. grafische Methode (Versuchszinssätze: $i_1 = 0{,}06$; $i_2 = 0{,}07$; $i_3 = 0{,}08$),
2. rechnerische Methode (Regula falsi),
3. Näherungsgleichung (2.2.8).

b) Bitte erläutern Sie kurz, von welchen Gegebenheiten die Qualität der Lösung gem. Näherungsgleichung (2.2.8) abhängt!

Die Lösung finden Sie in Tz. 7048!

AUFGABE 49 (FORTGESCHRITTENE)

Eine Investition mit einer Anschaffungsauszahlung von 20.000 € erbringt jährlich netto 3.200 €. Die Lebensdauer beläuft sich auf neun Jahre.

a) Wie hoch ist die Rendite dieser Investition, wenn nach Ablauf von neun Jahren ein Restwert erlöst werden kann, der exakt die Höhe der ursprünglichen Anschaffungsauszahlung hat?

b) Welcher interne Zinssatz ergibt sich, wenn der Restwert nach Ablauf von neun Jahren Null ist?

c) Wie hoch ist die Effektivverzinsung bei unbegrenzter Lebensdauer der Investition?

Die Lösung finden Sie in Tz. 7049!

AUFGABE 50 (FORTGESCHRITTENE)

Auf einer Warenrechnung findet sich die folgende Skontoformel:

„Bei Zahlung innerhalb von 10 Tagen 3 % Skonto. Bis 30 Tage netto Kasse."

Bitte ermitteln Sie den effektiven Jahreszinssatz des Lieferantenkredits!

Die Lösung finden Sie in Tz. 7050!

AUFGABE 51 (FORTGESCHRITTENE)

Bitte überlegen Sie, wie ein Formular zur Effektivzinsermittlung von Investitionen im Rahmen eines Tabellenkalkulationsprogramms aussehen muss!

Fertigen Sie eine Skizze an und vergleichen Sie diese mit dem Musterformular im Lösungsanhang.

Die Lösung finden Sie in Tz. 7051!

AUFGABE 52 (FORTGESCHRITTENE)

Ein Student überlegt, welche Zahlungsweise für die Prämie seiner Kfz-Haftpflicht wirtschaftlich günstig ist. Bei jährlicher Zahlungsweise beläuft sich die Prämie auf 1.000 €; sie ist zum Jahresbeginn fällig. Bei halbjährlicher Zahlungsweise wird ein Aufschlag von 3 % erhoben; es müssen dann also zwei Raten mit jeweils 515 € gezahlt werden, und zwar 515 € zum Jahresanfang und 515 € nach Ablauf eines halben Jahres. Der Student könnte auf seinem Girokonto einen Überziehungskredit für 10 % pro Jahr bekommen.

Die Lösung finden Sie in Tz. 7052!

2.3 Annuitätenmethode

2.3.1 Finanzmathematische Grundlagen

2.3.1.1 Leitgedanke der Annuitätenmethode

2200 Der Leitgedanke der Annuitätenmethode besteht darin, **alle mit einem Investitionsobjekt verbundenen Zahlungen gleichmäßig auf die Nutzungsjahre zu verteilen**. Man beurteilt eine Investition also nach ihren durchschnittlichen jährlichen Ein- und Auszahlungen, die finanzmathematisch korrekt zu ermitteln sind. Dabei ergeben sich zwei Probleme:

1. Wie verteilt man die Anschaffungsauszahlung, also eine heutige Zahlung, unter Berücksichtigung von Zins und Zinseszins auf die Nutzungszeit?

2. Wie verteilt man den Restwert, also eine spätere Zahlung, unter Berücksichtigung von Zins und Zinseszins auf die Laufzeit einer Investition?

Wir haben also Verrentungsprobleme zu lösen.

> **MERKE**
>
> ▶ **Rente** ist eine in gleichmäßigen Zeitabständen erfolgende meist gleichbleibende Zahlung.
>
> ▶ **Verrentung** ist die Umrechnung einer einmaligen Zahlung in eine Reihe gleicher Zahlungen.

2.3.1.2 Verrentung einer heutigen Zahlung

2205 Welche über n Jahre laufende Zahlungsreihe mit einer jährlichen Zahlung von g ist bei einem Zinssatz von i einem heute zu leistenden Betrag K_0 äquivalent (wirtschaftlich gleichwertig)?

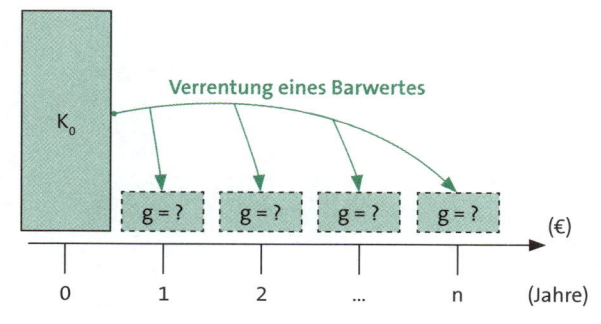

Probleme dieser Art haben Sie etwa dann zu lösen, wenn

▶ eine heute fällige Lebensversicherung verrentet werden soll,

▶ die Anschaffungsauszahlung für ein Investitionsobjekt auf die Laufzeit umzulegen ist,

▶ die zu einem Darlehen gehörende Annuität (= gleich bleibende Jahreszahlung, bestehend aus Zins- und Tilgungsanteil) zu ermitteln ist.

Im ersten Fall wollen Sie wissen, welche Jahresrente bei Verzicht auf Barauszahlung der Lebensversicherung zu erwarten ist. Dabei besteht die Jahresrente aus zwei Komponenten: den Zinsen auf die einbehaltene Lebensversicherungssumme und dem Tilgungsanteil. Bei einer Investition mit einer bestimmten Anschaffungsauszahlung fragen Sie, wie hoch der jährlich (netto) einzunehmende Geldbetrag sein muss, damit erstens die Anschaffungsauszahlung wiedergewonnen wird und zweitens die ausstehenden Beträge zum Kalkulationszinssatz verzinst werden. Entsprechend fragt man bei einem Darlehen, welcher Jahresbetrag zur Begleichung von Zins und Tilgung anzusetzen ist.

Da wir das entgegengesetzte Problem, nämlich die Errechnung des Barwertes K_0 einer Zahlungsreihe, bereits lösen können, ist lediglich die in Rdnr. 2015 entwickelte Gleichung

$$K_0 = g \cdot \frac{(1+i)^n - 1}{i\,(1+i)^n} = g \cdot DFS_n$$

nach der nunmehr gesuchten Größe g aufzulösen. Man erhält dann:

Gleichung (2.3.1)

$$g = K_0 \cdot \frac{i(1+i)^n}{(1+i)^n - 1} = K_0 \cdot KWF_n$$

↳ Kapitalwiedergewinnungsfaktor (KWF)

Der dabei erhaltene Faktor

$$\frac{i\,(1+i)^n}{(1+i)^n - 1}$$

(Kehrwert des Diskontierungssummenfaktors) heißt **Verrentungsfaktor**, **Annuitätenfaktor** oder auch **Kapitalwiedergewinnungsfaktor (KWF)**. Er gestattet die Ermittlung jener Zahlungsreihe, die einer einmaligen, zum Zeitpunkt 0 anfallenden Zahlung wirtschaftlich gleichwertig (äquivalent) ist. Er verteilt einen jetzt fälligen Geldbetrag in gleiche Annuitäten auf die kommenden Jahre (Kurzformel: verwandelt „Einmalzahlung jetzt" in Zahlungsreihe).

ABB. 29: KWF als Kehrwert des DSF

Gelöstes Problem

Ermittle den Barwert einer Zahlungsreihe

bekannte Lösung:

$$K_0 = g \cdot \frac{(1+i)^n - 1}{i(1+i)^n} = g \cdot DSF_n$$

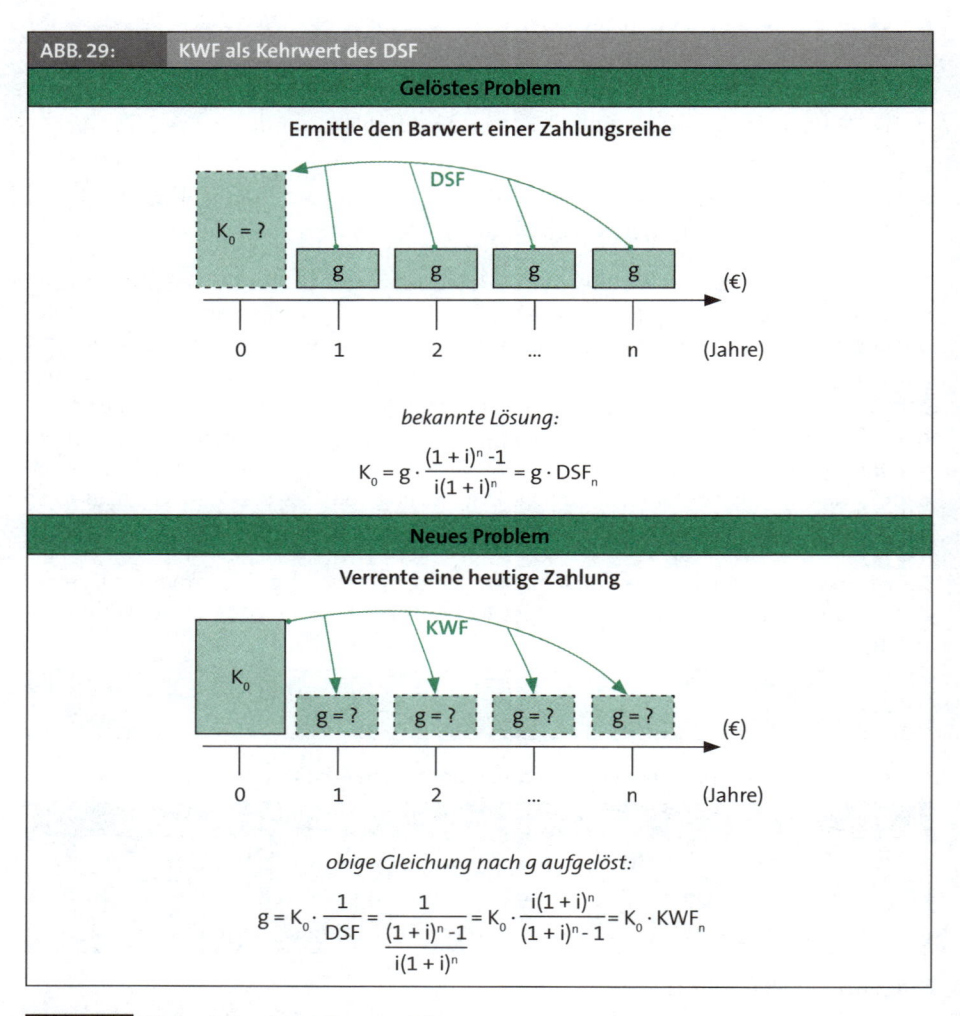

Neues Problem

Verrente eine heutige Zahlung

obige Gleichung nach g aufgelöst:

$$g = K_0 \cdot \frac{1}{DSF} = \frac{1}{\frac{(1+i)^n - 1}{i(1+i)^n}} = K_0 \cdot \frac{i(1+i)^n}{(1+i)^n - 1} = K_0 \cdot KWF_n$$

2207 **BEISPIEL:** ▶ **Verrentung einer Lebensversicherung**

Ein Bremer, der eine Lebensversicherung abgeschlossen hat, möchte seine im 73. Lebensjahr fällige Lebensversicherungssumme nicht „bar auf die Hand", sondern zieht eine Verrentung vor. Welche Jahresrente wird ihm die Versicherungsgesellschaft anbieten, wenn die Versicherungssumme auf 500.000 € lautet, eine statistische Restlebenserwartung von zehn Jahren[62] anzusetzen ist und mit einem Kalkulationszinssatz von 0,10 = 10 % gerechnet wird?

---

62 Die statistische Restlebenserwartung ergibt sich aus der Sterbetafel für die Bundesrepublik Deutschland. Die Sterbetafel ist u. a. abgedruckt in: *Däumler, K.-D.: Finanzmathematische Tabellenwerk,* S. 289 f.

Lösung:

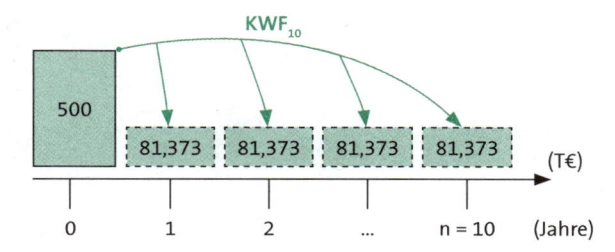

```
           KWF₁₀
    ┌───┐
    │500│
    │   │   ┌─────┐ ┌─────┐ ┌─────┐   ┌─────┐
    │   │   │81,373│ │81,373│ │81,373│   │81,373│
    └───┘   └─────┘ └─────┘ └─────┘   └─────┘  (T€)
      │       │       │       │         │
      0       1       2      ...       n = 10  (Jahre)
```

$g = K_0 \cdot KWF_{10}$

$g = 500.000 \cdot 0{,}162745$

$g = 81.373 \ (€)$

Ergebnis:

Die der Versicherungssumme von 500.000 € gleichwertige Zahlungsreihe weist eine Jahresrente von 81.373 € auf.

BEISPIEL: Umlage der Anschaffungsauszahlung 2208

Eine Investition mit einer Anschaffungsauszahlung von 90.000 € besitzt eine Nutzungsdauer von acht Jahren. Der Investor, der mit einem Zinssatz von 0,08 = 8 % rechnet, will wissen, wie groß der Geldbetrag g ist, der jährlich netto eingenommen werden muss, um die Anschaffungsauszahlung wiederzugewinnen und die ausstehenden Beträge mit dem Kalkulationszinssatz zu verzinsen.

Lösung:

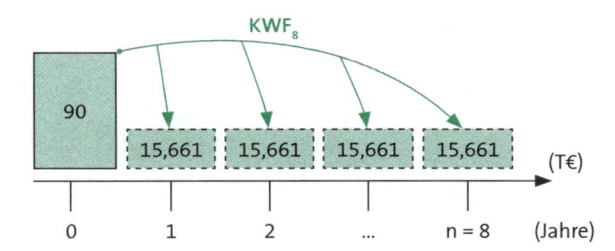

```
           KWF₈
    ┌───┐
    │90 │
    │   │   ┌─────┐ ┌─────┐ ┌─────┐   ┌─────┐
    │   │   │15,661│ │15,661│ │15,661│   │15,661│
    └───┘   └─────┘ └─────┘ └─────┘   └─────┘  (T€)
      │       │       │       │         │
      0       1       2      ...       n = 8   (Jahre)
```

$g = A \cdot KWF_8$

$g = 90.000 \cdot 0{,}174015$

$g = 15.661 \ (€)$

Ergebnis:

Wenn jährlich netto 15.661 € eingenommen werden, so gewinnt man die Anschaffungsauszahlung in acht Jahren wieder und erhält die innerhalb der acht Jahre ausstehenden Beträge zum Kalkulationszinssatz von 8 % verzinst.

BEISPIEL: Annuitätenberechnung bei Hypothek 2209

Eine Hypothek von 150.000 € soll innerhalb von 15 Jahren mit gleichen Jahresleistungen (Annuitäten) verzinst und getilgt werden.

Welche Höhe hat die Annuität bei einem Zinssatz von 8 %?

Lösung:

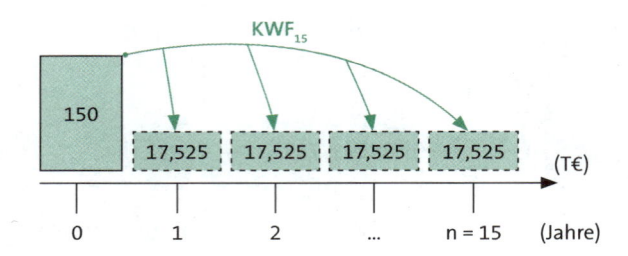

[Zahlungsstrahl: 150 bei t=0, Zahlungen von 17,525 (T€) in Jahren 1, 2, ..., n=15, mit KWF₁₅]

Annuität

$= K_0 \cdot KWF_{15}$

$= 150.000 \cdot 0,116830$

$= 17.524,50 \; (€/Jahr)$

Ergebnis:

Die Annuität beläuft sich auf 17.524,50 € pro Jahr.

2.3.1.3 Verrentung einer späteren Zahlung

2210 Gegeben ist eine spätere Zahlung, fällig zum Zeitpunkt n. Gesucht ist die Höhe der Glieder g einer über n Jahre laufenden Zahlungsreihe, die beim Zinssatz i wertmäßig K_n entspricht.

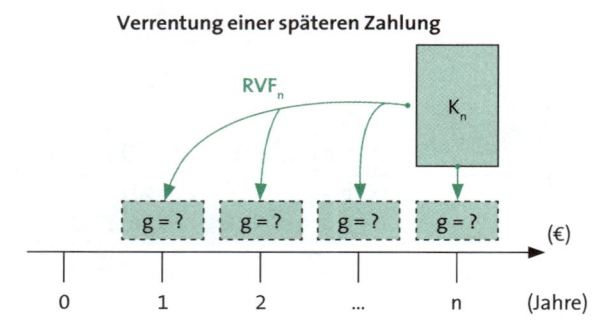

Verrentung einer späteren Zahlung

[Zahlungsstrahl: K_n am Ende (Zeitpunkt n), Zahlungen g=? in Jahren 1, 2, ..., n, mit RVF_n]

Da Sie die Verrentung einer heutigen Zahlung, die Umwandlung von K_0 in eine Zahlungsreihe, bereits beherrschen, bietet sich folgender Weg mit zwei Schritten an:

1. Sie zinsen zunächst K_n auf den Zeitpunkt 0 ab.

2. Sodann legen Sie den so gefundenen Gegenwartswert K_0 des Endwertes K_n mit Hilfe des Kapitalwiedergewinnungsfaktors (KWF) auf n Perioden um.

Annuitätenmethode KAPITEL 2

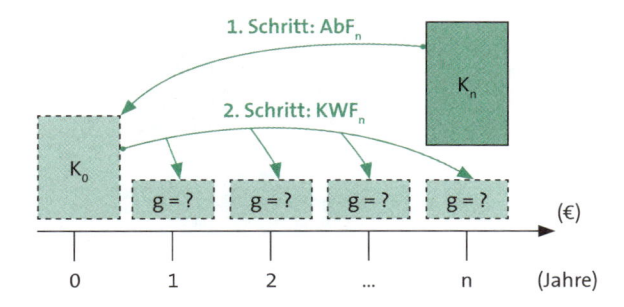

Somit erhält man die Gleichung:

$$g = K_n \cdot \underbrace{\frac{1}{(1+i)^n}}_{AbF} \cdot \underbrace{\frac{i(1+i)^n}{(1+i)^n - 1}}_{KWF} \quad | \text{kürzen mit } (1+i)^n \rightarrow$$

$$\underbrace{\phantom{\frac{1}{(1+i)^n}}}_{K_0}$$

Gleichung (2.3.2)

$$g = K_n \cdot \frac{i}{(1+i)^n - 1} = K_n \cdot RVF_n$$

↳ Restwertverteilungsfaktor (RVF)

Der in dieser Rechnung verwendete Faktor heißt Restwertverteilungsfaktor (RVF). Er gestattet die Ermittlung jener Zahlungsreihe, die einem einmaligen Betrag zum Zeitpunkt n äquivalent (gleichwertig) ist, d. h. er verteilt eine nach n Jahren fällige Einmalzahlung unter Berücksichtigung von Zins und Zinseszins auf die Laufzeit von n Jahren (Kurzformel: verwandelt „Einmalzahlung nach n Jahren" in Zahlungsreihe).

Der Restwertverteilungsfaktor findet praktische Anwendung, wenn es darum geht,

▶ den Restwert einer Investition auf die Jahre der Nutzung zu verteilen,
▶ eine nach Ablauf einer Investition fällige Abschlusszahlung auf die Produktionsjahre umzulegen,
▶ bei gegebenem Endkapital die notwendigen Sparraten zu ermitteln.

BEISPIEL: Umlage des Restwertes 2211

Eine über sieben Jahre laufende Investition verspricht, nach Ablauf der sieben Jahre einen Restwert von 20.000 € abzuwerfen. Welche (fiktive) jährliche Einzahlung entspricht diesem Restwert, falls der Investor mit einem Kalkulationszinssatz von 0,10 = 10 % rechnet?

Lösung:

<the diagram shows payments of 2,1 T€ at years 1,2,...,7 with RVF₇ leading to 20 T€ at n=7>

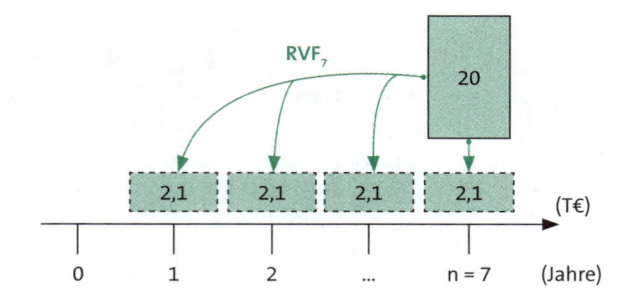

$g = R \cdot RVF_7$

$g = 20.000 \cdot 0{,}105405$

$g = 2.108\ (€)$

Ergebnis:

Der anteilige Restwert pro Periode beläuft sich auf 2.108 €.

2212 **BEISPIEL:** Umlage einer späteren Entschädigungszahlung

Eine Bergwerksgesellschaft baut eine erzhaltige Gesteinsschicht ab, die unter einem Dorf verläuft. Nach Abschluss der neunjährigen Abbauarbeiten sind aus geologischen Gründen Bergschäden zu erwarten, die Entschädigungszahlungen von 2 Mio. € erforderlich machen. Mit welchem Geldbetrag ist jedes der neun Produktionsjahre zu belasten, wenn man mit $i = 0{,}10 = 10\ \%$ rechnet?

Lösung:

<diagram: payments of 147,28 T€ at years 1,2,...,9, with RVF₉ leading to 2.000 T€ at n=9>

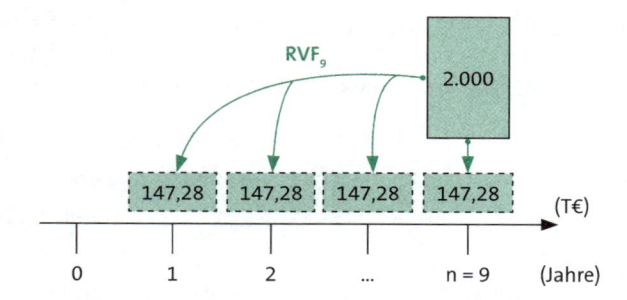

$g = R \cdot RVF_9$

$g = 2.000.000 \cdot 0{,}073641$

$g = 147.281\ (€)$

Ergebnis:

Die jedem Produktionsjahr anzulastenden Bergschäden betragen 147.281 €.

2213 **BEISPIEL:** Sparraten für vorgegebenes Endkapital

Sigrid Saldo steht kurz vor ihrem Examen in Betriebswirtschaftslehre. Zu ihrer Entspannung und Erbauung überlegt sie, welche Gehaltsforderung sie stellen müsste, um in zehn Jahren Millionärin zu sein. Da sie noch im Schoße der Familie Saldo lebt, könnte sie das Gehalt vollständig sparen. Die Bank zahlt 6 % Zinsen.

Lösung:

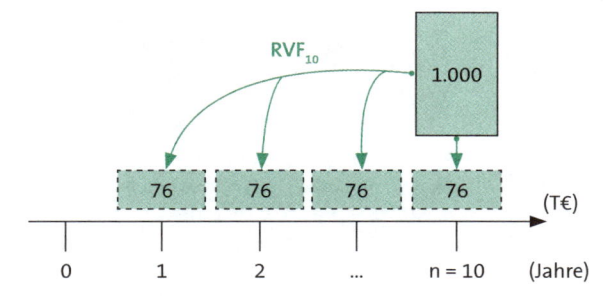

Jahresgehalt = späterer Wert · RVF_{10} = K_n · RVF_{10}

Jahresgehalt = 1.000.000 · 0,075868

Jahresgehalt = 75.868 (€)

Ergebnis:

Um in zehn Jahren Millionärin zu sein, müsste Sigrid Saldo ein Jahresgehalt von (netto) 75.868 € verlangen und dieses voll auf ihr Bankkonto einzahlen.

BEISPIEL: Umlage des Optionspreises 2214

Ein Betrieb plant die Anschaffung einer Maschine im Leasing-Verfahren. Während der Grundmietzeit von acht Jahren soll jährlich eine Leasingrate von 30.000 € gezahlt werden. Das Leasing-Objekt geht nach der ursprünglichen Planung nach der Grundmietzeit zum Preis von Null in das Eigentum des Leasing-Nehmers über. Der Eigentumsübergang soll kostenlos erfolgen. Der Steuerberater stellt fest, dass diese Vertragskonstruktion (Optionspreis[63] gleich Null) steuerschädlich ist, d.h. die Leasingraten könnten nicht als Betriebsausgaben in Abzug gebracht werden. Man müsse, so schlägt der Steuerberater vor, einen Optionspreis von z.B. 80.000 € vereinbaren.

Die Vertragsparteien sind damit grundsätzlich einverstanden, jedoch gibt der Mieter zu bedenken, dass dann die laufenden Leasingraten entsprechend geringer ausfallen müssten. Wie hoch wären die neuen Leasingraten unter Berücksichtigung des Optionspreises, falls mit einem Zinssatz von i = 0,12 = 12 % zu rechnen ist?

---

[63] Optionspreis ist der Preis, zu dem der Leasing-Nehmer nach Ablauf der Grundmietzeit das Leasing-Objekt erwerben kann. Der Optionspreis muss mindestens dem Restbuchwert des Leasing-Objekts entsprechen, falls die Leasingraten steuerlich als Betriebsausgaben anerkannt werden sollen. Vgl. auch: *Däumler, K.-D./ Grabe, J./Meinzer, C.:* Finanzierung verstehen, Rdnr. 4615.

Lösung:

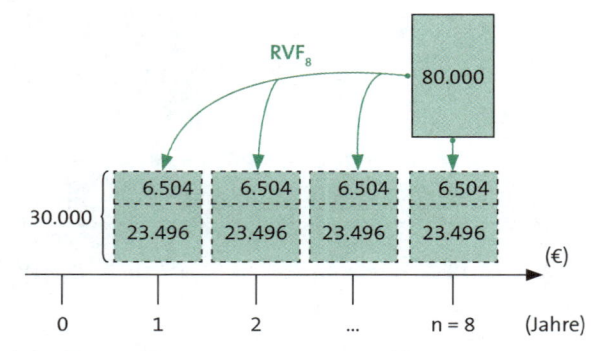

[Zeitstrahl-Diagramm: Ein Balken von 80.000 € am Zeitpunkt n=8, Zahlung von 30.000 in Periode 0, und Zahlungen von 23.496 + 6.504 in Perioden 1, 2, ..., n=8. Die 6.504 € werden mit RVF$_8$ auf 80.000 € aufgezinst.]

neue Rate = alte Rate - anteiliger Optionspreis pro Periode
neue Rate = 30.000 - 80.000 · RVF$_8$
neue Rate = 30.000 - 80.000 · 0,081303
neue Rate = 23.496 (€)

Ergebnis:

Als Gegenwert für den späteren Kaufpreis ist die Leasingrate um 6.504 € pro Jahr zu mindern, sodass lediglich 23.496 € pro Jahr zu zahlen sind. Der anteilige Optionspreis pro Jahr beläuft sich auf 6.504 €.

2.3.2 Annuitätenkriterium

Die Annuitätenmethode ist die dynamische Methode, die in der Praxis am seltensten zum Einsatz kommt. 23 % der antwortenden Großunternehmungen stützten sich 1985 bei ihren Entscheidungen auf die Annuitätenmethode, 1989 waren es 25 %, 1996 nur noch 5 % (vgl. Abb. 8). Nach den uns zugesandten Materialien steht fest, dass die Annuitätenmethode – jedenfalls bei den antwortenden Großunternehmungen – stets im Verbund mit wenigstens einer weiteren Investitionsrechnungsmethode eingesetzt wird. Als ergänzende Methode nutzen die Unternehmen meist die Kapitalwertmethode, was sachlich auch gut begründbar ist, da man den Periodenüberschuss i. S. d. Annuitätenmethode sehr einfach durch Multiplikation des Kapitalwertes mit dem Kapitalwiedergewinnungsfaktor erhält (vgl. Abschnitt 2.3.5: Überschussermittlung bei unterschiedlichen jährlichen Nettoeinzahlungen). 12 % der Mittelständler setzten 1996 die Annuitätenmethode ein. Von allen Investitionsrechnungsmethoden entspricht die Annuitätenmethode am meisten dem bankmäßigen Denken, weil alle Zahlungen in konstante jährliche Durchschnittswerte (Annuitäten) umgerechnet werden.

Wir wollen das Annuitätenkriterium, also die Entscheidungsregel der Annuitätenmethode, die uns angibt, unter welchen Voraussetzungen eine Investition nach dieser Methode vorteilhaft ist, schrittweise entwickeln:

1. Nach der bereits von der Kapitalwertmethode her bekannten umgangssprachlichen Formulierung unserer Entscheidungsregel lässt sich sagen:

   > Investition lohnt sich, wenn sie mindestens so viel erbringt wie sie kostet

   In den „Kosten" des Objekts sind auch die Zinsansprüche des Investors enthalten.

2. Berücksichtigt man, dass die korrekten Rechnungselemente nicht Leistungen und Kosten, sondern Ein- und Auszahlungen sind, so erhält man den Satz:

> Investition lohnt sich, wenn
> Einzahlungen ≥ Auszahlungen

In dieser Fassung ist die verbale Formulierung „mindestens so viel wie" durch die Bedingung ≥ ersetzt.

3. Sie wissen, dass Zahlungen, die zu unterschiedlichen Zeitpunkten anfallen, nicht vergleichbar sind (1 € heute ist mehr wert als 1 € morgen). Wir machen die Zahlungen vergleichbar, indem wir einen finanzmathematisch korrekten Durchschnittswert errechnen.

> Investition lohnt sich, wenn
> durchschnittliche jährliche Einzahlungen
> ≥
> durchschnittliche jährliche Auszahlungen

Ab Schritt 3. ist die Entscheidungsregel rechnerisch korrekt. Abschließend wollen wir nur noch vereinfachen.

4. Wir schreiben statt durchschnittliche jährliche Ein- und Auszahlungen DJE und DJA und erhalten:

> **Gleichung (2.3.3)**
> **Annuitätenkriterium**
>
> DJE ≥ DJA

Das Annuitätenkriterium lässt sich auch in der Weise formulieren, dass man die Differenz zwischen den durchschnittlichen jährlichen Ein- und Auszahlungen, also den durchschnittlichen jährlichen Überschuss DJÜ ermittelt:

> **Gleichung (2.3.4)**
> **Annuitätenkriterium**
>
> DJE ≥ DJA
> DJÜ ≥ 0

Eine Investition gilt nach diesem Kriterium stets dann als lohnend, wenn die durchschnittlichen jährlichen Einzahlungen DJE beim gewählten Kalkulationszinssatz mindestens so groß sind wie die durchschnittlichen jährlichen Auszahlungen DJA, d. h. wenn der durchschnittliche jährliche Überschuss DJÜ größer oder gleich Null ist.

Im praktischen Fall haben Sie also folgende Fragen zu beantworten:

► Wie errechnet man die durchschnittlichen jährlichen Einzahlungen DJE?
► Wie errechnet man die durchschnittlichen jährlichen Auszahlungen DJA?

Oder kürzer:

► Wie errechnet man den durchschnittlichen jährlichen Überschuss DJÜ?

2.3.3 Überschussermittlung bei konstanten jährlichen Nettoeinzahlungen

2220 Die durchschnittlichen jährlichen Einzahlungen DJE ermittelt man bei Konstanz der jährlichen Einzahlungen e mit Hilfe der Definitionsgleichung:

DJE = e + anteiliger Restwert

Gleichung (2.3.5)

$$DJE = e + R \cdot \frac{i}{(1+i)^n - 1} = e + R \cdot RVF_n$$

↳ Restwertverteilungsfaktor (RVF)

Die Reihe der Einzahlungen wird also um den Betrag erhöht, der wirtschaftlich dem auf die Investitionslaufzeit verteilten Restwert entspricht.

Für die durchschnittlichen jährlichen Auszahlungen DJA gilt bei Konstanz der jährlichen Betriebs- und Instandhaltungsauszahlungen a die Definitionsgleichung:

DJA = a + anteilige Anschaffungsauszahlung

Gleichung (2.3.6)

$$DJA = a + A \cdot \frac{i(1+i)^n}{(1+i)^n - 1} = a + A \cdot KWF$$

↳ Kapitalwiedergewinnungsfaktor (KWF)

Entsprechend erhöht sich auch die Reihe der Betriebs- und Instandhaltungsauszahlungen um jenen Betrag, der wirtschaftlich die auf die Laufzeit umgelegte Anschaffungsauszahlung repräsentiert.

2222 Damit sind – typisch für die Annuitätenmethode – alle „Einmalzahlungen" finanzmathematisch korrekt auf die Laufzeit verteilt und in Zahlungsreihen verwandelt. Die folgenden Zeitbilder zeigen schematisch, wie die Annuitätenmethode

1. den Restwert auf die Laufzeit umlegt, was die Reihe der Einzahlungen e um den anteiligen Restwert erhöht;

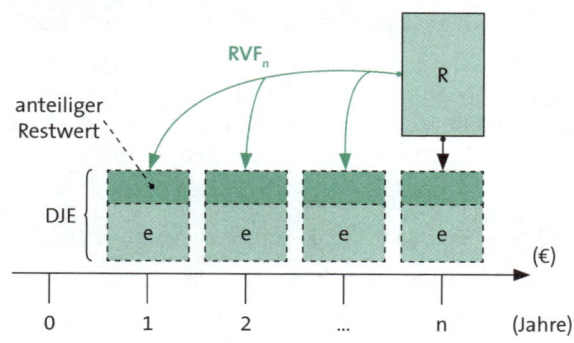

2. die Anschaffungsauszahlung auf die Jahre der Nutzung verteilt, was zu einer Erhöhung der Betriebs- und Instandhaltungsauszahlungen a um die anteilige Anschaffungsauszahlung führt.

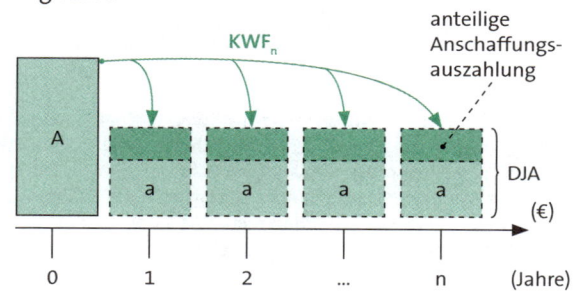

BEISPIEL: Errechnung des durchschnittlichen jährlichen Überschusses DJÜ 2223

Ein Betrieb plant den Kauf einer Maschine zum Preis von 20.000 €. Die Nutzungsdauer dieser Maschine wird auf vier Jahre geschätzt. In jedem Jahr erwartet man Einzahlungen von 9.000 € und Auszahlungen von 4.000 €. Der Restwert, der nach Ablauf von vier Jahren realisiert werden kann, beläuft sich auf 8.000 €. Wie hoch sind DJE, DJA und DJÜ, falls der Investor mit einem Kalkulationszinssatz von 0,08 = 8 % rechnet?

Lösung:

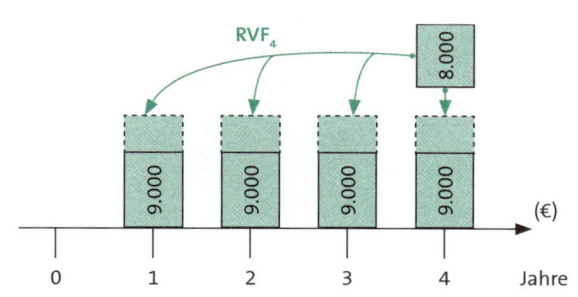

$DJE = e + R \cdot RVF_4$
$DJE = 9.000 + 8.000 \cdot 0,221921$
$DJE = 9.000 + 1.775$
$DJE = 10.775$ (€)

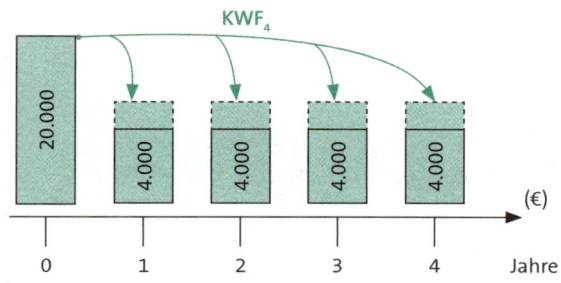

$DJA = a + A \cdot KWF_4$
$DJA = 4.000 + 20.000 \cdot 0,301921$
$DJA = 4.000 + 6.038$
$DJA = 10.038$ (€)

Ergebnis:

DJE = 10.775 (€)	Die Investition erbringt im Jahresdurchschnitt einen Überschuss von 10.775 - 10.038 = 737 €.
DJA = 10.038 (€)	
DJÜ = 737 (€)	Sie ist wegen DJE > DJA und DJÜ > 0 lohnend.

2224   **BEISPIEL:** Investition zur Energieeinsparung

Ein Unternehmer beabsichtigt, A = 100.000 € zum Zwecke einer besseren Wärmeisolierung der Fertigungshalle zu investieren. Die Halle kann noch sechs Jahre genutzt werden. Danach ist ein Umzug geplant. Wie hoch muss die jährliche Ersparnis (= Minderauszahlung) an Heizkosten mindestens sein, wenn der aufgewandte Betrag mit einer Verzinsung von i = 0,12 = 12 % in sechs Jahren wiedergewonnen werden soll? Wie hoch ist der durchschnittliche jährliche Überschuss DJÜ, falls die tatsächlichen jährlichen Minderauszahlungen 26.323 € ausmachen?

Lösung:

Man multipliziert die Anschaffungsauszahlung mit dem Kapitalwiedergewinnungsfaktor und erhält folgenden Wert für die mindestens erforderliche Minderauszahlung g:

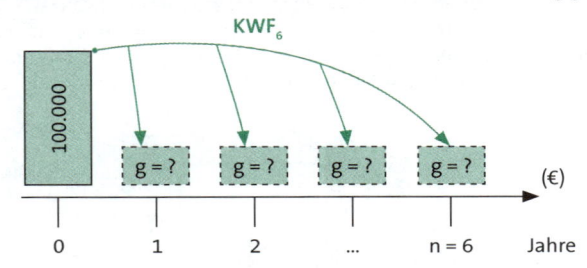

$g = A \cdot KWF_6$

$g = 100.000 \cdot 0,243226$

$g = 24.323$ (€)

Ergebnis:

Bei einer jährlichen Minderauszahlung von g = 24.323 € gewinnt der Unternehmer das eingesetzte Kapital von 100.000 € innerhalb von sechs Jahren zurück und erzielt eine Verzinsung der jeweils noch ausstehenden Beträge zum Kalkulationszinssatz von 0,12 = 12 %, DJÜ ist Null. Bei g = 26.323 € erzielt der Investor einen durchschnittlichen jährlichen Überschuss von 26.323 - 24.323 = 2.000 €.

2.3.4 Kapitaldienst

2.3.4.1 Aufteilung des Kapitaldienstes

2225   Wir wollen dieses Ergebnis noch genauer untersuchen. Dabei ist das Produkt von Anschaffungsauszahlung und Kapitalwiedergewinnungsfaktor von besonderem Interesse.

1. Es wird behauptet, dass dieses Produkt – man nennt es Kapitaldienst oder auch, im Zusammenhang mit der Tilgungsrechnung, Annuität – aus zwei Bestandteilen bestehe, nämlich aus der Wiedergewinnung und der Verzinsung der ausstehenden Beträge. Für den Kapitaldienst KD einer Investition gilt mithin:

Gleichung (2.3.7)
KD = Wiedergewinnungsanteil + Zinsanteil

2. Ferner wird behauptet, die jährlichen Wiedergewinnungsanteile gewährleisten über die Laufzeit der Investition eine vollständige Zurückgewinnung der gesamten Anschaffungsauszahlung.
3. Schließlich wird behauptet, der Zinsanteil repräsentiere eine Verzinsung der zu Beginn einer jeden Periode noch ausstehenden Beträge zum Kalkulationszinssatz.

Die drei Behauptungen untersuchen wir im Folgenden anhand der Daten des obigen Beispiels einer Energieeinsparungsinvestition.

BEISPIEL: Zerlegung des Kapitaldienstes in Zins- und Wiedergewinnungsanteil 2227

Der im obigen Beispiel (Energieeinsparung) betrachtete Unternehmer fragt sich, wie er bei einem Istwert der jährlichen Minderauszahlungen für Heizzwecke von g = 24.323 € sein investiertes Kapital (A = 100.000 €) im Laufe der n = 6 Jahre zurückgewinnt und wie sich die jeweils noch in der Investition gebundenen Geldbeträge verzinsen. Ermitteln Sie den Kapitaldienst KD der Wärmedämmungsinvestition, und zerlegen Sie ihn mit Hilfe einer Tabelle Jahr für Jahr in einen Zins- und einen Wiedergewinnungsanteil.

Lösung:

Es gilt:

KD = A · KWF_6

  = 100.000 · 0,243226

  = 24.323 (€)

Die folgende Übersicht zeigt, wie man den Kapitaldienst einer jeden Periode in einen Zins- und einen Wiedergewinnungsanteil zerlegt.

ABB. 30:	Aufteilung des Kapitaldienstes in Zins- und Wiedergewinnungsanteil				
Jahr	ausstehender Betrag am Jahresanfang (€)	Kapitaldienst (€/Jahr)	Zinsanteil (€/Jahr)	Wiedergewinnungsanteil (€/Jahr)	ausstehender Betrag am Jahresende (€)
	I	II	III = I · 0,12	IV = II - III	V = I - IV
1	100.000	24.323	12.000	12.323	87.677
2	87.677	24.323	10.521	13.802	73.875
3	73.875	24.323	8.865	15.458	58.417
4	58.417	24.323	7.010	17.313	41.104
5	41.104	24.323	4.932	19.391	21.713
6	21.713	24.323	2.610	21.713	0
Summe:				100.000	

Wenn die jährlichen Minderauszahlungen den Wert 24.323 € haben, dann werden davon im ersten Jahr 12.000 € zur Verzinsung der Anschaffungsauszahlung benötigt. Es bleiben also 12.323 € zum Zwecke der Wiedergewinnung. Damit vermindern sich die ausstehenden Beträge um 12.323 €, sodass zu Beginn des zweiten Jahres nur noch 87.677 € ausstehen. Im zweiten Jahr ist dann der noch nicht wiedergewonnene Betrag von 87.677 € mit 10.521 € zu verzinsen, sodass 13.802 € wiedergewonnen werden usw. Die Rechnung zeigt, dass am Ende des sechsten Jahres die gesamte Anschaffungsauszahlung wiedergewonnen ist. Sie zeigt auch, dass die jeweils noch ausstehenden Beträge genau zum Kalkulationszinssatz von i = 0,12 verzinst worden sind.[64]

Sie können der Übersicht drei wichtige Tatbestände entnehmen:

1. Im Zeitablauf nimmt der Zinsanteil laufend ab. Der Tilgungsanteil steigt entsprechend. Das ist typisch für den Fall des sog. Annuitätendarlehens. Im Darlehensvertrag finden Sie meist die Formulierung, wonach „i. H. d. ersparten Zinsen eine zusätzliche Tilgung stattfindet".
2. Die sechsmalige Zahlung von 24.323 € gewährleistet tatsächlich eine korrekte Verzinsung der jeweiligen Restschuld von 12 % und gleichzeitig eine Rückgewinnung der Anschaffungsauszahlung innerhalb der sechs Jahre.
3. Erbringt eine Investition netto alljährlich Zahlungen i. H. d. Kapitaldienstes, erzielt der Investor während der Nutzungsdauer des Objekts
   ▶ eine Wiedergewinnung der eingesetzten Mittel und
   ▶ eine Verzinsung der jeweils noch ausstehenden Beträge zum Kalkulationszinssatz.

2229 Das Annuitätenkriterium wird unter Benutzung des Begriffs Kapitaldienst gelegentlich auch folgendermaßen formuliert:

Gleichung (2.3.8)
Annuitätenkriterium

DJE ≥ a + Kapitaldienst

Danach gilt eine Investition dann als lohnend, wenn beim gewählten Kalkulationszinssatz die durchschnittlichen jährlichen Einzahlungen mindestens so groß sind wie die Summe aus den jährlichen Betriebs- und Instandhaltungsauszahlungen und dem Kapitaldienst für die Anschaffungsauszahlung.

2.3.4.2 Approximativer Kapitaldienst

2230 Die Praxis setzt zur Ermittlung des Kapitaldienstes einer Investition gelegentlich auch Faustregeln ein. Der nach einer Faustregel ermittelte Kapitaldienst heißt **approximativer (angenäherter) Kapitaldienst** KD_{appr}. Der Vorteil der approximativen Verfahren besteht darin, dass Sie ohne finanzmathematische Formeln und Tabellenwerte auskommen. Dieser Vorteil wird jedoch durch eine möglicherweise beträchtliche Ungenauigkeit erkauft. Je nach Art der Faustregel – es gibt zwei – wird die Abweichung vom genauen Wert mehr oder weniger groß. Die in Abb. 31 dargestellte Faustregel (2.3.9) führt zu einem sehr ungenauen Ergebnis, Faustregel (2.3.10) ergibt ein weniger ungenaues Resultat.

Die beiden approximativen Methoden ermitteln den Wiedergewinnungsanteil, indem sie die Anschaffungsauszahlung A gleichmäßig auf die Nutzungsdauer n verteilen (A/n). Einen Unterschied machen die beiden Varianten bei der Errechnung des jährlichen Zinsanteils. Die sehr ungenaue approximative Methode geht davon aus, dass im Durchschnitt während der Nutzungszeit der Betrag A/2 aussteht und demnach zu verzinsen ist:

---

[64] Rundungsfehler wurden im Zinsanteil des letzten Jahres ausgeglichen.

$$\text{Zinsanteil} = \frac{A}{2} \cdot i$$

Die weniger ungenaue Variante errechnet den Zinsanteil als arithmetisches Mittel: Danach steht zu Beginn des ersten Jahres noch der volle Betrag der Anschaffungsauszahlung aus und ist zu verzinsen. Im letzten Jahr dagegen steht nur noch der Teilbetrag A/n der Anschaffungsauszahlung aus, und es ist nur noch dieser Teilbetrag zu verzinsen. Sie erhalten den durchschnittlichen Zinsanteil, indem Sie die Verzinsung für das erste und letzte Jahr addieren und die Summe durch 2 teilen. Zinseszinsen berücksichtigen die beiden approximativen Verfahren nicht.

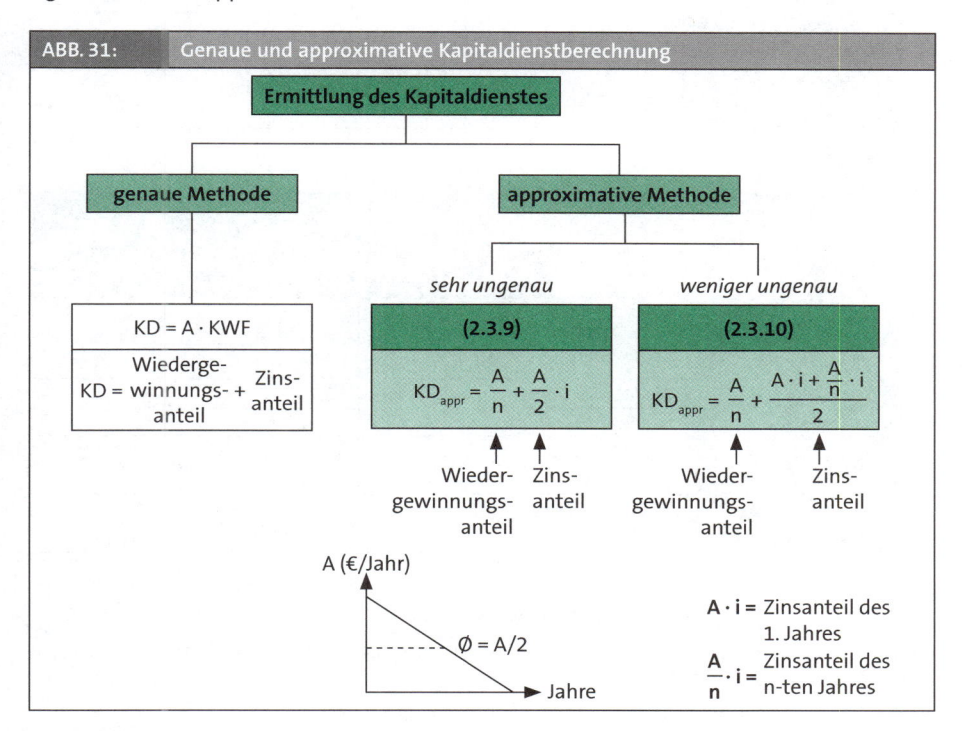

ABB. 31: Genaue und approximative Kapitaldienstberechnung

genaue Methode

$KD = A \cdot KWF$

KD = Wiedergewinnungsanteil + Zinsanteil

approximative Methode

sehr ungenau (2.3.9)

$$KD_{appr} = \frac{A}{n} + \frac{A}{2} \cdot i$$

weniger ungenau (2.3.10)

$$KD_{appr} = \frac{A}{n} + \frac{A \cdot i + \frac{A}{n} \cdot i}{2}$$

$A \cdot i$ = Zinsanteil des 1. Jahres

$\frac{A}{n} \cdot i$ = Zinsanteil des n-ten Jahres

BEISPIEL: Unterschied zwischen genauem und approximativem Kapitaldienst

Die Inhaberin eines Dentallabors plant den Kauf eines Computers inklusive branchenbezogener Software zum Paketpreis von 100.000 €.

a) Ermitteln Sie den genauen Kapitaldienst und die beiden approximativen Kapitaldienste unter Zugrundelegung
   1. von n = 5 Jahren und i = 6 %,
   2. von n = 10 Jahren und i = 6 %,
   3. von n = 10 Jahren und i = 12 %.

b) Zeigen Sie tabellarisch den prozentualen Unterschied zwischen genauer und Näherungslösung.

Lösung a):

ABB. 32: Genauer und angenäherter Kapitaldienst

Fall	Bestimmungs-gleichung	genauer Kapitaldienst $A \cdot KWF$ (€/Jahr)	approximativer Kapitaldienst $\frac{A}{n} + \frac{A}{2} \cdot i$ (€/Jahr)	approximativer Kapitaldienst $\frac{A}{n} + \frac{A \cdot i + \frac{A}{n} \cdot i}{2}$ (€/Jahr)
a)	n = 5, i = 0,06	23.740	23.000	23.600
b)	n = 10, i = 0,06	13.587	13.000	13.300
c)	n = 10, i = 0,12	17.698	16.000	16.600

Lösung b):

ABB. 33: Prozentuale Abweichung des approximativen Kapitaldienstes

Fall	Bestimmungs-gleichung	Prozentuale Abweichung des approximativen Kapitaldienstes vom genauen Wert	
		$\frac{A}{n} + \frac{A}{2} \cdot i$	$\frac{A}{n} + \frac{A \cdot i + \frac{A}{n} \cdot i}{2}$
a)	n = 5, i = 0,06	$\frac{23.740 - 23.000}{23.740} = 3{,}12\,\%$	$\frac{23.740 - 23.600}{23.740} = 0{,}59\,\%$
b)	n = 10, i = 0,06	$\frac{13.587 - 13.000}{13.587} = 4{,}32\,\%$	$\frac{13.587 - 13.300}{13.587} = 2{,}11\,\%$
c)	n = 10, i = 0,12	$\frac{17.698 - 16.000}{17.698} = 9{,}59\,\%$	$\frac{17.698 - 16.600}{17.698} = 6{,}20\,\%$

Ergebnis:

1. Der approximative Kapitaldienst ist stets kleiner als der genaue.
2. Die Abweichung vom genauen Wert steigt unter sonst gleichen Umständen mit wachsendem n und wachsendem i.
3. Grundsätzlich ist der genauen Methode der Vorzug zu geben.
4. Wird die genaue Methode abgelehnt, sollten Sie die weniger ungenaue Variante der approximativen Verfahren wählen.
5. Bei Laufzeiten von zehn Jahren oder mehr und/oder Zinssätzen von 10 % oder mehr werden die Abweichungen so erheblich, dass Sie bei größeren Investitionsobjekten jedes approximative Verfahren vermeiden und die genaue Methode benutzen sollten.

2.3.5 Überschussermittlung bei unterschiedlichen jährlichen Nettoeinzahlungen

Die Ermittlung der durchschnittlichen jährlichen Einzahlungen und der durchschnittlichen jährlichen Auszahlungen nach Gleichung (2.3.5) und Gleichung (2.3.6) ist außerordentlich schnell und einfach. Bitte beachten Sie, dass diese Gleichungen voraussetzen, dass die jährlichen Betriebs- und Instandhaltungsauszahlungen sowie die jährlichen Einzahlungen über die Laufzeit der Investition hinweg konstant sind. Ist diese Voraussetzung nicht erfüllt, dann verursacht die Prüfung der Vorteilhaftigkeit einer Investition nach dem Annuitätenkriterium etwas mehr Rechenarbeit. Man hat dann eine gegebene, unregelmäßige Aus- und Einzahlungsreihe zu transformieren in eine äquivalente, äquidistante, uniforme Reihe.[65]

▶ **Äquivalent** besagt, dass die Barwerte der ursprünglichen und der transformierten Reihe gleich sein müssen.
▶ **Äquidistant** bringt zum Ausdruck, dass die Zahlungen der neuen (transformierten) Reihe zu Zeitpunkten anfallen müssen, die jeweils gleich weit voneinander entfernt sind (in unserem Fall: jeweils am Jahresende).
▶ **Uniform** schließlich bedeutet, dass die Zahlungen der neuen Reihe gleich groß sein müssen.

Die Technik der Umformung inkonstanter Zahlungsreihen in finanzwirtschaftlich korrekte Durchschnittswerte zeigt das folgende Beispiel.

BEISPIEL: ▶ **Ermittlung finanzmathematischer Durchschnittswerte**

Gegeben sind zwei unterschiedliche Verläufe der Nettoeinzahlungen eines Investitionsobjekts. Ermitteln Sie jeweils
a) den arithmetischen und
b) den finanzmathematischen Mittelwert (Zinssatz i = 0,12 = 12 %).

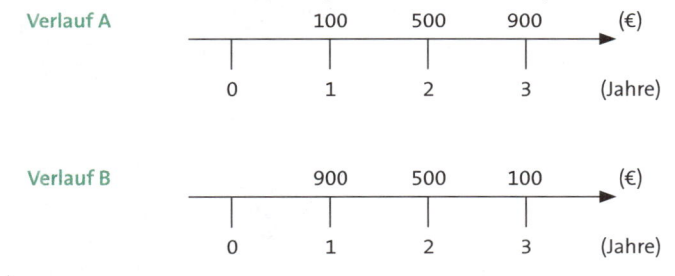

Verlauf A

	100	500	900	(€)
0	1	2	3	(Jahre)

Verlauf B

	900	500	100	(€)
0	1	2	3	(Jahre)

Lösung a):

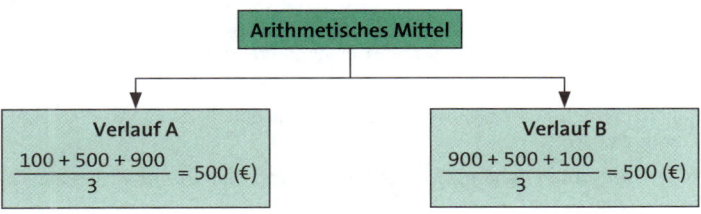

Arithmetisches Mittel

Verlauf A	Verlauf B
$\frac{100 + 500 + 900}{3} = 500$ (€)	$\frac{900 + 500 + 100}{3} = 500$ (€)

---

[65] Vgl. hierzu auch: *Jacob, H.*: Investitionsrechnung, S. 628 ff.

Lösung b):

Finanzmathematischer Mittelwert:

Der finanzmathematische Mittelwert g ergibt sich, indem Sie in zwei Schritten vorgehen:

1. Sie ermitteln den Barwert BW aller anfallenden Zahlungen.
2. Sie verteilen diesen Barwert BW auf die Zeit mit Hilfe des Kapitalwiedergewinnungsfaktors KWF und erhalten so drei gleiche „Portionen" des Barwertes, und zwar unter Berücksichtigung von Zins und Zinseszins.

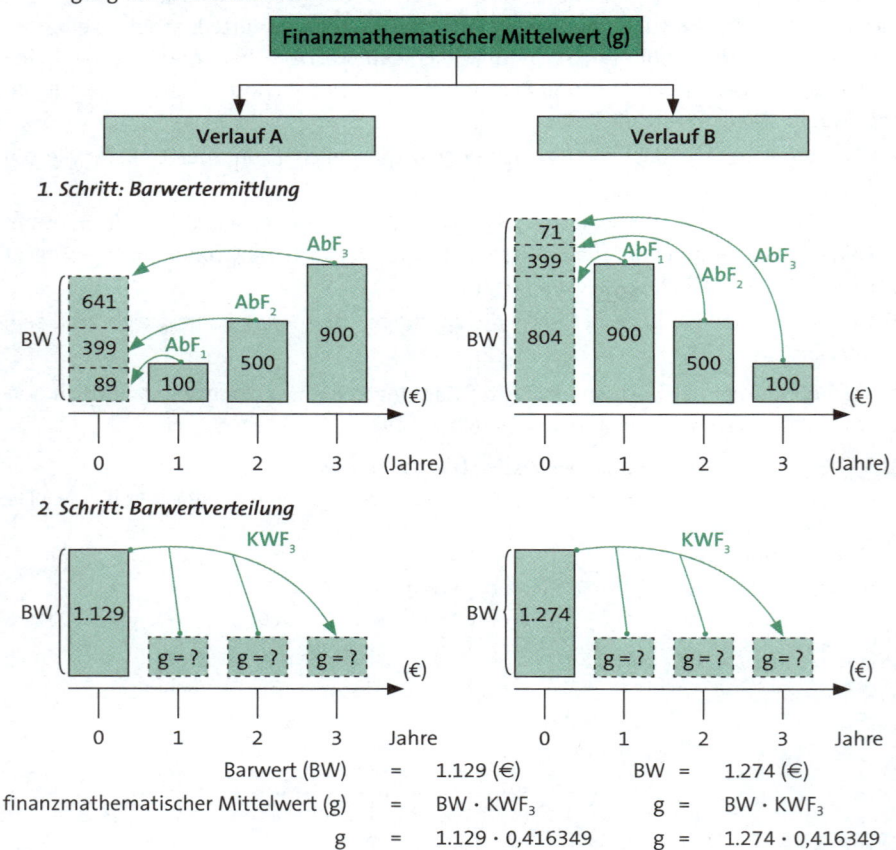

Finanzmathematischer Mittelwert (g)

- Verlauf A
- Verlauf B

1. Schritt: Barwertermittlung

2. Schritt: Barwertverteilung

	Verlauf A	Verlauf B
Barwert (BW) =	1.129 (€)	1.274 (€)
finanzmathematischer Mittelwert (g) =	BW · KWF_3	BW · KWF_3
g =	1.129 · 0,416349	1.274 · 0,416349
g =	470 (€)	530 (€)

Ergebnis:

▶ Der finanzmathematische Durchschnitt einer steigenden Zahlungsreihe liegt unter ihrem arithmetischen Mittel.

▶ Der finanzmathematische Durchschnitt einer fallenden Zahlungsreihe liegt über ihrem arithmetischen Mittel.

▶ Bei einer konstanten Zahlungsreihe stimmen arithmetisches und finanzmathematisches Mittel überein.

Annuitätenmethode — KAPITEL 2

BEISPIEL: Durchschnittswerte bei inkonstanten Zahlungsreihen 2239

Ein Betrieb plant die Anschaffung einer Kunststoffpresse für 15.000 €. Während der Lebensdauer dieser Anlage fallen die aus dem Zeitstrahl ersichtlichen jährlichen Einzahlungen sowie jährlichen Betriebs- und Instandhaltungsauszahlungen an. Am Ende der Laufzeit kann für die Anlage noch ein Schrottwert von 5.000 € erzielt werden. Der Kalkulationszinssatz beträgt i = 0,10 = 10 %.

a) Ermitteln Sie die zu den inkonstanten Ein- und Auszahlungsreihen gehörenden durchschnittlichen jährlichen Ein- und Auszahlungen.
b) Wie hoch ist der Kapitalwert der Investition? Zeigen Sie, wie man vom Kapitalwert (= barwertiger Gesamtüberschuss) zum durchschnittlichen jährlichen Überschuss DJÜ gelangt.

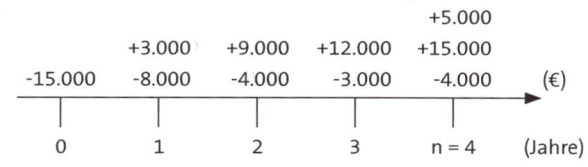

```
                                        +5.000
              +3.000   +9.000  +12.000  +15.000
  -15.000     -8.000   -4.000  -3.000   -4.000     (€)
  ──┬────────┬────────┬────────┬────────┬──►
    0        1        2        3       n = 4      (Jahre)
```

Lösung a):

Zunächst ist die mit der Investition verbundene Reihe der durchschnittlichen Einzahlungen (DJE) zu ermitteln. Dazu werden die Einzahlungen auf 0 abgezinst und ihre Barwerte addiert; sodann wird der Barwert aller Einzahlungen E_0 mit Hilfe des Kapitalwiedergewinnungsfaktors auf die Laufzeit von vier Jahren verteilt.

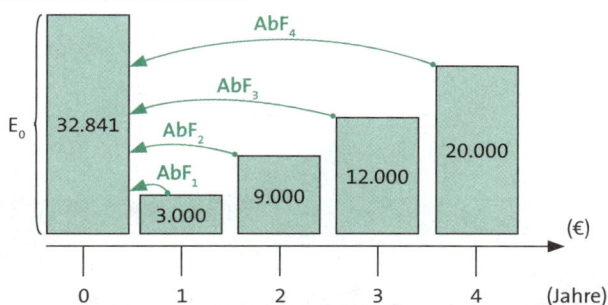

Zeitpunkt	Einzahlung (€)	AbF (10 %)	Barwerte (€)
	I	II	III = I · II
1	3.000	0,909091	2.727
2	9.000	0,826446	7.438
3	12.000	0,751315	9.016
4	20.000	0,683013	13.660
Barwert aller Einzahlungen E_0			32.841

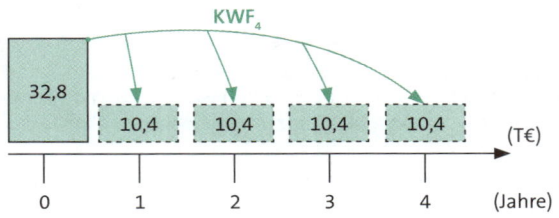

KAPITEL 2 — Dynamische Verfahren

$DJE = E_0 \cdot KWF_4$
$DJE = 32.841 \cdot 0,315471$
$DJE = 10.360$ (€)

Die transformierte äquivalente, äquidistante und uniforme Einzahlungsreihe ist also durch eine durchschnittliche jährliche Einzahlung von 10.360 € gekennzeichnet.

Nun sind die DJA zu ermitteln. Wir zinsen dazu alle Auszahlungen auf den Zeitpunkt 0 ab und addieren die Barwerte. Die barwertigen Auszahlungen werden dann in eine äquivalente, äquidistante und uniforme Auszahlungsreihe transformiert, indem man sie mit dem Kapitalwiedergewinnungsfaktor KWF multipliziert.

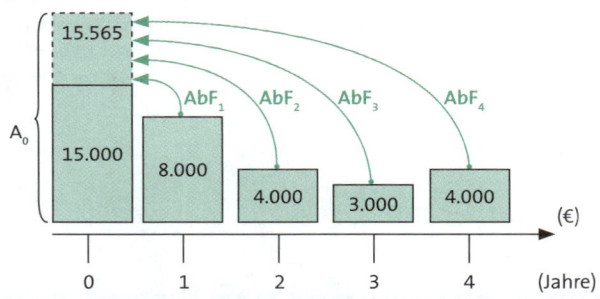

Zeitpunkt	Auszahlungen (€)	AbF (10 %)	Barwerte (€)
	I	II	III = I · II
0	15.000		15.000
1	8.000	0,909091	7.273
2	4.000	0,826446	3.306
3	3.000	0,751315	2.254
4	4.000	0,683013	2.732
Barwert aller Einzahlungen A_0			30.565

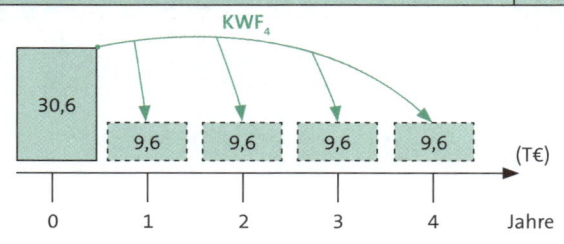

$DJA = A_0 \cdot KWF_4$
$DJA = 30.565 \cdot 0,315471$
$DJA = 9.642$ (€)

Annuitätenmethode KAPITEL 2

Es gilt:

durchschnittliche jährliche Einzahlungen	DJE = 10.360 €
- durchschnittliche jährliche Auszahlungen	DJA = 9.642 €
= durchschnittlicher jährlicher Überschuss	DJÜ = 718 €

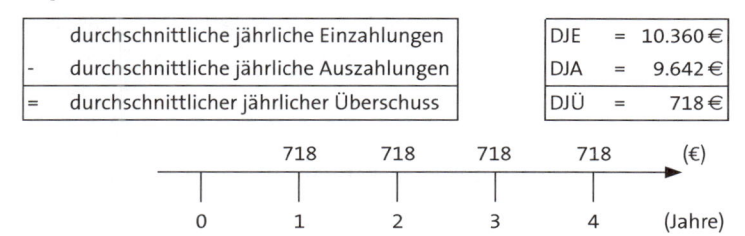

```
          718   718   718   718    (€)
           |     |     |     |
    0      1     2     3     4     (Jahre)
```

Ergebnis:

Die Investition ist vorteilhaft, da die DJE größer als die DJA sind. Der durchschnittliche jährliche Überschuss DJÜ – häufig auch extra profit genannt – beläuft sich auf 718 € (pro Jahr). Dieser Betrag ist deshalb ein extra profit, weil der Investor erstens sein eingesetztes Kapital zurückgewinnt, zweitens die jeweils ausstehenden Beträge seines Kapitals zum Kalkulationszinssatz verzinst erhält und darüber hinaus drittens im Durchschnitt pro Jahr einen zusätzlichen Einzahlungsüberschuss von 718 € erwarten kann.

Lösung b):

Stellt man die jährlichen Nettobeträge zusammen, so ergibt sich folgender Zeitstrahl:

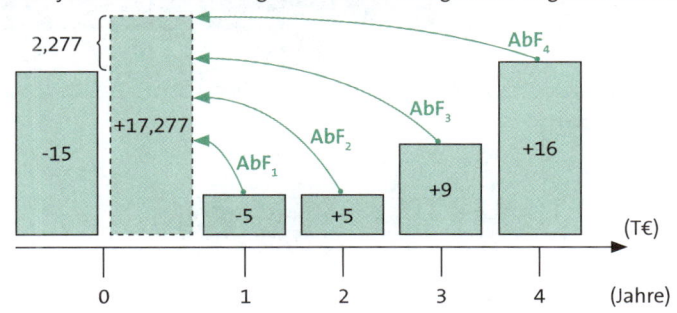

Für den Kapitalwert gilt:

C_0 = -15.000 - 5.000 · AbF_1 + 5.000 · AbF_2 + 9.000 · AbF_3 + 16.000 · AbF_4

C_0 = -15.000 - 5.000 · 0,909091 + 5.000 · 0,826446 + 9.000 · 0,751315 + 16.000 · 0,683013

C_0 = -15.000 - 4.545 + 4.132 + 6.762 + 10.928 = 2.277 (€)

Dieser Kapitalwert entspricht der Differenz der bereits in Lösung a) ermittelten Werte: E_0 - A_0 = 32.841 - 30.565 = 2.276 € (Unterschied ist rundungsbedingt).

Verteilt man den barwertigen Überschuss (Kapitalwert) mit Hilfe des Kapitalwiedergewinnungsfaktors KWF auf die Nutzungszeit, so ergibt sich ein finanzmathematisch korrekter Durchschnittswert, der durchschnittliche jährliche Überschuss DJÜ:

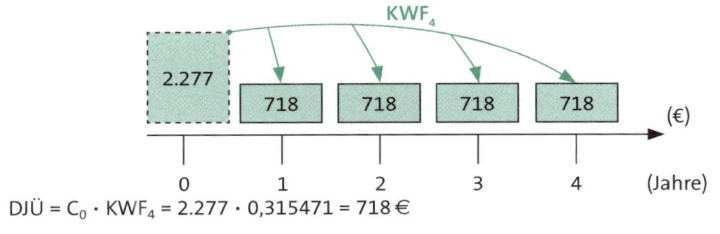

DJÜ = C_0 · KWF_4 = 2.277 · 0,315471 = 718 €

Ergebnis:

Der auf Kapitalwertbasis errechnete durchschnittliche jährliche Überschuss beläuft sich auf 718 €. Er stimmt mit dem in Lösung a) ermittelten Wert überein.

2.3.6 Durchschnittlicher jährlicher Überschuss und Kapitalwert

2240 Für die Ermittlung des durchschnittlichen jährlichen Überschusses gibt es also zwei Möglichkeiten:

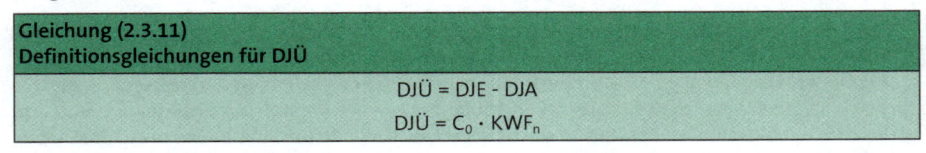

Gleichung (2.3.11)
Definitionsgleichungen für DJÜ

$$DJÜ = DJE - DJA$$
$$DJÜ = C_0 \cdot KWF_n$$

Ferner gibt es zwei Möglichkeiten, um die Verknüpfung zwischen dem barwertigen Überschuss C_0 und dem durchschnittlichen jährlichen Überschuss DJÜ darzustellen:

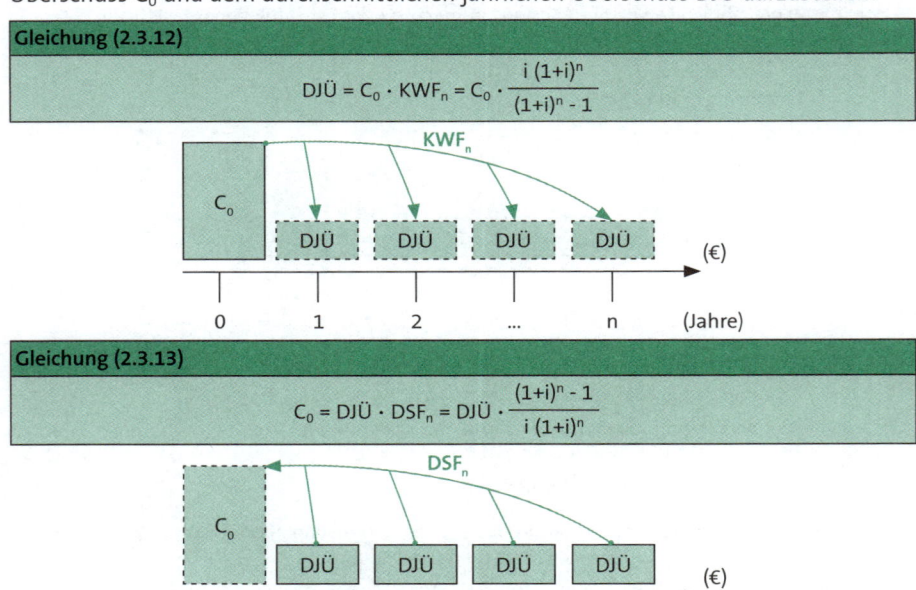

Gleichung (2.3.12)

$$DJÜ = C_0 \cdot KWF_n = C_0 \cdot \frac{i(1+i)^n}{(1+i)^n - 1}$$

Gleichung (2.3.13)

$$C_0 = DJÜ \cdot DSF_n = DJÜ \cdot \frac{(1+i)^n - 1}{i(1+i)^n}$$

Im obigen Beispiel (Durchschnittswerte bei inkonstanten Zahlungsreihen, Rdnr. 2239) ermittelten wir:

Einzahlungsbarwert	=	32.841
Auszahlungsbarwert	=	30.565
Kapitalwert	=	2.276

DJE	=	10.360
DJA	=	9.642
DJÜ	=	718

(Unterschied zu b) ist rundungsbedingt)

Bei gegebenem Kapitalwert erhält man folgenden DJÜ:

DJÜ = $C_0 \cdot KWF_4$
DJÜ = 2.276 · 0,315471
DJÜ = 718 (€)

Bei gegebenem DJÜ erhält man folgenden Kapitalwert:

C_0 = DJÜ · DSF_4
C_0 = 718 · 3,169865
C_0 = 2.276 (€)

2.3.7 Durchschnittlicher jährlicher Überschuss und Horizontwert

Schließlich existieren zwischen dem durchschnittlichen jährlichen Überschuss DJÜ und dem endwertigen Überschuss C_n (Horizontwert) folgende Verknüpfungen: 2245

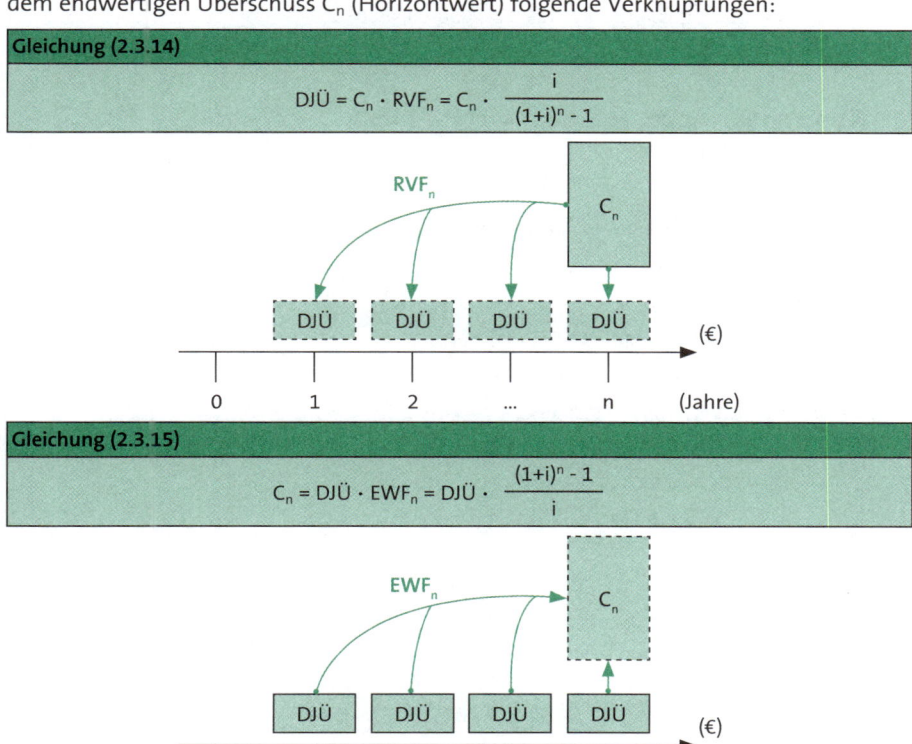

Gleichung (2.3.14)

$$DJÜ = C_n \cdot RVF_n = C_n \cdot \frac{i}{(1+i)^n - 1}$$

Gleichung (2.3.15)

$$C_n = DJÜ \cdot EWF_n = DJÜ \cdot \frac{(1+i)^n - 1}{i}$$

2247 **BEISPIEL:** Kauf eines zusätzlichen Minicars

Ein Minicar-Unternehmer plant die Anschaffung eines zusätzlichen Fahrzeugs, für das folgende Daten gelten:

- A = 40.000 €,
- e = 45.000 €,
- a = 35.000 €,
- R = 16.000 €,
- n = 4 Jahre,
- i = 8 %.

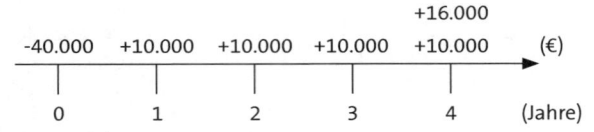

```
                                              +16.000
        -40.000  +10.000  +10.000  +10.000  +10.000        (€)
           |        |        |        |        |
           0        1        2        3        4       (Jahre)
```

a) Ermitteln Sie anhand des Zeitstrahls folgende Zielgrößen:
   Kapitalwert C_0, durchschnittlicher jährlicher Überschuss DJÜ, Horizontwert C_n.
b) Überprüfen Sie die Ergebnisse anhand der Gleichungen (2.3.11) bis (2.3.14).

Lösung a):

C_0 = $-A + (e-a) \cdot DSF_4 + R \cdot AbF_4$
C_0 = $-40.000 + 10.000 \cdot 3,312127 + 16.000 \cdot 0,735030$
C_0 = 4.882 (€)

DJÜ = $DJE - DJA = (e-a) + R \cdot RVF_4 - A \cdot KWF_4$
DJÜ = $10.000 + 16.000 \cdot 0,221921 - 40.000 \cdot 0,301921$
DJÜ = 1.474 (€)

C_n = $-A \cdot AuF_4 + (e-a) \cdot EWF_4 + R$
C_n = $-40.000 \cdot 1,360489 + 10.000 \cdot 4,506112 + 16.000$
C_n = 6.642 (€)

Lösung b):

C_0 = $DJÜ \cdot DSF_4 = 1.474 \cdot 3,312127 = 4.882$ (€)
C_0 = $C_n \cdot AbF_4 = 6.642 \cdot 0,735030 = 4.882$ (€)
DJÜ = $C_0 \cdot KWF_4 = 4.882 \cdot 0,301921 = 1.474$ (€)
DJÜ = $C_n \cdot RVF_4 = 6.642 \cdot 0,221921 = 1.474$ (€)
C_n = $C_0 \cdot AuF_4 = 4.882 \cdot 1,360489 = 6.642$ (€)
C_n = $DJÜ \cdot EWF_4 = 1.474 \cdot 4,506112 = 6.642$ (€)

Annuitätenmethode KAPITEL 2

Zusammenfassung

▶ **Fragestellung**

Die Annuitätenmethode kann eingesetzt werden, wenn die Frage beantwortet werden soll, ob eine Investition lohnend ist oder nicht. Grundgedanke: Die Annuitätenmethode rechnet sämtliche Einmalzahlungen in Zahlungsreihen um, d. h. sie verrentet die Einmalzahlungen. Den Restwert verteilt sie mit Hilfe des RVF auf die Nutzungsjahre; man erhält so den anteiligen Restwert pro Periode. Die Anschaffungsauszahlung wird mit Hilfe des KWF auf die Laufzeit umgelegt; man erhält so die anteilige Anschaffungsauszahlung pro Periode.

▶ **Kapitaldienst**

Die anteilige Anschaffungsauszahlung pro Jahr heißt auch Kapitaldienst oder Annuität. Der Kapitaldienst kann genau oder approximativ ermittelt werden. Die genaue Kapitaldiensterrechnung ist vorzuziehen. Sie ist sachlich stets dann erforderlich, wenn die Nutzungsdauer größer oder gleich zehn Jahre und/oder der Kalkulationszinssatz größer oder gleich 10 % ist. Im Finanzierungsbereich bezeichnet man den Kapitaldienst meist als Annuität. Die Annuität lässt sich zerlegen in einen Zins- und einen Tilgungsanteil, wobei der Tilgungsanteil im Zeitablauf zunimmt, während der Zinsanteil entsprechend sinkt.

▶ **Annuitätenkriterium (DJE ≥ DJA; DJÜ ≥ 0)**

Eine Investition ist lohnend, wenn die mit ihr verbundenen durchschnittlichen jährlichen Einzahlungen DJE mindestens so groß sind wie ihre durchschnittlichen jährlichen Auszahlungen DJA. Man kann auch sagen: Sie ist lohnend, wenn im Jahresdurchschnitt ein Überschuss DJÜ = DJE - DJA entsteht, der größer oder gleich Null ist.

▶ **Benötigte Informationen**

Der Investor muss Vorstellungen über den Verlauf der mit einer Investition verbundenen Zahlungen, über die Nutzungsdauer und die Höhe des Kalkulationszinssatzes besitzen. Er muss A, R, e, a, n und i quantifizieren können.

▶ **Risiko**

Diese zahlenmäßigen Informationen sind naturgemäß mit Risiken behaftet. Bei kleineren und mittleren Investitionen empfiehlt es sich, jeweils mit dem wahrscheinlichsten Wert zu rechnen. Bei Großinvestitionen sollte man spezielle Verfahren zur Risikoberücksichtigung einsetzen.

► Kalkulationszinssatz

Der Kalkulationszinssatz wird in der betrieblichen Praxis meist in der Größenordnung von 8–12 % festgelegt, wobei der Sollzinssatz des Kapitalmarktes die Untergrenze bildet. Bei vergleichsweise sicheren und eigenfinanzierten Investitionen kann auch der Habenzinssatz als Basis in Betracht kommen.

► Berechnung

In der Praxis verzichtet man meist auf eine getrennte Berechnung der DJE und DJA. Vielmehr ermittelt man zunächst den Kapitalwert einer Investition und verteilt diesen dann mit Hilfe des Kapitalwiedergewinnungsfaktors (KWF) auf die Nutzungsjahre. Diese Berechnungsweise hat u. a. den Vorteil, dass man gleichzeitig über zwei Beurteilungskriterien – den Kapitalwert und den durchschnittlichen jährlichen Überschuss – verfügt.

► Interpretation

Das zahlenmäßige Ergebnis, der durchschnittliche jährliche Überschuss, ist genau zu interpretieren.

- Ein DJÜ von z. B. +25 € besagt: Der Investor gewinnt erstens sein eingesetztes Kapital zurück, erhält zweitens eine Verzinsung i. H. d. Kalkulationszinssatzes auf die jeweils noch ausstehenden Beträge und gewinnt drittens darüber hinaus im Jahresdurchschnitt einen Überschuss von 25 €. Die Investition ist vorteilhaft.

- Ein DJÜ von z. B. 0 € besagt: Der Investor gewinnt erstens sein eingesetztes Kapital zurück, erhält zweitens eine Verzinsung der jeweils noch ausstehenden Beträge i. H. d. Kalkulationszinssatzes. Darüber hinaus wird nichts erzielt. Die Investition ist eben noch lohnend.

- Ein DJÜ von z. B. -15 € besagt: Der Investor erleidet in jeder Periode einen Verlust von durchschnittlich 15 €. Dieser Verlust kann dadurch zustande kommen, dass die geforderte Mindestverzinsung auf die ausstehenden Beträge nicht erzielt wird. Er kann auch dadurch entstehen, dass außerdem die investierten Mittel nicht oder nicht in voller Höhe wiedergewonnen werden. In beiden Fällen ist die Investition unvorteilhaft.

Formeln und Symbolverzeichnis

Formeln	Symbole
$K_0 = g \cdot DSF$ $K_0 = g \cdot \dfrac{(1+i)^n - 1}{i(1+i)^n}$ $g = K_0 \cdot \dfrac{i(1+i)^n}{(1+i)^n - 1}$ $g = K_0 \cdot KWF$	K_0 = Geldbetrag zum Zeitpunkt 0 g = konstanter Geldbetrag pro Jahr DSF = Diskontierungssummenfaktor KWF = Kapitalwiedergewinnungsfaktor
$K_n = g \cdot EWF$ $K_n = g \cdot \dfrac{(1+i)^n - 1}{i}$ $g = K_n \cdot \dfrac{i}{(1+i)^n - 1}$ $g = K_n \cdot RVF$	EWF = Endwertfaktor K_n = Geldbetrag zum Zeitpunkt n RVF = Restwertverteilungsfaktor
$DJA = a + A \cdot KWF$ $DJA = a + A \cdot \dfrac{i(1+i)^n}{(1+i)^n - 1}$	a = konstante jährliche Auszahlungen DJA = durchschnittliche jährliche Auszahlungen
$DJE = e + R \cdot RVF$ $DJE = e + R \cdot \dfrac{i}{(1+i)^n - 1}$	e = konstante jährliche Einzahlungen DJE = durchschnittliche jährliche Einzahlungen
$DJÜ = DJE - DJA$ $DJÜ = C_0 \cdot KWF$ $C_0 = DJE \cdot DSF$ $DJÜ = C_n \cdot RVF$ $C_n = DJÜ \cdot EWF$	$DJÜ$ = durchschnittlicher jährlicher Überschuss C_0 = Kapitalwert C_n = Horizontwert

2255

Aufgaben

2260

AUFGABE 53 (PROFIS)

Welche Bezeichnungen für den Kehrwert des Diskontierungssummenfaktors sind üblich? Bitte erläutern Sie jede dieser Bezeichnungen ökonomisch; zeigen Sie dabei insbesondere Gemeinsamkeiten am Zeitstrahl auf!

Die Lösung finden Sie in Tz. 7053!

AUFGABE 54 (FORTGESCHRITTENE)

Bitte definieren Sie verbal und mathematisch die folgenden Begriffe:
- anteilige Anschaffungsauszahlung,
- anteiliger Restwert!

Die Lösung finden Sie in Tz. 7054!

AUFGABE 55 (EINSTEIGER)

Bitte erläutern Sie kurz die Annuitätenmethode! Zeigen Sie am Zeitstrahl den Unterschied zur Kapitalwertmethode.

Die Lösung finden Sie in Tz. 7055!

AUFGABE 56 (EINSTEIGER)

Wie ändert sich der Kapitaldienst einer Investition

a) mit steigendem Kalkulationszinssatz,

b) mit steigender Nutzungsdauer der Investition?

Die Lösung finden Sie in Tz. 7056!

AUFGABE 57 (FORTGESCHRITTENE)

Bitte erläutern Sie kurz den approximativen Kapitaldienst! Unter welchen Voraussetzungen kann man ihn anwenden?

Die Lösung finden Sie in Tz. 7057!

AUFGABE 58 (EINSTEIGER)

Bitte erläutern Sie die Begriffe
- äquivalent,
- äquidistant und
- uniform!

Wann ist es notwendig, eine Transformation gegebener Zahlungsreihen in äquivalente, äquidistante und uniforme Reihen vorzunehmen?

Die Lösung finden Sie in Tz. 7058!

AUFGABE 59 (FORTGESCHRITTENE)

Ein Versicherungsnehmer soll heute seine Lebensversicherung von 30.000 € ausgezahlt bekommen. Die statistische Restlebenserwartung des Versicherten beträgt 15 Jahre. Die Versicherungsgesellschaft bietet dem Versicherten anstelle der Barauszahlung eine Jahresrente von 3.505 € für den Rest seines Lebens an.

Soll der Versicherte das Angebot annehmen, wenn er

a) mit einem Kalkulationszinssatz von 0,10 = 10 % rechnet?

b) mit einem Kalkulationszinssatz von 0,06 = 6 % rechnet?

c) Mit welchem Zinssatz hat die Versicherungsgesellschaft gerechnet?

Die Lösung finden Sie in Tz. 7059!

AUFGABE 60 (PROFIS)

a) Bitte leiten Sie den Restwertverteilungsfaktor mathematisch ab! Erläutern Sie Ihre Ausführungen mit einem Zeitstrahl.

b) Bitte zeigen Sie, wie man den Restwertverteilungsfaktor unter Benutzung des Endwertfaktors entwickeln könnte!

Die Lösung finden Sie in Tz. 7060!

AUFGABE 61 (EINSTEIGER)

Eine zu Rationalisierungszwecken vorgenommene Investition verursacht in 0 eine Auszahlung von 250.000 €. Welchen Wert muss der Rationalisierungseffekt im Durchschnitt pro Jahr haben, wenn der aufgewandte Betrag innerhalb von 15 Jahren mit einer Verzinsung von 9 % wiedergewonnen werden soll?

Die Lösung finden Sie in Tz. 7061!

AUFGABE 62 (FORTGESCHRITTENE)

Ein Betrieb plant eine Erweiterungsinvestition. Danach werden zusätzliche jährliche Einzahlungen von 16.000 € und zusätzliche jährliche Betriebs- und Instandhaltungsauszahlungen von 6.000 € erwartet. Die Anschaffungsauszahlung beläuft sich auf 40.000 €. Die Lebensdauer beträgt fünf Jahre. Danach kann noch ein Restwert von 2.000 € realisiert werden.

a) Bitte zeigen Sie die Zahlungsverhältnisse am Zeitstrahl!
b) Ermitteln Sie die durchschnittlichen jährlichen Ein- und Auszahlungen für
   1. $i_1 = 0{,}12 = 12\,\%$,
   2. $i_2 = 0{,}06 = 6\,\%$.

Die Lösung finden Sie in Tz. 7062!

AUFGABE 63 (EINSTEIGER)

Ein Darlehen von 10.000 € soll innerhalb eines Zeitraums von vier Jahren in gleichen Annuitäten verzinst und getilgt werden. Der vereinbarte Zinssatz beläuft sich auf $i = 0{,}10 = 10\,\%$.

a) Welche Höhe hat die Annuität?
b) Bitte zeigen Sie anhand einer Tabelle, wie sich die Annuität jeweils in einen Zins- und einen Wiedergewinnungsfaktor zerlegen lässt!

(Lösungshinweis: vgl. Abb. 30.)

Die Lösung finden Sie in Tz. 7063!

AUFGABE 64 (EINSTEIGER)

Betrachten Sie bitte noch einmal Abb. 30. Zu Beginn des sechsten Jahres beläuft sich der ausstehende Betrag auf 21.713 €. Der Kapitaldienst dieses Jahres ist jedoch mit 24.323 € deutlich höher als der ausstehende Betrag. Bitte erklären Sie die Differenz!

Die Lösung finden Sie in Tz. 7064!

AUFGABE 65 (EINSTEIGER)

„Sämtliche drei Methoden zur Prüfung der Vorteilhaftigkeit einer Investition sind in Wirklichkeit identisch. Sie sind nur andere Ausdrucksweisen des Fundamentalprinzips der Kapitalwertmethode". *(E. Schneider)*

a) Bitte zeigen Sie zunächst, dass diese Aussage für die Kapitalwert- und die Annuitätenmethode Gültigkeit hat! Stützen Sie Ihre Ausführungen auf das folgende Investitionsbeispiel ($i = 0{,}08 = 8\,\%$):

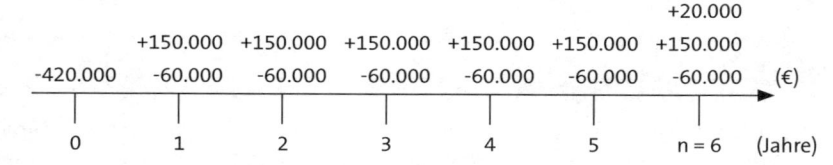

```
                                                      +20.000
            +150.000 +150.000 +150.000 +150.000 +150.000 +150.000
  -420.000  -60.000  -60.000  -60.000  -60.000  -60.000  -60.000   (€)
     |         |        |        |        |        |        |
     0         1        2        3        4        5      n = 6   (Jahre)
```

Prüfen Sie die Vorteilhaftigkeit dieser Investition mit Hilfe der Annuitätenmethode. Vergleichen Sie den Barwert des extra profits mit dem Kapitalwert. Erläutern Sie das gefundene Ergebnis.

b) Bitte zeigen Sie anhand einer kommentierten Grafik den Zusammenhang zwischen der internen Zinsfuß- und der Kapitalwertmethode!

Die Lösung finden Sie in Tz. 7065!

AUFGABE 66 (EINSTEIGER)

Bitte vergleichen Sie den genauen und den approximativen Kapitaldienst einer Investition mit einer Anschaffungsauszahlung von 5.000 €

a) für $i = 0,06 = 6\%$ und $n = 4$,

b) für $i = 0,10 = 10\%$ und $n = 10$,

c) für $i = 0,20 = 20\%$ und $n = 20$!

Die Lösung finden Sie in Tz. 7066!

AUFGABE 67 (PROFIS)

Ein Investor plant den Erwerb eines Miethauses. Es soll 300.000 € kosten. Nach sechs Jahren wird es wegsaniert. Die für diesen Zeitpunkt erwartete Entschädigungszahlung beträgt 250.000 €. Die Höhe der jährlichen Mieteinnahmen sowie der Auszahlungen für Reparaturen, Steuern und Nebenkosten geht aus dem Zeitstrahl hervor.

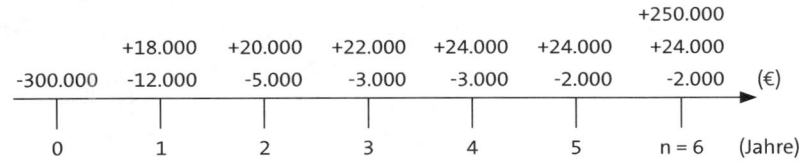

						+250.000	
	+18.000	+20.000	+22.000	+24.000	+24.000	+24.000	
−300.000	−12.000	−5.000	−3.000	−3.000	−2.000	−2.000	(€)
0	1	2	3	4	5	n = 6	(Jahre)

a) Wie hoch sind die durchschnittlichen jährlichen Ein- und Auszahlungen bei einem Zinssatz von $i = 0,08 = 8\%$?

b) Bitte ermitteln Sie Kapitalwert, durchschnittlichen jährlichen Überschuss und Horizontwert dieser Investition!

Die Lösung finden Sie in Tz. 7067!

AUFGABE 68 (FORTGESCHRITTENE)

Bitte überlegen Sie, wie ein Formular zur Ermittlung des durchschnittlichen jährlichen Überschusses im Rahmen eines Tabellenkalkulationsprogramms aussehen muss! Fertigen Sie eine Skizze an, und vergleichen Sie diese mit dem Musterformular im Lösungsanhang.

Die Lösung finden Sie in Tz. 7068!

2.4 Spezielle Anwendungen und Probleme der dynamischen Verfahren

2.4.1 Effektivzins bei unterjähriger Zahlungsweise

2.4.1.1 Entscheidungssituation und Zinsumrechnungsformel

2300 Die interne Zinsfuß-Methode eignet sich für viele Formen der Effektivzinsbestimmung. Sie lässt sich einsetzen

- ► zur Errechnung der Rendite von Realinvestitionen (Maschinen, Grundstücke, Gebäude),
- ► zur Effektivzinsbestimmung bei Finanzinvestitionen (Aktien, Obligationen, Termingelder) und
- ► zur Ermittlung der Effektivbelastung von Finanzierungen (Bankdarlehen, Schuldverschreibungen, Kundenanzahlungen, Lieferantenkredit).

Dabei sollten Sie sorgfältig zwischen Problemen auf Jahresbasis und solchen unterjähriger Natur unterscheiden.

> **MERKE**
>
> Von **unterjährigen** oder **unterjährlichen**[66] Investitionen und Finanzierungen sprechen wir, wenn die Zinsperiode kleiner ist als ein Jahr, wenn also der zeitliche Abstand zwischen den die Investition oder Finanzierung charakterisierenden Zahlungen weniger als 365 Tage beträgt.

2302 Viele finanzielle Entscheidungsprobleme sowohl im betrieblichen als auch im privaten Bereich sind unterjähriger Natur. Bei Bankgeschäften können Zinsen jährlich, halbjährlich, vierteljährlich, monatlich oder auch täglich gutgeschrieben oder belastet werden. Der Bankkunde weiß in diesen Fällen, woran er ist; er kann sich auch – ein entsprechendes Problembewusstsein vorausgesetzt – ausrechnen, dass eine Schuld, die er mit 5 % halbjährlich zu verzinsen hat, nicht etwa 10 % pro Jahr kostet, sondern 10,25 %. Grund: Die zur Jahresmitte fällig werdenden 5 % erhöhen die Schuld und sind für das restliche Halbjahr ihrerseits mit 5 % zu verzinsen, und 5 % von 5 % ergeben zusätzliche 0,25 %. Dass der Unterschied hinsichtlich des jährlichen Effektivzinses beträchtlich sein kann, zeigen die folgenden Beispiele.

2303 **BEISPIEL:** ► Monatliche und jährliche Zinsverrechnung

Ein Bankkunde A zahlt für seinen Kredit monatlich 1 %; der Kunde B zahlt jährlich 12 %. Wie groß ist der effektive jährliche Zinsunterschied?

---

[66] Unterjährig bezeichnet die Dauer der einzelnen Periode: kürzer als ein Jahr. Unterjährlich stellt auf die Häufigkeit ab: mehrmals pro Jahr.

Spezielle Anwendungen und Probleme der dynamischen Verfahren — KAPITEL 2

Lösung:

ABB. 34: Kontoentwicklung bei monatlicher und jährlicher Zinsverrechnung

Monate	Konto bei monatlicher Zinsverrechnung (A)			Monate	Konto bei jährlicher Zinsverrechnung (B)		
	Kredit zum Monatsanfang (€)	Aufzinsungsfaktor	Kredit zum Monatsende (€)		Kredit zum Jahresanfang (€)	Aufzinsungsfaktor	Kredit zum Jahresende (€)
Jan.	100,00	1,01	101,00	Jan.	100,00		
Feb.	101,00	1,01	102,01	Feb.			
März	102,01	1,01	103,03	März			
April	103,03	1,01	104,06	April			
Mai	104,06	1,01	105,10	Mai			
Juni	105,10	1,01	106,15	Juni			
Juli	106,15	1,01	107,21	Juli			
Aug.	107,21	1,01	108,29	Aug.			
Sep.	108,29	1,01	109,37	Sep.			
Okt.	109,37	1,01	110,46	Okt.			
Nov.	110,46	1,01	111,57	Nov.			
Dez.	111,57	1,01	112,68	Dez.		1,12	112,00

Kontostand bei monatlicher Zinsverrechnung	Kontostand bei jährlicher Zinsverrechnung
$K_{12} = 100 (1 + 0,01)^{12}$	$K_{12} = 100 (1 + 0,12)$
$K_{12} = 100 \cdot 1,126825$	$K_{12} = 100 \cdot 1,12$
$K_{12} = 112,68$ (€)	$K_{12} = 112$ (€)

Ergebnis:

Der effektive jährliche Zinsunterschied beträgt 0,68 Prozentpunkte. Für den Bankkunden A ergibt sich also bei 1 % pro Monat ein nomineller Jahreszins von 12 % und ein effektiver von 12,68 %.

Da sich Zinssätze auf unterschiedliche Zeiträume beziehen können, ist in Zweifelsfällen eine genaue Zeitangabe angebracht.

Zeit	Abkürzung
Zinssatz pro Jahr	% p. J.
Zinssatz pro Halbjahr	% p. Hj.
Zinssatz pro Quartal	% p. Q.
Zinssatz pro Monat	% p. M.
Zinssatz pro Woche	% p. W.
Zinssatz pro Tag	% p. T.

Wir wollen das gefundene Ergebnis verallgemeinern und die Frage nach dem Zusammenhang zwischen dem Effektivzins r_v einer Teilperiode von v Tagen und dem effektiven Jahreszins r stellen und beantworten; dabei wird das Jahr in m unterjährige Teilperioden (Zinsperioden) eingeteilt.

2304

KAPITEL 2 — Dynamische Verfahren

Symbole		
m	=	Anzahl der Zinsperioden pro Jahr
v	=	Dauer der unterjährigen Zinsperiode in Tagen
m	=	365 : v
K_0	=	Kapitalbetrag zum Zeitpunkt 0
K_m	=	Kapitalbetrag zum Zeitpunkt m
r_v	=	Effektivzins der unterjährigen Teilperiode in Dezimalschreibweise
r_{nom}	=	Nominalzins pro Jahr in Dezimalschreibweise
r_{nom}	=	$r_v \cdot m$; $r_{nom}/m = r_v$
r	=	effektiver Jahreszins in Dezimalschreibweise

Für den effektiven Jahreszins r, der einem gegebenen Teilperiodenzins r_v entspricht, muss die Endkapitalhöhe K_m bei beiden Zinskonditionen übereinstimmen:

Endguthaben bei m Zinsterminen (K_m) = Endguthaben bei einem Zinstermin (K_m)		
$K_0(1+r_v)^m$	$= K_0(1+r)$	$\mid : K_0 \rightarrow$
$(1+r_v)^m$	$= 1+r$	$\mid -1 \rightarrow$

Gleichung (2.4.1)
Zinsumrechnungsformel
(Hinweis: Zinssätze sind stets dezimal angegeben!)

$$r = (1+r_v)^m - 1$$

$$r = \left(1 + \frac{r_{nom}}{m}\right)^m - 1$$

Die Zinsumrechnungsformel führt nur dann zu einem sinnvollen Ergebnis, wenn die Zinssätze als echte Brüche oder Dezimalbrüche eingegeben werden, wobei die dezimale Eingabe am bequemsten ist. Die Formel verknüpft den Zinssatz r_v einer unterjährigen Teilperiode mit dem zugehörigen effektiven Jahreszins r.

2305   **BEISPIEL: ▶ Anwendung der Zinsumrechnungsformel**

Wenn Sie die Zinsumrechnungsformel (2.4.1) auf den oben beschriebenen Fall mit monatlicher oder jährlicher Zinsverrechnung anwenden, dann ergibt sich:

$r = (1+r_v)^m - 1 = (1+0{,}01)^{12} - 1 = 1{,}1268 - 1 = 0{,}1268 = 12{,}68$ (% p. J.)

Ergebnis:

Zum Effektivzins von 1 % pro Monat gehört der jährliche Effektivzins von 12,68 %. 12 % pro Jahr sind lediglich ein Nominalwert.

2306   **BEISPIEL: ▶ Anwendung der Zinsumrechnungsformel**

Ein Investor verfügt über 200.000 €, die er für ein Jahr als Festgeld bei einer Bank anlegen möchte. Bank A bietet ihm einen nominellen Jahreszinssatz von 10 %, ebenso wie Bank B. Die Angebote unterscheiden sich aber in den Zinsterminen: Bei der A-Bank gibt es einen Zinstermin pro Jahr, bei der B-Bank werden die Zinsen halbjährlich fällig.

Ermitteln Sie den effektiven Jahreszins mit und ohne Zinsumrechnungsformel.

Spezielle Anwendungen und Probleme der dynamischen Verfahren | **KAPITEL 2**

Lösung:

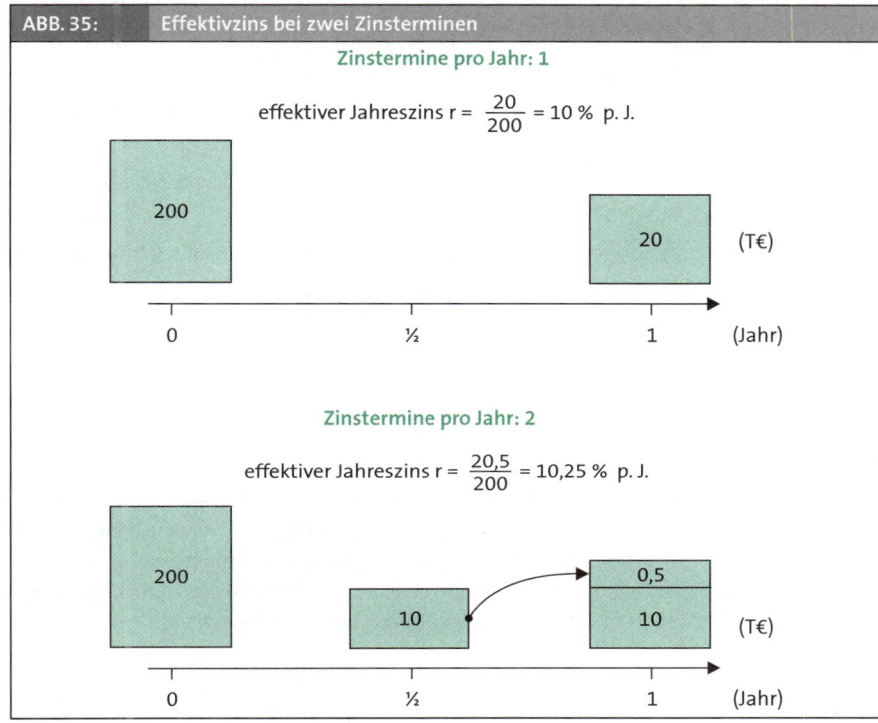

ABB. 35: Effektivzins bei zwei Zinsterminen

Zinstermine pro Jahr: 1

effektiver Jahreszins r = $\frac{20}{200}$ = 10 % p. J.

200

20 (T€)

0 ½ 1 (Jahr)

Zinstermine pro Jahr: 2

effektiver Jahreszins r = $\frac{20,5}{200}$ = 10,25 % p. J.

200

10

0,5

10 (T€)

0 ½ 1 (Jahr)

Ergebnis:
Sie sehen, dass die Einteilung des Jahres in m = 2 Zinsperioden den effektiven Jahreszins um ¼ Prozentpunkt steigen lässt, weil der Investor die zur Jahresmitte gezahlten Zinsen für sechs Monate verzinslich anlegen kann. Das bestätigt auch die Zinsumrechnungsformel:

$r = (1 + r_v)^m - 1 = (1 + 0,05)^2 - 1 = 1,1025 - 1 = 0,1025 = 10,25$ (% p. J.)

Der jährliche Effektivzins r wächst mit zunehmendem m, d. h. mit zunehmender Anzahl von Zinsperioden pro Jahr. Außerdem wirkt sich die Effektivzinserhöhung durch unterjährige Zinsperioden umso stärker aus, je höher der Basiszins ist.

BEISPIEL: Jährlicher Effektivzins bei wöchentlicher Zinsverrechnung 2307

Ein „Knast-Neuling" möchte sich im Gefängnis-Shop Pfeife und Tabak kaufen, hat aber gerade kein Geld. Sein Zellennachbar bietet ihm einen Kleinkredit zum Zinssatz von 1 % an – und zwar pro Woche. Wie hoch ist der dazugehörige effektive Jahreszins?

Lösung:
$r = (1 + r_v)^m - 1 = (1 + 0,01)^{52} - 1 = 1,6777 - 1 = 0,6777 = 67,77$ (%)

Ergebnis:
Der effektive Jahreszins ist mit rund 68 % weit vom Nominalwert von 52 % entfernt.

Das zeigt, dass man in der Praxis unterjährigen Problemen erhöhte Aufmerksamkeit widmen sollte. Oft geht es um beträchtliche Zinsunterschiede, die sich erst durch genaues Nachrechnen erschließen. Außerdem gilt, dass unterjährige Probleme in der Praxis nicht nur bei bestimmten Bankgeschäften auftreten, sondern vielmehr bei unzähligen Anlässen sichtbar sind (jedenfalls für das geschulte Auge): 2308

Wird ein Kaufpreis vierteljährlich abgestottert; sind Leasing-Raten monatlich fällig; wartet ein Lieferant 14 Tage auf die Begleichung seiner Rechnung. In jedem dieser Fälle liegt ein unterjähriges Problem vor, und für alle Beteiligten wäre es vorteilhaft, die damit verbundenen effektiven jährlichen Zinsaufwendungen genau zu kennen.

Die Zinsumrechnungsformel (2.4.1) bietet einen Ansatzpunkt für eine relativ einfache Lösung des Problems der Effektivzinsbestimmung im unterjährigen Fall, nämlich ein **Lösungsschema**, das aus zwei Schritten besteht:

1. Ermittle den Effektivzins r_v der jeweiligen Teilperiode.
2. Errechne den zugehörigen effektiven Jahreszins r mittels Zinsumrechnungsformel.

Eine Alternative zur Anwendung der Zinsumrechnungsformel besteht in der Nutzung von Umrechnungstabellen[67].

2.4.1.2 Zweizahlungsfall

2.4.1.2.1 Lösung nach Zwei-Schritte-Schema

Viele Probleme im Investitions- und Finanzierungsbereich lassen sich als Zweizahlungsfälle darstellen. Wie schon die Bezeichnung „Zweizahlungsfall" verdeutlicht, handelt es sich dabei um Investitionen (oder Finanzierungen), die aus lediglich zwei Zahlungen bestehen: einer Auszahlung K_0 zum Zeitpunkt 0 und einer späteren Einzahlung K_v, die nach Ablauf von v Tagen fällig wird. Somit gilt der folgende Zeitstrahl:

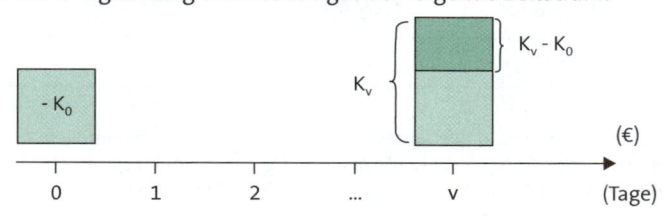

v = Anzahl Tage = zinspflichtige Zeit

Ist ein Darlehen z. B. nach einer Woche nebst Zinsen zurückzuzahlen, dann gilt v = 7 Tage, und das Jahr ist in rund 52 Zinsperioden (365 : 7 = 52,14) einzuteilen (m ≈ 52).

Nach dem oben beschriebenen Lösungsschema sind die folgenden beiden Schritte durchzuführen:

1.	Ermittlung des Effektivzinses r_v für die zinspflichtige Zeit von v Tagen (Dezimalschreibweise)	$r_v = \dfrac{K_v - K_0}{K_0}$
2.	Errechnung des effektiven Jahreszinses mittels Zinsumrechnungsformel. Es gilt: m = 365 : v	$r = (1 + r_v)^{\frac{365}{v}} - 1$

---

[67] Zinsumrechnungstabellen finden sich u. a. bei: *Däumler, K.-D.*: Finanzmathematisches Tabellenwerk für Praktiker und Studierende, S. 165 ff.

Spezielle Anwendungen und Probleme der dynamischen Verfahren   KAPITEL 2

BEISPIEL: Effektivzins bei Kundenanzahlung   2312

Sie bestellen eine Partie Baubeschläge. Am Ende der Verhandlungen über Preis und Zahlungskonditionen bleibt Ihnen die Wahl zwischen zwei Möglichkeiten:

1. sofortige Zahlung von 94.000 €,
2. Zahlung von 100.000 € bei Lieferung der Beschläge; sie soll nach 120 Kalendertagen erfolgen.

Wie hoch ist der effektive Jahreszins der Finanzinvestition „Sofortzahlung"? Genauigkeit: zwei Nachkommastellen.

Lösung:

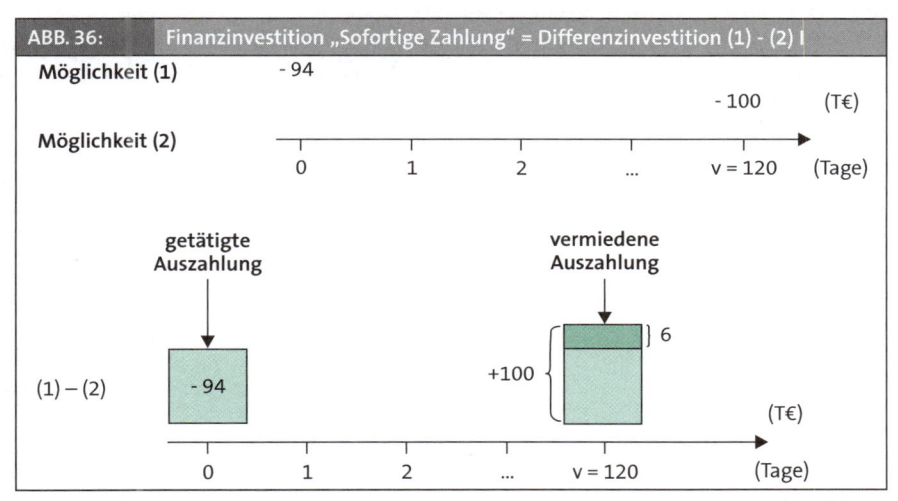

ABB. 36: Finanzinvestition „Sofortige Zahlung" = Differenzinvestition (1) - (2) I

Möglichkeit (1): -94

Möglichkeit (2): -100 (T€) bei v = 120 (Tage)

(1) – (2): getätigte Auszahlung -94 bei 0; vermiedene Auszahlung +100 (mit 6 Aufschlag) bei v = 120 (Tage)

Der Vergleich beider Zahlungskonditionen 1. und 2. führt zur Differenzinvestition (1) - (2). Sie ergibt sich, indem man in jedem Zeitpunkt von den Zahlungen (1) die Zahlungen (2) abzieht. Die Differenzinvestition lässt sich ökonomisch interpretieren als Finanzinvestition „Sofortzahlung". Die sofortige Zahlung von 94 T€ erspart Ihnen die spätere Zahlung von 100 T€. Es gilt der Satz:

> Vermiedene Auszahlungen sind genauso gut wie Einzahlungen.

In beiden Fällen verbessert sich Ihre Nettoposition in dem betreffenden Zeitpunkt; also kennzeichnen Sie vermiedene Auszahlungen mit positivem Vorzeichen – genau wie Einzahlungen.

1. Ermittlung des Effektivzinses für die zinspflichtige Zeit von 120 Tagen (dezimal)

$$r_v = \frac{K_v - K_0}{K_0}$$

$$r_v = \frac{6.000}{94.000} = 0{,}06383$$

2. Errechnung des effektiven Jahreszinses mittels Zinsumrechnungsformel (m = 365 : 120)

$$r = (1 + r_v)^{\frac{365}{v}} - 1$$

$$r = (1 + 0{,}06383)^{\frac{365}{120}} - 1$$

$$r = 0{,}2071 = 20{,}71 \text{ (\% p. J.)}$$

Ergebnis:

Die sofortige Zahlung erbringt einen Effektivzins von 20,71 % pro Jahr.

KAPITEL 2 Dynamische Verfahren

> **HINWEIS**
>
> Die **Differenzinvestition** ergibt sich, indem man die Differenzen zweier alternativer Investitionen oder Finanzierungen bildet und dabei in der Weise saldiert, dass die neue Zahlungsreihe mit einer Auszahlung beginnt. Saldiert man dagegen in der Weise, dass die neue Zahlungsreihe mit einer Einzahlung beginnt, liegt eine Differenzfinanzierung vor.

2314 **BEISPIEL: Effektivzins bei Lieferantenkredit**

Ein Hauseigentümer findet auf seiner Heizölrechnung, wonach er 2.500 € zu bezahlen hat, den Vermerk: „Bei Zahlung binnen 14 Tagen 2 % Skonto; bis 30 Tage netto Kasse". Wie hoch ist der effektive Jahreszins der Zahlung mit Skontoabzug? Genauigkeit: zwei Nachkommastellen.

Lösung:

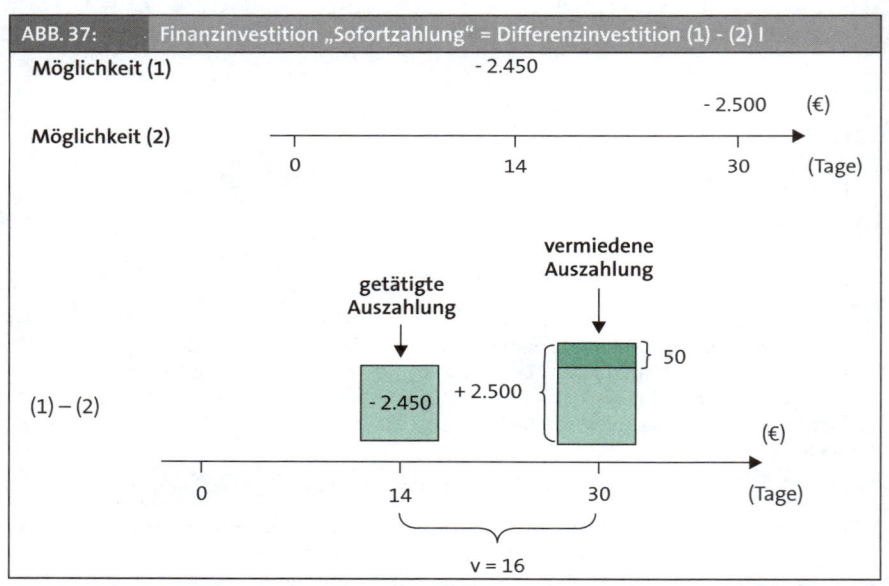

ABB. 37: Finanzinvestition „Sofortzahlung" = Differenzinvestition (1) - (2) I

- Möglichkeit (1): −2.450 am Tag 14
- Möglichkeit (2): −2.500 am Tag 30
- (1) − (2): getätigte Auszahlung −2.450 am Tag 14, +2.500 am Tag 30 (vermiedene Auszahlung), Differenz 50
- $v = 16$

Der Hauseigentümer hat zwei Möglichkeiten, nämlich eine frühe Zahlung, die ihm den Skontoabzug erlaubt, und eine spätere Zahlung, bei der der volle Rechnungsbetrag fällig wird. Dabei sind die ersten 14 Tage zinsfrei; zinspflichtig ist mithin nur ein Zeitraum von 16 Tagen. Die frühe Zahlung von $0{,}98 \cdot 2.500 = 2.450$ €, die spätestens am 14. Tag erfolgen muss, vermeidet die spätere Zahlung des vollen Betrags, der spätestens am 30. Tag anfällt.

Spezielle Anwendungen und Probleme der dynamischen Verfahren — KAPITEL 2

1. Ermittlung des Effektivzinses für die zinspflichtige Zeit von 16 Tagen (dezimal)

$$r_v = \frac{K_v - K_0}{K_0}$$

$$r_v = \frac{50}{2.450} = 0{,}020408$$

2. Errechnung des effektiven Jahreszinses mittels Zinsumrechnungsformel (m = 365 : 16)

$$r = (1 + r_v)^{\frac{365}{v}} - 1$$

$$r = (1 + 0{,}020408)^{\frac{365}{16}} - 1$$

$$r = 0{,}58545 = 58{,}55 \ (\% \ p.\,J.)$$

Ergebnis:

Die Zahlung mit Skontoabzug erbringt einen Effektivzins von 58,55 % pro Jahr.

Derartig hohe Effektivzinssätze sind nach Möglichkeit zu vermeiden; man sollte also unter allen Umständen den Skontoabzug nutzen. Erstaunlich ist die Bedeutung und Verbreitung dieser kurzfristigen Finanzierungsform, des Lieferantenkredits, in der Wirtschaftspraxis: Es handelt sich um ein Multimilliardengeschäft[68].

2.4.1.2.2 Lösung nach Zweizahlungsformel

Im Rahmen der internen Zinsfuß-Methode beschäftigt man sich auch mit dem Zweizahlungsfall, allerdings meist auf Jahresbasis. Wir können die in diesem Zusammenhang entwickelte Zweizahlungsformel nutzen, indem wir sie für unseren Fall (den Fall unterjähriger Zinsperioden) modifizieren. Betrachten wir noch einmal die übliche Ableitung der Zweizahlungsformel[69]:

2315

Gegeben ist eine Investition mit der heutigen Auszahlung K_0 und der späteren Einzahlung K_n. Zwischen beiden Zahlungen liegen n Jahre.

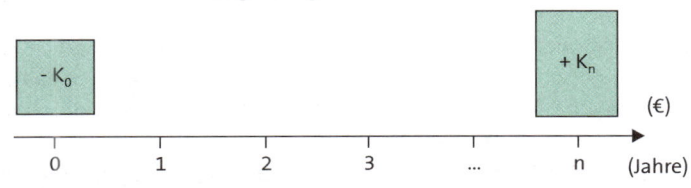

Unser 3-Schritte-Schema zur Effektivzinsbestimmung ergibt:

---

68 Ausführlich bei: *Däumler, K.-D./Grabe, J., Meinzer, C.:* Finanzierung verstehen, Rdnr. 4513.
69 Siehe Rdnr. 2140

KAPITEL 2 — Dynamische Verfahren

1. Kapitalwertfunktion aufstellen:

$$C_0 = -K_0 + K_n \cdot \frac{1}{(1+i)^n}$$

2. Kapitalwert gleich Null setzen:

$$0 = -K_0 + K_n \cdot \frac{1}{(1+r)^n}$$

3. Gleichung nach r auflösen:

$$K_0 = K_n \cdot \frac{1}{(1+r)^n} \quad | : K_n \rightarrow$$

$$\frac{1}{(1+r)^n} = \frac{K_0}{K_n} \quad | \text{ Kehrwerte} \rightarrow$$

$$(1+r)^n = \frac{K_n}{K_0} \quad | \text{ n-te Wurzel ziehen} \rightarrow$$

$$1+r = \sqrt[n]{\frac{K_n}{K_0}} \quad | -1 \rightarrow$$

Gleichung (2.4.2)
Zweizahlungsformel auf Jahresbasis

$$r = \sqrt[n]{\frac{K_n}{K_0}} - 1 = \left(\frac{K_n}{K_0}\right)^{\frac{1}{n}} - 1$$

Voraussetzung für die Effektivzinsbestimmung beim Zweizahlungsfall auf Jahresbasis ist also die Ermittlung der n-ten Wurzel oder der $1/n$-ten Potenz des Quotienten der beiden Zahlungen.

2317 Für unterjährige Probleme ist Gleichung (2.4.2) geringfügig zu modifizieren: Wenn eine Investition nicht über mehrere Jahre, sondern nur über den Teil eines Jahres läuft, dann lautet der Wurzelexponent nicht n, sondern $v/365$. Dabei ist v die zinspflichtige Zeit, gemessen in Tagen, und somit steht $v/365$ für den Bruchteil des Jahres, den das betrachtete Geschäft in Anspruch nimmt. Für die Effektivzinsbestimmung beim unterjährigen Zweizahlungsfall erhält man mithin den Ausdruck:

Gleichung (2.4.3)
Zweizahlungsformel unterjährig

$$r = \sqrt[\frac{v}{365}]{\frac{K_v}{K_0}} - 1 = \left(\frac{K_v}{K_0}\right)^{\frac{365}{v}} - 1$$

Die Zweizahlungsformel ermöglicht eine genaue Lösung in einem Schritt; das ist ihr großer Vorteil. Wir testen die Zweizahlungsformel anhand des folgenden Beispiels.

Spezielle Anwendungen und Probleme der dynamischen Verfahren — KAPITEL 2

BEISPIEL: ▶ Effektivzinsbestimmung mit der Zweizahlungsformel 2319

Gegeben sind die beiden durch die Zeitstrahlen charakterisierten Finanzinvestitionen „Kundenanzahlung" und „Lieferantenkredit". Sie wurden auf den vorliegenden Seiten beschrieben. Ermitteln Sie den effektiven Jahreszins jeweils mit einer Genauigkeit von zwei Nachkommastellen.

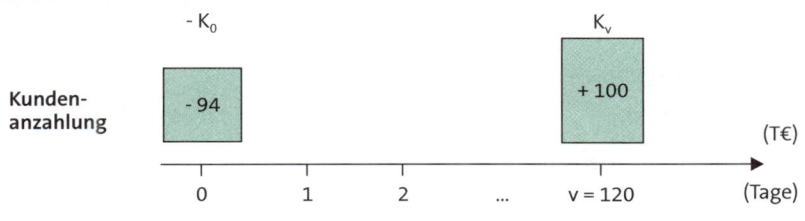

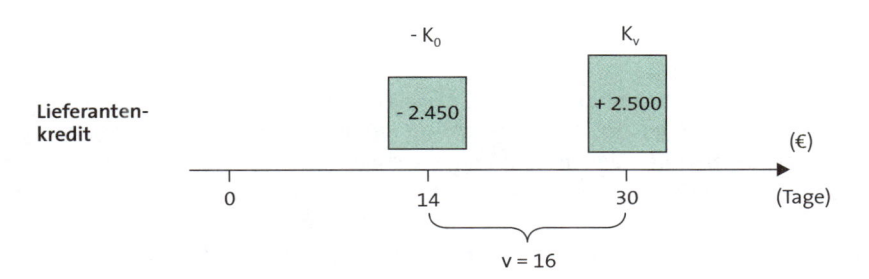

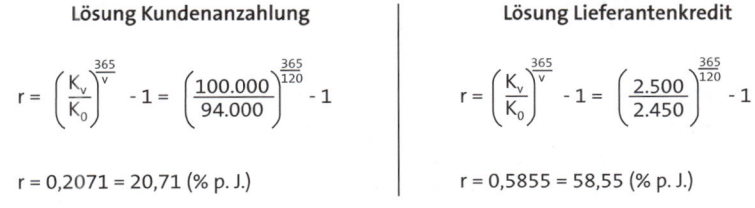

Kundenanzahlung: $-K_0 = -94$ (TE) bei $t=0$; $+K_v = +100$ bei $v = 120$ (Tage)

Lieferantenkredit: $-K_0 = -2.450$ (€) bei $t = 14$; $+K_v = +2.500$ bei $t = 30$; $v = 16$ (Tage)

Lösung Kundenanzahlung

$$r = \left(\frac{K_v}{K_0}\right)^{\frac{365}{v}} - 1 = \left(\frac{100.000}{94.000}\right)^{\frac{365}{120}} - 1$$

$r = 0{,}2071 = 20{,}71$ (% p. J.)

Lösung Lieferantenkredit

$$r = \left(\frac{K_v}{K_0}\right)^{\frac{365}{v}} - 1 = \left(\frac{2.500}{2.450}\right)^{\frac{365}{16}} - 1$$

$r = 0{,}5855 = 58{,}55$ (% p. J.)

Ergebnis:
Der effektive Jahreszins der Kundenanzahlung beträgt 20,71 %. Der Lieferantenkredit kostet effektiv 58,55 % pro Jahr.

2.4.1.3 Ratenfall I: Heutige Zahlung oder spätere Zahlungsreihe?

Gegeben ist eine Investition mit der heutigen Auszahlung K_0, die anschließend für die Dauer von n Perioden g € pro Periode erbringt. Der Restwert ist Null, g ist konstant. 2320

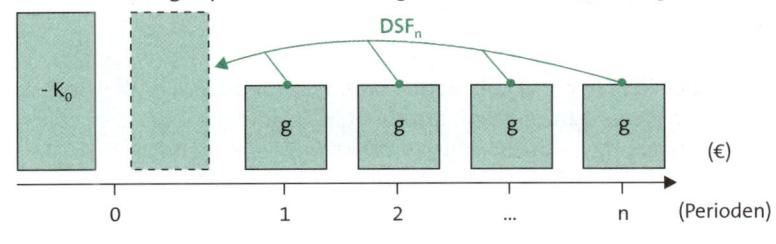

Dynamische Verfahren

Symbole		
K_0	=	heutige Zahlung
g	=	im Zeitablauf konstante Zahlung pro Periode

Im Fall der restwertlosen Investition lässt sich der Effektivzins pro Periode wie folgt allgemein bestimmen:

1. Kapitalwertfunktion aufstellen:

$C_0 = -K_0 + g \cdot DSF_n$

2. Kapitalwert gleich Null setzen:

$0 = -K_0 + g \cdot DSF_n$

3. Gleichung nach DSF_n auflösen:

$DSF_n = \dfrac{K_0}{g}$

2322 Dieser Weg stützt sich auf die klassische Definition des internen Zinsfußes: Danach ist der interne Zinssatz der Zins, bei dessen Anwendung der auf den Zeitpunkt 0 bezogene Kapitalwert der betreffenden Investition gerade gleich Null wird. Wegen des funktionalen Zusammenhangs zwischen Kapitalwert und durchschnittlichem jährlichem Überschuss DJÜ[70] kann man aber auch sagen: Interner Zinssatz ist der Zins, bei dem der durchschnittliche jährliche Überschuss DJÜ gerade gleich Null ist. Aus dieser Begriffsbestimmung folgt eine zweite Vorgehensweise, die den internen Zinssatz mit Hilfe des Kapitalwiedergewinnungsfaktors KWF ermittelt.

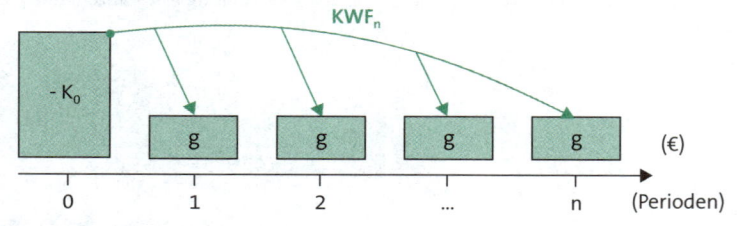

1. DJÜ-Funktion aufstellen:

$DJÜ = g - K_0 \cdot KWF_n$

2. DJÜ gleich Null setzen:

$0 = g - K_0 \cdot KWF_n$

3. Gleichung nach KWF_n auflösen:

$KWF_n = \dfrac{g}{K_0}$

Sie suchen in der Tabelle der finanzmathematischen Faktoren den Wert des DSF oder KWF, der bei gegebener Laufzeit dem errechneten Faktorwert möglichst nahe kommt, und lesen den zugehörigen Tabellenzins ab. Allerdings liefert der Blick in die Tabelle nur

---

[70] Es gilt: DJÜ = $C_0 \cdot$ KWF und C_0 = DJÜ $\cdot$ DSF.

Spezielle Anwendungen und Probleme der dynamischen Verfahren — KAPITEL 2

dann eine hinlänglich genaue Lösung, wenn die Tabellenzinssätze eng gestaffelt, wenn also die Abstände zwischen den einzelnen Tabellenzinssätzen klein sind[71]. Die Genauigkeit des Ergebnisses können Sie – wenn nötig – mit Hilfe der linearen Interpolation verbessern.

Gleichung (2.4.4)
Restwertlose Investition mit konstanten Periodenzahlungen

$$DSF_n = \frac{K_0}{g}$$

$$KWF_n = \frac{g}{K_0}$$

BEISPIEL: Effektivzins einer Ratenzahlung — 2324

Die Telesat hat einen Vertrag mit einem Raumfahrtunternehmen; danach ist das Raumfahrtunternehmen verpflichtet, nach einem Jahr einen Fernsehsatelliten mit einer Nutzlast von 2 t in eine geostationäre Umlaufbahn zu bringen. Die Konditionen sind ausgehandelt, die Telesat kann nur noch wählen zwischen:

1. sofortiger Zahlung von 4.200.000 € oder
2. vier Raten à 1.143.500 €, jeweils nach Ablauf eines Quartals.

Wie hoch ist die Rendite der Finanzinvestition „Sofortige Zahlung"? Genauigkeit: zwei Nachkommastellen.

Lösung:

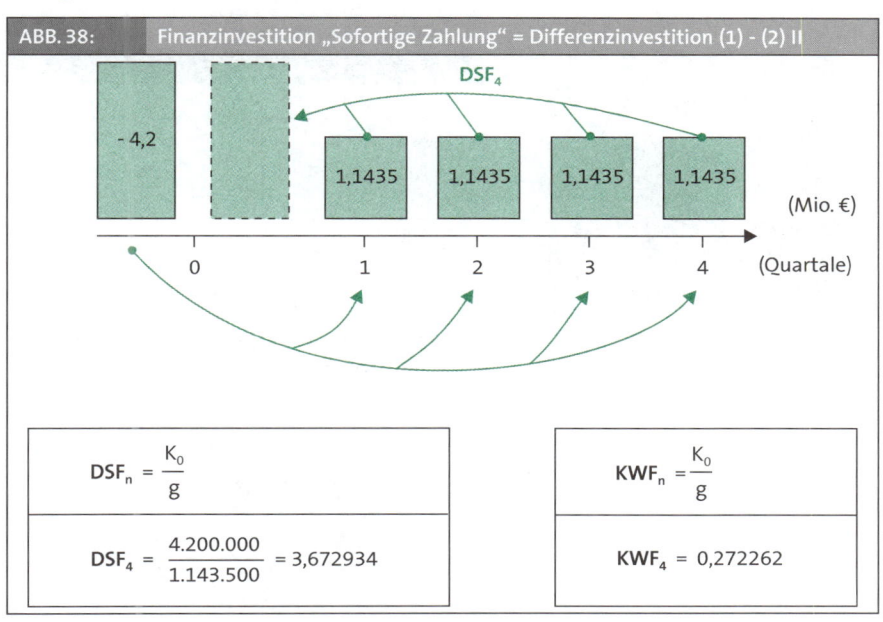

ABB. 38: Finanzinvestition „Sofortige Zahlung" = Differenzinvestition (1) − (2) II

Zahlungsreihe (Mio. €): $-4{,}2$ bei $t=0$; $+1{,}1435$ bei $t=1,2,3,4$ (Quartale); DSF_4.

$$DSF_n = \frac{K_0}{g} \qquad KWF_n = \frac{K_0}{g}$$

$$DSF_4 = \frac{4.200.000}{1.143.500} = 3{,}672934 \qquad KWF_4 = 0{,}272262$$

---

[71] Die finanzmathematischen Tabellen im Anhang dieses Buches enthalten aus Platzgründen nur die Werte zur Lösung der im Buch erörterten Beispiele. Eine ausführliche und alle Praxisfälle umfassende Darstellung der finanzmathematischen Faktoren im unterjährigen Bereich finden Sie bei: *Däumler, K.-D.:* Unterjährige Zinsperioden – Finanzmathematisches Tabellenwerk, S. 62 ff.

Ergebnis:

In den finanzmathematischen Tabellen finden Sie für n = 4 Perioden und DSF = 3,673079 (was näherungsweise dem von uns errechneten Wert DSF = 3,672934 entspricht) einen Tabellenzinssatz von 3,5 %. Der interne Zinsfuß liegt demnach dicht bei r_v = 3,5 % pro Quartal. Für das Jahr ergibt sich der Wert $r = (1 + r_v)^m - 1 = (1 + 0{,}035)^4 - 1 = 0{,}1475 = 14{,}75$ (% p. J.).

2326 **BEISPIEL:** Effektivzins eines Ratenkredits

Eine Kreditbank wirbt mit folgendem Anzeigentext: „370,26 € – das ist die monatliche Rate für einen Ratenkredit über 20.000 € mit einer Laufzeit von 72 Monaten".

Wie hoch ist der effektive Jahreszins? Genauigkeit: zwei Nachkommastellen. (Berechnung mittels DSF und KWF)

Lösung:

Zeitstrahl aus Kundensicht = Finanzierung

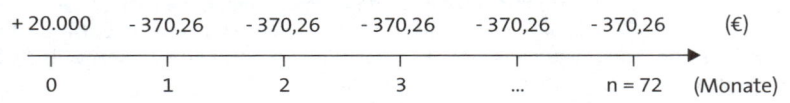

```
+ 20.000   - 370,26   - 370,26   - 370,26   - 370,26   - 370,26     (€)
────┬─────────┬─────────┬─────────┬─────────────────────┬────────►
    0         1         2         3          ...      n = 72      (Monate)
```

Zeitstrahl aus Bankensicht = Investition

```
- 20.000   + 370,26   + 370,26   + 370,26   + 370,26   + 370,26     (€)
────┬─────────┬─────────┬─────────┬─────────────────────┬────────►
    0         1         2         3          ...      n = 72      (Monate)
```

Methode	Kapitalwertmethode		Annuitätenmethode	
Allgemeiner Gleichungsansatz	C_0	$= -K_0 + g \cdot DSF_n$	DJÜ	$= g - K_0 \cdot KWF_n$
Umformungen	0	$= -K_0 + g \cdot DSF_n$	0	$= g - K_0 \cdot KWF_n$
	DSF_n	$= \dfrac{K_0}{g}$	KWF_n	$= \dfrac{g}{K_0}$
Wert des Faktors	DSF_{72}	$= \dfrac{20.000}{370{,}26} = 54{,}016097$	KWF_{72}	$= \dfrac{370{,}26}{20.000} = 0{,}018513$
Zugehöriger Tabellenzins	zwischen 0,8 und 0,85 (% p. M.)			

Es ist also klar, dass der gesuchte Zinssatz zwischen 0,8 und 0,85 (% p. M.) liegt. Mit Hilfe der linearen Interpolation erhalten Sie ein hinlänglich genaues Ergebnis:

DSF   Tabellenzins

54,570971 → 0,80 (% p. M.)
53,685934 → 0,85 (% p. M.) } 0,885037 → 0,05 (% p. M.)

54,570971 → 0,80 (% p. M.)
54,016097 → ? (% p. M.) } 0,554874 → x (% p. M.)

$$x = \frac{0{,}05}{0{,}885037} \cdot 0{,}554874 = 0{,}031348 \text{ (\% p. M.)}$$

Spezielle Anwendungen und Probleme der dynamischen Verfahren

KAPITEL 2

Ergebnis:

Der effektive Monatszins beläuft sich auf 0,8 + x = 0,831348 %. Dem entspricht ein effektiver Jahreszinssatz von

r = (1 + 0,00831348)^{12} - 1 = 0,1045 = 10,45 %.

BEISPIEL: ▶ **Ratenzahlung bei Versicherung kostet Zinsen** 2328

Ein Autofahrer kann im Rahmen seiner Haftpflichtversicherung zwischen drei verschiedenen Zahlungsweisen wählen, nämlich

1. eine Zahlung zu Beginn des Versicherungsjahres,
2. zwei Zahlungen (eine zum Jahresbeginn, eine zur Jahresmitte),
3. vier Zahlungen, jeweils zum Quartalsbeginn.

Bei einmaliger Zahlungsweise beträgt der zu entrichtende Tarifbeitrag genau 1.000 €. Bei halbjährlicher Teilzahlung wird ein Zuschlag von 3 %, bei vierteljährlicher Teilzahlung wird ein Zuschlag von 5 % auf den Versicherungsbeitrag erhoben.

a) Stellen Sie die Zahlungsverhältnisse am Zeitstrahl dar.
b) Ermitteln Sie den Zeitstrahl der Differenzinvestition, d. h. der Finanzinvestition „einmalige Zahlung" gegenüber der halb- und vierteljährlichen Zahlungsweise.

   Berechnen Sie die Effektivverzinsung der Finanzinvestition „einmalige Zahlung" gegenüber der halbjährlichen sowie vierteljährlichen Zahlungsweise in Prozenten pro Jahr mit einer Genauigkeit von zwei Kommastellen.

Lösung a):

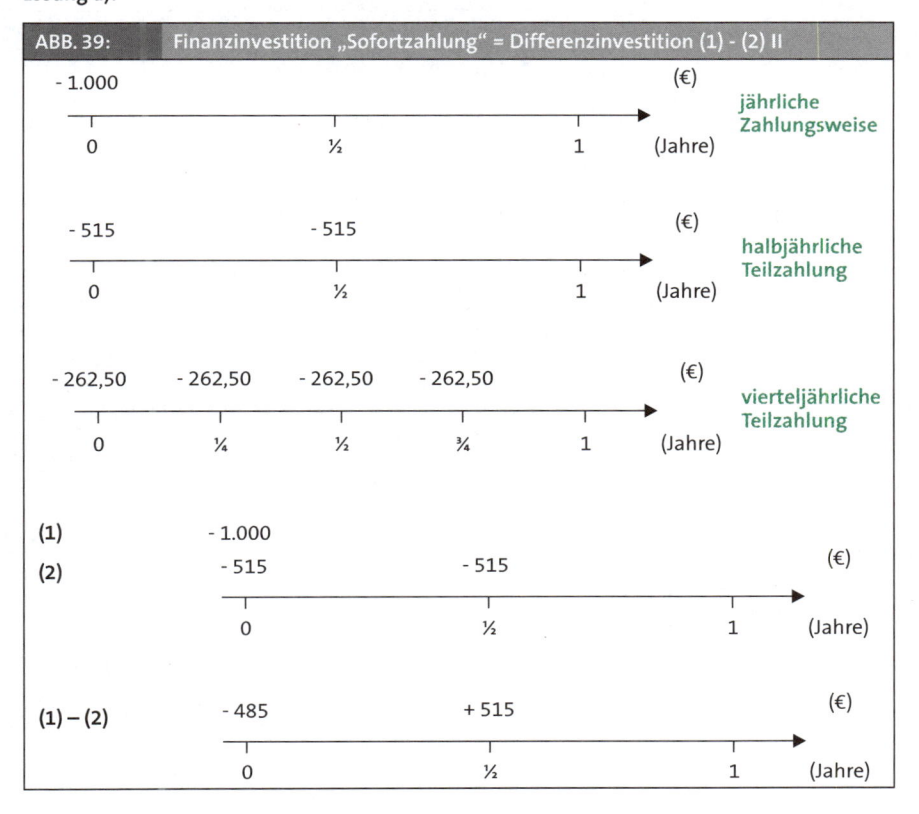

ABB. 39: Finanzinvestition „Sofortzahlung" = Differenzinvestition (1) - (2) II

- jährliche Zahlungsweise: −1.000 bei 0; Zeitachse 0, ½, 1 (Jahre)
- halbjährliche Teilzahlung: −515 bei 0, −515 bei ½; Zeitachse 0, ½, 1 (Jahre)
- vierteljährliche Teilzahlung: −262,50 bei 0, ¼, ½, ¾; Zeitachse 0, ¼, ½, ¾, 1 (Jahre)

(1) −1.000 bei 0
(2) −515 bei 0, −515 bei ½

(1) − (2): −485 bei 0, +515 bei ½; Zeitachse 0, ½, 1 (Jahre)

Wer zu Jahresbeginn 1.000 € zahlt, vermeidet die zweimalige Zahlung von 515 €; die vermiedenen Zahlungen werden, wie gewohnt, wie Einzahlungen behandelt, sodass sich bei Saldierung, also bei Bildung der Differenzinvestition, der obige Zeitstrahl ergibt. Aus dieser Darstellung können Sie auch ohne genaue Rechnung erkennen, dass der effektive Jahreszins deutlich über 3 % – dem Zuschlag, den die Versicherung erhebt – liegen muss. Bei halbjährlicher Teilzahlung steigt der Gesamtbeitrag um 30 €, kreditiert wird aber lediglich der Betrag von 485 € (515 € sind auch bei halbjährlicher Zahlungsweise zum Jahresbeginn fällig); ferner läuft der Kredit nicht über ein ganzes, sondern nur über ein halbes Jahr. Fazit: Der Versicherte zahlt für einen Sechsmonatskredit von 485 € 30 € Zinsen. Die Anwendung der Zweizahlungsformel (2.4.3) ergibt:

$$r = \left(\frac{K_v}{K_0}\right)^{\frac{365}{v}} - 1$$

$$r = \left(\frac{515}{485}\right)^{2} - 1 = 0{,}1275 = 12{,}75 \ (\% \text{ p. J.})$$

Ergebnis a):

Die Versicherung verlangt für den kreditierten Betrag effektiv 12,75 % pro Jahr, falls man die halbjährliche Teilzahlung wählt.

ABB. 40:	Finanzinvestition „Sofortzahlung" = Differenzinvestition (1) - (3)

(1)   − 1.000

(3)   − 262,50   − 262,50   − 262,50   − 262,50   (€)

0   ¼   ½   ¾   1   (Jahre)

(1) − (3)   − 737,50   + 262,50   + 262,50   + 262,50   (€)

0   ¼   ½   ¾   1   (Jahre)

Wer zu Jahresbeginn 1.000 € zahlt, vermeidet die viermalige Zahlung von 262,50 € und verbessert seine Nettoposition zu Beginn der vier Quartale entsprechend. Kreditiert wird zum Zeitpunkt 0 lediglich der Betrag von 737,50 €, die Zinsen betragen 50 €. Der Kredit sinkt von Quartal zu Quartal und ist zu Beginn des 4. Quartals getilgt. Somit kann man auch bei dieser Zahlungsweise erwarten, dass sie wesentlich teurer ist als dies die Prämienerhöhung um 5 Prozentpunkte suggeriert. Das genaue Ergebnis lässt sich unter Nutzung der finanzmathematischen Faktoren nach Gleichung (2.4.4) ermitteln:

$$DSF_n = \frac{K_0}{g}$$

$$DSF_3 = \frac{737{,}50}{262{,}50} = 2{,}809524$$

Spezielle Anwendungen und Probleme der dynamischen Verfahren   KAPITEL 2

DSF		Tabellenzins
2,809684	→	3,35 (% p. Q.)
2,806997	→	3,40 (% p. Q.)

$$0{,}002687 \rightarrow 0{,}05\ (\%\ p.\ Q.)$$

2,809684	→	3,35 (% p. Q.)
2,809524	→	? (% p. Q.)

$$0{,}000160 \rightarrow x\ (\%\ p.\ Q.)$$

$$x = \frac{0{,}05}{0{,}002687} \cdot 0{,}000160 = 0{,}002977\ (\%\ p.\ Q.)$$

Ergebnis b):

Der effektive Vierteljahreszins beträgt 3,35 + x = 3,3530 %. Dem entspricht ein effektiver Jahreszinssatz von

$r = (1 + 0{,}03353)^4 - 1 = 0{,}14102 = 14{,}10\ \%$.

2.4.1.4 Ratenfall II: Jetzige Zahlungsreihe oder spätere Zahlung?

Sie haben die Wahl zwischen der über n Perioden laufenden Zahlungsreihe mit der Periodenzahlung g oder einer einmaligen Zahlung K_n zum Zeitpunkt n. Beispiel: Eine Brauerei kann die neue Flaschenspül- und -abfüllanlage durch Anzahlungsraten während der mehrmonatigen Bauzeit oder durch eine einmalige Zahlung nach Fertigstellung bezahlen. Leistet man die Anzahlungsraten g, so vermeidet man die spätere Zahlung K_n.

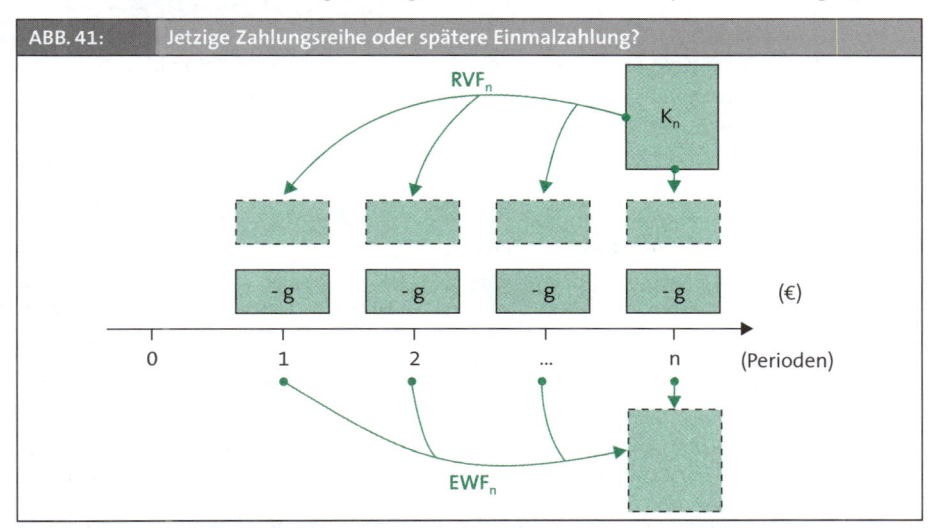

ABB. 41: Jetzige Zahlungsreihe oder spätere Einmalzahlung?

Symbole		
g	=	Anzahlungsraten (€/Jahr)
K_n	=	Endpreis (Zahlung zum Zeitpunkt n) (€)
EWF	=	Endwertfaktor
RVF	=	Restwertverteilungsfaktor

In diesem Fall lässt sich der interne Zinsfuß mit Hilfe einer Modifikation der bekannten Methode bestimmen. Man geht von der Überlegung aus, dass der Effektivzins als derjenige Zinssatz definiert ist, bei dem der (auf den Zeitpunkt Null bezogene) Kapitalwert C_0 gerade Null ist. Wählt man den Zeitpunkt n als Bezugszeitpunkt, so gilt: Interner Zinssatz ist der Zinssatz, bei dem die Summe der auf den Zeitpunkt n bezogenen Endwerte C_n aller Zahlungen (Horizontwert) gleich Null ist. Somit können Sie auf der Basis des Horizontwertes C_n und des durchschnittlichen jährlichen Überschusses DJÜ eine bequeme und genaue Problemlösung mit Hilfe der finanzmathematischen Faktoren finden. Es gilt: $C_n = C_0 \cdot AuF_n$ und $DJÜ = C_0 \cdot KWF_n$.

Methode	Horizontwertmethode	Annuitätenmethode
1. Zielgrößenfunktion aufstellen:	$C_0 = K_n - g \cdot EWF_n$	$DJÜ = K_n \cdot RVF_n - g$
2. Zielgröße gleich Null setzen:	$0 = K_n - g \cdot EWF_n$	$0 = K_n \cdot RVF_n - g$
3. Gleichung nach Faktor auflösen: (2.4.5)	$EWF_n = \dfrac{K_n}{g}$	$RVF_n = \dfrac{g}{K_n}$

2332 Den Effektivzins ermitteln Sie in der Weise, dass Sie in der Tabelle der Endwertfaktoren oder der Restwertverteilungsfaktoren bei gegebenem Faktorwert und gegebenem n jenen Faktor aufsuchen, der dem Betrag $^{K_n}/_g$ oder $^g/_{K_n}$ möglichst nahe kommt, und den zugehörigen Tabellenzinssatz ablesen[72]. Zur Erhöhung der Genauigkeit können Sie ggf. interpolieren.

2334 **BEISPIEL: Monatsraten oder späterer Endpreis**

Die Textil AG plant den Kauf eines Webautomaten, der im Rahmen einer Einzelfertigung hergestellt wird. Die Produktionszeit beläuft sich auf ein Jahr. Dann soll der Webautomat geliefert und aufgestellt werden. Der vereinbarte Kaufpreis beträgt 2,4 Mio. €, zahlbar bei Lieferung. Die Textil AG könnte anstelle der Endzahlung in einer Summe, die bei Ablieferung des Automaten fällig wird, auch Anzahlungsraten tätigen und während der Bauzeit von zwölf Monaten jeweils zum Monatsende eine Zahlung von 186.900 € leisten.

Welche Zahlungsweise ist rechnerisch günstiger für die Textil AG, wenn diese bei ihren Real- und Finanzinvestitionen mit einem Kalkulationszinssatz von 12 % p. J. rechnet? Genauigkeit: zwei Nachkommastellen.

---

72 Vgl. finanzmathematischer Tabellenanhang sowie *Däumler, K.-D.*: Unterjährige Zinsperioden – Finanzmathematisches Tabellenwerk, S. 62 ff.

Spezielle Anwendungen und Probleme der dynamischen Verfahren — KAPITEL 2

Lösung:

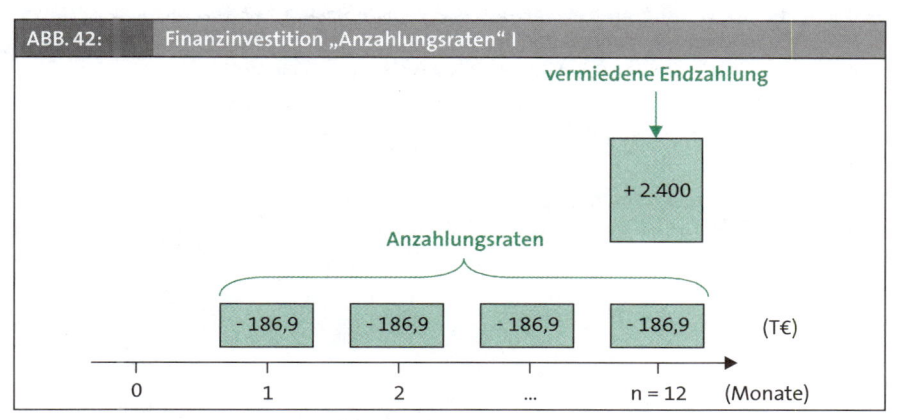

ABB. 42: Finanzinvestition „Anzahlungsraten" I

- vermiedene Endzahlung: +2.400
- Anzahlungsraten: -186,9 (bei 1), -186,9 (bei 2), -186,9 (...), -186,9 (bei n = 12) (T€)
- Zeitachse: 0, 1, 2, ..., n = 12 (Monate)

Wenn die Textil AG die Anzahlungsraten während der Bauzeit des Webautomaten entrichtet, vermeidet sie die spätere Zahlung von 2,4 Mio. € und verbessert ihre Nettoposition zum Zeitpunkt 12 entsprechend. Es gilt gem. Gleichung (2.4.5):

$$EWF_n = \frac{K_n}{g} = \frac{2.400.000}{186.900} = 12{,}841091$$

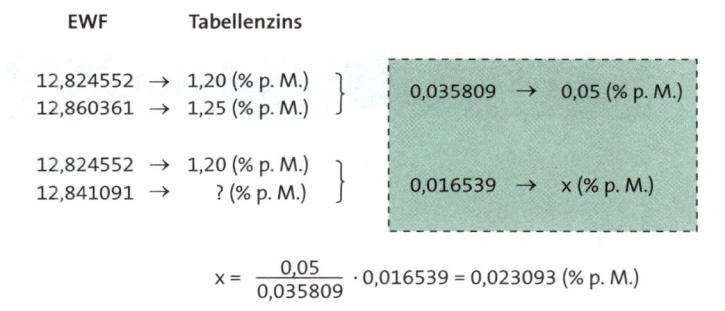

EWF	Tabellenzins			
12,824552 →	1,20 (% p. M.)	}	0,035809 →	0,05 (% p. M.)
12,860361 →	1,25 (% p. M.)			
12,824552 →	1,20 (% p. M.)	}	0,016539 →	x (% p. M.)
12,841091 →	? (% p. M.)			

$$x = \frac{0{,}05}{0{,}035809} \cdot 0{,}016539 = 0{,}023093 \; (\% \; p.\, M.)$$

Ergebnis:

Der effektive Monatszins beträgt 1,20 + x = 1,223093 %. Dem entspricht ein effektiver Jahreszins von $r = (1 + 0{,}01223093)^{12} - 1 = 0{,}15706 = 15{,}71\,\%$. Die Zahlung der Anzahlungsraten würde sich beim Kalkulationszinsfuß von 12 % p. J. also lohnen.

KAPITEL 2 Dynamische Verfahren

2336 **BEISPIEL:** Vierteljährliche Raten oder späterer Endpreis?

Die Lufthansa verkauft an die Regio-Air eine betagte Boeing 737. Die Regio-Air kann wählen zwischen folgenden Zahlungskonditionen:

1. vier Raten à 1.143.500 €, zahlbar jeweils am Ende des Quartals, oder
2. einmalige Zahlung von 4.817 911 €, zahlbar nach vier Quartalen.

Mit welchem effektiven Jahreszinssatz verzinsen sich die Quartalsraten?

Lösung:

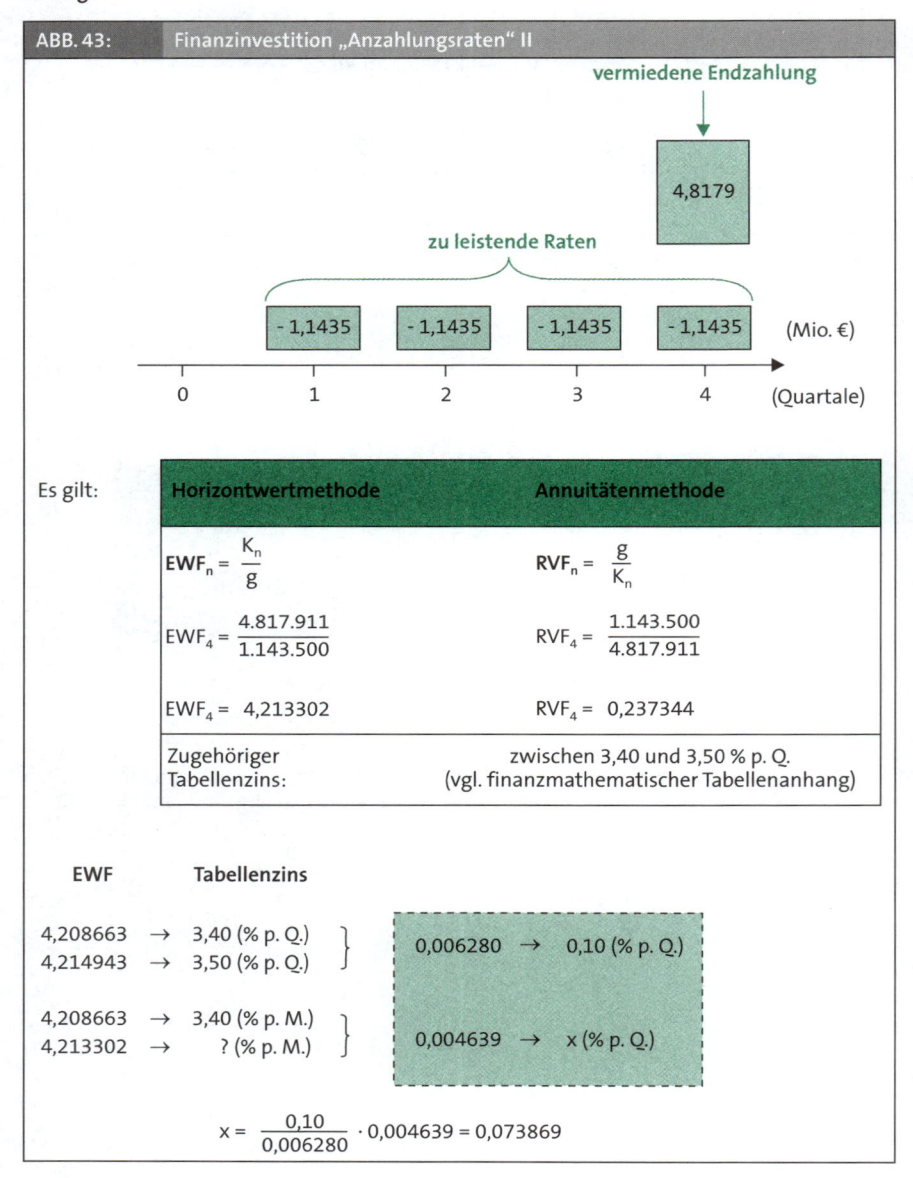

ABB. 43: Finanzinvestition „Anzahlungsraten" II

vermiedene Endzahlung: 4,8179

zu leistende Raten: −1,1435 (Quartale 1–4) (Mio. €)

Es gilt:

Horizontwertmethode	Annuitätenmethode
$EWF_n = \dfrac{K_n}{g}$	$RVF_n = \dfrac{g}{K_n}$
$EWF_4 = \dfrac{4.817.911}{1.143.500}$	$RVF_4 = \dfrac{1.143.500}{4.817.911}$
$EWF_4 = 4{,}213302$	$RVF_4 = 0{,}237344$
Zugehöriger Tabellenzins:	zwischen 3,40 und 3,50 % p. Q. (vgl. finanzmathematischer Tabellenanhang)

EWF		Tabellenzins
4,208663	→	3,40 (% p. Q.)
4,214943	→	3,50 (% p. Q.)

| 0,006280 | → | 0,10 (% p. Q.) |

| 4,208663 | → | 3,40 (% p. M.) |
| 4,213302 | → | ? (% p. M.) |

| 0,004639 | → | x (% p. Q.) |

$$x = \dfrac{0{,}10}{0{,}006280} \cdot 0{,}004639 = 0{,}073869$$

Ergebnis:

Der effektive Quartalszinssatz beläuft sich auf $r_v = 3{,}40 + x = 3{,}40 + 0{,}073869 = 3{,}473870\,\%$. Dem entspricht ein effektiver Jahreszinssatz von $r = (1 + r_v)^m - 1 = 1{,}034473870^4 - 1 = 0{,}146365 = 14{,}64$ (% p. J.).

Bei allen Effektivzinsberechnungen sollten Sie beachten, dass Sie nur eine Entscheidungshilfe darstellen, nicht mehr, aber auch nicht weniger. Was nützt Ihnen der hohe Effektivzins der Finanzinvestition „Sofortige Zahlung" oder „Anzahlungsraten", wenn Ihr Lieferant vor Übergabe der Kaufsache insolvent wird, wenn die Lieferung mit mehrmonatiger Verspätung erfolgt, wenn das gelieferte Gut nicht Ihren Vorstellungen entspricht, weil es Mängel aufweist?

Zusammenfassung

2340 ▶ **Unterjährigkeit**

Unterjährigkeit ist gegeben, wenn bei einer Investition oder Finanzierung die Zahlungen in Zeitabständen anfallen, die kleiner sind als ein Jahr.

▶ **Praktische Entscheidungssituationen**

Sie sind im Investitions- und Finanzierungsbereich häufig unterjähriger Natur; es muss dann deutlich gesagt werden, auf welchen Zeitraum sich der angegebene Zinssatz bezieht. Die Techniken der Effektivzinsermittlung, die im Zusammenhang mit der internen Zinsfuß-Methode erarbeitet wurden, sind auf den Fall unterjähriger Zinsperioden übertragbar.

▶ **Effektivzinsbestimmung bei kurzfristiger Fremdfinanzierung**

Diese erfolgt unter Nutzung der internen Zinsfuß-Methode sowie unter Beachtung der Besonderheit, dass die Zinsperioden kleiner sind als ein Jahr (Unterjährigkeit). Das Lösungsschema besteht aus folgenden Schritten:

1. Sie ermitteln nach einem beliebigen Verfahren (Regula falsi oder finanzmathematische Faktoren) den Effektivzins der jeweiligen Teilperiode.

2. Sie bestimmen mit Hilfe der Zinsumrechnungsformel den zugehörigen effektiven Jahreszinssatz.

Beim Zweizahlungsfall ist mit Hilfe der Zweizahlungsformel auch eine direkte Errechnung des effektiven Jahreszinssatzes möglich.

▶ **Differenzinvestition**

Die Differenzinvestition ist ein wichtiges Hilfsmittel zur Effektivzinsbestimmung. Sie ergibt sich als Differenz der Zahlungsreihen zweier Investitionen oder zweier Finanzierungen. Saldiert man so, dass die Differenzinvestition mit einer Auszahlung beginnt, dann hat sie die Eigenschaften einer Investition. Saldiert man so, dass die Differenzinvestition mit einer Einzahlung beginnt, dann hat sie die Eigenschaften einer Finanzierung, und wir bezeichnen sie als Differenzfinanzierung.

▶ **Finanzinvestitionen**

Finanzinvestitionen lassen sich häufig als Differenzinvestitionen interpretieren: Hat der Käufer eines Gutes die Wahl zwischen sofortiger Barzahlung, späteren Raten oder noch späterer Gesamtzahlung, dann fragt er nach dem Zinsvorteil, den die frühere Zahlung im Vergleich zur späteren erbringt. Die frühere Zahlung ist eine Finanzinvestition, deren Vorteil in späteren Minderauszahlungen (= vermiedenen Auszahlungen) besteht.

▶ Interner Zinsfuß

Der interne Zinsfuß ist der Zinssatz,

- bei dem der Barwert aller Ein- und Auszahlungen, der Kapitalwert C_0, gleich Null ist;
- bei dem der durchschnittliche jährliche Überschuss DJÜ gleich Null ist;
- bei dem der Endwert aller Ein- und Auszahlungen, der Horizontwert C_n, gleich Null ist.

▶ Entscheidungshilfe

Nur eine Entscheidungshilfe ist in der Berechnung des effektiven Jahreszinssatzes einer früheren Zahlung im Vergleich zu einer späteren zu sehen: Auch wenn es rechnerisch günstig erscheint, früher zu zahlen, werden Sie aus praktischen Gründen oft darauf verzichten, z. B. weil

- Ihr Lieferant vor Übergabe des bestellten Gutes insolvent werden könnte,
- die Lieferung möglicherweise verspätet erfolgt,
- die gelieferte Sache Mängel aufweisen könnte.

KAPITEL 2 Dynamische Verfahren

Formeln und Symbolverzeichnis

2345

Formeln	Symbole
Zweizahlungsfall	
$r = (1 + r_v)^m - 1$	r = effektiver Jahreszins (Dezimalbruch)
	r_v = effektiver Teilperiodenzins (Dezimalbruch)
$r = \left(1 + \dfrac{r_{nom}}{m}\right)^m - 1$	r_{nom} = Nominalzins pro Jahr ohne Berücksichtigung der Unterjährigkeit (Dezimalbruch)
$m = \dfrac{365}{v}$	$\dfrac{r_{nom}}{m}$ = Zinssatz einer Teilperiode (Dezimalbruch) = r_v
$r_v = \dfrac{K_v - K_0}{K_0}$	m = Anzahl Zinsperioden pro Jahr
	v = Anzahl Tage / zinspflichtige Zeit
	K_0 = Geldbetrag zum Zeitpunkt 0
$r = \left(\dfrac{K_v}{K_0}\right)^{\frac{365}{v}} - 1$	K_v = Geldbetrag zum Zeitpunkt v
Ratenfälle	
$DSF_n = \dfrac{K_0}{g}$	DSF = Diskontierungssummenfaktor
$KWF_n = \dfrac{g}{K_0}$	g = Geldbetrag pro Periode
	KWF = Kapitalwiedergewinnungsfaktor
$EWF_n = \dfrac{K_n}{g}$	EWF = Endwertfaktor
$RVF_n = \dfrac{g}{K_n}$	K_n = Kapitalbetrag zum Zeitpunkt n
	RVF = Restwertverteilungsfaktor

Aufgaben

AUFGABE 69 (FORTGESCHRITTENE)

2350

Bitte begründen Sie kurz, weshalb die drei Definitionen des internen Zinsfußes in ihrem Kern übereinstimmen!

Die Lösung finden Sie in Tz. 7069!

AUFGABE 70 (EINSTEIGER)

Bitte definieren Sie folgende Begriffe:
- Investition,
- Finanzierung,
- Differenzinvestition,
- Differenzfinanzierung!

Die Lösung finden Sie in Tz. 7070!

AUFGABE 71 (EINSTEIGER)

Gegeben sind die Zahlungsreihen zweier Investitionen (1) und (2). Wie lautet die Zahlungsreihe der Differenzinvestition, wie die der Differenzfinanzierung?

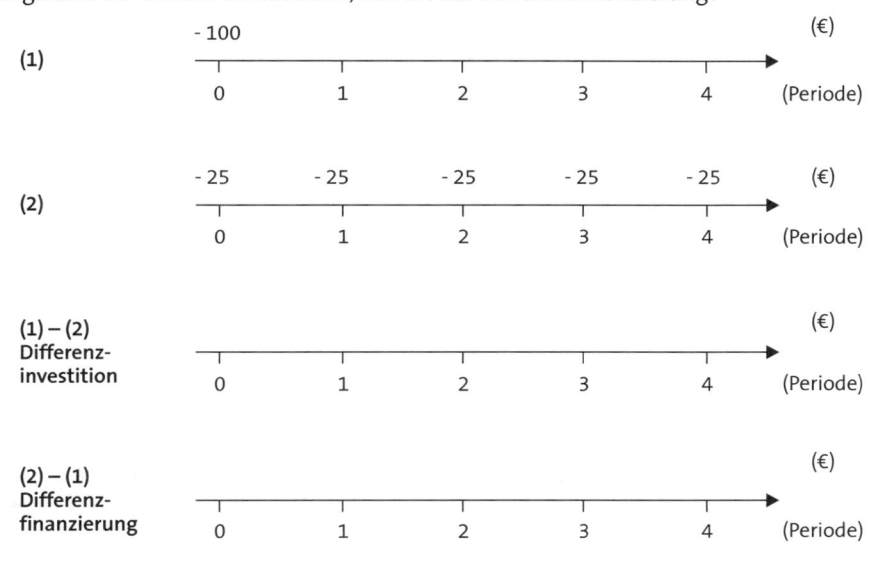

(1): Periode 0: 0; Periode 1: −100; Perioden 2–4: 0 (€)

(2): Perioden 0–4: jeweils −25 (€)

(1) − (2) Differenzinvestition: (leer)

(2) − (1) Differenzfinanzierung: (leer)

Die Lösung finden Sie in Tz. 7071!

KAPITEL 2   Dynamische Verfahren

AUFGABE 72 (FORTGESCHRITTENE)

Sind Zero-Bonds sowie unverzinsliche Schatzanweisungen unverzinslich?

Die Lösung finden Sie in Tz. 7072!

AUFGABE 73 (PROFIS)

Ermitteln Sie den Effektivzins in Prozenten pro Jahr für die folgenden Zero-Sparbriefe:

Bank	Laufzeit (Jahre)	Anlagesumme/Endbetrag (€)		effektiver Jahreszins (%)
Bohl Bank	10	474,06	1.000,00	
UTB Kreditbank	6	647,96	1.000,00	
KKB Bank	6	100,00	150,10	
ATB Bank	5	705,00	1.000,00	
Münchner Kreditbank	5	696,55	1.000,00	
CTC Bank	5	500,00	701,30	
WKV Bank	5	713,00	1.000,00	

Die Lösung finden Sie in Tz. 7073!

AUFGABE 74 (FORTGESCHRITTENE)

Siegfried Saldo findet auf der Rechnung für seinen neu erworbenen Schreibtisch (Preis: 1.000 €) den Hinweis: „Bei Zahlung innerhalb von 10 Tagen 3 % Skonto, 30 Tage netto Kasse". Da er sein Gehaltskonto zur Zeit stark beansprucht hat und den Bankzins von effektiv 10 % pro Jahr nur ungern zahlt, fragt er Sie, ob er die Rechnung nach 30 Tagen netto bezahlen soll. Bitte geben Sie ihm eine wohlbegründete Empfehlung!

Die Lösung finden Sie in Tz. 7074!

AUFGABE 75 (PROFIS)

Eine Bank bietet einen Ratenkredit über nominal 10.000 € an. Konditionen:

- ► Zinssatz: 0,43 % p. M. vom ursprünglichen Kreditbetrag
- ► Bearbeitungsgebühr: 2,00 % der nominellen Darlehenssumme
- ► Laufzeit: 24 Monate
- ► Tilgung: 24 gleiche Raten während der Laufzeit

Bitte ermitteln Sie den effektiven Jahreszins dieses Darlehens mit einer Genauigkeit von zwei Nachkommastellen! Geben Sie eine genaue Zeitstrahldarstellung aus Kundensicht.

Die Lösung finden Sie in Tz. 7075!

Aufgaben KAPITEL 2

AUFGABE 76 (PROFIS)

In einem Betrieb sollen Lkw-Wechselaufbauten angeschafft und mittels Leasings finanziert werden. Die anzuschaffenden Aufbauten kosten 275.000 €. Die steuerliche Nutzungsdauer gem. amtlicher AfA-Tabelle beträgt fünf Jahre. Die Leasingzeit beläuft sich auf 4,5 Jahre (= 90 % der steuerlichen Nutzungsdauer). Am Ende des Leasingzeitraums hat der Leasingnehmer eine Restzahlung von 25 % der Anschaffungskosten zu leisten. Die Leasingraten – 2,23 % der Anschaffungskosten pro Monat – sind jeweils zum Monatsende zu überweisen.

a) Wie hoch ist der effektive Jahreszins, mit dem die Leasinggesellschaft kalkuliert hat? (Zeitstrahl, Rechnung, Ergebnis auf zwei Nachkommastellen genau)
b) Mit welchem Effektivzins pro Monat und Jahr hat die Leasinggesellschaft gerechnet, wenn außer einer monatlichen Leasingrate von 6.781 € keine weiteren Zahlungen zu berücksichtigen sind? (Ergebnis auf zwei Nachkommastellen genau)

Die Lösung finden Sie in Tz. 7076!

AUFGABE 77 (PROFIS)

Gegeben ist ein Ratenkredit mit verschiedenen Konditionen. Bitte füllen Sie die Leerstellen aus!

a)	Kreditbetrag	10.000,00 €
	Monatsrate	195,50 €
	monatlicher Zinssatz	1,00 % p. M.
	Laufzeit	_____ (Monate)

b)	Kreditbetrag	10.000,00 €
	Monatsrate	329,28 €
	Laufzeit	36,00 Monate
	monatlicher Zinssatz	_____ (% p. M.)
	effektiver Jahreszinssatz	_____ (% p. J.)

c)	Kreditbetrag (nominal)	40.000,00 €
	Monatsrate	730,18 €
	Laufzeit	72,00 Monate
	monatlicher Zinssatz	0,85 % p. M.
	Bearbeitungsgebühr	_____ (% vom Kreditbetrag nominal)

KAPITEL 2 — Dynamische Verfahren

d)	Kreditbetrag (nominal)	40.000,00 €
	Monatsrate	733,00 €
	Laufzeit	72,00 Monate
	monatlicher Zinssatz	0,80 % p. M.
	Bearbeitungsgebühr	_____ (% vom Kreditbetrag nominal)

Die Lösung finden Sie in Tz. 7077!

AUFGABE 78 (PROFIS)

Eine Bank bietet ein langfristiges Darlehen zu folgenden Konditionen an:

Fall I		Fall II	
Auszahlung:	100,00 (%)	Auszahlung:	100,00 (%)
Nominalzinssatz:	7,00 (% p. J.)	Nominalzinssatz:	6,00 (% p. J.)
Effektivzinssatz:	7,19 (% p. J.)	Effektivzinssatz:	6,17 (% p. J.)

Wenn keine Gebühren und Nebenkosten anfallen, dann ist der Unterschied zwischen den Nominal- und den Effektivzinssätzen folgendermaßen zu erklären:

Fall I:

Fall II:

Die Lösung finden Sie in Tz. 7078!

2.4.2 Effektivzins bei vorschüssiger Zahlungsweise
2.4.2.1 Vorschüssige und nachschüssige Zahlungsweise

Im Rahmen der Investitions- und Finanzierungsrechnung untersucht man im Regelfall nachschüssige Zahlungsreihen. Nachschüssig heißt, man unterstellt, dass alle Geldbewegungen am Ende der jeweiligen Periode (Jahr, Quartal, Monat) stattfinden. So stellen auch die finanzmathematischen Faktoren auf nachschüssige Zahlungsweise ab, wie die nachfolgende Abbildung zeigt.

ABB. 44: Finanzmathematische Behandlung nachschüssiger Zahlungsreihen

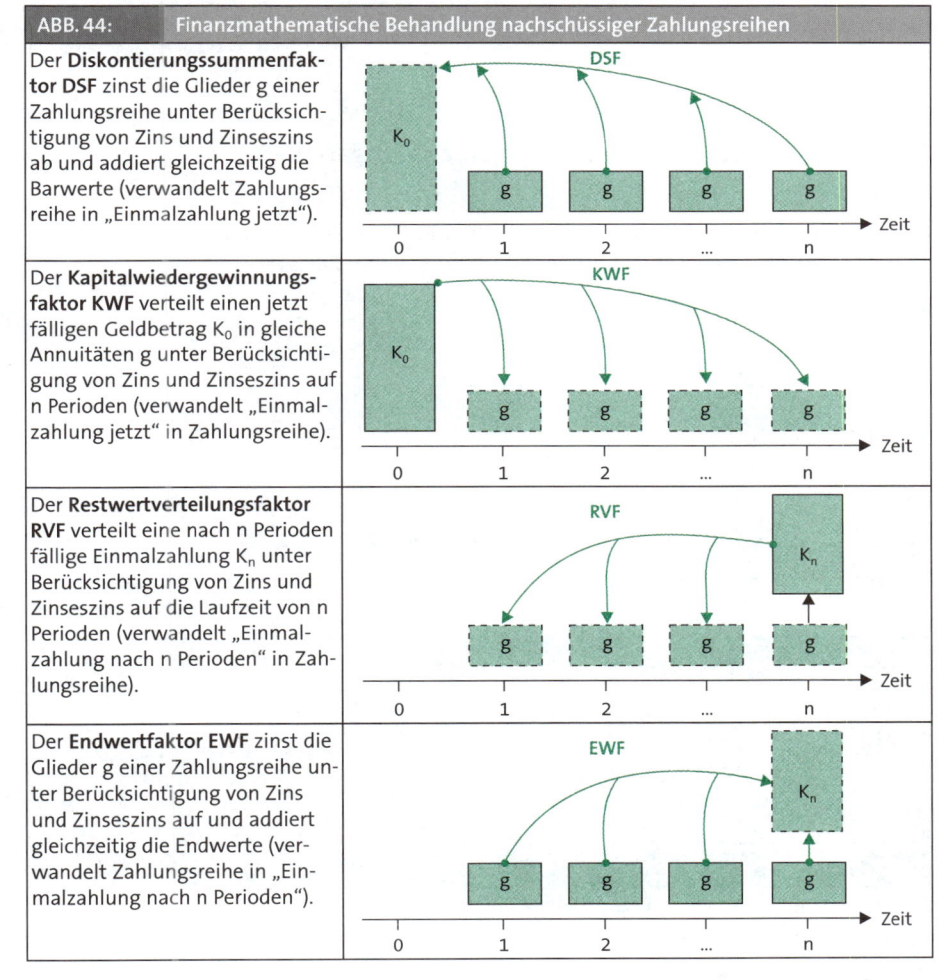

Der **Diskontierungssummenfaktor DSF** zinst die Glieder g einer Zahlungsreihe unter Berücksichtigung von Zins und Zinseszins ab und addiert gleichzeitig die Barwerte (verwandelt Zahlungsreihe in „Einmalzahlung jetzt").	DSF: K_0 ← g, g, g, g an Zeitpunkten 1, 2, …, n
Der **Kapitalwiedergewinnungsfaktor KWF** verteilt einen jetzt fälligen Geldbetrag K_0 in gleiche Annuitäten g unter Berücksichtigung von Zins und Zinseszins auf n Perioden (verwandelt „Einmalzahlung jetzt" in Zahlungsreihe).	KWF: K_0 → g, g, g, g an Zeitpunkten 1, 2, …, n
Der **Restwertverteilungsfaktor RVF** verteilt eine nach n Perioden fällige Einmalzahlung K_n unter Berücksichtigung von Zins und Zinseszins auf die Laufzeit von n Perioden (verwandelt „Einmalzahlung nach n Perioden" in Zahlungsreihe).	RVF: K_n → g, g, g, g an Zeitpunkten 1, 2, …, n
Der **Endwertfaktor EWF** zinst die Glieder g einer Zahlungsreihe unter Berücksichtigung von Zins und Zinseszins auf und addiert gleichzeitig die Endwerte (verwandelt Zahlungsreihe in „Einmalzahlung nach n Perioden").	EWF: g, g, g, g an Zeitpunkten 1, 2, …, n → K_n

In der wirtschaftlichen Praxis kennt man neben nachschüssigen (postnumerando) Zahlungen aber auch solche, die zum Periodenbeginn anfallen. Man spricht dann von vorschüssigen (pränumerando) Zahlungen.

KAPITEL 2 Dynamische Verfahren

nachschüssige (postnumerando) Zahlungsreihe

0 1 2 3 4 5 n = 6 (Perioden)

vorschüssige (pränumerando) Zahlungsreihe

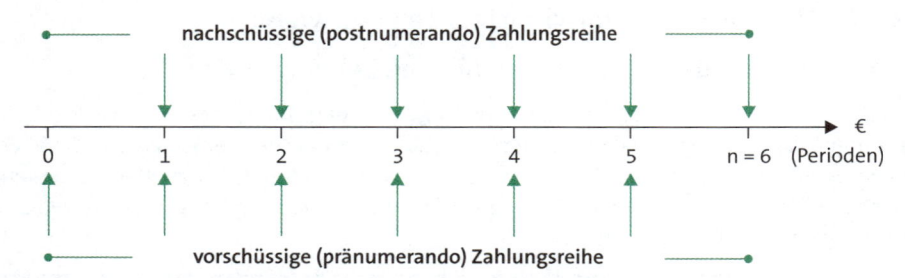

Im Folgenden wird gezeigt, dass die bekannten finanzmathematischen Faktoren leicht für den Fall der vorschüssigen Zahlungen eingesetzt werden können.

2.4.2.2 Barwert einer vorschüssigen Zahlungsreihe

2405 **Problem:**

Gegeben ist eine vorschüssige Zahlungsreihe mit g € über n Perioden. Gesucht ist der zu ihr gehörende Gegenwartswert oder Barwert K_0 beim Zinssatz i.

Lösung:

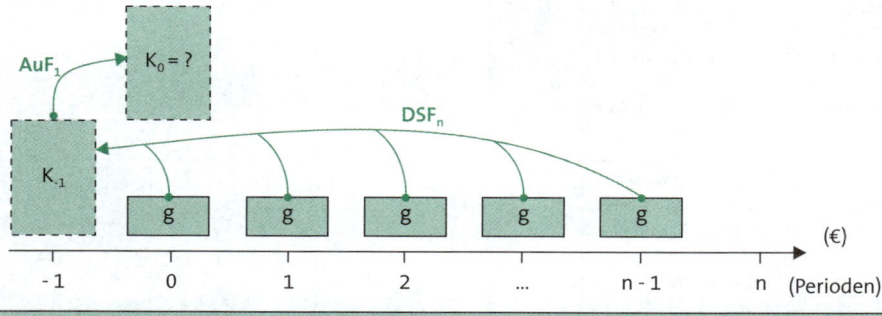

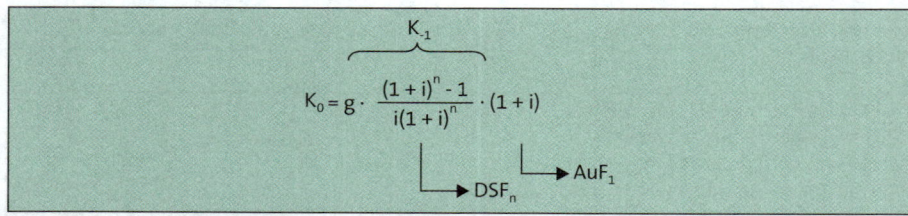

$$K_0 = g \cdot \frac{(1+i)^n - 1}{i(1+i)^n} \cdot (1+i)$$

wobei $\frac{(1+i)^n - 1}{i(1+i)^n}$ = DSF_n und $(1+i)$ = AuF_1, sowie $K_{-1} = g \cdot DSF_n$.

Symbole		
K_0	=	Gegenwartswert (Barwert) der Zahlungsreihe
n	=	Anzahl der Perioden
g	=	Geldbetrag pro Periode
i	=	Zinssatz in Dezimalform
DSF	=	Diskontierungssummenfaktor
AuF	=	Aufzinsungsfaktor

Aufgaben KAPITEL 2

BEISPIEL: Barwert einer vorschüssigen Rentenschuld 2407

Ein Grundstück ist mit einer Rentenzahlung von 2.500 € belastet, die jedes Quartal im Voraus fällig und noch acht Jahre zu leisten ist. Wie hoch ist der Barwert beim Zinssatz von 1,30 % p. Q.? Um wieviel Euro ermäßigt sich der Barwert bei nachschüssiger Zahlungsweise?

Lösung:

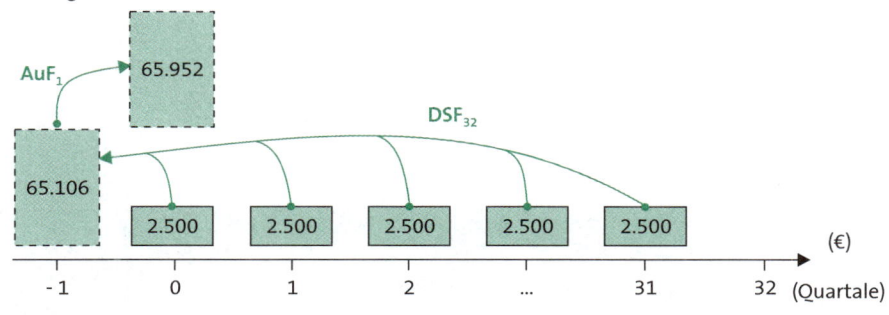

$K_0 = g \cdot DSF_{32} \cdot AuF_1$
$K_0 = 2.500 \cdot 26{,}042222 \cdot 1{,}0130$
$K_0 = 65.952$ (€)

Ergebnis:

Der Barwert bei vorschüssiger Rente beträgt 65.952 €. Bei nachschüssiger Zahlungsweise wäre man ohne den Faktor $(1+i)$ auf einen Gegenwartswert von 65.106 € gekommen, was einer Ermäßigung von 846 € entspricht.

Eine zweite Möglichkeit zur Ermittlung des Barwertes einer vorschüssigen Zahlungsreihe besteht darin, dass man die Zahlungsreihe ohne die zum Zeitpunkt 0 anfallende Zahlung diskontiert und diese anschließend addiert. Für unser Beispiel ergibt sich der nachfolgende Zeitstrahl.

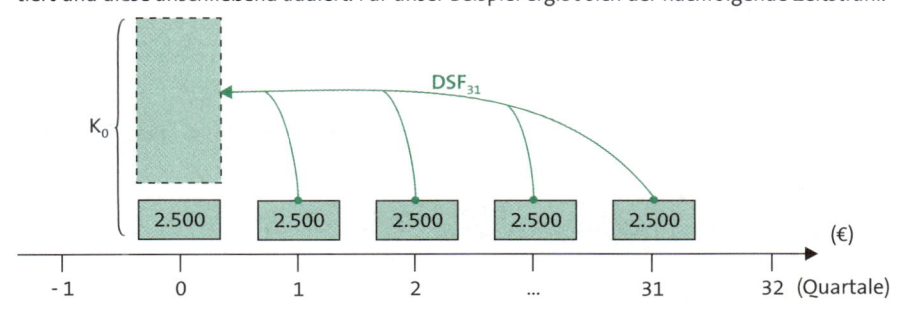

$K_0 = g + g \cdot DSF_{n-1}$
$K_0 = 2.500 + 2.500 \cdot 25{,}194221$
$K_0 = 65.486$ (€)

2.4.2.3 Umrechnung einer heutigen Zahlung in eine vorschüssige Zahlungsreihe

Problem: 2410

Gegeben ist ein jetzt fälliger Geldbetrag K_0. Gesucht ist die Zahlungsreihe, die beim Zinssatz i wertmäßig K_0 entspricht und über n Perioden bei vorschüssiger Zahlungsweise läuft.

Dynamische Verfahren

Lösung:

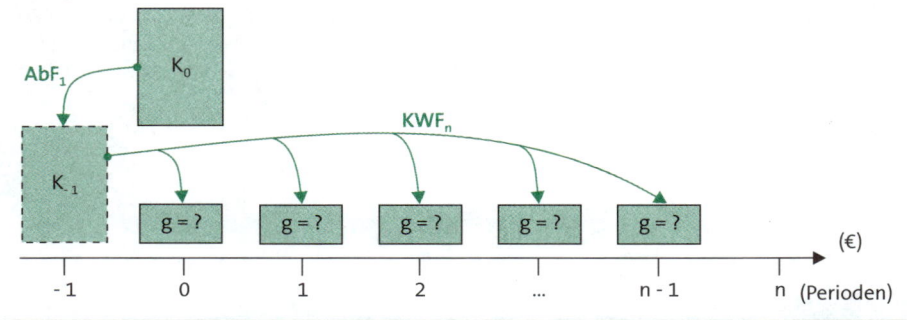

$$g = K_0 (1+i)^{-1} \cdot \frac{i(1+i)^n}{(1+i)^n - 1}$$

mit $K_{-1} = K_0(1+i)^{-1}$ (AbF$_1$) und KWF$_n$.

Symbole

K_0	=	Gegenwartswert (Barwert) der Zahlungsreihe
n	=	Anzahl der Perioden
g	=	Geldbetrag pro Periode
i	=	Zinssatz in Dezimalform
AbF	=	Abzinsungsfaktor
KWF	=	Kapitalwiedergewinnungsfaktor

2412 BEISPIEL: Verrentung eines Kaufpreises

Der Kaufpreis für ein Haus i. H. v. 500.000 € soll verrentet werden. Folgende Konditionen wurden vereinbart:

- Zinssatz 1,2 % p. Q.,
- Zahlungsweise vierteljährlich vorschüssig,
- Dauer 15 Jahre.

Wie hoch ist die Quartalsrente?

Lösung:

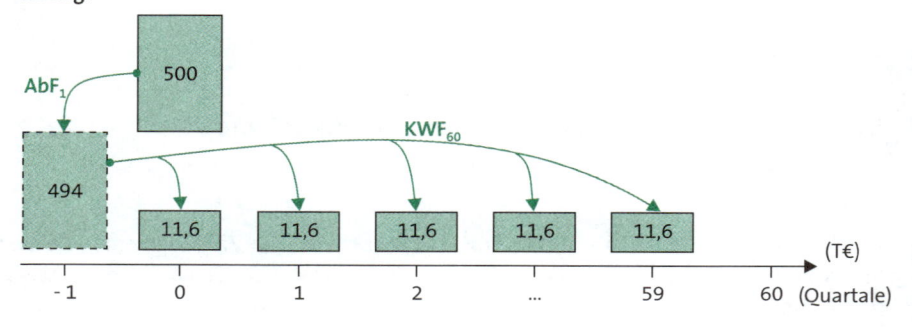

Barwert 500 T€ → AbF$_1$ → 494 T€ (bei -1); KWF$_{60}$ ergibt Quartalsrente von 11,6 T€ (Quartale 0 bis 59), Laufzeit bis Quartal 60.

$g = K_0 \cdot AbF_1 \cdot KWF_{60}$

$g = 500.000 \cdot 0{,}988142 \cdot 0{,}023476$

$g = 11.599$ (€)

Ergebnis:

Am Anfang eines jeden Vierteljahres ist somit für die Dauer von 15 Jahren der Geldbetrag von 11.599 € fällig.

2.4.2.4 Umrechnung einer späteren Zahlung in eine vorschüssige Zahlungsreihe

Problem: 2415

Gegeben ist ein zum Zeitpunkt n fälliger Geldbetrag K_n. Gesucht ist die Zahlungsreihe, die beim Zinssatz i wertmäßig K_n entspricht und über n Perioden bei vorschüssiger Zahlungsweise läuft.

Lösung:

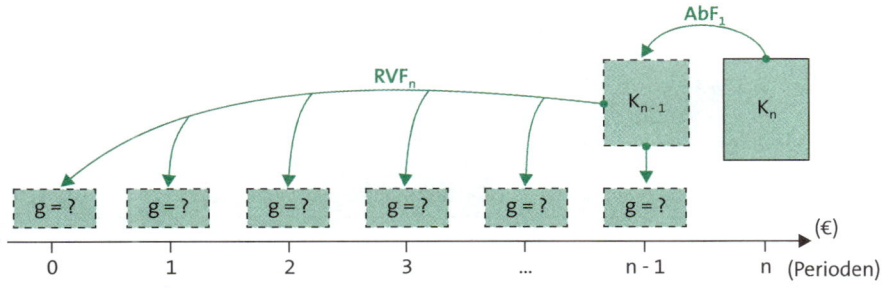

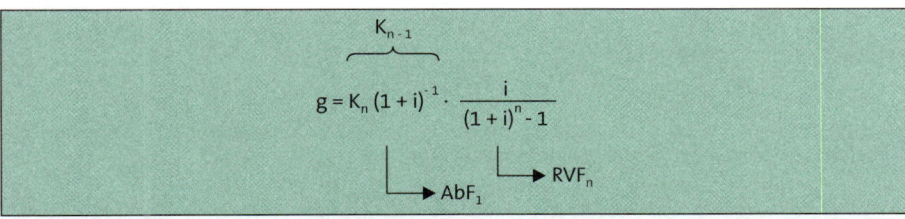

$$g = K_n (1+i)^{-1} \cdot \frac{i}{(1+i)^n - 1}$$

mit $K_{n-1} = K_n (1+i)^{-1}$ (AbF$_1$) und RVF$_n$

Symbole		
K_n	=	Endwert zum Zeitpunkt n
n	=	Anzahl der Perioden
g	=	Geldbetrag pro Periode
i	=	Zinssatz in Dezimalform
AbF	=	Abzinsungsfaktor
RVF	=	Restwertverteilungsfaktor

2417 **BEISPIEL:** Sparraten für Studienunterstützung

Eltern fragen nach der Sparrate, um ihrem Kind später ein Studium zu finanzieren. Von folgenden Daten ist auszugehen:

- Ansparzeit: 20 Jahre,
- Studiendauer: 10 Semester,
- Unterstützung pro Semester: 5.000 €,
- Zinssatz: 3 % p. Hj.,
- vorschüssige Zahlungsweise bei Ansparung und späterer Unterstützung.

a) Welcher Geldbetrag K_{40} muss nach 40 Semestern (= 20 Jahre) angespart sein, damit aus ihm die Studienunterstützung von 5.000 € pro Semester geleistet werden kann? Zeigen Sie zwei Wege, die zu K_{40} führen.

b) Welcher Geldbetrag ist zur Ansparung des obigen Kapitals K_{40} von den Eltern halbjährlich vorschüssig aufzubringen?

Lösung a): Ermittlung von K_{40}

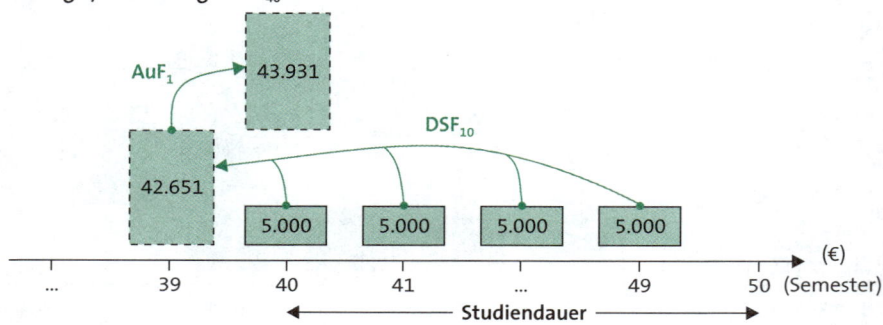

$K_{40} = g \cdot DSF_{10} \cdot AbF_1$

$K_{40} = 5.000 \cdot 8{,}530203 \cdot 1{,}03$

$K_{40} = 43.931$ (€)

Zweiter Weg: Man verkürzt die Zahlungsreihe um die im Zeitpunkt 40 anfallende Zahlung und addiert diese zum Barwert der restlichen Zahlungsreihe.

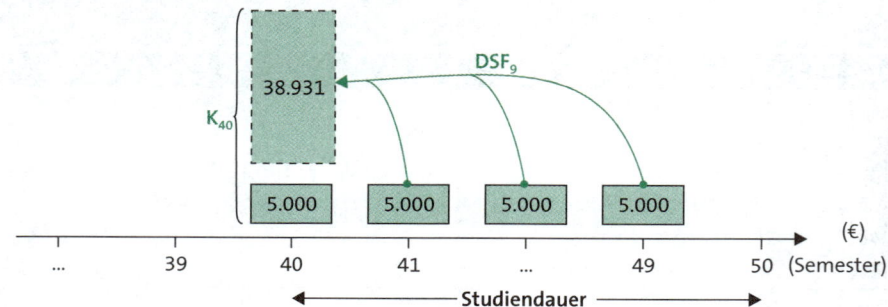

$K_{40} = g + g \cdot DSF_9$

$K_{40} = 5.000 + 5.000 \cdot 7{,}786109$

$K_{40} = 43.931$ (€)

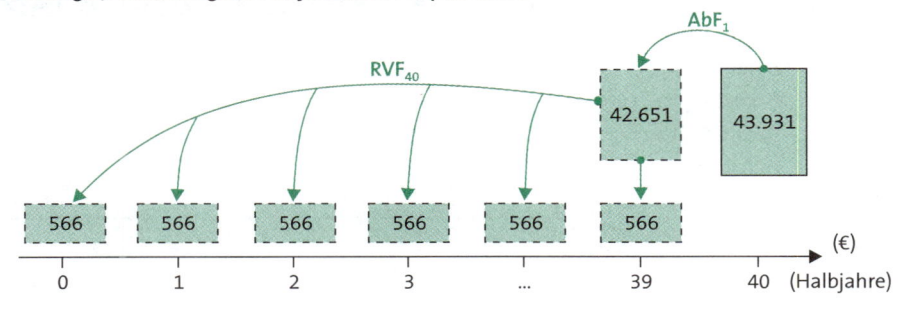

Lösung b): Ermittlung der halbjährlichen Ansparsumme

$g = K_n \cdot AbF_1 \cdot RVF_{40}$

$g = 43.931 \cdot 0{,}970874 \cdot 0{,}013262$

$g = 565{,}64 \; (\text{€})$

Ergebnis:

Die Eltern müssen 40 Halbjahresraten von 565,64 € vorschüssig aufbringen, um das spätere Studium ihres Kindes mit 5.000 € pro Semester (ebenfalls vorschüssig) zu fördern.

2.4.2.5 Endwert einer vorschüssigen Zahlungsreihe

Problem: 2420

Gegeben ist die über n Perioden laufende Zahlungsreihe mit der vorschüssigen Periodenzahlung g. Gesucht ist der Endwert K_n, der dieser Zahlungsreihe beim Zinssatz i wertmäßig entspricht.

Lösung:

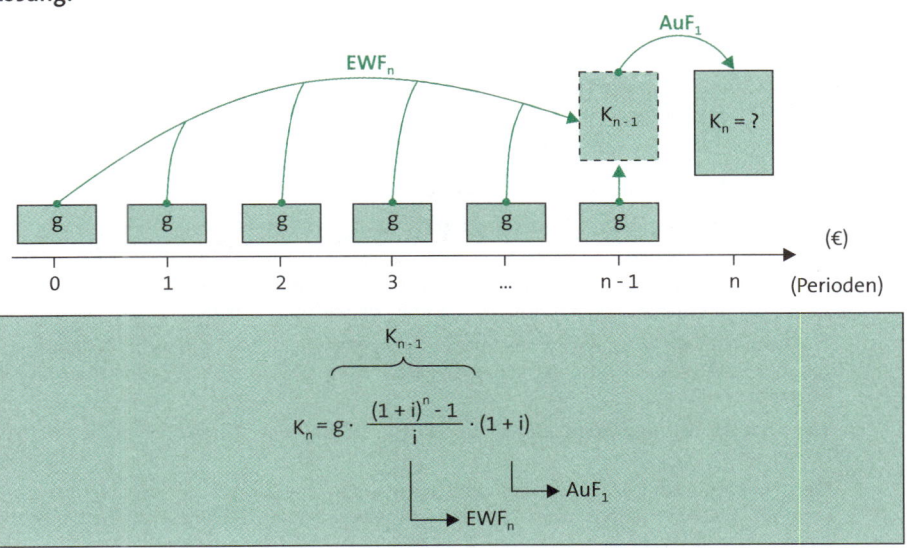

$$K_n = g \cdot \frac{(1+i)^n - 1}{i} \cdot (1+i)$$

mit $K_{n-1} = g \cdot \frac{(1+i)^n - 1}{i} \rightarrow EWF_n$ und $(1+i) \rightarrow AuF_1$

KAPITEL 2 Dynamische Verfahren

Symbole		
K_n	=	Endwert zum Zeitpunkt n
n	=	Anzahl der Perioden
g	=	Geldbetrag pro Periode
i	=	Zinssatz in Dezimalform
EWF	=	Endwertfaktor
AuF	=	Aufzinsungsfaktor

2422 **BEISPIEL:** Ermittlung einer Versicherungssumme

Sie haben eine Lebensversicherung abgeschlossen. Die Laufzeit beträgt 25 Jahre. Die Prämie von 750 € wird halbjährlich im Voraus erhoben. Die Versicherungssumme soll im Erlebensfall am Ende des 25. Jahres ausgezahlt werden. Wie hoch ist die Auszahlungssumme, wenn die Versicherungsgesellschaft netto, d. h. nach Berücksichtigung des Sterblichkeitsrisikos und ihrer Verwaltungskosten, einen Zinssatz von 3 % p. Hj. für die Anlage ihrer Geldmittel erzielt?

Lösung:

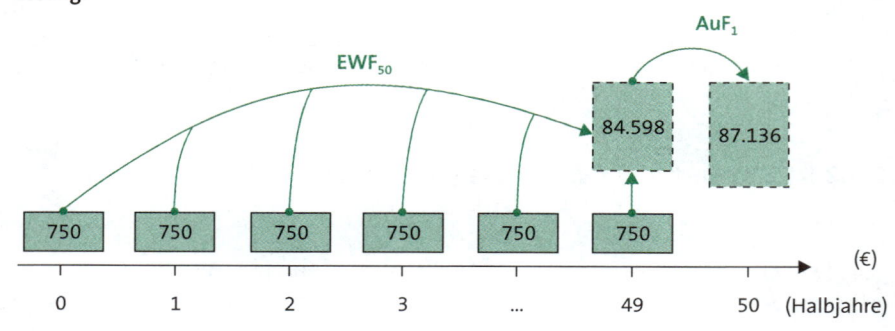

$K_{50} = g \cdot EWF_{50} \cdot AuF_1$
$K_{50} = 750 \cdot 112{,}796567 \cdot 1{,}03$
$K_{50} = 87.136$ (€)

Ergebnis:

Die nach 25 Jahren fällige Versicherungsleistung beträgt 87.136 €.

2.4.2.6 Zusammenfassendes Beispiel

2430 **BEISPIEL:** Betriebsübergabe auf Rentenbasis

Der Elektroinstallateur Strippe übergibt seinen Handwerksbetrieb an den Jungmeister Klemme. Sie sind sich darin einig, dass das Unternehmen zum Übergabezeitpunkt (= Zeitpunkt 0) mit genau 1 Mio. € zu bewerten ist.

a) Wie hoch ist die jährlich nachschüssig an Strippe zu zahlende Rente g, wenn der Kaufpreis von $K_0 = 1.000.000$ € beim Zinssatz von i = 6,15 % pro Jahr über die Zeit von n = 6 Jahren verrentet wird?

b) Wie hoch ist die zugehörige jährlich vorschüssig zu zahlende Rente? Zeigen Sie zwei Rechenwege.

c) Welchen Betrag könnte Strippe verlangen, wenn er anstelle der jährlich vorschüssigen Zahlung von 192.484 € eine monatlich nachschüssige Zahlung überwiesen haben möchte, wenn sich beide Parteien auf den Zinssatz von 0,5 % p. M. geeinigt haben?

d) Welchen Betrag könnte Strippe verlangen, wenn er anstelle der jährlich nachschüssigen Zahlung von 204.322 € eine monatlich vorschüssige Zahlung überwiesen haben möchte (i = 0,5 % p. M.)?
e) Welchen Betrag könnte Strippe verlangen, wenn er anstelle der monatlich vorschüssigen Zahlung von 16.481 € eine einmalige Zahlung nach Ablauf von sechs Jahren überwiesen haben möchte (i = 0,5 % p. M.)?
f) Welcher Wert müsste sich ergeben, wenn man den nach sechs Jahren zu zahlenden Betrag von 1.431.225 € auf den Zeitpunkt 0 abzinst (i = 6,15 % pro Jahr)?

Lösung a): 2431

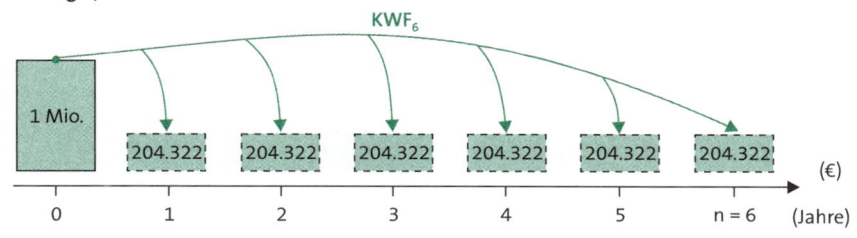

$g = K_0 \cdot KWF_6$
$g = 1.000.000 \cdot 0{,}204322$
$g = 204.322 \ (€)$

Lösung b): 2432

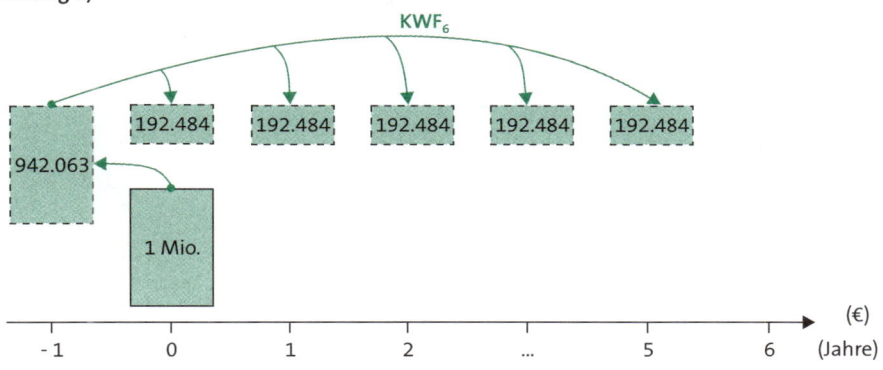

$g = K_0 \cdot AbF_1 \cdot KWF_6$
$g = 1.000.000 \cdot 0{,}942063 \cdot 0{,}204322$
$g = 192.484 \ (€)$

Nutzt man das in a) gefundene Ergebnis, wonach die vorschüssige Jahresrente 204.322 € beträgt, dann genügt es, diesen Betrag um ein Jahr abzuzinsen.

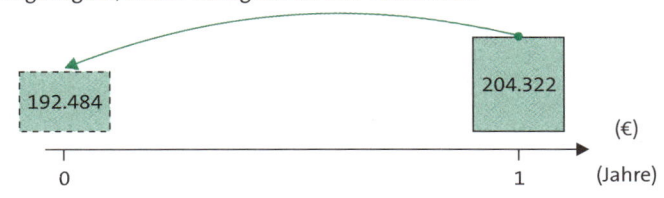

$K_0 = g \cdot AbF_1$
$K_0 = 204.322 \cdot 0{,}942063$
$K_0 = 192.484 \ (€)$

2433 **Lösung c):**

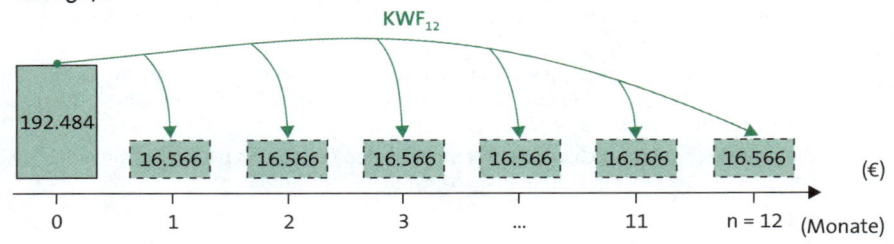

```
         KWF₁₂
192.484
         16.566  16.566  16.566  16.566  16.566  16.566   (€)
    0      1       2       3      ...     11    n = 12  (Monate)
```

$g = K_0 \cdot KWF_{12}$

$g = 192.484 \cdot 0{,}086066$

$g = 16.566$ (€/Monat)

2434 **Lösung d):**

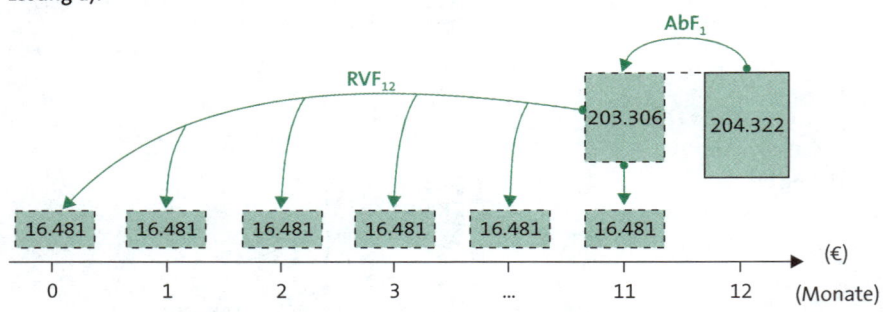

```
                                              AbF₁
                    RVF₁₂
                                         203.306   204.322

    16.481 16.481 16.481 16.481   16.481 16.481                (€)
       0      1      2      3    ...    11      12    (Monate)
```

$g = K_n \cdot AbF_1 \cdot RVF_{12}$

$g = 204.322 \cdot 0{,}995025 \cdot 0{,}081066$

$g = 16.481$ (€/Monat)

2435 **Lösung e):**

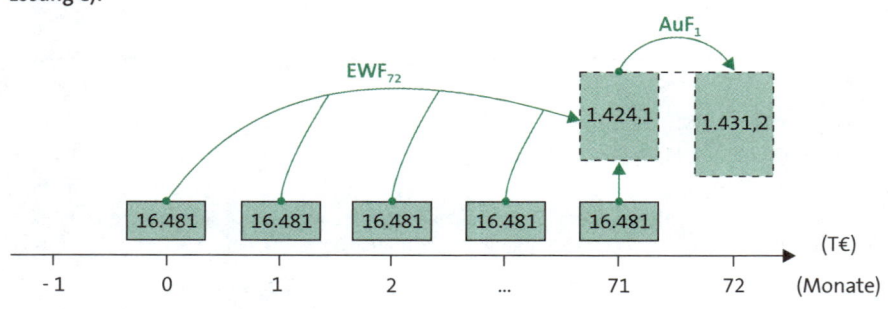

```
                                              AuF₁
                    EWF₇₂
                                         1.424,1   1.431,2

         16.481 16.481 16.481 16.481 16.481                   (T€)
    -1     0      1      2    ...    71      72    (Monate)
```

$K_{72} = g \cdot EWF_{72} \cdot AuF_1$

$K_{72} = 16.481 \cdot 86{,}408856 \cdot 1{,}005$

$K_{72} = 1.431.225$ (€)

2436 **Lösung f):**

Es müsste in etwa der für den Zeitpunkt 0 angesetzte Unternehmenswert von 1 Mio. € herauskommen, wobei kleinere Abweichungen zu erwarten sind, weil erstens zum Monatszins von 0,5 % der Jahreszins von 6,17 % gehört (wir haben näherungsweise mit 6,15 % gerechnet) und zweitens Tabellenwerte verwendet wurden, die sechs Nachkommastellen aufweisen, wobei die sechste gerundet ist.

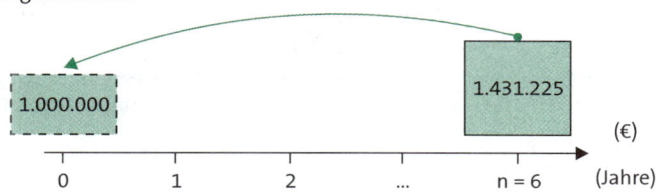

$K_0 = K_n \cdot AbF_6$
$K_0 = 1.431.225 \cdot 0{,}699005$
$g = 1.000.433$ (€)

2.4.2.7 Durchführung der Effektivzinsberechnung

BEISPIEL: Effektivzins bei Leasing-Finanzierung   2440

Ein Pkw-Händler bietet per Zeitungsanzeige den neuen BMW folgendermaßen an: „Barpreis 46.900 €. Monatliche Leasing-Rate bei einer Anzahlung von 13.900 € nur 495 €; Laufzeit des Leasing-Vertrags ist 36 Monate, danach können Sie den Wagen zum Restwert von 25.000 € kaufen."

Gehen Sie davon aus, Kaufpreis und Anzahlung seien im Zeitpunkt 0 fällig, der Restwert im Zeitpunkt 36. Wie hoch ist der effektive Jahreszins der Leasing-Finanzierung

a) bei nachschüssigen Leasing-Raten,
b) bei vorschüssigen Leasing-Raten?

Lösung a):   2442

Der Kunde hat die Wahl zwischen

1. einer einmaligen Zahlung von 46.900 € und
2. den Leasing-Zahlungen: Anzahlung, Raten und Restwert.

Daraus ergibt sich folgender Zeitstrahl:

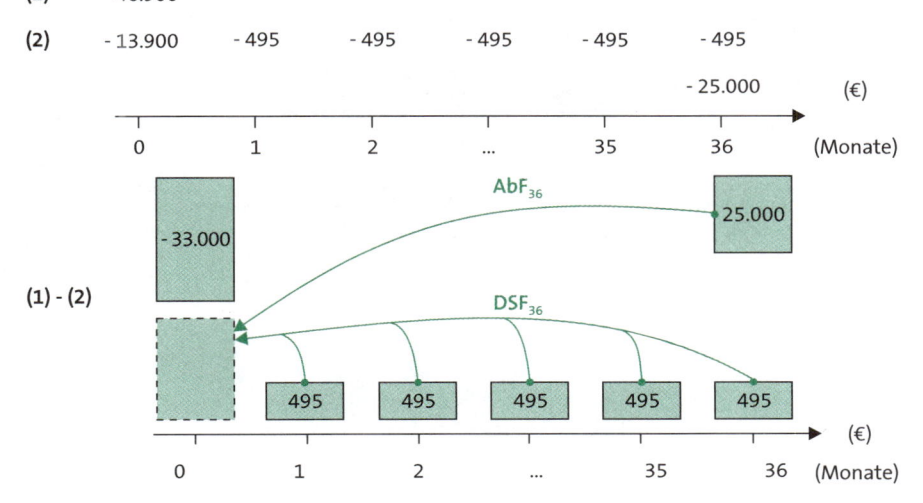

KAPITEL 2 Dynamische Verfahren

Die Differenzinvestition (1) − (2) zeigt, dass der Kunde beim Barkauf im Zeitpunkt Null 33.000 € mehr zahlt als beim Leasing. Danach aber vermeidet er durch den Barkauf die laufenden Raten von 495 € monatlich und die einmalige Zahlung von 25.000 € (= Restwert). Die vermiedenen Auszahlungen sind wie Einzahlungen zu behandeln.

Im gegebenen Fall kommt nur die Gleichung zur Effektivzinsbestimmung (Regula falsi) für die Lösung in Frage. Wir ermitteln die Kapitalwerte für zwei in Lösungsnähe liegende Probierzinssätze:

$i_1 = 0{,}90\,\%$ p. M. → $C_{0,1} = -33.000 + 495 \cdot DSF_{36} + 25.000 \cdot AbF_{36}$

$\qquad C_{0,1} = -33.000 + 495 \cdot 30{,}633420 + 25.000 \cdot 0{,}724299$

$\qquad C_{0,1} = 271{,}02\,(€)$

$i_2 = 1{,}00\,\%$ p. M. → $C_{0,2} = -33.000 + 495 \cdot 30{,}107505 + 25.000 \cdot 0{,}698925$

$\qquad C_{0,2} = -623{,}66\,(€)$

$$r_v = i_1 - C_{0,1} \frac{i_2 - i_1}{C_{0,2} - C_{0,1}}$$

$$r_v = 0{,}90 - 271{,}02 \cdot \frac{1{,}00 - 0{,}90}{-623{,}66 - 271{,}02}$$

$$r_v = 0{,}90 + \frac{27{,}102}{894{,}68} = 0{,}93029\ (\%\ \text{p.M.})$$

$$r = (1 + r_v)^m - 1 = 1{,}0093029^{12} - 1 = 11{,}75\ (\%\ \text{p.J.})$$

Lösung b):

Bei vorschüssigen Leasing-Raten ergibt sich folgender Zeitstrahl:

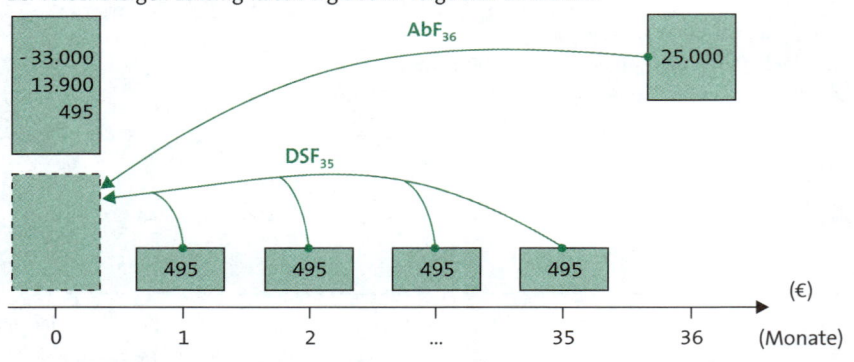

Beim Barkauf zahlt der Kunde im Zeitpunkt Null 32.505 € mehr als beim Leasing. Danach vermeidet er noch 35 vorschüssige Leasing-Raten und den Restwert.

$i_1 = 0{,}90\ \%$ p. M. $\rightarrow$ $C_{0,1} = -32.505 + 495 \cdot 29{,}909121 + 25.000 \cdot 0{,}724299$

$C_{0,1} = 407{,}49\ (\text{€})$

$i_2 = 1{,}00\ \%$ p. M. $\rightarrow$ $C_{0,2} = -32.505 + 495 \cdot 29{,}408580 + 25.000 \cdot 0{,}698925$

$C_{0,2} = 474{,}62\ (\text{€})$

$$r_v = i_1 - C_{0,1}\ \frac{i_2 - i_1}{C_{0,2} - C_{0,1}}$$

$$r_v = 0{,}90 - 407{,}49\ \frac{1{,}00 - 0{,}90}{-474{,}62 - 407{,}49}$$

$$r_v = 0{,}90 + \frac{40{,}749}{882{,}11} = 0{,}9462\ (\%\ \text{p.M.})$$

$r = (1 + r_v)^m - 1 = 1{,}009462^{12} - 1 = 11{,}96\ (\%\ \text{p. J.})$

Zusammenfassung

2450 ▶ **Vorschüssige (pränumerando) Zahlungsreihen**

Sie sind dadurch gekennzeichnet, dass die Zahlungen am Periodenanfang anfallen.

▶ **Nachschüssige (postnumerando) Zahlungsreihen**

Sie sind dadurch gekennzeichnet, dass die Zahlungen am Periodenende anfallen.

▶ **Regelfall**

Als Regelfall gilt in Literatur und Praxis die nachschüssige Zahlungsreihe. Sie ist stets dann anzunehmen, wenn über die Zahlungsweise nichts anderes gesagt wird. Die vorschüssige Zahlungsweise kommt zwar seltener vor als die nachschüssige, aber doch häufig genug, dass Sie sich mit ihr befassen sollten.

▶ **Vorschüssige Zahlungsreihen**

Diese lassen sich mit dem gewohnten Instrumentarium der finanzmathematischen Faktoren in einmalige Zahlungen (Barwerte oder Endwerte) umrechnen. Einmalige Zahlungen (Barwerte oder Endwerte) lassen sich mit den finanzmathematischen Faktoren in vorschüssige Zahlungsreihen umrechnen.

▶ **Effektivzins bei vorschüssiger Zahlungsweise**

Der Effektivzins bei vorschüssiger Zahlungsweise wird mit Hilfe der Regula falsi oder bei einfacherem Zahlungsverlauf (eine Einmalzahlung und konstante Zahlungsreihe) mit Hilfe des Diskontierungssummenfaktors (DSF) oder des Endwertfaktors (EWF) ermittelt.

Formeln und Symbolverzeichnis

Formeln	Symbole	
$K_0 = g \cdot DSF_n \cdot AuF_1$	K_0 =	Barwert
	g =	konstante Periodenzahlung
	DSF_n =	Diskontierungssummenfaktor für n Perioden
	AuF_1 =	Aufzinsungsfaktor für eine Periode
$g = K_0 \cdot AbF_1 \cdot KWF_n$	AbF_1 =	Abzinsungsfaktor für eine Periode
	KWF_n =	Kapitalwiedergewinnnungsfaktor für n Perioden
$g = K_n \cdot AbF_1 \cdot RVF_n$	K_n =	Endwert
	RVF_n =	Restwertverteilungsfaktor für n Perioden
$K_n = g \cdot EWF_n \cdot AuF_1$	EWF_n =	Endwertfaktor für n Perioden

2455

Aufgaben

2460 **AUFGABE 79 (FORTGESCHRITTENE)**

Frau Z. aus Kampen/Sylt möchte nach dem Tod ihres Mannes ihre Eigentumswohnung verkaufen. Zur Sicherung ihres Lebensunterhalts soll die Wohnung gegen eine Rentenzahlung veräußert werden. Diese Rente soll für die Dauer von n = 20 Jahren gezahlt werden. Es gilt: i = 0,06 = 6 % p.J. Der Kaufpreis für die Wohnung (= zu verrentender Betrag) beläuft sich auf 495.450 €.

a) Wie hoch ist die jährlich nachschüssig zu zahlende Rente?
b) Wie hoch ist die jährlich vorschüssig zu zahlende Rente?
c) Welche nachschüssige Monatsrente könnte Frau Z. erhalten (i = 0,5 % pro Monat)?
d) Welche vorschüssige Monatsrente könnte Frau Z. erhalten (i = 0,5 % pro Monat)?

Die Lösung finden Sie in Tz. 7079!

AUFGABE 80 (PROFIS)

Die Mobil-Kommunikation GmbH unterbreitet folgendes Angebot für ein Autokommunikationscenter: Kaufpreis 4.750 € oder 36 Vollamortisations-Leasing-Raten à 176 €/Monat. Bitte ermitteln Sie den effektiven Jahreszins der Leasing-Finanzierung mit einer Genauigkeit von zwei Kommastellen für den Fall, dass

a) die Leasing-Raten monatlich nachschüssig anfallen,
b) die Leasing-Raten monatlich vorschüssig anfallen!

(Zeitstrahl, Lösungsansatz, alle Umformungen, Ergebnis)

Die Lösung finden Sie in Tz. 7080!

2.4.3 Dynamische Stückkostenrechnung
2.4.3.1 Problemstellung

Bei bestimmten Entscheidungssituationen erscheint es sinnvoll, Rechentechniken und Betrachtungsweisen der Investitionsrechnung auch im Bereich der Kostenrechnung zu nutzen. Dies gilt insbesondere dann, wenn die zeitliche Konformität von Kosten und Leistungen nicht gegeben ist, wenn also die zur Erstellung einer bestimmten Leistung erforderlichen Kosten lange vor und/oder lange nach der Leistungserbringung anfallen. Dann erweist sich die in der Kostenrechnung übliche Zinsberechnung als unzureichend.

Üblicherweise erhält man die Kosten einer Leistungseinheit, indem man die Gesamtkosten einer Periode durch die Produktionsmenge der betreffenden Periode dividiert.

$$\frac{\text{Gesamtkosten (€/Periode)}}{\text{Produktionsmenge (Stück/Periode)}} = \text{Stückkosten (€/Stück)}$$

Zinsen werden in den Gesamtkosten pauschal als kalkulatorische Kostenart erfasst und zusammen mit den übrigen Kosten auf die Leistungen verteilt. Dieses Verfahren ist nur dann sinnvoll, wenn in einem Jahr mit hoher (geringer) Produktion auch hohe (geringe) Gesamtkosten anfallen, wenn also der zeitliche Zusammenhang zwischen Produktion und Kosten eng und direkt ist.

In vielen Fällen ist aber der zeitliche Zusammenhang zwischen Produktion und Kosten weniger eng und direkt, sodass besondere Zinsprobleme zu berücksichtigen sind, die nicht nach dem in der Kostenrechnung häufig benutzten Schema der „Leitsätze für die Preisermittlung auf Grund von Selbstkosten (LSP)" gelöst werden können:

$$\text{kalkulatorische Zinsen} = \text{betriebsnotwendiges Kapital} \cdot \text{kalkulatorischer Zinssatz}$$

Die Ermittlung kalkulatorischer Zinsen nach diesem Muster ist ökonomisch fragwürdig. So erhält man das betriebsnotwendige Kapital aus dem betriebsnotwendigen Vermögen, vermindert um die dem Unternehmen zinslos zur Verfügung gestellten Vorauszahlungen und Anzahlungen sowie solcher Schuldbeträge, die dem Unternehmer im Rahmen eines Zahlungsziels zinsfrei zur Verfügung gestellt werden. Man geht also von der folgenden Grundgleichung aus:

$$\text{Betriebsnotwendiges Kapital} = \text{betriebsnotwendiges Vermögen} - \text{Abzugskapital}$$

Dabei hat man offenbar die kuriose Vorstellung, dass es Beträge gibt, die zinslos geliehen werden könnten[73]. Ein selbstloser Verzicht auf mögliche Zinsen ist im Wirtschaftsleben indessen eher die Ausnahme. In Wirklichkeit dürfte es sich so verhalten, dass das Abzugskapital nur optisch zinsfrei zur Verfügung steht, in ähnlicher Weise wie unverzinsliche Schatzanweisungen oder Zero-Bonds, die auch alles andere als zinsfrei sind. Der Unternehmer hat z.B. die Wahl zwischen einer heutigen Vorauszahlung von 0,9 Mio. € und einer Zahlung bei Lieferung des Produkts nach zwölf Monaten i.H.v.

---

[73] Zur ausführlicheren Darstellung und Kritik vgl. auch: *Däumler, K.-D./Grabe, J.*: Kalkulationsvorschriften bei öffentlichen Aufträgen, S. 43 ff.

1 Mio. € – und das soll zinslos sein? Dieses Beispiel mag genügen, um die Fragwürdigkeit der zu verzinsenden Kapitalbasis „betriebsnotwendiges Kapital" zu vermitteln. Daneben aber ist häufig auch der an das Kapital anzulegende kalkulatorische Zinsfuß unzweckmäßig fixiert, besonders dann, wenn man sich auch in Hochzinsphasen oder Niedrigzinsphasen an den amtlichen Wert von derzeit 6,5 % hält, der vom Bundesminister für Wirtschaft im Einvernehmen mit dem Bundesfinanzminister als Höchstsatz festgelegt und seit 1972 nicht mehr geändert wurde.

Die wesentliche Schwäche bei der Ermittlung der kalkulatorischen Zinsen liegt in einer Unterlassung: Man verzichtet darauf, Geldbeträge durch Auf- und/oder Abzinsen wirtschaftlich vergleichbar zu machen und vernachlässigt damit vollständig die Probleme, die sich aus dem zeitlichen Auseinanderklaffen von Produktion und Zahlungen ergeben.

2.4.3.2 Allgemeine Lösung

2510 Zahlungen, die zur Erstellung und Verwertung eines Wirtschaftsgutes erforderlich sind, können zeitlich folgendermaßen anfallen:

► vor der Erstellung und Verwertung (vorzuleistende Auszahlungen),

► zeitgleich mit der Erstellung und Verwertung (laufende Auszahlungen),

► nach der Erstellung und Verwertung (nachzuleistende Auszahlungen).

Für viele Produktionsprozesse sind beträchtliche Vorleistungen üblich und notwendig:

► Siebzig Jahre vor der Gewinnung von Fichtenholz setzte man die Bäume.

► Lange vor der Kohlen- oder Erzförderung brachte man die Schachtanlage nieder.

► Zeitlich vor der Erdöl- oder Erdgasgewinnung liegt die Suche nach einem förderungswürdigen Vorkommen.

► Vor der Fertigung einer neuen Generation von Pkw oder Flugzeugen, Computern oder Stereoanlagen, Pharmaka oder Kosmetikartikeln sind langwierige und vielleicht milliardenschwere Forschungs- und Entwicklungsarbeiten zu leisten.

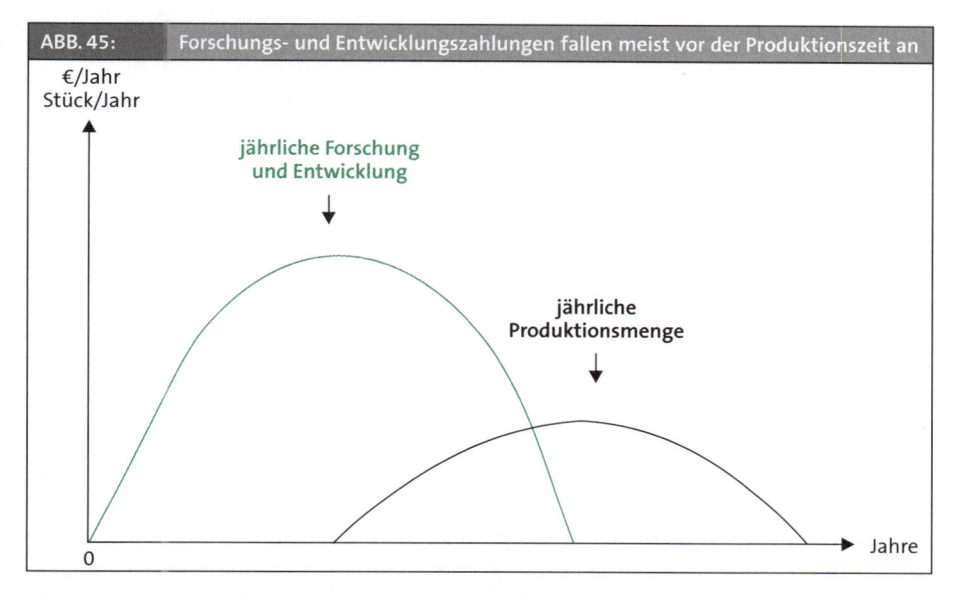

ABB. 45: Forschungs- und Entwicklungszahlungen fallen meist vor der Produktionszeit an

€/Jahr
Stück/Jahr

jährliche Forschung und Entwicklung

jährliche Produktionsmenge

Jahre

Vorzuleistende Auszahlungen sind, wie die Beispiele zeigen, keine Ausnahme, sondern ein häufig vorkommender Praxisfall, bei dem der Einsatz finanzmathematischer Denkweisen unerlässlich ist: Die vorzuleistenden Auszahlungen müssen aufgezinst und der Produktionszeit und -menge zugerechnet werden.

In vielen Fällen ist nach Abschluss der Produktion noch lange nicht Zahlungsschluss: Macht ein Stahlwerk dicht, ist ein Sozialplan fällig; gibt ein Chemieunternehmen auf, muss der Standort saniert werden; ist ein Braunkohlerevier im Tagebau ausgebeutet, ist die Landschaft zu rekultivieren. Steinkohle an der Ruhr fördern, birgt das Risiko, später Bergschäden regulieren zu müssen. Wer heute Medikamente verkauft, muss vielleicht morgen Entschädigungen wegen der Nebenwirkungen zahlen. Wenn Sie heute Atomstrom produzieren, sind morgen Zahlungen für die Entsorgung, also die Atommülldeponie, und übermorgen für den Abbau der Atomkraftwerke fällig. Tritt ein Störfall ein, kommen unabsehbare Folgen nicht nur auf den Betreiber zu. Die nachzuleistenden Auszahlungen sind abzuzinsen und der Produktionszeit und -menge zuzurechnen.

ABB. 46: Bergschäden fallen oft noch Jahre nach der Förderung von Bodenschätzen an

€/Jahr Stück/Jahr

jährliche Produktionsmenge

jährliche Bergschäden

Jahre

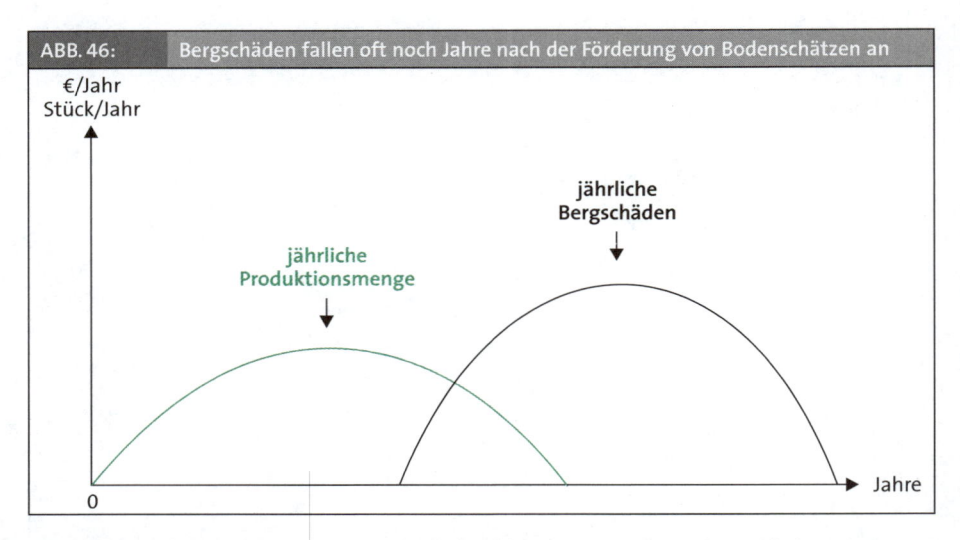

2514 Die Erfassung vor- und nachzuleistender Zahlungen mittels Auf- und/oder Abzinsens ist problemlos möglich, wenn man sich der finanzmathematischen Faktoren bedient. Errechnet wird der Geldbetrag pro Produktionseinheit, der alle Zahlungen, gleichgültig, ob diese vor, während oder nach der Produktionszeit anfallen, mit Zins und Zinseszins umfasst. Im Unterschied zum kostenrechnerischen Stückkostenbegriff handelt es sich jetzt um dynamische Stückkosten[74]. Die dynamische Stückkostenrechnung hat auch schon Eingang in die Praxis gefunden, z. B. zur Ermittlung der Kosten eines Kubikmeters Erdgas, wo hohe vorzuleistende Auszahlungen anfallen. Zur Errechnung der dynamischen Stückkosten nutzt man die Annuitätenmethode oder die Kapitalwertmethode.

2515 **a) Ermittlung der dynamischen Stückkosten nach der Annuitätenmethode**

Vor Beginn der Produktion liegt eine Vorleistungszeit mit z_v Perioden, in der die vorzuleistenden Auszahlungen anfallen. Auf die Produktionszeit von n Perioden folgt eine Nachleistungszeit mit z_n Perioden, in der die nachzuleistenden Auszahlungen anfallen. Während der Produktionszeit wird jährlich eine bestimmte konstante Menge an Leistungseinheiten (LE) erstellt, gleichzeitig fallen laufende Auszahlungen an.

---

[74] Vgl. *Seicht, G.:* Die dynamische Stückkostenrechnung, in: Kostenrechnungs-Praxis, S. 201 ff.; *derselbe:* Moderne Kosten- und Leistungsrechnung, S. 326 ff.

ABB. 47: Dynamische Stückkosten nach der Annuitätenmethode

(2. Schritt: RVF_n; 1. Schritt: DSF_{zn}; 3. Schritt: EWF_{zv}; 4. Schritt: KWF_n; DJA)

$-z_v$ ... -2 -1 0 1 2 ... n $n+1$ $n+2$ ... $n+z_n$ (Jahre)

← Vorleistungszeit → ← Produktionszeit → ← Nachleistungszeit →

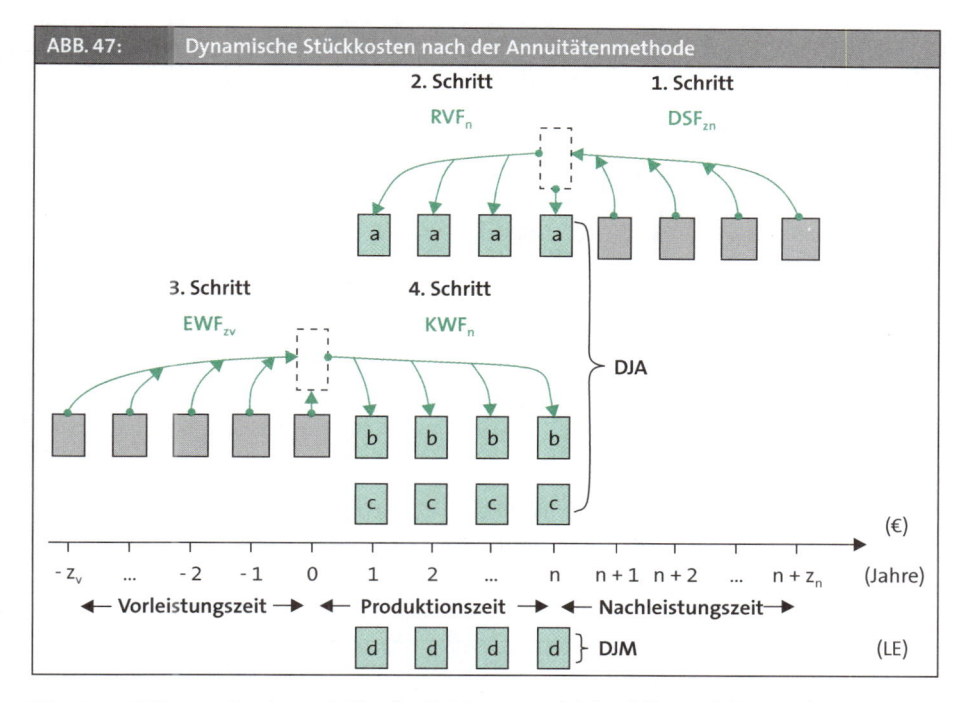

DJM (LE)

Die Annuitätenmethode verteilt alle Zahlungen gleichmäßig auf die Produktionsperioden, und zwar finanzmathematisch korrekt, also unter Berücksichtigung von Zins und Zinseszins. Damit erhält man die durchschnittlichen jährlichen Auszahlungen (DJA). Die dynamischen Stückkosten ergeben sich dann wie folgt:

Gleichung (2.4.6)

$$\frac{\text{durchschnittl. jährl. Auszahlungen}}{\text{durchschnittl. jährl. Menge}} = \frac{\text{DJA (€/J)}}{\text{DJM (LE/J)}} = \text{dynamische Stückkosten (€/LE)}$$

b) Ermittlung der dynamischen Stückkosten nach der Kapitalwertmethode 2517

Die Kapitalwertmethode bezieht alle Zahlungen und alle Produktionsmengen auf einen einheitlichen Zeitpunkt, den Produktionsbeginn (= Zeitpunkt 0). Dann ergibt sich die folgende Zeitstrahldarstellung:

KAPITEL 2 — Dynamische Verfahren

ABB. 48: Dynamische Stückkosten nach der Kapitalwertmethode

- 2. Schritt: ABF_n
- 1. Schritt: DSF_{zn}
- 3. Schritt: EWF_{zv}
- 4. Schritt: DSF_n
- 5. Schritt: DSF_n

Zeitachse: $-z_v$ ... -2, -1, 0, 1, 2, ... n, $n+1$, $n+2$, ... $n+z_n$ (Jahre)

← Vorleistungszeit → ← Produktionszeit → ← Nachleistungszeit →

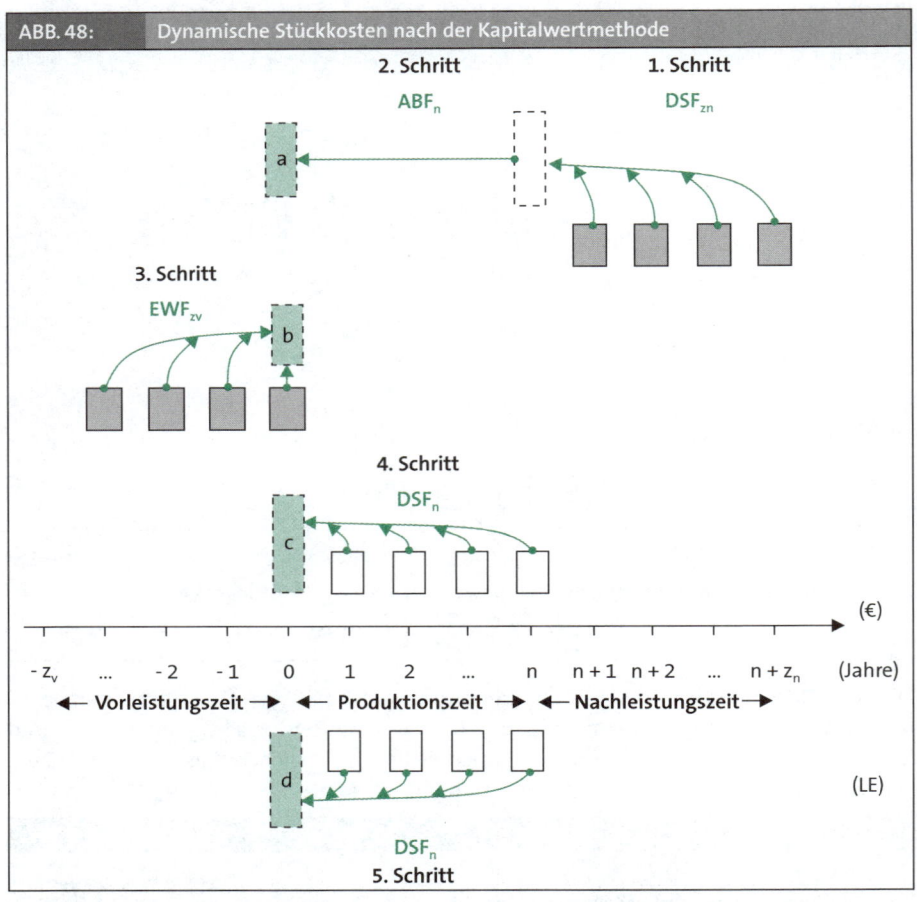

Der Gegenwartswert aller Zahlungen, der Auszahlungsbarwert A_0, wird sodann durch den ebenfalls auf den Zeitpunkt 0 bezogenen Wert aller Produktionsmengen, den Mengenbarwert M_0, dividiert. Bei der Ermittlung des Mengenbarwertes M_0 gilt – genau wie im monetären Bereich – der Grundsatz, dass Heutiges schwerer wiegt als Künftiges, d. h. eine heute geförderte Tonne Erz ist mehr wert als eine in zehn Jahren geförderte Tonne. Die dynamischen Stückkosten ergeben sich wie folgt:

Gleichung (2.4.7)

$$\frac{\text{Auszahlungsbarwert}}{\text{Mengenbarwert}} = \frac{A_0\,(\text{€})}{M_0\,(\text{LE})} = \text{dynamische Stückkosten (€/LE)}$$

Wegen der Verwandtschaft von Kapitalwert- und Annuitätenmethode gilt zusätzlich:

Gleichung (2.4.8)		
$\dfrac{A_0 \cdot KWF_n}{M_0 \cdot KWF_n}$	=	$\dfrac{\text{durchschnittl. jährl. Auszahlung}}{\text{durchschnittl. jährl. Menge}}$
$\dfrac{DJA \cdot DSF_n}{DJM \cdot DSF_n}$	=	$\dfrac{\text{Auszahlungsbarwert}}{\text{Mengenbarwert}}$

Die Ermittlung dynamischer Stückkosten ist in investitionsrechnerischer Sicht als Anwendung der kritischen Werte-Rechnung (Break-even-Analyse) zu sehen. Dynamische Stückkosten sind also gleichzusetzen mit kritischen Preisen. Wird beim Verkauf eines Produktes ein Preis erzielt, der gerade die Höhe der dynamischen Stückkosten hat, so ist die betreffende Investition gerade eben lohnend. Ihr Kapitalwert C_0 ist gerade gleich Null; ebenso ist ihr durchschnittlicher jährlicher Überschuss DJÜ gleich Null. Es gilt also gleichzeitig $C_0 = 0$ und DJÜ = 0.

2.4.3.3 Lösung bei vorzuleistenden Auszahlungen

Typische vorzuleistende Auszahlungen sind solche für Forschung und Entwicklung, Kauf von Gelände, Errichtung von Gebäuden, Installation von Produktionsanlagen usw. Die vorzuleistenden Auszahlungen fallen vor Produktionsbeginn (= Zeitpunkt 0) an. Sie sind auf den Zeitpunkt 0 aufzuzinsen und sodann auf die Produktionszeit zu verteilen.

> **BEISPIEL: Dynamische Stückkosten eines Pkw**
>
> Die Neuentwicklung einer Pkw-Baureihe dauert sechs Jahre und kostet jährlich während dieser Zeit im Durchschnitt 300 Mio. €. Man hofft, die Baureihe sieben Jahre lang bauen und vertreiben zu können. Die jährlich absetzbare Stückzahl liegt schätzungsweise bei 300.000 Einheiten. Jedes Produktionsjahr ist mit Auszahlungen von 7.500 Mio. € belastet. Der Pkw-Hersteller rechnet mit einem Kalkulationszinssatz von 8 %. Etwaige Restwerte werden vorsichtshalber mit Null angesetzt.
>
> Ermitteln Sie die dynamischen Stückkosten eines Pkw nach der Annuitäten- sowie Kapitalwertmethode. Geben Sie eine Zeitstrahldarstellung der Zahlungsverhältnisse und Ihres Lösungsansatzes.

2522 **Lösung (nach der Annuitätenmethode):**
1. Schritt:
300.000.000 · EWF_6 = 2.200.778.700
2. Schritt:
(300.000.000 · EWF_6) KWF_7 = 422.707.966
3. Schritt:
(300.000.000 · EWF_6) KWF_7 + 7.500.000.000 = 7.922.707.966
4. Schritt:

$$\text{Dynamische Stückkosten} = \frac{DJA}{DJM}$$

$$= \frac{300.000.000 \cdot EWF_6 \cdot KWF_7 + 7.500.000.000}{300.000}$$

$$= \frac{300.000.000 \cdot 7{,}335929 \cdot 0{,}192072 + 7.500.000.000}{300.000}$$

$$= \frac{422.707.966 + 7.500.000.000}{300.000} = 26.409 \ (\text{€/Pkw})$$

ABB. 49: Dynamische Stückkosten eines Pkw nach der Annuitätenmethode

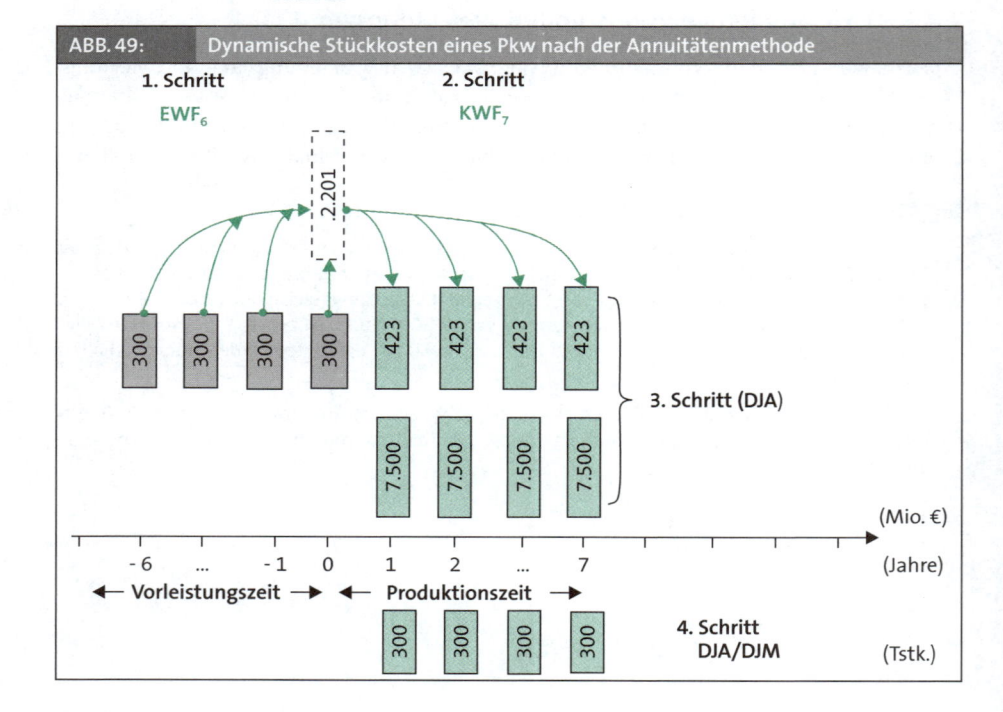

Lösung (nach der Kapitalwertmethode):

1. Schritt:

300.000.000 · EWF_6 = 2.200.778.700

2. Schritt:

7.500.000.000 · DSF_7 = 39.047.775.000

3. Schritt:

(300.000.000 · EWF_6) + 7.500.000.000 · DSF_7 = 41.248.553.700

4. Schritt:

300.000 · DSF_7 = 1.561.911

5. Schritt:

Dynamische Stückkosten = $\dfrac{A_0}{M_0}$

= $\dfrac{300.000.000 \cdot EWF_6 + 7.500.000.000 \cdot DSF_7}{300.000 \cdot DSF_7}$

= $\dfrac{300.000.000 \cdot 7{,}335929 + 7.500.000.000 \cdot 5{,}206370}{300.000 \cdot 5{,}206370}$

= $\dfrac{2.200.778.700 + 39.047.775.000}{1.561.911}$ = 26.409 (€/Pkw)

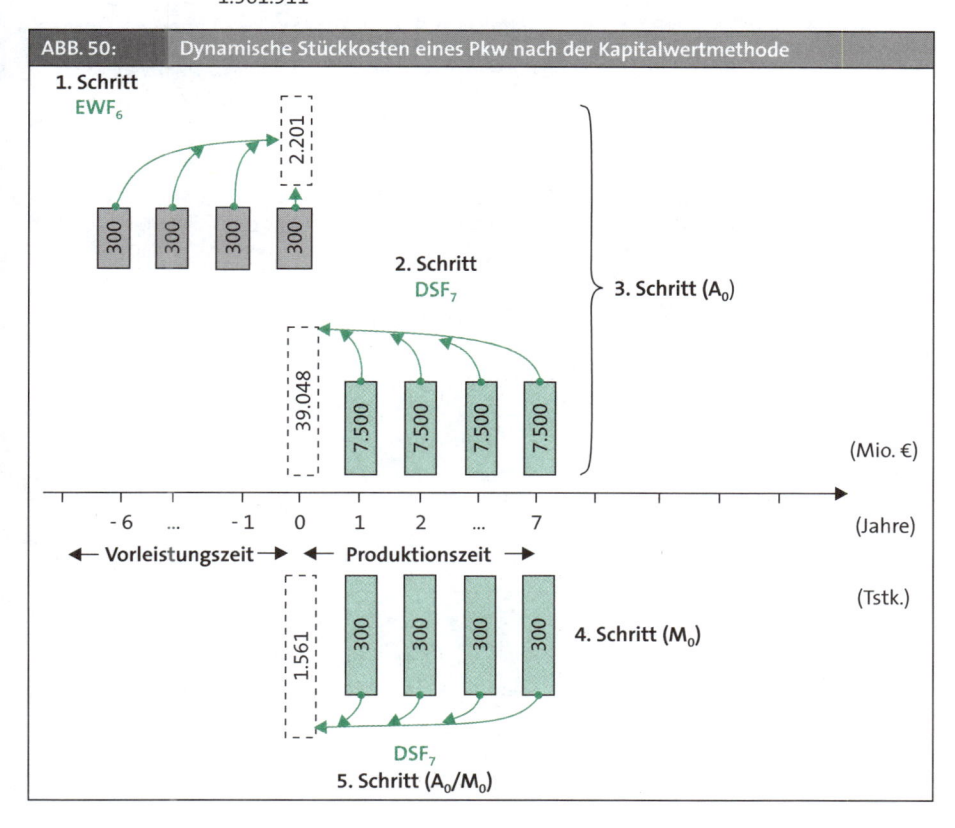

ABB. 50: Dynamische Stückkosten eines Pkw nach der Kapitalwertmethode

1. Schritt EWF_6

2. Schritt DSF_7

3. Schritt (A_0)

4. Schritt (M_0)

5. Schritt (A_0/M_0)

← Vorleistungszeit → ← Produktionszeit →

(Mio. €) (Jahre) (Tstk.)

Ergebnis:

Die dynamischen Stückkosten eines Pkw, bei denen finanzmathematisch korrekt auch die früheren Auszahlungen für Forschung und Entwicklung berücksichtigt sind, betragen 26.409 €.

Bitte beachten Sie, dass wir nach beiden Methoden (Annuitätenmethode und Kapitalwertmethode) zu dem Ergebnis von 26.409 € pro Pkw gekommen sind, dass man eine korrekte Lösung also auch dann erhält, wenn man nicht nur Geldbeträge, sondern auch Produktionsmengen diskontiert, wie es bei der Kapitalwertmethode der Fall war. Falls Sie Vorbehalte gegenüber einem Mengenbarwert haben, sollten Sie diese überprüfen, vielleicht gleich anhand des folgenden Beispiels.

2526 **BEISPIEL: Dynamische Stückkosten eines Metallbarrens**

Ein vor sechs Jahren aufgebautes Rohstofflager, es enthält 1.000 Kilobarren eines Buntmetalles zum damaligen Stückpreis von 25 €, soll heute veräußert werden. Wie hoch sind die dynamischen Stückkosten eines Barrens, wenn der Unternehmer mit einem Kalkulationszinssatz von 11 % rechnet und keine Lagerkosten anfallen?

2527 **Lösung (mittels Aufzinsens):**

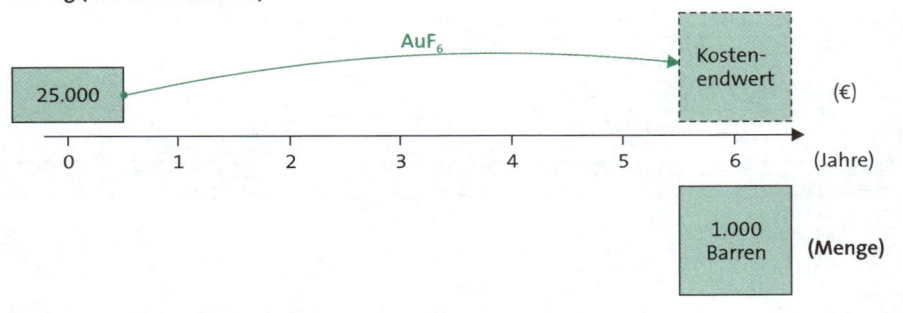

Betrachtet man den Zeitpunkt 6 als Bezugszeitpunkt, so ist der Geldbetrag von 25.000 € auf diesen Zeitpunkt aufzuzinsen und anschließend durch die Menge zu dividieren. Man erhält dann:

$$K_6 = 25.000 \cdot AuF_6$$

$$K_6 = 25.000 \cdot 1{,}870415 = 46.760 \; (€)$$

$$\text{dynamische Stückkosten} = \frac{46.760}{1.000} = 46{,}76 \; (€/Stk.)$$

2529 **Lösung (mittels Abzinsens):**

Genauso könnte man aber auch den Zeitpunkt 0 als Bezugszeitpunkt betrachten. In diesem Falle wäre der Betrag von 25.000 € durch den Barwert der Menge zu dividieren.

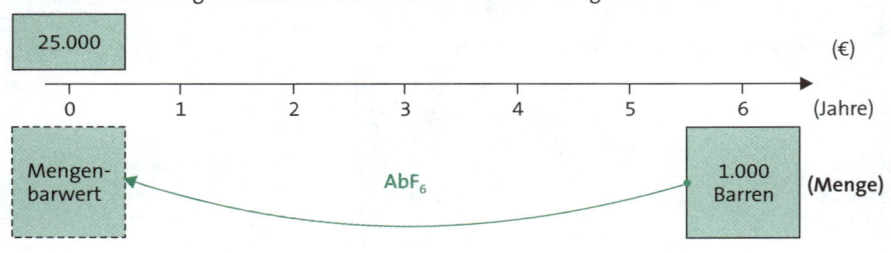

Man erhält dann:

Mengenbarwert Rohstofflager = $1.000 \cdot AbF_6$

Mengenbarwert Rohstofflager = $1.000 \cdot 0{,}534641 = 534{,}64$ (€/St.)

dynamische Stückkosten = $\dfrac{A_0}{M_0} = \dfrac{25.000}{534{,}64} = 46{,}76$ (€/Stk.)

Ergebnis:

Die Rechnung zeigt, dass es für das Ergebnis unerheblich ist, ob man einen Geldbetrag aufzinst und ihn durch die spätere Menge dividiert, oder ob man eine spätere Menge abzinst und den heutigen Geldbetrag durch die barwertige Menge dividiert: Man kann physikalische Einheiten (Stück, Hektoliter, kg, m² usw.) genauso auf- und abzinsen wie Geldeinheiten.

2.4.3.4 Lösung bei nachzuleistenden Auszahlungen

Typische nachzuleistende Auszahlungen sind solche für Standortsanierung, Regulierung von Schadensersatzansprüchen, Abriss oder Demontage und Entsorgung von Produktionsanlagen und/oder -rückständen. Die nachzuleistenden Auszahlungen fallen nach Abschluss der Produktionszeit von n Jahren an. Sie sind auf das Ende der Produktionszeit, auf den Zeitpunkt n abzuzinsen und sodann auf die Produktionszeit zu verteilen.

> **BEISPIEL:** Dynamische Stückkosten bei Bergschäden
>
> Die Montan AG betreibt die Ausbeutung eines Erzvorkommens, das sich zum Teil unter das Gebiet einer bewohnten Ortschaft erstreckt. Die Erzförderung ist angelaufen. Es gilt als wahrscheinlich, dass das Vorkommen bei einer jährlichen Fördermenge von 20.000 Tonnen noch für die Zeit von zehn Jahren ausbeutungswürdig ist. Die während dieser Zeit anfallenden jährlichen Auszahlungen liegen bei 1,1 Mio. €.
>
> Der Bürgermeister lässt ein geologisches Gutachten erstellen; danach sind nach Abschluss der Förderung Bergschäden zu erwarten: Bedingt durch den Erzabbau gäbe es Senkungen im Bereich der Erdoberfläche, welche Entschädigungszahlungen an Hauseigentümer und Gemeinde notwendig machten. Die Erdbewegungen dürften fünf Jahre nach Abschluss der Förderung zum Stillstand kommen. Während dieser Zeit sei jährlich mit Schäden von 0,6 Mio. € zu rechnen.
>
> Wie hoch sind die dynamischen Stückkosten je Tonne geförderten Erzes aufgrund dieses Gutachtens, wenn die Montan AG mit einem Kalkulationszinssatz von 10 % rechnet gem. Annuitäten- sowie Kapitalwertmethode? Geben Sie eine genaue Zeitstrahldarstellung.

KAPITEL 2 — Dynamische Verfahren

2533 **Lösung (nach der Annuitätenmethode):**

1. Schritt:
$600.000 \cdot DSF_5 = 2.274.472$

2. Schritt:
$(600.000 \cdot DSF_5) \, RVF_{10} = 142.711$

3. Schritt:
$(600.000 \cdot DSF_5) \, RVF_{10} + 1.100.000 = 1.242.711$

4. Schritt:

$$\text{Dynamische Stückkosten} = \frac{DJA}{DJM}$$

$$= \frac{600.000 \cdot DSF_5 \cdot RVF_{10} + 1.100.000}{20.000}$$

$$= \frac{600.000 \cdot 3{,}790787 \cdot 0{,}062745 + 1.100.000}{20.000}$$

$$= \frac{142.712 + 1.100.000}{20.000} = 62{,}14 \; (\text{€/Tonne})$$

ABB. 51: Dynamische Stückkosten je Fördertonne nach der Annuitätenmethode

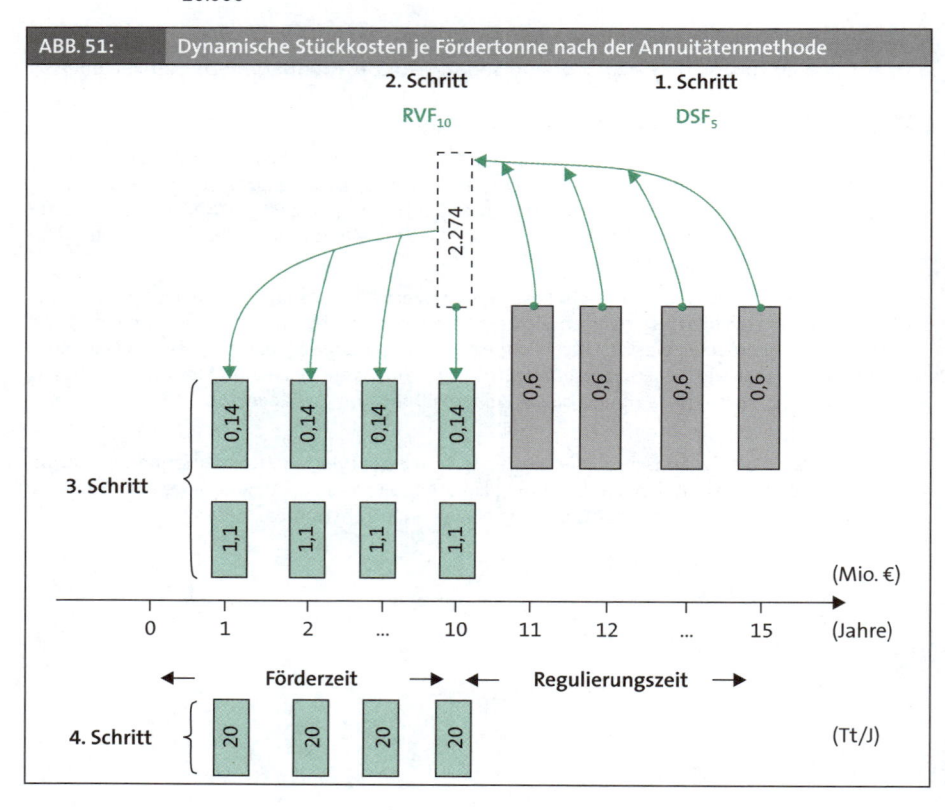

Lösung (nach der Kapitalwertmethode):

1. Schritt:
$600.000 \cdot DSF_5 = 2.274.472$

2. Schritt:
$(600.000 \cdot DSF_5) \, AbF_{10} = 876.907$

3. Schritt:
$1.100.000 \cdot DSF_{10} = 6.759.024$

4. Schritt:
$(600.000 \cdot DSF_5) \, AbF_{10} + 1.100.000 \, DSF_{10} = 7.635.931$

5. Schritt:
$20.000 \cdot DSF_{10} = 122.891$

6. Schritt:

$$\text{Dynamische Stückkosten} = \frac{A_0}{M_0}$$

$$= \frac{600.000 \cdot DSF_5 \cdot AbF_{10} + 1.100.000 \cdot DFS_{10}}{20.000 \cdot DSF_{10}}$$

$$= \frac{600.000 \cdot 3{,}790787 \cdot 0{,}385543 + 1.100.000 \cdot 6{,}144567}{20.000 \cdot 6{,}144567}$$

$$= \frac{6.759.024 + 876.907}{122.891} = 62{,}14 \; (\text{€/Tonne})$$

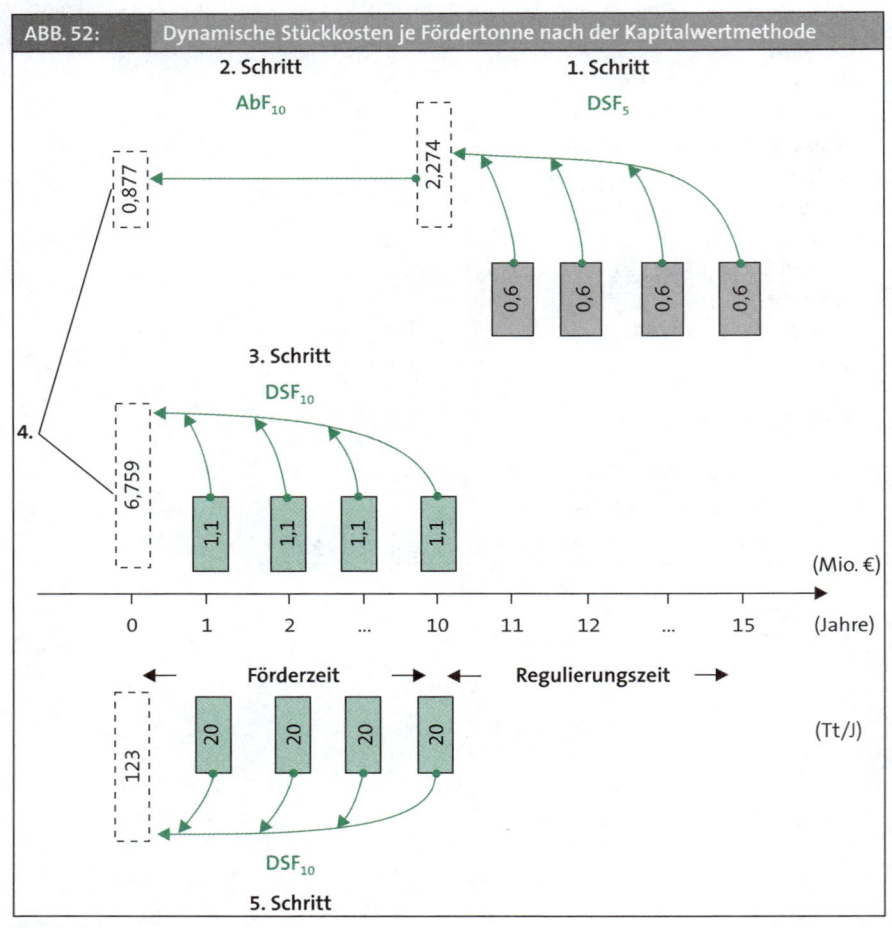

ABB. 52: Dynamische Stückkosten je Fördertonne nach der Kapitalwertmethode

[Abbildung: Zeitstrahl über 0 bis 15 Jahre mit Förderzeit (Jahre 1–10) und Regulierungszeit (Jahre 11–15).
1. Schritt: DSF$_5$ – Auszahlungen von 0,6 Mio. € in der Regulierungszeit, abgezinst auf 2,274 Mio. € (Jahr 10).
2. Schritt: AbF$_{10}$ – Abzinsung der 2,274 Mio. € auf 0,877 Mio. € (Jahr 0).
3. Schritt: DSF$_{10}$ – Auszahlungen von 1,1 Mio. € während der Förderzeit, abgezinst auf 6,759 Mio. € (Jahr 0).
4. Summierung auf der linken Seite.
5. Schritt: DSF$_{10}$ – Fördermengen von 20 Tt/J, abgezinst auf 123 Tt/J.]

Ergebnis:
Unter Berücksichtigung der Bergschäden belaufen sich die dynamischen Stückkosten einer Tonne Erz auf 62,14 €.

2.4.3.5 Lösung bei vor- und nachzuleistenden Auszahlungen

2540 Das gleichzeitige Auftreten vor- und nachzuleistender Auszahlungen ist in der Praxis häufig anzutreffen. Bevorzugt tritt dieser Fall bei der Ausbeutung von Bodenschätzen auf, daneben bei vielen großtechnischen Anlagen, die mehrere Jahre Bauzeit erfordern und nach der Produktionszeit mehrere Jahre Abbauzeit benötigen und/oder jahrelange Zahlungen zur Vermeidung von Umweltschäden verursachen.

2541 **BEISPIEL:** **Dynamische Stückkosten des Atomstroms**
Die Energie AG plant den Aufbau und Betrieb eines Atomkraftwerkes (AKW). Während der Bauzeit von 9 Jahren rechnet man mit jährlichen Auszahlungen von 950 Mio. €, die jeweils am Jahresende fällig werden. Die spätere Nutzungszeit wird mit 25 Jahren angenommen. Wäh-

rend der Nutzungszeit fallen jährliche Betriebs- und Instandhaltungsauszahlungen von 250 Mio. € an. Danach ist das AKW abzubauen, wobei der Betreiber annimmt, dass der Abbau genauso lange dauert wie der Aufbau und die gleichen Auszahlungen wie dieser verursacht.

Der Betreiber nimmt ferner an, dass sein AKW während der 25-jährigen Produktionszeit ohne Unfälle arbeitet und im Grundlastbereich einsetzbar ist. Er geht von 300 Betriebstagen aus, in denen betriebstäglich im Durchschnitt eine Istleistung von 990 Megawatt kontinuierlich ins Netz abgegeben wird (1 Megawatt = 1.000 Kilowatt = 1.000.000 Watt).

a) Wieviele Kilowattstunden kann die Energie AG jährlich produzieren und verkaufen, wenn ihre Annahmen zutreffen?
b) Wie hoch sind die dynamischen Stückkosten einer Kilowattstunde Atomstrom gem. Annuitätenmethode (i = 10 %)?
c) Wie hoch sind die dynamischen Stückkosten einer Kilowattstunde Atomstrom gem. Kapitalwertmethode (i = 10 %)?

Lösung a): 2542

Jährliche Produktionsmenge

jährliche Produktionsmenge	=	Durchschnitts- leistung	·	Leistungstage pro Jahr	·	Leistungsstunden pro Tag	·	1.000
	=	990	·	300	·	24	·	1.000
	=	7.128.000.000 (kWh/Jahr)						

Lösung b): 2543

Annuitätenmethode

1. Schritt:

Abzinsen der nachzuleistenden Auszahlungen auf den Zeitpunkt 25

950.000.000 · DSF_9 = 5.471.072.800

2. Schritt:

Gleichmäßige Verteilung der nachzuleistenden Auszahlungen auf 25 Jahre

(950.000.000 · DSF_9) · RVF_{25} = 55.629.868

3. Schritt:

Aufzinsen der vorzuleistenden Auszahlungen auf den Zeitpunkt 0

950.000.000 · EWF_9 = 12.900.503.150

4. Schritt:

Verteilen der vorzuleistenden Auszahlungen auf 25 Jahre

(950.000.000 · EWF_9) · KWF_{25} = 1.421.222.631

5. Schritt:

Hinzufügen der laufenden jährlichen Auszahlungen (= DJA)

(950.000.000 · DSF_9) · RVF_{25} + (950.000.000 · EWF_9) · KWF_{25} + 250.000.000 = 1.726.852.499

KAPITEL 2 — Dynamische Verfahren

6. Schritt:

$$\text{Dynamische Stückkosten} = \frac{DJA}{DJM}$$

$$= \frac{950.000.000 \cdot DSF_9 \cdot RFV_{25} + 950.000.000 \cdot EWF_9 \cdot KWF_{25} + 250.000.000}{7.128.000.000}$$

$$= \frac{950.000.000 \cdot 5{,}759024 \cdot 0{,}010168 + 950.000.000 \cdot 13{,}579477 \cdot 0{,}110168 + 250.000.000}{7.128.000.000}$$

$$= 0{,}2423 \; (\text{€/kWh})$$

Lösung c):

Kapitalwertmethode

1. Schritt:
Abzinsen der nachzuleistenden Auszahlungen auf den Zeitpunkt 25
$950.000.000 \cdot DSF_9 = 5.471.072.800$

2. Schritt:
Abzinsen der nachzuleistenden Auszahlungen auf 0
$(950.000.000 \cdot DSF_9) \cdot AbF_{25} = 504.958.130$

3. Schritt:
Abzinsen der laufenden jährlichen Auszahlungen auf 0
$250.000.000 \cdot DSF_{25} = 2.269.260.000$

4. Schritt:
Aufzinsen der vorzuleistenden Auszahlungen auf 0
$950.000.000 \cdot EWF_9 = 12.900.503.000$

5. Schritt:
Summe der Auszahlungen = A_0
$(950.000.000 \cdot DSF_9) \cdot AbF_{25} + 250.000.000 \cdot DSF_{25} + 950.000.000 \cdot EWF_9 = 15.674.721.130$

6. Schritt:
Abzinsen der jährlichen Leistung auf 0 = M_0
$7.128.000.000 \cdot DSF_{25} = 64.701.000.000$

7. Schritt:

$$\text{Dynamische Stückkosten} = \frac{A_0}{M_0}$$

$$= \frac{950.000.000 \cdot DSF_9 \cdot AbF_{25} + 250.000.000 \cdot DSF_{25} + 950.000.000 \cdot EWF_9}{7.128.000.000 \cdot DSF_{25}}$$

$$= \frac{950.000.000 \cdot 5{,}759024 \cdot 0{,}092296 + 250.000.000 \cdot 9{,}077040 + 950.000.000 \cdot 13{,}579477}{7.128.000.000 \cdot 9{,}077040}$$

$$= 0{,}2423 \; (\text{€/kWh})$$

Ergebnis:

Der Atomstrom verursacht dynamische Stückkosten von 24,23 Cent/kWh. Wenn die Energie AG als Betreiber des AKW genau diesen Betrag erlöst, ist die Investition „Errichtung eines AKW" gerade eben lohnend, d. h. man gewinnt die eingesetzten Mittel zurück und erhält eine Verzinsung der jeweils noch ausstehenden im Objekt noch gebundenen Geldbeträge zum Kalkulationszinssatz. Der Preis von 24,23 Cent/kWh versteht sich ab AKW. Die mit der Stromverteilung verbundenen Leitungsverluste und sonstigen Kosten sind dabei nicht berücksichtigt.

Die obige Rechnung enthält nur betriebswirtschaftliche Zahlungen. Vorleistungen in Milliardenhöhe, die der Steuerzahler erbracht hat und auch jetzt noch erbringt, sichtbar etwa im Bundesetat, bleiben außen vor. Außen vor bleiben auch viele mit der Atommüllbeseitigung verbundenen Fragen und Kosten, wobei die bisherigen Erfahrungen Anlass zur Annahme geben, dass die umweltneutrale Beseitigung von Schrottreaktoren und ausgebrannten Brennelementen wohl ausgeschlossen ist. Verantwortbar ist eine derartige Technik allenfalls in einem dünn besiedelten Staat, bei dem nicht nur der innere und äußere Frieden, sondern auch die Kontinuität des Staatswesens über eine Zeit gewährleistet ist, die die Halbwertzeit des Plutoniums (rund 25.000 Jahre) signifikant übersteigt. Wenn Sie der Meinung sind, dass diese Charakterisierung auf die Bundesrepublik Deutschland nicht völlig zutrifft, dann sollten Sie zusätzliche soziale Kosten in Ihre Überlegungen einbeziehen.

Zusammenfassung

2550 ▶ **Konventionelle Stückkosten**

Konventionelle Stückkosten im Sinne eines Quotienten von Kosten pro Periode und Leistungen dieser Periode berücksichtigen die Zeitpräferenz, also den Zins, nur unvollkommen. Sie sind nur dann praktisch zu gebrauchen, wenn ein enger zeitlicher Zusammenhang zwischen Produktion und Kosten besteht.

▶ **Vor- und nachzuleistende Zahlungen**

Vor- und nachzuleistende Zahlungen können im Bereich der konventionellen Stückkosten nicht korrekt berücksichtigt werden, da die kalkulatorischen Zinsen pauschal als Produkt des betriebsnotwendigen Kapitals der jetzigen Periode und des kalkulatorischen Zinssatzes ermittelt werden. Finanzmathematisch korrekt ist jedoch nur die Aufzinsung vorzuleistender und die Abzinsung nachzuleistender Zahlungen.

▶ **Dynamischen Stückkosten**

Die dynamischen Stückkosten berücksichtigen den finanzmathematischen Zusammenhang: Vorleistungen werden aufgezinst, Nachleistungen werden abgezinst. Die dynamischen Stückkosten ergeben sich aus dem Quotienten von Auszahlungs- und Mengenbarwert oder aus dem Quotienten der durchschnittlichen jährlichen Auszahlungen und durchschnittlichen jährlichen Menge.

Sie sind gleichbedeutend mit kritischen Werten im Sinne der Break-even-Analyse. Man fragt also nach jenem kritischen Preis je Leistungseinheit, bei dem eine Investition gerade eben vorteilhaft wird; zur Errechnung dieses Preises nutzt man finanzmathematische Techniken.

Ihr praktischer Einsatz ist dann erforderlich, wenn eine Entscheidungssituation durch erhebliche Vor- und/oder Nachleistungen gekennzeichnet ist.

Formeln und Symbolverzeichnis

Formeln	Symbole
dynamische Stückkosten $= \dfrac{DJA}{DJM}$	DJA = durchschnittliche jährliche Auszahlungen
dynamische Stückkosten $= \dfrac{A_0}{M_0}$	DJM = durchschnittliche jährliche Menge
	A_0 = Auszahlungsbarwert
$\dfrac{DJA \cdot DSF_n}{DJM \cdot DSF_n} = \dfrac{A_0}{M_0}$	M_0 = Mengenbarwert
	KWF_n = Kapitalwiedergewinnungsfaktor für n Perioden
$\dfrac{A_0 \cdot KWF_n}{M_0 \cdot KWF_n} = \dfrac{DJA}{DJM}$	DSF_n = Diskontierungssummenfaktor für n Perioden

2555

Aufgaben

2560

AUFGABE 81 (EINSTEIGER)

Wie werden die Stückkosten üblicherweise ermittelt? Was ist die Voraussetzung für die praktische Anwendbarkeit dieses Verfahrens?

Die Lösung finden Sie in Tz. 7081!

AUFGABE 82 (EINSTEIGER)

Nennen Sie Beispiele, bei denen das übliche Verfahren zur Stückkostenermittlung fragwürdig ist. Ordnen Sie diese Beispiele nach vorzuleistenden (nachzuleistenden) Auszahlungen.

Die Lösung finden Sie in Tz. 7082!

AUFGABE 83 (EINSTEIGER)

Beschreiben Sie kurz die grundsätzliche Vorgehensweise bei der Ermittlung der dynamischen Stückkosten.

Die Lösung finden Sie in Tz. 7083!

AUFGABE 84 (PROFIS)

Ein Braunkohlerevier soll neu erschlossen werden. Man rechnet mit einer Vorbereitungszeit von 3 Jahren, danach kann mit dem Abbau im Tagebauverfahren begonnen werden. Während der Vorbereitungszeit fallen jährliche Erschließungszahlungen von 300 Mio. € an. Die Abbauzeit wird auf 10 Jahre geschätzt. Die Abbaumenge soll während der Abbauzeit konstant sein. Nach Erschöpfung des Vorkommens wird das Gelände rekultiviert. Für die Rekultivierungsmaßnahmen werden 4 Jahre und 220 Mio. € je Jahr veranschlagt.

Mit welchem Betrag für Erschließung und Rekultivierung ist jedes der Produktionsjahre zu belasten, wenn der Investor mit einem Kalkulationszinssatz von 11 % rechnet?

Die Lösung finden Sie in Tz. 7084!

AUFGABE 85 (PROFIS)

Die Baukraft KG plant den Kauf eines Grundstücks zum Zwecke des Kiesabbaus zum Preis von 500.000 €. Ein Jahr nach dem Kauf werden die für 100.000 € gebrauchten erworbenen Förderanlagen installiert; ein weiteres Jahr danach schafft sich die Baukraft KG zwei Kieslaster an, die zusammen 210.000 € kosten. Die spätere Kiesförderung steigt nach Überwindung der Anlaufschwierigkeiten steil an; nach 8 Jahren ist die Kiesgrube ausgebeutet. Für die anschließende Rekultivierung sind zwei Jahre vorgesehen,

Aufgaben KAPITEL 2

in denen jeweils 90.000 € aufzuwenden sind. Im Einzelnen gelten die aus dem Zeitstrahl ersichtlichen Werte.

500	100	210	150	150	150	200	250	250	100	50	90	90	(T€)
-2	-1	0	1	2	3	4	5	6	7	8	9	10	(Jahre)
			10	10	30	70	90	110	50	20			(Tm³)

Es sollen die dynamischen Stückkosten je m³ geförderten Kieses beim Kalkulationszinssatz von 8 % oder (alternativ) 14 % berechnet werden.

Zeitpunkt	Auszahlungen (€/Jahr)	AuF bzw. AbF (8 %)	Barwert (€)	AuF bzw. AbF (14 %)	Barwert (€)
	I	II	III = I · II	IV	V = I · IV
-2	500.000				
-1	100.000				
0	210.000				
1	150.000				
2	150.000				
3	150.000				
4	200.000				
5	250.000				
6	250.000				
7	100.000				
8	50.000				
9	90.000				
10	90.000				
Auszahlungsbarwerte A_0:					

Zeitpunkt	Produktionsmenge (m³/J)	AbF (8 %)	Barwert (m³)	AbF (14 %)	Barwert (m³)
	I	II	III = I · II	IV	V = I · IV
0	0				
1	10.000				
2	10.000				
3	30.000				
4	70.000				
5	90.000				
6	110.000				
7	50.000				
8	20.000				
Mengenbarwerte M_0:					

Die Lösung finden Sie in Tz. 7085!

2.4.4 Spezielle Probleme der dynamischen Methoden
2.4.4.1 Mehrdeutigkeit des internen Zinssatzes
2.4.4.1.1 Problemstellung

2600 Der interne Zinsfuß einer Investition ist der Zins, bei dem der Kapitalwert der betreffenden Investition gerade gleich Null wird. Die Ermittlung des internen Zinsfußes r verlangt also das Auflösen der Kapitalwertgleichung nach r. Die Kapitalwertgleichung ist eine algebraische Gleichung n-ten Grades, bei der n durch die Anzahl der Nutzungsperioden des Investitionsobjekts bestimmt ist. Aus der Mathematik wissen Sie, dass eine Gleichung n-ten Grades n verschiedene Lösungen haben kann. Setzt man z. B. n = 2, geht man mithin von einer quadratischen Gleichung aus, so erhält man im Regelfall zwei verschiedene Lösungen.

Für die in der Normalform geschriebene quadratische Gleichung $x^2 + p \cdot x + q = 0$ lauten die Lösungen:

$$x_1 = -\frac{p}{2} + \sqrt{\left(\frac{p}{2}\right)^2 - q} \qquad \text{und} \qquad x_2 = -\frac{p}{2} - \sqrt{\left(\frac{p}{2}\right)^2 - q}$$

2602 **BEISPIEL:** Zweijährige Investition mit zwei internen Zinsfüßen

Beim Bau einer Anlage gehen zunächst Kundenanzahlungen ein, danach fallen die baubedingten Auszahlungen an. Im Zuge der Endabrechnung bei Ablieferung der Anlage kommt es wieder zu einem positiven Zahlungssaldo. Man erhält folgende Zahlungsreihe:

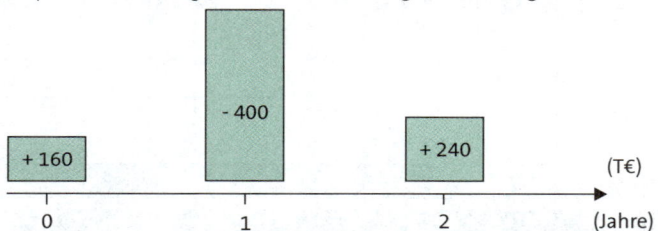

```
            - 400
             
  + 160              + 240
                                    (T€)
    0         1         2    (Jahre)
```

Ermitteln Sie den zu dieser Investition gehörenden internen Zinsfuß.

Lösung:

1. *Kapitalwertgleichung aufstellen:*

$$C_0 = 160 - 400 \cdot \frac{1}{1+i} + 240 \cdot \frac{1}{(1+i)^2}$$

2. *Kapitalwert gleich Null setzen:*

$$0 = 160 - 400 \cdot \frac{1}{1+r} + 240 \cdot \frac{1}{(1+r)^2} \qquad \Big| \cdot \frac{1}{80}(1+r)^2 \rightarrow$$

3. *Gleichung umformen und nach r auflösen:*

$$\begin{aligned} 2(1+r)^2 - 5(1+r) + 3 &= 0 & &\Big| \text{Klammern ausmultiplizieren} \rightarrow \\ 2(1+2r+r^2) - 5(1+r) + 3 &= 0 & & \\ 2 + 4r + 2r^2 - 5 - 5r + 3 &= 0 & &\Big| \text{Glieder zusammenfassen} \rightarrow \\ 2r^2 - r &= 0 & &\Big| : 2 \rightarrow \\ r^2 - \frac{1}{2}r &= 0 & & \end{aligned}$$

Es ergeben sich zwei Lösungen:

$$r_1 = \frac{1}{4} + \sqrt{\frac{1}{16}} = 0{,}50$$

$$r_2 = \frac{1}{4} - \sqrt{\frac{1}{16}} = 0$$

Ergebnis:

Die Investition hat die beiden internen Zinsfüße $r_1 = 50$ (%) und $r_2 = 0$ (%).

Berechnet man den internen Zinsfuß eines Investitionsobjekts, so existieren generell folgende Möglichkeiten:

1. Man erhält eine Lösung.
2. Man erhält mehrere Lösungen.
3. Man erhält keine Lösung.

Bei praktischen Berechnungen sind die Fälle (2) und (3) unverständlich und störend. Ein Investor wird das Fachgutachten, das seiner Investition eine Rendite von gleichzeitig 0 % und 50 % bescheinigt, kaum zur Grundlage seiner Entscheidung machen wollen. Ähnlich verhält es sich mit Fall (3), bei dem man dem Investor mitteilt, sein Investitionsvorhaben weise keine Rendite auf. Die Verwunderung des Beratenen lässt sich noch steigern, wenn man präzisiert, dass damit nicht etwa gemeint ist, die Rendite sei gleich Null, sondern dass kein interner Zinsfuß als reelle Lösung existiert.

Die Lösungen der Fälle (1) und (2) sind stets reelle Zahlen, d. h. sie sind entweder rational (ganze Zahlen, gemeine Brüche bzw. endliche oder periodische Dezimalbrüche) oder irrational (also unendliche nichtperiodische Dezimalbrüche). Bei Gleichungen zweiter und höherer Ordnung findet man aber auch den Fall, dass die reellen Zahlen nicht zur Angabe der Lösung ausreichen. Es gibt z. B. keine reelle Zahl zur Lösung der Gleichung $x^2 = -1$ oder $x^2 = -4$. Um auch solche Gleichungen lösbar zu machen, führte man eine neue Art von Zahlen ein, die sog. imaginären[75] Zahlen.

BEISPIEL: Investition mit imaginärer Effektivverzinsung

Gegeben ist folgende Investition:

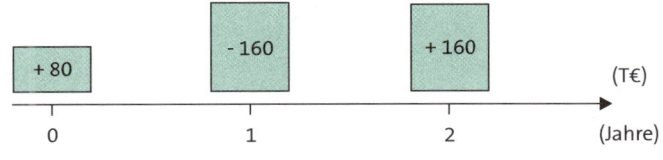

Zeitpunkt (Jahre)	0	1	2
Zahlung (T€)	+80	−160	+160

Ermitteln Sie den internen Zinsfuß.

---

[75] Von lat. *imaginarius* = scheinbar, nur als Gedankending bestehend.

Lösung:

1. Kapitalwertgleichung aufstellen:

$$C_0 = 80 - 160 \cdot \frac{1}{1+i} + 160 \cdot \frac{1}{(1+i)^2}$$

2. Kapitalwert gleich Null setzen:

$$0 = 80 - \frac{160}{1+r} + \frac{160}{(1+r)^2} \qquad \left| \cdot \frac{1}{80}(1+r)^2 \longrightarrow \right.$$

3. Gleichung nach r auflösen:

$$0 = (1+r)^2 - 2(1+r) + 2 \qquad | \text{ Klammer ausmultiplizieren} \rightarrow$$

$$0 = 1 + 2r + r^2 - 2 - 2r + 2 \qquad | \text{ Glieder zusammenfassen} \rightarrow$$

$$0 = r^2 + 1$$

$$r^2 = -1$$

$$r = \pm\sqrt{-1}$$

Ergebnis:

Die Bestimmungsgleichung für r besitzt keine reelle Lösung. Das Ergebnis entzieht sich der ökonomischen Interpretation – niemand rechnet gern mit imaginären Renditen.

2.4.4.1.2 Praktische Bedeutung der Mehrdeutigkeit

2610   Bei praktischer Anwendung der internen Zinsfuß-Methode besteht also die Gefahr, dass man kein reelles oder kein eindeutiges Ergebnis erhält. Dieses Problem könnte man lösen, indem man die interne Zinsfuß-Methode verbietet, ein Vorschlag, der von *D. Schneider*[76] stammt, oder indem man eine klare Trennung zweier Investitions- und Finanzierungsgruppen vornimmt.

1. **Gruppe I:** Hier ist die Zahlungsreihe so aufgebaut, dass sich ein eindeutiges Ergebnis (ein bestimmter interner Zinsfuß) ergibt, wenn man die Kapitalwertgleichung gleich Null setzt und nach dem Zinssatz auflöst[77].

2. **Gruppe II:** Hier bewirkt der besondere Aufbau der Zahlungsreihe, dass man mehrere Ergebniswerte oder keine reelle Lösung erhält.

---

76   Vgl. *Schneider, D.*: Investition und Finanzierung, S. 215. Hinweis: In den neueren Auflagen ist diese Empfehlung nicht mehr enthalten.

77   Zur Einteilung in Investitionsgruppen vgl. etwa: *Schneider, E.*: Wirtschaftlichkeitsrechnung, S. 8 ff.; *derselbe*, in: Zeitschrift des Instituts für Weltwirtschaft, Kritisches und Positives zur Theorie der Investition, Weltwirtschaftliches Archiv, Hamburg, Bd. 98 (1967), S. 316 ff.; *Kilger, W.*: Zur Kritik am internen Zinsfuß, in: Lüder, K. (Hrsg.): Investitionsplanung, München 1977, S. 91 ff.; *Veit, Th./Straub, W.*: Investitions- und Finanzplanung, Heidelberg 1983, S. 106 ff.; *Hax, H.*: Investitionstheorie, S. 16 ff.

ABB. 53: Zahlungsvorgänge mit ein- und mehrmaligem Vorzeichenwechsel

Gruppe I (nur ein Vorzeichenwechsel)	Gruppe II (mehrere Vorzeichenwechsel)
Normalfall einer Investition − + + + + + 0 1 2 3 4 5 → Zeit	**Investition mit nachzuleistender Auszahlung** − + + + + − 0 1 2 3 4 5 → Zeit
Investition mit über mehrere Perioden verteilter Anschaffungsauszahlung − − − + + + 0 1 2 3 4 5 → Zeit	**Investition mit vorheriger Kundenanzahlung** + − + + + + 0 1 2 3 4 5 → Zeit
Normalfall einer Finanzierung + − − − − − 0 1 2 3 4 5 → Zeit	**Investition mit Großreparatur in t = 3** − + + − + + 0 1 2 3 4 5 → Zeit
Finanzierung mit über mehrere Perioden verteilter Kreditauszahlung + + + − − − 0 1 2 3 4 5 → Zeit	**Investition mit Großreparatur in t = 3 und nachzuleistender Auszahlung** − + + − + − 0 1 2 3 4 5 → Zeit

Zur ersten Gruppe gehören die reinrassigen Investitions- oder Finanzierungsprojekte. Reine Investitionsprojekte zeichnen sich – genau wie reine Finanzierungen – dadurch aus, dass nur ein einziger Vorzeichenwechsel in der Zahlungsreihe auftritt: Bei einer reinen Investition sind zunächst Zahlungssalden mit negativem, sodann solche mit positivem Vorzeichen zu erwarten; bei einer reinen Finanzierung erhält ein Wirtschaftssubjekt zunächst Geldmittel (Vorzeichen Zahlungssalden positiv) und hat später Zahlungen an den Kreditgeber zu leisten (Vorzeichen negativ). In der Mehrzahl aller Praxisfälle haben wir reine Investitions- oder Finanzierungsprojekte mit nur einem Vorzeichenwechsel zu erwarten – und diese haben auch stets nur einen einzigen internen Zinsfuß, der größer oder gleich minus 100 % ist.

Wäre es anders, dann hätten die 52 % der bundesdeutschen Großunternehmungen, die die interne Zinsfuß-Methode einsetzen[78], den Mangel der Mehrdeutigkeit festgestellt und die entsprechende Konsequenz (Verzicht auf die interne Zinsfuß-Methode) gezo-

---

78 Vgl. *Bröer, N./Däumler, K.-D.*: Investitionsrechnungsmethoden in der Praxis, S. 736.

gen. Der Einwand der Wissenschaft, die interne Zinsfuß-Methode sei (in manchen Fällen) mehrdeutig, lässt die Praxis kalt[79]. Ein Verbot der internen Zinsfuß-Methode erscheint weder durchsetzbar noch sachlich erforderlich.

2615 Sachlich erforderlich ist jedoch, dass der planende Investor weiß, in welchen Fällen die alleinige Anwendung der internen Zinsfuß-Methode unzweckmäßig sein kann (Gruppe II), z. B. also bei

- ▶ Investitionen mit nachzuleistenden Auszahlungen, wie sie im Zusammenhang mit Abbruch- und Demontageauszahlungen, Rekultivierungszahlungen beim Tagebau, Regulierung von Schadenersatzansprüchen, Endlagerung radioaktiver Stoffe usw. anfallen können,
- ▶ vorzuleistenden Einzahlungen, wie man sie etwa bei Auftrags- und Entwicklungsarbeiten, bei Großbauten, Spezialmaschinen und Schiffen kennt,
- ▶ mehrfachem Wechsel von Ein- und Auszahlungsüberschüssen, wie dies bei Objekten beobachtet werden kann, die in regelmäßigen Zeitabständen generalüberholt werden müssen, falls im Jahr der Generalüberholung jeweils ein negativer Zahlungssaldo auftritt.

2617 In den genannten Fällen sollte sich eine rationale Investitionsentscheidung u. a. auf die Kapitalwert- und Annuitätenmethode stützen. Das bedeutet aber nicht, dass die interne Zinsfuß-Methode bei Investitions- oder Finanzierungsvorgängen, die durch mehrere Vorzeichenwechsel gekennzeichnet sind, in jedem Fall zu einer praktisch unbrauchbaren Lösung führt. Vielmehr ergibt sich eine praktisch verwertbare Lösung stets dann, wenn auch nur eine der folgenden drei Bedingungen erfüllt ist[80]:

1. In der Zahlungsreihe der Investition tritt nur ein Vorzeichenwechsel auf.
2. Man berechnet für die Zeit t = 1, 2, ..., n die Summe der bisher angefallenen Investitionszahlungen; nachdem diese Summe erstmalig positiv geworden ist, treten nur noch Einzahlungsüberschüsse auf.
3. Die Zahlungsreihe lässt sich in drei aufeinanderfolgende Teile zerlegen: eine Teilfolge von Auszahlungsüberschüssen, eine Teilfolge von Einzahlungsüberschüssen und eine weitere Teilfolge von Auszahlungsüberschüssen; ferner muss gelten, dass die Summe der Auszahlungen kleiner ist als die Summe der Einzahlungen.

2.4.4.2 Widersprüchlichkeit der dynamischen Verfahren

2.4.4.2.1 Problemstellung

2620 Die Investitions- und Wirtschaftlichkeitsrechnung hat unter anderem die Aufgabe, zwei Grundfragen zu beantworten:

---

[79] So auch: *Michel, R.:* Optimale Investitionspolitik, S. 136.
[80] Vgl. hierzu: *Küpper, W./Knoop, P.:* Investitionsplanung, in: Müller, W./Krinck, J. (Hrsg.): Rationelle Betriebswirtschaft (Loseblattsammlung), Neuwied 1974, S. 56 f.; *Schierenbeck, H.:* Grundzüge der Betriebswirtschaftslehre, München 1995, S. 341.

▶ Ist eine einzelne Investition vorteilhaft?
(Bestimmung der absoluten Vorteilhaftigkeit)

▶ Welche von mehreren vorteilhaften Investitionen ist die bessere?
(Bestimmung der relativen Vorteilhaftigkeit)

Die dynamischen Investitionsrechnungsverfahren führen sämtlich zu einem übereinstimmenden Ergebnis, wenn es um die Bestimmung der absoluten Vorteilhaftigkeit eines Investitionsobjekts geht. Eine nach der Kapitalwertmethode lohnende Investition ist also auch unter Zugrundelegung der internen Zinsfuß-Methode und ebenso gem. Annuitätenmethode vorteilhaft. Wenn sich jedoch die Fragestellung wandelt, wenn untersucht werden soll, welche von zwei oder mehr Investitionsmöglichkeiten die bessere ist, wenn es um die Erstellung einer Rangfolge, um ein Investitionsprogramm geht, kann es vorkommen, dass die Rangfolge-Antwort der Kapitalwertmethode anders ausfällt als jene der internen Zinsfuß-Methode – und deren Rangfolge kann wiederum eine andere sein als die der Annuitätenmethode. Diesen Sachverhalt bezeichnen wir als **Widersprüchlichkeit der dynamischen Verfahren**.

BEISPIEL: ▶ Rangfolge zweier Investitionen   2623

Ein Investor hat zu entscheiden, welche von zwei vorteilhaften Investitionsmöglichkeiten durchgeführt werden soll. Die Entscheidung zwischen den Alternativen A und B ist unter Benutzung der Kapitalwert- und internen Zinsfuß-Methode bei einem Kalkulationszinssatz von i = 0,10 = 10 % zu fällen.

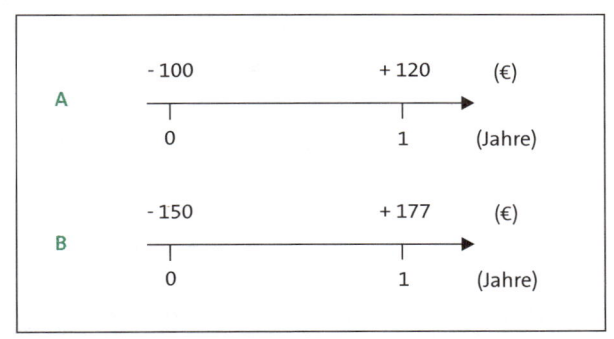

A: −100 (0) → +120 (1) (€, Jahre)

B: −150 (0) → +177 (1) (€, Jahre)

Lösung:

$C_{0,A} = 120 \cdot 0{,}909091 - 100 = 9{,}09$ (€)

$C_{0,B} = 177 \cdot 0{,}909091 - 150 = 10{,}91$ (€)

$\Rightarrow$ B > A

$r_A = \dfrac{20}{100} = 0{,}20 = 20\,(\%)$

$r_B = \dfrac{27}{150} = 0{,}18 = 18\,(\%)$

$\Rightarrow$ A > B

Widerspruch

KAPITEL 2 — Dynamische Verfahren

Ergebnis:

Sie erkennen, dass nach der Kapitalwertmethode B vorteilhafter sein müsste als A (B > A), während nach der internen Zinsfuß-Methode Investition A zu favorisieren wäre (A > B). Darin liegt ein Widerspruch.

2625 **BEISPIEL:** Rangfolge dreier Investitionen

Gegeben sind die beiden bereits bekannten Investitionen A und B, neben die jetzt noch eine dritte Investition C tritt. Ermitteln Sie sämtliche Zielwerte (Kapitalwert, Rendite, durchschnittlicher jährlicher Überschuss) für die Investitionen A, B und C. Stellen Sie die Zielwerte zur Ermittlung der Rangfolge tabellarisch zusammen. Im Einzelnen gelten die folgenden Zahlungsreihen:

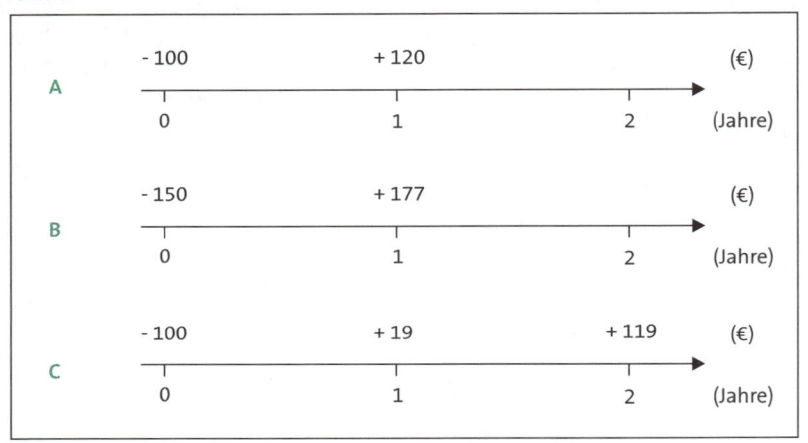

A: -100 (Jahr 0), $+120$ (Jahr 1), 0 (Jahr 2) (€)

B: -150 (Jahr 0), $+177$ (Jahr 1), 0 (Jahr 2) (€)

C: -100 (Jahr 0), $+19$ (Jahr 1), $+119$ (Jahr 2) (€)

Lösung:

Für C ermitteln wir die Zielwerte:

$C_{0,C} = 19 \cdot 0{,}909091 + 119 \cdot 0{,}826446 - 100 = 15{,}62$ (€)

$r_C = \dfrac{19}{100} = 0{,}189 = 19$ (%)

$DJÜ_C = C_{0,C} \cdot KWF_2 = 15{,}62 \cdot 0{,}576190 = 9{,}00$ (€/Jahr)

ABB. 54:	Investitionsrechnungsmethode beeinflusst Rangfolge								
Zielgröße	Werte der Zielgröße bei Durchführung der Investition			Rangfolge					
	A	B	C						
Kapitalwert	9,09	10,91	15,62	C	>	B	>	A	
interner Zinsfuß	20,00	18,00	19,00	A	>	C	>	B	
Annuität	9,99	12,00	9,00	B	>	A	>	C	

Ergebnis:

Jede Methode führt zu einer anderen Rangfolge.

2627 Neben der Tatsache, dass die Methode die Rangfolge beeinflusst, sollten Sie beachten, dass sich die Rangfolge von Investitionsmöglichkeiten ändern kann, wenn bestimmte Inputgrößen, etwa der Kalkulationszinsfuß, in gleicher Weise bei beiden Investitionen geändert werden.

ABB. 55: Rangfolge und Kalkulationszinssatz I

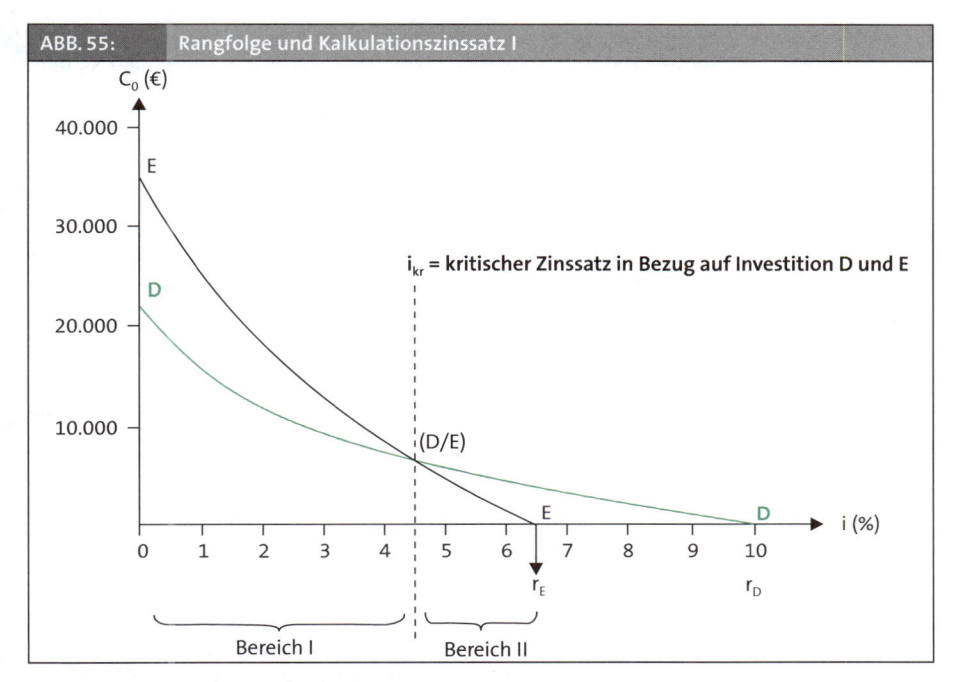

i_{kr} = kritischer Zinssatz in Bezug auf Investition D und E

Abb. 55 zeigt den Verlauf zweier Kapitalwertkurven D und E. Je nach Höhe des vom Investor gewählten Kalkulationszinssatzes ergeben sich unterschiedliche Rangfolgen:

ABB. 56: Rangfolge und Kalkulationszinssatz II

	Rangfolge	
▶ **Kalkulationszinssatz im Bereich I**		
→ Kapitalwertmethode	$C_{0,E} > C_{0,D}$ → E > D	⎫ Widerspruch
→ interne Zinsfuß-Methode	$r_D > r_E$ → D > E	⎭
▶ **Kalkulationszinssatz von $i_{kr}^{D,E}$**		
→ Kapitalwertmethode	$C_{0,E} = C_{0,D}$ → E = D	⎫ Widerspruch
→ interne Zinsfuß-Methode	$r_D > r_E$ → D > E	⎭
▶ **Kalkulationszinssatz im Bereich II**		
→ Kapitalwertmethode	$C_{0,D} > C_{0,E}$ → D > E	⎫ kein Widerspruch
→ interne Zinsfuß-Methode	$r_D > r_E$ → D > E	⎭

Selbst wenn der Investor nur eine einzige Methode einsetzt, nämlich die Kapitalwertmethode, können sich unterschiedliche Rangfolgen ergeben: So lange der Kalkulationszinssatz unter i_{kr} liegt, gilt E > D, liegt er über i_{kr}, wechseln die Plätze, und es gilt D > E.

Voraussetzung für die unterschiedlichen Rangfolgen ist, dass sich die Kapitalwertkurven schneiden. Die Kapitalwertkurven zweier Investitionsobjekte können sich schneiden, wenn sich die Investitionen in wenigstens einem der vier folgenden Strukturmerkmale unterscheiden[81]:

- Kapitaleinsatz (Anschaffungsauszahlung),
- Laufzeit (Nutzungsdauer),
- Summe der undiskontierten Rückflüsse,
- zeitliche Verteilung der Rückflüsse.

2630 Liegen betragsmäßige und/oder zeitliche Unterschiede vor, hängt die Rangfolge erstens von der gewählten Investitionsrechnungsmethode und zweitens vom Wert bestimmter Inputdaten (Kalkulationszinssatz, Nettoeinzahlungen, Nutzungsdauer) ab. Wir haben somit festzuhalten, dass die dynamischen Methoden zwar gut dazu geeignet sind, die absolute Vorteilhaftigkeit von Investitionen zu bestimmen, dass sie aber möglicherweise Mängel aufweisen, wenn es um Rangfolgeentscheidungen geht. Allerdings: Die Rangfolge der dynamischen Verfahren kann, muss aber nicht verschieden sein. Im Regelfall, bei betragsmäßig und zeitlich ähnlichen Alternativen, ergibt sich meist die gleiche Rangfolge, egal welche Methode Sie einsetzen.

2.4.4.2.2 Die Bildung von vollständigen Alternativen mittels Differenzinvestitionen

2635 Die Mängel bei der Bestimmung der relativen Vorteilhaftigkeit lassen sich darauf zurückführen, dass man unvollständige Alternativen vergleicht. Das wird deutlich, wenn wir die bereits bekannten Investitionen A, B und C betrachten.

ABB. 57: Betragsmäßige und zeitliche Unterschiede dreier Investitionen

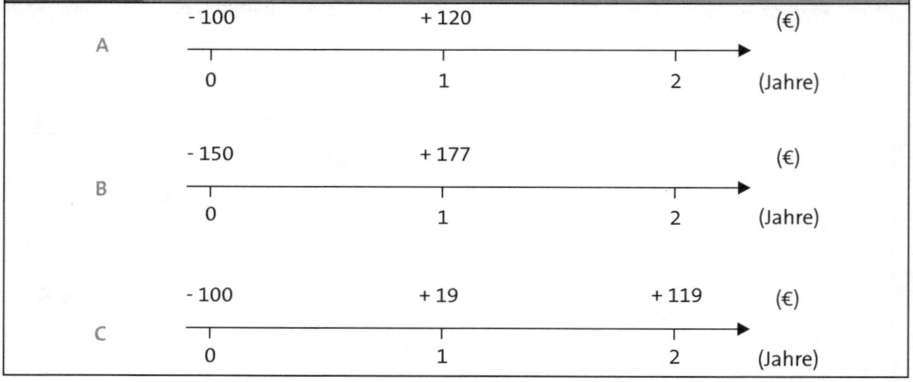

A: -100 (0), +120 (1), (2) (€/Jahre)

B: -150 (0), +177 (1), (2) (€/Jahre)

C: -100 (0), +19 (1), +119 (2) (€/Jahre)

- Wenn der Investor bei B 150 € anlegen kann, dann bleibt bei Durchführung von A zu fragen, was mit den nicht benötigten 50 € geschieht.
- Wenn der Investor bei C zwei Jahre warten kann, bis der Betrag von 119 € hereinkommt, dann ist zu fragen, was bei Wahl von A mit dem zum Zeitpunkt 1 wiedergewonnenen Betrag von 120 € geschieht.

---

81 Vgl. *Schierenbeck, H.*: Grundzüge der Betriebswirtschaftslehre, S. 347.

Ein vollständiger Vergleich zweier Investitionsmöglichkeiten ist nur dann gegeben, wenn man die

▶ betragsmäßigen und/oder

▶ zeitlichen Unterschiede in geeigneter Weise erfasst und berücksichtigt. Diesem Zweck dienen die Differenzinvestitionen[82].

Die Wahl zwischen den beiden betragsmäßig unterschiedlichen Investitionen A und B hat nur dann einen Sinn, wenn der Unternehmer jede dieser Investitionen auch finanzieren kann. Somit steht in Wirklichkeit gar nicht die Alternative

▶ A oder B, sondern

▶ (A + X) oder B

zur Entscheidung an. Dabei gibt die Differenzinvestition X an, was mit den bei Durchführung von A nicht eingesetzten 50 € passiert.

Die theoretisch eleganteste Problemlösung besteht darin, dass man alle betragsmäßigen und zeitlichen Differenzinvestitionen erfasst und eine Entscheidung auf der Grundlage eines vollständigen Alternativenvergleichs fällt. Dieser Weg ist in der Praxis jedoch häufig mit Schwierigkeiten verbunden. Wer kennt schon alle alternativen Möglichkeiten, die ihm offenstehen? Deshalb beschränkt man sich aus Gründen der Wirtschaftlichkeit der Rechnung in vielen Fällen auf einen begrenzten Alternativenvergleich und nimmt an, dass sich die verbleibenden Differenzinvestitionen zum Kalkulationszinsfuß rentieren. Der Kalkulationszinsfuß ist dann so zu bestimmen, dass er der Rendite der Differenzinvestitionen möglichst nahe kommt. Unter Zugrundelegung dieser Annahme ist der Kapitalwert der X-Investition gleich Null. Der Vergleich zweier Investitionen kann dann nach dem Kriterium des maximalen Kapitalwertes vorgenommen werden. Die Investition mit dem höheren Kapitalwert wird gewählt.

$$C_{0,A} + C_{0,X} \gtreqless C_{0,B}$$
$$\downarrow$$
gleich Null

Die Voraussetzung, dass der Investor überschüssige Mittel zum Kalkulationszinssatz anlegen (und fehlende zu diesem Zinssatz beschaffen) kann, geht auf *Fisher*[83] zurück und wird deshalb **Fisher-Voraussetzung** genannt[84]. Sie wird gelegentlich kritisiert: Wo kann man schon Gelder zum Kalkulationszinssatz anlegen oder aufnehmen – und dies womöglich in beliebiger Höhe? Die Fisher-Voraussetzung verlangt aber nicht den Verzicht auf einen vollständigen Alternativenvergleich. Der Investor soll seine Alternativen vielmehr betragsmäßig und zeitlich so vollständig wie möglich formulieren, sodass die

---

82 Differenzinvestitionen werden häufig auch als Supplement-, Komplementär-, Ergänzungs-, Zusatz-, oder X-Investitionen bezeichnet. Vgl. etwa *Schneider, E.:* Wirtschaftlichkeitsrechnung, S. 39 ff.; derselbe: Kritisches und Positives zur Theorie der Investition, S. 324 ff.; *Heister, M.:* Rentabilitätsanalyse von Investitionen, Köln/Opladen 1962, S. 38; *Munz, M.:* Investitionsrechnung, Wiesbaden 1974, S. 59 ff.; Art. X-Investition, Investitionslexikon, S. 416 f.; *Schulte, K.-W.:* Wirtschaftlichkeitsrechnung, S. 114 ff.
83 Vgl. *Fisher, I.:* The Theory of Interest. As Determined by Impatience to Spend Income and Opportunity to Invest It. New York 1930, Neudr. New York 1954, S. 133.
84 Vgl. *Schneider, E.:* Wirtschaftlichkeitsrechnung, S. 38.

betragsmäßigen und zeitlichen Differenzen so klein wie möglich sind. Die Fisher-Voraussetzung sagt dann lediglich, dass ein fehlender Restbetrag zum Kalkulationszinsfuß beschafft und/oder ein überschüssiger Restbetrag zum Kalkulationszinsfuß angelegt werden müsste, wenn die Entscheidung nach dem maximalen Kapitalwert rational sein soll.

2643 Praktisch gilt, dass der Fehler, den man durch Nullsetzen des Kapitalwertes der X-Investition begeht, stets dann Null oder klein ist, wenn sich die betrachteten Investitionen betragsmäßig und zeitlich ähneln. Diese Bedingung ist bei den meisten praktischen Wahlproblemen erfüllt: Die Alternative zum Neubau eines Verwaltungsgebäudes ist der Kauf eines bereits fertigen Bürohauses. Wer seine Lkw-Flotte erneuert, vergleicht die Daten der Fahrzeuge von Daimler-Benz, MAN und Volvo. Statt eines Textverarbeitungssystems von Siemens kann man eines von IBM anschaffen. Die Alternative zum kreditfinanzierten Kauf einer Bohrmaschine besteht im Leasen des Objekts. Sie sehen, dass zwischen den zu vergleichenden Alternativen im praktischen Fall keine betragsmäßigen und zeitlichen Welten liegen. Es ist unwahrscheinlich, dass Sie zwischen einem Millionenobjekt mit langfristiger Kapitalbindung und einer Kleininvestition mit kurzer Amortisationszeit zu wählen haben. „Hochofen oder Schreibmaschine?" – das ist selten die Frage. Sollten Sie dennoch vor Objekten stehen, die sich betragsmäßig und zeitlich stark unterscheiden, rechnen Sie mit unterschiedlichen Soll und Habenzinssätzen.

Zusammenfassung

▶ **Mehrdeutigkeit** 2650

Mehrdeutigkeit ist ein mögliches Problem bei der Effektivzinsbestimmung. Es hat zwei Aspekte: Einmal kann es sein, dass man mehr als einen internen Zinsfuß erhält, zum anderen ist es denkbar, dass sich ein imaginärer interner Zinsfuß ergibt.

▶ **Praktische Bedeutung**

Praktische Bedeutung hat die Möglichkeit eines mehrdeutigen Effektivzinsergebnisses nur in dem Fall von Investitionen oder Finanzierungen, deren Zahlungsreihen mehr als einen Vorzeichenwechsel aufweisen. Das ist jedoch der Ausnahmefall: Im Regelfall gibt es bei den Zahlungsreihen nur einen einzigen Vorzeichenwechsel.

▶ **Absolute und relative Vorteilhaftigkeit**

- *Absolute Vorteilhaftigkeit:* Eine Investition ist, für sich allein betrachtet, lohnend (wirtschaftlich, vorteilhaft).
- *Relative Vorteilhaftigkeit:* Eine absolut vorteilhafte Investition ist lohnender als eine andere ebenfalls absolut vorteilhafte Investition.

▶ **Widersprüchlichkeit**

Diese existiert nicht bei Entscheidungen über die absolute Vorteilhaftigkeit. Eine nach der Kapitalwertmethode lohnende Investition ist in allen Fällen auch nach interner Zinsfuß-Methode und Annuitätenmethode vorteilhaft.

▶ **Rangfolgeentscheidungen**

Bei Rangfolgeentscheidungen kann es sein, dass die drei dynamischen Investitionsrechnungsmethoden zu unterschiedlichen Ergebnissen führen (sog. Widersprüchlichkeit der dynamischen Verfahren). Die Wahrscheinlichkeit einer unterschiedlichen Rangfolge steigt mit steigenden betragsmäßigen und/oder zeitlichen Unterschieden der betrachteten Investitionsmöglichkeiten.

▶ **Praktische Forderung**

Die praktische Forderung muss lauten: Vergleiche nur solche Alternativen, die sich betragsmäßig und zeitlich ähneln, damit der mögliche Fehler durch Nullsetzen des Kapitalwertes der X-Investition klein bleibt.

Aufgaben

AUFGABE 86 (EINSTEIGER)

Wieviel interne Zinsfüße sind denkbar bei einer Investition, die über eine (zwei, drei) Perioden läuft?

Die Lösung finden Sie in Tz. 7086!

AUFGABE 87 (EINSTEIGER)

Bei welcher Investitionsgruppe besteht die Gefahr eines mehrdeutigen Ergebnisses bei der Ermittlung des internen Zinssatzes?

Die Lösung finden Sie in Tz. 7087!

AUFGABE 88 (EINSTEIGER)

Was versteht man unter einer Differenzinvestition?

Die Lösung finden Sie in Tz. 7088!

AUFGABE 89 (FORTGESCHRITTENE)

Wie lautet die Fisher-Voraussetzung?

Die Lösung finden Sie in Tz. 7089!

AUFGABE 90 (FORTGESCHRITTENE)

Bitte diskutieren Sie folgenden Satz:

„Ist die Investitionsalternative A beim Kalkulationszinssatz von 9 % vorteilhafter als die Alternative B, dann bleibt diese Rangfolge erhalten, falls der Kalkulationszinsfuß bei beiden Alternativen um den gleichen Betrag erhöht wird".

Die Lösung finden Sie in Tz. 7090!

AUFGABE 91 (FORTGESCHRITTENE)

Neben investitionsrechnerischen Rangfolgeentscheidungen gibt es auch finanzierungsrechnerische Probleme dieser Art. Bitte geben Sie Beispiele für investitions- und finanzierungsrechnerische Rangfolgeentscheidungen!

Die Lösung finden Sie in Tz. 7091!

AUFGABE 92 (FORTGESCHRITTENE)

Bitte betrachten Sie die folgende Investition:

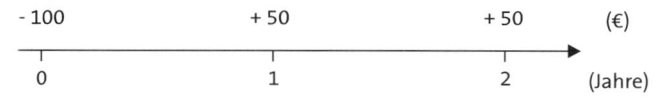

```
    -100           +50            +50        (€)
     |              |              |
     ├──────────────┼──────────────┼─────────▶
     0              1              2         (Jahre)
```

Es gibt nur einen Vorzeichenwechsel in der Zahlungsreihe, also existiert nur ein einziger interner Zinsfuß, der größer oder gleich minus 100 % ist. Bitte überprüfen Sie diese Behauptung rechnerisch!

Die Lösung finden Sie in Tz. 7092!

AUFGABE 93 (FORTGESCHRITTENE)

Gegeben sind die Investitionen A und B:

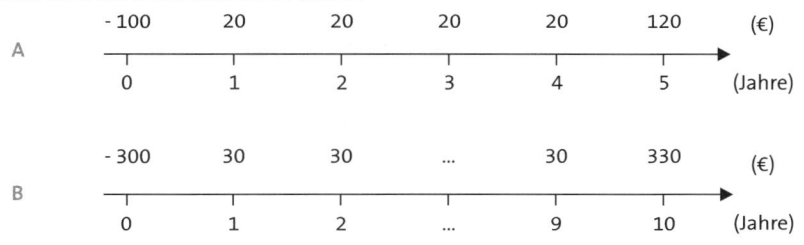

```
       -100      20      20      20      20      120     (€)
  A     |        |       |       |       |        |
        ├────────┼───────┼───────┼───────┼────────┼────▶
        0        1       2       3       4        5      (Jahre)


       -300      30      30      ...     30      330     (€)
  B     |        |       |               |        |
        ├────────┼───────┼───────────────┼────────┼────▶
        0        1       2       ...     9       10      (Jahre)
```

Bitte zeichnen Sie die beiden Kapitalwertfunktionen in ein Diagramm und interpretieren Sie diese!

Die Lösung finden Sie in Tz. 7093!

Kapitel 3. Statische Verfahren

3.1 Statische Verfahren in Abgrenzung zur dynamischen Betrachtungsweise

In der Wirtschaft kennt man die statische und die dynamische Analyse bei der Untersuchung eines Problems. Die **statische Untersuchung** (nicht zu verwechseln mit der statistischen Untersuchung) erklärt ein Gleichgewicht oder eine ökonomische Größe, indem sie alle Variablen auf einen einheitlichen Zeitpunkt oder Zeitraum bezieht. Somit sind Änderungen von Wirtschaftsgrößen im Zeitablauf ausgeklammert, was den Vorteil hat, dass manche Zusammenhänge in besonders einfacher Form erscheinen. Die dynamische Analyse hingegen bezieht das Zeitelement ausdrücklich in ihre Problembetrachtung ein; die untersuchten Variablen sind unterschiedlichen Zeitpunkten zuzuordnen. Da sich Investitionen in der Zeit vollziehen und durch ihre Zahlungsreihe, durch ihren Zeitstrahl zu charakterisieren sind, ist die dynamische Analyse die richtige Vorgehensweise zur Investitionsbeurteilung.

3000

Die statischen Investitionsrechnungsmethoden haben seit den 1970er Jahren erheblich an Boden verloren, die dynamischen Methoden haben entsprechend an Terrain gewonnen: Der Anteil der ausschließlich statisch rechnenden Großunternehmungen sank von 40 % auf 9 %; gleichzeitig stieg der Anteil der ausschließlich dynamisch rechnenden Unternehmungen von 6 auf 32 %. Die meisten Großinvestoren nutzen dynamische und statische Verfahren nebeneinander (1974: 53 %, 1996: 59 %). Auch viele kleine und mittlere Unternehmen nutzen inzwischen (2018) dynamische und statische Verfahren nebeneinander, aber bei ihnen ist der Anteil, der nur statische Verfahren nutzt, größer als bei großen Unternehmen.

Investitionsrechnungsmethoden	Unternehmen, die die Methoden anwenden (in %)			
	1974[a]	1985[a]	1996[a]	2018[b]
dynamische und statische	53 %	59 %	59 %	56,7
nur dynamische	6 %	18 %	32 %	17,2
nur statische	40 %	23 %	9 %	26,1

[a] Großunternehmungen
[b] Alle Unternehmen
Quellen:
Grabbe, H.-W.: Investitionsrechnung in der Praxis, S. 24 ff.
Broer, N./Däumler, K.-D.: Investitionsrechnungsmethoden in der Praxis, S. 172.
Wehrle-Streif, U.: Empirische Untersuchung zur Investitionsrechnung, S. 34.
Hermann, B.: Anwendung der Investitionsrechnungsmethoden in der Praxis, S. 33 ff.
Zischg, K.: Investitionsrechnung in erwerbswirtschaftlichen Unternehmen, S. 72.

Im Bereich der statischen Investitionsrechnung unterscheiden wir zwischen

3005

1. Kostenvergleichsrechnung,
2. Gewinnvergleichsrechnung,

3. **Rentabilitätsrechnung,**
4. **Amortisationsrechnung**[85].

Bei den statischen Methoden der Investitionsrechnung handelt es sich überwiegend um Faustregeln, die sich im Laufe der Zeit in der betrieblichen Praxis herausgebildet haben. Sie haben gemeinsam, dass sie nicht auf finanzmathematischer Basis aufgebaut sind. Die dynamischen Methoden dagegen nutzen die Finanzmathematik und heißen deshalb auch **finanzmathematische Methoden**. Die fehlende finanzmathematische Basis der statischen Verfahren bewirkt, dass zeitliche Unterschiede beim Anfall der Ein- und Auszahlungen entweder gar nicht oder nur unvollkommen berücksichtigt werden. Mit dem Verzicht auf die finanzmathematische Basis mag es auch zu tun haben, dass man bei den statischen Investitionsrechnungsverfahren im Regelfall nicht von Ein- und Auszahlungen ausgeht, sondern Aufwendungen und Erträge oder Kosten und Leistungen als Rechnungselemente nutzt.

3007 Investitionsrechnungen können grundsätzlich auf der Basis von

1. **Einzahlungen und Auszahlungen,**
2. **Aufwendungen und Erträgen,**
3. **Kosten und Leistungen**

aufgebaut und durchgerechnet werden[86]. Dies gilt ohne Einschränkung sowohl für die dynamischen als auch für die statischen Methoden. Da die statischen Methoden darauf verzichten, die Zeitpräferenz korrekt durch Auf- oder Abzinsen zu berücksichtigen, lassen sie eines der Kriterien, die die Vorteilhaftigkeit einer Investition bestimmen, außer Acht, nämlich den zeitlichen Anfall der Zahlungen. Es ist damit auch vergleichsweise weniger wichtig, gerade jene Rechnungselemente zu verwenden, welche den zeitlichen Aspekt des Zahlungsanfalls berücksichtigen.

3008 Bei den statischen Verfahren der Investitionsrechnung kann man zwei Gruppen unterscheiden:

1. **primitive statische Verfahren,**
2. **verbesserte statische Verfahren.**

Ansatzpunkt für diese Unterscheidung bildet die sicherlich nicht nur von den Vertretern der statischen Methoden erkannte Unsicherheit der Zukunft: Die Schätzungen hinsichtlich der künftigen Ein- und Auszahlungen eines Investitionsobjekts sind naturgemäß subjektiv und mit Unsicherheit behaftet. Manche Vertreter der statischen Verfahren versuchen nun, die Unsicherheit der Zukunft als Fehlerquelle „auszuschalten", indem sie ihren Rechnungen nur die Ein-/Auszahlungen (oder Kosten/Leistungen oder Aufwendungen/Erträge) des dem Investitionsbeginn folgenden Jahres zugrunde legen[87]. Verfahren dieser Art sollen hier als **primitive statische Verfahren** bezeichnet werden, weil sie lediglich eine Scheinlösung anbieten. Denn wenn man bei Investitions-

---

85 Die statische und dynamische Amortisationsrechnung werden im Kapitel 4 ausführlich behandelt.
86 Vgl. *Munz, M.:* Investitionsrechnung, S. 17.
87 Vgl. hierzu u. a.: *Terborgh, G.:* Leitfaden der betrieblichen Investitionspolitik, S. 96 ff.; *Blohm, H./Lüder, K.:* Investition, S. 166 ff.

rechnungen die Entscheidung von der Höhe der Ein- und Auszahlungen (oder anderer Rechnungselemente) des ersten Jahres abhängig macht, so wird das Erstjahr unausgesprochen als typisch, als repräsentativ für die gesamte Lebensdauer der Investition betrachtet. Gerade das ist das erste Jahr aber nicht! Der Verzicht auf die Einzelschätzung künftiger Zahlungen bedeutet, dass die künftigen Zahlungen in ihrer Gesamtheit entsprechend den Zahlungen des Erstjahres angesetzt werden.

Die verbesserten statischen Verfahren gehen von den Ein- oder Auszahlungen (oder anderen Rechnungselementen) einer Repräsentativperiode aus und vermeiden so die Zufälligkeiten, die damit verbunden sind, dass man die erste Periode nur deshalb, weil sie die erste ist, als repräsentativ ansieht. Anstelle der Zahlungen einer **Repräsentativperiode** werden häufig auch **Durchschnittswerte** angesetzt. Beide Möglichkeiten laufen in ihrem Effekt auf das Gleiche hinaus: Wenn die Repräsentativperiode sinnvoll gewählt sein soll, dann muss sie so gewählt werden, dass ihre Zahlungen möglichst nahe beim Durchschnitt liegen.

3009

ABB. 58: Statische und dynamische Methoden		
Grundfragen	**Antwort bei statischen Methoden**	**Antwort bei dynamischen Methoden**
Wird eine finanzmathematische Basis genutzt?	Nein	Ja
Werden Zeitunterschiede beim Anfall der Rechnungselemente berücksichtigt?	Zeitunterschiede werden nicht oder nicht korrekt berücksichtigt	Zeitunterschiede werden durch Auf- oder Abzinsen korrekt berücksichtigt
Welche Rechnungselemente werden genutzt?	▶ Kosten und Leistungen ▶ Aufwand und Ertrag	▶ Ein- und Auszahlungen ▶ Einnahmen und Ausgaben
Wie werden die Rechnungselemente festgelegt?	▶ *Primitive Methoden:* Werte des Erstjahres sind automatisch repräsentativ ▶ *Verbesserte Methoden:* Einzelschätzung mit Durchschnittsbildung oder Ansatz einer repräsentativen Periode	Einzelschätzung und ggf. auch Einzeldiskontierung, wenn Werte unterschiedlich sind

Beide Methoden – die dynamische und die statisch – basieren auf risikobehafteten Daten. Beim Einsatz dynamischer Verfahren beschränkt sich das Risiko auf die Datenschätzung. Beim Einsatz statischer Verfahren kommt noch der Mangel des Denkansatzes als Fehlerquelle hinzu. Darüber hinaus haben die dynamischen Verfahren den Vorteil, zu einer Abschätzung der Zukunft zu animieren, anstatt von kurzfristigen Pauschalannahmen auszugehen.

3.2 Kostenvergleichsrechnung

3.2.1 Entscheidungssituationen

3010 Die Kostenvergleichsrechnung verzichtet auf die Zahlungen als Rechnungselemente und knüpft an die pro Periode anfallenden Kosten an. Sie wird im praktischen Fall im Rahmen zweier verschiedener und klar zu trennender Problemstellungen angewendet[88].

1. Alternativenvergleich (Auswahlproblem)

Hier geht es um die Wahlentscheidung zwischen verschiedenen noch anzuschaffenden Anlagen. Die Entscheidung, welche Anlage kostengünstiger ist, kann aufgrund der Unterschiede bei den durchschnittlichen Jahreskosten oder bei den durchschnittlichen Kosten je zu produzierender Mengeneinheit gefällt werden. Das Auswahlproblem spielt eine große Rolle bei langfristigen Entscheidungen im Bereich der Wahl des optimalen Produktionsverfahrens (Verfahrenswahl) sowie solchen zum Thema Eigenfertigung oder Fremdbezug[89].

2. Ersatzproblem

Bei dieser Problemlage überprüfen wir, ob eine alte, bereits im Betrieb befindliche Anlage ersetzt oder weiterbetrieben werden soll. Die Fragestellung lautet: „Sofortersatz oder Weiterbetrieb?" Technisch ist die Altanlage noch nutzbar. Ein Ersatz in der laufenden Periode ist nur dann in Betracht zu ziehen, wenn sich bei Inbetriebnahme der Neuanlage Minderkosten in ausreichender Höhe ergeben.

3.2.2 Kostenvergleichsrechnung und Alternativenvergleich

3015 Das Kostenkriterium als Entscheidungsregel zur Bestimmung der Vorteilhaftigkeit von Investitionen kann sich auf die Gesamtkosten pro Periode oder auf die Stückkosten (= Jahreskosten dividiert durch Stückzahl) beziehen. Es lautet:

MERKE

Investition I ist wirtschaftlicher als **Investition II**, wenn ihre durchschnittlichen Jahreskosten K_I geringer sind als K_{II}.

oder:

Investition I ist wirtschaftlicher als **Investition II**, wenn ihre durchschnittlichen Kosten je Leistungseinheit k_I geringer sind als k_{II}.

---

[88] Vgl. auch: *Blohm, H./Lüder, K.*: Investition, S. 156 ff.; *Müller-Hedrich, B. W./Schünemann, G./Zdrowomyslaw, N.*: Investitionsmanagement, S. 83 ff.

[89] Eine ausführliche Darstellung dieser Schnittstelle von Investitions- und Kostenrechnung findet sich bei: *Däumler, K.-D./Grabe, J.*: Kostenrechnung 2, Deckungsbeitragsrechnung, S. 148 ff. und S. 175 ff.

Gleichung (3.1)
Kostenkriterium bei Alternativenvergleich

$$K_I < K_{II}$$

$$k_I < k_{II}$$

Symbole

K	=	Kosten (€/Jahr)
k	=	Stückkosten (€/Stück)
Index I	=	Anlage Nr. 1
Index II	=	Anlage Nr. 2

Für praktische Berechnungen ist es notwendig, eine Differenzierung der Kosten vorzunehmen. Dabei unterscheidet man:

1. **Kapitalkosten** (Abschreibungen und Zinsen) und
2. **Betriebskosten** (Löhne, Material, Energie, Instandhaltung usw.).

Die Kapitalkosten werden nach der in der Praxis häufig verwendeten „**Ingenieurformel**"[90] in Form eines approximativen Kapitaldienstes angegeben. Die Ermittlung des approximativen Kapitaldienstes nach der Ingenieurformel berücksichtigt zwei Möglichkeiten: Der Restwert kann gleich Null, er kann aber auch positiv sein. Die Näherungsgleichung für das pro Periode wiederzugewinnende und das zu verzinsende durchschnittlich gebundene Kapital DGK erhalten Sie aus der Betrachtung des gebundenen Kapitals im Zeitablauf. Dabei unterstellen wir, dass sich das gebundene Kapital kontinuierlich vermindert.

---

[90] Die Durchführung von Investitionsrechnungen war und ist in der betrieblichen Praxis häufig noch eine Domäne der Ingenieure und Techniker.

Statische Verfahren

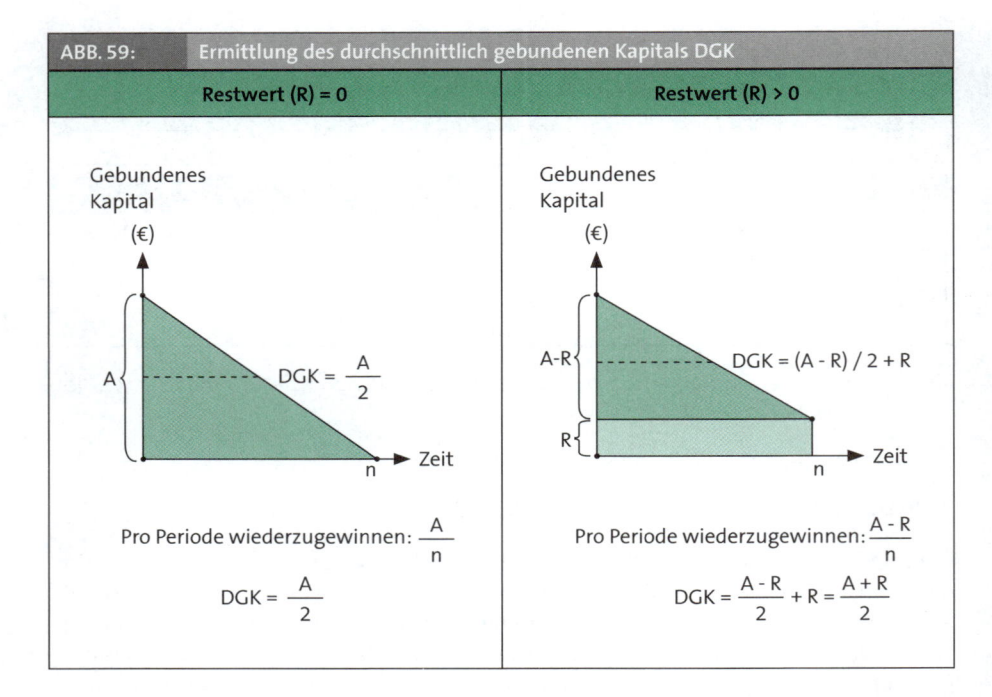

ABB. 59: Ermittlung des durchschnittlich gebundenen Kapitals DGK

Restwert (R) = 0

Pro Periode wiederzugewinnen: $\dfrac{A}{n}$

$$DGK = \dfrac{A}{2}$$

Restwert (R) > 0

Pro Periode wiederzugewinnen: $\dfrac{A-R}{n}$

$$DGK = \dfrac{A-R}{2} + R = \dfrac{A+R}{2}$$

Gleichung (3.2)

R = 0

$$KD_{appr} = \dfrac{A}{n} + \dfrac{A}{2} \cdot i$$

R > 0

$$KD_{appr} = \dfrac{A-R}{n} + \dfrac{A+R}{2} \cdot i$$

Bezeichnet man die Betriebskosten mit B, so kann man das Kostenkriterium für R = 0 und unter Benutzung von Gleichung (3.2) wie folgt schreiben:

Gleichung (3.3)
Ingenieurformel bei R = 0

$$B_I + \dfrac{A_I}{n_I} + \dfrac{A_I}{2} \cdot i \; < \; B_{II} + \dfrac{A_{II}}{n_{II}} + \dfrac{A_{II}}{2} \cdot i$$

Berücksichtigt man bei beiden Alternativen Restwerte, so erhält man für das Kostenkriterium die Schreibweise:

Gleichung (3.4)
Ingenieurformel bei R > 0

$$B_I + \dfrac{A_I - R_I}{n_I} + \dfrac{A_I + R_I}{2} \cdot i \; < \; B_{II} + \dfrac{A_{II} - R_{II}}{n_{II}} + \dfrac{A_{II} + R_{II}}{2} \cdot i$$

Symbole		
Index I	=	erste Anlage (1. Alternative)
Index II	=	zweite Anlage (2. Alternative)
B	=	jährliche Betriebskosten (€/Jahr)
A	=	Anschaffungskosten (€)
n	=	Nutzungsdauer (Jahre)
i	=	Kalkulationszinssatz (%)
R	=	Restwert (€)

Im Ausnahmefall ist statt R = 0 oder R > 0 auch ein negativer Restwert (R < 0) denkbar. Beispiele dafür sind z. B. der Abbau eines Fabrikschornsteines, der Ausbau eines veralteten Aufzugs oder die Demontage einer zu ersetzenden Heizungsanlage. Im Zusammenhang mit der umweltfreundlichen Entsorgung von Investitionsgütern dürften negative Restwerte zukünftig häufiger werden. Gleichung (3.4) ist auch bei R < 0 anwendbar.

Die Kostenvergleichsrechnung konnte trotz ihrer Schwächen ihren vierten Platz in der Hitliste der Investitionsrechnungen halten. 1996 verwendeten sie 46 % der deutschen Großunternehmungen (1974 waren es erst 26 %), und zwar meist im Verbund mit anderen Investitionsrechnungsmethoden (vgl. Rdnr. 1055). Auch die Mittelständler setzten die Kostenvergleichsrechnung 1996 auf Platz 4, und zwar mit 35 % (vgl. Rdnr. 1055). In der Untersuchung von *Zischg*[91] zeigt sich, dass die Kostenvergleichsrechnung bei allen Unternehmen immer noch einen führenden Platz einnimmt.

3025

Der weitaus größte Teil der antwortenden Unternehmen ermittelte die in die Rechnung eingehenden Größen nur für eine Periode, die dann als repräsentativ für die gesamte Nutzungsdauer angesehen wurde. Lediglich ein Unternehmen gab an, die jeweiligen Kosten der einzelnen Perioden zu schätzen, um den daraus gebildeten Durchschnittswert zur Grundlage der Kostenvergleichsrechnung zu machen. Die Ermittlung der Kosten erfolgt meist nach einem einheitlichen Schema:

	Betriebskosten	▶ Löhne/Gehälter
		▶ Sozialleistungen
		▶ Hilfsstoffe
		▶ Energie
		▶ Instandhaltung
		▶ Raumkosten
+	Kapitalkosten	▶ kalkulatorische Abschreibungen
		▶ kalkulatorische Zinsen
+	Betriebssteuern und Versicherungen	
=	Gesamtkosten	

---

91 Vgl. *Zischg, K.:* Investitionsrechnung in erwerbswirtschaftlichen Unternehmen, S. 71.

Der Logik der Kostenvergleichsrechnung entspricht es, dass sie vorwiegend bei Rationalisierungsinvestitionen eingesetzt wird. Hier ändert sich ja nichts auf der Ertragsseite, sodass man sich mit einem Kostenvergleich zufrieden geben kann. Kritisch wird es jedoch bei ertragsändernden Investitionen. In diesem Bereich ist der Einsatz der Kostenvergleichsrechnung nur dann zulässig, wenn die betrachteten Alternativen gleiche Ertragsänderungen verursachen. Aus der Umfrage von 1974 wissen wir, dass die antwortenden Unternehmungen häufig auch bei ertragsändernden Investitionen die Kostenvergleichsrechnung anwenden[92]. Man kann nur hoffen, dass sich die Unternehmungen dabei auf ertragsidentische Investitionsmöglichkeiten beschränken.

3027 Die in den Gleichungen (3.1) bis (3.4) angesetzten Jahreskosten sind jeweils für eine ganz bestimmte Ausbringung errechnet. Im praktischen Fall kann auch die kritische Menge interessant sein, d. h. die Beantwortung der Frage: „Bei welcher Stückzahl x_{kr} lohnt sich der Übergang von einem Verfahren I zu einem Verfahren II?" Dazu sind die Kosten der jeweiligen Verfahren in fixe und variable Bestandteile zu trennen. Die folgende Abbildung zeigt die grafische Ermittlung der kritischen Menge x_{kr}. Im Schnittpunkt S der beiden Kostenfunktionen sind die Kosten gleich. Es ist somit bei x_{kr} egal, welches Verfahren zum Einsatz kommt.

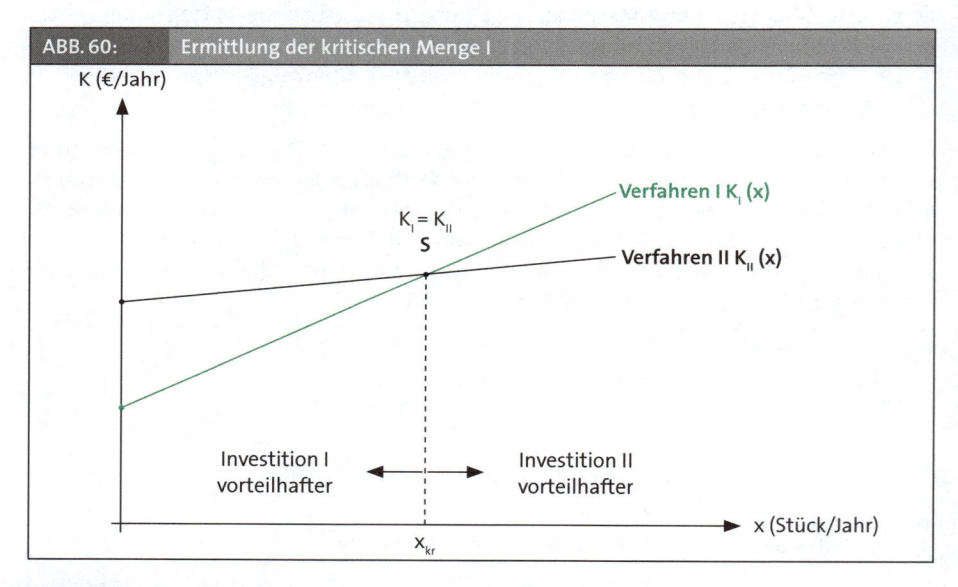

ABB. 60: Ermittlung der kritischen Menge I

3028 **BEISPIEL: Kostenvergleich zwischen Eigenfertigung und Fremdbezug**

Die Metallbau GmbH, die mit einem Kalkulationszinssatz von 10 % rechnet, bezog bislang Zinkteile von Dritten. Im Zuge eines Auftragsbooms weitet sich der Bedarf an Zinkteilen aus. Gleichzeitig fordert die bisherige Lieferfirma statt 15 € nunmehr 20 € pro Zinkteil. Angesichts dieser Sachlage soll die Frage der Eigenfertigung geprüft werden. Eine Marktuntersuchung ergibt, dass zwei Maschinen zur Produktion von Zinkteilen in die engere Wahl zu ziehen sind:

---

92 Vgl. *Grabbe, H.-W.*: Investitionsrechnung in der Praxis, S. 44.

Kostenvergleichsrechnung

KAPITEL 3

1. Ein Halbautomat mit einer Jahreskapazität von 1.000 Zinkteilen und Anschaffungskosten von 6.667 €. Die Nutzungsdauer beträgt zehn Jahre. Der Restwert wird mit Null angesetzt. Pro Zinkteil entstehen Lohnkosten von 7 € und Materialkosten von 3 €.
2. Ein Vollautomat mit einer Jahreskapazität von 1.000 Teilen und Anschaffungskosten von 20.000 €. Die Nutzungsdauer beträgt zehn Jahre. Danach ist der Restwert gleich Null. Pro Zinkteil fallen Lohnkosten von 0,50 € und Materialkosten von 2 € an.

   a) Ermitteln Sie die kritische Menge für
   ▶ den Übergang vom Fremdbezug zur Eigenfertigung mit Hilfe des Halbautomaten,
   ▶ den Übergang von der Eigenfertigung mit Hilfe des Halbautomaten zur Eigenfertigung mit Hilfe des Vollautomaten.

   b) Geben Sie eine tabellarische Darstellung zur Ermittlung der Gesamtkosten und Stückkosten für die drei Möglichkeiten bei einer Menge von 200 Teilen/Jahr.

Lösung a):

Berechnung der kritischen Menge

Die Metallbau GmbH verfügt über drei Möglichkeiten zur Zinkteile-Bereitstellung:

1. Fremdbezug,
2. Einsatz Halbautomat,
3. Einsatz Vollautomat.

Wir bezeichnen die Stückzahl Zinkteile mit x und erhalten für jede der drei Möglichkeiten eine Kostenfunktion:

1. Kostenfunktion Fremdbezug:

$K_I = 20x$

2. Kostenfunktion Halbautomat:

$$K_{II} = \frac{A_{II}}{n} + \frac{A_{II}}{2} \cdot i + B_{II}$$

$$K_{II} = \frac{6.667}{10} + 3.333 \cdot 0{,}10 + 10x$$

$K_{II} = 1.000 + 10x$

3. Kostenfunktion Vollautomat:

$$K_{III} = \frac{A_{III}}{n} + \frac{A_{III}}{2} \cdot i + B_{III}$$

$$K_{III} = \frac{20.000}{10} + 10.000 \cdot 0{,}10 + 2{,}5x$$

$K_{III} = 3.000 + 2{,}5x$

Wir zeichnen die drei Kostenverläufe in ein Diagramm und erhalten auf grafischem Wege die beiden kritischen Mengen x_{kr} und x_{kr}':

ABB. 61: Ermittlung der kritischen Menge II

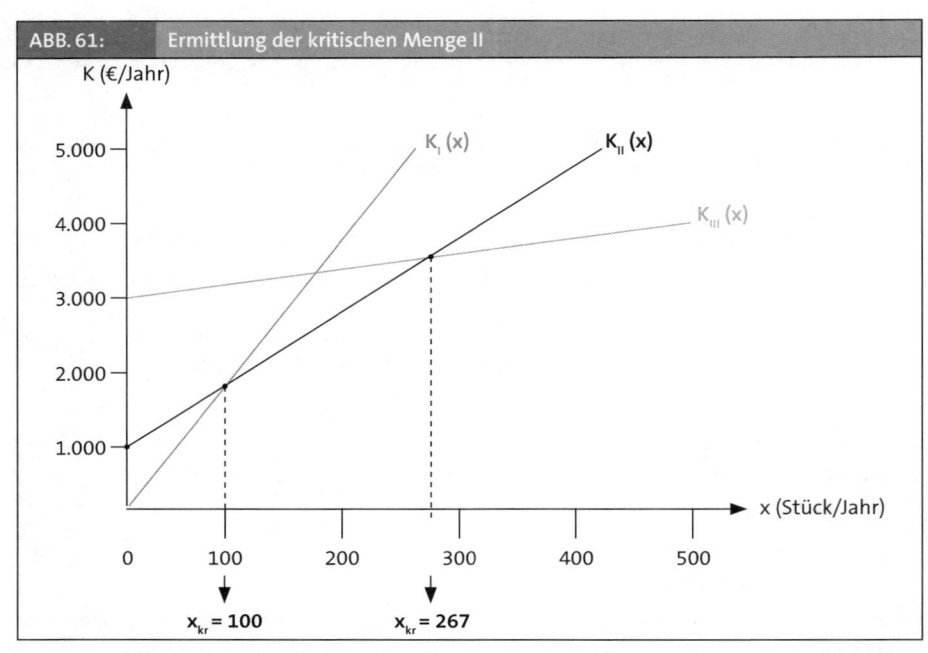

Rechnerisch ergeben sich die kritischen Mengen durch Gleichsetzen der Kosten der betrachteten Möglichkeiten und Auflösen nach x. So ist x_{kr} definiert als jene Menge, bei der die Eigenfertigung mit Hilfe des Halbautomaten und der Fremdbezug die gleichen Jahreskosten verursachen, d. h. es muss gelten:

K_I = K_{II}
$20 x_{kr}$ = $1.000 + 10 x_{kr}$
$10 x_{kr}$ = 1.000
x_{kr} = 100 (Teile/Jahr)

Entsprechend erhält man x_{kr}' als jene Menge, bei der die Jahreskosten bei Einsatz des Vollautomaten jenen bei Verwendung des Halbautomaten entsprechen. Es gilt also:

K_{II} = K_{III}
$1.000 + 10 x_{kr}'$ = $3.000 + 2{,}5 x_{kr}'$
$7{,}5 x_{kr}'$ = 2.000
x_{kr}' = 267 (Teile/Jahr)

Ergebnis a)

1. Sollte der Bedarf an Zinkteilen in den nächsten zehn Jahren unter 100 Einheiten jährlich liegen, so ist nach wie vor der Fremdbezug zu empfehlen.
2. Bei einem Jahresbedarf zwischen 100 und 267 Zinkteilen sollte der Halbautomat angeschafft werden.
3. Steigt der Bedarf an Zinkteilen auf über 267 Stück im Jahr, so ist der Vollautomat am wirtschaftlichsten.

Lösung b):

Tabelle zur Ermittlung der Gesamtkosten und Stückkosten

ABB. 62: Vergleich von Fremdbezug, Halbautomat und Vollautomat			
	Fremdbezug	Halbautomat	Vollautomat
Anschaffungskosten (€)	0	6.667	20.000
Restwert (€)	0	0	0
Nutzungsdauer (Jahre)	beliebig	10	10
Auslastung (Stck/Jahr)	200	200	200
Zinssatz (%)	10	10	10
Abschreibungen (€/Jahr)	0	667	2.000
Zinsen (€/Jahr)	0	333	1.000
Fixe Kapitalkosten (€/Jahr)	0	1.000	3.000
Löhne (€/Jahr)	0	1.400	100
Material (€/Jahr)	4.000	600	400
Variable Kosten (€/Jahr)	4.000	2.000	500
Gesamtkosten (€/Jahr)	4.000	**3.000**	3.500
Stückkosten (€/Teil)	20	15	17,5

3.2.3 Kritik der Kostenvergleichsrechnung

Die Kostenvergleichsrechnung ist in ihrer **Anwendungsbreite beschränkt**. Sie eignet sich vorwiegend für solche Investitionsobjekte, bei denen die Ertragsseite unberührt bleibt. Da es in der Praxis wohl kaum einen Betrieb gibt, bei dem keinerlei Erweiterungsinvestitionen vorgenommen werden, erscheint diese Beschränkung unzweckmäßig.

Die Anwender der Kostenvergleichsrechnung unterscheiden häufig nicht klar genug zwischen den verschiedenen Anwendungsfeldern Alternativenvergleich und Ersatzproblem. Das kann zur Folge haben, dass sich bei der Lösung des Ersatzproblemes ein systematischer Fehler einschleicht, nämlich die Berücksichtigung des Kapitaldienstes der Altanlage als entscheidungsrelevante Größe. Die Folge ist ein zu früher Ersatz der Altanlage und ein entsprechender Kostennachteil für den so handelnden Betrieb (s. Rdnr. 5100).

Wie alle statischen Verfahren verwendet die Kostenvergleichsrechnung **unzweckmäßige Rechnungselemente**, nämlich Kosten anstelle von Auszahlungen. Ferner verzichtet sie in aller Regel auf eine Einzelschätzung der Rechnungselemente und basiert damit unausgesprochen auf einem einperiodischen Vergleich. Schließlich kommt sie ohne finanzmathematische Basis aus. Der Zinsanteil des approximativen Kapitaldienstes bietet nur eine unvollkommene Erfassung der Zeitpräferenz. Fazit:

> **MERKE**
>
> Die **Kostenvergleichsrechnung** eignet sich nur für den Alternativen- und Ersatzvergleich, nicht für Erweiterungsinvestitionen. Sie weist die generellen Schwächen aller statischen Verfahren auf.

3.3 Gewinnvergleichsrechnung

3.3.1 Gewinnkriterium in unterschiedlichen Entscheidungssituationen

3035 Mit einem reinen Kostenvergleich kommen Sie stets dann nicht mehr aus, wenn den betrachteten Alternativen verschiedene Erträge zuzurechnen sind. Das ist im Regelfall bei Erweiterungsinvestitionen der Fall, kann jedoch u.U. auch bei Rationalisierungsinvestitionen gegeben sein, etwa dann, wenn eine neue Anlage das Produkt in einer besseren als der bisherigen Qualität herzustellen gestattet, was eine Erhöhung des Verkaufspreises ermöglicht. Obwohl die Gewinnvergleichsrechnung umfassender ist als die Kostenvergleichsrechnung, wird sie in der Praxis seltener eingesetzt. Sie steht an zweitletzter Stelle der Investitionsrechnungsmethoden und wurde 1985 von 15%, 1989 von 14% und 1996 ebenfalls von 14% der Großunternehmungen genutzt, meist im Verbund mit anderen Investitionsrechnungsmethoden (vgl. Rdnr. 1055). Bei den Mittelständlern stand die Gewinnvergleichsrechnung 1996 mit 12% auf Platz 8 in der Hitliste der Investitionsrechnungsverfahren. Auch 2018 zeigt sich in der Untersuchung von *Zischg*[93], dass die Gewinnvergleichsrechnung von den statischen Verfahren am wenigsten genutzt wird. Die Gewinnvergleichsrechnung wird, ähnlich wie die Kostenvergleichsrechnung, auf verschiedene und klar zu trennende Entscheidungsprobleme angewendet:

1. Einzelinvestition

Soll die Vorteilhaftigkeit einer einzelnen Investition beurteilt werden, so ist lediglich zu fordern, dass der durch sie erwirtschaftete Gewinn die Bedingung $G \geq 0$ erfüllt.

2. Alternativenvergleich

Wird die Gewinnvergleichsrechnung zum Zwecke des Alternativenvergleichs eingesetzt, so ist der durchschnittliche Jahresgewinn G_I einer Anlage mit dem erwarteten Durchschnittsgewinn G_{II} einer zweiten Anlage zu vergleichen. Das Kriterium für die (relative) Vorteilhaftigkeit der ersten Anlage lautet dann:

> **Gleichung (3.5)**
> **Gewinnkriterium**
>
> $$G_I > G_{II}$$

---

[93] Vgl. *Zischg, K.*: Investitionsrechnung in erwerbswirtschaftlichen Unternehmen, S. 71.

3. Ersatzproblem

Zur Beantwortung der Frage „Weiterbetrieb oder Sofortersatz?" vergleichen Sie den durchschnittlichen Jahresgewinn vor Durchführung der Ersatzinvestition mit dem nach Durchführung der Ersatzinvestition und entscheiden sich für die gewinngünstigere Variante.

3.3.2 Durchführung der Gewinnvergleichsrechnung

Die Gewinnvergleichsrechnung wird am häufigsten und am zweckmäßigsten zur Durchführung eines **Alternativenvergleichs** eingesetzt. Die folgenden Beispiele gehen ausschließlich auf diese Entscheidungssituation ein.

Für praktische Berechnungen ist das Gewinnkriterium dann folgendermaßen zu formulieren:

$$E_I - K_I > E_{II} - K_{II}$$

oder

Gleichung (3.6)

$R = 0$	$p_I x_I - B_I - \dfrac{A_I}{n_I} - \dfrac{A_I}{2} \cdot i \;>\; p_{II} x_{II} - B_{II} - \dfrac{A_{II}}{n_{II}} - \dfrac{A_{II}}{2} \cdot i$
$R_I > 0;$ $R_{II} > 0$	$p_I x_I - B_I - \dfrac{A_I - R_I}{n_I} - \dfrac{A_I + R_I}{2} \cdot i \;>\; p_{II} x_{II} - B_{II} - \dfrac{A_{II} - R_{II}}{n_{II}} - \dfrac{A_{II} + R_{II}}{2} \cdot i$

Symbole		
E	=	Erträge (€/Jahr)
K	=	Kosten (€/Jahr)
p	=	Stückpreis (€/LE)
x	=	Menge (LE/Jahr)
B	=	Betriebskosten (€/Jahr)
R	=	Restwert (€)
A	=	Anschaffungskosten (€)
n	=	Lebensdauer (Jahre)
i	=	Kalkulationszinssatz (%)
Index I	=	erste Anlage
Index II	=	zweite Anlage

Statische Verfahren

Da die Betriebskosten in Bezug auf die Menge variabel und die Kapitalkosten in Bezug auf die Stückzahl fix sind, kann man statt Gleichung (3.12) auch schreiben[94]:

$$p_I x_I - k_{vI} x_I - K_{fI} > p_{II} x_{II} - k_{vII} x_{II} - K_{fII}$$

Symbole		
k_v	=	variable Kosten je Stück (€/LE)
K_f	=	Fixkosten (€/Jahr)

3045 **BEISPIEL:** Gewinnvergleich zwischen Maschinensatz und Lichtsatz

In einer Druckerei wird erwogen, zusätzlich eine Setzabteilung einzurichten. Zwei Verfahren, Maschinensatz und Lichtsatz, kommen in die engere Auswahl. Die beiden Verfahren können folgendermaßen charakterisiert werden:

ABB. 63:	Gewinnvergleich zweier Verfahren	
Verfahren	Maschinensatz	Lichtsatz
Fixkosten je Monat (€/Monat)	2.000	5.000
Variable Kosten je Setzeinheit (€)	4	2
Innerbetrieblicher Verrechnungspreis je Einheit (€)	7	7
Kapazität (Setzeinheiten je Monat)	1.600	2.000

Bei welcher Anzahl Setzeinheiten je Monat sind beide Verfahren gleich vorteilhaft? Welches Verfahren ist wirtschaftlicher, wenn die geplante Beschäftigung 1.200 (1.800) Setzeinheiten je Monat beträgt? Wie hoch ist jeweils der Gewinn?

Lösung:

Bezeichnet man die Anzahl Setzeinheiten mit x, so kann man die beiden Verfahren (Maschinensatz und Lichtsatz) durch folgende Gewinnfunktionen kennzeichnen:

Gewinn = Leistung - Kosten

Gewinn = Preis · Menge - Fixkosten - variable Kosten

Maschinensatz: $G_I = 7x - 2.000 - 4x$ ($x_{max} = 1.600$)

$G_I = 3x - 2.000$

Lichtsatz: $G_{II} = 7x - 5.000 - 2x$ ($x_{max} = 2.000$)

$G_{II} = 5x - 5.000$

Abb. 64 zeigt die zum Maschinen- bzw. Lichtsatz gehörenden Gewinnfunktionen. Man erkennt, dass der Gewinn für beide Verfahren bei der kritischen Menge $x_{kr} = 1.500$ gleich ist.

Rechnerisch erhält man x_{kr}, indem man den Gewinn beider Investitionsmöglichkeiten gleichsetzt und die Gleichung nach x_{kr} auflöst:

$$5x_{kr} - 5.000 = 3x_{kr} - 2.000$$
$$2x_{kr} = 3.000$$
$$x_{kr} = 1.500 \text{ (LE/Monat)}$$

---

94 Eine analoge Schreibweise wäre auch bei (3.) und (3.4) möglich.

ABB. 64: Gewinnvergleich

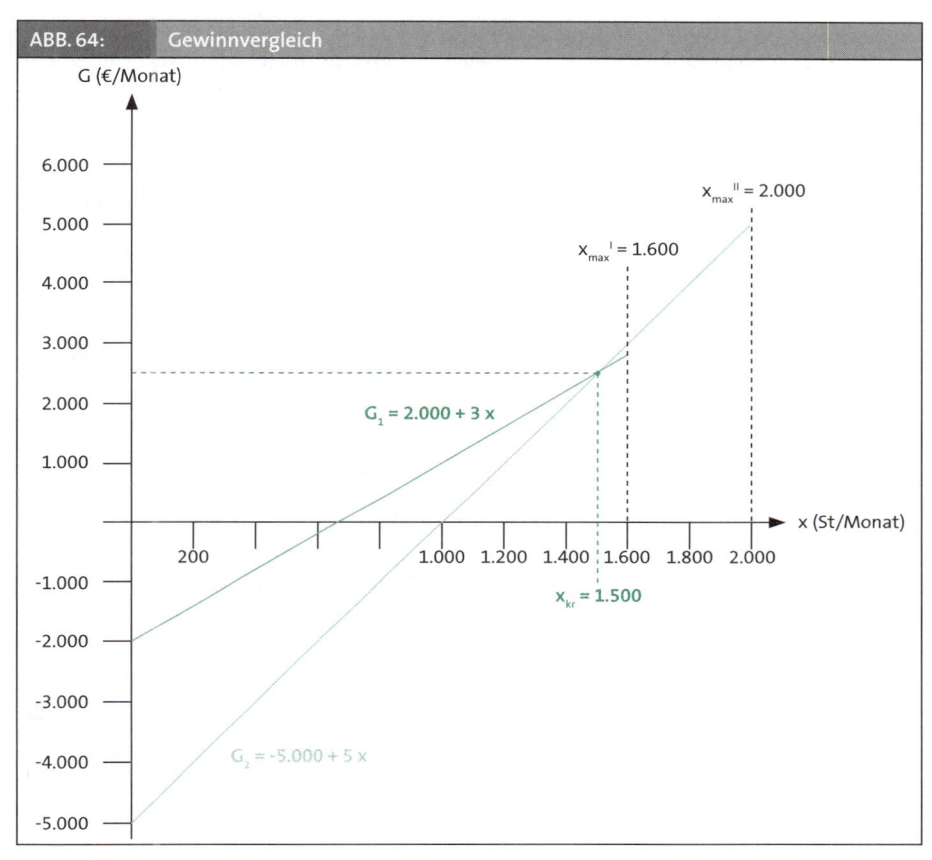

G (€/Monat) axis with values from -5.000 to 6.000; x (St/Monat) axis with values up to 2.000.

$x_{max}^{II} = 2.000$

$x_{max}^{I} = 1.600$

$G_1 = 2.000 + 3x$

$x_{kr} = 1.500$

$G_2 = -5.000 + 5x$

Ergebnis:

Bei 1.500 LE/Monat sind beide Verfahren gleichwertig. Bei der niedrigeren Beschäftigung von 1.200 Setzeinheiten pro Monat ist der Maschinensatz wirtschaftlicher. Man erhält hier einen Gewinn von $G_I = 31.200 - 2.000 = 1.600$ €.

Bei einer monatlichen Beschäftigung von 1.800 Einheiten sind sowohl der kritische Wert von 1.500 als auch die Kapazitätsgrenze des Maschinensatzes von 1.600 LE/Monat überschritten. Somit kommt nur der Lichtsatz infrage. Es ergibt sich ein Gewinn von $G_{II} = 51.800 - 5.000 = 4.000$ €.

3.3.3 Kritik der Gewinnvergleichsrechnung

Der Aussagewert der statischen Investitionsrechnungsverfahren darf nicht überschätzt werden. Insbesondere darf die starke Verbreitung, die die statischen Verfahren noch immer in der Praxis haben, nicht als Indiz für ihre Richtigkeit oder Zweckmäßigkeit gewertet werden. Die statischen Investitionsrechnungsverfahren enthalten systematische Fehler, die in der betrieblichen Praxis zu Fehlentscheidungen (d. h. zu Gewinnminderungen bzw. zu Verlusterhöhungen) führen können.

KAPITEL 3 Statische Verfahren

Die Gewinnvergleichsrechnung hat gegenüber der Kostenvergleichsrechnung den Vorteil größerer Anwendungsbreite, weil sie auch bei ertragsändernden Investitionen einsetzbar ist. Die **Nachteile der Kostenvergleichsrechnung und der statischen Investitionsrechnungsverfahren** allgemein bleiben jedoch in vollem Umfang bestehen:

- unzweckmäßige Rechnungselemente,
- keine Einzelschätzung, sondern einperiodischer Vergleich oder Durchschnittsbildung,
- keine finanzmathematische Basis,
- unvollkommene Erfassung der Zeitpräferenz im approximativen Kapitaldienst,
- Gefahr von Anwendungsfehlern beim Ersatzproblem, wenn der Kapitaldienst der Altanlage als entscheidungsrelevant betrachtet wird.

MERKE

Die **Gewinnvergleichsrechnung** eignet sich auch zur Erfassung von Erweiterungsinvestitionen. Im Übrigen weist sie alle Nachteile der Kostenvergleichsrechnung auf.

3055 Im folgenden Beispiel soll gezeigt werden, wie sich die genannten Nachteile, die allgemein, d. h. für alle statischen Methoden gelten, auf die betriebliche Entscheidungsfindung auswirken. Da die Gewinnvergleichsrechnung eine Erweiterung der Kostenvergleichsrechnung darstellt, gelten die für die Gewinnvergleichsrechnung festzustellenden Nachteile für die Kostenvergleichsrechnung analog.

3056 **BEISPIEL:** Fehlentscheidungen bei Anwendung der Gewinnvergleichsrechnung

Einem Unternehmer bieten sich zu Beginn der Planungsperiode zwei Investitionen, die durch folgende Zeitbilder gekennzeichnet sind:

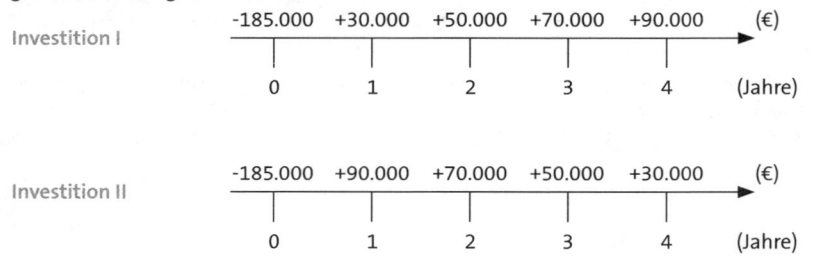

Investition I: -185.000 | +30.000 | +50.000 | +70.000 | +90.000 (€)
Jahre: 0 | 1 | 2 | 3 | 4

Investition II: -185.000 | +90.000 | +70.000 | +50.000 | +30.000 (€)
Jahre: 0 | 1 | 2 | 3 | 4

Der Investor rechnet mit einem Kalkulationszinssatz von 10 %. Es ist davon auszugehen, dass die jährlichen Nettoeinzahlungen identisch mit den Jahresgewinnen sind.

Ist Investition I (II) vorteilhaft, wenn man

a) die primitive Gewinnvergleichsrechnung,
b) die verbesserte Gewinnvergleichsrechnung,
c) die Kapitalwertmethode,
d) finanzmathematische Mittelwerte zugrunde legt?

Lösung a):

Wer töricht genug ist, das Erstjahr automatisch als repräsentativ zu betrachten und die Informationen über die Folgeperioden zu ignorieren, kommt rasch zu dem Ergebnis, dass sich Investition I (Gewinn der Repräsentativperiode: 30.000 - (185.000 : 4) - (185.000 : 2) · 0,10 = -25.500 €) nicht lohnt, während Investition II (Gewinn der Repräsentativperiode: 90.000 - (185.000 : 4) - (185.000 : 2) · 34.500 €) vorteilhaft ist.

Lösung b):

Wer den groben Fehler, das Erstjahr als repräsentativ zu betrachten, vermeidet und die Entscheidung stattdessen an arithmetischen Durchschnittswerten orientiert, gelangt bei beiden Varianten zu einem positiven Ergebnis – ist doch der Durchschnitt der nach dem Zeitpunkt 0 anfallenden Zahlungen jeweils 60.000 €. Der durchschnittliche Gewinn der Investition I und der Investition II berechnet sich somit wie folgt: 60.000 - (185.000 : 4) - (185.000 : 2) · 0,10 = 4.500 €.

Lösung c):

Es ist offenkundig, dass die Mittelwertbildung nach Methode b) die Zeitpräferenz nicht ausreichend berücksichtigt. Sie geben im vorliegenden Fall sicher der Investition II den Vorzug, da hier die hohen Beträge mit positivem Vorzeichen vergleichsweise früh anfallen. Will man aber den zeitlichen Unterschied im Zahlungsanfall korrekt berücksichtigen, so ist eine dynamische Rechnung unerlässlich. Diese zeigt, dass beim Kalkulationszinssatz von $i = 0,10 = 10\,\%$ nur Investition II wirtschaftlich ist.

ABB. 65:	Ermittlung der Kapitalwerte			
Jahresgewinn bzw. jährliche Nettoeinzahlung		Abzinsungsfaktor	Gegenwartswerte (€)	
Investition I	Investition II	(i = 0,10)	Investition I	Investition II
30.000	90.000	0,909091	27.273	81.818
50.000	70.000	0,826446	41.322	57.851
70.000	50.000	0,751315	52.592	37.566
90.000	30.000	0,683013	61.471	20.490
Summe aller Gegenwartswerte			182.658	197.725
Anschaffungsauszahlung			185.000	185.000
Kapitalwert			-2.342	12.725

Lösung d):

Wer mit Mittelwerten arbeiten will, muss diese dynamisch errechnen. Das kann im vorliegenden Fall geschehen, indem Sie die Summe der Gegenwartswerte K_0 mit Hilfe des Kapitalwiedergewinnungsfaktors (also unter Berücksichtigung von Zins- und Zinseszins) gleichmäßig auf die vier Laufzeitjahre verteilen. Sie erhalten finanzmathematische Mittelwerte von 57.622 € (Investition I) bzw. 62.376 € (Investition II), die Sie jeweils mit dem Kapitaldienst abgleichen können.

Investition	Finanzmathematischer Mittelwert		$K_0 \cdot$ KWF		Ergebnis (€)
I	Finanzmathematischer Mittelwert	=	182.654 · 0,315471	=	57.622
II	Finanzmathematischer Mittelwert	=	197.722 · 0,315471	=	62.376
I und II		=	185.000 · 0,315471	=	58.362

Ergebnis:

Die Kapitalwertmethode zeigt: Nur Investition II ist vorteilhaft. Zu diesem Ergebnis gelangen Sie auch, wenn Sie die finanzmathematischen Mittelwerte zugrunde legen:

Investition I:	57.622 - 58.362	=	-740 €
Investition II:	62.376 - 58.362	=	4.014 €

Die Gewinnvergleichsrechnung kann zu Fehlentscheidungen führen, weil sie von einer willkürlichen Repräsentativperiode oder unzweckmäßigen Durchschnittswerten ausgeht. Sie muss daher als für die Praxis untauglich abgelehnt werden.

3057 Im Einzelnen fallen bei der Kosten- und Gewinnvergleichsrechnung auf der Basis der Ingenieurformel folgende **Schwachstellen** auf:

▶ Verwendung von sehr ungenauen approximativen Kapitaldiensten anstelle der genauen Werte,

▶ Nutzung von Kosten und Leistungen anstelle von Aus- und Einzahlungen,

▶ kein Vergleichbarmachen der zu unterschiedlichen Zeitpunkten anfallenden Zahlungen durch korrektes Auf- oder Abzinsen,

▶ keine Einzelschätzung der künftigen Zahlungsgrößen,

▶ möglicherweise falsche Lösung des Ersatzproblems.

Diese Schwachstellen sind, betrachtet man obiges Beispiel, offenkundig. Und Sie, liebe Leser, sind sich sicher, dass Sie diese Fehler garantiert nicht machen werden. Es gibt aber in der Bundesrepublik viele Unternehmungen, deren Investitionsrechnung diesem Standard immer noch entspricht.

3.4 Rentabilitätsrechnung

3.4.1 Rentabilitätskriterium und Entscheidungssituationen

3060 MERKE

Rentabilität ist der Quotient von Gewinn und Kapital.

oder

Rentabilität ist das Verhältnis des Gewinns, des Gewinnzuwachses oder der Kostenabnahme zu jenem Kapital, das eingesetzt werden muss, um einen der genannten Effekte zu erzielen[95].

Im Rahmen der statischen Rentabilitätsrechnung setzt man den Gewinn pro Jahr einer Investition ins Verhältnis zum durchschnittlich gebundenen Kapital. Da man beide Begriffe – „Gewinn pro Jahr" und „durchschnittlich gebundenes Kapital" – ganz unterschiedlich definieren kann, ergeben sich in der betrieblichen Praxis viele verschiedene

---

95 So auch: *Seicht, G.*: Investition und Finanzierung, S. 34 f.

Varianten der Rentabilitätsrechnung. So berichtet *Terborgh* von einer Arbeitstagung, an der sachverständige Mitglieder aus 14 Unternehmungen teilnahmen. Dabei ergab es sich, dass von allen 14 Unternehmungen eine andere Variante der statischen Rentabilitätsrechnung zur Beurteilung von Investitionen herangezogen wurde[96].

Die Rentabilitätsrechnung erfreut sich unter den statischen Methoden nach der Kostenvergleichsrechnung der größten Beliebtheit: 44 % der antwortenden Großunternehmungen berechneten 1996 die Vorteilhaftigkeit von Investitionen nach deren Rentabilität (vgl. Rdnr. 1055). Bei den Mittelständlern ist die Rentabilitätsrechnung mit einer Verbreitung von 47 % die Nummer Eins (vgl. Rdnr. 1055) vor interner Zinsfuß-Methode (44 %) und Kapitalwertmethode (40 %). 2018 hat sich an dieser Reihenfolge nichts geändert[97]. Die Rentabilität wird bei unterschiedlichen Entscheidungssituationen (Einzelinvestition, Alternativenvergleich, Ersatzproblem) eingesetzt:

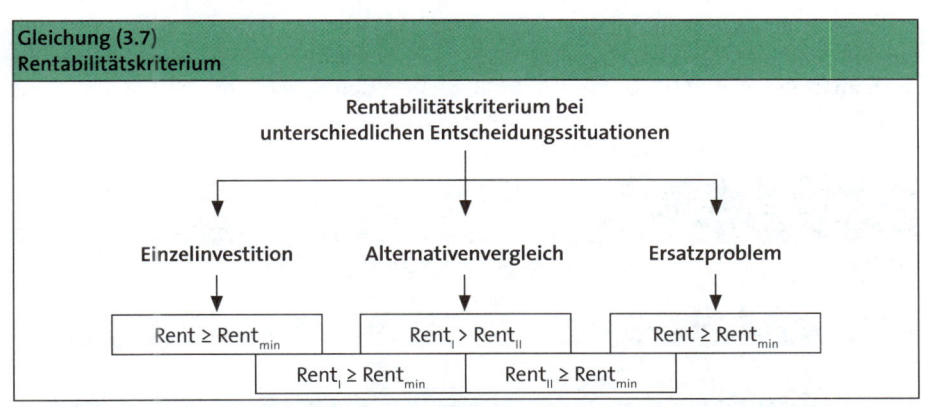

Gleichung (3.7)
Rentabilitätskriterium

Rentabilitätskriterium bei unterschiedlichen Entscheidungssituationen

Einzelinvestition	Alternativenvergleich	Ersatzproblem
$Rent \geq Rent_{min}$	$Rent_I > Rent_{II}$	$Rent \geq Rent_{min}$
	$Rent_I \geq Rent_{min}$	$Rent_{II} \geq Rent_{min}$

Symbole

Rent	=	tatsächliche Rentabilität (%)
$Rent_{min}$	=	Mindestrentabilität (%)
Index I	=	erste Anlage
Index II	=	zweite Anlage

Die Mindestrentabilität ist ein subjektiver, von der Unternehmungsleitung vorgegebener Wert. Er ähnelt dem Kalkulationszinssatz und wird verglichen mit der tatsächlichen Rentabilität eines bestimmten Objekts.

▶ Bei einer **Einzelinvestition** ist das Rentabilitätskriterium erfüllt, wenn ihre Rentabilität den vorgegebenen Mindestwert nicht unterschreitet.

▶ Beim **Alternativenvergleich** entscheidet man sich für das Objekt mit der höheren Rentabilität, wobei nur solche Investitionen in den Vergleich einbezogen werden dürfen, deren Rentabilität den Mindestwert nicht unterschreitet.

---

96 Vgl. *Terborgh, G.*: Leitfaden der betrieblichen Investitionspolitik, S. 68.
97 Vgl. *Zischg, K.*: Investitionsrechnung in erwerbswirtschaftlichen Unternehmen, S. 71.

► Im Rahmen des **Ersatzproblems** schließlich gelten diejenigen Objekte als vorteilhaft, deren Minderkosten eine entsprechende Rentabilität des Kapitaleinsatzes gewährleisten.

3067 In Literatur und Praxis sind für die Rentabilitätsrechnung auch andere Bezeichnungen üblich, wie z. B. Renditemethode, Rentabilitätsvergleich, Return on Investment (ROI). Entsprechend uneinheitlich sind die Bezeichnungen für das Rechenergebnis: durchschnittliche jährliche Verzinsung des eingesetzten Kapitals, Rentabilität, Wirtschaftlichkeitskennzahl, statische Rendite, Rendite, interner Zinssatz, interne Verzinsung. Es muss darauf hingewiesen werden, dass die drei letztgenannten Begriffe im Zusammenhang mit einer statischen Rechnung nicht verwendet werden dürfen: Der (dynamisch ermittelte) interne Zinssatz einer Investition ist in aller Regel verschieden von der (statisch berechneten) Rentabilität.

Die **statische Methode der Rentabilitätsrechnung** darf also keineswegs mit der dynamischen internen Zinsfuß-Methode verwechselt werden. Im Unterschied zur internen Zinsfuß-Methode, die die Effektivverzinsung der Investition, bezogen auf die jeweils noch ausstehenden Beträge sowie unter Berücksichtigung von Ein- und Auszahlungen und deren zeitlicher Verteilung angibt, ermittelt die statische Rentabilitätsrechnung die durchschnittliche jährliche Verzinsung des eingesetzten Kapitals.

Gleichung (3.8)
Erweiterungsinvestitionen
$$\text{Rent} = \frac{\text{Gewinn (€/Jahr)}}{\text{Kapitaleinsatz (€)}}$$
Rationalisierungsinvestitionen
$$\text{Rent} = \frac{\text{Minderkosten (€)}}{\text{Kapitaleinsatz (€)}}$$

Bei Erweiterungsinvestitionen und im Rahmen des Alternativenvergleichs bezieht man den Gewinn des jeweiligen Objekts auf seinen Kapitaleinsatz. Bei Rationalisierungsinvestitionen werden die Minderkosten einer Neuanlage im Vergleich zu den Kosten der zu ersetzenden Maschine durch den Kapitaleinsatz dividiert. Sachlich gibt es zwischen den beiden Ansätzen keinen Unterschied, da die Minderkosten unmittelbar zu entsprechenden Gewinnsteigerungen führen.

$$\text{Rent} = \frac{\triangle G}{DGK}$$

Symbole		
$\triangle G$	=	investitionsbedingte Gewinnveränderung
DGK	=	durchschnittlich gebundenes Kapital

3.4.2 Ermittlung von Kapitaleinsatz und Rentabilität

In der Praxis ist die Bestimmung der korrekten Höhe des Kapitaleinsatzes (= durchschnittlich gebundenes Kapital) problematisch. Die Festlegung erfolgt oft pauschal. Dabei werden z. B. folgende Methoden genannt:

▶ **Kapitaleinsatz = volle Anschaffungsauszahlung:**

Einige Unternehmungen setzen die gesamten Investitionsauszahlungen als Kapitaleinsatz an. Meist ist das sachlich nicht gerechtfertigt (Ausnahme: R = A): Die auf der Grundlage der vollen Anschaffungsauszahlung ermittelte Rentabilität stellt keine Durchschnittsverzinsung dar, sondern gibt nur die Verzinsung des ersten Nutzungsjahres an.

▶ **Kapitaleinsatz = Hälfte des Investitionsbetrags:**

Das kann dann eine sinnvolle Lösung sein, wenn sich das investierte Kapital während der Nutzungsdauer kontinuierlich vermindert und der Restwert gleich Null ist. Bei einem positiven Restwert ist das durchschnittlich gebundene Kapital höher als A/2. Ferner ist das durchschnittlich gebundene Kapital auch dann höher als A/2, wenn es sich im Zeitablauf jeweils am Jahresende (und nicht kontinuierlich) vermindert.

▶ **Kapitaleinsatz = jeweiliger Restwert/Buchwert:**

Bemisst man den Kapitaleinsatz nach der Höhe des jeweiligen Restwertes oder Buchwertes pro Periode, dann erhält man häufig im Zeitablauf steigende Jahresrentabilitäten: Der Restwert/Buchwert nimmt von Jahr zu Jahr ab, es sinkt die Größe, durch die man den Periodengewinn dividiert. Aus den unterschiedlichen (im Regelfall wachsenden) Jahresrentabilitäten können Sie einen Durchschnittswert errechnen.

Die drei Beispiele zeigen, dass man den Kapitaleinsatz am besten nicht pauschal und schematisch errechnet, sondern unter Berücksichtigung der Umstände des Einzelfalls. Dabei sind, wie die nachfolgende Übersicht zeigt, fünf Fälle zu unterscheiden[98].

---

98 So auch: *Blohm, H./Lüder, K.*: Investition, S. 168 ff.

KAPITEL 3 — Statische Verfahren

ABB. 66: Ermittlung des durchschnittlich gebundenen Kapitals

Zahlungsverlauf	Durchschnittliches gebundenes Kapital (DGK)
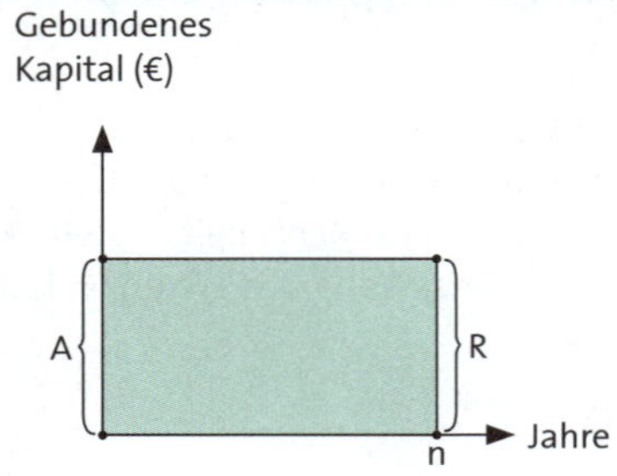 Gebundenes Kapital (€); Verlauf als Rechteck von A bis R über n Jahre	**Fall I:** Gebundenes Kapital wird nach n Jahren wiedergewonnen; $R = A$. $$DGK = A \qquad (3.23)$$
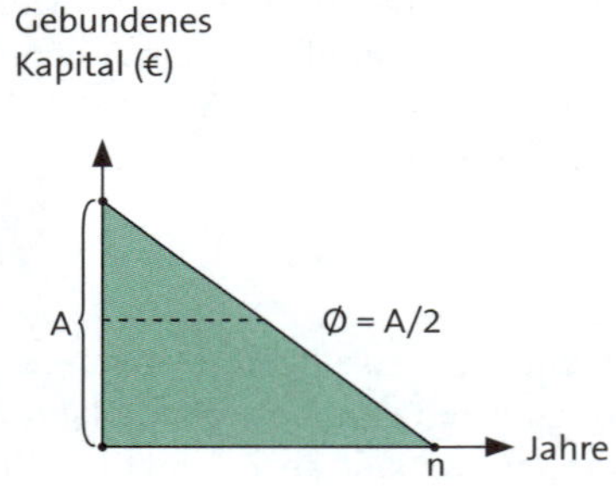 Gebundenes Kapital (€); Dreieck von A auf 0 abfallend, $\varnothing = A/2$	**Fall II:** Gebundenes Kapital wird kontinuierlich vermindert; $R = 0$. $$DGK = \frac{A}{2} \qquad (3.24)$$
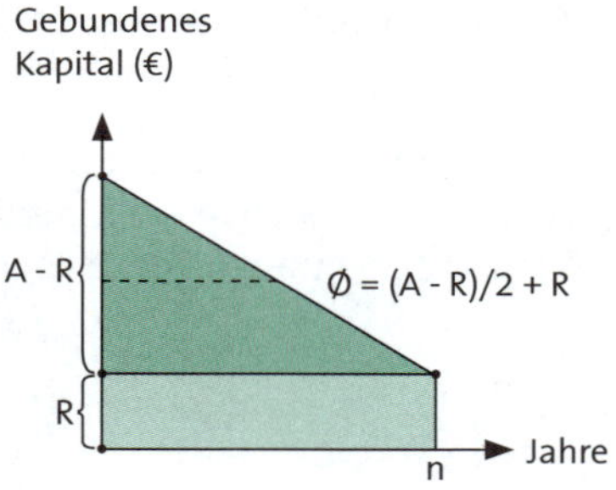 Gebundenes Kapital (€); Dreieck von $A-R$ auf R abfallend, $\varnothing = (A-R)/2 + R$	**Fall III:** Gebundenes Kapital wird kontinuierlich vermindert; $R > 0$. $$DGK = \frac{A-R}{2} + R = \frac{A+R}{2} \qquad (3.25)$$

Rentabilitätsrechnung — KAPITEL 3

Zahlungsverlauf	Durchschnittliches gebundenes Kapital (DGK)
Fall IV: Gebundenes Kapital (€), Dreiecksverlauf von A über 4 Jahre auf 0, Ø = A/2 · 5/4	**Fall IV:** Gebundenes Kapital wird am Jahresende vermindert; R = 0. $$DGK = \frac{\text{Summe aller Restwerte (S)}}{\text{Anzahl Jahre (n)}}$$ $$S = A + (A - A \cdot \frac{1}{n}) + (A - A \cdot \frac{2}{n}) + \ldots + (A - A \cdot \frac{n-1}{n})$$ Für arithmetische Reihen gilt die Summenformel: $$S = \frac{n}{2} \cdot (1.\,\text{Glied} + n.\,\text{Glied})$$ $$S = \frac{n}{2}\left[A + (A - A \cdot \frac{n-1}{n})\right]$$ $$DGK = \frac{S}{n} = \frac{A}{2} \cdot (2 - \frac{n-1}{n})$$ $$DGK = \frac{A}{2} \cdot \frac{2n - n + 1}{n}$$ $$DGK = \frac{A}{2} \cdot \frac{n+1}{n} \quad (3.26)$$
Fall V: Gebundenes Kapital (€), Dreieck A−R über 4 Jahre, Sockel R, Ø = (A−R)/2 · 5/4 + R	**Fall V:** Gebundenes Kapital wird am Jahresende vermindert; R > 0. $$DGK = \frac{A - R}{2} \cdot \frac{n+1}{2} + R \quad (3.27)$$

BEISPIEL: ▶ **Rentabilität bei unterschiedlichen Berechnungsweisen** 3077

Die Apparatebau KG plant den Kauf einer mobilen Schleifmaschine, die zusätzliche Nettoeinzahlungen von 50.000 € während ihrer fünfjährigen Nutzungsdauer jährlich einbringt. Der Zusatzgewinn pro Jahr beläuft sich wegen der Abschreibungen von 20.000 € auf 30.000 €. Der Restwert ist null.

a) Welchen Wert hat die Rentabilität dieser Rationalisierungsinvestition, wenn Sie von folgenden Berechnungsweisen ausgehen:
  1. DGK = volle Anschaffungsauszahlung,
  2. DGK = halbe Anschaffungsauszahlung,
  3. DGK = Mittelwert des jeweils zum Jahresanfang gebundenen Kapitals,
  4. Rentabilität = Mittelwert der Jahresrentabilitäten?

b) Welcher interne Zinssatz lässt sich errechnen?

Lösung a):

1. DGK = volle Anschaffungsauszahlung

Sie beziehen den zusätzlichen Gewinn auf den gesamten Investitionsbetrag und erhalten:

$$\text{Rent}_I = \frac{\triangle G}{DGK} = \frac{\triangle G}{A} = \frac{30.000}{100.000} = 0{,}03 = 30\ (\%)$$

2. DGK = halbe Anschaffungsauszahlung

Sie beziehen den zusätzlichen Gewinn auf den halben Investitionsbetrag. Es ergibt sich eine Rentabilität von:

$$\text{Rent}_{II} = \frac{\triangle G}{DGK} = \frac{\triangle G}{\frac{1}{2}A} = \frac{30.000}{50.000} = 0{,}60 = 60\ (\%)$$

3. DGK = Mittelwert des jeweils zum Jahresanfang gebundenen Kapitals

Geht man von einer jeweils am Periodenende stattfindenden gleichmäßigen Verminderung des jeweils gebundenen Kapitals aus, dann gibt es zwei Methoden zur Rentabilitätsberechnung:

1. Methode:

$$\text{Rent}_{III} = \frac{\triangle G}{DGK} = \frac{\triangle G}{\frac{A + R_1 + R_2 + R_3 + R_4}{5}}$$

$$\text{Rent}_{III} = \frac{30.000}{\frac{100.000 + 80.000 + 60.000 + 40.000 + 20.000}{5}}$$

$$\text{Rent}_{III} = \frac{30.000}{\frac{300.000}{5}} = 0{,}50 = 50\ (\%)$$

2. Methode:

$$\text{Rent}_{III} = \frac{\triangle G}{DGK} = \frac{\triangle G}{\frac{A}{2} \cdot \frac{n+1}{n}} = \frac{30.000}{50.000 \cdot \frac{6}{5}} = \frac{30.000}{60.000} = 0{,}50 = 50\ (\%)$$

4. Rentabilität = Mittelwert der Jahresrentabilitäten

Geht man von einer linearen Abschreibung über die fünfjährige Nutzungsdauer aus, so ergeben sich folgende Buchwerte und Jahresrentabilitäten:

Jahr	Buchwert zum Jahresbeginn	Jahresrentabilitäten
1	100.000	30.000 : 100.000 = 0,300
2	80.000	30.000 : 80.000 = 0,375
3	60.000	30.000 : 60.000 = 0,500
4	40.000	30.000 : 40.000 = 0,750
5	20.000	30.000 : 20.000 = 1,500

Zur Berechnung der durchschnittlichen Rentabilität wird das arithmetische Mittel der einzelnen Jahresrentabilitäten ermittelt:

$$\text{Rent}_{IV} = \frac{0{,}30 + 0{,}375 + 0{,}50 + 0{,}75 + 1{,}50}{5} = \frac{3{,}425}{5} = 0{,}685 = 68{,}5\ (\%)$$

Dieser Wert ist problematisch, da das im Objekt gebundene Kapital von Jahr zu Jahr abnimmt. Gewichtet man die Jahresrentabilitäten mit den Buchwerten zum Jahresbeginn, dann ergibt sich:

$$\text{Rent}_{IV} = \frac{0{,}30 \cdot 1{,}0 + 0{,}375 \cdot 0{,}8 + 0{,}50 \cdot 0{,}6 + 0{,}75 \cdot 0{,}4 + 1{,}50 \cdot 0{,}2}{5} = 0{,}30 = 30\ (\%)$$

Dividiert man nicht durch die Zahl der Fälle, sondern durch die Summe der Gewichte (1,0 + 0,8 + 0,6 + 0,4 + 0,2 = 3), dann erhält man:

$\text{Rent}_{IV} = 1{,}5 : 3 = 0{,}50 = 50\ (\%)$

Lösung b):

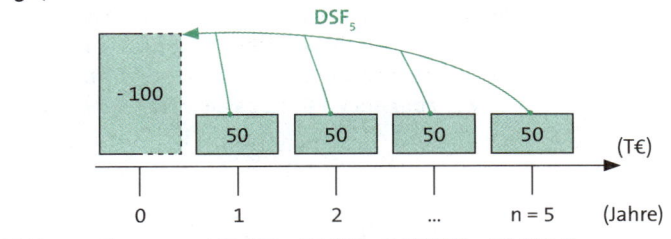

DSF_5

-100

50 50 50 50 (T€)

0   1   2   ...   n = 5   (Jahre)

$i_1 = 30\ \% \rightarrow C_{0,1} = -100.000 + 50.000 \cdot 2{,}435570 = 21.799\ €$

$i_2 = 40\ \% \rightarrow C_{0,2} = -100.000 + 50.000 \cdot 2{,}035164 = 1.758\ €$

$$r = i_1 - C_{0,1} \cdot \frac{i_2 - i^1}{C_{0,2} - C_{0,1}} = 30 - 21.779 \cdot \frac{10}{1.758 - 21.799} = 30 + \frac{217.790}{20.021} = 40{,}88\ (\%)$$

Ergebnis:

Die statische Rentabilität beläuft sich je nach Methode auf 30 %, 60 %, 50 % oder 68,5 %. Sie hängt wesentlich von der Quantifizierung des Kapitaleinsatzes und der gewählten Berechnungsmethode ab. Sie unterscheidet sich in allen Fällen wesentlich von dem dynamisch errechneten internen Zinssatz von 40,88 %. Die Rentabilitätsrechnung bietet im Regelfall keine gute Näherungslösung für die Effektivverzinsung einer Investition.

3.4.3 Kritik der Rentabilitätsrechnung

In der betrieblichen Praxis wird meist schematisch eine bestimmte Methode zur Quantifizierung des Kapitaleinsatzes auf alle Investitionsvorhaben angewendet. Dabei dominiert der Ansatz **DGK = A/2**. Man geht also in aller Regel nicht auf die speziellen Gegebenheiten des Einzelfalls ein, wodurch sich ein Fehlerrisiko in der oben beschriebenen Größenordnung von mehreren Prozentpunkten ergibt. Selbst wenn das durchschnittlich gebundene Kapital unter Berücksichtigung der Umstände des Einzelfalls korrekt ermittelt sein sollte, stellt es nur eine grobe Annäherung an die tatsächlich zu verzinsende Kapitalbasis – die jeweils noch im Objekt gebundenen (noch wiederzugewinnenden) Beträge – dar.

Hinzu kommt, dass der bei der Rentabilitätsbestimmung zu verwendende Gewinnbegriff verschieden interpretiert wird. Strittig ist in der Praxis die Berücksichtigung von kalkulatorischen Zinsen und kalkulatorischen Abschreibungen. Die Verwendung des Begriffs „Gewinn" impliziert ferner die Verwendung unzweckmäßiger Rechnungselemente (Umsatz und Kosten). Die Annahme eines im Zeitablauf konstanten durchschnittlichen Gewinns wird – insbesondere bei Großinvestitionen – nicht allen Praxisfällen gerecht. So kann es beim Vergleich zweier Investitionen zu gravierenden Fehlentscheidungen kommen, wenn die Gewinnentwicklung bei beiden Objekten in unterschiedlicher Richtung verläuft. Wenn Sie diese Kritikpunkte berücksichtigen, dann liegt die Schlussfolgerung nahe, dass man betriebliche Investitionsentscheidungen besser am internen Zinssatz orientieren sollte. Er erfasst korrekt die zeitlichen Unterschiede im Zahlungsanfall, basiert auf den richtigen Rechnungselementen (Zahlungen) und nutzt die jeweils noch ausstehenden, im Objekt gebundenen Beträge als Verzinsungsbasis.

Zusammenfassung

Bitte kreuzen Sie die am ehesten zutreffende Aussage an. 3100

Investitionsvolumen In unserem Betrieb führen wir ...		Punkte
▶	ausschließlich Kleininvestitionen mit einer Anschaffungsauszahlung von unter 20.000 € durch.	0
▶	auch mittlere Investitionen mit einer Anschaffungsauszahlung bis 200.000 € durch.	20
▶	auch Großinvestitionen mit einer Anschaffungsauszahlung von über 200.000 € durch.	30

Schätzgenauigkeit Wir können die Werte der mit einem Investitionsobjekt verbundenen Zahlungen normalerweise für die ersten fünf Jahre ...		Punkte
▶	recht genau angeben.	20
▶	einigermaßen genau angeben.	10
▶	nur sehr grob schätzen.	0

Konstanz der Zahlungen Die mit unseren Investitionen verbundenen Zahlungen sind im Zeitablauf ...		Punkte
▶	ziemlich konstant.	0
▶	mäßig schwankend.	10
▶	sehr stark schwankend.	20

Fristigkeit In unserem Betrieb dominieren Investitionsobjekte mit Laufzeiten von ...		Punkte
▶	bis zu 2 Jahren.	0
▶	bis zu 4 Jahren.	10
▶	über 4 Jahren.	20

Zinssatz Bei unseren Investitionen rechnen wir üblicherweise mit einem ...		Punkte
▶	Zinssatz von 0 %.	0
▶	Zinssatz von ca. 5 %.	20
▶	Zinssatz von ca. 10 %.	30

Mathematik In unserem Betrieb werden ...		Punkte
▶	alle Methoden abgelehnt, die mehr als die Kenntnis der vier Grundrechenarten verlangen.	0
▶	auch finanzmathematische Methoden akzeptiert, bei denen man Rechner und/oder Taschenrechner einzusetzen hat.	20
▶	Investitionsprogramme mit Hilfe der EDV erstellt.	30

KAPITEL 3 — Statische Verfahren

Ihre Gesamtpunktzahl	
Auswertung	
0 bis 40 Punkte: Sie dürfen gern weiterhin statisch rechnen.	
Über 40 Punkte: Sie sollten dringend dynamisch rechnen.	

▶ Statische Verfahren

Als statische Verfahren bezeichnet man die Kostenvergleichsrechnung, Gewinnvergleichsrechnung, Amortisationsrechnung und die Rentabilitätsrechnung. Sie spielen in der ökonomischen Theorie heute keine Rolle mehr. Ihre praktische Bedeutung ist aber noch erheblich.

Schwachstellen der statischen Betrachtungsweise:

- keine finanzmathematische Basis und deshalb keine oder nur unvollkommene Erfassung der Zeitpräferenz durch Auf- oder Abzinsen (nur approximativer Kapitaldienst),
- unzweckmäßige Rechnungselemente (Kosten und Leistungen anstelle von Zahlungen),
- keine Einzelschätzung, sondern ein periodischer Vergleich oder Durchschnittsbildung.

▶ Kostenvergleichsrechnung

Kostenkriterium beim Alternativenvergleich: Die Investition mit den geringeren Jahreskosten ist wirtschaftlicher. Oder: Die Investition mit geringeren Stückkosten ist vorteilhafter.

Neben den allgemeinen Schwachstellen der statischen Verfahren zusätzliche Schwachstellen:

- Beschränkung auf Kostenseite; Leistungsseite bleibt unberücksichtigt,
- Beschränkung auf Rationalisierungsinvestitionen – nicht anwendbar bei Erweiterungsinvestitionen.

▶ Gewinnvergleichsrechnung

Gewinnkriterium beim Alternativenvergleich: Vorteilhaft ist die Investition mit dem höheren Jahresgewinn.

Neben den allgemeinen Schwachstellen der statischen Verfahren zusätzliche Schwachstellen:

- Problematischer Gewinnbegriff,
- Gefahr der Berücksichtigung des Kapitaldienstes der Altanlage, obwohl dieser nicht entscheidungsrelevant ist.

▶ Rentabilitätsrechnung

Man vergleicht die tatsächliche Rentabilität eines Objekts mit dem von der Unternehmungsleitung festgelegten Mindestwert an Rentabilität. Nach dem Rentabilitätskriterium kommen nur Objekte in Betracht, die die Mindestrentabilität erreichen oder überschreiten.

- *Erweiterungsinvestition:* Dividiere den Gewinn durch den Kapitaleinsatz (= durchschnittlich gebundenes Kapital).
- *Rationalisierungsinvestition:* Dividiere die Minderkosten durch den Kapitaleinsatz (= durchschnittlich gebundenes Kapital).

Neben den allgemeinen Schwachstellen der statischen Verfahren zusätzlich:

- schematische Festlegung des Kapitaleinsatzes (entspricht meist nicht der tatsächlichen Kapitalbindung),
- Probleme bei der inhaltlichen Ausfüllung des Gewinnbegriffs.

Formeln und Symbolverzeichnis

Formeln	Symbole
$K_I = B_I + \dfrac{A_I}{n_I} \cdot \dfrac{A_I}{2} \cdot i$	K = Gesamtkosten
$K_I = B_I + \dfrac{A_I - R_I}{n_I} + \dfrac{A_I - R_I}{2} \cdot i$	B = Betriebskosten
	A = Anschaffungskosten
	n = Nutzungsdauer
	i = Kalkulationszinssatz
$DGK = \dfrac{A}{2}$	R = Restwert
$DGK = \dfrac{A + R}{2}$	DGK = durchschnittlich gebundenes Kapital
	Index I = Anlage 1
$G_I = E_I - K_I$	G = Gewinn
	E = Ertrag
$G_I = p_I x_I - B_I - \dfrac{A_I}{n_I} \cdot \dfrac{A_I}{2} \cdot i$	p = Stückpreis
	x = Menge
$G_I = p_I x_I - B_I - \dfrac{A_I - R_I}{n_I} \cdot \dfrac{A_I - R_I}{2} \cdot i$	k_v = variable Kosten je Stück
	K_f = Fixkosten
$G_I = p_I x_I - k_v x_I - K_{fI}$	
$\text{Rent} = \dfrac{\Delta G}{DGK}$	ΔG = Gewinnveränderung durch Investition
$DGK = \dfrac{A + R_1 + R_2 + \ldots + R_{n-1}}{n}$	R_{n-1} = Restwert (= gebundenes Kapital) zu Beginn des letzten Jahres
$= \dfrac{A}{2} \cdot \dfrac{n + 1}{n}$	A = Anschaffungsauszahlung (= gebundenes Kapital) zu Beginn des ersten Jahres
$DGK = \dfrac{A - R}{2} \cdot \dfrac{n + 1}{n} + R$	

Aufgaben

AUFGABE 94 (EINSTEIGER)

Bitte formulieren Sie die Entscheidungsregel für die Kosten- und die Gewinnvergleichsrechnung! Zeigen Sie, wie man die in die Entscheidungsregel eingehenden Globalgrößen gewöhnlich differenziert.

Die Lösung finden Sie in Tz. 7094!

AUFGABE 95 (EINSTEIGER)

In welcher betrieblichen Situation könnte man (wenn man von den grundsätzlichen Bedenken gegen die statischen Verfahren absieht) eine Kostenvergleichsrechnung durchführen? Wann wäre dagegen eine Gewinnvergleichsrechnung notwendig?

Die Lösung finden Sie in Tz. 7095

AUFGABE 96 (EINSTEIGER)

Bitte erklären Sie die grundsätzlichen Nachteile aller statischen Methoden!

Welches ist der besondere Nachteil der Kosten- und Gewinnvergleichsrechnung?

Die Lösung finden Sie in Tz. 7096!

AUFGABE 97 (PROFIS)

Bitte nehmen Sie Stellung zu folgender Äußerung:

„Dass die statischen Methoden trotzdem noch in so großem Umfang angewendet werden, hat sachlich folgende Gründe:

1. Es ist nicht in allen Fällen möglich, detaillierte Schätzungen der Ausgaben und Einnahmen eines Investitionsprojekts für die einzelnen Perioden der Nutzungsdauer vorzunehmen.
2. Es ist nicht in allen Fällen möglich, die von einem Investitionsprojekt verursachten Einnahmen festzustellen und sie dem Projekt zuzurechnen."

Die Lösung finden Sie in Tz. 7097!

AUFGABE 98 (FORTGESCHRITTENE)

Bitte errechnen Sie den approximativen Kapitaldienst KD_{appr} für den Fall eines positiven und eines negativen Restwertes!

Gegeben sind die Daten:

- A = 100.000 (€)
- n = 10 (Jahre)
- i = 10 (%)

a) Der Restwert hat die Höhe R = +20.000 (€).

b) Der Restwert hat die Höhe R = -20.000 (€).

Die Lösung finden Sie in Tz. 7098!

AUFGABE 99 (FORTGESCHRITTENE)

In einem Betrieb soll die Fertigung eines Überdruckventils, von dem bislang 1.000 Stück pro Monat produziert wurden, im Zuge von Spezialisierungsmaßnahmen reduziert werden. Die im Betrieb befindliche Anlage ist durch folgende Kostenfunktion gekennzeichnet:

$$K_I = 8.000 + 2x$$

Als Alternative zu der im Betrieb befindlichen Anlage, die in den nächsten Monaten infolge technischen Verschleißes ersetzt werden muss, kommen neben dem identischen Ersatz ein weniger automatisiertes neues Verfahren mit der Kostenfunktion

$$K_{II} = 4.000 + 10x$$

oder der Fremdbezug in Frage. Beim Fremdbezug entstehen Kosten von 30 €/Stück.

Bitte geben Sie die Produktionsmengen je Monat an, für die der Übergang zum weniger automatisierten neuen Verfahren bzw. zum Fremdbezug sinnvoll erscheint (zeichnerische und rechnerische Lösung)!

Die Lösung finden Sie in Tz. 7099!

AUFGABE 100 (FORTGESCHRITTENE)

Ein Betrieb fertigt ein Produkt, das zu einem Preis von 10 €/Stück abgesetzt werden kann, nach einem Verfahren, welches durch die folgende Kostenfunktion gekennzeichnet ist:

$$K_{alt} = 2.000 + 5x$$

Das alte Verfahren lässt eine Maximalproduktion von 1.500 Einheiten/Monat zu. Die alte Anlage ist aus technischen Gründen zu ersetzen. Dabei besteht die Möglichkeit eines identischen Ersatzes oder der Anschaffung einer anderen Anlage, die die folgende Kostenfunktion aufweist und eine monatliche Maximalproduktion von 2.000 Einheiten gestattet:

$$K_{neu} = 6.000 + 2x$$

Bitte zeigen Sie, unter welchen Voraussetzungen es sinnvoll ist, zu dem neuen Verfahren überzugehen!

Die Lösung finden Sie in Tz. 7100!

AUFGABE 101 (FORTGESCHRITTENE)

Im Rahmen einer Investitionsrechnung sind u. a. die Kosten bzw. Auszahlungen zweier Investitionsmöglichkeiten zu vergleichen.

Jahre	Kosten bzw. Auszahlungen	
	Investition I	Investition II
1	100.000	300.000
2	200.000	200.000
3	300.000	100.000

Welche Werte sind nach den primitiven statischen Verfahren relevant? Welche Werte ergeben sich bei den verbesserten statischen Verfahren? Welche Durchschnittswerte sind anzusetzen, wenn man sich entschließt, mit einer dynamischen Methode zu rechnen (i = 0,12 = 12 %)?

Die Lösung finden Sie in Tz. 7101!

AUFGABE 102 (EINSTEIGER)

Bitte erläutern Sie die Entscheidungsregel der Rentabilitätsrechnung unter Bezugnahme auf Erweiterungs- und Rationalisierungsinvestitionen!

Die Lösung finden Sie in Tz. 7102!

AUFGABE 103 (FORTGESCHRITTENE)

Wie kann der Kapitaleinsatz, auf den der jährliche Durchschnittsgewinn bei der Rentabilitätsrechnung zu beziehen ist, definiert sein?

Die Lösung finden Sie in Tz. 7103!

AUFGABE 104 (EINSTEIGER)

Bitte erläutern Sie kurz die Unterschiede zwischen dem internen Zinssatz einer Investition und ihrer Rentabilität!

Die Lösung finden Sie in Tz. 7104!

AUFGABE 105 (FORTGESCHRITTENE)

Beim Kauf einer Bohrmaschine fallen Anschaffungskosten von A = 200.000 € an. Die Nutzungsdauer wird auf n = 4 Jahre veranschlagt.

a) Bitte ermitteln Sie die Höhe des durchschnittlich gebundenen Kapitals DGK für folgende vier Fälle!
   - Gebundenes Kapital wird kontinuierlich vermindert; R = 0 €.
   - Gebundenes Kapital wird kontinuierlich vermindert; R = 40.000 €.
   - Gebundenes Kapital wird am Jahresende reduziert; R = 0 €.
   - Gebundenes Kapital wird am Jahresende reduziert; R = 40.000 €.
b) Bitte ermitteln Sie die Rentabilität für die in Aufgabe a) angesprochenen Fälle, falls die Investition eine Gewinnerhöhung um 20.000 €/Jahr bringt!
c) An welcher Verzinsung sollte man sich bei der betrieblichen Entscheidungsfindung orientieren?

Die Lösung finden Sie in Tz. 7105!

Kapitel 4. Amortisationsrechnung

4.1 Bedeutung der Amortisationsrechnung

Bei der Amortisationsrechnung, die auch als **Kapitalrückflussrechnung**, pay-off-, pay-back- oder pay-out-Rechnung bezeichnet wird, sind zwei grundsätzlich verschiedene Verfahren zu unterscheiden: die **statische Amortisationsrechnung** und die **dynamische Amortisationsrechnung**. Die statische Rechnungsart ermittelt den Zeitraum, der vergeht, bis die Anschaffungsauszahlung mit Hilfe der später anfallenden positiven Nettoeinzahlungen (Rückflüsse) wiedergewonnen wird. Die statische Amortisationszeit vernachlässigt also etwaige Zinsansprüche des Investors und rechnet mit einem Zinssatz von Null. Diese Schwachstelle beseitigt die dynamische Variante der Amortisationsrechnung. Sie ermittelt jenen Zeitraum, innerhalb dessen das eingesetzte Kapital zuzüglich einer Verzinsung der ausstehenden Beträge wiedergewonnen wird.

Die Praxis legt auf die Kenntnis der Amortisationszeit großen Wert. Rund 50 % der deutschen Großunternehmungen ermittelten 1985 die Amortisationszeit, 1989 waren es 55 %, 1996 53 % (vgl. Rdnr. 1055). In den 1980er Jahren waren statische und dynamische Amortisationsrechnung noch gleichgewichtig. 1996 zeigte sich ein starkes Gewicht der dynamischen Amortisationsrechnung: Mehr als 90 % der Amortisationsrechner ermittelten die dynamische Amortisationszeit. Von den Mittelständlern setzten 1996 29 % die dynamische und 21 % die statische Amortisationsrechnung ein (vgl. Rdnr. 1055). Selten erfolgt die Investitionsentscheidung allein aufgrund der Amortisationszeiten, wie auch die Untersuchung von *Zischg*[99] zeigt. Meist wird die Amortisationszeit als zusätzliches Kriterium zur Investitionsbeurteilung, insbesondere zur Risikobeurteilung herangezogen. Danach gelten Investitionen mit kurzen Amortisationszeiten als sicherer als solche mit langer Kapitalrückflussdauer[100].

4.2 Statische Amortisationsrechnung

4.2.1 Amortisationskriterium und Entscheidungssituationen

Die statische Amortisationsrechnung (Kapitalrückflussrechnung, pay-back-, pay-off-, pay-out-Rechnung) ermittelt die tatsächliche Amortisationszeit eines Objekts und vergleicht sie mit der maximal zulässigen Amortisationszeit.

MERKE

Die **tatsächliche Amortisationszeit** ist die Anzahl der Jahre, die man benötigt, um den Kapitaleinsatz einer Investition (= Anschaffungsauszahlung, ggf. um den Restwert vermindert) aus den Rückflüssen (Nettoeinzahlungen) wiederzugewinnen.

---

99 Vgl. *Zischg, K.*: Investitionsrechnung in erwerbswirtschaftlichen Unternehmen, S. 73 und S. 81 ff.
100 Vgl. *Broer, N./Däumler, K.-D.*: Investitionsrechnungsmethoden in der Praxis, S. 715 f. und S. 736.

KAPITEL 4 — Amortisationsrechnung

Die maximal zulässige Amortisationszeit ist stets subjektiv. Es handelt sich hierbei um eine von der Unternehmensleitung festgesetzte Frist (häufig fünf Jahre). Man fordert also, dass sich die durchzuführenden Investitionen innerhalb von fünf Jahren amortisieren (bezahlt machen). Sie vergleichen die vorgegebene maximal zulässige Amortisationszeit t_{max} mit der tatsächlichen Amortisationsdauer t. Sie dürfen nur solche Objekte zur Realisierung in Betracht ziehen, die die Bedingung $t \leq t_{max}$ erfüllen. Die Praxis wendet das Amortisationskriterium bei unterschiedlichen Entscheidungssituationen (Einzelinvestition, Alternativenvergleich, Ersatzproblem) an:

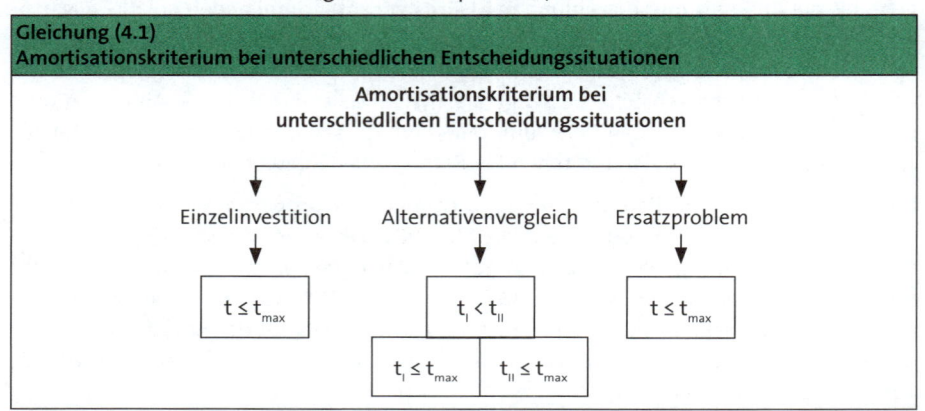

Gleichung (4.1)
Amortisationskriterium bei unterschiedlichen Entscheidungssituationen

Amortisationskriterium bei unterschiedlichen Entscheidungssituationen

- Einzelinvestition: $t \leq t_{max}$
- Alternativenvergleich: $t_I < t_{II}$; $t_I \leq t_{max}$; $t_{II} \leq t_{max}$
- Ersatzproblem: $t \leq t_{max}$

Symbole

t_1 = tatsächliche Amortisationszeit der ersten Anlage (Jahre)
t_{max} = maximal zulässige Amortisationszeit (Jahre)

4015 MERKE

▶ Nach dem **Amortisationskriterium** gilt eine Einzelinvestition als vorteilhaft, wenn sie die Wiedergewinnung der eingesetzten Mittel innerhalb der maximal zulässigen Amortisationszeit verspricht.

▶ Beim **Alternativenvergleich** entscheidet man sich für das Objekt mit der kürzeren Amortisationsdauer, wobei es nur solche Objekte in die engere Wahl schaffen, deren Amortisationszeit die vorgegebene Obergrenze nicht übersteigt.

▶ Das **Ersatzproblem** löst man gem. Amortisationsrechnung, indem man die Altanlage nur dann verschrottet, wenn die Neuanlage sich über ihre jährlichen Minderkosten innerhalb der maximal zulässigen Zeit bezahlt macht.

4.2.2 Ermittlung der Amortisationszeit

Die tatsächliche Amortisationszeit eines Objekts können Sie ermitteln gem.

1. Durchschnittsrechnung (Voraussetzung: konstante Jahresbeträge) oder
2. Kumulationsrechnung (Jahresbeträge können schwanken).

1. Durchschnittsrechnung

Bei der Ermittlung der tatsächlichen Amortisationszeit t einer Investition nach der Durchschnittsrechnung werden dem Kapitaleinsatz A bei der restwertlosen Investition bzw. (A - R) bei der Investition mit R > 0 die durchschnittlichen jährlichen Nettoeinzahlungen ø (e - a) gegenübergestellt. Die tatsächliche Amortisationszeit t ergibt sich dann aus der Beziehung:

Gleichung (4.2)
Durchschnittsrechnung

R = 0
$$t = \frac{A}{\varnothing (e-a)}$$

R > 0
$$t = \frac{A - R}{\varnothing (e-a)}$$

Im Falle einer Rationalisierungsinvestition sind die jährlichen Minderauszahlungen („Kostenersparnis") zu berücksichtigen. Es gilt dann entsprechend:

$$\text{Amortisationszeit (t)} = \frac{\text{Kapitaleinsatz}}{\varnothing \text{ jährliche Minderauszahlungen}}$$

BEISPIEL: Amortisationszeit nach Durchschnittsrechnung

Ermitteln Sie die Amortisationszeit der folgenden Investition mit Hilfe der Durchschnittsrechnung:

Anschaffungsauszahlung (€)   A = 120.000

jährliche Nettoeinzahlungen (€/Jahr)   (e - a) = 30.000

a) Der Restwert der Investition ist R = 0 €.
b) Der Restwert der Investition ist R = 30.000 €.

Lösung a):

$$t = \frac{A}{\varnothing (e-a)} = \frac{120.000}{30.000} = 4 \text{ (Jahre)}$$

Lösung b):

$$t = \frac{A - R}{\varnothing (e-a)} = \frac{90.000}{30.000} = 3 \text{ (Jahre)}$$

Da man bei einer statischen Investitionsrechnung meist nicht mit Zahlungsgrößen, sondern mit Kosten und Leistungen rechnet, wird der durchschnittliche jährliche Rückfluss auch durch die Summe aus dem durchschnittlichen jährlichen Gewinn pro Jahr ø g und den jährlichen Abschreibungen angegeben.

KAPITEL 4 — Amortisationsrechnung

Gleichung (4.3)
Durchschnittsrechnung

R = 0
$$t = \frac{A}{\varnothing g + \text{Abschreibungen}}$$

R > 0
$$t = \frac{A - R}{\varnothing g + \text{Abschreibungen}}$$

Bei der Ermittlung der Amortisationszeit ist der durchschnittliche jährliche Gewinn um die Abschreibungen zu erhöhen, weil die Abschreibungen im Rahmen der Gewinnermittlung zunächst abgezogen worden sind. Die verdienten Abschreibungen müssen als Wiedergewinnungsanteile betrachtet werden, sodass nach Ablauf der Abschreibungszeit die Summe der Abschreibungsgegenwerte den ursprünglichen Anschaffungskosten des Objekts entspricht.

4030 **2. Kumulationsrechnung**

Im Gegensatz zur Durchschnittsrechnung berücksichtigt die Kumulationsrechnung (Kumulation = Anhäufung) die Unterschiede in der Höhe der jährlichen Nettoeinzahlungen während der Amortisationszeit. Die Kumulationsrechnung addiert die jährlichen Nettoeinzahlungen so lange, bis das Jahr t erreicht ist, in dem die kumulierten Nettoeinzahlungen inklusive Restwert der Anschaffungsauszahlung entsprechen:

Gleichung (4.4)
Kumulationsrechnung

$$A = (e_1 - a_1) + (e_2 - a_2) + (e_3 - a_3) + \ldots + (e_t + R - a_t)$$

$$0 = (e_1 - a_1) + (e_2 - a_2) + (e_3 - a_3) + \ldots + (e_t + R - a_t) - A$$

Gleichung (4.4) lässt sich auch wie folgt interpretieren:

MERKE

Die **statische Amortisationszeit** ist die Zeit, bei der die Gesamtsumme aller Ein- und Auszahlungen inklusive Restwert und Anschaffungsauszahlung gerade gleich Null ist.

BEISPIEL: Amortisationszeit nach Durchschnitts- und Kumulationsrechnung

Gegeben ist ein Investitionsobjekt mit:

- Anschaffungsauszahlung   A = 120.000 €
- Restwert   R = 0 €
- Nutzungsdauer   n = 5 Jahre
- Rückflüsse im 1. Jahr   (e - a) = 50.000 €
  (jedes Folgejahr 10.000 € weniger)

Statische Amortisationsrechnung **KAPITEL 4**

a) Stellen Sie die Zahlungsverhältnisse am Zeitstrahl dar.
b) Ermitteln Sie die tatsächliche Amortisationszeit gem. Durchschnittsrechnung.
c) Ermitteln Sie die tatsächliche Amortisationszeit nach der Kumulationsrechnung.

Lösung a):

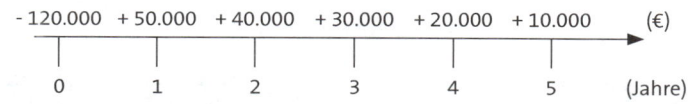

```
- 120.000   + 50.000   + 40.000   + 30.000   + 20.000   + 10.000      (€)
    |          |          |          |          |          |
    0          1          2          3          4          5        (Jahre)
```

Lösung b):

Durchschnittswert der jährlichen Rückflüsse $= \dfrac{50.000 + 40.000 + 30.000 + 20.000 + 10.000}{5}$

$= 30.000$ (€/Jahr)

Amortisationszeit nach Durchschnittsrechnung $= \dfrac{\text{Kapitaleinsatz}}{\varnothing (e-a)} = \dfrac{120.000}{30.000} = 4$ (Jahre)

Lösung c):

Jahre	Rückflüsse (€/Jahr)	kumulierte Rückflüsse (€)	
1	50.000	50.000	
2	40.000	90.000	
3	30.000	**120.000**	→ t = 3 (J)
4	20.000	140.000	
5	10.000	150.000	

Ergebnis:
Das Beispiel zeigt, dass bei unterschiedlichen jährlichen Nettoeinzahlungen grundsätzlich die Kumulationsrechnung anzuwenden ist. Wenn die jährlichen Nettoeinzahlungen im Zeitablauf fallen, ist die Amortisationszeit nach der Durchschnittsrechnung regelmäßig zu groß. Wenn sie steigen, ist die Amortisationszeit nach der Durchschnittsrechnung regelmäßig zu gering.

BEISPIEL: Amortisationszeit nach Durchschnitts- und Kumulationsrechnung

ABB. 67: Amortisationszeit nach Kumulationsrechnung

Anschaffungsauszahlung							
Nutzungsdauer (n)					100.000 (€)		
					6 (Jahre)		

| Jahre | Nettoeinzahlungen (€/Jahr) | | | | kum. Nettoeinzahlungen - Anschaffungsauszahlungen = Summe aller Zahlungen | | |
	jährlich		kumuliert				
1	−	10.000	−	10.000		− 110.000	
2	+	30.000	+	20.000		− 80.000	
3	+	30.000	+	50.000		− 50.000	
4	+	40.000	+	90.000	S4	− 10.000	t = 4,25 (Jahre)
5	+	40.000	+	130.000	S5	+ 30.000	
6	+	50.000	+	180.000		+ 80.000	

$\varnothing$ Nettoeinzahlungen über 6 Jahre $= \dfrac{180.000}{6} = 30.000$ (€/Jahr)

Ergebnis:

Die Übersicht verdeutlicht, dass die Durchschnittsrechnung wegen der unterschiedlichen jährlichen Nettoeinzahlungen nicht zu einem sinnvollen Ergebnis führt: Schon nach 100.000 : 30.000 = 3,33 Jahren hätte sich die Investition nach der Durchschnittsrechnung amortisiert. Diese Zeit ist aber rund ein Jahr zu kurz. Die Kumulationsrechnung zeigt, dass sich das Objekt erst nach t = 4,25 Jahren amortisiert hat. Den genauen Wert von t = 4,25 Jahren erhalten Sie durch lineare Interpolation (Regula falsi). Es gilt:

Gleichung (4.5)

$$t = n_4 - S_4 \cdot \frac{n_5 - n_4}{S_5 - S_4}$$

$$t = 4 + 10.000 \cdot \frac{5 - 4}{30.000 + 10.000}$$

$$t = 4 + \frac{10.000}{40.000} = 4{,}25 \text{ (Jahre)}$$

Symbole

S_4 = Summe aller Zahlungen am Ende des 4. Jahres
S_5 = Summe aller Zahlungen am Ende des 5. Jahres

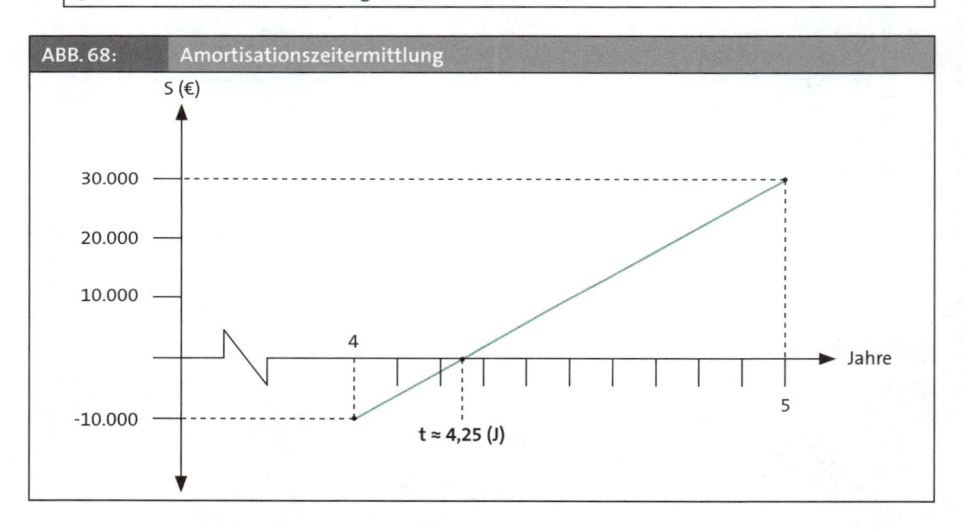

ABB. 68: Amortisationszeitermittlung

4.2.3 Kritik der statischen Amortisationsrechnung

4040 Die Amortisationsrechnung ist grundsätzlich brauchbar als Zusatzkriterium für Investitionsentscheidungen, besonders für die Beurteilung des Risikos und der Liquidität. Am besten sollte sie ergänzend zu einer der dynamischen Methoden verwendet werden. Dabei ist die Amortisationsrechnung in der Version der Kumulationsrechnung vorzuziehen, da die Kumulationsrechnung ungleichmäßige Zahlungsanfälle berücksichtigt. Meist geht man in der Praxis jedoch nach der Durchschnittsrechnung vor: Die Unternehmungsbefragung von 1985 zeigte, dass zwei Drittel der Großunternehmungen, die

die statische Amortisationsrechnung einsetzen, die Amortisationszeit mit Hilfe der Durchschnittsrechnung ermitteln[101].

Ein Betrieb, der sich bei seinen Investitionsentscheidungen einzig und allein auf das Kriterium der statischen Amortisationsrechnung stützt, geht das Risiko schwerwiegender Fehlentscheidungen ein. Im Einzelnen bestehen bei ausschließlicher Anwendung dieser Amortisationsrechnung folgende Gefahren:

MERKE

▶ **Eine einzelne Investition** kann trotz einer unter der maximal zulässigen Amortisationszeit liegenden Kapitalrückflussdauer unvorteilhaft sein.
▶ **Zwei unterschiedliche Investitionen**, die infolge gleicher Amortisationszeiten gem. Amortisationsrechnung als gleich vorteilhaft bezeichnet werden müssten, weisen in aller Regel Unterschiede in der Vorteilhaftigkeit auf.
▶ Das Vorgehen nach der Amortisationsrechnung birgt grundsätzlich die Gefahr einer **zeitlichen Asymmetrie**: Kurzfristige Investitionen werden gegenüber langfristigen Investitionen bevorzugt.

Diese drei Gefahren wollen wir uns anhand einiger Beispiele klarmachen.

1. Unwirtschaftlichkeit trotz kurzer Amortisationszeit

BEISPIEL: ▶ **Ablehnung trotz rascher Amortisation**

In einem Pharmazie-Unternehmen werden Investitionen nur dann durchgeführt, wenn sie sich innerhalb von fünf Jahren amortisieren. Es gilt also: t_{max} = 5 (Jahre). Dem Betrieb bieten sich in der Planungsperiode drei einander nicht ausschließende Investitionsmöglichkeiten, deren tatsächliche Amortisationszeit jeweils zwei Jahre beträgt und somit deutlich unter dem Maximalwert von fünf Jahren liegt.

Soll das Pharmazie-Unternehmen alle drei Investitionen realisieren?

ABB. 69:	Kurze Amortisationszeiten			
Investition	I	II	III	
Kapitaleinsatz (€)	100.000	100.000	100.000	
Rückflüsse (€/Jahr)				
1. Jahr:	60.000	60.000	60.000	
2. Jahr:	40.000	40.000	40.000	→ t = 2 (J)
3. Jahr:	–	10.000	10.000	
4. Jahr:	–	–	15.000	

---

[101] Vgl. *Broer, N./Däumler, K.-D.*: Investitionsrechnungsmethoden in der Praxis, S. 715.

Lösung:

Die Übersicht zeigt, dass eine kurze Amortisationszeit keine Gewähr für die Vorteilhaftigkeit der zu prüfenden Investition bietet. Im ersten Fall bleibt außer Acht, dass lediglich eine Wiedergewinnung der Anschaffungsauszahlung erfolgt, während der Investor auf eine Verzinsung der ausstehenden Beträge verzichten muss. Investition I ist also nicht lohnend.

Der zweite Fall zeigt, dass es nicht genügt, wenn nach der Amortisationszeit weitere Zahlungen eingehen. Die nach dem zweiten Jahr eingehenden Nettoeinzahlungen reichen nicht aus, um die ausstehenden Beträge angemessen zu verzinsen, wenn man von einem Kalkulationszinssatz in der üblichen Bandbreite von 8 bis 12 % ausgeht.

Erst im dritten Fall erreicht der Investor sowohl eine Wiedergewinnung des eingesetzten Kapitals als auch eine Verzinsung der ausstehenden Beträge mit einem Zinssatz, der ihn möglicherweise zufriedenstellt.

MERKE

Da die Beträge, die nach dem Amortisationszeitpunkt anfallen, beim Vergleich von tatsächlicher und maximal zulässiger Amortisationszeit nicht beachtet werden, sagt die Amortisationsrechnung nichts über die **Vorteilhaftigkeit einer Investition** aus. Es besteht die Gefahr, dass Anwender der Amortisationsrechnung unwirtschaftliche Investitionen realisieren, die keine oder keine ausreichende Verzinsung der ausstehenden Beträge erbringen.

2. Ungleiche Vorteilhaftigkeit trotz gleicher Amortisationszeiten

BEISPIEL: Beurteilung zweier Formpressen

In der Kunststoff GmbH soll über zwei einander ausschließende Investitionen entschieden werden. Zur Verformung thermoplastischen Materials soll eine Formpresse gekauft werden. Zwei Modelle sind in die Endauswahl gelangt. Sie weisen identische Amortisationszeiten auf.

Sind die beiden einander ausschließenden Alternativen wegen gleicher Amortisationszeiten gleich vorteilhaft?

ABB. 70:	Objekte mit gleichen Amortisationszeiten		
Formpresse	I	II	
Kapitaleinsatz (€)	100.000	100.000	
Rückflüsse (€/Jahr)			
1. Jahr:	20.000	50.000	
2. Jahr:	30.000	30.000	
3. Jahr:	50.000	20.000	→ t = 3 (J)
4. Jahr:	10.000	30.000	
5. Jahr:	30.000	10.000	

Lösung:

Die Übersicht zeigt, dass Presse II trotz gleicher Amortisationsdauer vorzuziehen ist, da bei ihr die großen Zahlungen früher anfallen als bei der ersten.

Statische Amortisationsrechnung KAPITEL 4

> **MERKE**
>
> **Investitionen mit gleichen Amortisationszeiten** sind im Regelfall nicht gleich wirtschaftlich. Die Unterschiede in der Vorteilhaftigkeit der einzelnen Investitionen können nur mit Hilfe einer dynamischen Investitionsrechnungsmethode erkannt und berücksichtigt werden.

3. Diskriminierung langfristiger Investitionsprojekte 4055

Besonders gravierend erscheint die Diskriminierung langfristiger Investitionen bei Ansatz der Amortisationsrechnung. Niemand wird bestreiten, dass für einen Betrieb bauliche Veränderungen wichtig und vorteilhaft sein können. Gleichzeitig ist bekannt, dass gerade bauliche Investitionen häufig langfristigen Charakter haben und normalerweise auch entsprechende Amortisationszeiten aufweisen. Aber sind sie deswegen grundsätzlich unvorteilhaft im Vergleich zu kurzfristigen Investitionen? Die Amortisationsrechnung tendiert dazu, diese Frage zu bejahen. Die Vorgabe einer höchstzulässigen Amortisationszeit von z. B. fünf Jahren impliziert, dass alle Investitionen mit einer über fünf Jahre hinausgehenden Amortisationsdauer abzulehnen sind. Das wäre jedoch nur dann sinnvoll, wenn feststünde, dass Investitionen mit solch hohen Amortisationszeiten grundsätzlich unvorteilhaft sind. Davon kann aber, wie folgendes Beispiel zeigt, keine Rede sein.

BEISPIEL: Langfristig – und doch vorteilhaft

Die Invest AG plant den Erwerb einer Büroetage, die für die Dauer von 25 Jahren und für eine Nettomiete von 30.000 €/Jahr fest an eine Versicherungsgesellschaft vermietet ist. Aus Vorsichtsgründen soll der Restwert des Objekts, der nach Auslaufen des Mietvertrags zu erwarten ist, mit Null angesetzt werden.

Ermitteln Sie Amortisationszeit und Kapitalwert:
- t_{max} = 5 Jahre,
- i = 0,06 = 6 %,
- Kaufpreis = 360.000 €.

Lösung mittels Amortisationsrechnung:

$$t = \frac{\text{Kapitaleinsatz}}{\varnothing (e - a)}$$

$$t = \frac{360.000}{30.000} = 12 \text{ (Jahre)}$$

Lösung mittels Kapitalwertmethode:

C_0 = -A + ø (e - a) · DSF_{25}

C_0 = -360.000 + 30.000 · 12,783356 = 23.501 (€)

Zwar liegt die Amortisationszeit mit zwölf Jahren weit über dem zulässigen Höchstwert von t_{max} = 5. Dennoch ist das Objekt vorteilhaft, denn die Invest AG erhält im Zeitablauf

- ▶ den Kapitaleinsatz zurück,
- ▶ Zinsen auf die ausstehenden Beträge,
- ▶ darüber hinaus einen barwertigen Überschuss von 23.501 €.

MERKE

Wer sich konsequent an die Amortisationsrechnung hält, verbietet sich selbst alle langfristigen Investitionen, deren Amortisationszeit über t_{max} liegt. Für den Fortbestand von Unternehmen sind aber gerade **langfristige Investitionen** (Grundstücke, Bauten, Großmaschinen) von besonderer Bedeutung.

4060 Die genannten Kritikpunkte zeigen, dass eine einseitige Ausrichtung der Entscheidungen an der Amortisationszeit leichtfertig wäre. Denn die Amortisationsrechnung ist nicht in der Lage, die absolute Vorteilhaftigkeit einer Investition festzustellen. Sie kann ebenso wenig (im Falle des Alternativenvergleichs) die relative Vorteilhaftigkeit eines Objekts ermitteln. Und schließlich ist die durch die Vorgabe einer Höchstamortisationszeit bewirkte Diskriminierung langfristiger Investitionen ökonomisch nicht zu rechtfertigen.

So ist es auch nur allzu gut verständlich, dass man in den Unternehmen, die der Amortisationsrechnung ein hohes Gewicht zumessen, bei der Antwort auf die Frage, ob diese Rechnung denn bei allen – wirklich allen! – Investitionen die Entscheidung bestimme, häufig auf zwei **Ausnahmen** hinweist:

1. Das Amortisationskriterium gelte nicht für Großinvestitionen mit einer Anschaffungsauszahlung von mehr als 200.000 €. Das sei Vorstandssache und dieser sei nicht an ein bestimmtes Kriterium gebunden.

2. Das Amortisationskriterium gelte nicht für Investitionen im Bereich Immobilien, sondern nur für Maschinen.

Es liegt auf der Hand, dass mit dieser Bereichsausnahme wieder vorwiegend Großinvestitionen ausgespart sind. Somit ist die Amortisationsrechnung in der Praxis überwiegend eine meist zusätzliche Entscheidungshilfe bei kleineren und mittleren Investitionen. Und das ist auch in Ordnung.

4065 Das aus Diskretionsgründen geringfügig geänderte Formular einer großen Maschinenbau-Unternehmung zeigt deutlich, dass eine einseitige Orientierung an der Amortisationszeit fragwürdig ist. Neben den oben erwähnten drei Kritikpunkten sind etwa folgende **Schwachstellen** zu nennen:

- ▶ Man vergleicht nur die drei in die engere Wahl gezogenen Investitionsmöglichkeiten miteinander. Der Istzustand wird nicht beachtet.

- Man verwendet keine Ein- und Auszahlungen, sondern Umsätze und Kosten.
- Die Jahreswerte der Rechengrößen haben im Zeitablauf „gefälligst" konstant zu bleiben. Eine Änderung sieht das Formular nämlich nicht vor.
- Es wird weder auf- noch abgezinst. Die Erfassung von Zinsen erfolgt näherungsweise durch den approximativen Kapitaldienst.
- Die Entscheidung stützt sich nur auf eine Kennziffer, nämlich auf die statische Amortisationszeit.

KAPITEL 4 — Amortisationsrechnung

ABB. 71: Investitionsrechnung einer Großunternehmung

Kurzbeschreibung der Anlage:	Geplante Jahresstückzahl:		Voraussichtliche Nutzungsdauer:
Investitionsgrund: (Nichtzutreffendes streichen)	Ersatz - Rationalisierung - Erweiterung		
Alternativen (Anlagen, Verfahren, geplanter Fremdbezug von Teilen etc.)	1	2	3
I Erforderliches Kapital (€)			
II Zusätzlicher Umsatz pro Jahr (€/Jahr) (nur auszufüllen bei gesicherter Umsatzänderung)			
III Variable Kosten	(€/Jahr)	(€/Jahr)	(€/Jahr)
1 Einstandspreis von fremdbezogenen Teilen			
2 Fertigungsmaterial			
3 Fertigungslöhne			
4 Gemeinkostenlöhne			
5 Sozialkosten …% von Zeile 3			
6 Sozialkosten …% von Zeile 4			
7 Hilfs- und Betriebsstoffe			
8 Werkzeugkosten			
9 Instandhaltungskosten			
10 Energiekosten			
11 Kalkulatorische Abschreibungen			
12 Kalkulatorische Zinsen			
13 …			
14 …			
15 …			
16 Summe (1–15)			
IV Amortisationsrechnung			
17 Rentabilitätsbeeinflussung (Zeile 16 bzw. II–16)			
18 Kalkulatorische Abschreibungen (11)			
19 Kalkulatorische Zinsen (12)			
20 - Ertragssteuern …% von Zeile 17			
21 Kapitalrückfluss pro Jahr (Summe 17–20)			
22 Amortisationsdauer (I dividiert durch 21)			

4.3 Dynamische Amortisationsrechnung

Es muss betont werden, dass sich unsere Kritik an der Amortisationsrechnung nur auf die statische Version dieser Rechnung bezieht. Von den 53 % der antwortenden Unternehmungen, die 1996 die Amortisationszeit errechneten (vgl. Rdnr. 1055) führte ein Drittel die statische Amortisationszeitbestimmung durch. Die meisten Unternehmungen (90 %) nutzten die dynamische Amortisationszeit als Entscheidungshilfe – und für die dynamische Amortisationszeit gilt unsere Kritik nicht.

Die dynamische Amortisationsrechnung stützt sich darauf, dass der Kapitalwert einer Investition unter sonst gleichen Umständen mit steigender Nutzungsdauer im Regelfall wächst (eine Ausnahme ist denkbar bei R > A). Das Kapitalwertwachstum erfolgt mit abnehmenden Zuwachsraten, da die barwertigen Rückflüsse eines Verlängerungsjahres umso kleiner sind, je weiter das Verlängerungsjahr in der Zukunft liegt.

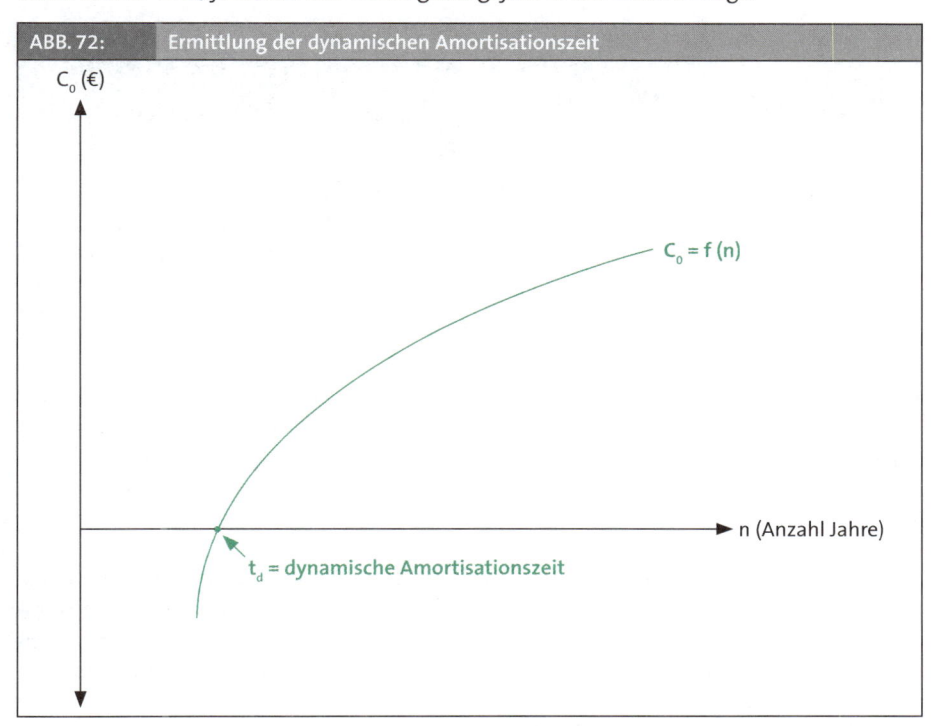

ABB. 72: Ermittlung der dynamischen Amortisationszeit

Diagramm: C_0 (€) auf der y-Achse, n (Anzahl Jahre) auf der x-Achse; Kurve $C_0 = f(n)$; Schnittpunkt mit x-Achse: t_d = dynamische Amortisationszeit

MERKE

Die **dynamische Amortisationszeit** t_d einer Investition ist die Zeit, bei der der Kapitalwert der betreffenden Investition gerade gleich Null ist.

oder:

Die **dynamische Amortisationszeit** einer Investition ist die Zeit, die vergeht, bis der Investor die Anschaffungsauszahlung nebst Verzinsung wiedergewonnen hat.

4075 Die dynamische Amortisationszeit bestimmt man unter Benutzung der Bedingung $C_0 = 0$. Sie kann daher auch als eine Umformung der Kapitalwertmethode gesehen werden (Suche die Zeit, bei der der Kapitalwert Null wird!) und stellt eine der möglichen Anwendungen der kritischen Werte-Rechnung (Break-even-Analyse) dar. (Eine ausführliche Darstellung des Rechnens mit kritischen Werten finden Sie im nachfolgenden Kapitel 5.)

MERKE

Eine **Investition** ist i. S. d. dynamischen Amortisationskriteriums vorteilhaft, wenn ihre tatsächliche dynamische Amortisationszeit t_d nicht größer ist als die maximal zulässige Amortisationszeit t_{max}.

Gleichung (4.6)
Dynamisches Amortisationskriterium

$$t_d \leq t_{max}$$

Kritisch muss zu diesem Punkt angemerkt werden, dass die Vorgabe einer maximal zulässigen Amortisationszeit problematisch ist. Sie wäre logisch nur dann zu rechtfertigen, wenn grundsätzlich alle Investitionen mit langen Amortisationszeiten unvorteilhaft wären. Das ist aber nicht der Fall. Daher kann es gefährlich sein, wenn man seine eigenen Möglichkeiten beschränkt, indem man sich langfristige Investitionen selbst verbietet.

Für alle, die diese Gefahr kennen, ist die Kennziffer „dynamische Amortisationszeit" eine wichtige Größe. Sie nehmen zur Kenntnis, wie viele Jahre vergehen, bis das Investitionsobjekt seine Anschaffungsauszahlung nebst Zinsen erwirtschaftet hat. Damit haben Sie eine nützliche Entscheidungshilfe gewonnen – nicht mehr, aber auch nicht weniger.

4080 Sie können die Entscheidungsregel (4.6) auch variieren und auf die Vorgabe einer maximal zulässigen Amortisationszeit ganz verzichten, indem Sie folgendermaßen argumentieren: Vorteilhaft sind solche Investitionen, deren dynamische Amortisationszeit t_d innerhalb ihrer Nutzungsdauer von n Jahren liegt. Dann lautet das Amortisationskriterium wie folgt:

Gleichung (4.7)
Dynamisches Amortisationskriterium

$$t_d \leq n$$

Objekte, die die Bedingung $t_d \leq n$ erfüllen, bieten eine Gewähr dafür, dass ihr Kapitalwert am Ende der Nutzungsdauer n nicht negativ ist. Sie sind lohnend i. S. d. dynamischen Investitionsrechnung.

Dynamische Amortisationsrechnung

KAPITEL 4

BEISPIEL: Statische und dynamische Amortisationszeit im Vergleich

Gesucht sind statische und dynamische Amortisationszeit sowie der Kapitalwert eines Investitionsobjekts mit:

- Anschaffungsauszahlung A   100.000 €
- Lebensdauer n   10 Jahre
- Kalkulationszinssatz i   10 %
- konstante jährliche Rückflüsse (e - a) 20.000 €
- Restwert R   0 €

Lösung:

ABB. 73:	Die dynamische Amortisationszeit liegt über der statischen					
Jahre	Rückflüsse	Kumulierte Rückflüsse	Abzinsungsfaktor	Barwertige Rückflüsse	Kumulierte barwertige Rückflüsse	
	(€/Jahr)	(€)	(10 %)	(€)	(€)	
	I	II = Σ I	III	IV = I · III	V = Σ IV	
1	20.000	20.000	0,909091	18.182	18.182	
2	20.000	40.000	0,826446	16.529	34.711	
3	20.000	60.000	0,751315	15.026	49.737	
4	20.000	80.000	0,683013	13.660	63.397	
5	20.000	**100.000**	0,620921	12.418	75.815	← t
6	20.000	120.000	0,564474	11.289	87.104	
7	20.000	140.000	0,513158	10.263	97.367	
8	20.000	160.000	0,466507	9.330	**106.697**	← t_d
9	20.000	180.000	0,424098	8.482	115.179	
10	20.000	200.000	0,385543	7.771	122.890	

$$t_d = n_1 - C_{0,1} \cdot \frac{n_2 - n_1}{C_{0,2} - C_{0,1}}$$

$$t_d = 7 + 2.633 \cdot \frac{8 - 7}{6.697 + 2.633}$$

$$t_d = 7 + \frac{2.633}{9.330} = 7{,}28 \text{ (Jahre)}$$

Ergebnis:

Die statische Amortisationszeit beträgt fünf Jahre; nach dieser Zeit ist die Anschaffungsauszahlung ohne Zinsen wiedergewonnen. Dynamisch hat sich die Anlage erst nach 7,3 Jahren amortisiert. Dann ist die Anschaffungsauszahlung nebst Zinsen auf die ausstehenden Beträge wiedergewonnen. Der Kapitalwert bei n = 10 Jahren beläuft sich auf 122.890 - 100.000 = 22.890 €.

Kapitel 4 — Amortisationsrechnung

> **MERKE**
>
> Die **dynamische Amortisationsdauer** ist unter sonst gleichen Umständen stets größer als die statische Amortisationsdauer, weil sie zusätzlich die Verzinsung der ausstehenden Beträge zum Kalkulationszinssatz berücksichtigt.

4085 Dadurch wird ausgeschlossen, dass sich der Investor von einer kurzen Rückflusszeit blenden lässt und eine Investition durchführt, die unvorteilhaft ist, weil sie lediglich eine Wiedergewinnung des eingesetzten Kapitals, nicht aber eine angemessene Verzinsung der ausstehenden Beträge gewährleistet. Darin liegt der Vorteil der dynamischen Amortisationsrechnung.

Gelegentlich allerdings wird gerade in der Berücksichtigung der Verzinsung der ausstehenden Beträge der entscheidende Nachteil der dynamischen Amortisationszeit gesehen:

„Die Höhe der dynamischen Amortisationszeit ist vom gewählten Kalkulationszinssatz abhängig. Bestimmt sich die Höhe des Kalkulationszinssatzes aber nach subjektiven Überlegungen, werden insbesondere Risikogesichtspunkte bei der Festlegung des Kalkulationszinssatzes berücksichtigt, dann beeinflussen subjektive Risikovorstellungen (Kalkulationszinssatz) den ‚objektiven' Risikomaßstab (dynamische Amortisationszeit). Die statische Amortisationszeit unterliegt demgegenüber nicht den subjektiven Einflüssen der Wahl des Kalkulationszinssatzes und erscheint deshalb zur Messung des Risikos einer Investition geeigneter."[102]

Dem ist Folgendes entgegenzuhalten: Die statische Amortisationsrechnung kann als Grenzfall der dynamischen Amortisationsrechnung für eine Verzinsung von Null aufgefasst werden; dann stimmen statische und dynamische Amortisationszeit überein. Der Ansatz einer Mindestverzinsungsanforderung von Null ist indessen nicht weniger subjektiv als der Ansatz eines Kalkulationszinssatzes von beispielsweise 10 %. Jedoch erscheint Letzterer wesentlich realistischer. Man kann sich Bewertungsproblemen niemals dadurch entziehen, dass man eine Nullbewertung vornimmt!

---

[102] Vgl. *Blohm, H./Lüder, K.:* Investition, 3. Aufl., München 1974, S. 83 f. Hinweis: In den neueren Auflagen des Buches findet sich der Satz nicht mehr.

Zusammenfassung

▶ **Amortisationsrechnung** 4100

Man vergleicht die tatsächliche Amortisationsdauer mit der von der Unternehmungsleitung festgelegten maximal zulässigen Amortisationsdauer. Nach dem Amortisationskriterium kommen nur Objekte in Frage, die sich innerhalb der maximal zulässigen Zeit amortisieren.

▶ **Statische Amortisationsrechnung**

Die statische Amortisationszeit gibt an, wie viele Jahre vergehen, bis die Anschaffungsauszahlung durch die jährlichen Rückflüsse wiedergewonnen ist. Sie wird ermittelt:

- mit Hilfe der Durchschnittsrechnung, indem man die Anschaffungsauszahlung durch die durchschnittlichen jährlichen Rückflüsse dividiert;
- mit Hilfe der Kumulationsrechnung, indem man die (unterschiedlichen) jährlichen Rückflüsse so lange addiert, bis das Jahr erreicht ist, in dem sie dem Wert der Anschaffungsauszahlung entsprechen.

▶ **Schwachstellen der statischen Amortisationszeit**

Neben den allgemeinen Schwachstellen der statischen Verfahren zusätzlich:

- Kurze Amortisationszeit ist keine Garantie für absolute Vorteilhaftigkeit einer Investition.
- Gleiche Amortisationszeiten zweier Investitionen bieten keine Gewähr für gleiche Vorteilhaftigkeit der Objekte.
- Investitionen mit einer Amortisationszeit, die über dem maximal zulässigen Wert liegt, können trotzdem vorteilhaft sein.

▶ **Dynamische Amortisationszeit**

Die dynamische Amortisationszeit gibt an, wie viele Jahre vergehen, bis die Anschaffungsauszahlung inklusive Zinsen auf die noch ausstehenden Beträge mit Hilfe der jährlichen Rückflüsse wiedergewonnen ist. Die Ermittlung der dynamischen Amortisationszeit stellt eine Variante der kritischen Werte-Rechnung dar. Kritische Nutzungsdauer und dynamische Amortisationszeit sind identisch.

Formeln und Symbolverzeichnis

4105

Formeln	Symbole
$t = \dfrac{A}{\emptyset(e-a)}$	t = tatsächliche Amortisationszeit
$t = \dfrac{A-R}{\emptyset(e-a)}$	$\emptyset(e-a)$ = durchschnittliche jährliche Nettoeinzahlungen
$t = \dfrac{A}{\emptyset g + \text{Abschreibungen}}$	$\emptyset g$ = durchschnittlicher jährlicher Gewinn
$t = \dfrac{A-R}{\emptyset g + \text{Abschreibungen}}$	$(e_t - a_t)$ = Nettoeinzahlungen des Jahres t
$A = (e_1 - a_1) + (e_2 - a_2) + (e_3 - a_3)$ $+ \ldots + (e_t - a_t + R_t)$	R_t = Restwert zum Zeitpunkt t
	n_1 = Nutzungsdauer 1
$t = n_1 - C_{0,1} \cdot \dfrac{n_2 - n_1}{C_{0,2} - C_{0,1}}$	$C_{0,1}$ = Kapitalwert 1

Aufgaben

AUFGABE 106 (EINSTEIGER)

Bitte formulieren Sie die Entscheidungsregel zur Bestimmung der Vorteilhaftigkeit einer Investition gem. Amortisationsrechnung!

Die Lösung finden Sie in Tz. 7106!

AUFGABE 107 (FORTGESCHRITTENE)

Bitte erläutern Sie kurz die beiden Verfahren zur Bestimmung der statischen Amortisationszeit einer Investition! Welches Verfahren halten Sie für das Bessere?

Die Lösung finden Sie in Tz. 7107!

AUFGABE 108 (FORTGESCHRITTENE)

Bitte nennen und erläutern Sie kurz drei Schwachstellen der Amortisationsrechnung, die den Wert dieser Methode infrage stellen!

Die Lösung finden Sie in Tz. 7108!

AUFGABE 109 (EINSTEIGER)

Bitte erläutern Sie den Unterschied zwischen der statischen und der dynamischen Amortisationsrechnung! Auf welcher Investitionsrechnungsmethode basiert die dynamische Amortisationsrechnung?

Die Lösung finden Sie in Tz. 7109!

AUFGABE 110 (FORTGESCHRITTENE)

Bitte erläutern Sie folgenden Satz und nehmen Sie Stellung! Stützen Sie sich bei Ihrer Stellungnahme auf die statische und dynamische Version der Amortisationsrechnung.

„Der Kalkulationszinssatz ist eine schwierig zu ermittelnde und stets subjektive Größe. Deshalb besteht ein wesentlicher Vorteil der statischen Verfahren darin, dass hierbei auf den Ansatz eines Kalkulationszinssatzes verzichtet werden kann."

Die Lösung finden Sie in Tz. 7110!

AUFGABE 111 (FORTGESCHRITTENE)

a) In einem Unternehmen wurde eine maximal zulässige Amortisationszeit von fünf Jahren festgelegt. Es ist eine Rationalisierungsinvestition geplant, durch die eine alte Anlage mit einem Stundenkostensatz von 8 € durch eine neue Anlage mit einem Stundenkostensatz von 5,50 € ersetzt werden soll. Die Anlagen werden 2.400 Stunden pro Jahr genutzt.

Sollte man dem Unternehmen den Kauf der neuen Anlage unter Zugrundelegung der Amortisationsrechnung empfehlen, falls Anschaffungskosten von 24.000 € anfallen?

b) Bitte berechnen Sie, ob sich die in Aufgabe a) beschriebene Investition innerhalb der maximal zulässigen Zeit von fünf Jahren auch unter Zugrundelegung der dynamischen Amortisationsrechnung amortisiert (i = 0,10 = 10 %)!

Die Lösung finden Sie in Tz. 7111!

AUFGABE 112 (FORTGESCHRITTENE)

Bitte ermitteln Sie die Kapitalwerte der im Folgenden beschriebenen Investition, bei der drei verschiedene denkbare Verläufe der Nettoeinzahlungen pro Jahr zu berücksichtigen sind!

Legen Sie Ihrer Rechnung einen Kalkulationszinssatz von 10 % zugrunde.

	1. Fall	2. Fall	3. Fall
Kapitaleinsatz (€)	100.000	100.000	100.000
Rückflüsse (€/Jahr)			
1. Jahr:	60.000	60.000	60.000
2. Jahr:	40.000	40.000	40.000
3. Jahr:	-	10.000	10.000
4. Jahr:	-	-	15.000

Die Lösung finden Sie in Tz. 7112!

AUFGABE 113 (FORTGESCHRITTENE)

Gegeben ist ein Investitionsobjekt mit

- Anschaffungsauszahlung 120.000 €
- Nutzungsdauer 7 Jahre
- Kalkulationszinssatz 10 %

Die jährlichen Rückflüsse (Nettoeinzahlungen) betragen am Ende des ersten Jahres 20.000 €. Sie steigen in der Folgezeit jährlich um 2.000 €.

a) Bitte stellen Sie die Zahlungsverläufe am Zeitstrahl dar und ermitteln Sie die statische Amortisationszeit nach der Durchschnittsmethode!

b) Bitte ermitteln Sie tabellarisch
- die statische Amortisationszeit (Kumulationsmethode) und
- die dynamische Amortisationszeit!

Die Lösung finden Sie in Tz. 7113!

Kapitel 5. Kritische Werte-Rechnung (Break-even-Analyse)

5.1 Kritische Werte in Bezug auf eine Investition

5.1.1 Begriff und Arten

In der betrieblichen Praxis ist es häufig zweckmäßig, die Ergebnisse der Wirtschaftlichkeitsrechnung durch die Ermittlung kritischer Werte zu ergänzen.

MERKE

Der **kritische Wert (break-even-point)** einer Variablen in Bezug auf eine Investition ist der Wert der betreffenden Variablen, bei dem sich die Investition gerade noch (oder gerade eben) lohnt[103].

So ist etwa die kritische Anschaffungsauszahlung der Wert der Anschaffungsauszahlung, den die Investition gerade noch verträgt, ohne unwirtschaftlich zu werden (= Höchstwert). Die kritische Absatzmenge dagegen ist der Wert der abzusetzenden Stückzahl, der alljährlich wenigstens erreicht werden muss, damit sich das Vorhaben lohnt (= Mindestwert). Bei Überschreitung des Höchstwertes oder Nichterreichen des kritischen Mindestwertes ist das Objekt unvorteilhaft. Die kritische Werte-Rechnung ist eine Form der Empfindlichkeits- oder Sensibilitätsanalyse. Die anderen Formen sind die Dreifach-Rechnung und die Zielgrößen-Änderungsrechnung. Die Empfindlichkeitsanalyse fragt, wie sensibel der Kapitalwert auf Datenänderungen reagiert. Drei Viertel der deutschen Großunternehmen nutzen die Sensibilitätsanalyse zur Risikoabschätzung. Vierzig Prozent führen die Empfindlichkeitsanalyse in Form der kritischen Werte-Rechnung durch[104]. Zur Ermittlung kritischer Werte stützen wir uns auf die drei dynamischen Investitionsrechnungsverfahren. Wenn Sie beispielsweise die Kapitalwertgleichung

Gleichung (5.1)

$$C_0 = \underbrace{(p \cdot x - a_v \cdot x - a_f)}_{e} \cdot \underbrace{\frac{(1+i)^n - 1}{i(1+i)^n}}_{a} + R(1+i)^{-n} - A$$

betrachten, können Sie folgende kritische Höchst- und Mindestwerte unterscheiden:

---

103 Vgl. auch: *Schneider, E.*: Wirtschaftlichkeitsrechnung, S. 63 ff.; *Däumler, K.-D./Grabe, J.*: Kostenrechnungs- und Controllinglexikon, S. 47 ff. und S. 197 ff. Das Rechnen mit kritischen Werten fußt auf der u. a. von *J. F. Schär* beschriebenen „Berechnung des toten Punktes". Vgl. *Schär, J. F.*: Allgemeine Handelsbetriebslehre, S. 169. *Kilger* betont, die Berechnung des toten Punktes entspreche der angloamerikanischen Break-even-Analyse. Vgl. *Kilger, W./Pampel, J. R./Vikas, K.*: Flexible Plankostenrechnung und Deckungsbeitragsrechnung, S. 580 ff.

104 Vgl. *Hermann, B.*: Anwendung der Investitionsrechnungsmethoden in der Praxis, S. 64 ff.

Kritische Werte-Rechnung (Break-even-Analyse)

Kritische Höchstwerte (bei Überschreitung wird Objekt unvorteilhaft)		
Bezeichnung	**Symbol**	**Dimension**
kritische variable Auszahlungen je Einheit	$a_{v,kr}$	€/LE
kritische fixe Auszahlungen je Periode	$a_{f,kr}$	€/Jahr
kritischer Wert des Kalkulationszinssatzes	i_{kr}	%
kritische Anschaffungsauszahlung	A_{kr}	€
kritische jährliche Betriebs- und Instandhaltungsauszahlungen	a_{kr}	€/Jahr
Kritische Mindestwerte (bei Nichterreichen bleibt Objekt unvorteilhaft)		
Bezeichnung	**Symbol**	**Dimension**
kritischer Verkaufspreis	p_{kr}	€/LE
kritische Absatzmenge	x_{kr}	LE/Jahr
kritische Nutzungsdauer	n_{kr}	Jahre
kritischer Restwert	R_{kr}	€
kritische jährliche Einzahlungen	e_{kr}	€/Jahr

5004 In Abb. 74 sehen Sie einige typische Verläufe der Kapitalwertfunktion in Abhängigkeit von Variablen, die auf die Vorteilhaftigkeit von Investitionen einwirken. So nimmt der Kapitalwert einer Investition mit steigender Nutzungsdauer unter sonst gleichen Umständen zu. Bei Unterschreitung der kritischen Nutzungsdauer n_{kr} wird das Objekt unvorteilhaft.

Den kritischen Wert einer auf die Vorteilhaftigkeit Ihrer Investition einwirkenden Größe können Sie leicht errechnen, wenn Sie beachten, dass die Investition gerade noch (oder gerade eben) lohnend sein soll:

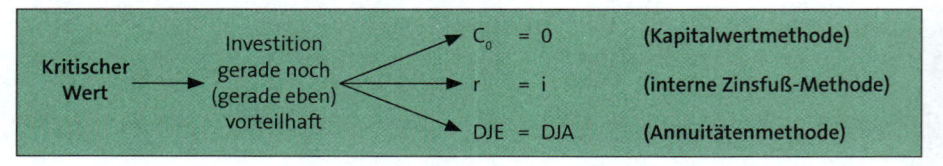

Kritischer Wert → Investition gerade noch (gerade eben) vorteilhaft
- $C_0 = 0$ (Kapitalwertmethode)
- $r = i$ (interne Zinsfuß-Methode)
- DJE = DJA (Annuitätenmethode)

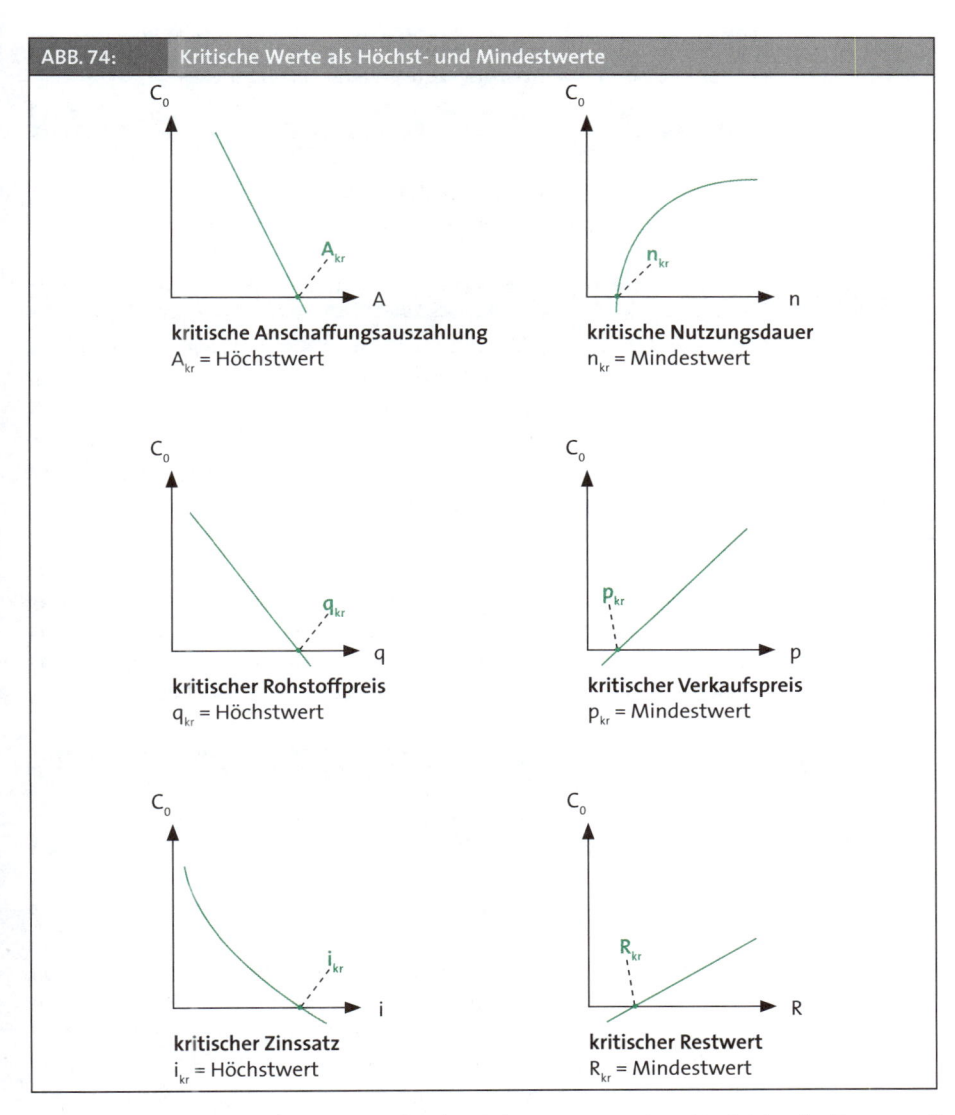

ABB. 74: Kritische Werte als Höchst- und Mindestwerte

kritische Anschaffungsauszahlung
A_{kr} = Höchstwert

kritische Nutzungsdauer
n_{kr} = Mindestwert

kritischer Rohstoffpreis
q_{kr} = Höchstwert

kritischer Verkaufspreis
p_{kr} = Mindestwert

kritischer Zinssatz
i_{kr} = Höchstwert

kritischer Restwert
R_{kr} = Mindestwert

Aus der Vorschrift zur Ermittlung des kritischen Wertes einer Variablen in Bezug auf eine Investition folgt also je nach der zu verwendenden Methode der Wirtschaftlichkeitsrechnung eine bestimmte Bedingungsgleichung, die die Ausrechnung des kritischen Wertes gestattet.

▶ Soll der kritische Wert mit Hilfe der **Kapitalwertmethode** ermittelt werden, so ist der Kapitalwert der betreffenden Investition gleich Null zu setzen:

Gleichung (5.2)
$$C_0 = 0$$

▶ Soll der kritische Wert nach der **internen Zinsfuß-Methode** errechnet werden, so ist die betreffende Variable so zu bestimmen, dass der Kalkulationszinssatz gleich dem internen Zinssatz wird.

Gleichung (5.3)
$$r = i$$

Die Bedingung $r = i$ ist für den Fall erfüllt, dass der Kapitalwert gleich Null ist. Die Berechnung eines kritischen Wertes aufgrund der Bedingung $r = i$ ist also identisch mit der Rechnung nach dem Kriterium $C_0 = 0$. Wegen des rechnerischen Aufwands ermittelt man kritische Werte nicht nach der internen Zinsfuß-Methode, sondern nutzt die Kapitalwert- oder Annuitätenmethode.

▶ Wird zur Bestimmung des kritischen Wertes die **Annuitätenmethode** verwendet, setzt man die durchschnittlichen jährlichen Einzahlungen und die durchschnittlichen jährlichen Auszahlungen gleich. Genauso gut kann man den kritischen Wert einer Variablen durch Nullsetzen des durchschnittlichen jährlichen Überschusses errechnen. Wegen DJÜ = C_0 · KWF fußt auch dieses Verfahren auf der Kapitalwertmethode: Für jeden kritischen Variablenwert, bei dem $C_0 = 0$ ist, gilt gleichzeitig DJÜ = 0.

Gleichung (5.4)
$$DJE = DJA$$
$$DJÜ = 0$$

5.1.2 Praktische Ermittlung

5010 Sie können grundsätzlich für jede Variable, die auf die Vorteilhaftigkeit einer Investition einwirkt, einen kritischen Wert ermitteln. In der Praxis werden derartige Rechnungen insbesondere im Zusammenhang mit der Risikoberücksichtigung angestellt. Die Daten, auf denen die Investitionsrechnung fußt, sind – abgesehen von der Anschaffungsauszahlung – im Allgemeinen nur Schätzwerte (so etwa Preise, Mengen, Löhne, Lebensdauer, Restwerte usw.) und daher mit Unsicherheit behaftet. Durch das Rechnen mit kritischen Werten lässt sich aufzeigen, in welchem Umfang Abweichungen in der einen oder anderen Form auftreten dürfen, ohne dass dadurch die Entscheidung beeinflusst würde. Sie ermitteln also für die als besonders unsicher angesehenen Daten jenen Höchst- oder Mindestwert, bei dem die betreffende Investition eben noch oder gerade eben lohnend ist.

5012 Stellen Sie sich vor, Sie hätten ein Spielzeugunternehmen zu leiten. Es liegt Ihnen die Offerte eines Kaufhauses vor.

▶ Sie sollen von einem neuen Spiel alljährlich 150.000 Einheiten exklusiv liefern. Dann lautet die entscheidende Frage: Wie hoch muss der Preis pro Spiel mindestens sein, damit Sie keinen Verlust machen? Sie ermitteln also den kritischen Verkaufspreis in Bezug auf die zur Spielproduktion notwendige Investition.

▶ Sie sollen eine noch zu verhandelnde Anzahl Spiele zu einem schon feststehenden Preis liefern. Dann lautet die entscheidende Frage: Wie hoch muss die jährliche Liefermenge mindestens sein, damit sich die Investition zur Produktion des Spiels lohnt? Sie ermitteln also die kritische Verkaufsmenge.

Die praktische Ermittlung folgt dem bereits im Zusammenhang mit der internen Zinsfuß-Methode gezeigten **3-Schritte-Schema**:

1. Schritt: Kapitalwertfunktion oder DJÜ-Funktion aufstellen.

2. Schritt: Kapitalwert oder DJÜ gleich Null setzen.

3. Schritt: Gleichung nach gesuchter Größe auflösen.

Das 3-Schritte-Schema führt bei linearen Kapitalwert- oder DJÜ-Funktionen zuverlässig zum Ergebnis. Bei nichtlinearen Kapitalwert- oder DJÜ-Funktionen kann die Auflösung der Gleichung nach dem gesuchten kritischen Wert zeitaufwendig oder unmöglich sein. In diesem Fall finden Sie die Lösung grafisch oder mit Hilfe der wohl bekannten Regula falsi (vgl. Kapitel 2.2: Interne Zinsfuß-Methode, S. 75). In der Praxis sind häufig nur ganzzahlige kritische Werte sinnvoll. Sie bauen schließlich keine halbe Maschine und stellen grundsätzlich nur vollständige Glühbirnen her. Deshalb sind nicht ganzzahlige kritische Mindestwerte stets aufzurunden und nicht ganzzahlige kritische Höchstwerte stets abzurunden.

5.1.3 Ermittlung kritischer Werte bei linearen Kapitalwertfunktionen

BEISPIEL: ▶ Ermittlung der kritischen Anschaffungsauszahlung

Ein mit $i = 0{,}08 = 8\,\%$ rechnender Investor plant den Kauf eines vermieteten Bürohauses. Am Ende des zehnten Jahres übernimmt der Mieter das Gebäude zum Festpreis von 1.000.000 €. Ermitteln Sie die kritische Anschaffungsauszahlung A_{kr} für das Gebäude nach der Kapitalwertmethode, wenn es zu folgenden Konditionen vermietet ist:

Jahre	Jahresnettomiete (€/Jahr)
1 bis 3	100.000
4 bis 7	150.000
8 bis 10	180.000

Lösung:

1. Kapitalwertfunktion aufstellen: $\qquad C_0 = -A + BW$
   (BW = Barwert aller Nettoeinzahlungen, die das Gebäude nach dem Zeitpunkt 0 abwirft)

2. Kapitalwert gleich Null setzen: $\qquad 0 = -A_{kr} + BW$

3. Gleichung nach gesuchter Größe auflösen: $\qquad A_{kr} = BW$

KAPITEL 5 — Kritische Werte-Rechnung (Break-even-Analyse)

Die kritische Anschaffungsauszahlung ist also mit dem Barwert aller Nettoeinzahlungen identisch.

Der folgende Zeitstrahl zeigt schematisch, wie man den Barwert der Nettoeinzahlungen BW ermittelt.

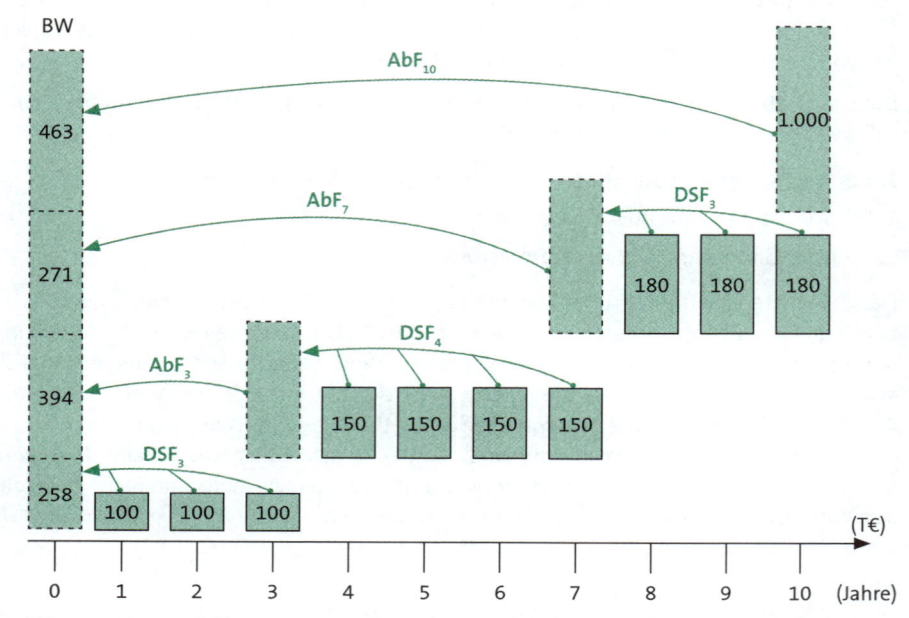

$BW = 100.000 \cdot DSF_3 + 150.000 \cdot DSF_4 \cdot AbF_3 + 180.000 \cdot DSF_3 \cdot AbF_7 + 1.000.000 \cdot AbF_{10}$

$BW = 100.000 \cdot 2{,}577097 + 150.000 \cdot 3{,}312127 \cdot 0{,}793832 + 180.000 \cdot 2{,}5577097 \cdot 0{,}583490 + 1.000.000 \cdot 0{,}463193$

$BW = 257.709{,}70 + 394.390{,}86 + 270.667{,}86 + 463.193 = 1.385.061{,}42\ (€)$

Ergebnis:

Ein mit 8 % rechnender Investor kann für das Gebäude maximal einen Betrag von knapp 1,4 Mio. € ausgeben. Wird dieser Betrag überschritten, ist die Investition „Kauf eines Bürogebäudes" unvorteilhaft.

5017 BEISPIEL: **Ermittlung der kritischen Minderauszahlung**

Ein Elektrokonzern bietet sog. Solarwattsysteme für Einfamilienhäuser als zusätzliche Energiequelle bei der Warmwasserbereitung und für die Zentralheizung an. Der Preis der Anlage einschließlich Montage beträgt rund 10.000 €. Die Lebensdauer wird auf zehn Jahre veranschlagt. Die Anlage ist wartungsfrei, es entstehen allerdings betriebsabhängige Stromkosten. Denn sobald genügend Sonne scheint, setzt sich eine elektrische Umwälzpumpe in Betrieb, die eine Leistung von 1.000 Watt benötigt.

a) Wie hoch muss die durchschnittliche jährliche Minderauszahlung DJA (bedingt durch den geringeren Verbrauch an anderen Energieträgern, etwa Öl) mindestens sein, damit sich die Anschaffung lohnt, wenn man von durchschnittlich 1.800 Betriebsstunden jährlich ausgeht, der Preis einer Kilowattstunde 0,30 € beträgt und der Kalkulationszinssatz auf 6 % festgelegt wird?

b) Gesetzt den Fall, die derzeit realisierbaren Minderauszahlungen liegen unter der nach a) zu ermittelnden Mindestersparnis, welche Argumente könnten dennoch für den Einbau der Solarwattanlage sprechen?

Lösung a):

Man ermittelt die bei Einbau der Solarwattanlage entstehenden DJA, die aus zwei Komponenten bestehen:

1.	Jährliche Stromkosten:	$1.800 \cdot 0{,}30 =$	540,00 (€/Jahr)
2.	Kapitaldienst:	$A \cdot KWF = 10.000 \cdot 0{,}135868 =$	1.358,68 (€/Jahr)
		DJA =	1.898,68 (€/Jahr)

Der Einbau der Solarwattanlage ist für den Hausbesitzer stets dann wirtschaftlich lohnend, wenn die dadurch ermöglichten Minderauszahlungen pro Jahr den Wert von 1.898,68 € erreichen oder übersteigen.

Lösung b):

Wenn die derzeit realisierbaren Minderauszahlungen den Wert von 1.898,68 €/Jahr nicht voll erreichen, kann der Einbau der Anlage dennoch vorteilhaft sein, wenn man von steigenden Energiepreisen und damit von steigenden Einsparungen ausgeht. Außerdem dürfte die Anlage ökologische Vorteile aufweisen.

BEISPIEL: Ermittlung der kritischen Menge 5019

Die Uhrenfabrik SWITCH könnte an das Warenhaus KAUFTEMPEL sechs Jahre lang eine Partie Billig-Quarzuhren zum Stückpreis von 10 € verkaufen. Da die Produktionsanlagen zurzeit voll ausgelastet sind, wäre bei Hereinnahme des Zusatzauftrags eine Erweiterungsinvestition mit einer Anschaffungsauszahlung von 100.000 € fällig. Nach sechsjähriger Nutzung kann man noch mit einem Restwert von 40.000 € rechnen. Bei SWITCH werden Investitionen nur dann durchgeführt, wenn sie sich mit mindestens 10 % verzinsen. Die jährlichen Auszahlungen für Betrieb und Instandhaltung der anzuschaffenden Anlagen hängen in folgender Weise von der jährlichen Produktionsmenge der Billig-Quarzuhren (x) ab:

$$a = 5.000 + 5x$$

Bevor der Vertreter von SWITCH die Vertragsverhandlungen mit KAUFTEMPEL zum Abschluss bringt, erkundigt er sich bei Ihnen, wie viel Stück jährlich mindestens verkauft werden müssen, damit sich die Investition lohnt.

a) Stellen Sie die Zahlungsverhältnisse am Zeitstrahl dar.
b) Ermitteln Sie die kritische Verkaufsmenge mit Hilfe der Kapitalwertmethode.
c) Ermitteln Sie die kritische Verkaufsmenge mit Hilfe der Annuitätenmethode.
d) Stellen Sie die Kapitalwert- und die DJÜ-Funktion im Diagramm dar.

Lösung a):

Zeitstrahl

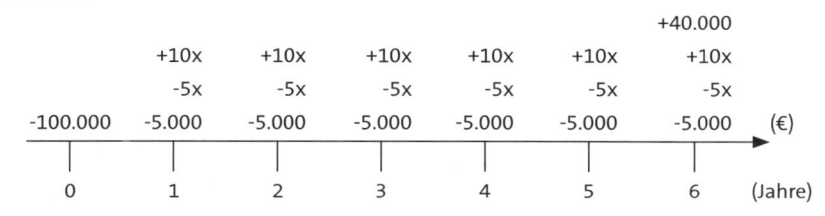

```
                                                              +40.000
            +10x    +10x    +10x    +10x    +10x    +10x
            -5x     -5x     -5x     -5x     -5x     -5x
 -100.000   -5.000  -5.000  -5.000  -5.000  -5.000  -5.000    (€)
─────┼───────┼───────┼───────┼───────┼───────┼───────┼──────►
     0       1       2       3       4       5       6       (Jahre)
```

Lösung b):
Kritische Menge gem. Kapitalwertmethode
1. C_0-Funktion aufstellen:

C_0 = $-A + (e - a) \cdot DSF_6 + R \cdot AbF_6$
C_0 = $-100.000 + (10x - 5.000 - 5x) \cdot DSF_6 + 40.000 \cdot AbF_6$

2. C_0 gleich Null setzen:

0 = $-100.000 + (5x_{kr} - 5.000) \cdot DSF_6 + 40.000 \cdot AbF_6$

3. Nach x_{kr} auflösen:

$100.000 - 40.000 \cdot AbF_6$ = $(5x_{kr} - 5.000) \cdot DSF_6$

$5x_{kr} - 5.000$ = $\dfrac{100.000 - 22.579}{4,355261}$

$5x_{kr}$ = $17.776 + 5.000$

x_{kr} = 4.555 (Stück/Jahr)

Lösung c):
Kritische Menge gem. Annuitätenmethode
1. DJÜ-Funktion aufstellen:

DJÜ = $e + R \cdot RVF_6 - a - A \cdot KWF_6$
DJÜ = $10x + 40.000 \cdot 0,129607 - 5.000 - 5x - 100.000 \cdot 0,229607$

2. DJÜ gleich Null setzen:

0 = $10x_{kr} + 5.184 - 5.000 - 5x_{kr} - 22.961$
0 = $5x_{kr} - 22.777$

3. Nach x_{kr} auflösen:

$5x_{kr}$ = 22.777
x_{kr} = 4.555 (Stück/Jahr)

Lösung d):
Grafische Darstellung von C_0- und DJÜ-Funktionen:
Es gilt:

C_0 = $-100.000 + (5x - 5.000) \cdot 4,355261 + 40.000 \cdot 0,564474$
C_0 = $-100.000 + 21,776305x - 21.776 + 22.579$
C_0 = $-99.197 + 21,7763054x$

und

DJÜ = $-22.777 + 5x$

Kritische Werte in Bezug auf eine Investition KAPITEL 5

ABB. 75: Ermittlung der kritischen Menge III

$C_0 = -99.197 + 21{,}776305x$

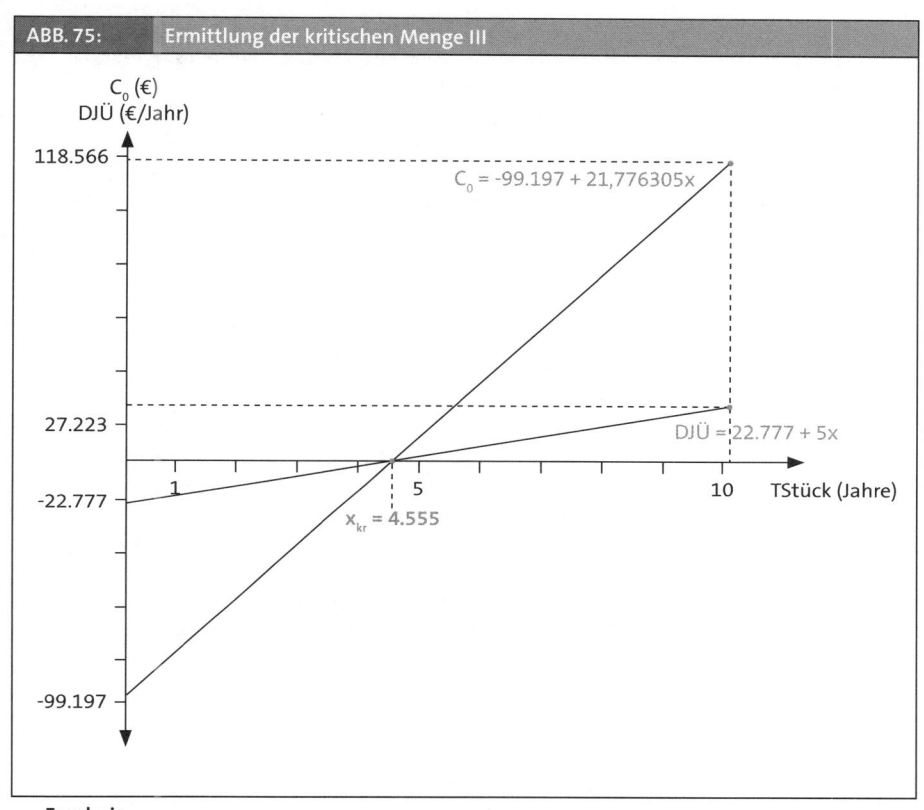

$DJÜ = 22.777 + 5x$

$x_{kr} = 4.555$

Ergebnis:
Die Erweiterungsinvestition ist nur dann lohnend, wenn SWITCH mindestens 4.555 Quarzuhren jährlich absetzt. Bei diesem Wert erzielt die Uhrenfabrik die Wiedergewinnung des eingesetzten Kapitals und eine Verzinsung der ausstehenden Beträge zum Kalkulationszinssatz. Wird der kritische Wert bei den Vertragsverhandlungen nicht erreicht, ist der Auftrag abzulehnen.

BEISPIEL: Ermittlung des kritischen Verkaufspreises 5022

Die Firma Bioderm möchte eine neuartige Antifaltencreme mit Frischzellenextrakt auf den Markt bringen. Für die Produktion des Präparates müsste eine Erweiterungsinvestition vorgenommen werden, für die die folgenden Daten bekannt sind:

- Absatzmenge (Tuben/Jahr): 300.000
- Variable Auszahlungen (€/Stück): 20
- Feste Auszahlungen (€/Jahr): 180.000
- Anschaffungsauszahlung (€): 5.000.000
- Nutzungsdauer (Jahre): 5
- Restwert (€): 0
- Kalkulationszinssatz (%): 12

KAPITEL 5 — Kritische Werte-Rechnung (Break-even-Analyse)

a) Stellen Sie die Zahlungsverhältnisse am Zeitstrahl dar.
b) Ermitteln Sie nach der Kapitalwertmethode den kritischen Verkaufspreis je Tube, bei dem sich die Erweiterungsinvestition gerade eben lohnt.
c) Ermitteln Sie nach der Annuitätenmethode den kritischen Verkaufspreis je Tube, bei dem sich die Erweiterungsinvestition gerade eben lohnt.
d) Stellen Sie die Kapitalwert- und DJÜ-Funktion im Diagramm dar, und berechnen Sie den Kapitalwert C_0 und den durchschnittlichen jährlichen Überschuss DJÜ für den Verkaufspreis von p = 30 €/Tube.

Lösung a):

Zeitstrahl

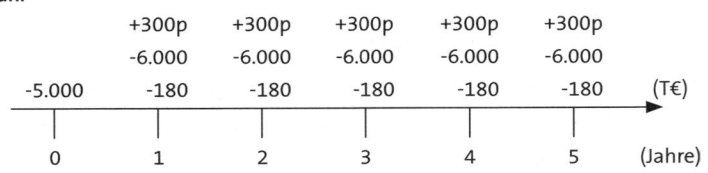

```
                +300p    +300p    +300p    +300p    +300p
                -6.000   -6.000   -6.000   -6.000   -6.000
      -5.000    -180     -180     -180     -180     -180      (T€)
  ──────┼────────┼────────┼────────┼────────┼────────┼────────►
        0        1        2        3        4        5       (Jahre)
```

Lösung b):

Kritischer Verkaufspreis gem. Kapitalwertmethode

$$C_0 = -A + (e - a) \cdot DSF_5$$

1. Schritt: $C_0 = -5.000.000 + (300.000p - 6.180.000) \cdot DSF_5$

2. Schritt: $0 = -5.000.000 + (300.000 p_{kr} - 6.180.000) \cdot 3{,}604776$

3. Schritt:
$$\frac{5.000.000}{3{,}604776} = 300.000 p_{kr} - 6.180.000$$

$$300.000 p_{kr} = 7.567.049$$

$$p_{kr} = 25{,}22 \text{ (€/Tube)}$$

Lösung c):

Kritischer Verkaufspreis gem. Annuitätenmethode

1. Schritt: $DJÜ = \overbrace{DJE} - \overbrace{DJA}$

$DJÜ = 300.000 \cdot p - 6.180.000 - 5.000.000 \cdot KWF_5$

2. Schritt: $0 = 300.000 \cdot p_{kr} - 6.180.000 - 5.000.000 \cdot 0{,}277410$

3. Schritt: $0 = 300.000 \cdot p_{kr} - 6.180.000 - 1.387.050$

$$p_{kr} = \frac{7.567.050}{300.000} = 25{,}22 \text{ (€/Tube)}$$

Wenn die Bioderm exakt einen Verkaufspreis von 25,22 €/Tube erhält, erzielt sie im Laufe der fünfjährigen Nutzungsdauer der Produktionsanlagen eine vollständige Wiedergewinnung der eingesetzten Mittel sowie eine Verzinsung der ausstehenden Beträge mit 12 %. Der kritische Verkaufspreis beläuft sich auf 25,22 €. Dieser Betrag muss mindestens erzielt werden, wenn die Erweiterungsinvestition vorteilhaft sein soll.

Lösung d):

Grafische Darstellung von C_0- und DJÜ-Funktion

Es gilt:

$C_0 = -5.000.000 + (300.000p - 6.180.000) \cdot 3{,}604776$

$C_0 = -27.277.516 + 1.081.433p$

und

DJÜ   = -7.567.050 + 300.000p
p = 30 → C₀ = -27.277.516 + 1.081.433 · 30 = 5.165.474 (€)
DJÜ   = -7.567.050 + 300.000 · 30 = 1.432.950 (€)

ABB. 76: Ermittlung des kritischen Preises

C₀ (T€)
DJÜ (T€/Jahr)

10.000
5.165
1.433
          10   30   p (€/Stück)
-7.567   DJÜ = -7.567.050 + 300.000p p_{kr} = 25,22

-20.000   C₀ = -27.277.516 + 1.081.433p

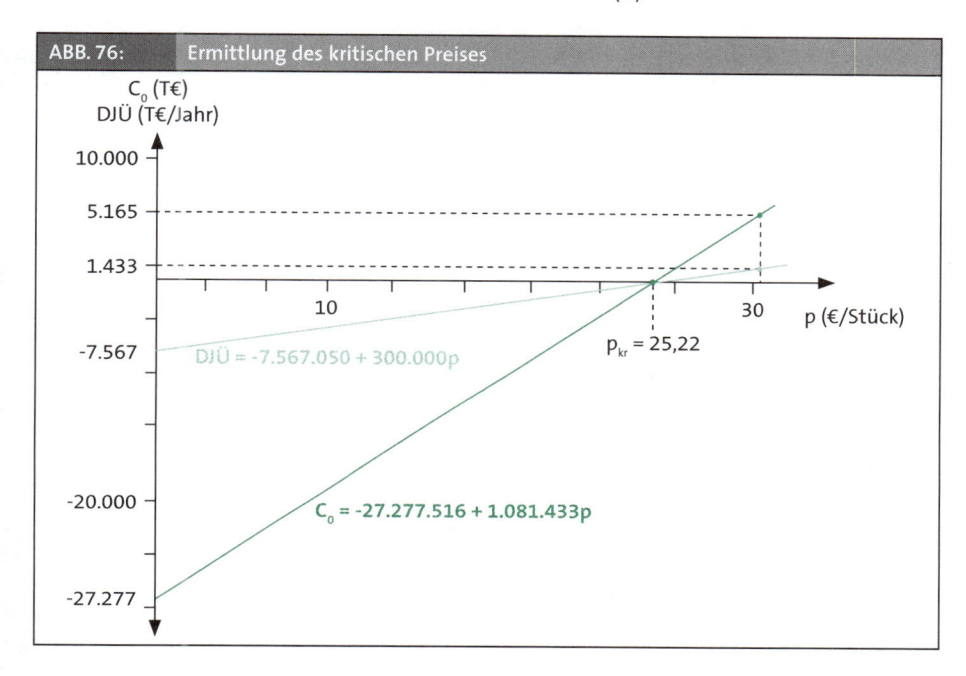

-27.277

5.1.4 Ermittlung kritischer Werte bei nichtlinearen Kapitalwertfunktionen

Die drei letzten Beispiele (Ermittlung der kritischen Anschaffungsauszahlung, der kritischen Menge, des kritischen Verkaufspreises) haben Ihnen gezeigt, dass die Berechnung kritischer Werte bei linearen Kapitalwert- und DJÜ-Funktionen sehr einfach ist. Wir widmen uns nun der Problemlösung beim Vorliegen nichtlinearer Funktionen der Zielgrößen C₀ und DJÜ. Ein solcher Verlauf ist in zwei Fällen gegeben: bei der Nutzungsdauer n und beim Zinssatz i. Die Lösung ist auch hier einfach, sofern Sie sich noch an die Rechentechniken der internen Zinsfuß-Methode erinnern, die wir im Folgenden analog anwenden.

BEISPIEL: ▶ Ermittlung der kritischen Nutzungsdauer

Die Latex GmbH verzeichnet gegenwärtig eine verstärkte Nachfrage nach ihren Einmalartikeln. Es wird daher erwogen, eine Erweiterungsinvestition zu tätigen, für die die folgenden Daten gelten:

KAPITEL 5 — Kritische Werte-Rechnung (Break-even-Analyse)

- Anschaffungsauszahlung (€): 250.000
- Zusätzliche Absatzmenge (Stück/Jahr): 65.000
- Absatzpreis (€/Stück): 1,50
- Variable Auszahlungen (€/Stück): 0,25
- Fixe Auszahlungen (€/Jahr): 21,250
- Restwert (€): 40.000
- Kalkulationszinssatz (%): 6

Für die Vorteilhaftigkeit dieser Investition ist die Dauer der Zusatznachfrage von entscheidender Bedeutung. Die Latex GmbH möchte daher, dass als Entscheidungshilfe die kritische Nutzungsdauer errechnet wird. Sie sollen also die Frage beantworten, wie lange die Zusatznachfrage wenigstens anhalten muss, damit sich die Investition lohnt.

Ermitteln Sie die kritische Nutzungsdauer
a) auf grafischem Weg mit Hilfe dreier Wertepaare,
b) auf arithmetischem Weg mit Hilfe der Regula falsi,
c) mittels Logarithmierens und mit Hilfe des Tabellenwertes des Aufzinsungsfaktors (AuF).
d) Zeigen Sie einen einfachen Weg zur Bestimmung der kritischen Nutzungsdauer, falls man den Restwert aus Vorsichtsgründen mit R = 0 ansetzt. (Sie dürfen sich auch gern an den entsprechenden Sonderfall der Effektivzinsbestimmung erinnern, die restwertlose Investition, vgl. S. 79)

5033 Lösung a):
Grafische Bestimmung der kritischen Nutzungsdauer

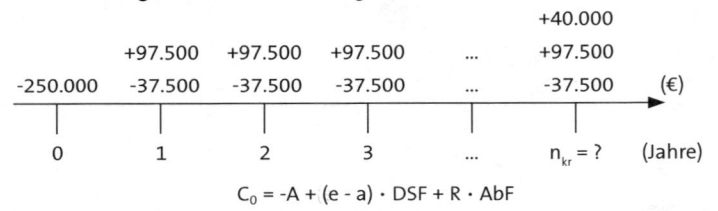

```
                                              +40.000
            +97.500   +97.500   +97.500  ...  +97.500
  -250.000  -37.500   -37.500   -37.500  ...  -37.500    (€)
  ───┼─────────┼─────────┼─────────┼────────────┼────────►
     0        1         2         3      ...   n_kr = ?  (Jahre)
```

$$C_0 = -A + (e - a) \cdot DSF + R \cdot AbF$$

1. Schritt

$$C_0 = -250.000 + 60.000 \cdot \frac{(1 + 0{,}06)^n - 1}{0{,}06 \cdot (1 + 0{,}06)^n} + 40.000 \cdot \frac{1}{(1 + 0{,}06)^n}$$

2. Schritt

Der Kapitalwert hängt jetzt nur noch von n ab. Wir bestimmen n_{kr} grafisch, indem wir von drei verschiedenen Nutzungszeiten (Probiernutzungsdauern) ausgehen, die zugehörigen Kapitalwerte ausrechnen und die Wertepaare ins Diagramm einzeichnen (vgl. nachfolgende Abbildung). Zur Vereinfachung soll der Restwert im Zeitablauf nicht sinken, sondern konstant bleiben.

$n_1 = 4$ Jahre → $C_{0,1}$ = $-250.000 + 60.000 \cdot 3{,}465106 + 40.000 \cdot 0{,}792094$
$\phantom{n_1 = 4 \text{ Jahre} \rightarrow\ }C_{0,1}$ = $-250.000 + 207.906 + 31.684 = -10.410$ (€)

$n_2 = 5$ Jahre → $C_{0,2}$ = $-250.000 + 60.000 \cdot 4{,}212364 + 40.000 \cdot 0{,}747258$
$\phantom{n_2 = 5 \text{ Jahre} \rightarrow\ }C_{0,2}$ = $-250.000 + 252.742 + 29.890 = 32.632$ (€)

$n_3 = 6$ Jahre → $C_{0,3}$ = $-250.000 + 60.000 \cdot 4{,}917324 + 40.000 \cdot 0{,}704961$
$\phantom{n_3 = 6 \text{ Jahre} \rightarrow\ }C_{0,3}$ = $-250.000 + 295.039 + 28.198 = 73.237$ (€)

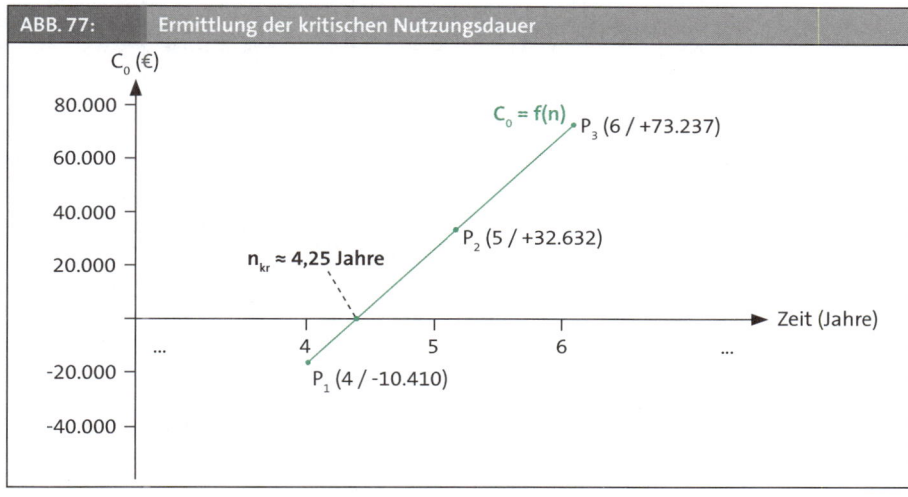

Kritische Werte in Bezug auf eine Investition — KAPITEL 5

ABB. 77: Ermittlung der kritischen Nutzungsdauer

[Diagramm: C_0 (€) über Zeit (Jahre) mit Punkten P_1 (4 / −10.410), P_2 (5 / +32.632), P_3 (6 / +73.237); $C_0 = f(n)$; $n_{kr} \approx 4{,}25$ Jahre]

Lösung b):

Bestimmung der kritischen Nutzungsdauer mit Hilfe der Regula falsi

Die Anwendung der Zwei-Punkte-Form der Geradengleichung führt unter Benutzung des in Kapitel 2.2: Interne Zinsfuß-Methode beschriebenen Weges zum Ergebnis:

Gleichung (5.5)
Regula falsi

$$n_{kr} = n_1 - C_{0,1} \cdot \frac{n_2 - n_1}{C_{0,2} - C_0}$$

Setzt man die Koordinaten von P_1 und P_2 in Gleichung (5.5) ein, ergibt sich:

$$n_{kr} = 4 + 10.410 \cdot \frac{5 - 4}{32.632 + 10.410}$$

$$n_{kr} = 4 + \frac{10.410}{43.042} = 4{,}24 \ (\text{Jahre})$$

Lösung c):

Bestimmung der kritischen Nutzungsdauer mittels Logarithmierens

Zwecks Logarithmierens stellen wir die Kapitalwertfunktion in allgemeiner Weise auf, setzen den Kapitalwert gleich Null und formen die Gleichung so um, dass n_{kr} auf der linken Seite steht:

KAPITEL 5   Kritische Werte-Rechnung (Break-even-Analyse)

$$C_0 = -A + (e-a) \cdot \frac{(1+i)^n - 1}{i(1+i)^n} + R \cdot \frac{1}{(1+i)^n} \qquad | C_0 = 0 \rightarrow$$

$$0 = -A + (e-a) \cdot \frac{(1+i)^{n_{kr}} - 1}{i(1+i)^{n_{kr}}} + R \cdot \frac{1}{(1+i)^{n_{kr}}} \qquad | \cdot i(1+i)^{n_{kr}} \rightarrow$$

$$0 = -A \cdot i(1+i)^{n_{kr}} + (e-a)[(1+i)^{n_{kr}} - 1] + R \cdot i \qquad \begin{array}{l}\text{eckige Klammer}\\\text{ausmultiplizieren} \rightarrow\end{array}$$

$$0 = -A \cdot i(1+i)^{n_{kr}} + (e-a)(1+i)^{n_{kr}} - (e-a) + R \cdot i \qquad | + (e-a) - R \cdot i \rightarrow$$

$$(e-a) - R \cdot i = (1+i)^{n_{kr}}[(e-a) - A \cdot i] \qquad |:[(e-a) - A \cdot i] \rightarrow$$

(5.6)
$$\boxed{(1+i)^{n_{kr}} = \frac{(e-a) - R \cdot i}{(e-a) - A \cdot i}} \qquad |\text{logarithmieren} \rightarrow$$

$$n_{kr} \cdot \lg(1+i) = \lg \frac{(e-a) - R \cdot i}{(e-a) - A \cdot i}$$

(5.7)
$$\boxed{n_{kr} = \frac{\lg \dfrac{(e-a) - R \cdot i}{(e-a) - A \cdot i}}{\lg(1+i)}}$$

Wir setzen in die Gleichung (5.7) die Zahlen des Beispiels ein und erhalten:

$$n_{kr} = \frac{\lg \dfrac{60.000 - 40.000 \cdot 0{,}06}{60.000 - 250.000 \cdot 0{,}06}}{\lg(1 + 0{,}06)}$$

$$n_{kr} = \frac{\lg \dfrac{57.600}{45.000}}{\lg 1{,}06} = \frac{0{,}1072}{0{,}0253} = 4{,}24 \text{ (Jahre)}$$

Hinweis:

Die bei der Umformung als Zwischenergebnis ausgewiesene Gleichung (5.6) zeigt, dass die Bestimmung der kritischen Nutzungsdauer auch über den Tabellenwert des Aufzinsungsfaktors AuF = $(1+i)^{n_{kr}}$ erfolgen könnte. Bedingung für die Anwendung der Gleichungen (5.6) und (5.7) ist, dass die Nettoeinzahlungen im Zeitablauf konstant bleiben. Aus Gleichung (5.6) folgt im gegebenen Fall:

$$\text{AuF}_{n_{kr}} = \frac{60.000 - 40.000 \cdot 0{,}06}{60.000 - 250.000 \cdot 0{,}06}$$

$$\text{AuF}_{n_{kr}} = \frac{57.600}{45.000} = 1{,}28$$

AuF = 1,28 liegt in der 6 %-Tabelle zwischen n = 4 und n = 5.

Ergebnis a), b), c):

Aus Grafik und Rechnung wird deutlich, dass die Latex GmbH nur dann investieren sollte, wenn mit genügender Sicherheit angenommen werden kann, dass die Zusatznachfrage nach ihren Einmalartikeln über einen Zeitraum von wenigstens 4,24 Jahren anhält.

Ist die tatsächliche Nutzungsdauer genau 4,24 Jahre und entspricht somit der kritischen Nutzungsdauer, dann erhält die Latex GmbH das eingesetzte Kapital zurück und eine Verzinsung von 6 % auf die jeweils noch ausstehenden Beträge. Anders formuliert: In 4,24 Jahren hat sich die Erweiterungsinvestition dynamisch amortisiert.

MERKE

Die **kritische Nutzungsdauer** eines Objekts ist identisch mit seiner dynamischen Amortisationszeit.

Das zeigt, dass die Amortisationsrechnung in ihrem Kern keine eigenständige Methode der Investitionsrechnung darstellt. Die Amortisationsrechnung repräsentiert vielmehr eine spezielle Form der Ermittlung eines kritischen Wertes in Bezug auf eine Investition (kritische Nutzungsdauer), wobei wahlweise die Kapitalwert- oder die Annuitätenmethode eingesetzt werden kann.

Man errechnet den Wert, den die tatsächliche Nutzungsdauer mindestens annehmen muss,

- um das eingesetzte Kapital wiederzugewinnen (statische Amortisationsrechnung) oder
- um das eingesetzte Kapital wiederzugewinnen und darüber hinaus eine Verzinsung der ausstehenden Beträge zu erhalten (dynamische Amortisationsrechnung).

Lösung d):
Bestimmung der kritischen Nutzungsdauer bei R = 0

5040

Wir wollen uns nun der Frage zuwenden, wie sich das Lösungsverfahren modifizieren lässt, wenn der Restwert der Erweiterungsinvestition gleich Null (oder quantitativ unerheblich) ist. Der Zeitstrahl vereinfacht sich dann folgendermaßen:

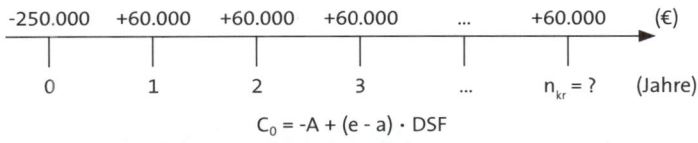

```
-250.000   +60.000   +60.000   +60.000    ...    +60.000       (€)
    |         |         |         |                 |
    0         1         2         3        ...    n_kr = ?    (Jahre)
```

$C_0 = -A + (e - a) \cdot DSF$

Schritt:	allgemeine Lösung	Zahlen des Beispiels
(1)	$C_0 = -A + (e - a) \cdot DSF$	$C_0 = -250.000 + 60.000 \cdot DSF$
(2)	$0 = -A + (e - a) \cdot DSF_{n_{kr}}$	$0 = -250.000 + 60.000 \cdot DSF_{n_{kr}}$
(3)	$DSF_{n_{kr}} = \dfrac{A}{(e - a)}$ (5.8)	$DSF_{n_{kr}} = \dfrac{250.000}{60.000} = 4{,}166667$

Wir wissen also, dass der Wert des Diskontierungssummenfaktors 4,166667 ist. Ferner ist bekannt, dass der Investor mit i = 0,06 = 6 % rechnet. Ein Blick in die 6 %-Tabelle zeigt uns Folgendes:

n = 4	⟶	DSF = 3,465106	
unser Wert	⟶	DSF = 4,166667	⟶ n_{kr} = 4,94 (Jahre)
n = 5	⟶	DSF = 4,212364	

Der Wert von 4,94 Jahren ergibt sich mit Hilfe der linearen Interpolation.

$$4,212364 - 3,465106 = 0,747258 = 1 \text{ Jahr}$$
$$4,16667 - 3,465106 = 0,701561 = x$$

$$x = \frac{0,701561}{0,747258} = 0,94$$

n_{kr} = 4 + 0,94 = 4,94 (Jahre)

Ergebnis d):

Wenn die Erweiterungsinvestition am Ende ihrer Nutzungsdauer keinen Restwert erbringt, dann fehlen 40.000 € in der Kasse, und zwar mit der Folge, dass die kritische Nutzungsdauer von 4,24 auf 4,94 Jahre steigt.

HINWEIS:

Es gibt in zwei Fällen nichtlineare Kapitalwertkurven: Bei der Nutzungsdauer n und beim Kalkulationszinssatz i. Warum haben wir bei dem obigen Beispiel nur die kritische Nutzungsdauer n_{kr}, nicht aber den kritischen Kalkulationszinssatz i_{kr} errechnet? Wir beschränkten uns auf die Ermittlung von n_{kr}, weil der kritische Kalkulationszinssatz identisch ist mit dem internen Zinssatz r. Somit sind alle im Kapitel 2.2 (Interne Zinsfuß-Methode) gezeigten Beispiele zur Renditenberechnung gleichzeitig Beispiele zur Berechnung des kritischen Kalkulationszinssatzes.

5.2 Kritische Werte in Bezug auf zwei Investitionen

5.2.1 Begriff und Arten

5045   Ein Investor steht bei der Auswahl eines Investitionsobjekts häufig zunächst vor einer großen Anzahl von in Betracht kommenden Möglichkeiten. Diese werden im Zuge eines Vorauswahlverfahrens meist auf zwei oder drei Objekte reduziert, die in die engere Wahl gelangen. Bei den wenigen in der engeren Wahl befindlichen Möglichkeiten kann es sinnvoll sein, den kritischen Wert einer bestimmten Größe in Bezug auf zwei Investitionen zu ermitteln.

MERKE

Kritischer Wert einer Variablen in Bezug auf zwei Investitionen ist der Wert der betreffenden Variablen, bei dem beide Investitionen gleich vorteilhaft oder gleich unvorteilhaft sind.

In Abb. 78 sind beispielhaft einige kritische Werte in Bezug auf zwei Investitionen (Investition I und II) dargestellt.

Wenn sich die Kapitalwertkurven im negativen Bereich schneiden, wie dies in Abb. 78 beim kritischen Rohstoffpreis der Fall ist, dann sind die beiden Investitionen bei diesem kritischen Wert gleich unvorteilhaft. Genau wie bei den kritischen Werten in Bezug auf eine Investition sind zwei Typen von Kapitalwertfunktionen zu unterscheiden: lineare und nichtlineare. Nichtlineare Kapitalwertfunktionen gibt es nur für zwei Variablen: in Abhängigkeit von der Nutzungsdauer n und dem Kalkulationszinssatz i.

ABB. 78: Kritische Werte in Bezug auf zwei Investitionen

kritische Verkaufsmenge $x_{kr}^{I,II}$

kritische Nutzungsdauer $n_{kr}^{I,II}$

kritischer Rohstoffpreis $q_{kr}^{I,II}$

kritischer Verkaufspreis $p_{kr}^{I,II}$

kritischer Zinssatz $i_{kr}^{I,II}$

kritischer Restwert $R_{kr}^{I,II}$

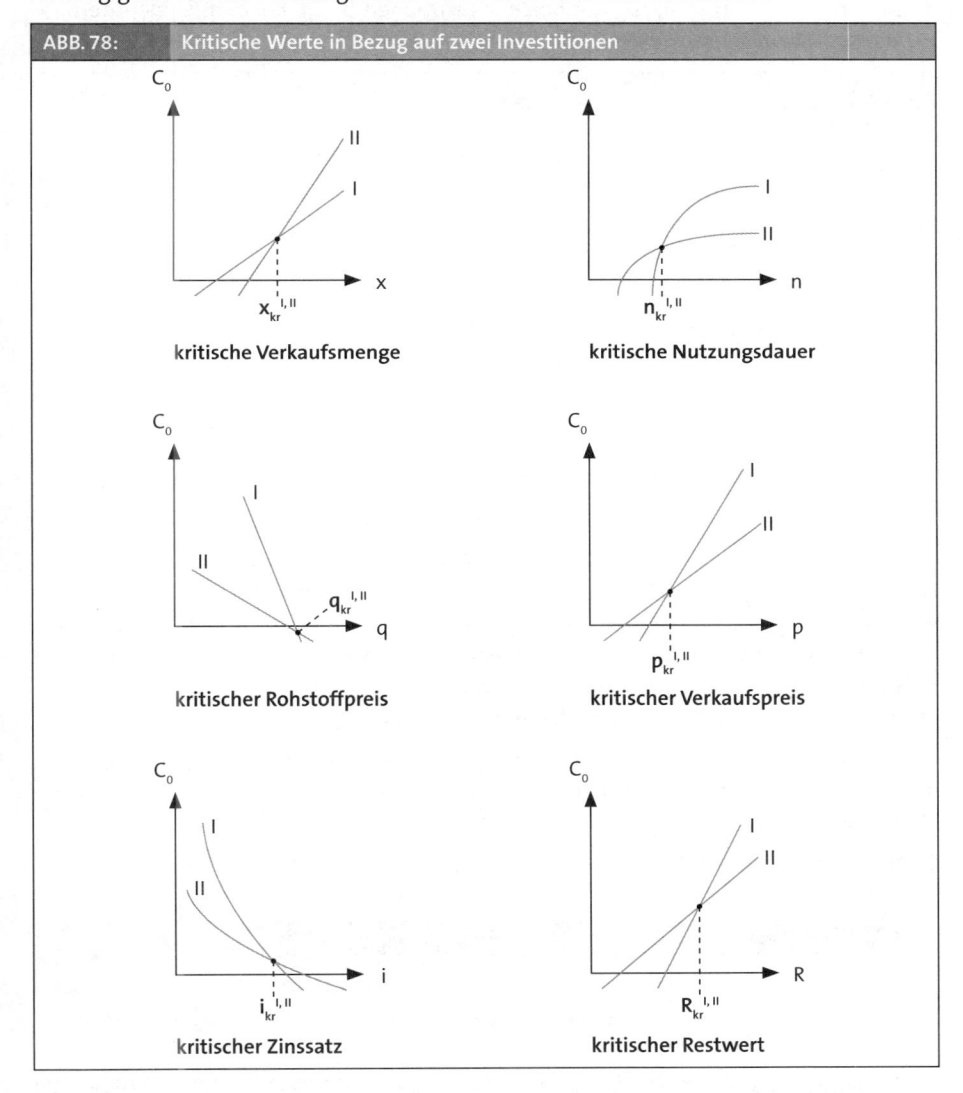

5049 Betrachten Sie die Kapitalwertkurven für zwei Investitionen in Abhängigkeit von einer beliebigen Variablen, etwa der Verkaufsmenge x, so sehen Sie, dass drei verschiedene kritische Werte existieren:

1. Der kritische Wert in Bezug auf **Investition I** (x^I_{kr}), bei dem Investition I gerade eben vorteilhaft ist.
2. Der kritische Wert in Bezug auf **Investition II** (x^{II}_{kr}), bei dem Investition II gerade eben vorteilhaft ist.
3. Der kritische Wert in Bezug auf beide **Investitionen** ($x^{I,II}_{kr}$), bei dem beide Alternativen kapitalwertgleich sind.

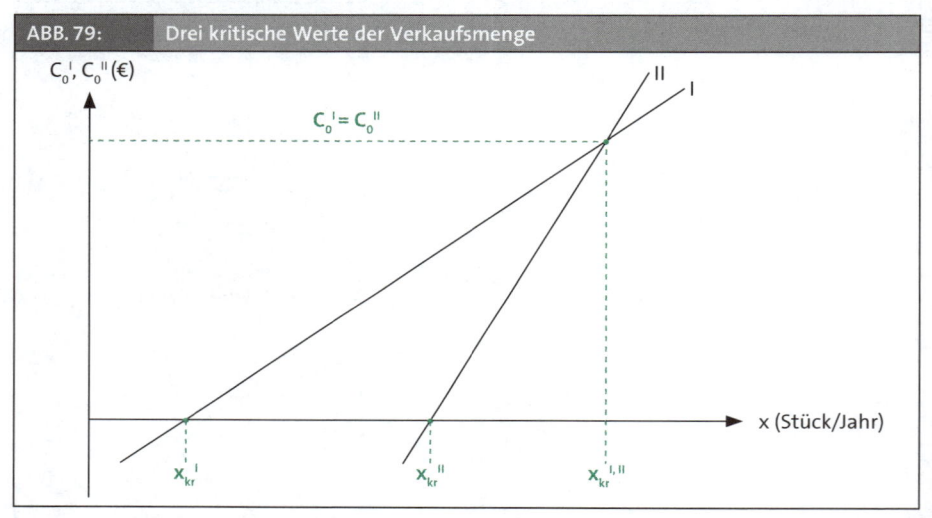

ABB. 79: Drei kritische Werte der Verkaufsmenge

Liegt die erwartete Verkaufsmenge unter x^I_{kr}, so sollte der Investor auf beide Objekte verzichten. Liegt sie zwischen x^I_{kr} und $x^{I,II}_{kr}$, so sollte der Investor Anlage I anschaffen, weil diese im relevanten Bereich einen höheren Kapitalwert aufweist. Ist die erwartete Verkaufsmenge größer als $x^{I,II}_{kr}$, so kehrt sich die Rangfolge der beiden Objekte um. Der Investor sollte dann die Maschine II kaufen.

5051 Der kritische Wert einer Variablen in Bezug auf zwei Investitionen ist also entscheidend, um festzustellen, in welchem Bereich welche Investition vorteilhafter ist. Die Berechnung eines solchen kritischen Wertes kann wie folgt durchgeführt werden:

1. Nach der Kapitalwertmethode, indem die Kapitalwerte der Investitionen I und II gleichgesetzt werden:

Gleichung (5.9)

$$C^I_0 = C^{II}_0$$

2. Nach der internen Zinsfuß-Methode, indem die Renditen für die beiden Investitionen gleichgesetzt werden:

Gleichung (5.10)

$$r_I = r_{II}$$

Kritische Werte in Bezug auf zwei Investitionen

> **HINWEIS:**
> Die interne Zinsfuß-Methode wird wegen des hohen Rechenaufwands nicht angewendet.

3. Nach der Annuitätenmethode, indem man die durchschnittlichen jährlichen Überschüsse beider Investitionen gleichsetzt:

Gleichung (5.11)

$$DJÜ_I = DJÜ_{II}$$

Für den Fall, dass die durchschnittlichen jährlichen Einzahlungen zweier Investitionsmöglichkeiten gleich sind, vereinfacht sich die Gleichung (5.11). Es sind dann nur noch die durchschnittlichen jährlichen Auszahlungen miteinander zu vergleichen:

Gleichung (5.12)

$$DJA_I = DJA_{II}$$

5.2.2 Praktische Ermittlung

BEISPIEL: Ermittlung der kritischen Absatzmenge   5055

Bei der METALL-AG sollen als Ergänzung des Programms künftig auch Holzbeschläge aus beschichtetem Metall angefertigt werden. Die Verkaufspreise der beschichteten Beschläge belaufen sich auf 9 €/Stück. Für die Fertigung der Beschläge sind zwei noch anzuschaffende Maschinen in die engere Wahl gekommen, für die folgende Daten gelten:

Maschine	I	II
Anschaffungsauszahlung (€)	100.000	150.000
Nutzungsdauer (Jahre)	6	6
Auszahlungen je Stück (€/Stk)	3	2
Kalkulationszinssatz	0,10	0,10
Restwert (€)	0	0

Ermitteln Sie die kritischen Absatzmengen in Bezug auf Anlage I und Anlage II sowie die kritische Absatzmenge in Bezug auf beide Anlagen

a) nach der Annuitätenmethode,
b) nach der Kapitalwertmethode.

Kritische Werte-Rechnung (Break-even-Analyse)

Lösung a):

Anlage I
$DJÜ_I = 9x - 3x - 100.000 \cdot KWF$
$0 = 6x'_{kr} - 22.961$
$x'_{kr} = 3.827$ (Stück/Jahr)

Anlage II
$DJÜ_{II} = 9x - 2x - 150.000 \cdot KWF$
$0 = 7x''_{kr} - 34.441$
$x''_{kr} = 4.920$ (Stück/Jahr)

$$DJÜ_I = DJÜ_{II}$$
$$6x^{I,II}_{kr} - 22.961 = 7x^{I,II}_{kr} - 34.441$$
$$x^{I,II}_{kr} = 11.480 \text{ (Stück/Jahr)}$$

ABB. 80: Ermittlung dreier kritischer Mengen I

DJÜ (€/Jahr)

$x^I_{kr} = 3.827$

$x^{II}_{kr} = 4.920$

$x^{I,II}_{kr} = 11.480$

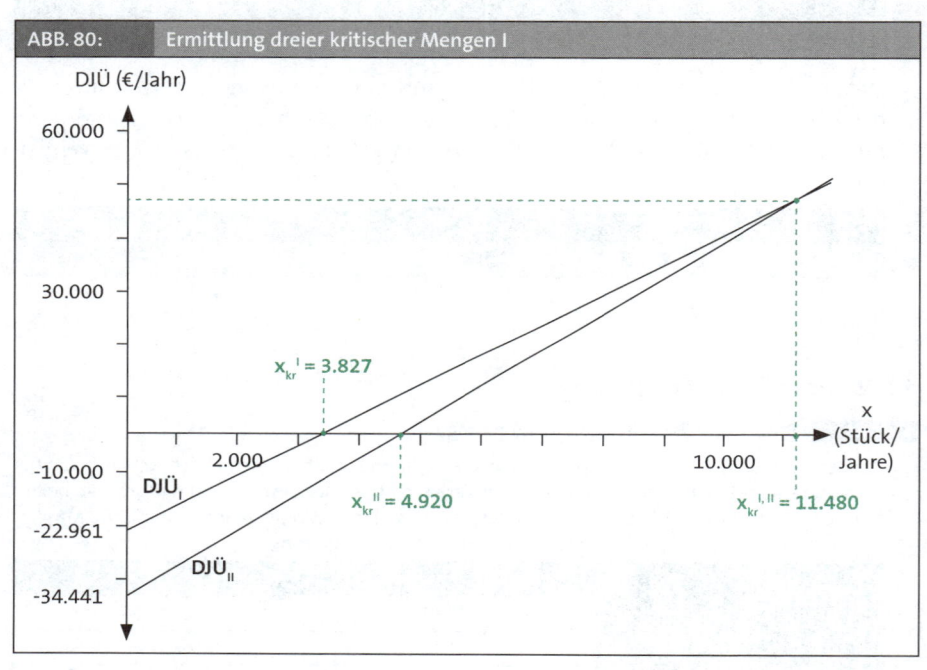

Lösung b):

Anlage I
$C^I_0 = -100.000 + 6x \cdot DSF$
$0 = -100.000 + 6x^I_{kr} \cdot 4,355261$
$x^I_{kr} = 3.827$ (Stück/Jahr)

Anlage II
$C^{II}_0 = -150.000 + 7x \cdot DSF$
$0 = -150.000 + 7x^{II}_{kr} \cdot 4,355261$
$x^{II}_{kr} = 4.920$ (Stück/Jahr)

$$C^I_0 = C^{II}_0$$
$$-100.000 + 6x^I_{kr} \cdot 4,355261 = -150.000 + 7x^{II}_{kr} \cdot 4,355261$$
$$50.000 = x^{I,II}_{kr} \cdot 4,355261$$
$$x^{I,II}_{kr} = 11.480 \text{ (Stück/Jahr)}$$

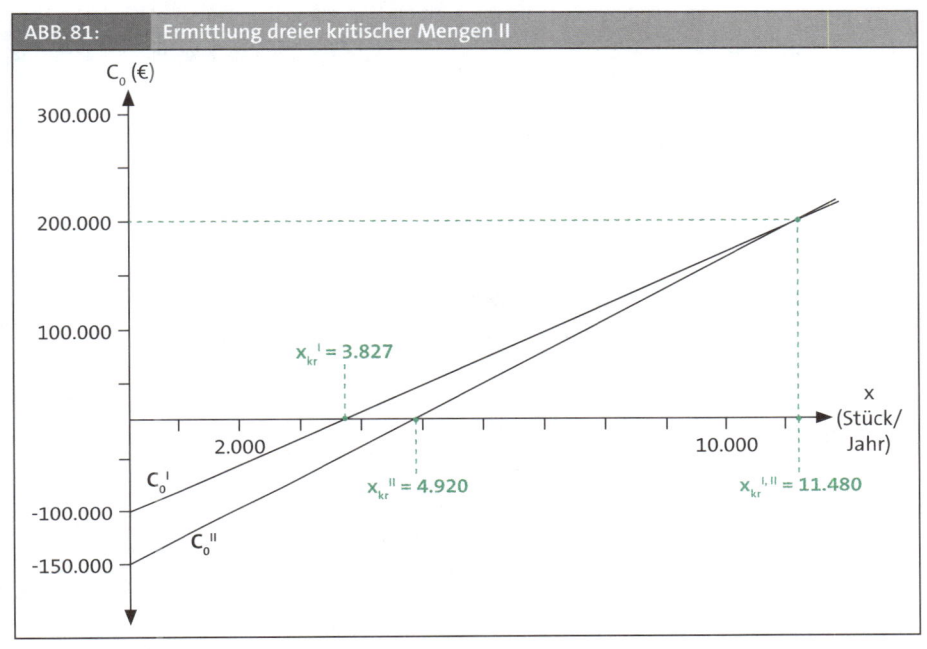

Kritische Werte in Bezug auf zwei Investitionen — KAPITEL 5

ABB. 81: Ermittlung dreier kritischer Mengen II

C_0 (€), Werte auf der Grafik:
- $x_{kr}^{I} = 3.827$
- $x_{kr}^{II} = 4.920$
- $x_{kr}^{I,II} = 11.480$
- C_0^{I}, C_0^{II}
- x-Achse: (Stück/Jahr)

Ergebnis a) und b):

Liegt die erwartete Absatzmenge zwischen 3.827 und 11.480 Einheiten pro Jahr, so sollte Anlage I gekauft werden. Kann man mehr als 11.480 Einheiten jährlich absetzen, ist die Anschaffung von Anlage II vorteilhafter.

BEISPIEL: Vergleich von drei Investitionsmöglichkeiten 5056

Ein Gießereibetrieb will zukünftig zusätzlich zu seinem Fertigungsprogramm Vergaser-Gehäuse für einen Kraftfahrzeughersteller produzieren. Der bereits ausgehandelte Verkaufspreis beträgt 20 € je Gehäuse. Für die Fertigung dieser Gehäuse ist keine freie Kapazität verfügbar, es muss eine neue Formanlage angeschafft werden. Der Kalkulationszinssatz beträgt i = 0,09 = 9 %. Dem Betrieb stehen 3 verschiedene Formanlagen zur Auswahl, für die folgende Daten ermittelt wurden:

Anlage	I	II	III
Anschaffungsauszahlungen (€)	48.000	60.000	170.000
Von der Fertigungsmenge unabhängige jährliche Betriebsauszahlungen (€/Jahr)	40.000	70.000	125.000
Variable Betriebsauszahlungen je zu fertigendes Gehäuse (€/Stück)	13	8	2,50
Erwartete Nutzungsdauer (Jahre)	10	10	10
Restwert nach Ablauf der Nutzungsdauer	0	0	0

a) Ermitteln Sie mit Hilfe der Annuitätenmethode die jährlichen kritischen Gehäuse-Fertigungsmengen jeweils für die Formanlage I, II und III rechnerisch.

KAPITEL 5 — Kritische Werte-Rechnung (Break-even-Analyse)

b) Ermitteln Sie mit Hilfe der Annuitätenmethode die jährlichen kritischen Gehäuse-Fertigungsmengen jeweils rechnerisch für:
- ▶ Anlage I in Bezug auf Anlage II
- ▶ Anlage I in Bezug auf Anlage III
- ▶ Anlage II in Bezug auf Anlage III.

c) Stellen Sie die Ergebnisse von a) und b) in einer Zeichnung dar.

5057 Lösung a:

Ermittlung von x^I_{kr}:

$$DJE = DJA_I$$
$$20x^I_{kr} = 40.000 + 13x^I_{kr} + 48.000 \cdot 0{,}155820$$
$$20x^I_{kr} = 13x^I_{kr} + 47.479$$
$$7x^I_{kr} = 47.479$$
$$x^I_{kr} = 6.783 \text{ (Stück/Jahr)}$$

Ermittlung von x^{II}_{kr}:

$$DJE = DJA_{II}$$
$$20x^{II}_{kr} = 70.000 + 8x^{II}_{kr} + 60.000 \cdot 0{,}155820$$
$$20x^{II}_{kr} = 8x^{II}_{kr} + 79.349$$
$$12x^{II}_{kr} = 79.349$$
$$x^{II}_{kr} = 6.612 \text{ (Stück/Jahr)}$$

Ermittlung von x^{III}_{kr}:

$$DJE = DJA_{III}$$
$$20x^{III}_{kr} = 125.000 + 2{,}5x^{III}_{kr} + 170.000 \cdot 0{,}155820$$
$$20x^{III}_{kr} = 2{,}5x^{III}_{kr} + 151.489$$
$$17{,}5x^{III}_{kr} = 151.489$$
$$x^{III}_{kr} = 8.657 \text{ (Stück/Jahr)}$$

Ergebnis:

Die Anlage I (Anlage II; Anlage III) ist vorteilhaft, wenn mindestens 6.783 (6.612; 8.657) Gehäuse pro Jahr gefertigt werden.

5058 Lösung b):

Ermittlung von $x^{I,II}_{kr}$:

$$DJA_I = DJA_{II}$$
$$40.000 + 13x^{I,II}_{kr} + 48.000 \cdot 0{,}155820 = 70.000 + 8x^{I,II}_{kr} + 60.000 \cdot 0{,}155820$$
$$40.000 + 7.479 + 13x^{I,II}_{kr} = 8x^{I,II}_{kr} + 70.000 + 9.349$$
$$5x^{I,II}_{kr} = 79.349 - 47.479$$
$$5x^{I,II}_{kr} = 31.870$$
$$x^{I,II}_{kr} = 6.374 \text{ (Stück/Jahr)}$$

Ermittlung von $x^{I,III}_{kr}$:

$$DJA_I = DJA_{III}$$
$$40.000 + 13x^{I,III}_{kr} + 7.479 = 125.000 + 2{,}5x^{I,III}_{kr} + 26.489$$
$$10{,}5x^{I,III}_{kr} = 151.4879 - 47.479$$
$$10{,}5x^{I,III}_{kr} = 104.010$$
$$x^{I,III}_{kr} = 9.906 \text{ (Stück/Jahr)}$$

Kritische Werte in Bezug auf zwei Investitionen   KAPITEL 5

Ermittlung von $x^{II,III}_{kr}$:

$$DJA_{II} = DJA_{III}$$
$$70.000 + 8x^{II,III}_{kr} + 60.000 \cdot 0{,}155820 = 125.000 + 2{,}5x^{II,III}_{kr} + 170.000 \cdot 0{,}155820$$
$$79.349 + 8x^{II,III}_{kr} = 2{,}5x^{II,III}_{kr} + 151.489$$
$$5{,}5x^{II,III}_{kr} = 72.140$$
$$x^{II,III}_{kr} = 13.116 \text{ (Stück/Jahr)}$$

Ergebnis: Bei einer Jahresproduktion von 6.374 Gehäusen sind die Anlagen I und II gleich vorteilhaft (genauer: gleich unvorteilhaft). Bei 9.906 Gehäusen jährlich sind Anlage I und III gleich vorteilhaft. Die Anlagen II und III sind bei einer jährlichen Fertigungsmenge von 13.116 Einheiten gleich wirtschaftlich.

Lösung c):
Grafische Darstellung

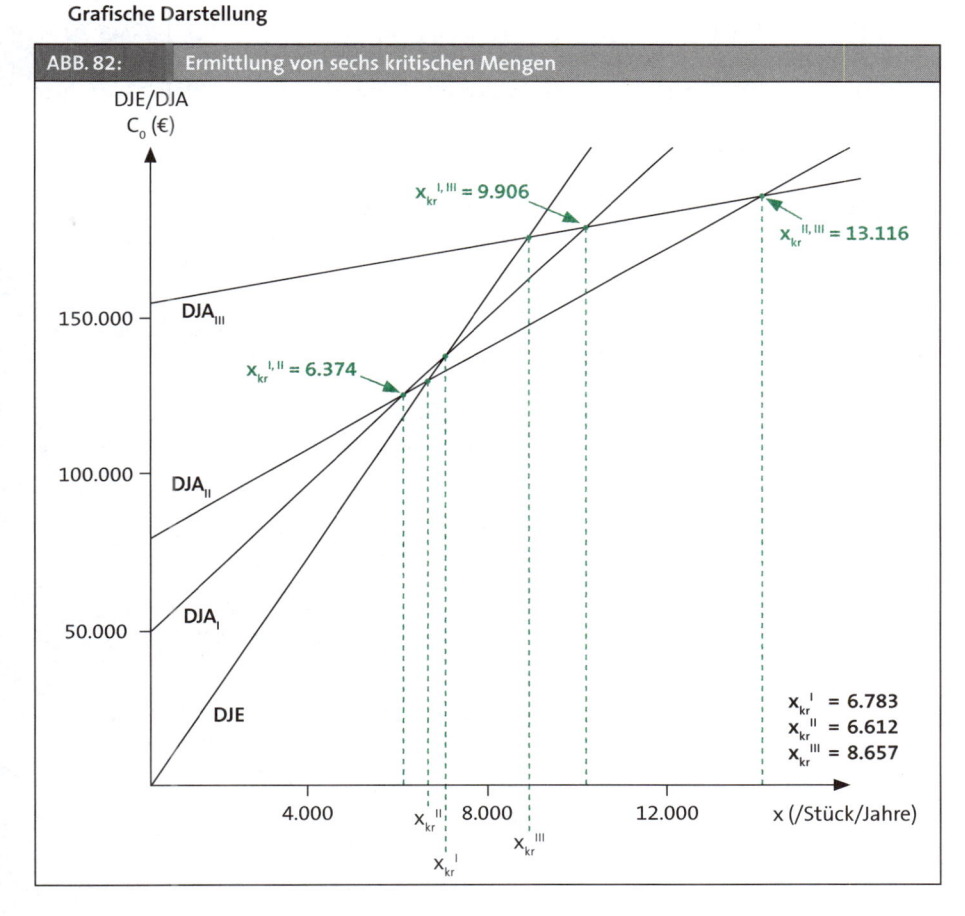

ABB. 82: Ermittlung von sechs kritischen Mengen

5.3 Entwicklung entscheidungsrelevanter kritischer Werte im Zeitablauf

5060   Bei Großinvestitionen, die mehrere Jahre zur Realisierung benötigen, beobachten wir häufig im Zeitablauf extreme Kostensteigerungen. Es ist keine Seltenheit, dass ein neues Klinikum nach fünfjähriger Bauzeit das Doppelte oder Dreifache des veranschlagten Betrages kostet. Bei neuentwickelten Flugzeugen kann es auch schon einmal das Fünf- oder Zehnfache sein. Das Rezept gegen Kostenexplosionen sieht auf den ersten Blick relativ einfach aus. Es heißt: rechtzeitig aussteigen (so weit ein Ausstieg noch möglich ist). Dazu sind entscheidungsrelevante kritische Werte zu ermitteln, wobei dem entscheidungsrelevanten kritischen Preis eine besondere Rolle zukommt.

Die Wirtschaftlichkeitsrechnung zur Bestimmung entscheidungsrelevanter kritischer Preise zeigt, dass diese im Zeitablauf normalerweise nicht steigen, sondern abnehmen. Diese Aussage steht nur scheinbar im Widerspruch zur obigen Feststellung extremer Kostensteigerungen. Wenden wir uns also der Technik zu, mit der entscheidungsrelevante Preise im Zeitablauf ermittelt werden.

5063   **BEISPIEL:** **Ermittlung entscheidungsrelevanter Preise im Zeitablauf**

Ein Flugzeug soll völlig neu entwickelt werden. Für die Entwicklung sind insgesamt 10 Jahre vorgesehen, die in drei Phasen unterteilt werden[105]:

1. Phase:
Sie dauert zwei Jahre und umfasst die Forschungs- und Entwicklungsarbeiten bis hin zur Fertigstellung eines Prototyps. Es fallen jährliche Auszahlungen von 800 Mio. € an.

2. Phase:
Sie dient der Weiterentwicklung des Flugzeugs anhand des Prototyps und der Vorbereitung der Produktionsaufnahme. Während der drei Jahre umfassenden Phase 2 fallen jährliche Auszahlungen von 800 Mio. € an.

3. Phase:
Zu Beginn der dritten Phase werden die Produktionsanlagen errichtet. Neben der hierfür erforderlichen Anschaffungsauszahlung von 1.200 Mio. € fällt im Zeitpunkt 5 die letzte 800 Mio. €-Rate aus Phase 2 an, so dass die Gesamtzahlung 2.000 Mio. € beträgt. Während der fünf Jahre dauernden dritten Phase erzielt man jährliche Einzahlungen, die vom Verkaufspreis p und der jährlichen Stückzahl x abhängen. Letztere legt der politische Entscheidungsträger mit x = 70 Einheiten pro Jahr fest. Die jährlichen Auszahlungen lassen sich in einen fixen und einen variablen Teil aufspalten. Die Fixauszahlungen belaufen sich auf 100 Mio. € jährlich; sie enthalten keine Kapitalkosten. Die variablen Auszahlungen betragen 5 Mio. € pro gefertigtem Flugzeug. Für die gesamten jährlichen Betriebs- und Instandhaltungsauszahlungen a gilt also:

$$a = 100.000.000 + 5.000.000 \cdot 70 = 450.000.000$$

Nach Ablauf der fünfjährigen Flugzeugfertigung kann im Zeitpunkt 10 noch ein Restwert von 50 Mio. € für die Produktionsanlagen erlöst werden. Der Kalkulationszinssatz beläuft sich auf i = 0,06 = 6 %.

---

[105] In der Praxis werden häufig mehr als drei Phasen unterschieden. Am Ende einer jeden Entwicklungsphase finden gewöhnlich Gespräche und Entscheidungen darüber statt, ob das betreffende Projekt fortgeführt werden soll.

Entscheidungsrelevante kritische Werte im Zeitablauf — KAPITEL 5

Der Zeitstrahl zeigt die Ein- und Auszahlungen, die während der drei Phasen für die Entwicklung und spätere Fertigung der Flugzeuge anfallen. Ermitteln Sie den entscheidungsrelevanten kritischen Preis zu Beginn jeder der drei Phasen nach der Kapitalwertmethode.

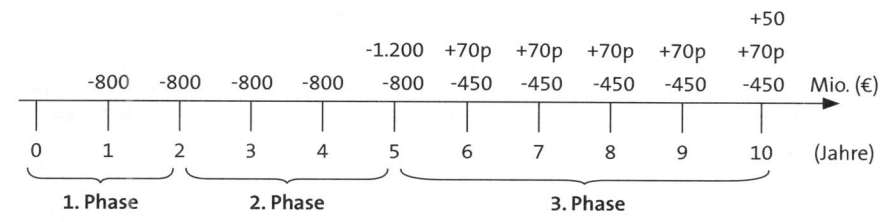

```
                                                    +50
                              -1.200  +70p  +70p  +70p  +70p  +70p
    -800  -800  -800  -800   -800   -450  -450  -450  -450  -450   Mio. (€)
  ───┼─────┼─────┼─────┼─────┼─────┼─────┼─────┼─────┼─────┼─────▶
     0     1     2     3     4     5     6     7     8     9     10   (Jahre)
     _____/_____/_____/
         1. Phase           2. Phase              3. Phase
```

Lösung 1:

Entscheidungsrelevanter kritischer Preis vor Phase 1

Für den Kapitalwert der vorliegenden Investition gilt:

$C_0 =$ − 800.000.000 · 3,465106 → DSF_4

  − 2.000.000.000 · 0,747258 → AbF_5

  + (70 · p − 450.000.000) · 4,212364 · 0,747258 → $DSF_5 \cdot AbF_5$

  + 50.000.000 · 0,558395 → AbF_{10}

Der Kapitalwert wird gleich Null gesetzt und nach p aufgelöst:

$(70 p_{kr} - 450.000.000) \cdot 3{,}14772 = 2.772.084.000 + 1.494.516.000 - 27.920.000$

$$70 p_{kr} - 450.000.000 = \frac{4.238.680.000}{3{,}14772}$$

$70 p_{kr} = 1.346.587.400 + 450.000.000$

$$p_{kr} = \frac{1.796.587.400}{70}$$

$p_{kr} = 25.665.534$ (€/Stück)

Ergebnis:

Der kritische Preis für ein Flugzeug beläuft sich auf 25,7 Mio. €. Nur wenn davon auszugehen ist, dass dieser Preis mindestens erzielt wird, sollte das Projekt realisiert werden. Ein Verzicht auf das Programm wäre sinnvoll, wenn eine technisch gleichwertige Alternative zu einem Preis von weniger als 25,7 Mio. € angeboten würde.

Lösung 2:

Entscheidungsrelevanter kritischer Preis vor Phase 2

Wenn man mit dem Projekt allerdings begonnen hat, dann ist die obige Errechnung eines kritischen Preises von 25,7 Mio. € gegenstandslos. Für die Bestimmung eines kritischen Preises zu einem beliebigen Zeitpunkt t dürfen nur jene Zahlungen herangezogen werden, die nach dem Zeitpunkt t anfallen. Es gilt der einfache Sachverhalt, dass nur künftige Zahlungen vermieden werden können. Vergangene Zahlungen sind bereits geleistet, sie sind nicht mehr entscheidungsrelevant, da sie von der Entscheidung „Projekt fortführen" oder „Projekt stoppen" nicht mehr berührt werden können.

KAPITEL 5 — Kritische Werte-Rechnung (Break-even-Analyse)

Sollte also nach Abschluss der 1. Phase, d.h. unmittelbar nach Zeitpunkt 2, zu dem über die Weiterführung und Überleitung des Projektes in die zweite Phase zu entscheiden ist, eine Alternative zu dem zu entwickelnden Flugzeug in Sicht kommen, deren Preis unter 25,7 Mio. € liegt, so kann daraus keinesfalls automatisch gefolgert werden, es sei unökonomisch, das begonnene Projekt weiterzuführen. Vielmehr ist die in Sicht befindliche Alternative mit einem neuen kritischen Preis zu konfrontieren, bei welchem nur noch die nach dem Zeitpunkt 2 anfallenden Zahlungen berücksichtigt werden dürfen. Die während der ersten beiden Jahre aufgewendeten Mittel sind bereits Geschichte und damit nicht mehr entscheidungsrelevant.

Für den neuen kritischen Preis p' ist folgender Zeitstrahl maßgebend:

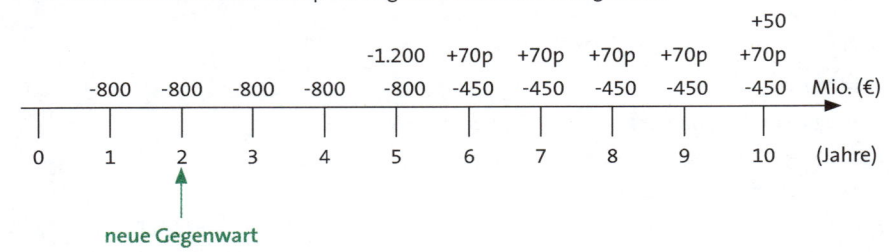

```
                                                              +50
                              -1.200  +70p  +70p  +70p  +70p  +70p
        -800  -800  -800  -800  -800  -450  -450  -450  -450  -450   Mio. (€)
        ──┬────┬────┬────┬────┬────┬────┬────┬────┬────┬────┬──────▶
          │    │    │    │    │    │    │    │    │    │    │
          0    1    2    3    4    5    6    7    8    9    10     (Jahre)
                    ▲
                    │
              neue Gegenwart
```

Daraus ergibt sich der Kapitalwert:

$C_0 =$ − 800.000.000 · 1,833393 → DSF_2
− 2.000.000.000 · 0,839619 → AbF_3
+ (70 · p' − 450.000.000) · 4,212364 · 0,839619 → $DSF_5 \cdot AbF_3$
+ 50.000.000 · 0,627412 → AbF_8

Der Kapitalwert wird gleich Null gesetzt und die Gleichung nach p_{kr} aufgelöst:

$(70 p'_{kr} - 450.000.000) \cdot 3{,}53678 = 1.466.714.000 + 1.679.238.000 - 31.371.000$

$$70 p'_{kr} - 450.000.000 = \frac{3.114.581.000}{3{,}53678}$$

$70 p'_{kr} = 880.626.160 + 450.000.000$

$$p'_{kr} = \frac{1.330.626.160}{70}$$

$p'_{kr} = 19.008.945$ (€/Stück)

Ergebnis:

Das Entwicklungsprojekt sollte nach der ersten Phase stets dann weitergeführt werden, wenn keine Alternative existiert, deren Preis unter dem neuen kritischen Wert p_{kr} von 19 Mio. € liegt.

Lösung 3:

Entscheidungsrelevanter kritischer Preis vor Phase 3

Für Entscheidungen nach Abschluss der zweiten Phase gilt wiederum ein neuer kritischer Preis. Bei diesem dritten kritischen Preis sind sämtliche bereits getätigten Forschungs- und Entwicklungsaufwendungen außer Acht zu lassen. Entscheidungsrelevant sind nur noch die Zahlungen, die zum Zeitpunkt 5 oder später anfallen.

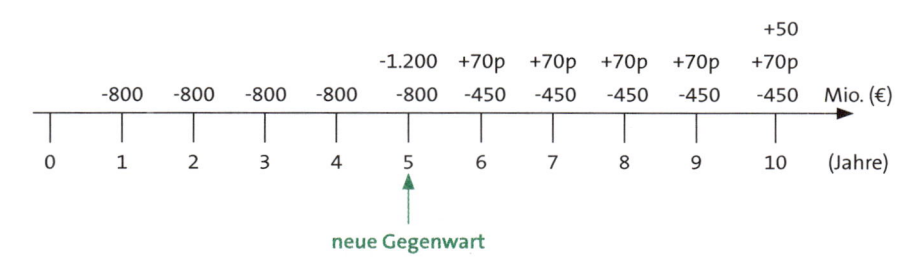

Entscheidungsrelevante kritische Werte im Zeitablauf   KAPITEL 5

```
                                            +50
                           -1.200 +70p +70p +70p +70p +70p
     -800 -800 -800 -800   -800  -450  -450 -450 -450 -450   Mio. (€)
──────┼────┼────┼────┼─────┼─────┼─────┼────┼────┼────┼────▶
      0    1    2    3     4     5     6    7    8    9   10  (Jahre)
                                 ▲
                            neue Gegenwart
```

Man erhält somit folgenden Kapitalwert:

$C_0 =\ -1.200.000.000$
$\qquad +\ (70 \cdot p'' - 450.000.000) \cdot 4{,}212364 \qquad\rightarrow\quad DSF_5$
$\qquad +\ 50.000.000 \cdot 0{,}747258 \qquad\qquad\qquad\rightarrow\quad AbF_5$

Daraus ergibt sich:

$$(70 p''_{kr} - 450.000.000) \cdot 4{,}212364 = 1.200.000.000 - 37.363.000$$

$$70 p''_{kr} - 450.000.000 = \frac{1.162.637.000}{4{,}212364}$$

$$70 p''_{kr} = 276.005.825 + 450.000.000$$

$$p''_{kr} = 10.371.512\ (\text{€/Stück})$$

Ergebnis:

Unmittelbar vor der Produktionsaufnahme beläuft sich der kritische Preis für das Flugzeug auf rund 10,4 Mio. €. Ein Verzicht auf die Produktionsaufnahme lohnt sich mithin nur dann, wenn eine Alternative existiert, deren Preis geringer ist als 10,4 Mio. €.

Das Beispiel zeigt deutlich, dass es insbesondere bei langfristigen Investitionsprojekten sinnvoll sein kann, in regelmäßigen Abständen Zwischenberechnungen vorzunehmen, um etwaige Veränderungen der kritischen Werte einzelner Größen festzustellen, damit die Entscheidung „Projektfortführung oder Projektabbruch" auf einer rationalen Grundlage fußt. Derartige Berechnungen sind im Frühstadium der Planungen vorzunehmen, denn nur im Frühstadium existiert eine reelle Chance, ein begonnenes Projekt abzubrechen. Wird diese Chance versäumt, gelangt man rasch in die Situation, dass der entscheidungsrelevante kritische Preis so weit abnimmt, dass ein Projektabbruch kaum mehr in Frage kommt. Gleichzeitig können die Gesamtkosten des Projektes als Summe früher geleisteter und künftig zu leistender Zahlungen sehr viel höher als ursprünglich geplant sein. Wenn politische Entscheidungsträger, ihren normalen Neigungen folgend, Entscheidungen vertagen und Projekte vorläufig (wie man meint) weiterführen, so bedeutet das in Wirklichkeit, dass das Projekt abgeschlossen wird, unabhängig davon, welche Höhe die Gesamtzahlungen erreichen. Es bedeutet z. B.:

▶ Olympische Spiele 1972: geplant 600 Mio. DM, tatsächlich 2.000 Mio. DM,
▶ Tornado-Flugzeug: geplant 10 Mio. DM/St, tatsächlich 100 Mio. DM/St,
▶ Flughafen München II: geplant 800 Mio. DM, tatsächlich 8.500 Mio. DM.

Zusammenfassung

5070 ▶ **Arten**

Es gibt kritische Werte in Bezug auf eine Investition und kritische Werte in Bezug auf zwei Investitionen.

▶ **Kritische Werte in Bezug auf eine Investition**

Das sind solche Variablenwerte, bei denen sich eine Investition
- eben noch lohnt (Höchstwerte, z. B. kritische Anschaffungsauszahlung, kritischer Rohstoffpreis, Zinssatz),
- gerade eben lohnt (Mindestwerte, z. B. kritische Absatzmenge, Nutzungsdauer, kritischer Verkaufspreis, Restwert).

▶ **Ermittlung**

Die Ermittlung im praktischen Fall erfolgt nach dem Schema:

1. Kapitalwert- oder DJÜ-Funktion aufstellen,
2. Kapitalwert oder DJÜ gleich Null setzen,
3. Gleichung nach gesuchter Größe auflösen.

Das gilt bei linearem Verlauf der Kapitalwert- oder DJÜ-Funktion. Verlaufen Kapitalwert- und DJÜ-Funktion nichtlinear, erfolgt die Problemlösung grafisch oder mittels Regula falsi. Bei Nutzungsdauerbestimmungen kommen auch die Lösungswege Logarithmieren und Tabellenwerte der finanzmathematischen Faktoren in Frage.

▶ **Praktische Bedeutung**

Kritische Werte, insbesondere auch Amortisationszeiten, stellen eine sinnvolle Ergänzung der dynamischen Investitionsrechnungsverfahren dar. Es geht darum, die in den einzelnen Variablen liegenden Risiken sichtbar zu machen. Man errechnet für jede als unsicher betrachtete Variable den Höchst- oder Mindestwert, den sie allenfalls erreichen darf, ohne dass die Investition unvorteilhaft wird. Dieser Wert wird verglichen mit dem für möglich gehaltenen Höchst- oder Mindestwert, den die Variable unter ungünstigen Bedingungen annehmen könnte.

▶ **Kritische Werte in Bezug auf zwei Investitionen**

Das sind solche Variablenwerte, bei denen es gleichgültig ist, welche der beiden Investitionen durchgeführt wird. Sie sind beide gleichwertig, und zwar in dem Sinne, dass ihre barwertigen Überschüsse oder ihre durchschnittlichen jährlichen Überschüsse übereinstimmen. Ermittlung im praktischen Fall durch das 3-Schritte-Schema:

1. Kapitalwertfunktionen (oder DJÜ-Funktionen) aufstellen,
2. Funktionen gleichsetzen,
3. Gleichung nach gesuchter Größe auflösen.

Praktische Bedeutung: Kritische Werte in Bezug auf zwei Investitionen werden beim Vergleich von mehreren Investitionsmöglichkeiten benötigt. Sie grenzen die Bereiche ab, in denen das eine Objekt dem anderen über- oder unterlegen ist, jeweils gemessen an einer bestimmten Zielgröße (Kapitalwert oder DJÜ).

KAPITEL 5 Kritische Werte-Rechnung (Break-even-Analyse)

Formeln und Symbolverzeichnis

5075

Formeln	Symbole
Der Kapitalwert hängt von diversen Variablen ab. Jede Variable kann einen kritischen Wert annehmen. $C_0 = f(p, x, a_v, a_f, i, n, R, A)$	C_0 = Kapitalwert p_{kr} = kritischer Verkaufspreis x_{kr} = kritische Absatzmenge $a_{v,kr}$ = kritische variable Auszahlungen je Einheit $a_{f,kr}$ = kritische fixe Auszahlungen je Periode i_{kr} = kritischer Kalkulationszinssatz n_{kr} = kritische Nutzungsdauer R_{kr} = kritischer Restwert A_{kr} = kritische Anschaffungsauszahlung
$C_0 = 0$ $r = i$ $DJE = DJA$ $DJÜ = 0$	r = Rendite i = Kalkulationszinssatz DJE = durchschnittliche jährliche Einzahlungen DJA = durchschnittliche jährliche Auszahlungen $DJÜ$ = durchschnittlicher jährlicher Überschuss
$n_{kr} = n_1 - C_{0,1} \cdot \dfrac{n_2 - n_1}{C_{0,2} - C_{0,1}}$ $(1+i)^{n_{kr}} = \dfrac{(e-a) - R \cdot i}{(e-a) - A \cdot i}$ $n_{kr} = \dfrac{\lg \dfrac{(e-a) - R \cdot i}{(e-a) - A \cdot i}}{\lg(1+i)}$ $DSF_{n_{kr}} = \dfrac{A}{(e-a)}$	$(e-a)$ = Nettoeinzahlungen DSF = Diskontierungssummenfaktor
$C_0^I = C_0^{II}$ $r_I = r_{II}$ $DJÜ_I = DJÜ_{II}$ $DJA_I = DJA_{II}$	I = Investition I II = Investition II

Aufgaben

AUFGABE 114 (EINSTEIGER)

Was versteht man unter einem kritischen Wert? Bitte geben Sie Beispiele für kritische Werte!

Die Lösung finden Sie in Tz. 7114!

AUFGABE 115 (EINSTEIGER)

Wie ermittelt man den kritischen Wert einer Variablen in Bezug auf eine Investition?

Die Lösung finden Sie in Tz. 7115!

AUFGABE 116 (FORTGESCHRITTENE)

„In welchem Sinne ist der interne Zinsfuß einer Investition ein kritischer Wert für ihren Kapitalwert?" (E. Schneider)

Die Lösung finden Sie in Tz. 7116!

AUFGABE 117 (FORTGESCHRITTENE)

Wie ermitteln Sie den kritischen Preis für ein kommerziell zu nutzendes Wohngebäude, den Sie eben noch bezahlen könnten, ohne wirtschaftlich benachteiligt zu sein?

Die Lösung finden Sie in Tz. 7117!

AUFGABE 118 (FORTGESCHRITTENE)

Bitte begründen Sie, weshalb der kritische Preis für ein zeitaufwendig zu entwickelndes Produkt im Zeitablauf fallen kann!

Die Lösung finden Sie in Tz. 7118!

AUFGABE 119 (FORTGESCHRITTENE)

Was versteht man unter einem kritischen Wert in Bezug auf zwei Investitionen? Wie wird ein solcher Wert ermittelt?

Die Lösung finden Sie in Tz. 7119!

AUFGABE 120 (EINSTEIGER)

„Beim Vergleich zweier Investitionsobjekte können drei verschiedene kritische Werte für die Nutzungsdauer auftreten."

Bitte begründen Sie diese Aussage mit Hilfe einer Zeichnung!

Die Lösung finden Sie in Tz. 7120!

KAPITEL 5 — Kritische Werte-Rechnung (Break-even-Analyse)

AUFGABE 121 (FORTGESCHRITTENE)

In einem Betrieb wird die Anschaffung einer Kunststoffpresse zur Herstellung von Schüsseln erwogen. Der Anschaffungspreis für eine solche Presse liegt bei 19.000 €. Der Restwert (= Schrottwert) nach Ablauf der Lebensdauer von acht Jahren wird mit 1.000 € angenommen. Eine Einzelhandelsunternehmung garantiert eine Festabnahme von 12.000 Stück pro Jahr. Die jährlichen Auszahlungen a, bei denen die Kapitalkosten nicht berücksichtigt sind, genügen der Bedingung a = 2.000 + 0,15 x. Der Kalkulationszinssatz beläuft sich auf i = 0,10 = 10 %.

Im vorliegenden Fall sind alle Daten bis auf den Verkaufspreis für die Schüsseln fixiert. Es ist daher zu fragen, welcher Preis p mindestens erzielt werden muss, damit sich die Investition lohnt. Die Antwort soll mit Hilfe der Kapitalwertmethode gefunden werden.

Die Lösung finden Sie in Tz. 7121!

AUFGABE 122 (FORTGESCHRITTENE)

Eine über zehn Jahre laufende Investition weist bei einer Anschaffungsauszahlung von 5.000 € jährliche Einzahlungen von 1.500 € und jährliche Auszahlungen von 1.000 € auf. Der Kalkulationszinssatz beläuft sich auf i = 0,10 = 10 %. Welche Höhe müsste der Restwert dieser Investition mindestens haben, damit sie sich lohnt?
(Lösung gem. Kapitalwertmethode)

Die Lösung finden Sie in Tz. 7122!

AUFGABE 123 (FORTGESCHRITTENE)

Eine zu Rationalisierungszwecken vorgenommene Investition mit einer Lebensdauer von fünf Jahren und einer Anschaffungsauszahlung von 90.000 € wird bei einem Kalkulationszinssatz von i = 0,10 = 10 % durchgeführt. Der Restwert beläuft sich auf Null. Welchen Wert muss der Rationalisierungseffekt jährlich aufweisen, damit sich die Investition lohnt?

Die Lösung finden Sie in Tz. 7123!

AUFGABE 124 (FORTGESCHRITTENE)

Ein Investor plant den Kauf eines Bürohauses, das zu folgenden Konditionen fest vermietet ist:

Jahre	Jahresnettomiete (€/Jahr)
1 bis 5	100.000
6 bis 10	120.000
11 bis 15	150.000
16 bis 35	200.000

Weitere Zahlungen sind nicht zu erwarten. Wie hoch ist der Höchstpreis des Investors, wenn dieser mit einem Kalkulationszinssatz von i = 0,10 = 10 % rechnet?

Die Lösung finden Sie in Tz. 7124!

AUFGABE 125 (PROFIS)

Ein Wirt möchte die Versorgung seiner Gäste mit Alkoholika auch während der Stunden, in denen das Lokal geschlossen ist, sichergestellt wissen. Er plant die Installation eines neuartigen Getränkeautomaten, der neben Bargeld auch Scheckkarten annimmt und für die Kundschaft mit Zitterhand eine feste Manschettenführung für den Unterarm zum Einwurfschlitz bietet. Was die Nutzungsdauer der Anlage angeht, so liegen noch keine Praxiserfahrungen vor. Der Hersteller hält eine Nutzungsdauer von fünf bis zehn Jahren für wahrscheinlich und ist bereit, eine Nutzung von fünf Jahren zu garantieren. Die restlichen Daten können mit größerer Sicherheit angegeben werden:

- A = 12.500 €
- e = 5.700 €/Jahr
- a = 2.700 €/Jahr
- R = 2.000 €
- i = 0,06 = 6 %

Zur Beantwortung der Frage, ob man es riskieren kann, die Maschine zu installieren, soll die kritische Lebensdauer

a) grafisch nach der Kapitalwertmethode,

b) mit Hilfe einer Näherungsformel (Regula falsi),

c) mittels Logarithmierens gefunden werden.

d) Welche kritische Nutzungsdauer ergibt sich, wenn R = 0 gilt?

Die Lösung finden Sie in Tz. 7125!

AUFGABE 126 (FORTGESCHRITTENE)

Von zwei Investitionsmöglichkeiten sind folgende Daten bekannt:

	Investition I	Investition II
Anschaffungsauszahlung (€)	3.000	5.000
Lebensdauer (Jahre)	8	8
DJE (€/Jahr)	1.200	1.200
Betriebs- und Instandhaltungsauszahlungen (€/Jahr)	100 + 30q	150 + 10q
Kalkulationszinssatz	0,08	0,08

KAPITEL 5 — Kritische Werte-Rechnung (Break-even-Analyse)

Man ermittle mit Hilfe der Annuitätenmethode den kritischen Wert q_{kr} für eine in der Produktion verbrauchte Rohstoffeinheit

a) für Investition I,

b) für Investition II und jenen,

c) bei dem Investition I und II gleichwertig sind.

Die Lösung finden Sie in Tz. 7126!

AUFGABE 127 (FORTGESCHRITTENE)

Der Eigentümer eines Eigenheimes verfügt über eine Ölzentralheizung, durch die auch die Brauchwassererwärmung vorgenommen wird. Um die Heizungsanlage eventuell in den Sommermonaten abschalten zu können, in denen der Wirkungsgrad extrem niedrig liegt, erwägt der Eigenheimeigentümer die Anschaffung einer strombetriebenen Wärmepumpe zur Brauchwassererwärmung, für die die folgenden Daten gelten:

- Anschaffungspreis: 4.000 €
- Nutzungsdauer: 12 Jahre
- jährliche Auszahlungen für Strom und Wartung: 400 €

a) Wie hoch muss der in Geld bewertete jährliche Minderverbrauch an Heizöl mindestens sein, damit sich die Installation der Wärmepumpe lohnt (Kalkulationszinssatz $i = 0{,}10 = 10\,\%$)?

b) Was könnte dennoch für die Anschaffung der Wärmepumpe sprechen, falls die zu erwartende Minderauszahlung den in a) ermittelten Wert nicht ganz erreicht?

Die Lösung finden Sie in Tz. 7127!

AUFGABE 128 (FORTGESCHRITTENE)

Die Schoko-AG plant die Einführung eines neuen Schokoriegels „Venus". Hierfür ist eine Erweiterungsinvestition durchzuführen, für die die folgenden Daten gelten:

- Anschaffungsauszahlung A (€): 500.000
- zusätzliche Absatzmenge x (Stück/Jahr): 130.000
- Absatzpreis p (€/Stück): 1,50
- variable Auszahlungen a_v (€/Stück): 0,25
- fixe Auszahlungen a_f (€/Jahr): 42.500
- Restwert R (€): 80.000
- Kalkulationszinssatz i (%): 6

Für die Vorteilhaftigkeit der Erweiterungsinvestition ist die Dauer der Nachfrage nach „Venus" von entscheidender Bedeutung. Die Schoko AG möchte daher als Entscheidungshilfe die kritische Nutzungsdauer errechnet haben.

a) Bitte errechnen Sie die kritische Nutzungsdauer mit Hilfe der Regula falsi!

b) Bitte berechnen Sie die kritische Nutzungsdauer für den Fall, dass man den Restwert der Erweiterungsinvestition aus Vorsichtsgründen mit R = 0 ansetzt!

Die Lösung finden Sie in Tz. 7128!

AUFGABE 129 (FORTGESCHRITTENE)

Der am Ende der Nutzungsdauer n eines Investitionsobjekts tatsächlich erzielbare Restwert R kann positiv, Null oder negativ sein. Gelten diese drei Möglichkeiten auch für den kritischen Restwert R_{kr} einer Investition?

Bitte beantworten Sie die Frage anhand einer Grafik, die die drei möglichen Verläufe der Kapitalwertfunktion in Abhängigkeit vom Restwert R zeigt!

Die Lösung finden Sie in Tz. 7129!

5.4 Optimale Nutzungsdauer und optimaler Ersatzzeitpunkt

5.4.1 Problemstellung

5100 Im Hinblick auf die Nutzungsdauer[106] eines Investitionsobjekts kann man nach der die Nutzungsdauer bestimmenden Ursache folgende Unterscheidung treffen:

- ▶ rechtliche Nutzungsdauer (etwa bei Finanzanlagen, beim Ablauf von Patenten, Lizenzen, Verträgen),
- ▶ technische Nutzungsdauer (Brenndauer einer Leuchtstoffröhre),
- ▶ ökonomische (wirtschaftliche) Nutzungsdauer.

Die rechtliche Nutzungsdauer braucht im Rahmen einer Investitionsrechnung nicht eigens bestimmt zu werden, da in aller Regel eine vertragliche Fixierung vorliegt. Anders verhält es sich mit der technischen und der ökonomischen Nutzungsdauer: Beide sind nicht von vornherein festgelegt, beide hängen von den Dispositionen des Unternehmers ab.

5102 Definiert man die technische Nutzungsdauer als den Zeitraum, in dem das Investitionsobjekt in der Lage ist bei einem vorgegebenen Umfang von Wartungs- und Instandhaltungsarbeiten Nutzungen abzugeben[107], so wird deutlich, dass sich diese Zeit durch ausreichende Wartung und Instandhaltung, durch die Vornahme von Großreparaturen erheblich verlängern lässt. „Ein neuer Kotflügel heute, neue Reifen morgen, später ein neuer Motor, neue Sitze, und das Auto fährt und fährt und fährt"[108]. Man erkennt: Nur bei sehr einfachen Einzelteilen, bei denen sich eine Reparatur grundsätzlich nicht lohnt (Glühbirnen, Leuchtstoffröhren, Zündkerzen, Unterbrecherkontakte, Dichtungen usw.), kann die technische Nutzungsdauer mit einer gewissen Sicherheit angegeben werden. Werden dagegen Einzelteile zu einer Kombination zusammengefügt, lässt sich die technische Nutzungsdauer der Kombination im Grenzfall ins Unendliche verlängern.

Weil es finanziell nicht sinnvoll ist, die Nutzungsdauer einer Anlage über eine gewisse Zeit hinaus zu verlängern, ist die wirtschaftliche Nutzungsdauer meist kürzer als die technische. Im Grenzfall (Beispiel: Leuchtstoffröhre) gilt: wirtschaftliche Nutzungsdauer = technische Nutzungsdauer.

5104 Die Zielgröße einer Investitionsrechnung (Kapitalwert, interner Zinsfuß, durchschnittlicher jährlicher Überschuss) kann immer nur dann berechnet werden, wenn die geplante Nutzungsdauer n quantifiziert ist. Wir haben n bislang als vorgegeben betrachtet. Nunmehr präzisieren wir folgendermaßen: Die bei Durchführung der Investitionsrechnung zugrundezulegende Nutzungszeit n ist die Anzahl von Jahren, für die sich das Investitionsvorhaben am meisten lohnt. Diese Zeit nennen wir optimale (wirtschaftliche, ökonomische) Nutzungsdauer. Sie ist vor Durchführung der Investition zu errechnen oder zu schätzen und bei Vornahme der Investitionsrechnung zwecks Quantifizie-

---

106 Vgl. *Lücke, W.* (Hrsg.): Art. Nutzungsdauer, Investitionslexikon, S. 293 ff.
107 So auch: *Perridon, L./Steiner, M.:* Finanzwirtschaft der Unternehmung, S. 74.
108 Vgl. *Schneider, D.:* Investition und Finanzierung, S. 100.

rung von n zu verwenden. Weil der Kapitalwert einer Investition von der Nutzungsdauer abhängt, müssen beide, Kapitalwert und ökonomische Nutzungsdauer simultan, also in einer Rechnung, bestimmt werden. Analoges gilt für die Zielgrößen Rendite und durchschnittlicher jährlicher Überschuss (DJÜ). Aus Vereinfachungsgründen beschränken wir uns auf die Zielgrößen Kapitalwert und DJÜ[109]. Eine Darstellung von Nutzungsdauerentscheidungen auf der Basis des internen Zinsfußes findet sich etwa bei *Schulte*[110].

Die Bestimmung der optimalen Nutzungsdauer für eine geplante Investition erfolgt als ex ante-Rechnung vor Durchführung des Projektes aufgrund des Kenntnisstandes vor Inbetriebnahme des Investitionsobjekts. In aller Regel werden sich einige der bei der ex ante-Rechnung angenommenen ökonomischen Größen im Zeitablauf ändern, so dass nach Durchführung der Investition in regelmäßigen Zeitabständen neu zu fragen ist, wann eine Anlage ersetzt oder ersatzlos hinausgeworfen werden soll. Für ein im Betrieb befindliches Investitionsobjekt ist der optimale Ersatzzeitpunkt stets dann erneut zu bestimmen, wenn Sie Anlass zur Vermutung haben, dass die ursprünglich festgelegte optimale Nutzungsdauer nicht mehr optimal ist. Dabei ist für die Ersatzanlage wiederum die Berechnung der optimalen Nutzungsdauer erforderlich[111]. Somit tritt neben das ex ante-Problem „Bestimmung der optimalen Nutzungsdauer" die ex post-Fragestellung „Ermittlung des optimalen Ersatzzeitpunktes". Der investitionsbegleitend ermittelte optimale Ersatzzeitpunkt kann mit der ursprünglich errechneten ökonomischen Nutzungsdauer übereinstimmen; er kann aber genauso gut von ihr abweichen.

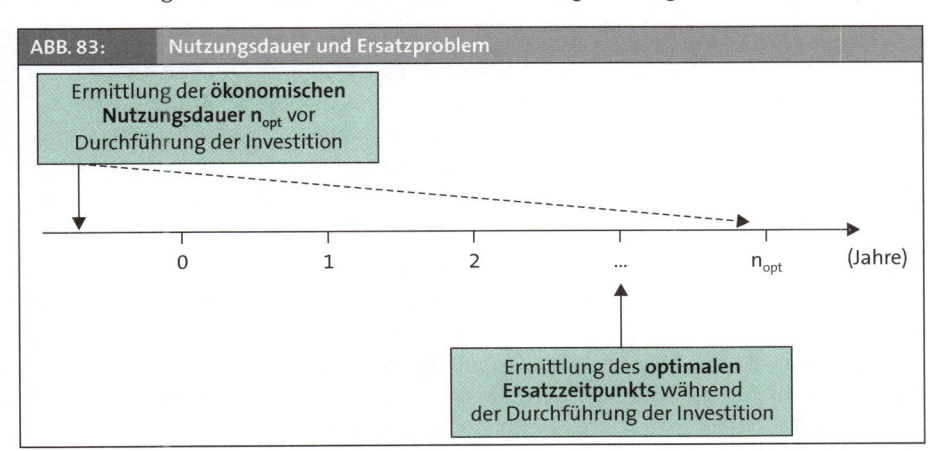

ABB. 83: Nutzungsdauer und Ersatzproblem

Ermittlung der **ökonomischen Nutzungsdauer** n_{opt} vor Durchführung der Investition

0   1   2   ... n_{opt} (Jahre)

Ermittlung des **optimalen Ersatzzeitpunkts** während der Durchführung der Investition

Bei der Bestimmung der optimalen Nutzungsdauer einer Anlage muss beachtet werden, dass zwei Gruppen von Einflussgrößen existieren, die einander entgegenwirken:

1. Zum einen gibt es Gründe, eine Anlage möglichst lange zu nutzen. So hängt beispielsweise der jährliche Kapitaldienst von der Investitionsdauer ab, wobei sich bei

---

[109] Zur Errechnung des Kapitalwertes, des internen Zinsfußes und des durchschnittlichen jährlichen Überschusses siehe S. 35 ff. und S. 102 ff.
[110] Vgl. *Schulte, K.-W.*: Wirtschaftlichkeitsrechnung, S. 158 ff.
[111] Vgl. *Busse von Colbe, W./Lassmann, G.*: Betriebswirtschaftstheorie, S. 132.

längerer Nutzungsdauer die anteilige Anschaffungsauszahlung über mehr Perioden verteilt. Mithin nimmt der Kapitaldienst pro Periode unter sonst gleichen Umständen mit steigender Nutzungsdauer ab.

2. Zum anderen gibt es Argumente, eine Anlage nur kurze Zeit zu nutzen. Etwa weil die Betriebs- und Instandhaltungsauszahlungen im Zeitablauf ansteigen, oder weil der beim Weiterverkauf der Anlage realisierbare Restwert am Anfang noch hoch ist. Der Weiterbetrieb einer Investition „kostet" danach von Jahr zu Jahr mehr.

Bei gleichzeitiger Berücksichtigung der Faktoren, die auf eine kurze, und jener, die auf eine lange Nutzungsdauer drängen, erhalten wir als Ergebnis einer Optimierungsrechnung den bestmöglichen Kompromiss zwischen kurz und lang: die ökonomische oder optimale Nutzungsdauer.

5.4.2 Praktische Bedeutung

5110 Bei der empirischen Untersuchung von 1985 gaben 202 der befragten Großunternehmungen Auskunft über ihre Art der Ermittlung der optimalen Nutzungsdauer[112]. 72 Unternehmungen (= 36 %) teilten mit, sie verzichteten auf eine gesonderte Bestimmung der optimalen Nutzungsdauer. Beim Großteil dieser 72 Unternehmungen, nämlich in 53 Fällen, werden dynamische Investitionsrechnungsmethoden eingesetzt, die eine Festlegung der Nutzungsdauer verlangen. Nach welchen Kriterien die Nutzungsdauer in diesen Fällen festgelegt wird, bleibt offen.

68 Unternehmungen (= 34 %) gaben an, die optimale Nutzungsdauer zu schätzen. Als Maßstäbe im Rahmen einer solchen Schätzung werden genannt: Erfahrungswerte, Herstellerangaben, Angaben des Statistischen Bundesamtes und amtliche AfA-Tabellen. Man gelangt bei dieser Gruppe zu der Schlussfolgerung, dass die optimale Nutzungsdauer wohl nicht methodisch korrekt festgelegt wird; eher dürfte es eine Orientierung an Durchschnittswerten, etwa an der betriebsgewöhnlichen Nutzungsdauer sein, wobei man diese Durchschnittswerte in den Rang optimaler Werte erhebt.

Nur 49 (= 24 %) der 202 die Frage beantwortenden Unternehmungen berichteten von einer Rechnung zur Ermittlung der optimalen Nutzungsdauer. Hierbei wenden 28 Unternehmungen die Kapitalwertmethode und 20 die Annuitätenmethode an; in einem Fall zieht man die interne Zinsfuß-Methode zur Nutzungsdauerbestimmung heran. Wenn, wie die Zahlen zeigen, drei Viertel der bundesdeutschen Großunternehmungen ohne die korrekte Bestimmung der optimalen Nutzungsdauer auskommen, dann existiert auf diesem Feld noch ein beträchtlicher Nachholbedarf.

Auf das Problem der Festlegung des optimalen Ersatzzeitpunktes gingen nur wenige Unternehmungen ein. Diese berichteten von laufenden oder in bestimmten Zeitabständen durchzuführenden Kostenvergleichen zwischen den im Unternehmen befindlichen Anlagen und möglichen Ersatzanlagen. Das Problem der im Zeitablauf steigenden Betriebs- und Instandhaltungskosten der alten Anlagen wird deutlich gesehen.

---

[112] Vgl. *Bröer, N./Däumler, K.-D.:* Investitionsrechnungsmethoden in der Praxis, S. 726 f.

Optimale Nutzungsdauer und optimaler Ersatzzeitpunkt KAPITEL 5

Ein Unternehmen ermittelt den kritischen Wert, den die Reparaturkosten gerade noch annehmen dürfen, um den Weiterbetrieb der Altanlage sinnvoll erscheinen zu lassen; ein anderes prüft bei jeder neuen Reparatur, ob Weiterbetrieb oder Sofortersatz der alten Anlage die sinnvollere Alternative ist.

5.4.3 Optimale Nutzungsdauer bei einmaliger Investition

Bei der Bestimmung der optimalen Nutzungsdauer muss klar getrennt werden zwischen

▶ dem Fall der einmaligen Investition (Nichtwiederholung) und
▶ dem Fall der wiederholten Investition.

Für jeden der beiden Fälle ist eine eigene Entscheidungsregel zu entwickeln. Bei ein- und derselben Investition können sich unterschiedliche Nutzungszeiten ergeben, je nachdem, ob sie einmalig oder wiederholt durchgeführt wird.

Wird eine Investition nur einmal durchgeführt, so nutzt der Investor das Objekt so lange, wie ein Überschuss der jährlichen Einzahlungen über die jährlichen Auszahlungen existiert – auch wenn dieser Überschuss im Zeitablauf recht klein wird. Im Fall der Investitionswiederholung kann es sich dagegen lohnen, die Anlage schon früher zu ersetzen, falls mit der neuen Anlage höhere jährliche Überschüsse erzielbar sind.

Zunächst fragen wir, wie lange ein Betrieb eine Anlage nutzen soll, die nach Ablauf der Nutzungszeit nicht durch ein gleichartiges oder technisch verändertes Objekt ersetzt werden soll[113]. Die Antwort auf die Frage „Wie lange soll ich ein einmaliges, nicht zu wiederholendes Investitionsobjekt nutzen?" kann in Anlehnung an die Kapitalwertmethode oder an die Annuitätenmethode gefunden werden. Abb. 84 verdeutlicht die beiden Wege.

---

113 Vgl. *Busse von Colbe, W./Lassmann, G.*: Betriebswirtschaftstheorie, S. 132.

Kritische Werte-Rechnung (Break-even-Analyse)

ABB. 84: Optimale Nutzungsdauer bei einmaliger Investition

Lösungsansätze

Kapitalwertmethode

Ermittle die Nutzungsdauer, bei der der Kapitalwert C_0 maximiert wird.

Annuitätenmethode

Ermittle die Nutzungsdauer, bei der die zeitlichen Grenzauszahlungen GA_t, die bei Verlängerung der Lebensdauer um ein Jahr anfallen, mit den zeitlichen Grenzeinzahlungen GE_t übereinstimmen.

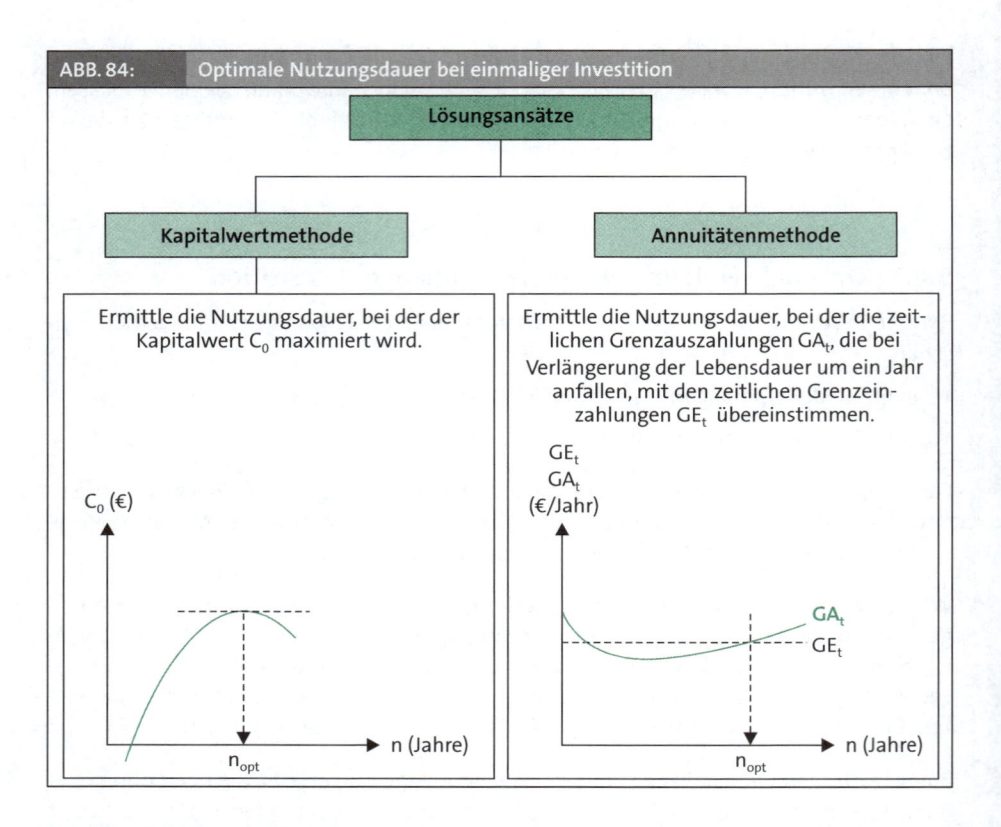

Gleichung (5.13)
Entscheidungsregel bei einmaliger Investition

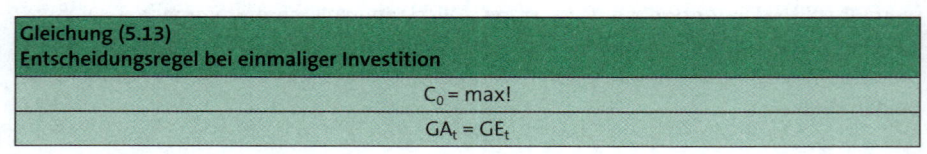

$$C_0 = \text{max!}$$
$$GA_t = GE_t$$

Der gedankliche Ansatzpunkt beider Lösungsansätze besteht darin, dass man eine einfache Frage stellt und beantwortet: „Was passiert, wenn die Nutzungsdauer der Investition um ein Jahr verlängert wird?"

5119 **a) Kapitalwertmethode**

Berechnet man den Kapitalwert für 1, 2, 3, ..., n Perioden, so erhält man in den meisten praktischen Fällen in der Anfangszeit einen positiven jährlichen Kapitalwertzuwachs. Der jährliche Kapitalwertzuwachs nimmt dann im Zeitablauf ab, wird gleich Null und kann schließlich negative Werte erreichen, so dass der Kapitalwert nach Erreichen eines Maximalbetrages, bei dem die optimale Nutzungsdauer liegt, von Jahr zu Jahr kleiner und schließlich negativ wird.

5121 **b) Annuitätenmethode**

Geht man nach der Annuitätenmethode vor, so ist die ökonomische Nutzungsdauer dann erreicht, wenn

- die bei Investitionsverlängerung um ein Jahr zusätzlich erzielbaren zeitlichen Grenzeinzahlungen GE_t gleich den während des Verlängerungsjahres anfallenden zeitlichen Grenzauszahlungen GA_t sind, oder wenn
- der zeitliche Grenzüberschuss $GÜ_t$, definiert als Differenz zwischen den zeitlichen Grenzeinzahlungen und den zeitlichen Grenzauszahlungen, gleich Null ist[114].

Die Bedingung $GA_t = GE_t$ oder $GÜ_t = 0$ kann auch schon vor n_{opt} erfüllt sein, falls das neue Objekt z. B. erst einmal durchrepariert werden muss, bis es läuft. Ökonomisch relevant ist der rechte Schnittpunkt, bei dem die GA_t-Kurve von unten kommend die GE_t-Kurve schneidet (vgl. Abb. 84).

Zeitliche Grenzeinzahlungen sind die Zusatzeinzahlungen, die eine einjährige Investitionsverlängerung erbringt. Dabei handelt es sich um die dem Verlängerungsjahr zuzurechnenden jährlichen Einzahlungen, d. h. es gilt: $GE_t = e_t$.

Zeitliche Grenzauszahlungen sind die Zusatzauszahlungen, die bei einer einjährigen Investitionsverlängerung anfallen. Sie bestehen im praktischen Fall aus folgenden drei Komponenten:

1. Betriebs- und Instandhaltungsauszahlungen a_t im Verlängerungsjahr

Betriebs- und Instandhaltungsauszahlungen i. H. v. a_t könnten vermieden werden, wenn der Investor die Nutzungsdauer des Objekts nicht verlängern würde; somit ist das Verlängerungsjahr mit a_t belastet.

2. Restwertminderung ΔR im Verlängerungsjahr

Bei einjährigem Weiterbetrieb der Anlage nimmt der Investor in Kauf, dass er im Regelfall nur noch eine verminderte Restwerteinzahlung realisieren kann; somit ist das Verlängerungsjahr mit der Restwerteinbuße $\Delta R = R_{t-1} - R_t$ belastet.

3. Entgangene Zinsen $i \cdot R_{t-1}$ im Verlängerungsjahr

Bei einjähriger Investitionsverlängerung verzichtet der Investor auf die Realisierung des Betrages R_{t-1} zum Jahresbeginn und auf die zinstragende Anlage dieses Betrages während des Verlängerungsjahres; somit ist das Verlängerungsjahr mit den entgangenen Zinsen $i \cdot R_{t-1}$ belastet.

---

114 Untersucht man, welche Veränderungen sich bei einjähriger Investitionsverlängerung ergeben, so ist ausdrücklich von zeitlichen Grenzeinzahlungen und zeitlichen Grenzauszahlungen zu sprechen, damit keine Verwechslung mit mengenbezogenen Begriffen wie Grenzkosten oder Grenzumsatz entsteht. Die zeitlichen Grenzauszahlungen geben an, was eine einjährige Investitionsverlängerung „kostet". Die (mengenmäßigen) Grenzkosten geben an, was die Erstellung einer zusätzlichen Leistungseinheit kostet. Vgl. auch *Schneider, E.:* Wirtschaftlichkeitsrechnung, Theorie der Investition, S. 83 ff.

5124 Mithin gilt für die zeitlichen Grenzauszahlungen die Bestimmungsgleichung:

Gleichung (5.14a)
Zeitliche Grenzauszahlungen

$$Ga_t = a_t + \underbrace{(R_{t-1} - R_t)}_{\Delta R} + i \cdot R_{t-1}$$

Die Gleichung zur Ermittlung der zeitlichen Grenzauszahlungen zeigt, dass der Begriff Auszahlung auch als Verzicht auf eine Einzahlung interpretiert werden kann. Die entgangenen Zinsen auf den Restwert, der zu Beginn des Verlängerungsjahres realisierbar gewesen wäre, sind – zusammen mit der auf das Verlängerungsjahr entfallenden Restwertminderung ΔR – die Opportunitätskosten einer einjährigen Investitionsverlängerung[115].

5126 Die Belastung eines Verlängerungsjahres mit einem wiederzugewinnenden Teilbetrag des Restwertes sowie Zinsen auf das jeweils noch im Altobjekt gebundene Kapital kann auch in der Weise vorgenommen werden, dass man den Restwert der Altanlage mit Hilfe des Kapitalwiedergewinnungsfaktors auf die Restnutzungsdauer verteilt. Der in (5.14a) gewählte Weg hat den Vorteil, dass die tatsächliche Entwicklung des Restwertes auf dem Markt für gebrauchte Objekte Jahr für Jahr erfasst werden kann. Bei geringen Restwerten und/oder geringer Restnutzungsdauer ist die Abweichung zwischen den beiden Verfahren verhältnismäßig klein.

Gleichung (5.14b)

$$GA_t = a_t + R_{t-1} \cdot KWF$$

5128 **BEISPIEL: Optimale Nutzungsdauer eines Lkw**

Ein Spediteur hat einen Vertrag mit einem Warenhaus abgeschlossen, der ihn verpflichtet, wöchentlich Tiefkühlkost anzuliefern. Er erhält dafür ein jährliches Fixum von 105.000 €. Er schafft sich hierfür einen neuen Lkw zum Preis von A = 120.000 € an. Der Restwert des Lkw beträgt am Ende des ersten Nutzungsjahres noch 80.000 €, danach fällt der Restwert auf 60.000, 50.000, 40.000, 30.000, 20.000, 10.000, 5.000, 0 €. Die jährlichen Betriebs- und Instandhaltungsauszahlungen a_t betragen im Erstjahr 40.000 €, danach steigen sie auf 50.000, 60.000, 70.000, 80.000, 85.000, 90.000, 100.000, 110.000, 120.000 €. Der Spediteur rechnet mit einem Kalkulationszinssatz von i = 0,10 = 10 %. Errechnen Sie die optimale Nutzungsdauer n_{opt} des Lkw für den Fall, dass der Spediteur diesen Betriebszweig später aufgeben wird, also für den Fall der einmaligen Investition (Nichtwiederholung)

a) nach der Annuitätenmethode,

b) nach der Kapitalwertmethode.

5129 **Lösung a):**

nach der Annuitätenmethode

Die Lösung nach der Annuitätenmethode setzt voraus, dass man die zeitlichen Grenzauszahlungen kennt. Diese lassen sich tabellarisch leicht ermitteln, falls der Investor über hinlänglich genaue Schätzungen des Restwertes und der Betriebs- und Instandhaltungsauszahlungen zu den verschiedenen Zeitpunkten verfügt. Gleichung (5.14a) gibt das Rezept für die Kopfzeile der nachfolgenden Abbildung ab:

---

[115] Opportunitätskosten sind entgangener Nutzen, z. B. entgangene Zinsen. Vgl. Däumler, K.-D./Grabe, J.: Kostenrechnungslexikon, S. 257.

Optimale Nutzungsdauer und optimaler Ersatzzeitpunkt — KAPITEL 5

ABB. 85: Optimale Nutzungsdauer nach Annuitätenmethode

$$GA_t = a_t + \Delta R + i \cdot R_{t-1}$$

Zeitpunkt	Restwert	Jährliche Betriebs u. Instandhaltungsauszahlungen	Jährliche Restwertminderung	Zinsen auf den Restwert	Zeitliche Grenzauszahlungen	Zeitliche Grenzeinzahlungen
	(€)	(€/Jahr)	(€/Jahr)	(€/Jahr)	(€/Jahr)	(€/Jahr)
t	R_t	a_t	ΔR	$i \cdot R_{t-1}$	GA_t	GE_t
	I	II	III	IV	V = II + III + IV	VI
0	120.000	–	–	–	–	–
1	80.000	40.000	40.000	12.000	92.000	105.000
2	60.000	50.000	20.000	8.000	78.000	105.000
3	50.000	60.000	10.000	6.000	76.000	105.000
4	40.000	70.000	10.000	5.000	85.000	105.000
5	30.000	80.000	10.000	4.000	94.000	105.000
6	20.000	85.000	10.000	3.000	98.000	105.000
7	10.000	90.000	10.000	2.000	102.000	105.000
8	5.000	100.000	5.000	1.000	106.000	105.000
9	0	110.000	5.000	500	115.500	105.000
10	0	120.000	0	0	120.000	105.000

Sie sehen, dass der zeitliche Grenzüberschuss GÜ als Differenz zwischen den zeitlichen Grenzeinzahlungen und -auszahlungen im siebten Jahr noch positiv, im achten aber negativ ist. Der Lkw sollte, sofern er ohne Nachfolger bleibt, knapp acht Jahre genutzt werden. Wird eine höhere Genauigkeit gewünscht, was in der betrieblichen Praxis nicht häufig der Fall ist, lässt sich diese mittels linearer Interpolation erreichen:

$$n_{opt} = n_7 - GÜ_7 \cdot \frac{n_8 - n_7}{GÜ_8 - GÜ_7} = 7 - 3.000 \cdot \frac{8 - 7}{-1.000 - 3.000} = 7{,}75 \text{ (Jahre)}$$

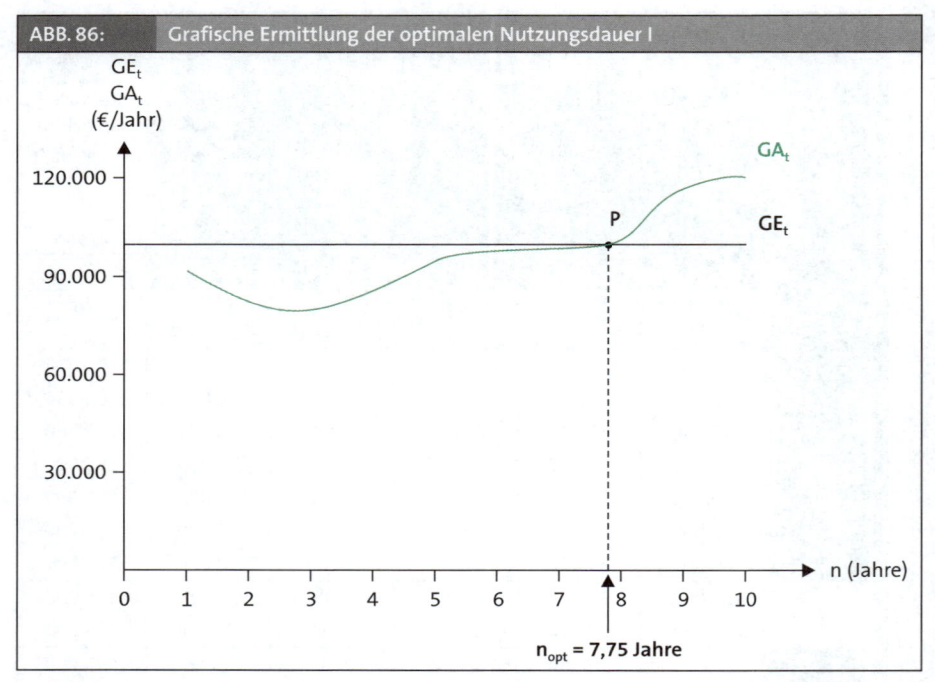

KAPITEL 5 — Kritische Werte-Rechnung (Break-even-Analyse)

ABB. 86: Grafische Ermittlung der optimalen Nutzungsdauer I

$n_{opt} = 7{,}75$ Jahre

Ergebnis:

In den ersten sieben Jahren sind die zeitlichen Grenzeinzahlungen größer als die zeitlichen Grenzauszahlungen, der zeitliche Grenzüberschuss ist positiv: Der Weiterbetrieb des Lkw lohnt sich. Ab Jahr 8 übersteigen die durch eine einjährige Investitionsverlängerung hervorgerufenen zeitlichen Grenzauszahlungen die zeitlichen Grenzeinzahlungen, der zeitliche Grenzüberschuss ist negativ: Der Weiterbetrieb des Lkw ist unwirtschaftlich. Die optimale Nutzungsdauer liegt bei 7,75 Jahren.

Lösung b):

nach der Kapitalwertmethode

Der Kapitalwert einer Investition ergibt sich als Summe der

- ▶ abgezinsten Nettoeinzahlungen sowie des
- ▶ barwertigen Restwertes abzüglich der
- ▶ Anschaffungsauszahlung.

$$C_0 = \sum_{t=0}^{t=n} (e_t - a_t)(1+i)^{-t} + R_t(1+i)^{-t} - A$$

Optimale Nutzungsdauer und optimaler Ersatzzeitpunkt   KAPITEL 5

Diese Kapitalwertbestimmungsgleichung nutzen wir in der Kopfzeile der folgenden Abbildung.

ABB. 87:	Optimale Nutzungsdauer nach Kapitalwertmethode				
Zeitpunkt	Jährliche Nettoeinzahlungen	Barwert der jährlichen Nettoeinzahlungen	Kumulierte Barwerte der Nettoeinzahlungen	Barwertiger Restwert	Kapitalwert
	(€)	(€)	(€)	(€)	(€)
t	$(e_t - a_t)$	$(e_t - a_t) \cdot AbF_t$	$\Sigma(e_t - a_t) \cdot AbF_t$	$R_t \cdot AbF_t$	C_0
	I	II	III = Σ II	IV	V = III + IV - A
1	65.000	59.091	59.091	72.727	11.818
2	55.000	45.455	104.546	49.587	34.133
3	45.000	33.809	138.355	37.566	55.921
4	35.000	23.905	162.260	27.321	69.581
5	25.000	15.523	177.783	18.628	76.411
6	20.000	11.289	189.072	11.290	80.362
7	15.000	7.697	196.769	5.132	81.902
8	5.000	2.333	199.102	2.333	81.435
9	- 5.000	- 2.120	196.982	0	76.982
10	- 15.000	- 5.783	191.199	0	71.199

Wieder ergibt sich als optimale Nutzungsdauer ein zwischen 7 und 8 Jahren liegender Wert, der rechnerisch mittels linearer Interpolation präzisiert wird:

$$n_{opt} = n_7 - (C_{0,7} - C_{0,6}) \cdot \frac{n_8 - n_7}{(C_{0,8} - C_{0,7}) - (C_{0,7} - C_{0,6})}$$

$$n_{opt} = 7 - 1.540 \cdot \frac{8 - 7}{- 467 - 1.540} = 7 + \frac{1.540}{2.007} = 7,77 \text{ (Jahre)}$$

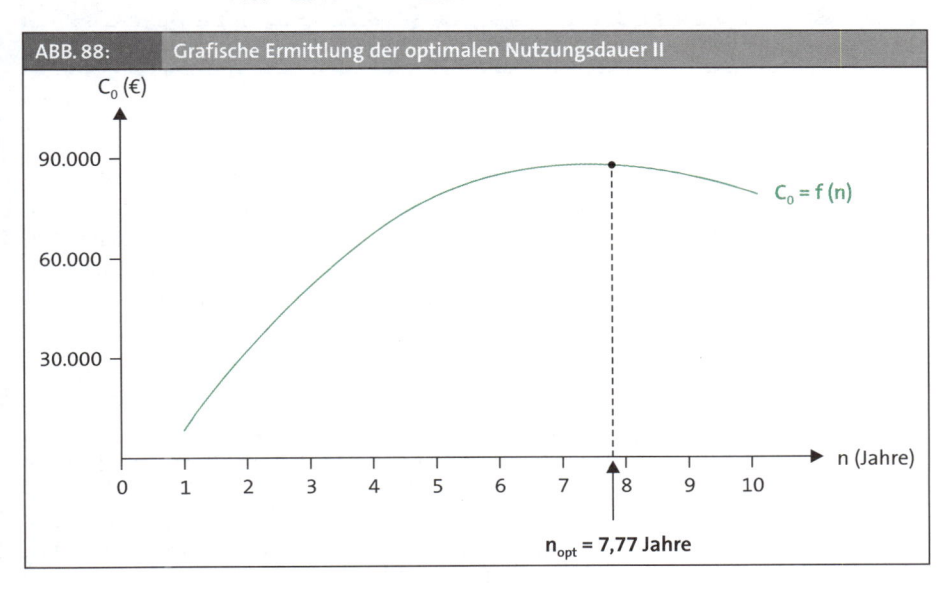

ABB. 88:	Grafische Ermittlung der optimalen Nutzungsdauer II

$n_{opt} = 7,77$ Jahre

Ergebnis:

Der Kapitalwert erreicht bei einer Lebensdauer von 7,77 Jahren sein Maximum. Die optimale Nutzungsdauer beläuft sich auf 7,77 Jahre. Der Lkw sollte, wenn keine Nachfolgeinvestition geplant ist, knapp acht Jahre genutzt und danach verschrottet oder verkauft werden.

5.4.4 Optimale Nutzungsdauer bei wiederholter Investition

5.4.4.1 Entscheidungssituation

5135 Die bisher erörterte Methode zur Nutzungsdauerbestimmung geht von der Annahme aus, die betrachtete Anlage solle nicht ersetzt (nicht wiederholt) werden. Das kommt in der Praxis zwar gelegentlich vor[116], häufiger jedoch ist der Fall, dass man eine Anlage nach Ablauf der Nutzungsdauer ersetzt. Der Ersatz einer Altanlage durch eine neue kann einmalig, mehrmalig oder (im Grenzfall) unendlich oft erfolgen; entsprechend unterscheidet man endliche und unendliche Investitionsketten. Meist ist von vornherein kein Ende der Ersatzvorgänge ersichtlich; in diesem Falle stellt die Annahme einer unendlich häufigen Investitionswiederholung eine sinnvolle Hypothese dar. Sinnvoll ist diese Hypothese auch deshalb, weil nur die Zahlungen der ersten drei Dekaden einen wesentlichen Einfluss auf den Kapitalwert aufweisen. In finanzmathematischer Sicht besteht kein wesentlicher Unterschied zwischen dreißig Jahren und der Ewigkeit.

Von Investitionsketten spricht man, wenn sich Erstinvestition und ihre Nachfolger lückenlos aneinander anschließen, so dass das Ende der Nutzungsdauer eines Objekts mit dem Beginn der Nutzung des Folgeobjekts zusammenfällt[117].

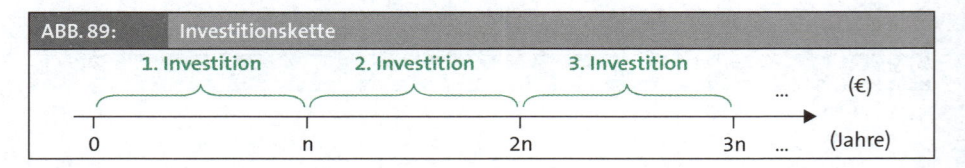

ABB. 89: Investitionskette

1. Investition	2. Investition	3. Investition	...	(€)
0	n	2n	3n ...	(Jahre)

Man unterstellt üblicherweise, die zu einer Investitionskette gehörenden Investitionen seien identisch. Die damit angesprochene Gleichheit bedeutet nicht zwingend physische Identität, sondern, wie D. Schneider betont, lediglich Kapitalwertgleichheit[118]. Wenn also unser Spediteur seinen Lkw, Baujahr 2015, einmal ersetzt, dann darf der Neuzugang gern ein neues Modell sein. Wichtig ist nur, dass wir (mangels besseren Wissens) annehmen, alter und neuer Lkw seien kapitalwertgleich.

---

[116] Einmalige oder auch letztmalige Investitionen finden Sie bei Spezialisierungen, Betriebsverkleinerungen und geplanten Betriebsstilllegungen. Die Inhaberin eines Tante-Emma-Ladens, der an der Scholle hängende Landwirt, beide fragen Sie: „Wie lange noch?" Und Ihre Antwort lautet: „So lange das Verlängerungsjahr einen positiven zeitlichen Grenzüberschuss aufweist."

[117] Zum Begriff Investitionskette vgl. etwa: *Schneider, E.*: Wirtschaftlichkeitsrechnung, S. 59 ff.; *Schneider, D.*: Investition, Finanzierung und Besteuerung, S. 104 ff.; *Schulte, K.-W.*: Wirtschaftlichkeitsrechnung, S. 146 ff.; *Busse von Colbe, W./Lassmann, G.*: Betriebswirtschaftstheorie, S. 137 ff.

[118] Vgl. *Schneider, D.*: Investition, Finanzierung und Besteuerung, S. 104.

Eine wiederholte Investition ist schneller zu ersetzen als eine nichtwiederholte, falls mit der neuen Anlage vergleichsweise höhere jährliche Überschüsse erwirtschaftet werden können. Wenn aber die Nutzungsdauer einer Anlage, die Nachfolger findet, im Regelfall kürzer ist als die einer Anlage ohne Nachfolger, besteht die Notwendigkeit, die mit den Nachfolgeinvestitionen verbundenen Zahlungsreihen in geeigneter Form im Rahmen der Nutzungsdauerbestimmung zu berücksichtigen. Dazu müssen die Zahlungsreihen der Folgeinvestitionen geschätzt werden. Bei der Schätzung der Nachfolger-Zahlungsreihen gelten im praktischen Fall bei wiederholter Investition zur Vereinfachung die folgenden Bedingungen:

▶ Die Investition wird unendlich oft wiederholt;

▶ Erstinvestition und Folgeinvestitionen sind kapitalwertgleich.

Dann ist zu fragen und zu entscheiden, bei welcher Nutzungsdauer der Investor am besten über die Zeit kommt. Anders formuliert: Wie hoch ist die Nutzungsdauer einer Investition, bei der der Investor den maximalen durchschnittlichen jährlichen Überschuss DJÜ erzielt?

5.4.4.2 Problemlösung bei konstanten jährlichen Einzahlungen

Die Frage nach dem maximalen durchschnittlichen jährlichen Überschuss vereinfacht sich, wenn man annimmt, die jährlichen Einzahlungen seien im Zeitablauf konstant. Es ist dann zu untersuchen, bei welcher Zeit die durchschnittlichen jährlichen Auszahlungen DJA minimiert werden; denn bei Konstanz der jährlichen Einzahlungen liegt der maximale durchschnittliche Überschuss beim Minimum der DJA. Lassen sich dem Investitionsobjekt keine Einzahlungen zurechnen, so findet man seine optimale Nutzungsdauer ebenfalls durch die Berechnung der minimalen Auszahlungsannuität[119].

Die DJA lassen sich leicht ermitteln, wenn man die zeitlichen Grenzauszahlungen GA_t kennt. Sind die GA_t berechnet, so stellt man bei der Ermittlung der durchschnittlichen jährlichen Auszahlungen DJA fest, dass diese

▶ fallen, solange die GA_t kleiner sind als der bisher erreichte Wert der DJA (vgl. Bereich I in Abb. 90),

▶ sodann beim Schnitt mit der GA_t-Kurve ein Minimum erreichen und

▶ danach bei zeitlichen Grenzauszahlungen, die die DJA übersteigen, wachsen, jedoch mit kleinerer Rate als die Grenzauszahlungen in Bezug auf die Zeit (Bereich II, Abb. 90).

---

119 Vgl. *Busse von Colbe, W./Lassmann, G.*: Betriebswirtschaftstheorie, S. 143.

KAPITEL 5 Kritische Werte-Rechnung (Break-even-Analyse)

ABB. 90: Zeitliche Grenzauszahlungen und durchschnittliche jährliche Auszahlungen

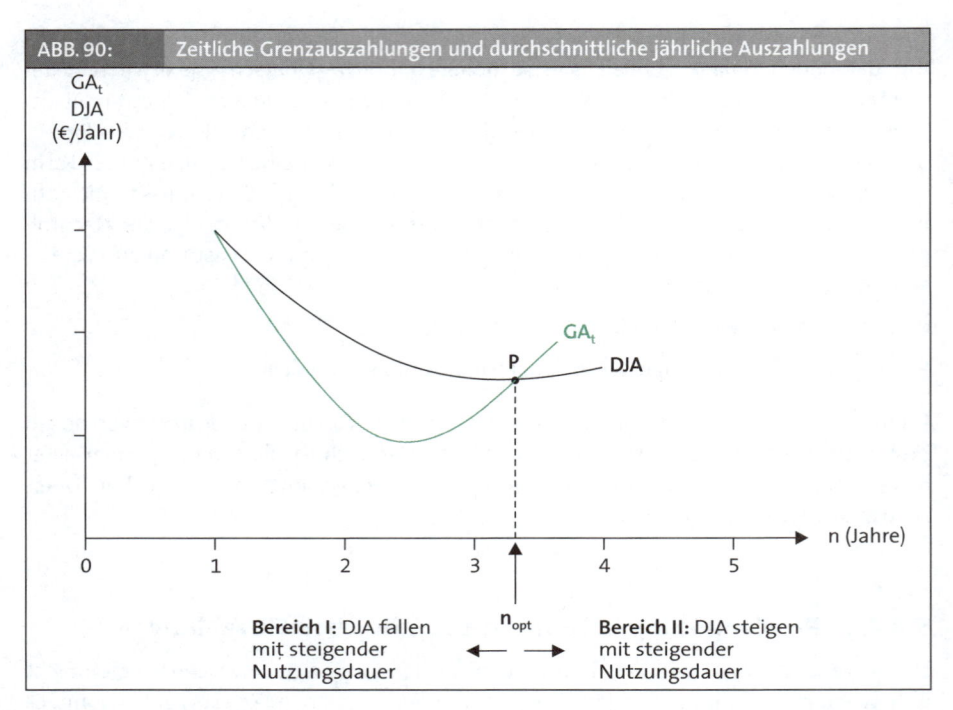

GA_t
DJA
(€/Jahr)

[Diagramm mit Kurven GA_t und DJA, Schnittpunkt P bei n_{opt} zwischen 3 und 4 Jahren; x-Achse n (Jahre) von 0 bis 5]

Bereich I: DJA fallen mit steigender Nutzungsdauer ← n_{opt} → **Bereich II:** DJA steigen mit steigender Nutzungsdauer

5143 Die ökonomische Nutzungsdauer ist gem. Abb. 90 grundsätzlich durch den Schnittpunkt P der beiden Kurven gegeben. Bei P gelten gleichzeitig zwei Bedingungen:

Gleichung (5.15)
Optimale Nutzungsdauer bei wiederholter und einzahlungskonstanter Investition

DJA = min!
DJA = GA_t

Die ökonomische Nutzungsdauer im Fall der einzahlungskonstanten und wiederholten Investition ermitteln Sie, indem Sie

▶ aus den zeitlichen Grenzauszahlungen GA_t die DJA berechnen und

▶ das Minimum der durchschnittlichen jährlichen Auszahlungen DJA suchen. Dieses Minimum ist auch durch die Gleichheit von DJA und GA_t gekennzeichnet.

Das folgende Beispiel zeigt die Technik der DJA-Bestimmung. Diese entspricht der Ermittlung finanzmathematischer Durchschnittswerte, wie sie beispielsweise die Annuitätenmethode verlangt[120].

5145 **BEISPIEL:** ▶ **Optimale Nutzungsdauer einer wiederholten Investition**

Gegeben ist eine wiederholte Investition mit konstanten jährlichen Einzahlungen, die ihren maximalen durchschnittlichen jährlichen Überschuss bei jener Nutzungsdauer erreicht, die die durchschnittlichen jährlichen Auszahlungen DJA minimiert.

---
120 Siehe S. 102 ff.

Optimale Nutzungsdauer und optimaler Ersatzzeitpunkt — KAPITEL 5

Wie hoch sind die zu den tabellarisch dargestellten GA_t-Werten gehörenden durchschnittlichen jährlichen Auszahlungen DJA bei einem Kalkulationszinssatz von $i = 0{,}10 = 10\,\%$ und unterschiedlichen Nutzungszeiten?

Zeitpunkt	1	2	3	4	5	6
GA_t (€/Jahr)	120	80	60	70	90	110

Lösung:

Die Lösung erfolgt in zwei Schritten:

1. Sie zinsen die GA_t für $n = 1$ (2, 3, 4, 5, 6) ab und addieren die Barwerte.
2. Den so erhaltene Auszahlungsbarwert A_0 verteilen Sie mit dem Kapitalwiedergewinnungsfaktor KWF gleichmäßig auf die jeweilige Laufzeit.

ABB. 91:	Ermittlung der durchschnittlichen jährlichen Auszahlungen DJA		
Wenn die Nutzungsdauer n Jahre beträgt, …	… dann haben die in diesem Zeitraum anfallenden zeitlichen Grenzauszahlungen GA_t den Barwert A_0, …	… und die gleichmäßige Verteilung des Barwertes A_0 auf n Jahre ergibt den Durchschnittswert DJA	
	$A_0 = \sum_{t=1}^{t=n} GA_t \cdot AbF_t$	$DJA = A_0 \cdot KWF_n$	
(Jahre)	(€)	(€/Jahr)	
n = 1	$A_0 = 120 \cdot 0{,}909091$ $A_0 = 109$	$DJA = 109 \cdot 1{,}100000 = 120$	
n = 2	$A_0 = 109 + 80 \cdot 0{,}826446$ $A_0 = 175$	$DJA = 175 \cdot 0{,}576190 = 101$	
n = 3	$A_0 = 175 + 60 \cdot 0{,}751315$ $A_0 = 220$	$DJA = 220 \cdot 0{,}402115 = 88$	
n = 4	$A_0 = 220 + 70 \cdot 0{,}683013$ $A_0 = 268$	$DJA = 268 \cdot 0{,}315471 = 85$	
n = 5	$A_0 = 268 + 90 \cdot 0{,}620921$ $A_0 = 324$	$DJA = 324 \cdot 0{,}263797 = 85$	
n = 6	$A_0 = 324 + 110 \cdot 0{,}564474$ $A_0 = 386$	$DJA = 386 \cdot 0{,}229607 = 89$	

Abb. 91 zeigt, wie sich die zeitlichen Grenzauszahlungen GA_t und die durchschnittlichen jährlichen Auszahlungen DJA mit steigender Nutzungsdauer verändern. Die DJA fallen mit steigender Nutzungsdauer, solange die zeitlichen Grenzauszahlungen kleiner als die DJA sind. In dem Moment, in dem die GA_t die DJA übertreffen, beginnen die DJA zu steigen.

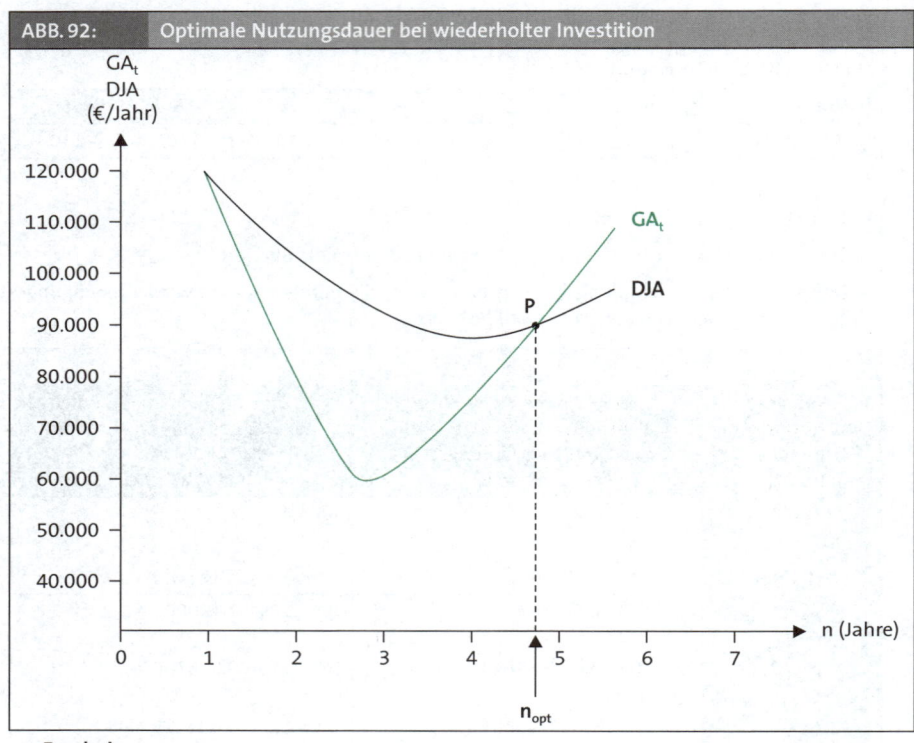

KAPITEL 5 Kritische Werte-Rechnung (Break-even-Analyse)

ABB. 92: Optimale Nutzungsdauer bei wiederholter Investition

[Diagramm: GA_t, DJA (€/Jahr) als Funktion von n (Jahre). Die DJA-Kurve fällt von 120.000 auf ein Minimum bei etwa n_opt ≈ 5 Jahren (ca. 88.000 €) und steigt danach leicht an. Die GA_t-Kurve fällt von ca. 120.000 auf ein Minimum bei n ≈ 3 (ca. 60.000) und steigt dann steil an, schneidet die DJA-Kurve im Punkt P bei n_opt.]

Ergebnis:

Im gegebenen Fall sollte eine Nutzungsdauer von knapp 5 Jahren angestrebt werden, da diese Nutzungszeit die durchschnittlichen jährlichen Auszahlungen DJA minimiert.

Allgemein lässt sich sagen: Bei gegebenen zeitlichen Grenzauszahlungen GA_t erhält man die DJA durch Barwertbildung und Barwertverteilung gem. der folgenden Gleichung:

Gleichung (5.16)

$$DJA = \left[\sum_{t=1}^{t=n} GA(1+i)^{-t}\right] \cdot KWF_n$$

Das folgende Beispiel verdeutlicht die Anwendung des Rechenansatzes in der betrieblichen Praxis.

5147 **BEISPIEL: Optimale Nutzungsdauer eines Lkw**

Wir betrachten noch einmal den Fall des Spediteurs aus dem Beispiel von S. 307, jedoch mit neuer Zielsetzung: Der Spediteur verfolgt nicht mehr das Ziel, die Belieferung des Warenhauses nach Ablauf der Nutzungsdauer des gegenwärtig eingesetzten Lkw aufzugeben; er beabsichtigt vielmehr, das Warenhaus auch künftig zu beliefern. Die Daten des Beispiels bleiben konstant, es gilt:

▶ A = 120.000 €,
▶ e = 105.000 €/Jahr,
▶ i = 10 %.

Die Entwicklung des Restwerts und der jährlichen Betriebs- und Instandhaltungsauszahlungen finden Sie in Abb. 85, ebenso die zeitlichen Grenzauszahlungen.

Ermitteln Sie die optimale Lkw-Nutzungsdauer für den Fall der identischen Investitionswiederholung auf tabellarischem und zeichnerischem Wege. Vergleichen Sie die optimale Nutzungsdauer bei Investitionswiederholung mit jener bei Nichtwiederholung.

Lösung:
Für die praktische Rechnung verwenden Sie die Gleichung (5.16), die das Rezept für die Kopfzeile der folgenden Abbildung abgibt. Das Ergebnis, die durchschnittlichen jährlichen Auszahlungen, steht in Spalte V.

ABB. 93:	Optimale Nutzungsdauer bei Investitionswiederholung				
Zeitpunkt	Zeitliche Grenzauszahlungen	Barwert der Grenzauszahlungen	Kumulierte Barwerte der Grenzauszahlungen	Kapitalwiedergewinnungsfaktor	Durchschnittliche jährliche Auszahlungen
	(€/Jahr)	(€)	(€)		(€/Jahr)
t	GA_t	$GA_t \cdot AbF_t$	A_0	KWF	$DJA = A_0 \cdot KWF$
	I	II	III = Σ II	IV	V = III · IV
1	92.000	83.636	83.636	1,100000	92.000
2	78.000	64.463	148.099	0,576190	85.333
3	76.000	57.100	205.199	0,402115	82.514
4	85.000	58.056	263.255	0,315471	83.049
5	94.000	58.367	321.622	0,263797	84.843
6	98.000	55.318	376.940	0,229607	86.548
7	102.000	52.342	429.282	0,205405	88.177
8	106.000	49.450	478.732	0,187444	89.735
9	115.000	48.983	527.715	0,173641	91.633
10	120.000	46.265	573.980	0,162745	93.412

Die optimale Lkw-Nutzungsdauer liegt bei identischer Investitionswiederholung zwischen 3 und 4 Jahren. Sie lässt sich rechnerisch durch lineares Interpolieren genauer bestimmen:

$$n_{opt} = n_3 - (DJA_3 - DJA_2) \cdot \frac{n_4 - n_3}{(DJA_4 - DJA_3) - (DJA_3 - DJA_2)}$$

$$n_{opt} = 3 + 2.819 \cdot \frac{4 - 3}{535 + 2.819} = 3 + \frac{2.819}{3.354} = 3,84 \text{ (Jahre)}$$

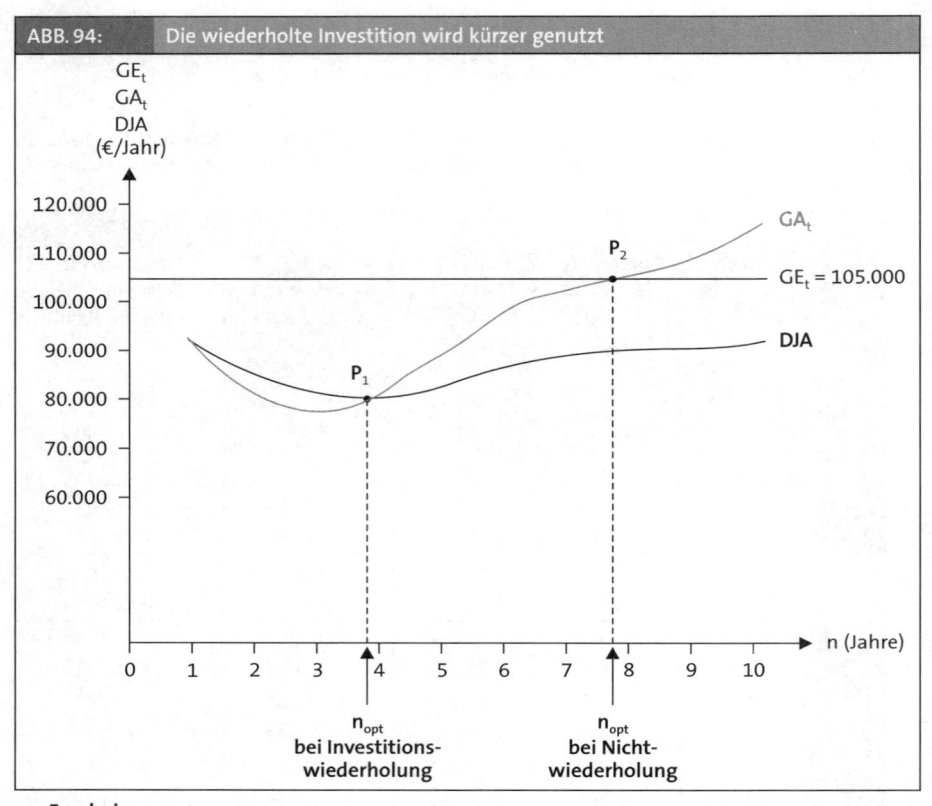

ABB. 94: Die wiederholte Investition wird kürzer genutzt

[Diagramm: GE_t, GA_t, DJA (€/Jahr) über n (Jahre); $GE_t = 105.000$; P_1 bei ca. $n=3{,}84$, P_2 bei ca. $n=7{,}75$; n_{opt} bei Investitionswiederholung ≈ 4; n_{opt} bei Nichtwiederholung ≈ 8]

Ergebnis:

Die optimale Nutzungsdauer bei einmaliger Investition beläuft sich auf 7,75 Jahre. Im Wiederholungsfall wird der Lkw schon früher, nämlich nach 3,84 Jahren ersetzt.

Es ist in der Tat vernünftig, den Lkw, der keinen Nachfolger finden soll, über eine vergleichsweise lange Zeit zu nutzen: Über die Zeit nämlich, in der er einen positiven jährlichen Grenzüberschuss $GÜ_t = GE_t - GA_t$ erbringt. Der Punkt P_2 trennt den Bereich positiver von dem Bereich negativer zeitlicher Grenzüberschüsse. Wird der Lkw dagegen regelmäßig ersetzt, so ist es aus der Sicht des Spediteurs vernünftig, ihn schon früher zu verkaufen: Der Spediteur weiß, dass die letzten Nutzungsjahre (6 und 7) durch vergleichsweise geringe zeitliche Grenzüberschüsse gekennzeichnet sind und fragt sich: „Warum soll ich die letzten schwachen Jahre noch mitnehmen, wenn ich durch einen Neukauf rasch wieder in die Zone überschussstarker Anfangsjahre komme?". Die kürzere optimale Nutzungsdauer im Fall der Investitionswiederholung resultiert also aus dem Wunsch, die vergleichsweise geringen Überschüsse der späteren Jahre zu vermeiden und durch die höheren der Anfangsjahre zu ersetzen.

5.4.4.3 Problemlösung bei unterschiedlichen jährlichen Einzahlungen

5150 Die von uns jetzt betrachteten Investitionen weisen im Zeitablauf unterschiedliche jährliche Ein- und Auszahlungen auf und werden auf unabsehbare Zeit wiederholt. Gefragt ist dann nach jener Nutzungsdauer einer Einzelinvestition im Verbund der Investitionskette, bei der der Gesamtkapitalwert der Investitionskette maximiert wird. Der

Optimale Nutzungsdauer und optimaler Ersatzzeitpunkt — KAPITEL 5

erste Schritt zur Beantwortung der Frage „Wie ermittelt man die optimale Nutzungsdauer bei identischer Investitionswiederholung ohne Ende?" besteht in der Bestimmung des Gesamtkapitalwertes C_g einer unendlichen Investitionskette.

Dabei gelten die alten Rahmenbedingungen weiter:
- die Investition wird unendlich oft wiederholt;
- Erstinvestition und Folgeinvestitionen sind kapitalwertgleich.

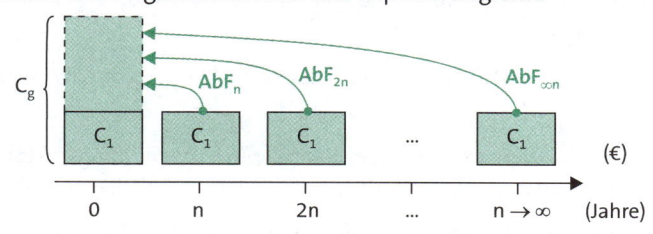

Jeweils nach Ablauf von n Perioden erhält das Investitionsobjekt sofort einen kapitalwertgleichen Nachfolger. Die Kapitalwerte der Anfangsinvestition und sämtlicher Folgeinvestitionen belaufen sich jeweils auf C_1. Damit gilt für den Gesamtkapitalwert C_g:

ABB. 95: Kapitalwert einer Investitionskette

$$C_g = C_1 + C_1 \cdot \frac{1}{(1+i)^n} + C_1 \cdot \frac{1}{(1+i)^{2n}} + C_1 \cdot \frac{1}{(1+i)^{3n}} + \ldots + C_1 \cdot \frac{1}{(1+i)^{\infty n}}$$

Summe einer geometrischen Reihe = erstes Glied $\cdot \dfrac{1 - \text{Faktor}^m}{1 - \text{Faktor}}$ (Hinweis: m = Anzahl Glieder)

$$C_g = C_1 \cdot \frac{1 - \left[\frac{1}{(1+i)^n}\right]^m}{1 - \frac{1}{(1+i)^n}} \quad \text{(Hinweis: n = Nutzungsdauer) für } i > 0 \text{ ist } \lim_{m \to \infty} \frac{1}{(1+i)^{n \cdot m}} = 0$$

$$C_g = C_1 \cdot \frac{1}{1 - \frac{1}{(1+i)^n}} \quad | \text{Bruch mit } i(1+i)^n \text{ erweitern} \rightarrow$$

$$C_g = C_1 \cdot \frac{i(1+i)^n}{i(1+i)^n - i} \quad | C_1 \text{ durch } i \text{ dividieren} \rightarrow$$

$$C_g = \frac{C_1}{i} \cdot \frac{i(1+i)^n}{(1+i)^n - 1} = \frac{C_1}{i} \cdot KWF_n$$

(5.17)
$$C_g = \frac{C_1 \cdot KWF_n}{i} = \frac{DJÜ}{i}$$

Der Investor bemisst die Nutzungsdauer n der die Investitionskette ausmachenden Einzelinvestitionen so, dass der Gesamtkapitalwert einen möglichst hohen Wert annimmt. Bei gegebenem Kalkulationszinsfuß i hängt der Gesamtkapitalwert C_g nur noch von dem Produkt $C_1 \cdot KWF_n$ = DJÜ ab. Die Bestimmung der ökonomischen Nutzungsdauer im Falle der identischen Investitionswiederholung ist daher außerordentlich einfach: Man sucht jene Nutzungszeit der Einzelinvestition, für die sich ein Maximalwert der durchschnittlichen jährlichen Überschüsse DJÜ dieser Investition ergibt. Im praktischen Fall sind dazu drei Schritte erforderlich:

1. Ermittle den Kapitalwert C_1 der Einzelinvestition für unterschiedliche Nutzungszeiten.

2. Verteile den Kapitalwert mit Hilfe des Kapitalwiedergewinnungsfaktors auf die jeweilige Investitionsdauer. Resultat: durchschnittlicher jährlicher Überschuss DJÜ.

3. Die Nutzungszeit, bei der sich der maximale durchschnittliche jährliche Überschuss ergibt, ist die optimale Nutzungsdauer.

Gleichung (5.18)

$$DJÜ = max!$$

Das folgende Beispiel zeigt, wie man bei Kenntnis der Kapitalwerte, die für unterschiedliche Nutzungsdauern ermittelt wurden, zum maximalen durchschnittlichen jährlichen Überschuss mit Hilfe einer einfachen Tabelle gelangt.

BEISPIEL: **Optimale Nutzungsdauer bei Investitionswiederholung**

Die Nordmilch AG möchte ihre Frischkäsefertigung ausbauen. Dazu ist der Kauf einer Anlage nötig, für die der Investor schon die Kapitalwerte bei unterschiedlichen Nutzungsdauern und einem Kalkulationszinssatz von i = 0,10 = 10 % ausgerechnet hat (vgl. nachfolgende Übersicht, Spalte I). Wie lange ist die Anlage zu nutzen, wenn sie nach Ablauf ihrer Nutzungszeit jeweils durch eine kapitalwertgleiche Folgeinvestition ersetzt wird und diese wieder kapitalwertgleiche Nachfolger findet?

Lösung:

Die schon errechneten Kapitalwerte sind mit einem Kapitalwiedergewinnungsfaktor auf die jeweiligen Nutzungsdauern umzulegen. Man erhält dann den durchschnittlichen jährlichen Überschuss bei unterschiedlichen Nutzungszeiten.

Optimale Nutzungsdauer und optimaler Ersatzzeitpunkt — KAPITEL 5

ABB. 96: Optimale Nutzungsdauer bei Investitionswiederholung

Geplante Nutzungsdauer der Einzelinvestitionen (Jahre)	Kapitalwert der Einzelinvestition (€)	Kapitalwiedergewinnungsfaktor	Durchschnittlicher jährlicher Überschuss bei unterschiedlichen Nutzungsdauern (€/Jahr)
n	C_1	KWF_n	$DJÜ_n$
	I	II	III = I · II
1	11.818	1,100000	13.000
2	34.133	0,576190	19.667
3	55.921	0,402115	22.487
4	69.582	0,315471	21.951
5	76.412	0,263797	20.157
6	80.364	0,229607	18.452
7	81.903	0,205405	16.823
8	81.437	0,187444	15.265
9	76.984	0,173641	13.368
10	71.201	0,162745	11.588

Die optimale Nutzungsdauer bei identischer Investitionswiederholung liegt zwischen drei und vier Jahren. Sie lässt sich rechnerisch durch lineares Interpolieren genauer bestimmen:

$$n_{opt} = n_3 - (DJÜ_3 - DJÜ_2) \cdot \frac{n_4 - n_3}{(DJÜ_4 - DJÜ_3) - (DJÜ_3 - DJÜ_2)}$$

$$n_{opt} = 3 - 2.820 \cdot \frac{4 - 3}{-536 - 2.820} = 3 + \frac{2.820}{3.356} = 3{,}84 \text{ (Jahre)}$$

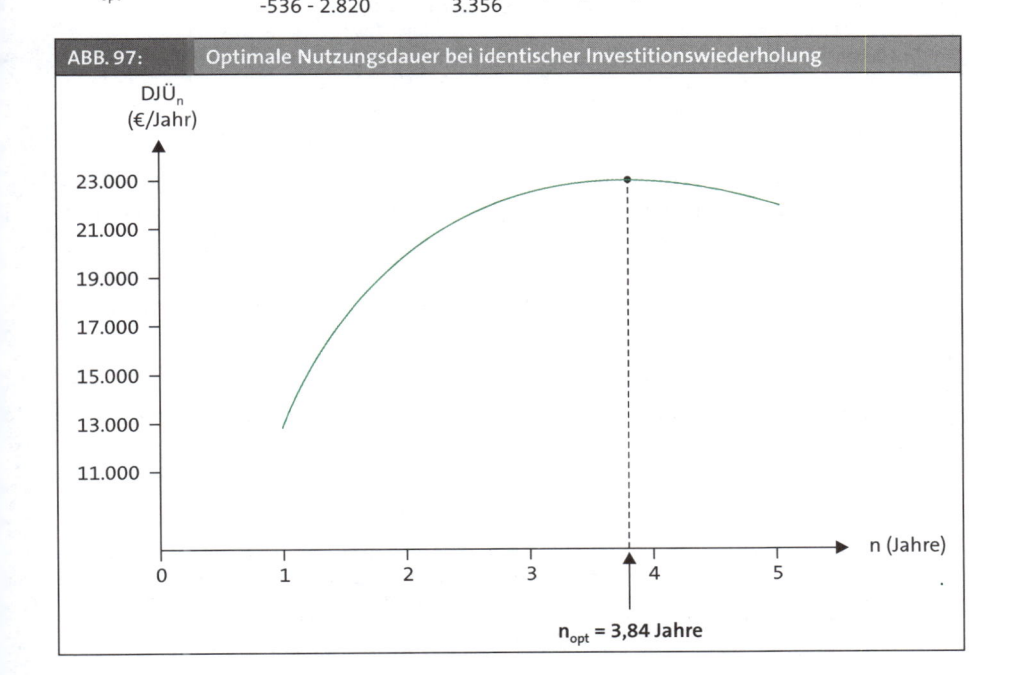

ABB. 97: Optimale Nutzungsdauer bei identischer Investitionswiederholung

$n_{opt} = 3{,}84$ Jahre

Ergebnis:

Der Investor kommt am besten (d. h. mit dem höchsten durchschnittlichen jährlichen Überschuss) durch die Zeit, wenn er die Anlagen jeweils 3,84 Jahre nutzt.

5.4.5 Optimaler Ersatzzeitpunkt
5.4.5.1 Entscheidungssituation

5160 Wurde für eine im Unternehmen befindliche Anlage früher die optimale Nutzungsdauer bestimmt, so steht damit auch der Ersatzzeitpunkt der betreffenden Anlage fest, falls nicht im Laufe der Jahre Abweichungen der Istwerte von den ursprünglich angestrebten Planwerten zu beobachten sind oder jetzt – abweichend von der ursprünglichen Einschätzung – eine Alternativanlage auf den Markt kommt.

Da die Wirklichkeit fast immer Abweichungen gegenüber den Planwerten zeigt, muss – jedenfalls bei größeren Investitionen – laufend geprüft werden, ob die zum Investitionszeitpunkt festgestellte optimale Nutzungsdauer noch stimmt, oder ob die Anlage zu einem anderen als dem ursprünglich ermittelten Zeitpunkt ersetzt werden soll[121]. So kann eine neue Anlage billiger sein als die alte (Minderung der Anschaffungsauszahlung); sie kann die Produktion einer größeren Stückzahl in besserer Qualität ermöglichen (Erhöhung der jährlichen Einzahlungen); vor allem aber sind mögliche Rationalisierungsvorteile (Minderung der jährlichen Betriebs- und Instandhaltungsauszahlungen) zu beachten. Die Altanlage wird im Ersatzfall verkauft oder verschrottet. Die Ersatzanlage ist technisch nicht mit dem bisher verwendeten Typ identisch.

5162 Die Entscheidungssituation des Investors lässt sich folgendermaßen darstellen:

1. Ursprünglich war der kapitalwertidentische Ersatz der Altanlage jeweils nach Ablauf der optimalen Nutzungsdauer von z. B. 10 Jahren vorgesehen.

2. Zum Zeitpunkt 5 erscheint eine technisch neuartige Anlage auf dem Markt, die die Aufgaben der Altanlage unter sonst gleichen Bedingungen, jedoch zu geringeren Betriebs- und Instandhaltungsauszahlungen übernehmen kann. Damit ist klar, dass man die Altanlage nach Ablauf ihrer ursprünglich geplanten optimalen Nutzungsdauer ohnehin nicht identisch, sondern durch die günstigere Neuanlage ersetzt.

3. Zusätzlich aber prüft der Investor, ob nicht etwa ein früherer Ersatz der Altanlage – sie habe noch eine Restnutzungsdauer von 5 Jahren – wirtschaftlich ist. Der Investor fragt sich also, wie er am günstigsten durch die folgenden fünf Jahre kommt.

---

[121] Vgl. hierzu etwa: *Schneider, D.*: Investition, Finanzierung und Besteuerung, S. 108 ff.; *Schulte, K.-W.*: Wirtschaftlichkeitsrechnung, S. 161 ff.; *Schneider, E.*: Wirtschaftlichkeitsrechnung, S. 99 ff.; *Melcher, G.-H./ Schmitten, R.*: Leitfaden für Investitionsentscheidungen, Nürnberg o. J., S. 134 ff.; *Busse von Colbe, W./Lassmann, G.*: Betriebswirtschaftstheorie, S. 143 ff.

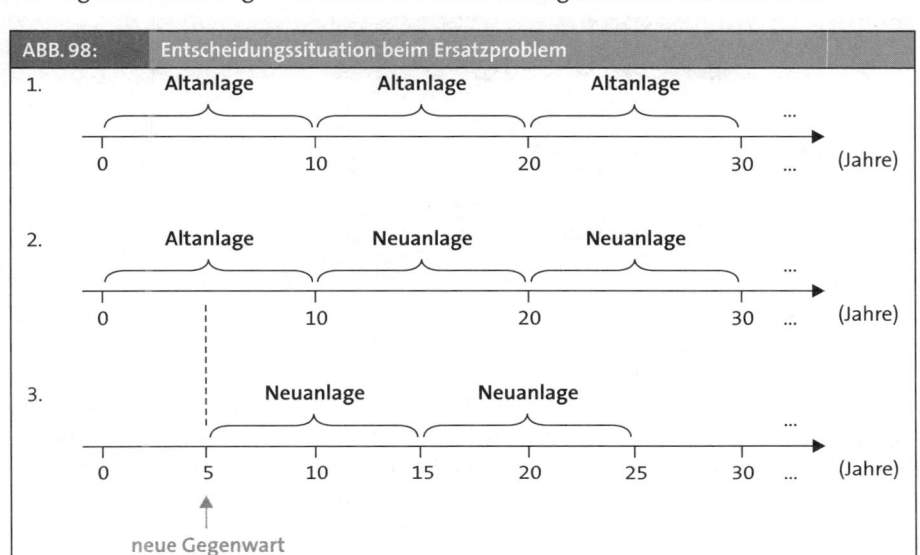

Die folgende Abbildung verdeutlicht die Entscheidungssituation des Investors.

ABB. 98: Entscheidungssituation beim Ersatzproblem

1. Altanlage | Altanlage | Altanlage ...
   0 — 10 — 20 — 30 ... (Jahre)

2. Altanlage | Neuanlage | Neuanlage ...
   0 — 10 — 20 — 30 ... (Jahre)

3. Neuanlage | Neuanlage ...
   0 — 5 — 10 — 15 — 20 — 25 — 30 ... (Jahre)
   ↑ neue Gegenwart

Zum Zeitpunkt 5 (neue Gegenwart) hat der Investor also die Fragen zu beantworten:

▶ Soll die Altanlage schon jetzt ersetzt werden (Sofortersatz)?

▶ Soll die Altanlage vorläufig weiterbetrieben werden (Weiterbetrieb)? Nach Ablauf eines Jahres ist erneut zu entscheiden, was vorteilhafter ist: Sofortersatz oder Weiterbetrieb?

Bei der Beantwortung der Frage „Sofortersatz oder Weiterbetrieb?" geht man im praktischen Fall meist von im Zeitablauf steigenden Betriebs- und Instandhaltungsauszahlungen der Altanlage aus, so dass der mögliche Rationalisierungsvorteil bei Ersatz der Altanlage durch die günstigere neue im Zeitablauf steigt. Die Antwort auf die Frage „Sofortersatz oder Weiterbetrieb?" hängt daneben von der Höhe etwaiger Restwerte der zu verwertenden Altanlage und der noch anzuschaffenden neuen ab. Des Weiteren muss im praktischen Einzelfall auch geprüft werden, ob sich durch die neue Anlage etwas auf der Einzahlungsseite ändert. Diesen Fragen sind die folgenden Abschnitte gewidmet.

5164

5.4.5.2 Problemlösung bei Restwerten von Null

Im einfachsten Fall, der in der Praxis relativ häufig vorkommt, geht man davon aus, dass

5165

▶ alle Restwerte gleich Null oder aber quantitativ so unerheblich sind, dass sie das Rechenergebnis nicht weiter beeinflussen;

▶ die Einzahlungen gleich bleiben, egal, ob die neue oder die Altanlage im Unternehmen steht.

Dann lautet die Bedingung für den Sofortersatz der Altanlage:

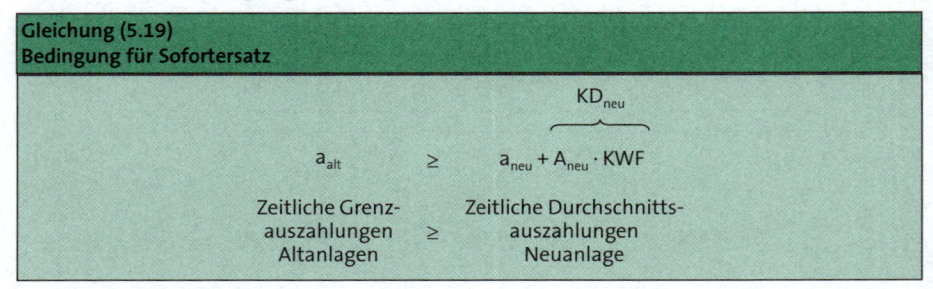

Gleichung (5.19)
Bedingung für Sofortersatz

$$a_{alt} \geq \overbrace{a_{neu} + A_{neu} \cdot KWF}^{KD_{neu}}$$

Zeitliche Grenz-
auszahlungen   ≥   Zeitliche Durchschnittsauszahlungen
Altanlagen   Neuanlage

5167 Ein sofortiger Ersatz der Altanlage ist demnach dann lohnend, wenn die bei Abschaffung der Altanlage wegfallenden Betriebs- und Instandhaltungsauszahlungen a_{alt} größer sind als die neu entstehenden Auszahlungen bei Inbetriebnahme der Neuanlage. Letztere ergeben sich aus der Summe von Betriebs- und Instandhaltungsauszahlungen a_{neu} und dem Kapitaldienst KD_{neu}. Anders formuliert: Sofortersatz lohnt sich, wenn die vermeidbaren zeitlichen Grenzauszahlungen bei Abschaffung der Altanlage die Höhe der zeitlichen Durchschnittsauszahlungen bei Anschaffung der Neuanlage übersteigen. Im Grenzfall gilt: $a_{alt} = a_{neu} + A_{neu} \cdot KWF$. Hier kann sich Sofortersatz lohnen, falls man davon ausgeht, dass a_{alt} im Zeitablauf wächst.

Der Kapitaldienst der Neuanlage $A_{neu} \cdot KWF$ ist entscheidungsrelevant, weil er

▶ nur anfällt, wenn man die Altanlage ersetzt, also
▶ vermieden werden kann, wenn man die Altanlage weiterbetreibt.

Dagegen darf der Kapitaldienst für die Altanlage das Entscheidungsproblem nicht beeinflussen, denn für Zukunftsentscheidungen sind lediglich künftige Faktoren bestimmend, Faktoren also, die durch unternehmerische Dispositionen bewegt werden können. Der Kapitaldienst der Altanlage hat als historische Größe fixen Charakter und ist unternehmerischen Dispositionen nicht mehr zugänglich. Diese Auffassung kann heute als herrschende Lehre angesehen werden. Auch beginnt sie sich in der Praxis durchzusetzen: So empfiehlt der Zentralverband der Elektrotechnischen Industrie (ZVEI) seinen Mitgliedsbetrieben schon seit vielen Jahren, das Ersatzproblem gem. Gleichung (5.19) zu lösen[122].

5169 Dass die aus den siebziger Jahren stammende Empfehlung des ZVEI zeitlos aktuell ist, macht ein Blick auf die folgende aus dem Jahr 1986 stammende Kostenvergleichsrechnung deutlich (vgl. Abb. 99). Das Ergebnis, wonach der in der Praxis stehende Sonograph durch ein neues Gerät zur Aufzeichnung von Schallwellen zu ersetzen ist, ist falsch. Wer die Gesamtkosten beider Geräte mit 22.950 € für das alte und 18.125 € für das neue ermittelt, lässt außer Acht, dass die Abschaffung der Altanlage keine Kostenminderung von 22.950 € erbringt. Die Abschreibungen der Altanlage von 7.000 € lassen sich genauso wenig durch deren Verschrottung vermeiden wie ihre Zinsen. Wendet man Gleichung (5.19) auf das Entscheidungsproblem an, vergleicht man also die zeitli-

---

[122] Vgl. *Betriebswirtschaftlicher Ausschuss des Zentralverbandes der elektrotechnischen Industrie e. V.*: ZVEI: Leitfaden für die Beurteilung von Investitionen, S. 73 ff.

chen Grenzauszahlungen der Altanlage mit den zeitlichen Durchschnittsauszahlungen der neuen, erhält man das richtige Ergebnis:

$$a_{alt} \gtreqless a_{neu} + KD_{neu}$$

14.550 < 18.125

Der Arzt sollte das Altgerät vorläufig behalten, da er bei Verzicht auf das Altgerät lediglich 14.550 € jährlich einsparen kann. Die beim Kauf des neuen Sonographen insgesamt anfallenden durchschnittlichen jährlichen Auszahlungen belaufen sich auf 18.125 €, übersteigen die vermeidbaren Auszahlungen des alten also deutlich. Es lohnt sich also, im praktischen Fall ausschließlich mit Gleichung (5.19) zu arbeiten.

ABB. 99: Fragwürdige Kostenvergleichsrechnung
(Quelle: Sander, H.: So optimieren Sie Ihre Investitionen, in: Status, München 1986, Heft 8, S. 24 ff.)

	Kostenvergleichsrechnung So kalkulieren Sie eine Ersatzinvestition	Im Gebrauch befindlicher Sonograph	Ersatz-anlage
0.	Wert der Anlage bei Anschaffung	35.000 €	45.000 €
1.	Kosten der Anlagenutzung p. a.		
1.1	Personal- und Bedienungsaufwand pro Leistungseinheit (20 € bzw. 15 €) · Leistungen (400)	8.000 €	6.000 €
1.2	Reparatur p. a.	3.500 €	2.000 €
1.3	Energie- und Hilfsstoffe (Filme usw.)	2.250 €	2.000 €
1.4	Abschreibungen 20,0 % von 35.000 € 12,5 % von 45.000 €	7.000 €	5.625 €
1.5	Anteilige Gemeinkosten, Raummiete, Vers. usw. 2 m² · 15 € · 12 Monate + Versicherungen	800 €	700 €
1.6	Zinsen 8 % von 17.500 € 8 % von 22.500 €	1.400 €	1.800 €
Kosten gesamt		**22.950 €**	**18.125 €**
Differenz: 4.825 €			

BEISPIEL: **Weiterbetrieb oder Sofortersatz von Flugzeugen**

Bei der Albatros GmbH wird erwogen, die technisch noch funktionsfähigen alten Großraumflugzeuge vor Ablauf der ursprünglich vorgesehenen Nutzungsdauer durch neue Airbus-Modelle zu ersetzen, die mit erheblich weniger Kerosin auskommen. Weil sich im Moment viele Fluggesellschaften bemühen, angejahrte spritfressende Flugzeuge durch modernes Gerät zu ersetzen, kann auf dem Markt für Gebrauchtflugzeuge derzeit kein nennenswerter Betrag für die alten Typen erlöst werden. Für die Rechnung soll gelten: $R_{alt} = 0$. Die neuen Flugzeuge werden voraussichtlich zehn Jahre im Unternehmen sein; der Restwert nach den zehn Betriebsjahren wird aus Vorsichtsgründen mit Null angesetzt ($R_{neu} = 0$).

Im übrigen geht man bei der Albatros GmbH von folgenden Daten aus:

Jährliche Betriebs- und Instandhaltungsauszahlungen

- altes Gerät $\qquad a_{alt}$ = 26 (Mio. €/Flugzeug)
- neues Gerät (Airbus) $\qquad a_{neu}$ = 10 (Mio. €/Flugzeug)
- Anschaffungsauszahlung Airbus $\ A_{neu}$ = 80 (Mio. €/Flugzeug)
- Kalkulationszinssatz $\qquad i$ = 8 (%)

Lohnt sich der sofortige Ersatz des alten Gerätes durch den Airbus?

Lösung 1:

Wir vergleichen die zeitlichen Grenzauszahlungen bei Abschaffung des Altgerätes mit den zeitlichen Durchschnittsauszahlungen bei Kauf des Airbusses.

$$a_{alt} \gtreqless a_{neu} + A_{neu} \cdot KWF_n$$

26.000.000 $\gtreqless$ 10.000.000 + 80.000.000 · 0,149029

26.000.000 > 21.922.320

Ergebnis:

Sofortersatz des Altgerätes durch den Airbus ist lohnend, da die zeitlichen Grenzauszahlungen eines alten Flugzeuges mit 26 Mio. €/Jahr höher sind als die zeitlichen Durchschnittsauszahlungen des Airbusses mit 21,9 Mio. €/Jahr. Die Albatros GmbH spart bei Sofortersatz jährlich ca. 4,1 Mio. €.

Lösung 2:

Man kann auch den Rationalisierungsvorteil des Airbusses mit dem Kapitaldienst für den Airbus vergleichen:

$$\underbrace{a_{alt} - a_{neu}}_{\text{Rationalisierungs-vorteil Airbus}} \quad \gtreqless \quad \underbrace{A_{neu} \cdot KWF_n}_{\text{Kapitaldienst Airbus}}$$

16.000.000 > 11.922.320

Ergebnis:

Die Umstellung auf den Airbus ist lohnend, da der Rationalisierungsvorteil (16 Mio. €) über dem Kapitaldienst (11,9 Mio. € pro Jahr) liegt. Die Albatros GmbH gewinnt also über den Rationalisierungsvorteil das investierte Kapital zurück, sie erzielt eine Verzinsung von 8 % auf die ausstehenden Beträge und erhält darüber hinaus einen durchschnittlichen jährlichen Überschuss von 4.077.680 €.

Der Standardeinwand gegen diesen Lösungsweg für das Ersatzproblem zielt auf den Kapitaldienst der Altanlage: Dieser verschwinde ja nicht dadurch, dass man die alte Anlage durch eine neue ersetzt; es sei daher falsch, den Kapitaldienst der Altanlage bei der Rechnung außer acht zu lassen. Wenn man in unserem Albatros-Beispiel den Kapitaldienst der Altanlage berücksichtigt, ergibt sich das in der folgenden Abbildung dargestellte Bild.

ABB. 100: Kapitaldienst der Altanlage bei Ersatzproblem

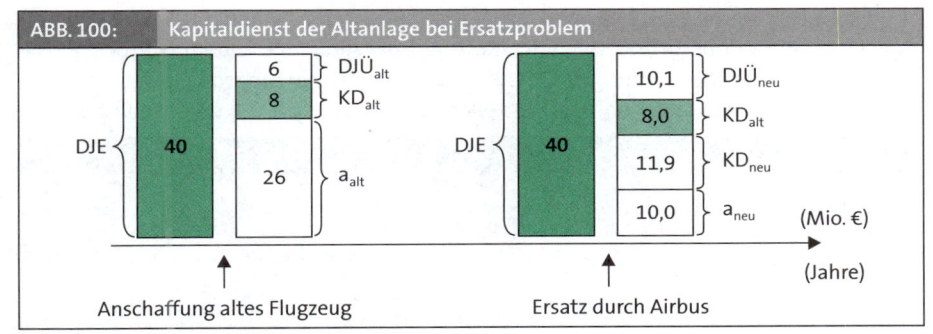

```
Anschaffung altes Flugzeug          Ersatz durch Airbus
DJE = 40, DJÜ_alt = 6, KD_alt = 8, a_alt = 26
DJE = 40, DJÜ_neu = 10,1, KD_alt = 8,0, KD_neu = 11,9, a_neu = 10,0 (Mio. €)
                                                                    (Jahre)
```

Angenommen, die Albatros GmbH hätte seinerzeit, bei Kauf des alten Flugzeuges, mit durchschnittlichen jährlichen Einzahlungen DJE von 40 Mio. € pro Jahr gerechnet und den Kapitaldienst für das alte Flugzeug auf 8 Mio. € jährlich veranschlagt, dann hätte sich unter Berücksichtigung der Betriebs- und Instandhaltungsauszahlungen (26 Mio. €) ein durchschnittlicher jährlicher Überschuss von $DJÜ_{alt}$ = 6 Mio. € ergeben. Wird nun ein altes Flugzeug durch den Airbus ersetzt, so lässt sich der durchschnittliche jährliche Überschuss – auch unter Berücksichtigung des Kapitaldienstes des Altgerätes – stets dann steigern, wenn die Bedingung

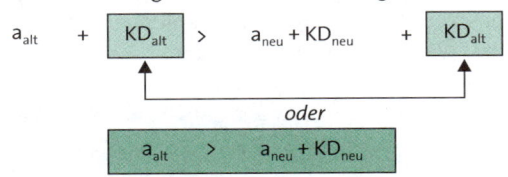

$$a_{alt} + KD_{alt} > a_{neu} + KD_{neu} + KD_{alt}$$

oder

$$a_{alt} > a_{neu} + KD_{neu}$$

erfüllt ist. Wer richtig rechnen möchte, hat also die Kapitalkosten der Altmaschinen sowohl bei deren Verbleib im Betrieb als auch bei deren Abschaffung zu berücksichtigen. Damit stehen sie auf beiden Seiten der Gleichung und heben sich gegenseitig auf. Rechnerisch ist es gleichgültig, ob man einen Bruttovergleich unter Einschluss des Kapitaldienstes der Altanlage durchführt oder einen Nettovergleich ohne KD_{alt}. Da der Nettovergleich mit geringerem Rechenaufwand zum gleichen Ergebnis führt, ist dieser bei praktischen Rechnungen vorzuziehen.

5.4.5.3 Problemlösung bei von Null verschiedenen Restwerten

Ein weiterer praktisch bedeutsamer Fall ist durch folgende Rahmenbedingungen gekennzeichnet:

▶ Die Altanlage lässt sich im Fall des Sofortersatzes verwerten und erbringt eine quantitativ bedeutsame Restwerteinzahlung $R_{alt} > 0$. Im Ausnahmefall ist auch denkbar, dass der Ersatz der Altanlage mit einem negativen Restwert verbunden ist, etwa im Zusammenhang mit Demontageauszahlungen bei einem Lift oder einem Fabrikschornstein oder bei Zahlungen zur Vermeidung von Umweltbelastungen bei der geordneten Deponie von Maschinenschrott und Chemikalien. Es gilt dann: $R_{alt} < 0$.

▶ Der Restwert der Neuanlage zum Ende der geplanten Nutzungsdauer ist weiterhin gleich Null.

▶ Weiterbetrieb oder Sofortersatz bleiben ohne Einfluss auf die laufenden jährlichen Einzahlungen.

In diesem Fall bietet sich eine einfache Variation unserer bisherigen Entscheidungsregel (5.19) an: Wir berücksichtigen den Restwert der Altanlage, indem wir ihn mit Hilfe des Kapitalwiedergewinnungsfaktors KWF auf die Restnutzungsdauer der Altanlage (sie wird mit 5 Jahren angenommen) verteilen und erhalten die folgende Bedingung:

Gleichung (5.20)

$$\underbrace{a_{alt} + R_{alt} \cdot KWF_5}_{\text{zeitliche Grenzauszahlungen Altanlage}} \geq \underbrace{a_{neu} + KD_{neu}}_{\text{zeitliche Durchschnittsauszahlungen Neuanlage}}$$

Wird die alte Anlage nicht ersetzt, sondern weiterbetrieben, so verzichtet man auf deren Restwert. Im Detail heißt das: Man verzichtet auf eine mögliche, jetzt erzielbare Restwerteinzahlung sowie deren verzinsliche Anlage während der Restnutzungszeit der Altanlage. Die weitere Nutzung der Altanlage „kostet" die entgangene Einzahlung R_{alt} und Zinsen darauf. Die entgangene Einzahlung nebst Zinsen sind die Opportunitätskosten der Weiternutzung der Altanlage. Sie verschlechtern die Nettoposition des Investors, sind also rechnerisch zu behandeln wie Auszahlungen und somit Teil der zeitlichen Grenzauszahlungen bei Weiterbetrieb der Altanlage.

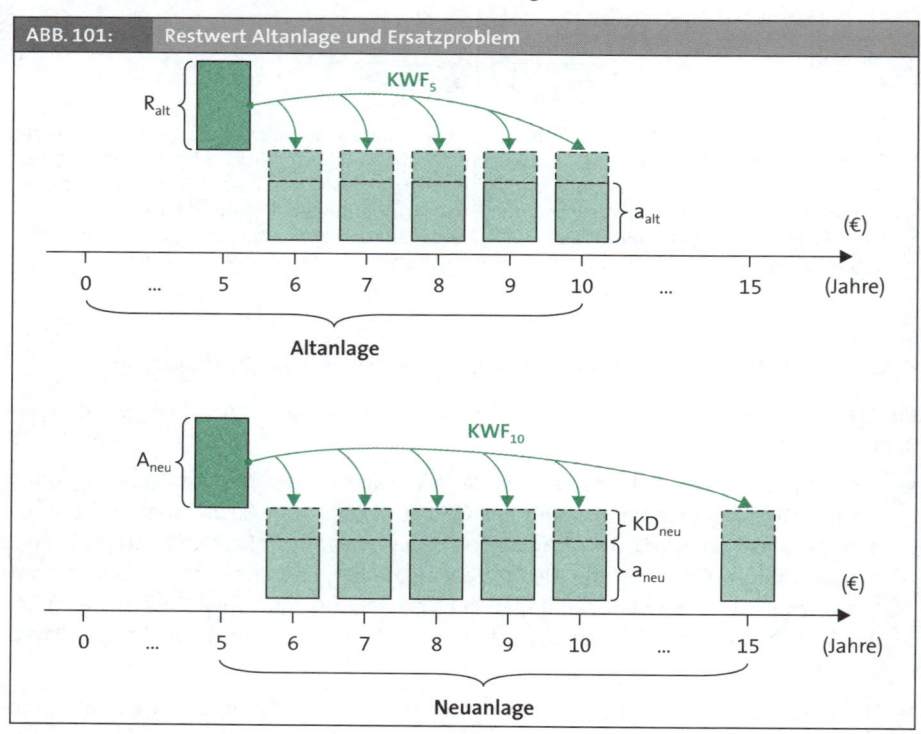

ABB. 101: Restwert Altanlage und Ersatzproblem

Optimale Nutzungsdauer und optimaler Ersatzzeitpunkt — KAPITEL 5

BEISPIEL: Weiterbetrieb oder Sofortersatz von Flugzeugen 5178

Wir betrachten noch einmal die Albatros GmbH, die ihre Altflugzeuge durch den Airbus ersetzen möchte. Bisher ging man von folgenden Daten aus:

Nutzungsdauer eines neuen Flugzeuges	n_{neu}	=	10 (Jahre)
Restnutzungsdauer Altflugzeuge	n_{alt}	=	5 (Jahre)
Restwert Altflugzeug	R_{alt}	=	0 (€/Flugzeug),
Kalkulationszinssatz	i	=	8 (%)
Betriebs- und Instandhaltungsauszahlungen			
- altes Gerät	a_{alt}	=	26 (Mio. €/Flugzeug)
- neues Gerät (Airbus)	a_{neu}	=	10 (Mio. €/Flugzeug)
Anschaffungsauszahlung Airbus	A_{neu}	=	80 (Mio. €/Flugzeug)

Vor Abschluss des Kaufvertrages stellt sich heraus, dass die neue Airbus-Turbine und der neue Flügel die erwarteten Treibstoffeinsparungen nur zum Teil erbringen: Anstelle der erwarteten Betriebs- und Instandhaltungsauszahlungen von 10 Mio. € pro Jahr fallen 15 Mio. € pro Jahr an. Somit stehen den Grenzauszahlungen bei Weiterbetrieb der Altflugzeuge (26 Mio. €) Durchschnittsauszahlungen des Airbusses von 15 + 11,9 = 26,9 Mio. € gegenüber. Folge: Ersatz ist unwirtschaftlich.

Um mit der Albatros GmbH dennoch ins Geschäft zu kommen, offeriert der Airbus-Hersteller die Inzahlungnahme der Altflugzeuge zum Stückpreis von 6 Mio. €. Lohnt sich jetzt der sofortige Ersatz?

Lösung:

$$a_{alt} + R_{alt} \cdot KWF_5 \gtreqless a_{neu} + KD_{neu}$$

26.000.000 + 6.000.000 · 0,250456 $\gtreqless$ 15.000.000 + 80.000.000 · 0,149029

27.502.736 > 26.922.320

Ergebnis:

Sofortersatz ist jetzt lohnend, da die zeitlichen Grenzauszahlungen des alten Flugzeuges mit 27,5 Mio. € höher als die zeitlichen Durchschnittsauszahlungen des Airbusses mit 26,9 Mio. € sind.

Je höher unter sonst gleichen Umständen der Restwert einer möglicherweise zu ersetzenden Altanlage ist, desto eher wird man sich zum Umsteigen auf die neue entschließen. Umgekehrt kann ein negativer Restwert einer zu ersetzenden Anlage Grund dafür sein, den Ersatzzeitpunkt hinauszuschieben, um die entsprechende Auszahlung – zumindest vorläufig – zu vermeiden.

Im folgenden Beispiel wollen wir die Annahme $R_{neu} = 0$ fallenlassen; wir untersuchen also, wie sich die Entscheidungssituation darstellt, wenn beim Umstieg auf eine neue Anlage mit einem Restwert in bestimmter Höhe gerechnet werden kann.

5180 **BEISPIEL:** Weiterbetrieb oder Sofortersatz von Flugzeugen

Die Falkenflug AG hört von dem Angebot des Airbus-Herstellers, für Altflugzeuge 6 Mio. € zu bezahlen, und möchte zu den im vorherigen Beispiel beschriebenen Konditionen ihre Luftflotte modernisieren. Aus der Sicht des Airbus-Anbieters ist die Hereinnahme weiterer Altflugzeuge jedoch problematisch: Sie lassen sich kaum sinnvoll verwerten. Man bietet stattdessen an, die jetzt neu zu liefernden Airbus-Modelle nach Ablauf von 10 Jahren wieder zurückzunehmen. Rücknahmepreis: R_{neu} = 8 Mio. € je Flugzeug. Ist der Sofortersatz bei dieser Kondition lohnend, wenn im übrigen die Daten des vorigen Beispiels gelten?

Lösung:

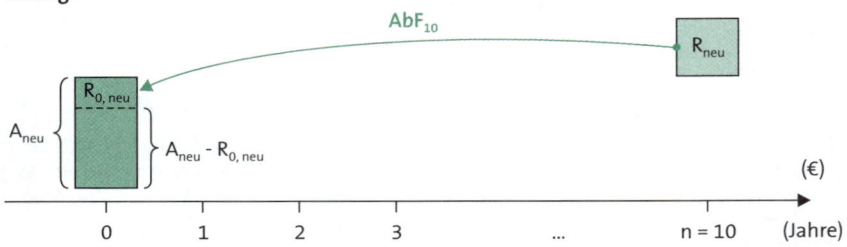

Es bietet sich an, den Restwert R_{neu} auf den Zeitpunkt 0 abzuzinsen und mit einer um den barwertigen Restwert $R_{0,neu}$ verminderten Nettoanschaffungsauszahlung zu rechnen. Die Bedingung für den Sofortersatz lautet dann:

$$a_{alt} \geq a_{neu} + (A_{neu} - R_{0,neu}) \cdot KWF$$

$26 \cdot 10^6 \geq 15 \cdot 10^6 + (80 \cdot 10^6 - 8 \cdot 10^6 \cdot 0{,}463193) \cdot 0{,}149029$

$26 \cdot 10^6 \geq 15 \cdot 10^6 + 76.294.456 \cdot 0{,}149029$

$26.000.000 < 26.370.086$

Ergebnis:

Die Falkenflug AG sollte die Umstellung auf den Airbus vorläufig unterlassen, da die neu entstehenden zeitlichen Durchschnittsauszahlungen (26,37 Mio. €) über den zeitlichen Grenzauszahlungen der alten Flugzeuge (26 Mio. €) liegen. Die Umstellung erbrächte jährliche Mehrauszahlungen von 370.086 €.

5.4.5.4 Allgemeine Problemlösung

5185 Hebt man sämtliche bisher vorgenommenen Restriktionen auf, lässt man also beliebige Restwerte von Alt- und Neuanlagen zu und kalkuliert auch mögliche Unterschiede beim Sofortersatz auf der Einzahlungsseite ein, dann kommt man zur Darstellung des Ersatzproblemes in allgemeiner Form. Allgemein gilt für die Lösung des Ersatzproblems die Entscheidungsregel:

Gleichung (5.21)		
Allgemeine Bedingung für Sofortersatz		
$GÜ_{alt,t}$	≤	$DJÜ_{neu}$
zeitlicher Grenzüberschuss bei Weiterbetrieb der Altanlage	≤	durchschnittlicher jährlicher Überschuss der Neuanlage

Optimale Nutzungsdauer und optimaler Ersatzzeitpunkt — KAPITEL 5

Sobald also jenes Jahr erreicht ist, in dem der durchschnittliche jährliche Überschuss $DJÜ_{neu}$ der Neuanlage den zeitlichen Grenzüberschuss $GÜ_{alt,t}$ der Altanlage erreicht oder gar übersteigt, sollte die alte Maschine verkauft und durch die neue ersetzt werden. Auf diese Weise kommt der Investor am besten durch die Zeit.

Für praktische Zwecke muss die Entscheidungsregel „Umsteigen, wenn Grenzüberschuss (alt) kleiner oder gleich DJÜ (neu)" präzisiert werden: Wie ermittelt man im Einzelfall den zeitlichen Grenzüberschuss (alt) und den durchschnittlichen jährlichen Überschuss (neu)? Der zeitliche Grenzüberschuss (alt) ist der Geldbetrag, der dem Investor netto bei einer einjährigen Investitionsverlängerung zufließt. Im Verlängerungsjahr t gewinnt der Investor die diesem Jahr zuzurechnenden Nettoeinzahlungen ($e_{alt,t} - a_{alt,t}$); er muss eventuell eine Minderung des Restwertes der Altanlage ΔR_{alt} bei Nichtveräußerung dieser Anlage hinnehmen und verzichtet auf die Verzinsung der potentiellen Restwerteinzahlung $i \cdot R_{alt,t-1}$. Somit gilt für den zeitlichen Grenzüberschuss $GÜ_{alt,t}$ bei einjährigem Weiterbetrieb der Altanlage die Bestimmungsgleichung:

Gleichung (5.22a)

$$GÜ_{alt,t} = (e_{alt,t} - a_{alt,t}) - \underbrace{(R_{alt,t-1} - R_{alt,t})}_{\Delta R_{alt}} - i \cdot R_{alt,t-1}$$

Oder vereinfacht durch zinsgerechte Umlage des Restwertes der Altanlage auf die Restnutzungsdauer mit Hilfe des Kapitalwiedergewinnungsfaktors:

Gleichung (5.22b)

$$GÜ_{alt,t} = (e_{alt,t} - a_{alt,t}) - R_{alt,t-1} \cdot KWF$$

Die bei Ersatz der Altanlage anzuschaffende Neuanlage soll über die optimale Zeit genutzt werden. Also markiert der Ersatzzeitpunkt den Beginn einer Investitionskette, wobei die Nutzungsdauer der Einzelinvestition so zu bemessen ist, dass $C_1 \cdot KWF = DJÜ_{neu}$ maximiert wird. Für $DJÜ_{neu}$ gilt allgemein:

Gleichung (5.23)

$$DJÜ_{neu} = \underbrace{\left[\sum_{t=1}^{t=n} (e_{neu,t} - a_{neu,t})(1+i)^{-t} + R_{neu,t}(1+i)^{-n} - A_{neu} \right]}_{\text{Kapitalwert Neuanlage}} \cdot KWF_{neu}$$

BEISPIEL: Weiterbetrieb oder Sofortersatz eines Mähdreschers

Ein landwirtschaftlicher Lohnunternehmer setzt derzeit einen Mähdrescher mit einer Schnittbreite von 5,50 Meter zur Erledigung von Lohnaufträgen ein. Der Mähdrescher ist technisch noch voll funktionsfähig; er könnte gegenwärtig für 15.000 € verkauft werden; seine Restnutzungsdauer wird auf 3 Jahre geschätzt. Während dieser Zeit erwartet der Lohnunternehmer die folgenden Werte:

Kritische Werte-Rechnung (Break-even-Analyse)

Verlängerungsjahr	e_t (€/Jahr)	a_t (€/Jahr)	ΔR	
1	50.000	32.000	5.000	Wert für
2	50.000	33.000	5.000	altes Modell
3	50.000	34.000	5.000	

Der Unternehmer rechnet mit einem Kalkulationszinssatz von 10 %.

a) Ermitteln Sie den zeitlichen Grenzgewinn bei Weiterbetrieb des alten Mähdreschers nach beiden Ihnen bekannten Methoden.

b) Auf dem Markt ist vor kurzem ein neuer Mähdrescher erschienen, der sich durch eine auf 9,50 Meter erhöhte Schnittbreite auszeichnet, die höhere jährliche Einzahlungen ermöglicht. Das neue Modell kostet 90.000 € und kann technisch 9 Jahre genutzt werden.

Ermitteln Sie den zeitlichen Durchschnittsüberschuss bei Kauf des neuen Mähdreschers für den Fall, dass dieser während der optimalen Nutzungsdauer eingesetzt wird. Prüfen Sie, ob der Weiterbetrieb des alten Mähdreschers lohnend ist. Im einzelnen gelten für die neue Maschine folgende Daten:

Jahr	$(e_t - a_t)$ (€/Jahr)	R_t (€)	
1	49.000	60.000	
2	41.000	45.000	
3	34.000	38.000	
4	25.000	28.000	Werte für
5	19.000	23.000	neues Modell
6	16.000	15.000	
7	11.000	10.000	
8	4.000	15.000	
9	0	0	

Ist der Weiterbetrieb des alten Mähdreschers lohnend?

Lösung a):

Zeitlicher Grenzüberschuss bei Weiterbetrieb Altanlage

Jahre	Jährliche Nettoeinzahlungen (€/Jahr) $(e_t - a_t)$	Restwertminderung (€/Jahr) $R_{t-1} - R_t$	Zinsen auf Restwert (€/Jahr) $i \cdot R_{t-1}$	Zeitlicher Grenzüberschuss Altanlage (€/Jahr) $GÜ_t(alt)$
	I	II	III	IV = I - II - III
1. Verlängerungsjahr	18.000	5.000	1.500	11.500
2. Verlängerungsjahr	17.000	5.000	1.000	11.000
3. Verlängerungsjahr	16.000	5.000	500	10.500

Die Grenzüberschussermittlung in der Tabelle lehnt sich an Gleichung (5.22a) an. Nutzt man Gleichung (5.22b), so ergeben sich folgende Werte:

1. Verlängerungsjahr: $GÜ_1 = 18.000 - 15.000 \cdot KWF_3$
   $GÜ_1 = 18.000 - 15.000 \cdot 0,402115$
   $GÜ_1 = 18.000 - 6.032 = 11.968$ (€/Jahr)
2. Verlängerungsjahr: $GÜ_2 = 17.000 - 10.000 \cdot KWF_2$
   $GÜ_2 = 17.000 - 10.000 \cdot 0,576190$
   $GÜ_2 = 17.000 - 5.762 = 11.238$ (€/Jahr)
3. Verlängerungsjahr: $GÜ_3 = 16.000 - 5.000 \cdot KWF_1$
   $GÜ_3 = 16.000 - 5.000 \cdot 1,100000$
   $GÜ_3 = 16.000 - 5.500 = 10.500$ (€/Jahr)

Lösung b): 5192

Optimale Nutzungsdauer Neuanlage und zeitlicher Durchschnittsgewinn

Geplante Nutzungsdauer (Jahre)	Jährliche Nettoeinzahlungen (€/Jahr)	Barwert der Nettoeinzahlungen (€)	Kumulierte Barwerte (€)	Restwert (€)	Barwert des Restwertes (€)	Kapitalwert (€)	Durchschnittlicher jährlicher Überschuss (€/Jahr)
	$(e_t - a_t)$	$(e_t - a_t) \cdot AbF$	$\Sigma(e_t - a_t) \cdot AbF$	R_t	$R_t \cdot AbF$	C_1	DJÜ (neu)
	I	II	III = ΣII	IV	V	VI = III + V − A	VII = VI · KWF
1	49.000	44.545	44.545	60.000	54.545	9.090	9.999
2	41.000	33.884	78.429	45.000	37.190	25.619	14.761
3	34.000	25.545	103.974	38.000	28.550	42.524	17.100
4	25.000	17.075	121.049	28.000	19.124	50.173	15.828
5	19.000	11.797	132.846	23.000	14.281	57.127	15.070
6	16.000	9.032	141.878	15.000	8.467	60.345	13.856
7	11.000	5.645	147.523	10.000	5.132	62.655	12.870
8	4.000	1.866	149.389	5.000	2.333	61.722	11.569
9	0	0	149.389	0	0	59.389	10.312

Ergebnis:

Der landwirtschaftliche Lohnunternehmer sollte seinen alten Mähdrescher unverzüglich verkaufen und durch das neue Modell ersetzen, da der neu zu gewinnende zeitliche Durchschnittsüberschuss mit 17.100 €/Jahr deutlich über dem zeitlichen Grenzgewinn des Altgerätes von 11.500 €/Jahr (Folgezeit: 11.000 €/Jahr; 10.500 €/Jahr) liegt. Das neue Modell sollte drei Jahre genutzt werden, weil es bei dreijähriger Nutzung den höchsten durchschnittlichen jährlichen Überschuss erwirtschaftet.

Zusammenfassung

▶ **Nutzungsdauer- und Ersatzproblem**

Diese beiden Probleme unterscheiden sich durch den Zeitbezug: Die optimale Nutzungsdauer wird vor der Durchführung einer Investition berechnet (ex ante-Rechnung), der optimale Ersatzzeitpunkt danach (ex post-Rechnung).

▶ **Bestimmung der optimalen Nutzungsdauer**

Sie kann unter Nutzung der Kapitalwert- oder Annuitätenmethode vorgenommen werden. Dabei müssen verschiedene Entscheidungssituationen klar getrennt werden: die einmalige Investition, die keinen Nachfolger findet, und die wiederholte Investition, die sich als Investitionskette begreifen lässt.

▶ **Einmalige Investition**

ist dann eine optimale Anzahl von Jahren genutzt, wenn ihr Kapitalwert maximiert oder jenes Jahr erreicht ist, bei dem die zeitlichen Grenzauszahlungen den zeitlichen Grenzeinzahlungen entsprechen. Zeitliche Grenzeinzahlungen geben an, was eine einjährige Investitionsverlängerung bringt, zeitliche Grenzauszahlungen hingegen, was eine einjährige Investitionsverlängerung kostet.

▶ **Wiederholte Investition**

Diese hat grundsätzlich eine kürzere Nutzungsdauer als die einmalige. Die optimale Nutzungsdauer ist allgemein so festzulegen, dass der durchschnittliche jährliche Überschuss maximiert wird. Beschränkt man die Betrachtung auf die Auszahlungsseite, so sind zur Bestimmung der optimalen Nutzungsdauer die durchschnittlichen jährlichen Auszahlungen zu minimieren.

▶ **Bestimmung des optimalen Ersatzzeitpunktes**

Sie erfolgt unter Nutzung der Annuitätenmethode; dabei sind verschiedene Entscheidungssituationen klar zu trennen: Restwerte von Alt- und/oder Neuanlage können Null oder verschieden von Null sein; die finanziellen Auswirkungen der Ersatzinvestition können sich auf die Auszahlungsseite beschränken oder die Einzahlungsseite mitumfassen.

▶ **Optimaler Ersatzzeitpunkt**

Der optimale Ersatzzeitpunkt einer Altanlage ist dann gegeben, wenn der zeitliche Grenzüberschuss der Altanlage kleiner oder gleich dem durchschnittlichen jährlichen Überschuss der Neuanlage ist. Bleibt die Einzahlungsseite unberührt, so vereinfacht sich die Entscheidungsregel: Der Sofortersatz einer alten Anlage ist lohnend, wenn die zeitlichen Grenzauszahlungen der Altanlage mindestens so groß sind wie die zeitlichen Durchschnittsauszahlungen der neuen.

▶ **Kapitaldienst der zu ersetzenden Anlage**

Er ist bei der Entscheidung „Weiterbetrieb oder Sofortersatz" grundsätzlich nicht entscheidungsrelevant.

Formeln und Symbolverzeichnis

5205

Formeln	Symbole	
$\left.\begin{array}{ll}C_0 &= \text{max!} \\ GA_t &= GE_t\end{array}\right\} \rightarrow n_{opt}$ bei einmaliger Investition	C_0	= Kapitalwert
	GA_t	= zeitliche Grenzauszahlungen
	GE_t	= zeitliche Grenzeinzahlungen
	n_{opt}	= optimale Nutzungsdauer
$GA_t = a_t + (R_{t-1} - R_t) + i \cdot R_{t-1}$	a_t	= jährliche Betriebs- und Instandhaltungsauszahlungen im Jahr t
$GA_t = a_t + R_{t-1} \cdot KWF$	R_t	= Restwert im Jahr t
$C_0 = \sum_{t=1}^{t=n}(e_t - a_t)(1+i)^{-t} + R(1+i)^{-t} - A$	i	= Kalkulationszinssatz
	KWF	= Kapitalwiedergewinnungsfaktor
	e_t	= jährliche Betriebseinzahlungen im Jahr t
	A	= Anschaffungsauszahlungen
$\left.\begin{array}{ll}DJA &= \text{min!} \\ DJA &= GA_t\end{array}\right\} \rightarrow n_{opt}$ bei wiederholter Investition		
$DJA = \left[\sum_{t=0}^{t=n} GA_t (1+i)^{-t}\right] \cdot KWF_n$	DJA	= durchschnittliche jährliche Auszahlungen
$C_g = \dfrac{C_t \cdot KWF_n}{i} = \dfrac{DJ\ddot{U}}{i}$	C_g	= Gesamtkapitalwert einer Investitionskette
	$DJ\ddot{U}$	= durchschnittlicher jährlicher Überschuss bei n Jahren
$a_{alt} \geq a_{neu} + A_{neu} \cdot KWF$	a_{alt}	= jährliche Betriebs- und Instandhaltungsauszahlungen Altanlage
$a_{alt} + R_{alt} \cdot KWF \geq a_{neu} + KD_{neu}$	a_{neu}	= jährliche Betriebs- und Instandhaltungsauszahlungen Neuanlage
$a_{alt} \geq a_{neu} + (A_{neu} - R_{0,neu}) \cdot KWF$	A_{neu}	= Anschaffungsauszahlung Neuanlage
	R_{alt}	= Restwert Altanlage
	KD_{neu}	= Kapitaldienst Neuanlage
	$R_{0,neu}$	= Barwertiger Restwert Neuanlage
$G\ddot{U}_{alt,t} \leq DJ\ddot{U}_{neu}$		
$G\ddot{U}_{alt,t} = (e_{alt,t} - a_{alt,t}) - (R_{alt,t-1} - R_{alt,t}) - i \cdot R_{alt,t-1}$		
$G\ddot{U}_{alt,t} = (e_{alt,t} - a_{alt,t}) - R_{alt,t-1} \cdot KWF$	$G\ddot{U}_{alt,t}$	= Grenzüberschuss Altanlage im Jahr t
$DJ\ddot{U}_{neu} = \left[\sum_{t=1}^{t=n}(e_{neu,t} - a_{neu,t})(1+i)^{-t} + R_{neu,t}(1+i)^{-n} - A_{neu}\right] \cdot KWF_{neu}$	$DJ\ddot{U}_{neu}$	= durchschnittlicher jährlicher Überschuss Neuanlage

Aufgaben

AUFGABE 130 (EINSTEIGER)

Bitte erläutern Sie kurz, von welchen Faktoren die ökonomische Nutzungsdauer eines Investitionsobjekts abhängt! Skizzieren Sie das dabei zu beachtende Optimierungsproblem.

Die Lösung finden Sie in Tz. 7130!

AUFGABE 131 (EINSTEIGER)

Was versteht man unter

- zeitlichen Grenzauszahlungen,
- durchschnittlichen jährlichen Auszahlungen,
- zeitlichen Grenzeinzahlungen,
- zeitlichen Grenzüberschüssen,
- durchschnittlichen jährlichen Überschüssen?

Bei welchen Entscheidungsproblemen benötigt man die genannten Begriffe?

Die Lösung finden Sie in Tz. 7131!

AUFGABE 132 (PROFIS)

Bitte zeigen Sie anhand zweier kommentierter Gleichungen, wie man die zeitlichen Grenzauszahlungen ermittelt!

Die Lösung finden Sie in Tz. 7132!

AUFGABE 133 (FORTGESCHRITTENE)

Bitte geben Sie eine tabellarische Übersicht über die Entscheidungssituationen im Rahmen der Bestimmung der optimalen Nutzungsdauer mit dem jeweiligen Gleichungsansatz!

Die Lösung finden Sie in Tz. 7133!

AUFGABE 134 (FORTGESCHRITTENE)

Bei welchem Entscheidungsproblem unterstellt man eine unendlich lange Investitionskette? Bitte diskutieren Sie die Realitätsnähe dieser Annahme!

Die Lösung finden Sie in Tz. 7134!

KAPITEL 5 — Kritische Werte-Rechnung (Break-even-Analyse)

AUFGABE 135 (FORTGESCHRITTENE)

Bitte diskutieren Sie folgende Behauptung:

„Die Restwerte wirken also wie eine Bremse in dem Prozess der Angleichung des Betriebsmittelbestandes an das verfahrenstechnische Optimum, d. h. je größer sie sind, um so mehr hindern sie den Betrieb daran, rechtzeitig jenen fertigungstechnischen Zustand zu realisieren, der dem Stande neuzeitlicher Fertigung adäquat ist."

(Gutenberg)

Die Lösung finden Sie in Tz. 7135!

AUFGABE 136 (FORTGESCHRITTENE)

a) Welche Bedingung muss erfüllt sein, damit sich der Umstieg von einer alten auf eine neue Anlage lohnt?

b) Bitte skizzieren Sie kurz die verschiedenen Entscheidungsfälle beim Anlagenersatz und geben Sie den jeweiligen Lösungsansatz mit Hilfe einer Gleichung an.

Die Lösung finden Sie in Tz. 7136!

AUFGABE 137 (FORTGESCHRITTENE)

Bitte zeigen Sie tabellarisch und grafisch, welche Werte der Kapitaldienst einer Investition annimmt, falls bei einer Anschaffungsauszahlung von 50.000 € und einem Kalkulationszinssatz von 8 % mit unterschiedlichen Lebensdauern n = 2 Jahre (4; 6; 8; 10 Jahre) gerechnet wird!

Bei welchem Entscheidungsproblem ist die unterschiedliche Höhe des Kapitaldienstes bei unterschiedlichen Laufzeiten von Bedeutung?

Die Lösung finden Sie in Tz. 7137!

AUFGABE 138 (FORTGESCHRITTENE)

Eine Anlage mit A = 1.000.000 € ist durch folgende Daten gekennzeichnet:

Zeit-punkt	Jährliche Einzahlungen (T€/Jahr)	Jährliche Auszahlungen (T€/Jahr)	Restwert (T€)
1	500	300	700
2	700	200	500
3	500	200	350
4	400	200	225
5	470	300	100
6	485	400	0
i = 10 %			

a) Wie lange ist die Produktion aufrechtzuerhalten, falls die Anlage nicht mehr ersetzt werden soll?

(Lösung nach Kapitalwertmethode)

b) In welchem Jahr sollte die Anlage bei identischer Investitionswiederholung durch eine neue Maschine gleichen Typs ersetzt werden?

(Lösung nach Annuitätenmethode)

Die Lösung finden Sie in Tz. 7138!

AUFGABE 139 (FORTGESCHRITTENE)

Eine Anlage mit A = 1.000.000 € ist durch folgende Daten gekennzeichnet:

Zeit-punkt	Jährliche Einzahlungen (T€/Jahr)	Jährliche Auszahlungen (T€/Jahr)	Restwert (T€)
1	700	500	700
2	700	200	500
3	700	400	350
4	700	500	225
5	700	530	100
6	700	615	0
i = 10 %			

a) Bitte ermitteln Sie die optimale Nutzungsdauer bei Nichtwiederholung nach der Annuitätenmethode!

b) Bitte ermitteln Sie die optimale Nutzungsdauer bei Wiederholung nach der Annuitätenmethode!

Die Lösung finden Sie in Tz. 7139!

AUFGABE 140 (FORTGESCHRITTENE)

Vorhanden ist eine Maschine, die heute einen realisierbaren Marktwert von 100.000 € und eine Restnutzungsdauer von drei Jahren hat. Bei der erwarteten Produktion betragen die jährlichen Betriebs- und Instandhaltungsauszahlungen 70.000 €.

Auf dem Markt erscheint eine funktionsgleiche neue Maschine mit:

▶ A = 300.000 (€)
▶ a = 30.000 (€/Jahr)
▶ n = 10 (Jahre)
▶ i = 8 (%)

a) Soll die neue Maschine sofort angeschafft oder soll die alte Maschine weiter genutzt werden?
b) Wie wäre a) zu beantworten, wenn $R_{alt} = 0$ gilt?
c) Wie wäre a) zu beantworten, wenn $R_{alt} = 0$ und $R_{neu} = 100.000$ gilt?

Die Lösung finden Sie in Tz. 7140!

AUFGABE 141 (FORTGESCHRITTENE)

Bitte zeigen Sie, welche Höhe der Kapitaldienst einer neuen Maschine höchstens annehmen darf, wenn ein Sofortersatz gerade noch lohnend sein soll! Gehen Sie von $R_{alt} = R_{neu} = 0$ aus und erläutern Sie Ihr Ergebnis betriebswirtschaftlich.

Die Lösung finden Sie in Tz. 7141!

Kapitel 6. Unternehmungsbewertung als Investitionskalkül

6.1 Bewertungsanlässe

Neben Kauf oder Verkauf von Unternehmungen oder Unternehmungsteilen gibt es eine Vielzahl von besonderen **Anlässen** (meist Finanzierungsanlässe), die die Gesamtbewertung einer Unternehmung notwendig machen. Beispiele[123] hierfür sind: 6000

- Aufnahme eines neuen Gesellschafters,
- Ausscheiden eines alten Gesellschafters,
- Erbauseinandersetzungen,
- Kauf eines Aktienpaketes,
- Einbringung von Sacheinlagen,
- Verflechtung oder Entflechtung,
- Verpachtung eines Betriebs,
- Umwandlung/Umgründung,
- Fusion,
- Bestimmung des Wertes einer Quote bei einem Quotenkartell,
- Berechnung von Entschädigungen bei Verstaatlichungen.

Aus der Sicht der Wirtschaftsprüfer unterscheidet man Bewertungsanlässe danach, ob die Bewertung zwangsweise oder freiwillig erfolgt: 6005

1. **Bewertungen, die unabhängig vom Willen der Geschäftsleitung erfolgen:**

   a) Bewertung aufgrund gesetzlicher Vorschriften oder bei gerichtlichen Nachprüfungen,

   b) Bewertung auf privatrechtlicher Grundlage oder im Rahmen von Schiedsvereinbarungen.

2. **Bewertungen, die abhängig vom Willen der Geschäftsleitung erfolgen:**

   a) Kauf und Verkauf von Unternehmen und Unternehmensanteilen,

   b) Zuführung von Kapital.

Die Fülle von Bewertungsanlässen verdeutlicht, dass das Thema Unternehmungsbewertung ein für die betriebliche Praxis bedeutsames Teilgebiet der Betriebswirtschaftslehre darstellt.

---

[123] Vgl. *Peemöller, V. H.*: Praxishandbuch der Unternehmensbewertung, S. 18 ff.

6.2 Wert und Preis der Unternehmung

6010 Der Käufer eines Unternehmens muss in die Kaufverhandlung mit der Vorstellung eines Höchstwertes eintreten. Dieser Höchstwert gibt an, bei welchem Geldbetrag sich die Investition „Kauf eines Unternehmens" gerade noch lohnt. Entsprechend muss sich der Verkäufer eine Vorstellung davon verschaffen, wieviel er mindestens für den Betrieb erlösen muss. Käufer und Verkäufer gelangen auf der Grundlage ihrer subjektiven Zukunftseinschätzungen und der daraus abgeleiteten Bewertung zu einem **Höchstwert** (Käufer) und einem **Mindestwert** (Verkäufer), die die Grenzen des Verhandlungsspielraums markieren.

ABB. 102: Verhandlungsspielraum beim Verkauf einer Unternehmung

(€)

Höchstwert (Käufer)

(b)

Preis des Betriebs

(a)

Mindestwert (Verkäufer)

Verhandlungsspielraum, Einigung möglich

(a) Argumentationsrichtung des Käufers
(b) Argumentationsrichtung des Verkäufers

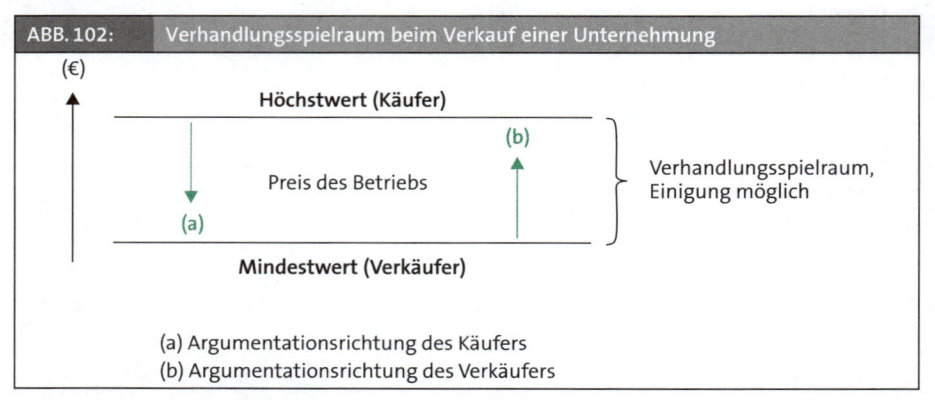

6015 Lediglich die Grenzen dieses Verhandlungsspielraums lassen sich errechnen: Der Käufer wird seine Preisobergrenze vernünftigerweise investitionsrechnerisch bestimmen; entsprechend sollte auch der Verkäufer seine Preisuntergrenze mit Hilfe der Investitionsrechnung ermitteln. Die Verhandlungen über den Kauf einer Unternehmung können nur dann zum Erfolg führen, wenn der Höchstwert des Käufers, wie in Abb. 102, über dem Mindestwert des Verkäufers liegt, oder wenn (im Grenzfall) beide Werte zusammenfallen. Hat der Verkäufer jedoch einen Mindestwert fixiert, der über dem Höchstwert des Käufers liegt, dann ist eine Einigung ausgeschlossen – das verdeutlicht Abb. 103.

ABB. 103: Verhandlungen ohne Einigungsmöglichkeit

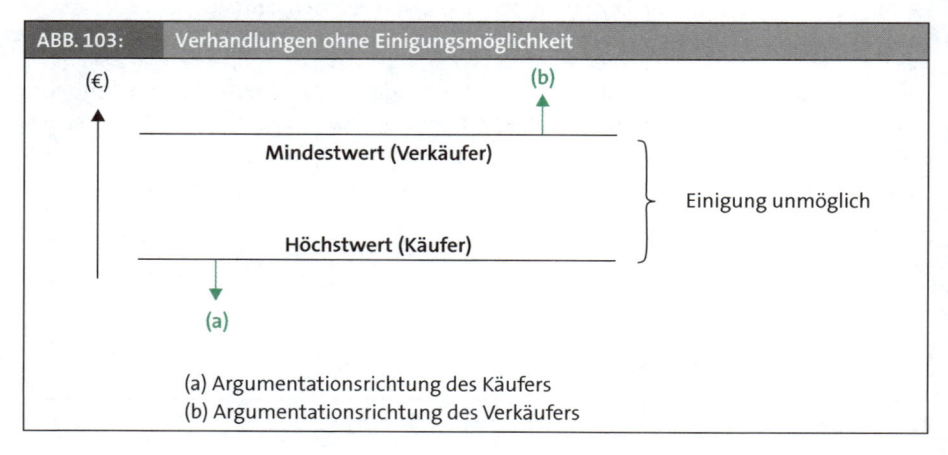

(€)

(b)

Mindestwert (Verkäufer)

Höchstwert (Käufer)

(a)

Einigung unmöglich

(a) Argumentationsrichtung des Käufers
(b) Argumentationsrichtung des Verkäufers

6.3 Der Zukunftserfolgswert

6.3.1 Zukunftserfolgswert und unternehmerische Handlungsmöglichkeiten

Auch in heutiger Zeit gilt die klassische Feststellung *Schmalenbachs*, wonach es bei dem Wert einer Unternehmung „(...) nicht darauf ankommt, was dieser Gegenstand gekostet hat, was er geleistet hat oder was sonst in der Vergangenheit von ihm bekannt ist, sondern lediglich zukünftige Umstände sind für den Wert des Gegenstandes bestimmend (...) Derjenige, der ein Unternehmen kaufen will, ist wirtschaftlich an nichts anderem interessiert als daran, was die Unternehmung ihm in Zukunft erbringen wird"[124]. Auch *Bröhl* und *Matschke* betonen, dass bei der Bewertung nur „künftige Faktoren" wertbestimmend sein können[125]. Dem trägt der Zukunftserfolgswert, häufig auch Ertragswert genannt, Rechnung, indem der Gesamtwert der Unternehmung durch Abzinsung und Addition künftiger Nettoeinzahlungen ermittelt wird.

6020

> **MERKE**
>
> **Zukunftserfolgswert** ist der Barwert aller Nettoeinzahlungen, die eine Unternehmung künftig erbringt.

Damit ist allerdings nur eine Seite des Bewertungsvorgangs umschrieben, nämlich die Bewertung als finanzmathematischer Akt. Bewertung darf aber nicht einfach mit Kapitalisierung gleichgesetzt werden, wie *Moxter* zu Recht betont[126]; vielmehr ist zu beachten, dass die Berechnungsmethode „Diskontierung" keine bestimmte Handlung vorschreibt, was die Unternehmung angeht. Zwar wird der Zukunftserfolgswert häufig mit der Handlungsmöglichkeit „Weiterführung der bestehenden Unternehmung" verknüpft. Aber bleibt dem Unternehmer tatsächlich nur diese eine Möglichkeit? Könnte er nicht anstelle der Weiterführung auch an Verkauf oder Liquidation denken? Offenbar bietet die Weiterführung keine vollständige Abdeckung der unternehmerischen Möglichkeiten. Der Unternehmer kann seine Unternehmung vielmehr ganz oder teilweise

6022

- weiterführen,
- verkaufen oder
- liquidieren.

Somit kann der **Zukunftserfolgswert** gegeben sein durch

- den Barwert der bei Weiterführung zu erwartenden Nettoeinzahlungen,
- den Barwert des potentiellen Verkaufserlöses,
- den Barwert des erwarteten Liquidationserlöses oder der Einzelliquidationserlöse.

---

124 Vgl. *Schmalenbach, E.*: Die Beteiligungsfinanzierung, S. 36.
125 Vgl. *Matschke, M. J./Brösel, G.*: Unternehmensbewertung, S. 19; *Bröhl, K.*: Der Kalkulationszinsfuß. Ein Beitrag zur Gesamtbewertung von Unternehmungen, Kölner Diss. 1966, S. 26.
126 Vgl. *Moxter, A.*: Grundsätze ordnungsmäßiger Unternehmensbewertung, S. 125.

6025 Für einen gewinnmaximierenden Unternehmer ist nur der Zukunftserfolgswert entscheidungsrelevant, der sich unter Zugrundelegung der vorteilhaftesten Möglichkeiten ergibt. Häufig wird die Fortführung der bestehenden Unternehmung die beste Möglichkeit darstellen, aber bereits diese Wertung setzt einen Vergleich mit anderen Handlungsmöglichkeiten voraus. Der Investor sollte seine Entscheidung in Kenntnis der Zukunftserfolgswerte sämtlicher Handlungsmöglichkeiten treffen.

Wie bei allen zukunftsorientierten Rechnungen hat er dabei das Prognoseproblem zu lösen und die zu jeder Handlungsalternative gehörenden Zahlungen festzulegen, um den Zukunftserfolgswert oder Ertragswert zu errechnen[127]. Gerade der Bewerter weiß um Subjektivität und Risiko seiner Schätzung; das sollte aber keineswegs dazu führen, dass er sich zu sehr auf Vergangenheitswerte oder bloße Extrapolation des Gewesenen stützt. Vielmehr gilt nach einem Bonmot von *Bretzke*: „Wenn man vor einer Entscheidung die Wahl zwischen unsicheren, aber relevanten, und sicheren, aber irrelevanten Informationen hat, dann sollte man sich in jedem Fall für die unsicheren entscheiden"[128].

6.3.2 Errechnung des Zukunftserfolgswertes

6030 Bei der Errechnung des Zukunftserfolgswertes im konkreten Fall kommt es auf den vom Investor erwarteten **Verlauf der Nettoeinzahlungen** an. Dabei lassen sich einige typische Verlaufsarten unterscheiden:

6031 **FALL 1**

Die Nettoeinzahlungen g (g = Geldbetrag pro Jahr) fallen zeitlich begrenzt an und weisen unterschiedliche Werte pro Jahr auf.

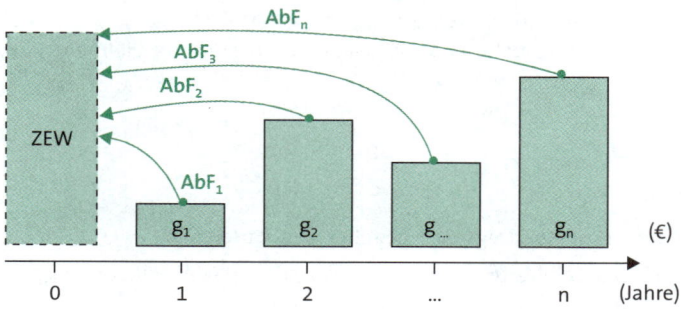

---

127 Vgl. *Peemöller, V. H.*: Praxishandbuch der Unternehmensbewertung, S. 4.
128 Vgl. *Bretzke, W.-R.*: Die Nutzung des Prognoseverfahrens und die Berücksichtigung des Risikos in der Praxis der Unternehmensbewertung, in: Goetzke, W./Sieben, G.: Moderne Unternehmungsbewertung und Grundsätze ihrer ordnungsmäßigen Durchführung, S. 202.

Gleichung (6.1)

$$ZEW = \sum_{t=1}^{n} g_t (1+i)^{-t} = g_1 \cdot AbF_1 + g_2 \cdot AbF_2 + \ldots + g_n \cdot AbF_n$$

$\underbrace{(1+i)^{-t}}$ → Abzinsungsfaktor (AbF)

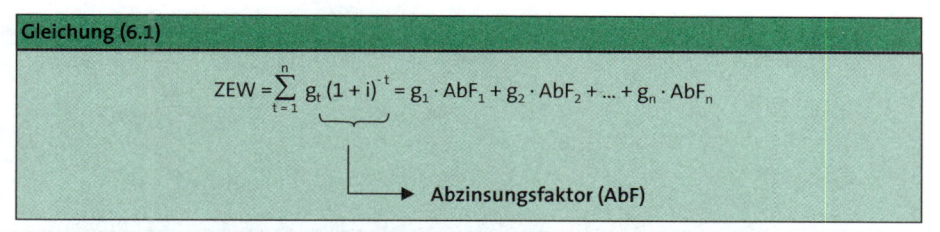

Symbole

g_t	=	Nettoeinzahlung des Jahres t (€/Jahr)
t	=	Periode (= 1, 2, 3, ..., n) (Jahre)
n	=	Nutzungsdauer (Jahre)
i	=	Kalkulationszinsfuß (dezimal)
ZEW	=	Zukunftserfolgswert (€)

Rechenvorgang: Sie zinsen die jährlichen Nettoeinzahlungen einzeln mit Hilfe des Abzinsungsfaktors (AbF) ab und addieren anschließend die Barwerte.

FALL 2 6032

Die Nettoeinzahlungen g fallen zeitlich begrenzt an und sind im Zeitablauf gleich.

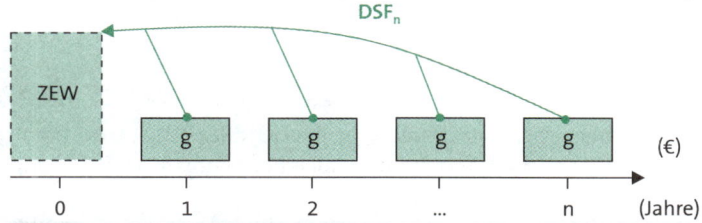

Gleichung (6.2)

$$ZEW = g \cdot \frac{(1+i)^n - 1}{i(1+i)^n} = g \cdot DSF_n$$

→ Diskontierungssummenfaktor (DSF)

Rechenvorgang: Der Barwert der konstanten Nettoeinzahlungen g ergibt sich durch Multiplikation der jährlichen Nettoeinzahlungen mit dem Diskontierungssummenfaktor (DSF).

FALL 3 6033

Bezieht man einen am Ende der Nutzungszeit des Betriebs anfallenden Liquidationserlös (oder auch Verkaufspreis) L in die Betrachtung ein, so ergibt sich bei konstanten jährlichen Nettoeinzahlungen g folgender Zeitstrahl:

KAPITEL 6 Unternehmungsbewertung als Investitionskalkül

Gleichung (6.3)

$$ZEW = g \cdot \underbrace{\frac{(1+i)^n - 1}{i(1+i)^n}}_{\text{Diskontierungssummenfaktor (DSF)}} + L \underbrace{(1+i)^{-n}}_{\text{Abzinsungsfaktor (AbF)}}$$

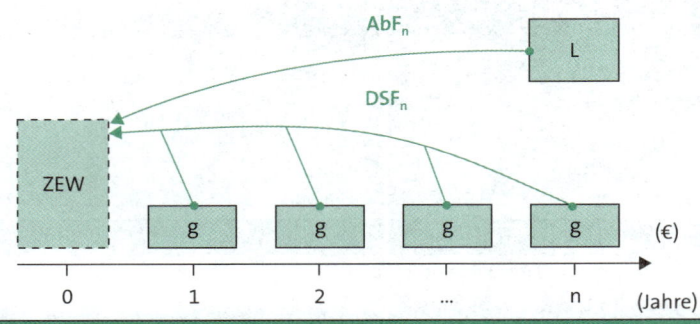

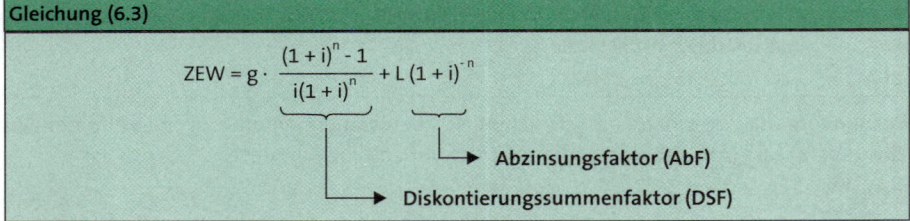

Rechenvorgang: Sie ermitteln den Barwert der jährlichen Gewinne g mit Hilfe des Diskontierungssummenfaktors und jenen des Liquidationserlöses oder Verkaufspreises L mit Hilfe des Abzinsungsfaktors und addieren beide Barwerte.

6034 **FALL 4**

Steigen die jährlichen Nettoeinzahlungen g jeweils nach Ablauf bestimmter Fristen, z. B. nach drei Jahren, so erhält man für den Fall einer neunjährigen Nutzungsdauer folgendes Bild:

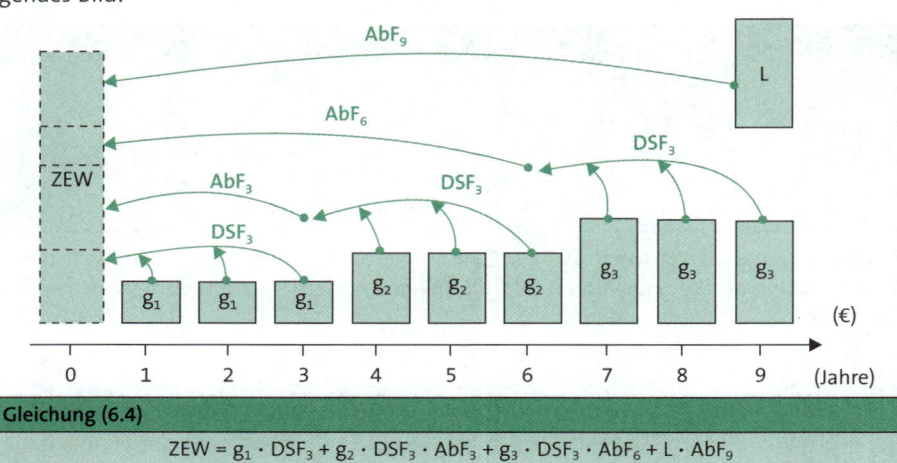

Gleichung (6.4)

$$ZEW = g_1 \cdot DSF_3 + g_2 \cdot DSF_3 \cdot AbF_3 + g_3 \cdot DSF_3 \cdot AbF_6 + L \cdot AbF_9$$

Rechenvorgang: Man erhält den Barwert der nach dem Zeitpunkt 3 anfallenden Zahlungsreihen, indem man sie zunächst mit Hilfe des Diskontierungssummenfaktors (DSF) auf ihren jeweiligen Beginn, also den Zeitpunkt 3 bzw. 6, abzinst und die so gefundenen Werte mit dem Abzinsungsfaktor (AbF) auf den Zeitpunkt Null bezieht.

FALL 5 6035

Unterstellt man eine unbegrenzte Lebensdauer der Unternehmung und gleichbleibende jährliche Nettoeinzahlungen g, so vereinfacht sich der Diskontierungssummenfaktor zu $1/i$, so dass man folgende Bestimmungsgleichung für den Zukunftserfolgswert erhält[129]:

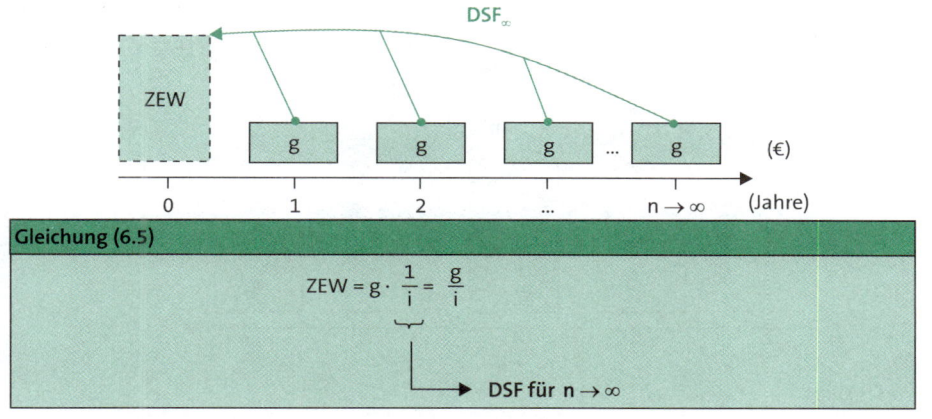

Gleichung (6.5)

$$ZEW = g \cdot \frac{1}{i} = \frac{g}{i}$$

DSF für $n \to \infty$

Rechenvorgang: Zur Barwertermittlung dividieren Sie den konstanten jährlichen Nettoeinzahlungsbetrag durch den Kalkulationszinsfuß.

BEISPIEL: Unternehmungsbewertung bei unterschiedlichen Zahlungsverläufen 6036

Ein Investor, der mit einem Kalkulationszinsfuß von 10 % rechnet, plant den Erwerb einer Unternehmung. In die engere Wahl kommen vier Objekte, deren Zukunftserfolgswerte (Ertragswerte) zu ermitteln sind. Im Einzelnen gelten folgende Daten:

a) **Objekt 1:** $g_1 = 50.000\,€$; $g_2 = 180.000\,€$; $g_3 = 210.000\,€$; $g_4 = 90.000\,€$; n = 4 Jahre.
b) **Objekt 2:** g = const = 80.000 €/Jahr; Liquidationserlös L = 250.000 €; n = 8 Jahre.
c) **Objekt 3:** Der Gewinn beträgt in den ersten drei Jahren 50.000 €; danach wird vier Jahre lang ein Gewinn von 75.000 € erzielt; danach steigt er auf 90.000 € und bleibt bis zum Schluss des zehnten Jahres auf diesem Niveau; zum Zeitpunkt 10 wird noch ein Verkaufserlös von 500.000 € erzielt.
d) **Objekt 4:** g = const = 200.000 €; Nutzungsdauer unbegrenzt.

---

[129] Der vereinfachte Diskontierungssummenfaktor 1/i ergibt sich, indem man n gegen unendlich streben lässt.

KAPITEL 6 — Unternehmungsbewertung als Investitionskalkül

Lösung a):

Jahr	Geldbetrag pro Jahr (€)	AbF (10 %)	Barwert (10 %) (€)
	I	II	III = I · II
1	50.000	0,909091	45.455
2	180.000	0,826446	148.760
3	210.000	0,751315	157.776
4	90.000	0,683013	61.471
Zukunftserfolgswert (ZEW)			**413.462**

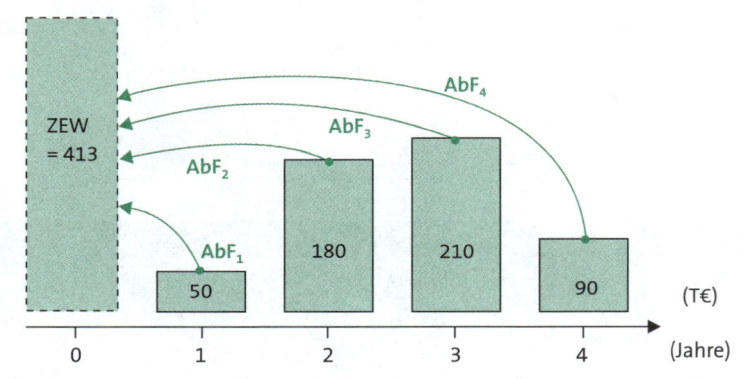

Ergebnis:

Unternehmung 1 hat einen Zukunftserfolgswert von 413.462 €.

Lösung b):

ZEW = $g \cdot DSF_n + L \cdot AbF_n$

ZEW = $80.000 \cdot 5{,}334926 + 250.000 \cdot 0{,}466507$

ZEW = 543.421 (€)

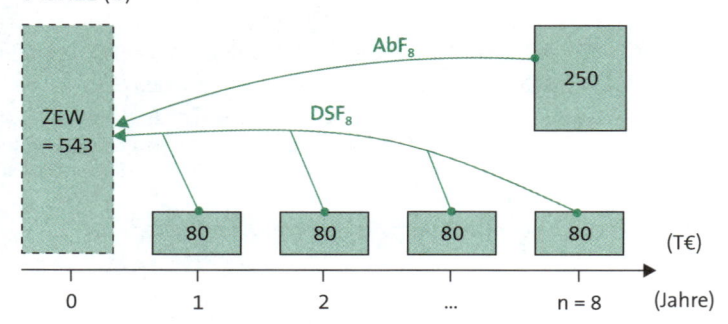

Ergebnis:

Unternehmung 2 weist einen Zukunftserfolgswert von 543.421 € auf.

Der Zukunftserfolgswert　　KAPITEL 6

Lösung c):

ZEW = $50.000 \cdot DSF_3 + 75.000 \cdot DSF_4 \cdot AbF_3 + 90.000 \cdot DSF_3 \cdot AbF_7 + 500.000 \cdot AbF_{10}$

ZEW = $50.000 \cdot 2{,}486852 + 75.000 \cdot 3{,}169865 \cdot 0{,}751315 + 90.000 \cdot 2{,}486852 \cdot 0{,}513158 + 500.000 \cdot 0{,}385543$

ZEW = $124.343 + 178.618 + 114.853 + 192.772$

ZEW = 610.586 (€)

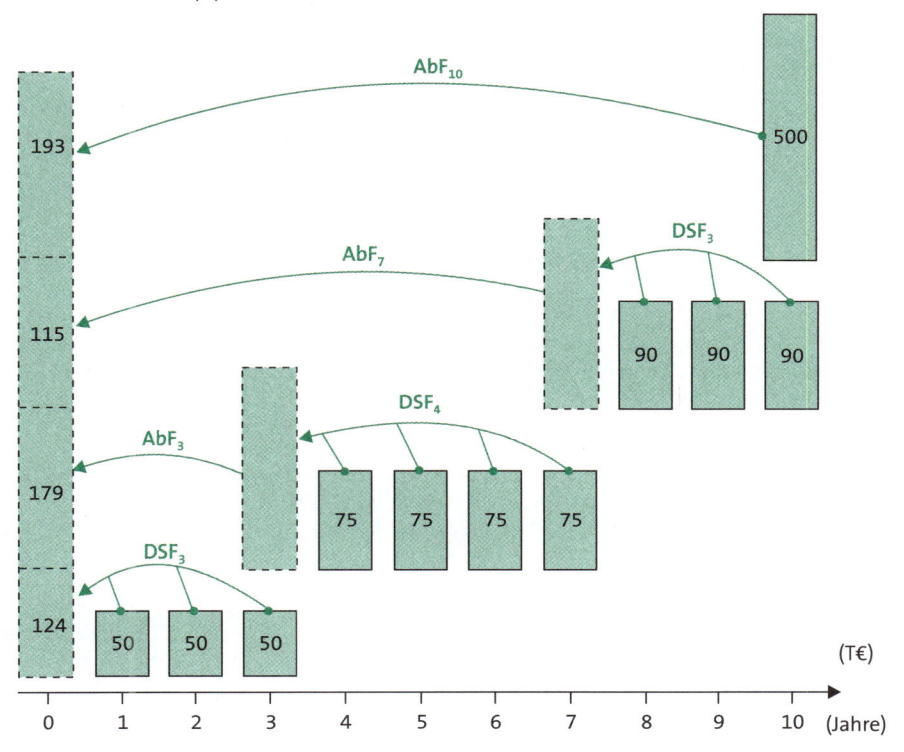

Ergebnis:

Bei Unternehmung 3 beläuft sich der Zukunftserfolgswert auf 610.586 €.

Lösung d):

$$ZEW = g \cdot \frac{1}{i} = 200.000 \cdot \frac{1}{0{,}10} = 2.000.000 \text{ (€)}$$

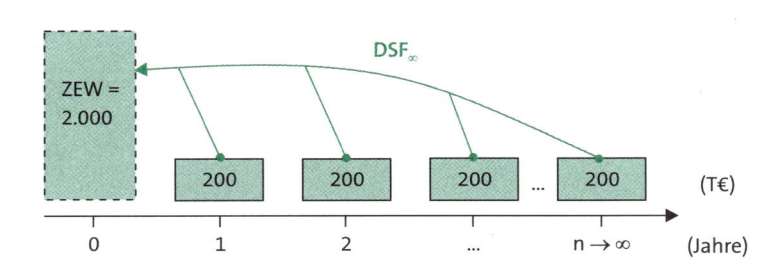

Ergebnis:
Bei Unternehmung 4 kann mit einem Zukunftserfolgswert von 2.000.000 € kalkuliert werden.

6.3.3 Zukunftserfolgswert und Zeit

6040 Gerade der letzte Fall, der von einer unbegrenzten Nutzungsdauer ausgeht, ist in der Wirtschaftspraxis von erheblicher Bedeutung, obgleich man hierbei einen theoretischen Grenzfall ($n \to \infty$) unterstellt. Bei praktischen Bewertungen ist jedoch Folgendes zu beachten:

- Häufig ist die Lebensdauer eines Betriebs nicht von vornherein begrenzt; in diesem Fall ist die Annahme einer unbegrenzten Nutzung vernünftiger als die einer Nutzungsdauer von zehn, zwanzig oder dreißig Jahren.
- Auch bei einer bspw. auf 50 Jahre begrenzten Nutzungsdauer kann man mit Gleichung (6.5) rechnen, da der Fehler, den man durch die Unterstellung unbegrenzter Nutzungsdauer begeht, sehr klein ist.

Generell gilt, dass der Barwert eines Bewertungsobjekts in entscheidendem Maße von den Nettoeinzahlungen der ersten zwei bis drei Dekaden abhängt. Später anfallende Zahlungen sind dagegen von untergeordneter Bedeutung. Dies verdeutlicht das folgende Beispiel.

6042 **BEISPIEL:** **Entscheidend sind die Anfangsjahre**

Ermitteln Sie den Zukunftserfolgswert (ZEW) eines Unternehmens, das durchschnittliche jährliche Nettoeinzahlungen von g = 100.000 € abwirft, unter Zugrundelegung verschiedener Nutzungsdauern (n_1 = 10 Jahre, n_2 = 20 Jahre, ..., n_5 = 50 Jahre, $n \to \infty$ Jahre) bei einem Kalkulationszinsfuß von i = 0,10 = 10 %.

Lösung:

n (Jahre)	10	20	30	40	50	∞
ZEW (€) = 100.000 · DSF	614.457	851.356	942.691	977.905	991.481	1.000.000

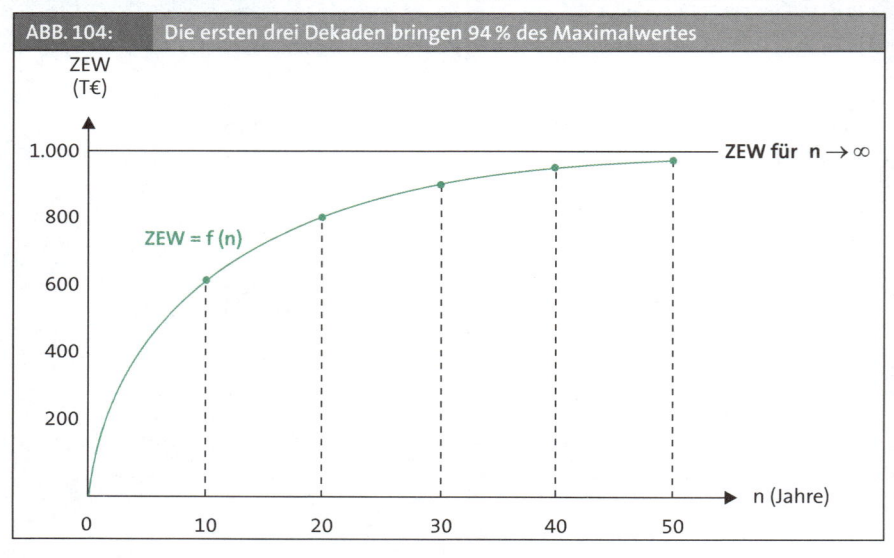

ABB. 104: Die ersten drei Dekaden bringen 94 % des Maximalwertes

Ergebnis:
Bei unbegrenzter Nutzungsdauer ergibt sich ein ZEW von 1.000.000 €. Bereits nach einem Jahrzehnt werden 61 % dieses Wertes durch den Barwert der bis dahin erzielten Nettoeinzahlungen erreicht. Nach drei Jahrzehnten sind 94 % des Maximalwertes erreicht.

BEISPIEL: Gewicht der Anfangsjahre ist zinsabhängig 6043

Welche Beziehung zwischen ZEW und Zeit ergibt sich, wenn beim Jahresgewinn g und beim Kalkulationszinssatz i mit den folgenden Werten zu rechnen ist?

1. $g_1 = 200.000$ €, $i_1 = 0,20 = 20\%$
2. $g_2 = 50.000$ €, $i_2 = 0,05 = 5\%$

Lösung:

n (Jahre)	10	20	30	40	50	∞
ZEW (€) = 200.000 · DSF	838.494	973.916	995.787	999.320	999.890	1.000.000
ZEW (€) = 50.000 · DSF	386.087	623.111	768.623	857.954	912.796	1.000.000

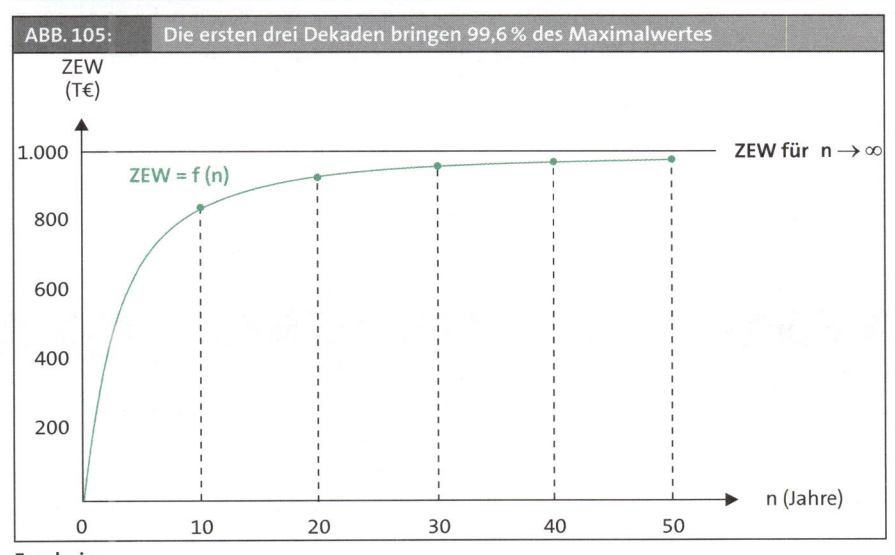

ABB. 105: Die ersten drei Dekaden bringen 99,6 % des Maximalwertes

Ergebnis:
Bei unbegrenzter Nutzungsdauer ergibt sich bei 200.000 €/20 % sowie 50.000 €/5 % gleichermaßen ein maximaler Zukunftserfolgswert von 1.000.000 €. Nach einem Jahrzehnt sind 84 % (39 %) dieses Wertes durch den Barwert der bis dahin erzielten Nettoeinzahlungen erreicht. Nach drei Jahrzehnten sind 99,6 % (77 %) des Maximalwertes erreicht.

Für alle Investitionen gilt: **Gegenwartsnahe Zahlungen wiegen bei der Barwertermittlung schwerer als später anfallende Zahlungen.** Das Gewicht der gegenwartsnahen Zahlungen steigt mit steigendem Kalkulationszinssatz – entsprechend nimmt das Gewicht der späteren Zahlungen mit steigendem Kalkulationszinssatz ab. Die ökonomische Dominanz der frühen Zahlungen ist auch unter Risikogesichtspunkten bedeutsam: Gegenwartsnahe Zahlungen sind zuverlässiger und sicherer zu bewerten als gegenwartsferne. Es ist gut zu wissen, dass die schwer prognostizierbaren und damit risi-

6045

Unternehmungsbewertung als Investitionskalkül

kobehafteten Zahlungen nach der ersten Dekade wirtschaftlich keine große Rolle spielen.

Die Annahme einer unbegrenzten Lebensdauer führt also auf einfache Weise zu einem relativ genauen Ergebnis, sofern eine tatsächliche Laufzeit von 20 bis 30 Jahren nicht unterschritten wird. Die Annäherung an den Maximalwert wächst unter sonst gleichen Umständen mit

- steigender Nutzungsdauer und
- steigendem Kalkulationszinsfuß.

MERKE

Aus **finanzmathematischer Sicht** besteht kein wesentlicher Unterschied zwischen der Ewigkeit und einer Nutzungsdauer von dreißig Jahren.

Beachtet man, dass bei begrenzter Nutzungsdauer neben den Jahresgewinnen noch ein Verkaufs- oder Liquidationserlös zum Zeitpunkt n anfällt, so wird die Differenz zum genauen Ergebnis noch geringer. Im Idealfall wird die Differenz gleich Null, wenn man annimmt, dass der Liquidations- oder Verkaufserlös den Barwert der zu diesem Zeitpunkt noch realisierbaren späteren Nettoeinzahlungen ausmacht.

6.3.4 Zukunftserfolgswert und Zins

6050 Bei unbegrenzter Nutzungsdauer und konstanten Nettoeinzahlungen g ermittelt man den Zukunftserfolgswert mit der folgenden Gleichung:

Gleichung (6.6)

$$ZWE = \frac{g}{i}$$

Das ist eine Gleichung der Art $y = a/x$, also eine gleichseitige Hyperbel mit den beiden Koordinatenachsen als Asymptoten. Bei gegebenem g hängt der Zukunftserfolgswert nur noch vom Kalkulationszinssatz i ab. Der einfache Ausdruck $ZEW = g/i$ ist besonders gut geeignet, den Einfluss des Kalkulationszinssatzes auf den Zukunftserfolgswert zu analysieren.

6052 **BEISPIEL: Zinssatz als wichtige Einflussgröße**

Eine Unternehmung erwirtschaftet auf unbegrenzte Zeit g = 100.000 € pro Jahr.

a) Wie hoch ist der Zukunftserfolgswert bei unterschiedlichen Kalkulationszinssätzen ($i_1 = 2\,\%$, $i_2 = 4\,\%$, …, $i_6 = 12\,\%$)?
b) Begründen Sie folgenden Satz: „Das Gewicht einer bestimmten absoluten Änderung des Kalkulationszinsfußes in Bezug auf den Zukunftserfolgswert ist umso größer, je kleiner der Kalkulationszinsfuß in der Ausgangssituation ist."

Lösung a):

i (%)	2	4	6	8	10	12
ZEW (T€) = g/i	5.000	2.500	1.667	1.250	1.000	833

ABB. 106: Zukunftserfolgswert und Zins

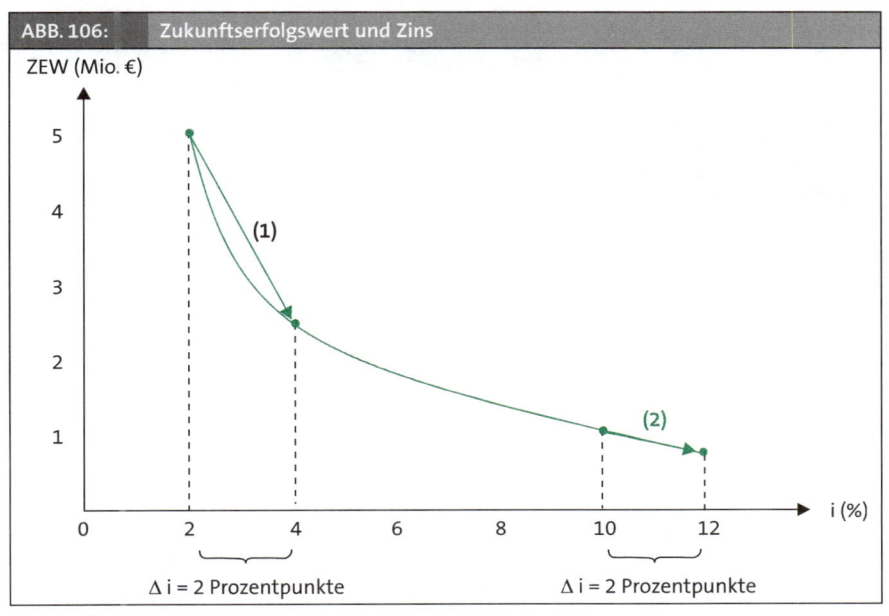

ZEW (Mio. €), Verlauf über i (%): bei i = 2 % beträgt ZEW 5 Mio. €, bei i = 4 % beträgt ZEW 2,5 Mio. € (Pfeil (1)); bei i = 10 % beträgt ZEW 1 Mio. €, bei i = 12 % beträgt ZEW ca. 0,833 Mio. € (Pfeil (2)). Jeweils $\Delta i = 2$ Prozentpunkte.

Lösung b):

Sie erkennen, dass der Zukunftserfolgswert mit steigendem Kalkulationszinssatz unter sonst gleichen Umständen kontinuierlich abnimmt. Für die Beurteilung der Wirkung einer Zinssatzänderung ist, wie ein Blick auf Abb. 106 zeigt, nicht nur der absolute Wert der Zinsänderung maßgebend, sondern vor allem die Ausgangssituation:

1. Eine Erhöhung des Zinses von 2 % auf 4 %, eine Zinssatzverdoppelung also, hat eine Halbierung des Zukunftserfolgswertes zur Folge: Er fällt von 5 Mio. € auf 2,5 Mio. €.
2. Eine Erhöhung des Zinses von 10 % auf 12 % hat demgegenüber nur eine geringe Auswirkung auf den Zukunftserfolgswert; er sinkt lediglich von 1 Mio. € auf 0,833 Mio. €.

Ein Vergleich von 1. und 2. legt die Kurzformel nahe: Zinssatz klein – Änderung haut rein!

Das Gewicht einer Änderung des Kalkulationszinsfußes lässt sich am zweckmäßigsten durch die Angabe der relativen Änderung beschreiben. Die Bedeutung einer Änderung des Kalkulationszinsfußes in der Kapitalisierungsformel steigt mit kleiner werdendem Kalkulationszinssatz. Deshalb ist der Festlegung des Kalkulationszinssatzes umso mehr Sorgfalt zu widmen, je kleiner dieser ist[130].

6.3.5 Zukunftserfolgswert und Nettoeinzahlungen

BEISPIEL: Nettoeinzahlungen als Bestimmungsgröße des ZEW 6060

Eine Unternehmung erwirtschaftet auf unbegrenzte Zeit g = 100.000 € pro Jahr.

Wie verändert sich der Zukunftserfolgswert in Abhängigkeit von unterschiedlichen Kalkulationszinssätzen bei einer Verdoppelung (bei einer Halbierung) der jährlichen Nettoeinzahlungen?

---

130 So auch: *Bröhl, K.*: Der Kalkulationszinsfuß, S. 51.

Lösung:

	(alle Werte in T€)					
i (%)	2	4	6	8	10	12
ZEW$_1$ = 100.000 : i	5.000	2.500	1.667	1.250	1.000	833
ZEW$_2$ = 200.000 : i	10.000	5.000	3.333	2.500	2.000	1.667
ZEW$_3$ = 50.000 : i	2.500	1.250	833	625	500	417

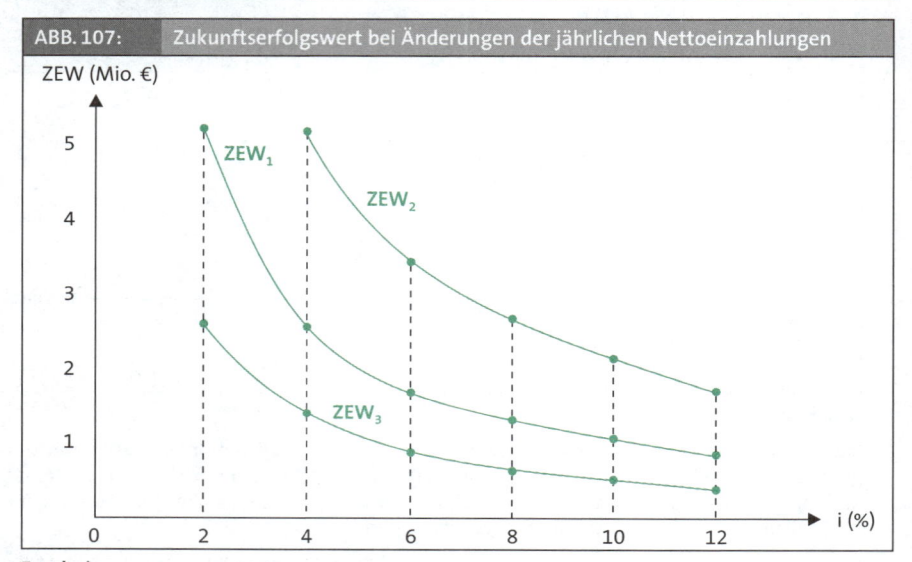

ABB. 107: Zukunftserfolgswert bei Änderungen der jährlichen Nettoeinzahlungen

Ergebnis:

Die Verdoppelung des jährlichen Nettobetrags bewirkt eine Verschiebung der ZEW-Kurve nach oben, wobei sich die jeweiligen Ordinatenwerte verdoppeln. Die Halbierung hat eine Verschiebung der ZEW-Kurve nach unten mit einer Halbierung der Ordinatenwerte zur Folge. Viel (wenig) wert ist eine Unternehmung, die viel (wenig) bringt.

6.3.6 Zukunftserfolgswert und Kapitalwert

6070 Der Zukunftserfolgswert ist der Barwert aller künftigen Nettoeinzahlungen. Der Kapitalwert ist die Differenz zwischen den barwertigen Einzahlungen und den barwertigen Auszahlungen eines Investitionsobjekts. Ein Vergleich der beiden Definitionen zeigt auffallende Übereinstimmungen, deshalb wollen wir Gemeinsamkeiten und Unterschiede von Kapital- und Zukunftserfolgswert anhand eines Beispiels genauer betrachten.

6072 **BEISPIEL:** Beziehung zwischen Zukunftserfolgswert und Kapitalwert

Die betrachtete Unternehmung wirft jährlich netto g = 100.000 € ab und hat eine unbegrenzte Nutzungsdauer n. Sie könnte von einem Investor zum Festpreis von A = 1.250.000 € erworben werden.

Zeigen Sie tabellarisch und grafisch, wie sich Kapitalwert C$_0$ und Zukunftserfolgswert ZEW entwickeln, wenn der Zinssatz i die Werte 2 %, 4 %, ..., 12 % annimmt.

Lösung:

Es gilt:

$$ZEW = \frac{g}{i}$$

und

$$C_0 = E_0 - A_0 = \frac{g}{i} - A$$

Symbole		
E_0	=	barwertige Einzahlungen
A_0	=	barwertige Auszahlungen

i (%)	2	4	6	8	10	12
ZEW (T€)	5.000	2.500	1.667	1.250	1.000	833
C0 (T€)	3.750	1.250	417	0	-250	-417

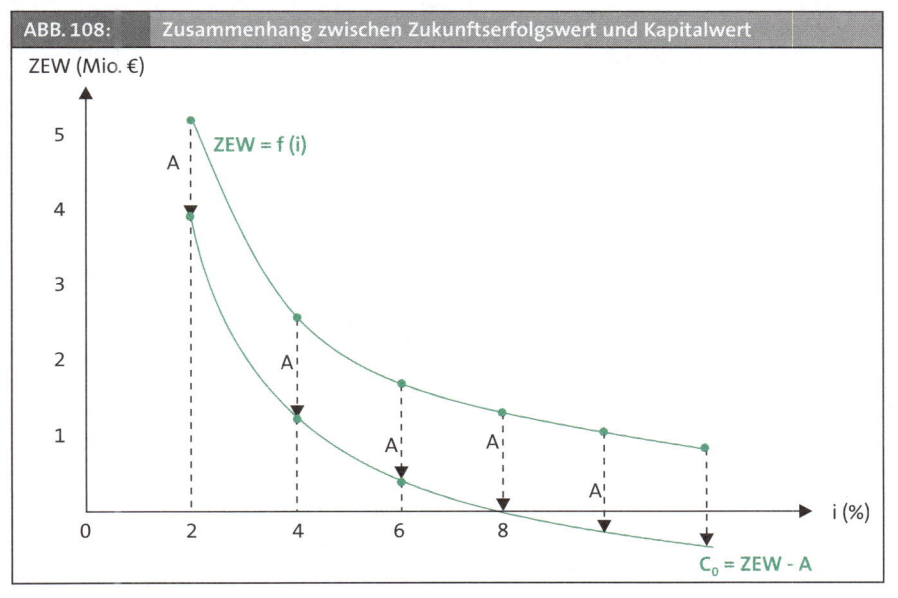

ABB. 108: Zusammenhang zwischen Zukunftserfolgswert und Kapitalwert

Ergebnis:

ZEW-Kurve und Kapitalwertkurve verlaufen monoton fallend. Die Kapitalwertkurve ergibt sich aus der ZEW-Kurve durch Verschiebung nach unten um den in jedem Kurvenpunkt konstanten Betrag A = 1.250.000 €. Die Kapitalwertkurve zeigt, dass die Investition „Kauf einer Unternehmung" im gegebenen Fall dann vorteilhaft ist, wenn der Investor mit einem Kalkulationszinssatz von weniger als 8 % rechnet. Liegt sein Kalkulationszinssatz bei 8 %, so ist die Investition eben noch vorteilhaft: Es ist in diesem Fall gleichgültig, ob der Investor die Unternehmung kauft oder seine Geldmittel an anderer Stelle zum Kalkulationszinssatz anlegt – die jährlichen Nettoeinzahlungen (100.000 €) erbringen eine Verzinsung der investierten Summe (1.250.000 €) von genau 8 %, also ist die Mindestverzinsungsanforderung des Investors gerade erfüllt. Liegt seine Mindestverzinsungsanforderung über 8 %, so lohnt sich der Erwerb der Unternehmung nicht.

Allgemein lässt sich der Zusammenhang zwischen Kapitalwert und Zukunftserfolgswert wie folgt darstellen:

Gleichung (6.7)

$$C_0 = ZEW - A$$

$$ZEW = C_0 + A$$

Symbole

A = Anschaffungsauszahlung für den Kauf der Unternehmung

Zusammenfassung

▶ **Bewertungsanlässe** 6100

Es gibt viele verschiedene Bewertungsanlässe, nämlich neben Kauf und Verkauf z. B. Verpachtung, Fusion, Liquidation. Die Bewertung der Unternehmung kann freiwillig oder zwangsweise erfolgen.

▶ **Wert und Preis**

Sie sind meist nicht identisch. Der Preis kann sich als Marktpreis oder als Ergebnis von Verhandlungen ergeben; der Wert, den ein Wirtschaftssubjekt einer Unternehmung zumisst, ist subjektiv. Die Betriebswirtschaftslehre ist lediglich in der Lage, Empfehlungen und Rechentechniken zur Bestimmung des Höchstwertes aus der Sicht eines potentiellen Käufers und des Mindestwertes aus der Sicht eines potentiellen Verkäufers zu vermitteln.

▶ **Zukunftserfolgswert oder Ertragswert**

Es handelt sich hierbei um die Summe aller auf den Zeitpunkt Null mit dem Zinssatz i diskontierten Nettoeinzahlungen, die eine Unternehmung künftig erbringt. Dabei stellt die Weiterführung der bestehenden Unternehmung nur eine von mehreren Handlungsmöglichkeiten dar: Sie könnte auch ganz oder teilweise verkauft, verpachtet oder liquidiert werden. Für den Unternehmer ist der höchste Zukunftserfolgswert entscheidungsrelevant.

▶ **Zukunftserfolgswert und Zeit**

Die ersten Jahre sind die wichtigsten, weil sie den größten Einfluss auf den Barwert haben. Beim Vergleich von begrenzter und unbegrenzter Nutzungsdauer zeigt sich, dass schon das erste Jahrzehnt wenigstens 50 % des gesamten Zukunftserfolgswertes bei unbegrenzter Nutzungsdauer erbringt, falls der Zinssatz bei mindestens 7 % liegt. Damit relativiert sich auch das Prognoseproblem: Die gegenwartsnahen und vergleichsweise gut zu beurteilenden Zahlungen sind gewichtiger als die gegenwartsfernen.

▶ **Zukunftserfolgswert und Zins**

Sie hängen eng miteinander zusammen. Der Zukunftserfolgswert sinkt mit steigendem und steigt mit abnehmendem Zins. Das Gewicht einer bestimmten absoluten Zinsänderung ist umso größer, je kleiner der Zinssatz in der Ausgangssituation ist. Bei unbegrenzter Nutzungsdauer hat eine Zinsverdoppelung die Halbierung des Zukunftserfolgswertes zur Folge.

▶ Zukunftserfolgswert und Nettoeinzahlungen

Sie hängen eng miteinander zusammen. Der Zukunftserfolgswert steigt mit steigenden und sinkt mit sinkenden Nettoeinzahlungen. Bei einer Verdoppelung der Nettoeinzahlungen verdoppelt sich auch der Zukunftserfolgswert, sofern alle übrigen Umstände gleich bleiben.

▶ Zukunftserfolgswert und Kapitalwert

Sie unterscheiden sich lediglich durch den Betrag für den Kauf der Unternehmung. Es gilt:

> **Kapitalwert = Zukunftserfolgswert - Anschaffungsauszahlungen**

Formeln und Symbolverzeichnis

Formeln	Symbole	
$ZEW = \sum_{t=1}^{n} g_t (1+i)^{-t}$	ZEW	= Zukunftserfolgswert
	g_t	= Nettoeinzahlung des Jahres t
	n	= Nutzungsdauer
$ZEW = g \cdot DSF_n$	$(1+i)^{-t}$	= Abzinsungsfaktor (AbF)
	g	= konstante Nettoeinzahlung
$ZEW = g \cdot DSF_n + L \cdot AbF_n$	DSF_n	= Diskontierungssummenfaktor für n Jahre
$ZEW = g \cdot \frac{1}{i}$	L	= Liquiditätserlös oder Verkaufspreis
	$\frac{1}{i}$	= Diskontierungssummenfaktor bei unbegrenzter Nutzungsdauer
$ZEW = C_0 + A$	C_0	= Kapitalwert der Investition „Kauf einer Unternehmung"
$C_0 = ZEW - A$	A	= Anschaffungsauszahlung für den Kauf der Unternehmung

Aufgaben

6110

AUFGABE 142 (EINSTEIGER)

Bitte skizzieren Sie kurz den Unterschied zwischen Wert und Preis einer Unternehmung!

Die Lösung finden Sie in Tz. 7142!

AUFGABE 143 (EINSTEIGER)

In welcher Weise hängt der Zukunftserfolgswert einer Unternehmung von den historischen Anschaffungswerten der die Unternehmung ausmachenden Vermögensgegenstände ab?

Die Lösung finden Sie in Tz. 7143!

AUFGABE 144 (EINSTEIGER)

Setzt eine Orientierung unternehmerischer Entscheidungen am Zukunftserfolgswert voraus, dass man die Unternehmung weiterführt?

Die Lösung finden Sie in Tz. 7144!

AUFGABE 145 (EINSTEIGER)

Bei der Bewertung einer Unternehmung nach ihren künftigen Erfolgen geht man oft von der Fiktion einer unbegrenzten Lebensdauer aus. Ist darin eine Einschränkung der Realitätsnähe der auf der Grundlage dieser Annahme gefundenen Ergebnisse zu sehen?

Die Lösung finden Sie in Tz. 7145!

AUFGABE 146 (FORTGESCHRITTENE)

Ein Kutterfischer steht vor folgendem Entscheidungsproblem:

1. Er kann weiterhin Fischfang wie bisher betreiben. Dann erhält er jährliche Nettoeinzahlungen von durchschnittlich 30.000 €. Sein Boot kann noch zwölf Jahre genutzt werden. Der dann erzielbare Restwert beläuft sich auf 15.000 €.
2. Er kann sich der laufenden Abwrackaktion anschließen. Dann erhält er neben dem heute erzielbaren Restwert des Bootes von 25.000 € weitere 200.000 € als Abwrackhilfe.

Bitte bewerten Sie die Handlungsmöglichkeiten des Kutterfischers mit Hilfe der Zukunftserfolgswerte! Wie sollte sich der Fischer entscheiden, wenn er mit einem Kalkulationszinsfuß von 9 % rechnet?

Die Lösung finden Sie in Tz. 7146!

Aufgaben KAPITEL 6

AUFGABE 147 (FORTGESCHRITTENE)

Ein Unternehmer kauft einen Textilbetrieb, der über erhebliches Grundvermögen verfügt. Seine Handlungsmöglichkeiten sind:

1. Den Betrieb sofort still legen und sämtliches Vermögen veräußern. Der Gesamterlös beliefe sich dann auf 80 Mio. €.
2. Den Betrieb vorläufig weiterführen, um ihn nach Ablauf von neun Jahren für 100 Mio. € zu verkaufen.

Wie hoch müsste der durchschnittliche Jahresgewinn bei vorläufiger Weiterführung mindestens sein, damit die vorläufige Weiterführung der sofortigen Liquidation vorzuziehen ist (Kalkulationszinsfuß 12 %)?

Die Lösung finden Sie in Tz. 7147!

AUFGABE 148 (PROFIS)

Eine gleichbleibende Zahlung von jährlich 1.000 € soll alternativ laufen über:

► 20 Jahre,
► 30 Jahre,
► 40 Jahre,
► 50 Jahre,
► unbegrenzte Zeit.

Bitte drücken Sie den Unterschied zwischen dem Barwert der unendlichen Rente und dem Barwert der endlichen Rente in Prozenten des Barwertes der unendlichen Rente aus! Zeigen Sie Ihre Rechnung Schritt für Schritt für den Fall i = 5 %; n = 20 Jahre; beschränken Sie sich im Übrigen auf die Ergebnisdarstellung in der Tabelle. (Genauigkeit: zwei Stellen hinter dem Komma.)

Zins \ Zeit	20 Jahre	30 Jahre	40 Jahre	50 Jahre
5 %				
10 %				
15 %				
20 %				

Die Lösung finden Sie in Tz. 7148!

KAPITEL 6
Unternehmungsbewertung als Investitionskalkül

AUFGABE 149 (FORTGESCHRITTENE)

Bitte begründen Sie folgenden Satz:

„Gleichseitige (auch: rechtwinklige) Hyperbeln der Art $ZEW = g/i$ sind isoelastische Funktionen; eine Änderung des Kalkulationszinssatzes um 1 % führt zu einer Änderung des Zukunftserfolgswertes um 1 % in entgegengesetzter Richtung."

Die Lösung finden Sie in Tz. 7149!

Kapitel 7. Lösungen zu den Übungsaufgaben
Kapitel 1: Grundlagen der Investitionsrechnung

AUFGABE 1 (EINSTEIGER) 7001

Volkswirtschaftliche Begründung:

Die Investitionen in unserer Volkswirtschaft sind in der Vergangenheit tendenziell ständig gestiegen. Wir investieren ca. 20 % unseres Bruttosozialprodukts. Es ist deshalb für unsere Volkswirtschaft wichtig, dass über die hohen Investitionssummen so gut wie möglich disponiert wird. Dazu ist eine Investitionsrechnung erforderlich.

Betriebswirtschaftliche Begründung:

Die Investitionen pro Betrieb und pro Beschäftigtem sind in der Vergangenheit sehr stark gestiegen. Ein Betrieb ist darauf angewiesen,

▶ Chancen zu erkennen und zu nutzen (also Gewinn bringende Investitionen zu realisieren) und

▶ Risiken zu erkennen und zu vermeiden (also Verlust bringende Investitionen zu unterlassen).

Die Investitionsrechnung bietet dem Betrieb eine Entscheidungshilfe, um vorteilhafte Investitionen von unvorteilhaften zu trennen.

AUFGABE 2 (EINSTEIGER) 7002

Realinvestitionen dienen dazu, den betrieblichen Produktionsapparat zu verbessern oder zu erweitern, z. B. Maschinen, Gebäude, Vorräte. Finanzinvestitionen liegen dann vor, wenn Forderungen erworben werden, z. B. Kauf von Pfandbriefen, Kommunalobligationen, Bankguthaben.

AUFGABE 3 (EINSTEIGER) 7003

Für die Durchführung der Investitionsrechnung ist die Art der vorliegenden Investition unwichtig. Entscheidend ist das Zeitbild der Investition, d. h. die Zahlungen in ihrer Höhe und zeitlichen Verteilung. Man definiert deshalb Investition als Zahlungsreihe, die mit einer Auszahlung beginnt.

AUFGABE 4 (EINSTEIGER) 7004

Eine Investitionsrechnung ist stets auf der Grundlage von Auszahlungen und Einzahlungen aufzubauen, d. h. auf der Grundlage solcher Rechnungselemente, die angeben, wann ein Zahlungsvorgang kassenwirksam wird. Für die Vorteilhaftigkeit einer Investition ist nämlich nicht nur die absolute Höhe der Zahlungen maßgebend, sondern auch deren zeitliche Verteilung.

KAPITEL 7 — Lösungen zu den Übungsaufgaben

7005 AUFGABE 5 (EINSTEIGER)

Eine Ersatzinvestition durchzuführen bedeutet meist, die Altanlage gegen eine kostengünstiger arbeitende Neuanlage auszutauschen. Damit ist die Ersatzinvestition gleichzeitig eine Rationalisierungsinvestition. Nutzt man den Anlagenersatz zum Erwerb einer größeren Maschine, hat die Ersatzinvestition darüber hinaus auch Erweiterungscharakter. Sollte ihre Nutzungsdauer über vier Jahren liegen, so spricht man im Allgemeinen von langfristiger Investition. Ist der Investor Unternehmer, dann handelt es sich um eine private, investiert der Staat, um eine öffentliche Investition. Chronologisch ist sie eine laufende Investition, von der Art der Nutzleistung eine Realinvestition. Wichtig ist also, dass die verschiedenen Kategorien nicht alternativ, sondern additiv verwendbar sind, wenn es um die Beschreibung eines praktischen Investitionsvorhabens geht.

7006 AUFGABE 6 (EINSTEIGER)

Die Kostenrechnung wird regelmäßig erstellt, die Investitionsrechnung dagegen diskontinuierlich von Fall zu Fall. Die Kostenrechnung legt stets eine Teilperiode zugrunde (Quartal oder Monat), die Investitionsrechnung hingegen die gesamte Nutzungsdauer eines Investitionsobjekts (im Regelfall mehrere Jahre). Die Kostenrechnung bezieht sich auf den Betrieb als Ganzes, die Investitionsrechnung auf ein einzelnes Objekt. Die Kostenrechnung dient der Steuerung und Kontrolle des Betriebs, die Investitionsrechnung dient der Vorteilhaftigkeitsbestimmung eines Investitionsobjekts (oder der Ermittlung der optimalen Nutzungsdauer oder des optimalen Ersatzzeitpunktes). Die Kostenrechnung fußt auf den Rechnungselementen Kosten und Leistungen, die Investitionsrechnung basiert auf Ein- und Auszahlungen.

7007 AUFGABE 7 (FORTGESCHRITTENE)

Definition	Fachbegriff
Geldwert eines Einkaufs pro Periode	Ausgabe (€/Periode)
Geldwert eines Verkaufs pro Periode	Einnahme (€/Periode)
Bewerteter Güterverzehr im Produktionsprozess zur Leistungserstellung einer Periode	Kosten (€/Periode)
Bewertete betriebliche Leistungen einer Periode	Betriebsertrag (interner Ertrag) (€/Periode)
Jede Eigenkapitalminderung einer Periode, die keine Kapitalrückzahlung darstellt	Aufwand (€/Periode)

Kapitel 1: Grundlagen der Investitionsrechnung

Jede Kapitalerhöhung einer Periode, die keine Kapitaleinzahlung darstellt	Externer Ertrag (€/Periode)
Kassenminderung pro Periode	Auszahlung (€/Periode)
Kassenzugang pro Periode	Einzahlung (€/Periode)

AUFGABE 8 (EINSTEIGER)

Die statischen Verfahren sind vergleichsweise einfach, da sie auf die Rechentechnik des Auf- und Abzinsens verzichten. Sie benutzen meist Kosten und Leistungen oder Aufwendungen und Erträge als Rechnungselemente. Sie wurden von der Praxis entwickelt und stellen grobe Faustregeln dar. Im Einzelnen handelt es sich um die Kostenvergleichsrechnung, Gewinnvergleichsrechnung, Amortisationsrechnung und die Rentabilitätsrechnung. Die statischen Methoden werden heutzutage bei Großunternehmungen immer seltener angewendet. Häufig findet man sie auch heute noch bei Klein- und Mittelbetrieben.

Die dynamischen Verfahren setzen mathematische Grundkenntnisse voraus, da sie auf der Rechentechnik des Auf- und Abzinsens basieren. Als Rechnungselemente werden Aus- und Einzahlungen verwendet. Im Einzelnen handelt es sich um die Kapitalwertmethode, die interne Zinsfuß-Methode und die Annuitätenmethode. In Großunternehmungen werden diese Methoden heute überwiegend eingesetzt. Ein hohes Entwicklungspotential findet sich bei Klein- und Mittelbetrieben, wo heute noch überwiegend statische Verfahren zum Einsatz gelangen. Hier ließen sich bei Verwendung dynamischer Methoden erhebliche Gewinnverbesserungen erzielen.

AUFGABE 9 (EINSTEIGER)

Kalkulationszinssatz ist der subjektive Mindestzinssatz, den ein Investor im Rahmen einer Investitionsentscheidung ansetzt.

AUFGABE 10 (PROFIS)

1. Möglichkeit:

Bei vollständiger Eigenfinanzierung kann der Kalkulationszinssatz i_e nie kleiner sein als der Habenzinssatz einer bestimmten Kapitalmarktanlage, denn ein Unternehmer könnte sonst die Mittel am Kapitalmarkt anlegen. Es gilt also:

$$i_e \geq \text{Habenzinssatz}$$

Da der Unternehmer bei einer Kapitalbindung in einer betrieblichen Investition ein Risiko eingeht, muss er dieses Risiko durch einen entsprechenden Zuschlag berücksichtigen. Er erhöht den Habenzins einer bestimmten Kapitalmarktanlage um den Risikozuschlag z. Es gilt also:

$$i_e = \text{Habenzinssatz} + z$$

2. Möglichkeit:

Bei vollständiger Fremdfinanzierung muss der Unternehmer den Kalkulationszinssatz mindestens i. H. d. Zinssatzes für das überlassene Fremdkapital ansetzen:

$$i_f \geq \text{Sollzinssatz}$$

Berücksichtigt man das Investitionsrisiko durch den Zuschlag z, so gilt:

$$i_f = \text{Sollzinssatz} + z$$

3. Möglichkeit:

Bei einer Mischfinanzierung aus Eigen- und Fremdmitteln ergibt sich der Kalkulationszinssatz als gewichtetes Mittel aus dem Kalkulationszinssatz für das Eigenkapital i_e und jenem für das Fremdkapital i_f.

$$i_m = \frac{EK \cdot i_e + FK \cdot i_f}{EK + FK}$$

4. Möglichkeit:

Die Rendite der besten nicht gewählten Alternative dient als Maßstab für den Kalkulationszinssatz i der vorgesehenen Investition. Es gilt:

$$i = \text{Alternativrendite}$$

5. Möglichkeit:

Man ordnet jede Investition nach einem vorgegebenen Raster einer bestimmten Risikokategorie zu, für die jeweils ein eigener Kalkulationszinssatz bestimmt ist.

7011 AUFGABE 11 (FORTGESCHRITTENE)

Gemäß (1.2) gilt für den Kalkulationszinssatz i_e bei Eigenfinanzierung:

$$i_e = \text{Habenzinssatz} + \text{Risikozuschlag}$$

Das Opportunitätskostenprinzip (1.6) dagegen verlangt:

$$i_0 = \text{Alternativrendite}$$

Die Gemeinsamkeit besteht darin, dass man sich in beiden Fällen an einer Alternative zur Festlegung des Kalkulationszinssatzes orientiert. Der Unterschied liegt darin, dass das Feld der als relevant betrachteten Alternativen verschieden ist. (1.2) beschränkt das Alternativenfeld auf Finanzinvestitionen am Kapitalmarkt. (1.6) bezieht sämtliche Investitionsarten in das Alternativenfeld ein, schreibt jedoch vor, dass die Alternativinvestition mit der höchsten Rendite bei der Bestimmung des Kalkulationszinssatzes auszuwählen sei. Das kann eine Realinvestition oder eine Finanzinvestition sein.

7012 AUFGABE 12 (FORTGESCHRITTENE)

Es ist nicht sinnvoll, den Kalkulationszinssatz höher als den internen Zinssatz der besten nicht gewählten Investition festzulegen. Wird nämlich ein Beurteilungsobjekt wegen eines zu hohen Kalkulationszinssatzes als unwirtschaftlich abgelehnt, so hat der Investor offenbar keine Ausweichmöglichkeit, die eine Anlage seiner Mittel zum Kalkulationszinssatz gewährleistet. Problematisch ist hierbei der Vergleich von Investitionsobjekten, die sich hinsichtlich des Risikos stark unterscheiden. So wird ein Investor seine Mittel evtl. lieber zu 5 % bei einer Bank als zu 20 % bei einer sehr riskanten Realinvestition anlegen.

AUFGABE 13 (FORTGESCHRITTENE) 7013

Der Kalkulationszinssatz eines Investors kann aus folgenden Gründen nicht als objektiv bezeichnet werden:

a) Fixiert der Investor seinen Kalkulationszinssatz nach der Regel, so ist zu beachten, dass in einer Volkswirtschaft kein einheitlicher Basiszins existiert:

> Kalkulationszinssatz = Basiszins + Risikozuschlag

Man findet vielmehr verschiedene Soll- und Habenzinssätze.

Ferner ist die Risikoeinschätzung und damit der Risikozuschlag von Investor zu Investor und von Investition zu Investition verschieden.

b) Bei Festlegung des Kalkulationszinssatzes nach dem Opportunitätskostenprinzip ist das Feld der betrachteten Investitionsmöglichkeiten von Investor zu Investor verschieden.

AUFGABE 14 (FORTGESCHRITTENE) 7014

Wer eine Investition ablehnt, weil sie die geforderte Mindestverzinsung nicht erbringt, d. h. weil ihre Rendite unter dem Kalkulationszinssatz liegt, führt keinen isolierten Vergleich durch. Er vergleicht vielmehr zwei Möglichkeiten: das Investitionsobjekt und die Anlage der zu investierenden Mittel zum Kalkulationszinssatz. Die Anlage der Geldmittel zum Zinssatz i ist mithin als konkurrierendes Investitionsobjekt zu sehen. Die Vorteilhaftigkeit einer Investition wird stets durch Vergleich bestimmt.

AUFGABE 15 (FORTGESCHRITTENE) 7015

Aufgabe a)

i_e = Habenzinssatz + z
i_e = 0,09 + 0,06
i_e = 0,15 = **15 %**

Aufgabe b)

i_f = Sollzinssatz + z
i_f = 0,11 + 0,06
i_f = 0,17 = **17 %**

Aufgabe c)

$$i_m = \frac{EK \cdot i_e + FK \cdot i_f}{EK + FK} = \frac{EK}{EK + FK} \cdot i_e + \frac{FK}{EK + FK} \cdot i_f$$

i_m = $0{,}25 \cdot i_e + 0{,}75 \cdot i_f$
i_m = $0{,}25 \cdot 0{,}15 + 0{,}75 \cdot 0{,}17$
i_m = $0{,}165 =$ **16,5 %**

Aufgabe d)

i_0 = Alternativrendite
i_0 = $0{,}19 =$ **19 %**

AUFGABE 16 (FORTGESCHRITTENE)

a) Bei Wahl der Investition 2 weist die beste nicht gewählte Investition einen Effektivzinssatz von 18 % aus. Die Opportunitätskosten belaufen sich auf 18 %.

b) Entscheidet sich der Investor für Investition 4 (3, 1), so belaufen sich die Opportunitätskosten auf 19 %. Das ist die Effektivverzinsung der besten nicht gewählten Investition.

AUFGABE 17 (EINSTEIGER)

Der niedrigste in der Praxis verwendete Kalkulationszinssatz dürfte bei 6 % liegen; als Höchstwerte werden Sätze zwischen 20 % und 40 % genannt. Praktisch bedeutsam ist der Bereich von 8 % bis 12 %; der häufigste Wert für den Kalkulationszinssatz liegt in Deutschland bei 10 %.

AUFGABE 18 (EINSTEIGER)

Eine Investition beginnt mit einer oder mehreren Auszahlungen und lässt zu späteren Zahlungszeitpunkten überwiegend positive Nettoeinzahlungen erwarten. Eine Finanzierung beginnt mit einer oder mehreren Einzahlungen und lässt spätere Auszahlungen erwarten. Investition und Finanzierung unterscheiden sich lediglich durch das Vorzeichen der jeweiligen Zahlungsreihe.

Kapitel 2: Dynamische Verfahren

Kapitel 2.1: Kapitalwertmethode

AUFGABE 19 (EINSTEIGER)

$K_n = K_0 \cdot AuF_{20}$

$K_n = 3.000.000.000.000 \cdot 2{,}653298$

$K_n = 7.959{,}894$ (Mrd. €)

AUFGABE 20 (EINSTEIGER)

$n_1 = 5 \rightarrow K_n = 100 \cdot 1{,}469328$
$ K_n = 146{,}93$ (€)

$n_2 = 10 \rightarrow K_n = 100 \cdot 2{,}158925$
$ K_n = 215{,}89$ (€)

$n_3 = 15 \rightarrow K_n = 100 \cdot 3{,}172169$
$ K_n = 317{,}22$ (€)

$n_4 = 20 \rightarrow K_n = 100 \cdot 4{,}660957$
$ K_n = 466{,}10$ (€)

$n_5 = 25 \rightarrow K_n = 100 \cdot 6{,}848475$
$ K_n = 684{,}85$ (€)

$n_6 = 30 \rightarrow K_n = 100 \cdot 10{,}062657$
$ K_n = 1.006{,}27$ (€)

ABB. 109: Endwertkurve

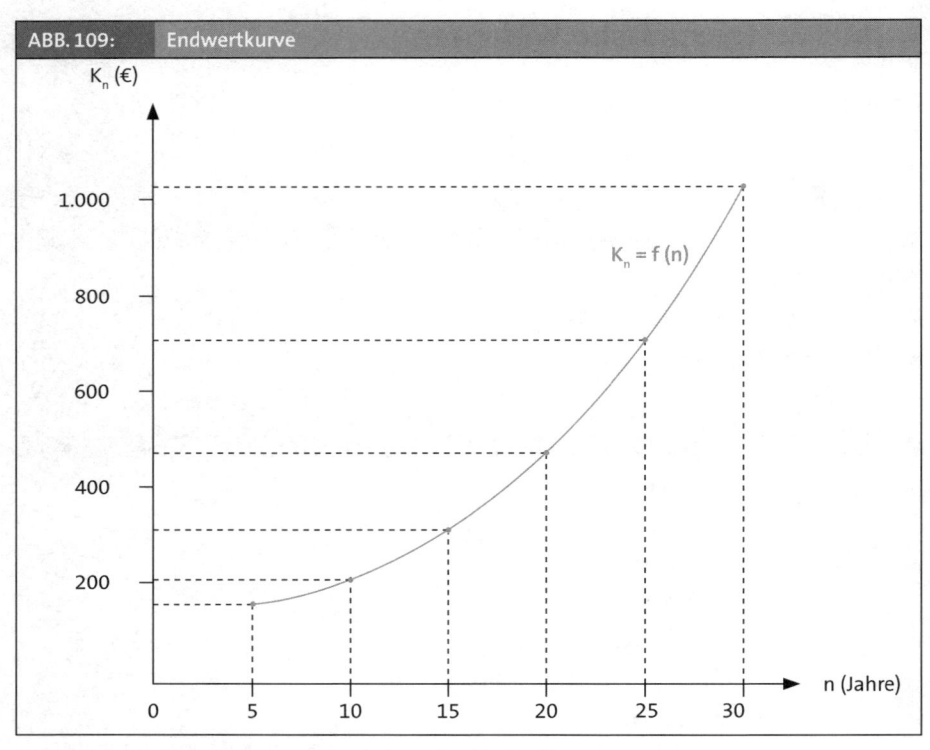

Die Kurve zeigt einen progressiv steigenden Verlauf.

7021 AUFGABE 21 (EINSTEIGER)

$K_n = K_0 \cdot AuF_{20}$

$K_n = 100.000 \cdot 4,660957$

$K_n = 466.096$ (€)

Das Guthaben des Erben beträgt nach 20 Jahren 466.096 €. Die dann jährlich anfallenden Zinsen belaufen sich auf:

$Z = 466.096 \cdot 0,08$

$Z = 37.287,68$ (€)

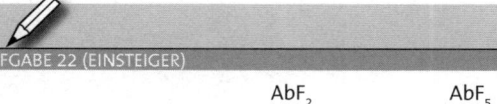

7022 AUFGABE 22 (EINSTEIGER)

$$K_0 = 2.000 \cdot \underset{AbF_2}{0,857339} + 5.000 \cdot \underset{AbF_5}{0,680583} + 4.000 \cdot \underset{AbF_7}{0,583490}$$

$K_0 = 1.714,68 + 3.402,91 + 2.333,96$

$K_0 = 7.451,55$ (€)

Die Einmalzahlung zum Zeitpunkt 0, die den drei einzelnen Zahlungen gleichwertig ist, beträgt 7.451,55 €.

AUFGABE 23 (EINSTEIGER) — 7023

Aufgabe a)

$i_1 = 0{,}06 = 6\,\%$

Um die Zahlungen vergleichen zu können, ist es notwendig, sie auf den Zeitpunkt 0 abzuzinsen.

Käufer	Angebot (Zeitwert)	Abzinsungsfaktor	Angebot (Barwert)
A	120.000	–	120.000
B	150.000	0,747258	112.089
C	180.000	0,704961	**126.893**

Das Angebot des C ist beim gewählten Zinssatz das günstigste, weil es den höchsten Barwert aufweist.

Aufgabe b)

$i_2 = 0{,}10 = 10\,\%$

Käufer	Angebot (Zeitwert)	Abzinsungsfaktor	Angebot (Barwert)
A	120.000	–	**120.000**
B	150.000	0,620921	93.138
C	180.000	0,564474	101.605

Bei einem Zinssatz von i = 0,10 = 10 % ist das Angebot des A am günstigsten.

AUFGABE 24 (EINSTEIGER) — 7024

Aufgabe a)

$i = 0{,}06 = 6\,\%$ → $K_0 = g \cdot DSF_8$

$K_0 = 6.000 \cdot 6{,}209794$

$K_0 = 37.258{,}76\ (€)$

Der dieser Zahlungsreihe äquivalente Barwert beträgt 37.258,76 € beim Kalkulationszinssatz von 6 %.

Aufgabe b)

$i = 0{,}10 = 10\,\%$ → $K_0 = g \cdot DSF_8$

$K_0 = 6.000 \cdot 5{,}334926$

$K_0 = 32.009{,}56\ (€)$

Der dieser Zahlungsreihe äquivalente Barwert beläuft sich beim Kalkulationszinssatz von 10 % auf 32.009,56 €.

KAPITEL 7 — Lösungen zu den Übungsaufgaben

7025 AUFGABE 25 (EINSTEIGER)

$K_n = g \cdot EWF_{30}$

$K_n = 2.000 \cdot 94{,}460786$

$K_n = 188.922$ (€)

Der Verzicht auf das Lottospielen erbringt bei Anlage der dadurch frei werdenden Mittel zu i = 7 % nach 30 Jahren ein Kapital von 188.922 €.

7026 AUFGABE 26 (EINSTEIGER)

Weil der, der Ihnen Geld leiht, im Regelfall dafür Zinsen verlangt – genauso wie Sie im Regelfall Zinsen erwarten, wenn Sie Geld verleihen. Dabei kommt man rasch zu beträchtlichen Steigerungen: Ein heute zu 7 % angelegter Geldbetrag wächst unter Berücksichtigung von Zins und Zinseszins innerhalb von 10 Jahren auf das Doppelte.

7027 AUFGABE 27 (EINSTEIGER)

Unter Zeitpräferenz versteht man den Tatbestand der Minderschätzung künftiger Bedürfnisse, Ereignisse und Zahlungen gegenüber gegenwärtigen. Ihr jetziger Hunger ist Ihnen wichtiger als Ihr künftiger. Ihr Jahresgehalt empfangen Sie lieber in zwölf Monatsraten während des Jahres als in einer einzigen Zahlung am 31. Dezember. Den in einem Preisausschreiben gewonnenen Kilobarren Gold wollen Sie jetzt und nicht erst nach 20 Jahren.

AUFGABE 28 (EINSTEIGER) — 7028

ABB. 110: Kapitalwertkurve I

C_0 (€)

Typischer Verlauf der kapitalwertkurve monoton fallend

i_{kr}

i (%)

Kapitalwertkurve $C_0 = f(i)$

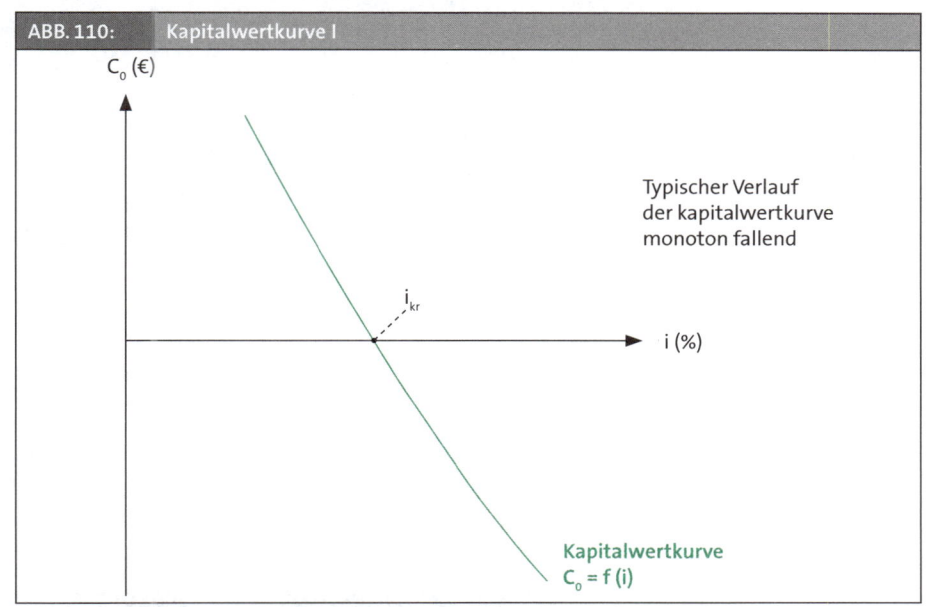

Kapitalwertformel

$$C_0 = -A + R \frac{1}{(1+i)^n} + \sum_{k=1}^{k=n} (e_k - a_k) \frac{1}{(1+i)^k}$$

Wie aus der Formel ersichtlich ist, werden alle Größen, ausgenommen A, auf den Zeitpunkt 0 abgezinst. Mit steigendem i werden die Barwerte kleiner, da der Abzinsungsfaktor mit steigendem i sinkt.

AUFGABE 29 (EINSTEIGER) — 7029

Der Kapitalwert ist die Differenz zwischen den barwertigen Ein- und Auszahlungen bei einem bestimmten Zinssatz: $C_0 = E_0 - A_0$.

AUFGABE 30 (EINSTEIGER) — 7030

Aufgabe a)

$i_1 = 0{,}08 = 8\,\%$ → $C_0 = E_0 - A_0$

$C_0 = 14.800 \cdot 0{,}680583 - 10.000 = 73$ (€)

Der Kapitalwert ist positiv, also ist die Investition beim gewählten Kalkulationszinssatz vorteilhaft.

Aufgabe b)

$i_2 = 0{,}10 = 10\,\% \rightarrow \quad C_0 = E_0 - A_0$

$C_0 = 14.800 \cdot 0{,}620921 - 10.000 = -810{,}38\ (€)$

Der Kapitalwert ist negativ, also ist die Investition beim gewählten Kalkulationszinssatz unvorteilhaft.

7031 AUFGABE 31 (EINSTEIGER)

Um eine Empfehlung abgeben zu können, ist es notwendig, die zusätzlichen Prämienzahlungen auf den Zeitpunkt 0 abzuzinsen und die Summe mit der barwertigen Sofortauszahlung von 1.500 € (= BW_1) zu vergleichen.

Aufgabe a)

$BW_1 = 1.500\ (€)$

$BW_2 = 500 \cdot 0{,}925926 + 400 \cdot 0{,}857339 + 400 \cdot 0{,}793832 + 300 \cdot 0{,}73503 + 300 \cdot 0{,}680583$

$BW_2 = 1.548\ (€)$

Bei einem Zinssatz von 8 % ist der Barwert der zusätzlichen Prämienzahlungen höher als die Einmalzahlung $\rightarrow$ selbst regulieren.

Aufgabe b)

$BW_1 = 1.500\ (€)$

$BW_2 = 500 \cdot 0{,}909091 + 400 \cdot 0{,}857339 + 400 \cdot 0{,}826446 + 400 \cdot 0{,}751315 + 300 \cdot 0{,}683013$
$\quad\quad\ + 300 \cdot 0{,}620921$

$BW_2 = 1.476\ (€)$

Bei einem Kalkulationszinssatz von 10 % ist es empfehlenswert, den Schaden durch die Versicherung regeln zu lassen, weil der Barwert der zusätzlichen Prämienzahlungen kleiner ist als die Einmalzahlung.

7032 AUFGABE 32 (FORTGESCHRITTENE)

$C_0 = (e - a) \cdot DSF_n + R \cdot AbF_n - A$

$C_0 = (5.000 - 3.000) \cdot 3{,}465106 + 4.000 \cdot 0{,}792094 - 10.000$

$C_0 = 98{,}59\ (€)$

Die Investition ist beim gewählten Kalkulationszinssatz vorteilhaft, da der Kapitalwert positiv ist.

7033 AUFGABE 33 (EINSTEIGER)

Aufgabe a)

$K_0 = \dfrac{g}{i} = \dfrac{4.500}{0{,}08} = 56.250\ (€)$

Aufgabe b)

$$K_0 = 4.500 \cdot \frac{1}{0,04} = 112.500 \ (€)$$

AUFGABE 34 (EINSTEIGER)

$$K_0 = g \cdot \frac{1}{i} = 25.000 \cdot \frac{1}{0,06} = 416.667 \ (€)$$

AUFGABE 35 (EINSTEIGER)

Steigt oder fällt der Kapitalwert einer Investition im Regelfall unter sonst gleichen Umständen mit	Steigt	Fällt
a) steigender Anschaffungsauszahlung A?		X
b) steigenden jährlichen Betriebs- und Instandhaltungsauszahlungen a?		X
c) steigenden jährlichen Einzahlungen e?	X	
d) steigender Nutzungsdauer n?	X	
f) steigendem Kalkulationszinssatz i?		X

AUFGABE 36 (FORTGESCHRITTENE)

Aufgabe a)
Kapitalwertberechnung bei konstanter jährlicher Nettoeinzahlung

$C_0 = -A + (e - a) \cdot DSF$

$C_0 = -1.000.000 + 315.471 \cdot 3,239720$

$C_0 = 22.038 \ €$

Kauf ist wegen des positiven Kapitalwertes lohnend.

Aufgabe b)
Kapitalwertberechnung bei unterschiedlichen jährlichen Nettoeinzahlungen

Zeitpunkt	Zahlung (€)	AbF (9 %)	Barwert (€)
0	-1.000.000		-1.000.000
1	315.471	0,917431	289.423
2	100.000	0,841680	84.168
3	315.471	0,772183	243.601
4	585.471	0,708425	414.762
Kapitalwert			31.954

Kauf ist wegen des positiven Kapitalwertes lohnend.

Aufgabe c)

Einsatz des Diskontierungssummenfaktors DSF

Der Diskontierungssummenfaktor DSF darf nur zur Kapitalisierung einer Zahlungsreihe mit im Zeitablauf konstanten Periodenzahlungen, die jeweils zum Periodenende anfallen, verwendet werden. In b) sind die Periodenzahlungen unterschiedlich, also muss einzeln Periode für Periode mit Hilfe des Abzinsungsfaktors AbF diskontiert werden.

Aufgabe d)

Kapitalwertberechnung bei unbegrenzter Nutzungsdauer

$C_0 = -A + (e - a) \, 1/i$

$C_0 = -1.000.000 + 95.000 \cdot 1/0,09 = 55.556 \, €$

Der Kauf ist wegen des positiven Kapitalwertes lohnend.

AUFGABE 37 (FORTGESCHRITTENE)

Meist ist die Anschaffungsauszahlung eines Objekts die einzige sicher feststellbare Größe. Alle anderen Größen sind risikobehaftet. Sie können von dem als wahrscheinlich angesehenen Wert so abweichen, dass die Vorteilhaftigkeit des Objekts leidet. Diesem Risiko steht aber auch eine Chance gegenüber. Das ist diejenige Abweichung vom wahrscheinlichsten Wert, die die Vorteilhaftigkeit günstig beeinflusst. Risiko und Chance gehören zusammen.

In die Investitionsrechnung eingehende Größe	Risiko	Chance
Anschaffungsauszahlung	entfällt	entfällt
Betriebs- und Instandhaltungsauszahlungen a	Tatsächliche Werte höher als erwartet	Tatsächliche Werte niedriger als erwartet
Jährliche Einzahlungen e	Istwerte kleiner als Planwerte	Istwerte größer als Planwerte
Nutzungsdauer n	Tatsächliche Nutzungsdauer liegt unter dem Planwert	Tatsächliche Nutzungsdauer liegt über dem Planwert
Restwert R	Istwert liegt unter Planwert	Istwert liegt über Planwert
Kalkulationszinssatz i	Zinsniveau steigt, Kalkulationszinssatz zu niedrig	Zinsniveau fällt, Kalkulationszinssatz zu hoch

Kapitel 2.1: Kapitalwertmethode

KAPITEL 7

AUFGABE 38 (FORTGESCHRITTENE) 7038

Formular zur Kapitalwertberechnung					
Zeitpunkt/ Wirtschafts-jahr	Auszahlungen A, a (€)	Einzahlungen e, R (€)	Nettoein-zahlungen (€)	Abzinsungs-faktor (8 %)	Barwerte (8 %) (€)
	I	II	III = II - I	IV	V = III · VI
0 20..				1,000000	
1 20..				0,925926	
2 20..				0,857339	
3 20..				0,793832	
4 20..				0,735030	
5 20..				0,680583	
6 20..				0,630170	
7 20..				0,583490	
8 20..				0,540269	
9 20..				0,500249	
10 20..				0,463193	
11 20..				0,428883	
12 20..				0,397114	
13 20..				0,367698	
14 20..				0,340461	
15 20..				0,315242	
16 20..				0,291890	
17 20..				0,270269	
18 20..				0,250249	
19 20..				0,231712	
20 20..				0,214548	
21 20..				0,198656	
22 20..				0,183941	
23 20..				0,170315	
24 20..				0,157699	
25 20..				0,146018	
26 20..				0,135202	
27 20..				0,125187	
28 20..				0,115914	
29 20..				0,107328	
30 20..				0,099377	
Kapitalwert (= Summe aller Barwerte)					

Kapitel 2.2: Interne Zinsfuß-Methode

7039 AUFGABE 39 (FORTGESCHRITTENE)

Eine Investition ist dann vorteilhaft, wenn der interne Zinssatz (= erwartete Rendite) einer Investition mindestens so groß ist wie die vom Investor subjektiv gesetzte Mindestverzinsungsanforderung (= Kalkulationszinssatz).

Folgende zwei Teilfragen müssen dazu gestellt und beantwortet werden:

1. Welche Höhe hat die Mindestverzinsungsanforderung i des Investors?
2. Wie groß ist die Rendite r der Investition?

7040 AUFGABE 40 (EINSTEIGER)

Rendite, Effektivverzinsung, DCF-Rendite = Discounted-Cash-Flow-Rendite, interner Ertragssatz, interne Rendite, internal rate of return, Kapitalertragsrate.

7041 AUFGABE 41 (EINSTEIGER)

Der interne Zinssatz einer Investition ist der Zinssatz, bei dessen Ansatz der Kapitalwert einer Investition gleich Null wird.

7042 AUFGABE 42 (FORTGESCHRITTENE)

Die Definition des internen Zinssatzes besagt, dass es sich hierbei um den Zinssatz handelt, bei dem der Kapitalwert einer Investition gleich Null wird. Bei einem Kapitalwert von Null ist eine Investition aber gerade noch lohnend. Eine eben noch lohnende Investition ist nach der internen Zinsfuß-Methode durch die Bedingung i= r zu charakterisieren. Somit repräsentiert der Schnittpunkt der Kapitalwertkurve mit der Abszisse die Nullstelle der Kapitalwertfunktion mit i= r und gleichzeitig $C_0 = 0$.

7043 AUFGABE 43 (EINSTEIGER)

Finanzierung ist das Spiegelbild von Investition, nämlich eine Zahlungsreihe, die mit einer Einzahlung beginnt. Da wie bei der Investition eine Zahlungsreihe vorliegt, kann man auch die Effektivbelastung analog berechnen. Aus der Sicht des Geldgebers lässt sich eine Finanzierungsmaßnahme auch direkt als Investition interpretieren, was die unmittelbare Anwendung der internen Zinsfuß-Methode ermöglicht.

Kapitel 2.2: Interne Zinsfuß-Methode

AUFGABE 44 (FORTGESCHRITTENE)

Unter einem Disagio (*ital.* = Abschlag, Abgeld) versteht man die Spanne, um die der Preis oder Kurs eines Wertpapiers hinter dem Nennwert zurückbleibt. Unter dem Begriff Agio (*ital.* = Aufgeld) versteht man den Betrag, um den der Preis oder Kurs eines Wertpapiers über dem Nennwert liegt.

Bei einem unter 100 % liegenden Auszahlungskurs ist der Effektivzinssatz höher als der Nominalzinssatz. Ein unter 100 % liegender Auszahlungskurs kann also zur Verschleierung eines hohen Effektivzinssatzes benutzt werden. Daneben kommt als Motiv für einen niedrigen Auszahlungskurs auch die Notwendigkeit einer Feinabstimmung des Effektivzinssatzes in Frage: Der Nominalzinssatz wird üblicherweise lediglich in Schritten von einem halben oder einem viertel Prozentpunkt geändert. Will man also einen Effektivzinssatz von beispielsweise 6,65 %, dann ist – bei einem Nominalzinssatz von 6,5 % – ein Auszahlungskurs zu wählen, der unter 100 % liegt. Die Höhe des Disagios richtet sich dann nach der Laufzeit des Darlehens.

Das wird auch aus den folgenden Gleichungen deutlich:

$$r_{appr} = \frac{Z}{A} + \frac{R-A}{n} \qquad r_{appr} = \frac{Z + \frac{R-A}{n}}{A}$$

Die Gleichungen verteilen das Disagio (= Differenz zwischen Rückzahlungskurs und Auszahlungskurs = R - A) mittels Division durch n auf die Laufzeit. Der approximative Effektivzinssatz ergibt sich, indem Sie neben dem Nominalzinssatz auch das anteilige Disagio pro Periode berücksichtigen, das aber in beiden Fällen nicht finanzmathematisch korrekt auf die Laufzeit verteilt wird.

AUFGABE 45 (FORTGESCHRITTENE)

```
                              + 77,50
       - 88,50   + 7   + 8   + 9    + 9    + 6        (€)
         |        |     |     |      |      |
         0        1     2     3      4      5       (Jahre)
```

$i_1 = 0,06$ → $C_{0,1} = -88,50 + 7 \cdot 0,943396 + 8 \cdot 0,889996 + 9 \cdot 0,839619 + 9 \cdot 0,792094 +$
$(6 + 77,50) \cdot 0,747258$

$C_{0,1} = 2,31$ (€)

$i_2 = 0,08$ → $C_{0,2} = -88,50 + 7 \cdot 0,925926 + 8 \cdot 0,857339 + 9 \cdot 0,793832 + 9 \cdot 0,735030 +$
$(6 + 77,50) \cdot 0,680583$

$C_{0,2} = -4,57$ (€)

$i_3 = 0,10$ → $C_{0,3} = -88,50 + 7 \cdot 0,909091 + 8 \cdot 0,8266446 + 9 \cdot 0,751315 + 9 \cdot 0,683013 +$
$(6 + 77,50) \cdot 0,620921$

$C_{0,3} = -10,77$ (€)

ABB. 111: Kapitalwertkurve II

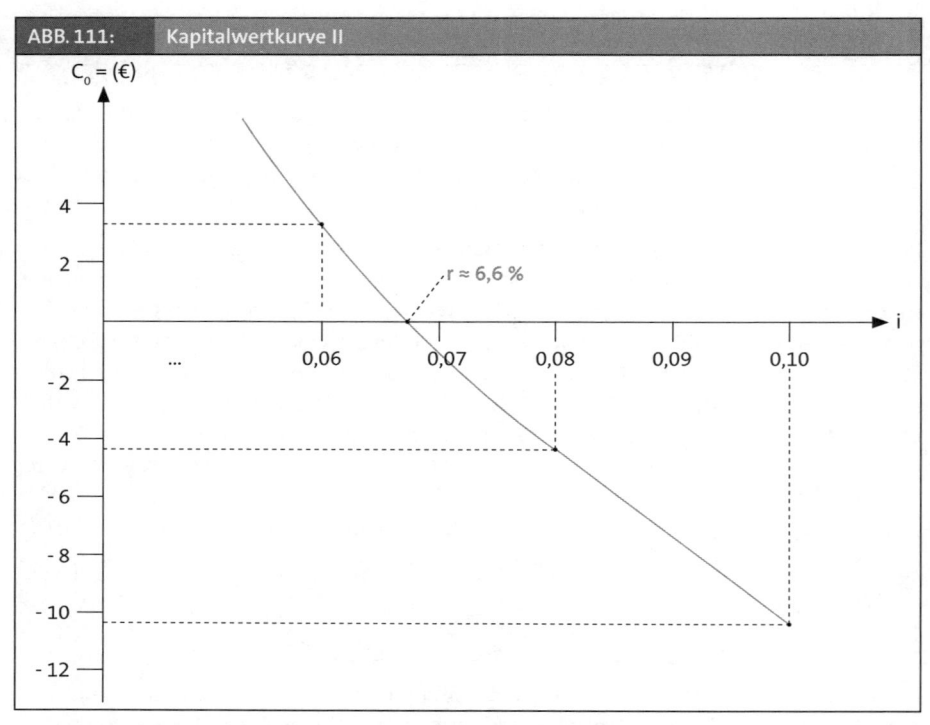

Die Rendite dieser Finanzinvestition liegt bei r = 0,066 = 6,6 %. Rechnet der Investor normalerweise mit einem Kalkulationszinssatz von i = 0,10 = 10 %, so war das Engagement nicht lohnend.

AUFGABE 46 (FORTGESCHRITTENE)

Aufgabe a)

$$r_{appr} = \frac{Z}{A} + \frac{R-A}{n} = \frac{0,08}{0,92} + \frac{1,00 - 0,92}{10} = 0,09495 = 9,50\ (\%)$$

$$r_{appr} = \frac{Z + \frac{R-A}{n}}{A} = \frac{8 + \frac{100 - 92}{10}}{92} = 0,0957 = 9,57\ (\%)$$

Aufgabe b)

$i_1 = 0,06 \quad \rightarrow \quad C_{0,1} = -92 + 8 \cdot 7,360087 + 100 \cdot 0,558395$
$ C_{0,1} = 22,72\ (€)$

$i_2 = 0,08 \quad \rightarrow \quad C_{0,2} = -92 + 8 \cdot 6,710081 + 100 \cdot 0,463193$
$ C_{0,2} = 8,00\ (€)$

$i_3 = 0,10 \quad \rightarrow \quad C_{0,3} = -92 + 8 \cdot 6,144567 + 100 \cdot 0,385543$
$ C_{0,3} = -4,29\ (€)$

ABB. 112: Kapitalwertkurve III

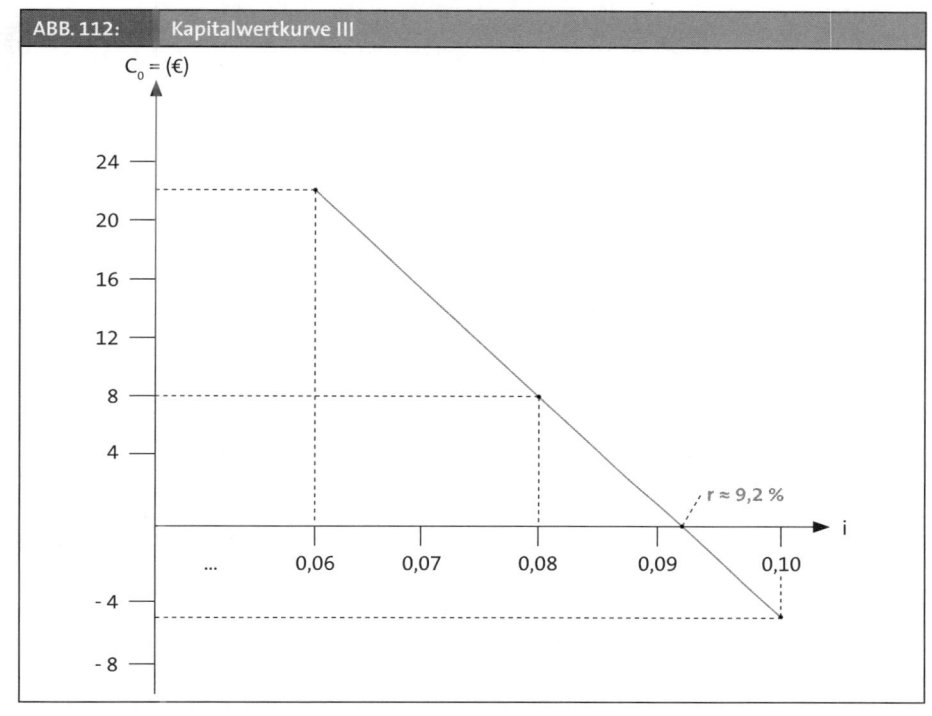

Die Investition weist eine Rendite von ca. 9,2 % auf.

Aufgabe c)

Für $n \to \infty$ strebt der Diskontierungssummenfaktor gegen $1/i$.

1. Schritt: $C_0 = -92 + 8 \cdot \dfrac{1}{i}$

2. Schritt: $0 = -92 + 8 \cdot \dfrac{1}{r}$

3. Schritt: $r = \dfrac{8}{92} = 0{,}086956 = 8{,}70\ (\%)$

Bei unendlicher Laufzeit beläuft sich die Rendite auf $r = 8{,}70\ \%$.

AUFGABE 47 (PROFIS) 7047

Die Gleichung zur Effektivzinsbestimmung (Regula falsi) lautet:

$$r = i_1 - C_{0,1} \cdot \dfrac{i_2 - i_1}{C_{0,2} - C_{0,1}}$$

ABB. 113: Sehnenverfahren (Regula falsi)

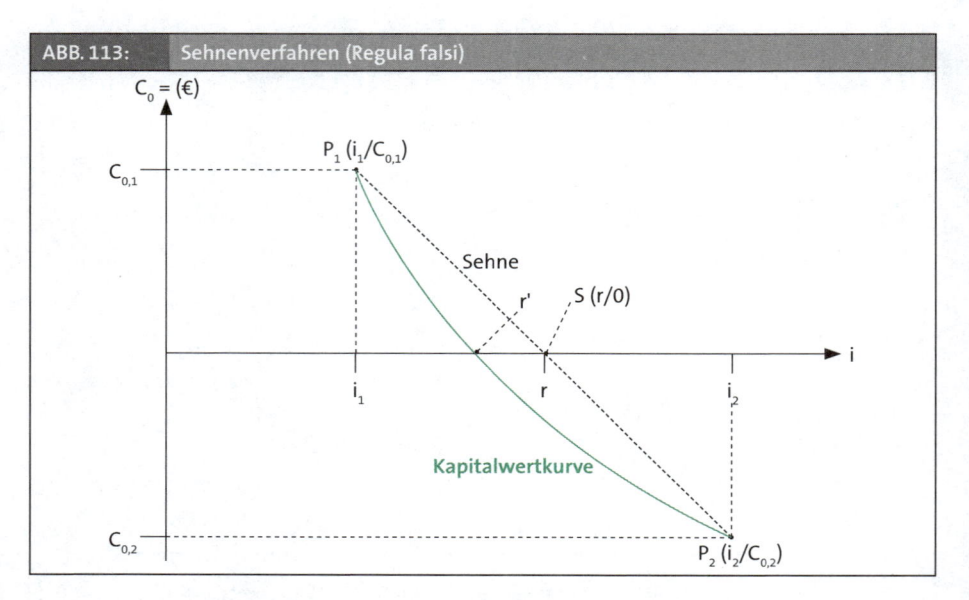

Ausgangspunkt ist der gesuchte interne Zinssatz, also der Wert von i, an dem die aus der Abbildung ersichtliche Gerade die Abszisse schneidet. Hierfür stehen zwei Wertepaare zur Verfügung, nämlich die Koordinaten von P_1 ($i_1/C_{0,1}$) und jene von P_2 ($i_2/C_{0,2}$).

1. Schritt: Ermittlung der Geradengleichung.

$$\frac{C_0 - C_{0,1}}{i - i_1} = \frac{C_{0,2} - C_{0,1}}{i_2 - i_1}$$

2. Schritt: Da der Schnittpunkt der Geraden mit der Abszisse ermittelt werden soll, muss $C_0 = 0$ gesetzt werden. Durch das Nullsetzen ist der Zinssatz i als Renditenwert r fixiert.

$$\frac{0 - C_{0,1}}{r - i_1} = \frac{C_{0,2} - C_{0,1}}{i_2 - i_1} \qquad |\cdot (r - i_1) \cdot (i_2 - i_1)$$

3. Schritt: Auflösen der Gleichung nach r.

$$-C_{0,1}(i_2 - i_1) = (C_{0,2} - C_{0,1})(r - i_1) \qquad |:(C_{0,2} - C_{0,1})$$

$$r - i_1 = \frac{-C_{0,1}(i_2 - i_1)}{C_{0,2} - C_{0,1}} \qquad |+ i_1$$

$$r = i_1 - C_{0,1} \cdot \frac{i_2 - i_1}{C_{0,2} - C_{0,1}}$$

Kapitel 2.2: Interne Zinsfuß-Methode

AUFGABE 48 (FORTGESCHRITTENE) 7048

Aufgabe a)

1. Grafische Methode:

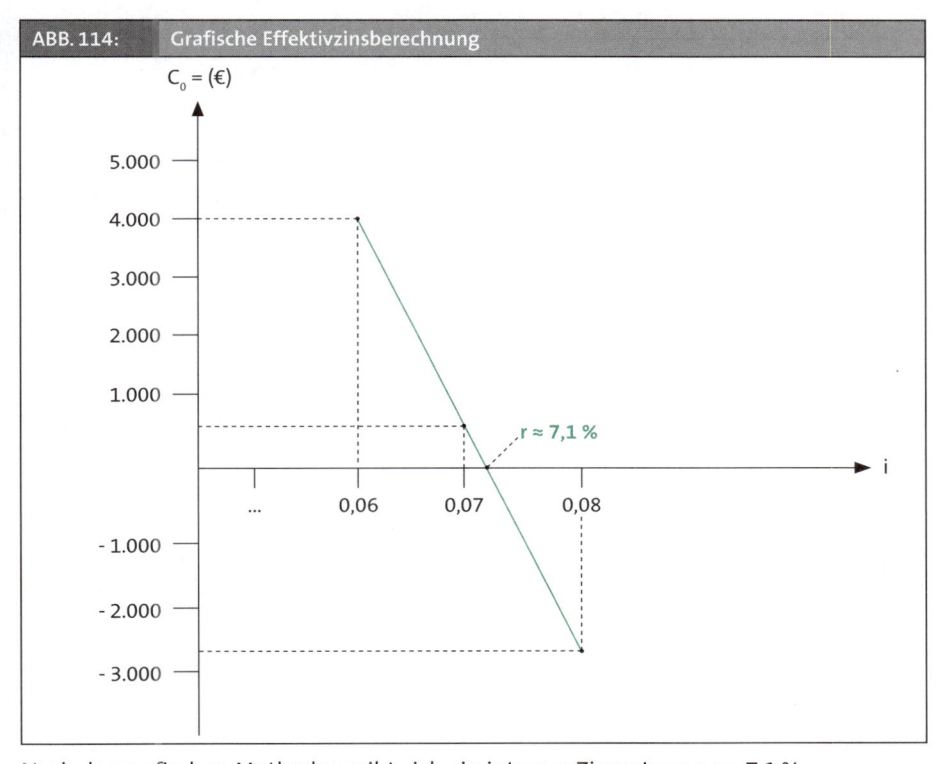

$i_1 = 0,06$ → $C_{0,1} = -46.000 + 3.000 \cdot 7,360087 + 50.000 \cdot 0,558395$
 $C_{0,1} = 4.000$ (€)

$i_2 = 0,07$ → $C_{0,2} = -46.000 + 3.000 \cdot 7,023582 + 50.000 \cdot 0,508349$
 $C_{0,2} = 488$ (€)

$i_3 = 0,08$ → $C_{0,3} = -46.000 + 3.000 \cdot 6,710081 + 50.000 \cdot 0,463193$
 $C_{0,3} = -2.710$ (€)

ABB. 114: Grafische Effektivzinsberechnung

Nach der grafischen Methode ergibt sich ein interner Zinssatz von ca. 7,1 %.

2. Rechnerische Methode:

$i_1 = 0,07$ → $C_{0,1} = 488$ (€)
$i_2 = 0,08$ → $C_{0,2} = -2.710$ (€)

Setzt man die beiden Wertepaare in die Gleichung zur Effektivzinsbestimmung ein, so ergibt sich:

$$r = 0{,}07 - 488 \cdot \frac{0{,}08 - 0{,}07}{-2.710 - 488}$$

$$r = 0{,}07 + 488 \cdot \frac{0{,}01}{3.198}$$

$$r = 0{,}0715 = 7{,}15\ (\%)$$

Nach der rechnerischen Methode ergibt sich ein interner Zinssatz von 7,15 %.

3. Näherungsgleichungen:

Für die approximative Rendite gilt:

$$r_{appr} = \frac{Z + \frac{R-A}{n}}{A} \qquad \text{oder:} \qquad r_{appr} = \frac{Z}{A} + \frac{R-A}{n}$$

$$r_{appr} = \frac{3.000 + \frac{50.000 - 46.000}{10}}{46.000} \qquad r_{appr} = \frac{0{,}06}{0{,}92} + \frac{0{,}08}{10}$$

$$r_{appr} = \frac{3.000 + 400}{46.000} \qquad r_{appr} = 0{,}07322$$

$$r_{appr} = 7{,}39\ (\%) \qquad r_{appr} = 7{,}32\ (\%)$$

Die Näherungslösung ergibt Effektivzinssätze von 7,39 % und 7,32 %, die um 0,24 bzw. 0,17 Prozentpunkte über dem genauen Wert von 7,15 % liegen.

Aufgabe b)

Die Näherungsgleichung erbringt im gegebenen Fall eine Lösung, die deutlich von dem genauen Wert abweicht. Der Grad der Abweichung hängt von folgenden Größen ab:

1. von der Höhe des Disagios,
2. von der Laufzeit.

Dabei gilt:

1. Die Abweichung wächst unter sonst gleichen Umständen mit wachsendem Disagio.
2. Die Abweichung nimmt bei konstantem Effektivzinssatz mit steigender Laufzeit zu.

Kapitel 2.2: Interne Zinsfuß-Methode

AUFGABE 49 (FORTGESCHRITTENE) 7049

Aufgabe a)

Die Formel für die Rendite einer Investition, bei der der Restwert die gleiche Höhe hat wie die Anschaffungsauszahlung, lautet:

$$r = \frac{(e - a)}{A}$$

$$r = \frac{3.200}{20.000}$$

$$r = 0,16 = 16\ (\%)$$

Die Rendite dieser Investition beträgt 16 %.

Aufgabe b)

Es gilt:

1. Schritt: $C_0 = -20.000 + 3.200 \cdot DSF_9$

2. Schritt: $0 = -20.000 + 3.200 \cdot DSF_9$

3. Schritt: $DSF_9 = \dfrac{20.000}{3.200} = 6,250000$

Aus der Tabelle der Diskontierungssummenfaktoren erhält man für n= 9 und für den Faktorenwert von 6,250000 einen internen Zinssatz von etwa 8 %.

Aufgabe c)

Bei $n \to \infty$ gilt:

1. Schritt: $C_0 = 3.200 \cdot \dfrac{1}{i} - 20.000$

2. Schritt: $0 = 3.200 \cdot \dfrac{1}{r} - 20.000$

3. Schritt: $r = \dfrac{3.200}{20.000} = 0,16 = 16\ (\%)$

Bei unbegrenzter Lebensdauer beträgt die Rendite 16 %.

KAPITEL 7 — Lösungen zu den Übungsaufgaben

7050 AUFGABE 50 (FORTGESCHRITTENE)

$$r = \left(\frac{R}{A}\right)^{\frac{365}{V}} - 1 = \left(\frac{1.000}{970}\right)^{18,25} - 1 = 0{,}7435 = 74{,}35\ \%$$

7051 AUFGABE 51 (FORTGESCHRITTENE)

Formular zur Effektivzinsberechnung							
Zeitpunkt/ Wirtschaftsjahr	Auszahlungen A, a (€)	Einzahlungen e, R (€)	Nettoeinzahlungen (€)	Abzinsungsfaktor (8 %)	Barwerte (8 %) (€)	Abzinsungsfaktor (12 %)	Barwerte (12 %) (€)
	I	II	III = II − I	IV	V = III · IV	VI	VII = III · VI
0 20..				1,000000		1,000000	
1 20..				0,925926		0,892857	
2 20..				0,857339		0,797194	
3 20..				0,793832		0,711780	
4 20..				0,735030		0,635518	
5 20..				0,680583		0,567427	
6 20..				0,630170		0,506631	
7 20..				0,583490		0,452349	
8 20..				0,540269		0,403883	
9 20..				0,500249		0,360610	
10 20..				0,463193		0,321973	
11 20..				0,428883		0,287476	
12 20..				0,397114		0,256675	
13 20..				0,367698		0,229174	
14 20..				0,340461		0,204620	
15 20..				0,315242		0,182696	
Kapitalwerte (= Summe aller Barwerte)				$C_{0,1}$ =		$C_{0,2}$ =	
Rendite (interner Zinssatz) nach Regula falsi			$r = 8 - [C_{0,1} \cdot (12 - 8) / (C_{0,2} - C_{0,1})] =$				

Kapitel 2.2: Interne Zinsfuß-Methode

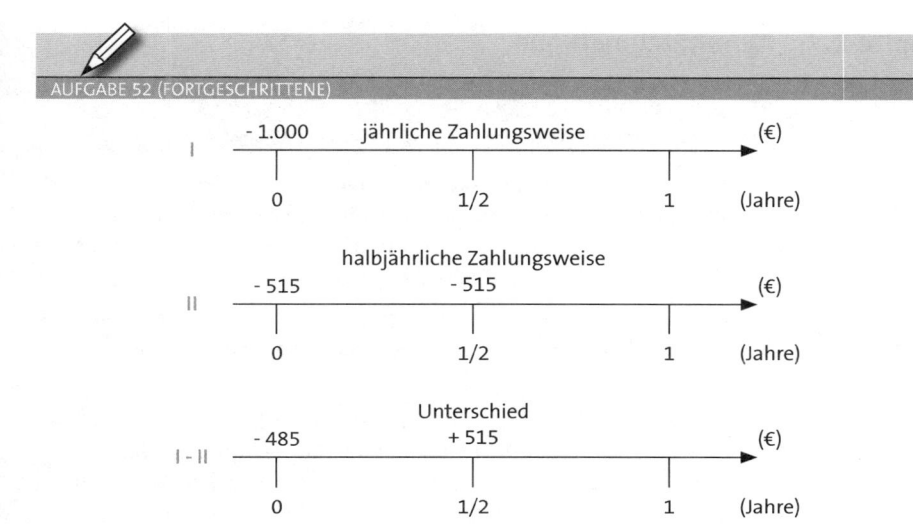

AUFGABE 52 (FORTGESCHRITTENE) — 7052

```
           -1.000      jährliche Zahlungsweise              (€)
   I    ├──────────┼──────────────────┼──────────►
          0                1/2                 1          (Jahre)

                        halbjährliche Zahlungsweise
           -515            -515                           (€)
   II   ├──────────┼──────────────────┼──────────►
          0                1/2                 1          (Jahre)

                           Unterschied
           -485             +515                          (€)
  I-II  ├──────────┼──────────────────┼──────────►
          0                1/2                 1          (Jahre)
```

Bei halbjährlicher Zahlungsweise (II) fällt in 0 eine Zahlung von 515 an. Man vermeidet also im Vergleich zu (I) lediglich eine Zahlung von 485; das ist der Kredit, den die Versicherung dem Studenten gewährt. Die Vermeidung von 485 zum Zeitpunkt I wird aber erkauft durch eine Zahlung von 515 zum Halbjahr. Für einen Kredit von 485 € sind 30 € Zinsen im Halbjahr zu zahlen. Damit ergibt sich folgender effektiver Jahreszinssatz von 12,75 %. Der Überziehungskredit ist billiger.

$$r = \left(\frac{515}{485}\right)^2 - 1 = 0{,}1275 = 12{,}75\,\%$$

Kapitel 2.3: Annuitätenmethode

7053 AUFGABE 53 (PROFIS)

Der Kehrwert des Diskontierungssummenfaktors verteilt einen heute fälligen Geldbetrag unter Berücksichtigung von Zins und Zinseszins in gleiche Annuitäten auf eine bestimmte Anzahl von Perioden. Der Faktor hat in Literatur und Praxis verschiedene Bezeichnungen, je nachdem, welches Problem gelöst werden soll:

1. Verrentungsfaktor deutet darauf hin, dass man mit Hilfe dieses Faktors die einem heute fälligen Geldbetrag bei einem bestimmten Zinssatz äquivalente, über n Perioden laufende Rente ermitteln kann.

2. Von Kapitalwiedergewinnungsfaktor spricht man, wenn ein Investor mit Hilfe des Faktors ausrechnet, wie hoch der jährlich einzunehmende Nettobetrag mindestens sein muss, damit sich die Anschaffungsauszahlung wiedergewinnen lässt, und die jeweils noch ausstehenden Beträge zum Kalkulationszinssatz verzinst werden.

3. Annuitätenfaktor heißt der Kehrwert des Diskontierungssummenfaktors im Bereich der Tilgungsrechnung. Er gestattet die Ermittlung jener Jahreszahlung (Annuität), die zur Bedienung einer Schuld bei gegebener Laufzeit und gegebenem Zinssatz notwendig ist.

In allen drei Fällen wird eine Einmalzahlung K_0 umgerechnet in eine gleichwertige Zahlungsreihe.

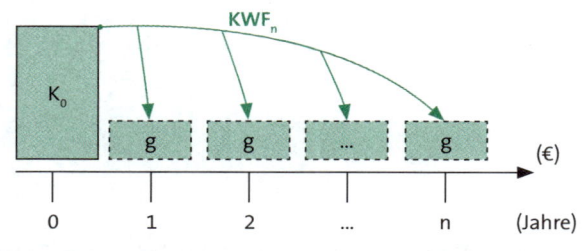

7054 AUFGABE 54 (FORTGESCHRITTENE)

Unter der anteiligen Anschaffungsauszahlung versteht man jenen Betrag, der wirtschaftlich die auf die Laufzeit umgelegte Anschaffungsauszahlung repräsentiert.

$$\text{anteilige Anschaffungsauszahlung} = A \cdot \frac{i(1+i)^n}{(1+i)^n - 1}$$

$$\text{anteilige Anschaffungsauszahlung} = A \cdot KWF_n = \text{Kapitaldienst}$$

Kapitel 2.3: Annuitätenmethode

KAPITEL 7

Unter dem anteiligen Restwert versteht man jenen Betrag, der den auf die Laufzeit von n Jahren umgelegten Restwert repräsentiert.

anteiliger Restwert = $R \cdot \dfrac{i}{(1+i)^n - 1}$

anteiliger Restwert = $R \cdot RVF_n$

AUFGABE 55 (EINSTEIGER) 7055

Die Annuitätenmethode rechnet alle anfallenden Ein- und Auszahlungen auf Durchschnittswerte um. Man vergleicht dann die Zahlungsreihe der durchschnittlichen jährlichen Einzahlungen (DJE) mit jener der durchschnittlichen jährlichen Auszahlungen (DJA). Vorteilhaft ist eine Investition stets dann, wenn gilt:

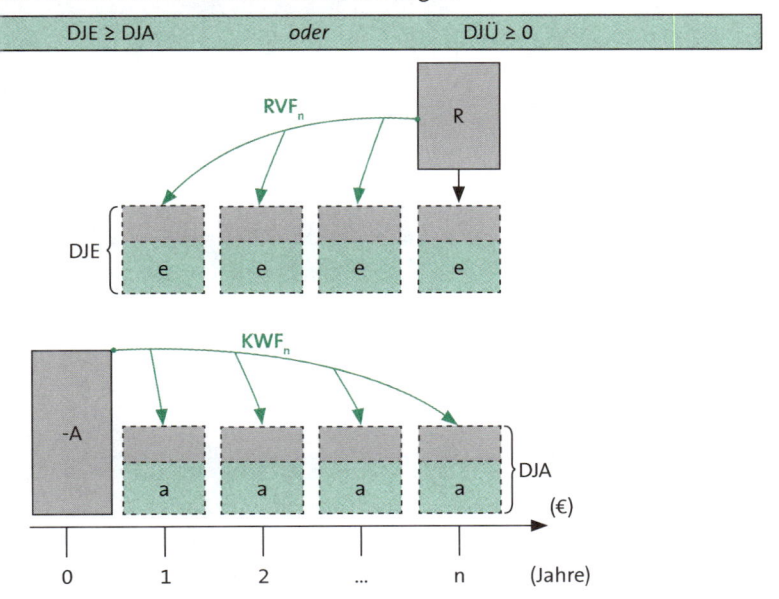

DJE ≥ DJA	oder	DJÜ ≥ 0

Die Kapitalwertmethode errechnet die Vorteilhaftigkeit der zu verschiedenen Zeitpunkten anfallenden Zahlungen nicht durch die Bildung von durchschnittlichen Zahlungsreihen, sondern durch Abzinsen aller Ein- und Auszahlungen auf den Zeitpunkt 0. Vorteilhaft ist eine Investition stets dann, wenn der Barwert BW aller nach dem Zeitpunkt 0 anfallenden Nettoeinzahlungen mindestens so groß wie die Anschaffungsauszahlung ist, d. h. der Kapitalwert der Investition nicht negativ ist.

KAPITEL 7 Lösungen zu den Übungsaufgaben

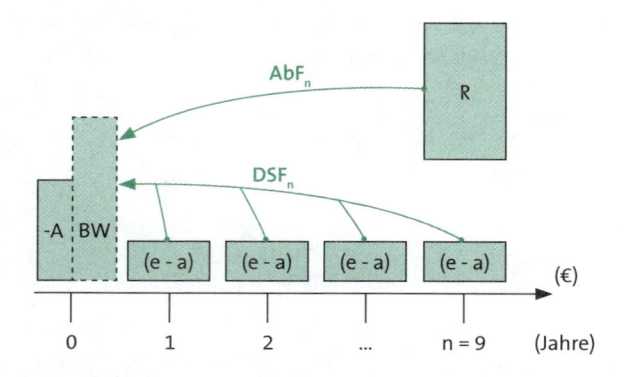

[Diagramm: Zeitstrahl mit $-A$, BW bei $t=0$, Zahlungen $(e-a)$ in den Jahren 1, 2, ..., $n=9$, Rückfluss R am Ende, mit AbF_n und DSF_n.]

7056 AUFGABE 56 (EINSTEIGER)

Der Kapitaldienst einer Investition lässt sich in einen Zins- und einen Wiedergewinnungsanteil zerlegen:

$$\text{Kapitaldienst} = \text{Zinsanteil} + \text{Wiedergewinnungsanteil}$$

Aufgabe a)

Mit steigendem Kalkulationszinssatz steigt die Verzinsungsanforderung auf die jeweils noch ausstehenden Beträge. Damit steigt der Zinsanteil. Der Wiedergewinnungsanteil bleibt konstant. Mithin erhöht sich der Kapitaldienst.

Aufgabe b)

Mit steigender Lebensdauer einer Investition sinkt der auf jedes einzelne Jahr anzurechnende Wiedergewinnungsanteil. Der Kapitaldienst nimmt daher ab.

7057 AUFGABE 57 (FORTGESCHRITTENE)

Bei dem approximativen Kapitaldienst wird die Anschaffungsauszahlung auf die Laufzeit umgelegt (A/n). Zu dem so erhaltenen Wiedergewinnungsanteil werden dann die durchschnittliche n Zinsen addiert. Man erhält die durchschnittlichen Zinsen im Falle der weniger ungenauen Variante, indem man den Mittelwert bildet aus den Zinsen des Erstjahres ($A \cdot i$) und jenen des letzten Jahres ($A/n \cdot i$). Es gilt dann:

$$KD_{appr} = \frac{A}{n} + \frac{A \cdot i + \frac{A}{n} \cdot i}{2}$$

Im Falle der sehr ungenauen Variante wird pauschal die Hälfte der Anschaffungsauszahlung verzinst:

$$KD_{appr} = \frac{A}{n} + \frac{A}{2} \cdot i$$

Anwendbar ist der approximative Kapitaldienst nur dann, wenn die Lebensdauer des Beurteilungsobjektes nicht größer als zehn Jahre ist und mit einem Kalkulationszinssatz gerechnet wird, der 10 % nicht übersteigt. Dabei sollte stets der weniger ungenauen Variante der Vorzug gegeben werden.

AUFGABE 58 (EINSTEIGER) — 7058

Die Begriffe äquivalent, äquidistant und uniform haben folgende Bedeutung:

- **äquivalent** = wirtschaftlich gleichwertig,
- **äquidistant** = gleicher zeitlicher Abstand,
- **uniform** = gleich hohe Periodenzahlungen.

Eine Transformation gegebener Zahlungsreihen in äquivalente, äquidistante und uniforme Zahlungsreihen ist notwendig, wenn

1. die Investitionsrechnung auf der Annuitätenmethode basiert;
2. die Zahlungsreihe einer Investition im Zeitablauf unterschiedliche Betriebs- und Instandhaltungsauszahlungen a und/oder unterschiedliche jährliche Einzahlungen e aufweist.

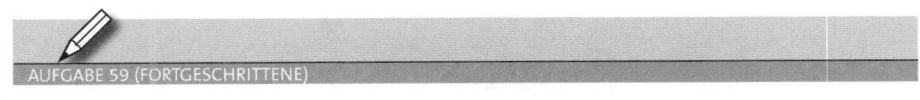

AUFGABE 59 (FORTGESCHRITTENE) — 7059

Aufgabe a)

Es muss überlegt werden, welche Zahlungsreihe der Einmalzahlung beim Zinssatz von i = 0,10 = 10 % gleichwertig ist:

e = $K_0 \cdot KWF_n$
e = 30.000 · 0,131474
e = 3.944 (€)

Bei einem Kalkulationszinssatz von i = 0,10 = 10 % ist das Angebot nicht attraktiv.

Aufgabe b)

e = 30.000 · 0,102963
e = 3.089 (€)

Bei einem Kalkulationszinssatz von i = 0,06 = 6 % sollte der Versicherte das Angebot annehmen.

Aufgabe c)

Die Versicherungsgesellschaft muss mit einem Zinssatz gerechnet haben, bei dessen Anwendung die heutigen 30.000 € mit der Zahlungsreihe gleichwertig sind.

$30.000 = 3.505 \cdot DSF_{15}$	$30.000 \cdot KWF_{15} = 3.505$
$DSF_{15} = \dfrac{30.000}{3.505}$	$KWF_{15} = \dfrac{3.505}{30.000}$
$DSF_{15} = 8,559$	$KWF_{15} = 0,116833$

Der Diskontierungssummenfaktor DSF i. H. v. 8,559 mit der Laufzeit von 15 Jahren findet sich in der Tabelle bei 8 %. Die Versicherungsgesellschaft hat somit mit einem Kalkulationszinssatz von 8 % gerechnet. Dem KWF von 0,116833 entspricht bei n = 15 ebenfalls ein Tabellenzinssatz von 8 %.

7060 AUFGABE 60 (PROFIS)

Aufgabe a)

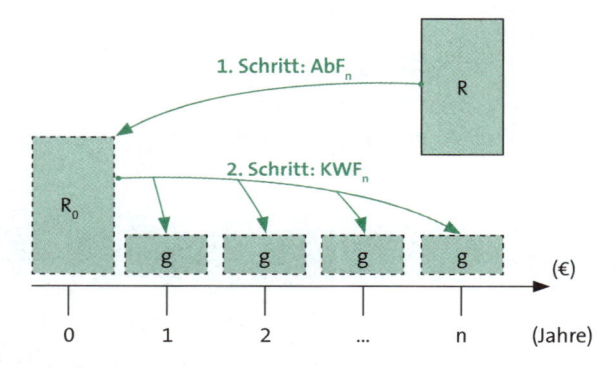

Es ist sinnvoll, den Restwert, der zum Zeitpunkt n anfällt, zunächst auf den Zeitpunkt 0 abzuzinsen und den Barwert R_0 dann mit Hilfe des Kapitalwiedergewinnungsfaktors auf die Laufzeit umzulegen.

1. Schritt: Abzinsen von R

$$(1) \quad R_0 = R \cdot \frac{1}{(1+i)^n}$$

2. Schritt: R_0 mit KWF auf die Laufzeit verteilen

$$(2) \quad g = R_0 \cdot \frac{i(1+i)^n}{(1+i)^n - 1}$$

$$(1) \text{ in } (2) \rightarrow g = R \cdot \frac{1}{(1+i)^n} \cdot \frac{i(1+i)^n}{(1+i)^n - 1}$$

$$g = R \cdot \frac{i}{(1+i)^n - 1}$$

Kapitel 2.3: Annuitätenmethode

Aufgabe b)

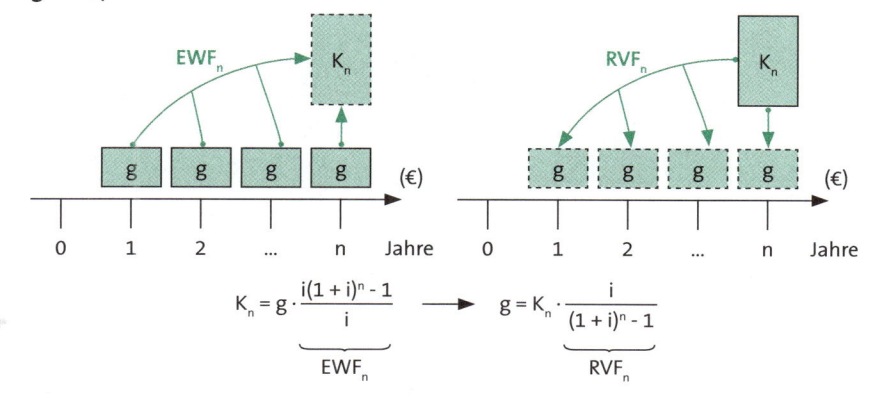

$$K_n = g \cdot \frac{i(1+i)^n - 1}{i} \quad \longrightarrow \quad g = K_n \cdot \frac{i}{(1+i)^n - 1}$$

$$\underbrace{}_{EWF_n} \qquad \underbrace{}_{RVF_n}$$

Man erhält den RVF bei gegebenem Endwertfaktor (EWF), indem man die linke Gleichung nach g auflöst. Der RVF ist der Kehrwert des EWF.

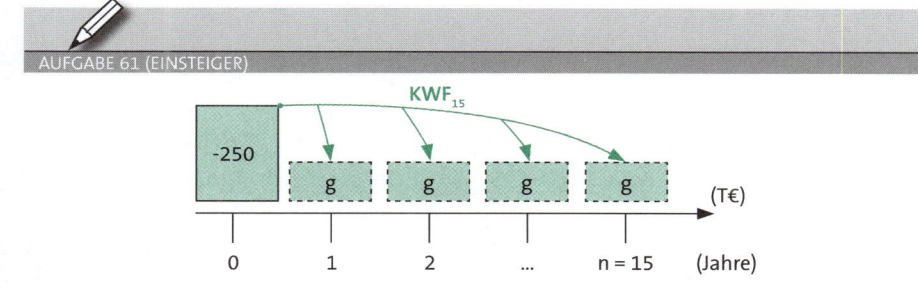

AUFGABE 61 (EINSTEIGER) 7061

Die Frage ist: Welche Reihe jährlicher Nettoeinzahlungen g ist bei i = 9 % und n = 15 der Einmalzahlung äquivalent?

Wenn man die Einmalzahlung auf die Laufzeit umlegt, ergibt sich:

g = Einmalzahlung · KWF_{15}
g = 250.000 · 0,124059
g = 31.015 (€)

Bei einem durchschnittlichen Wert des Rationalisierungseffektes von 31.015 € (= Minderauszahlung) wird der aufgewandte Betrag innerhalb von 15 Jahren wiedergewonnen und die ausstehenden Beträge werden mit 9 % verzinst.

AUFGABE 62 (FORTGESCHRITTENE) 7062

Aufgabe a)

Die Erweiterungsinvestition ist vorteilhaft, wenn die DJE mindestens so groß sind wie die DJA.

	DJE	≥	DJA
	e + anteiliger Restwert	≥	a + anteilige Anschaffungsauszahlung
	$16.000 + 2.000 \cdot RVF_5$	≥	$6.000 + 40.000 \cdot KWF_5$

Aufgabe b)

1. Bei $i_1 = 0{,}12 = 12\,\%$ ergibt sich:

$$16.000 + 2.000 \cdot 0{,}1574097 \gtreqless 6.000 + 40.000 \cdot 0{,}27741$$
$$16.315 < 17.096$$

Die DJA sind größer als die DJE. Es tritt ein durchschnittlicher jährlicher Verlust von 781 € auf. Die Investition ist daher bei einem Kalkulationszinssatz von 12 % nicht vorteilhaft.

2. Bei $i_2 = 0{,}06 = 6\,\%$ ergibt sich:

$$16.000 + 2.000 \cdot 0{,}1773964 \gtreqless 6.000 + 40.000 \cdot 0{,}237396$$
$$16.355 < 15.496$$

Bei einem Kalkulationszinssatz von 6 % entsteht ein DJÜ von 859 €. Die Investition ist daher vorteilhaft.

7063 **AUFGABE 63 (EINSTEIGER)**

Aufgabe a)

Annuität = Einmalzahlung (Schuld) KWF_4

Annuität = 10.000 0,315471

Annuität = 3.155 (€)

Aufgabe b)

Jahr	ausstehender Betrag am Jahresanfang	Annuität	Zinsanteil	Tilgungsanteil	ausstehender Betrag am Jahresende
1	10.000	3.155	1.000	2.155	7.845
2	7.845	3.155	785	2.370	5.475
3	5.475	3.155	548	2.607	2.868
4	2.868	3.155	287	2.868	0
kumulierte Tilgungsanteile:				10.000	

Kapitel 2.3: Annuitätenmethode   KAPITEL 7

AUFGABE 64 (EINSTEIGER)   7064

Die Differenz entsteht dadurch, dass der am Ende des 6. Jahres ausstehende Betrag noch zu 12 % verzinst werden muss. Rechnet man zum ausstehenden Betrag von 21.713 € noch einen Zinsanteil von 2.610 € hinzu, so erhält man den Kapitaldienst von 24.323 € (Ungenauigkeiten entstehen durch Auf- und Abrunden.).

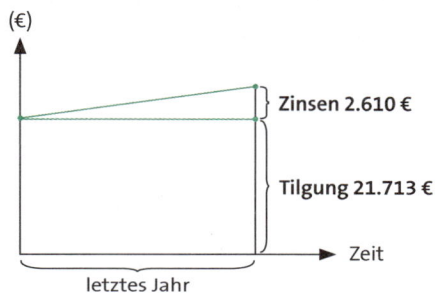

AUFGABE 65 (EINSTEIGER)   7065

Aufgabe a)

Geht man nach der Annuitätenmethode vor, so ergibt sich folgender extra profit oder durchschnittlicher jährlicher Überschuss (DJÜ):

DJÜ = DJE - DJA

DJÜ = 150.000 + 20.000 · 0,1363154 - 60.000 - 420.000 · 0,216315

DJÜ = 1.874 (€)

Dieser Betrag von 1.874 € fällt sechs Jahre lang an. Bezieht man die entsprechende Zahlungsreihe auf den Zeitpunkt 0, so ergibt sich der Barwert BW der DJÜ:

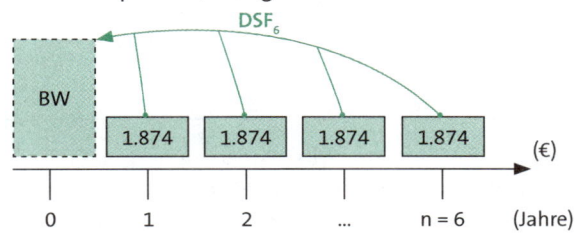

Für BW gilt:

BW = DJÜ · DSF_6

BW = 1.874 · 4,62288

BW = 8.663 (€)

Ermittelt man den Kapitalwert als Barwert aller Ein- und Auszahlungen gem. Kapitalwertmethode, so ergibt sich:

$C_0 = (e - a) \cdot DSF_6 + R \cdot AbF_6 - A$
$C_0 = 90.000 \cdot 4,62288 + 20.000 \cdot 0,63017 - 420.000$
$C_0 = 8.663$ (€)

Vergleicht man die durch beide Verfahren erhaltenen Zahlenwerte, so stellt man fest, dass der Barwert der DJÜ dem Kapitalwert entspricht. Es gilt also: $C_0 = BW$, d.h., die Annuitätenmethode stellt eine Umformung der Kapitalwertmethode dar.

Es gilt:

$DJÜ = C_0 \cdot KWF_n$	**und**	$C_0 = DJÜ \cdot DSF_n$
$DJÜ = 8.663 \cdot 0,216315$		$C_0 = 1.874 \cdot 4,62288$
$DJÜ = 1.874$		$C_0 = 8.663$

Aufgabe b)

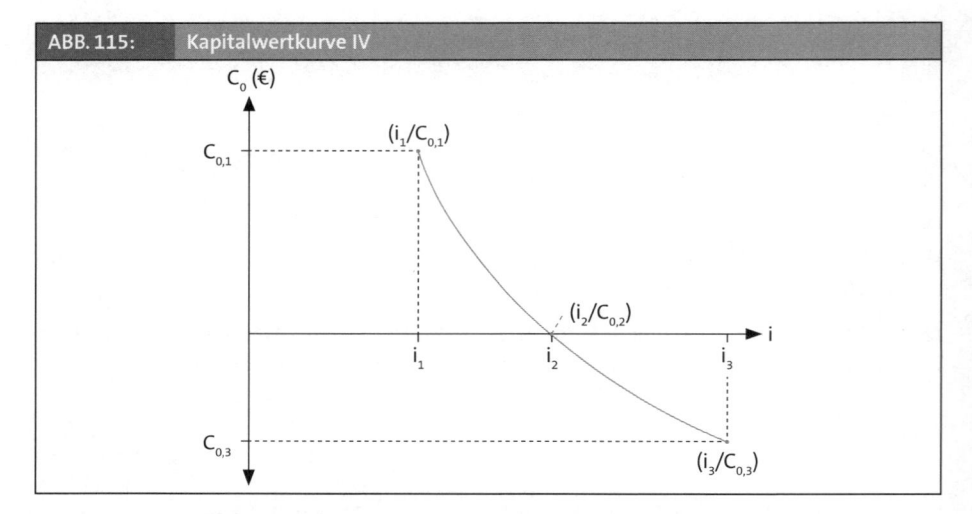

ABB. 115: Kapitalwertkurve IV

Für die Kapitalwertkurve benötigt man drei Punkte, also drei Kapitalwerte, zur Renditenbestimmung. Wendet man die Regula falsi an, benötigt man zwei Wertepaare, also zwei Kapitalwerte, zur Effektivzinsermittlung. Wenn man aber Kapitalwerte ausrechnen muss, um den internen Zinssatz zu erhalten, so wird deutlich, dass die interne Zinsfuß-Methode auf der Kapitalwertmethode basiert. Im Übrigen ist schon in der Definition des internen Zinssatzes als Zinssatz, bei dem der Kapitalwert gleich Null wird, der Rückgriff auf die Kapitalwertmethode sichtbar.

AUFGABE 66 (EINSTEIGER)

7066

		genauer Kapitaldienst	approximativer Kapitaldienst	approximativer Kapitaldienst
		$A \cdot KWF$	$\dfrac{A}{n} + \dfrac{A}{2} \cdot i$	$\dfrac{A}{n} + \dfrac{A \cdot i + \dfrac{A}{n} \cdot i}{2}$
a)	$i = 0,06$ $n = 4$	1.443	1.400	1.438
b)	$i = 0,10$ $n = 10$	814	750	775
c)	$i = 0,20$ $n = 20$	1.027	750	775

Man erkennt, dass der Unterschied zwischen dem approximativen Kapitaldienst und dem genauen Kapitaldienst mit steigendem n und steigendem i rapide wächst. Der approximative Kapitaldienst stellt nur dann eine brauchbare Näherungslösung dar, wenn i < 10 % und n < 10 Jahre gilt.

AUFGABE 67 (PROFIS)

7067

Aufgabe a)

Aufgrund der unterschiedlichen Höhen der Zahlungen ist es notwendig, die Zahlungsreihe auf den Zeitpunkt 0 abzuzinsen und dann in eine äquivalente, äquidistante und uniforme Zahlungsreihe umzuwandeln.

1. Schritt: Abzinsen der Einzahlungen

E_0 = 18.000 · 0,925926 + 20.000 · 0,857339 + 22.000 · 0,793832 + 24.000 · 0,73503 + 24.000 · 0,680583 + (250.000 + 24.000) · 0,63017

E_0 = 257.920 (€)

2. Schritt: Verteilung der barwertigen Einzahlungen auf die Laufzeit

DJE = $E_0 \cdot KWF_6$
DJE = 257.920 · 0,216315
DJE = 55.792 (€)

3. Schritt: Abzinsen der Auszahlungen

A_0 = 300.000 + 12.000 · 0,925926 + 5.000 · 0,857339 + 3.000 · 0,793832 + 3.000 · 0,73503 + 2.000 · 0,680583 + 2.000 · 0,63017

A_0 = 322.605 (€)

4. Schritt: Verteilung der barwertigen Auszahlungen auf die Laufzeit

DJA = 322.605 · 0,216315
DJA = 69.784 (€)

Die Investition „Kauf eines Mietshauses" ist also nicht lohnend, da die DJA größer sind als die DJE.

Aufgabe b)

$C_0 = E_0 - A_0 = 257.920 - 322.605 = -64.685\ (€)$

$DJÜ = C_0 \cdot KWF_6 = -64.685 \cdot 0,216315 = -13.992\ (€)$

$C_n = C_0 \cdot AuF_6 = -64.685 \cdot 1,586874 = -102.647\ (€)$

Kapitel 2.3: Annuitätenmethode

AUFGABE 68 (FORTGESCHRITTENE)

7068

Zeitpunkt/ Wirtschafts- jahr	Auszahlung A, a (€)	Einzahlungen e, R (€)	Netto- einzahlungen (€)	Abzinsungs- faktor (8 %)	Barwerte (8 %) (€)
	I	II	II = II - I	IV	V = III · IV
0 20..				1,000000	
1 20..				0,925926	
2 20..				0,857339	
3 20..				0,793832	
4 20..				0,735030	
5 20..				0,680583	
6 20..				0,630170	
7 20..				0,583490	
8 20..				0,540269	
9 20..				0,500249	
10 20..				0,463193	
11 20..				0,428883	
12 20..				0,397114	
13 20..				0,367698	
14 20..				0,340461	
15 20..				0,315242	
16 20..				0,291890	
17 20..				0,270269	
18 20..				0,250249	
19 20..				0,231712	
20 20..				0,214548	
21 20..				0,198656	
22 20..				0,183941	
23 20..				0,170315	
24 20..				0,157699	
25 20..				0,146018	
26 20..				0,135202	
27 20..				0,125187	
28 20..				0,115914	
29 20..				0,107328	
30 20..				0,099377	
Kapitalwert (= Summe aller Barwerte)					
DJÜ = Kapitalwert · KWF =					

Kapitel 2.4: Spezielle Anwendungen und Probleme der dynamischen Verfahren

Kapitel 2.4.1: Effektivzins bei unterjähriger Zahlungsweise

7069 AUFGABE 69 (FORTGESCHRITTENE)

Interner Zinssatz ist der Zins, bei dessen Anwendung der Kapitalwert einer Investition oder Finanzierung gerade gleich Null wird: $C_0 = 0$. Für den durchschnittlichen jährlichen Überschuss DJÜ und den Horizontwert C_n gilt:

$$DJÜ = C_0 \cdot KWF_n \text{ und } C_n = C_0 \cdot AuF_n$$

Ist $C_0 = 0$, so sind auch DJÜ = 0 und $C_n = 0$.

7070 AUFGABE 70 (EINSTEIGER)

Investition	=	Zahlungsreihe, die mit einer *Auszahlung* beginnt
Finanzierung	=	Zahlungsreihe, die mit einer *Einzahlung* beginnt
Differenzinvestition	=	Subtraktion der Zahlungsreihen zweier Investitionen oder Finanzierungen wird so durchgeführt, dass neue Zahlungsreihe mit einer *Auszahlung* beginnt
Differenzfinanzierung	=	Subtraktion der Zahlungsreihen zweier Investitionen oder Finanzierungen wird so durchgeführt, dass neue Zahlungsreihe mit einer *Einzahlung* beginnt

7071 AUFGABE 71 (EINSTEIGER)

(1) - (2) Differenzinvestition

	0	1	2	3	4	
	-75	+25	+25	+25	+25	(€)
	0	1	2	3	4	(Periode)

(2) - (1) Differenzfinanzierung

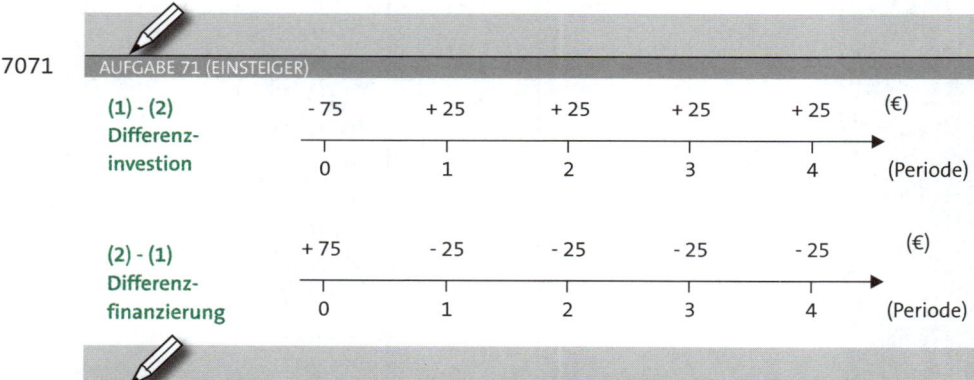

	0	1	2	3	4	
	+75	-25	-25	-25	-25	(€)
	0	1	2	3	4	(Periode)

7072 AUFGABE 72 (FORTGESCHRITTENE)

Nein, sie weisen lediglich keine laufende Verzinsung auf, weil sie diskontiert begeben werden. U-Schätze und Zero-Bonds sind klassische Beispiele für den Zweizahlungsfall.

Kapitel 2.4: Anwendungen und Probleme — KAPITEL 7

AUFGABE 73 (PROFIS) — 7073

Bank	Laufzeit (Jahre)	Anlagesumme/Endbetrag (€)		Effektiver Jahreszins (%)
Bohl Bank	10	474,06	1.000,00	7,75
UTB Kreditbank	6	647,96	1.000,00	7,50
KKB Bank	6	100,00	150,10	7,00
ATB Bank	5	705,00	1.000,00	7,24
Münchner Kreditbank	5	696,55	1.000,00	7,50
CTC Bank	5	500,00	701,30	7,00
WKV Bank	5	713,00	1.000,00	7,00

AUFGABE 74 (FORTGESCHRITTENE) — 7074

Der Lieferantenkredit kostet effektiv:

$$r = \left(\frac{K_n}{K_0}\right)^{\frac{365}{v}} - 1 = \left(\frac{1.000}{970}\right)^{18,25} - 1 = 0{,}7435 = 74{,}35 \ (\% \text{ p. J.})$$

Also sollte Siegfried Saldo den Bankkredit nutzen, der wesentlich zinsgünstiger ist.

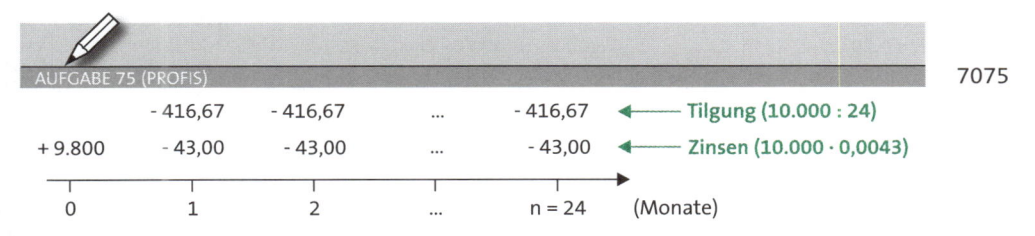

AUFGABE 75 (PROFIS) — 7075

```
                -416,67    -416,67    ...    -416,67   ←── Tilgung (10.000 : 24)
   +9.800       -43,00     -43,00     ...    -43,00    ←── Zinsen (10.000 · 0,0043)
   ────┬──────────┬──────────┬─────────────────┬──────
       0          1          2         ...    n = 24    (Monate)
```

Zeitstrahl aus der Sicht des Bankkunden (= Finanzierung)

$$DSF_{24} = \frac{K_0}{g} = \frac{9.800}{459{,}67} = 21{,}319642$$

KAPITEL 7 — Lösungen zu den Übungsaufgaben

	DSF	Tabellenzins
	21,370368 → 0,95 (% p. M.)	
	21,243387 → 1,00 (% p. M.)	0,126981 → 0,05 (% p. M.)
	21,370368 → 0,95 (% p. M.)	
	21,319642 → ? (% p. M.)	0,050726 → x (% p. M.)

$$x = \frac{0{,}05}{0{,}126981} \cdot 0{,}050726 = 0{,}019974$$

Effektiver Monatszins = $0{,}95 + x = 0{,}969974$ (% p. M.)

Effektiver Jahreszins: $r = (1 + 0{,}00969974)^{12} - 1 = 0{,}1228 = 12{,}28$ (% p. J.)

7076 AUFGABE 76 (PROFIS)

Aufgabe a)

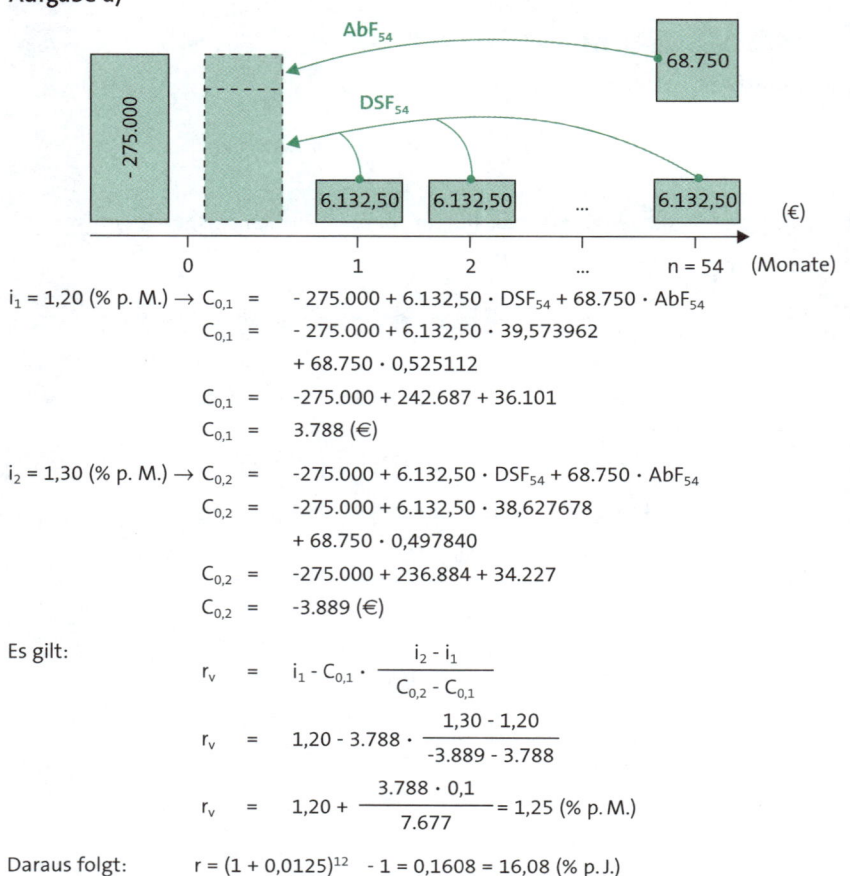

Zeitstrahl: -275.000 bei $t=0$; Zahlungen $6.132{,}50$ bei $t=1, 2, \ldots, n=54$ (Monate); 68.750 bei $t=54$; AbF_{54} und DSF_{54}.

$i_1 = 1{,}20$ (% p. M.) → $C_{0,1} = -275.000 + 6.132{,}50 \cdot \text{DSF}_{54} + 68.750 \cdot \text{AbF}_{54}$

$C_{0,1} = -275.000 + 6.132{,}50 \cdot 39{,}573962 + 68.750 \cdot 0{,}525112$

$C_{0,1} = -275.000 + 242.687 + 36.101$

$C_{0,1} = 3.788$ (€)

$i_2 = 1{,}30$ (% p. M.) → $C_{0,2} = -275.000 + 6.132{,}50 \cdot \text{DSF}_{54} + 68.750 \cdot \text{AbF}_{54}$

$C_{0,2} = -275.000 + 6.132{,}50 \cdot 38{,}627678 + 68.750 \cdot 0{,}497840$

$C_{0,2} = -275.000 + 236.884 + 34.227$

$C_{0,2} = -3.889$ (€)

Es gilt:

$$r_v = i_1 - C_{0,1} \cdot \frac{i_2 - i_1}{C_{0,2} - C_{0,1}}$$

$$r_v = 1{,}20 - 3.788 \cdot \frac{1{,}30 - 1{,}20}{-3.889 - 3.788}$$

$$r_v = 1{,}20 + \frac{3.788 \cdot 0{,}1}{7.677} = 1{,}25 \ (\% \text{ p. M.})$$

Daraus folgt: $r = (1 + 0{,}0125)^{12} - 1 = 0{,}1608 = 16{,}08$ (% p. J.)

Aufgabe b)

$$DSF_n = \frac{K_0}{g}$$

$$DSF_n = \frac{275.000}{6.781} = 40{,}554490$$

Für DSF = 40,553823 ≈ 40,554 und n = 54 findet man in der Tabelle einen Zinssatz von 1,10 % pro Monat. Dem entspricht ein Jahreszinssatz von

$r = (1 + 0{,}011)^{12} - 1 = 0{,}1403 = 14{,}03$ (% p. J.).

AUFGABE 77 (PROFIS) 7077

a) Laufzeit: 72 (Monate)

b) monatlicher Zinssatz: 0,95 (% p. M.)

   effektiver Jahreszinssatz: 12,01 (% p. J.)

c) Bearbeitungsgebühr: 2 (% vom Kreditbetrag nominal)

d) Bearbeitungsgebühr: 0 (% vom Kreditbetrag nominal)

AUFGABE 78 (PROFIS) 7078

▶ **Fall I:** Zinsen und Tilgung fallen vierteljährlich an.
▶ **Fall II:** Zinsen und Tilgung fallen monatlich an.

Kapitel 2.4.2: Effektivzins bei vorschüssiger Zahlungsweise

AUFGABE 79 (FORTGESCHRITTENE)

Aufgabe a)

nachschüssige Rente = Kaufpreis · KWF_n

nachschüssige Rente = 495.450 · 0,087185

nachschüssige Rente = 43.196 (€/Jahr)

Aufgabe b)

Da die Rentenzahlungen nicht zum Jahresende, sondern zu Beginn des Jahres anfallen, sind sie um ein Jahr zu diskontieren.

vorschüssige Rente = nachschüssige Rente · AbF_1

vorschüssige Rente = 43.196 · 0,943396

vorschüssige Rente = 40.751 (€/Jahr)

Aufgabe c)

Man verteilt die vorschüssige Jahresrente auf zwölf Monate.

nachschüssige Monatsrente = vorschüssige Jahresrente · KWF_{12}

nachschüssige Monatsrente = 40.751 · 0,086066

nachschüssige Monatsrente = 3.507 (€/Monat)

Aufgabe d)

Man zinst die nachschüssige Monatsrente um einen Monat ab.

vorschüssige Monatsrente = nachschüssige Monatsrente · AbF_1

vorschüssige Monatsrente = 3.507 · 0,995025

vorschüssige Monatsrente = 3.490 (€/Monat)

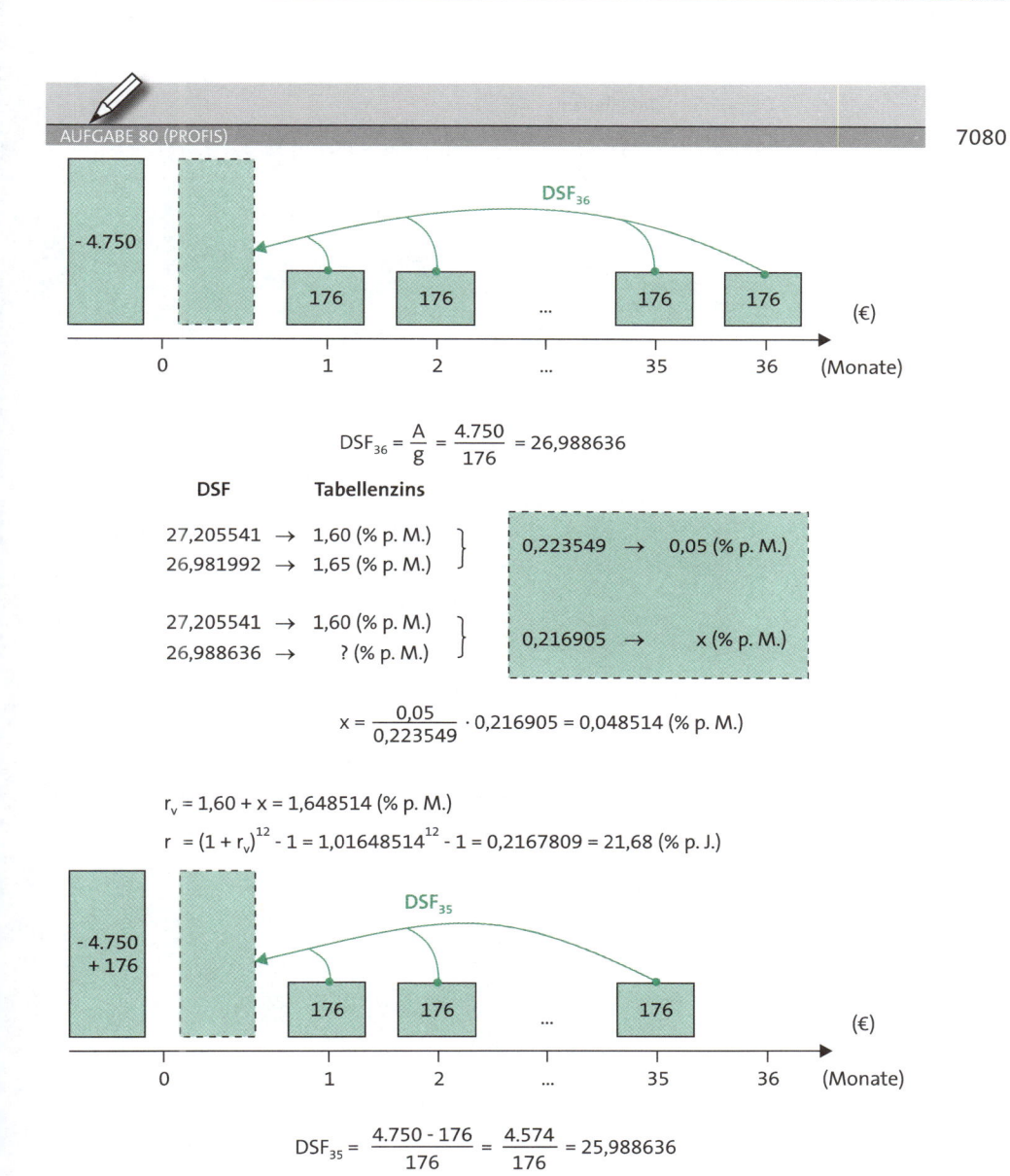

Kapitel 2.4: Anwendungen und Probleme

KAPITEL 7

AUFGABE 80 (PROFIS) 7080

$$DSF_{36} = \frac{A}{g} = \frac{4.750}{176} = 26{,}988636$$

DSF	Tabellenzins
27,205541 →	1,60 (% p. M.)
26,981992 →	1,65 (% p. M.)

0,223549 → 0,05 (% p. M.)

DSF	Tabellenzins
27,205541 →	1,60 (% p. M.)
26,988636 →	? (% p. M.)

0,216905 → x (% p. M.)

$$x = \frac{0{,}05}{0{,}223549} \cdot 0{,}216905 = 0{,}048514 \text{ (% p. M.)}$$

$r_v = 1{,}60 + x = 1{,}648514$ (% p. M.)

$r = (1 + r_v)^{12} - 1 = 1{,}01648514^{12} - 1 = 0{,}2167809 = 21{,}68$ (% p. J.)

$$DSF_{35} = \frac{4.750 - 176}{176} = \frac{4.574}{176} = 25{,}988636$$

DSF	Tabellenzins		
26,007251 →	1,75 (% p. M.)	0,206374 →	0,05 (% p. M.)
25,800877 →	1,80 (% p. M.)		
26,007251 →	1,75 (% p. M.)	0,018615 →	x (% p. M.)
25,988636 →	? (% p. M.)		

$$x = \frac{0,05}{0,206374} \cdot 0,018615 = 0,004510 \text{ (\% p. M.)}$$

$r_v = 1,75 + x = 1,754510$ (% p. M.)

$r = 1,0175451^{12} - 1 = 0,2320945 = 23,21$ (% p. J.)

Kapitel 2.4.3: Dynamische Stückkostenrechnung

AUFGABE 81 (EINSTEIGER) 7081

Üblicherweise dividiert man die jährlichen Gesamtkosten durch die jährliche Produktionsmenge:

$$\text{Stückkosten (€/Stck.)} = \frac{\text{Gesamtkosten (€/Jahr)}}{\text{Produktionsmenge (Stck./Jahr)}}$$

Dieses Verfahren ist anwendbar, wenn der zeitliche Zusammenhang zwischen Produktion und Kosten eng ist. In diesem Fall ist die Zinsverrechnung über die kalkulatorischen Zinsen problemlos, weil ohne größeren Fehler.

AUFGABE 82 (EINSTEIGER) 7082

Bei weniger engem zeitlichem Zusammenhang zwischen Produktion und Zahlungen treten besondere Auf- und/oder Abzinsungsprobleme auf. Dies gilt etwa

▶ bei **vorzuleistenden Auszahlungen** (Forschung und Entwicklung, Kauf von Gelände, Errichtung von Produktionsanlagen, Kauf von Patenten oder Lizenzen, Lagerung von Holz zwecks Trocknung) und

▶ bei **nachzuleistenden Auszahlungen** (Rekultivierung und Abgeltung von Schadenersatzansprüchen im Montanbereich, Auszahlung betrieblicher Versorgungsleistungen an frühere Arbeitnehmer, Ausgleichszahlungen für Bergschäden, Rekultivierungsmaßnahmen bei Tagebau, Beseitigung von Abraum).

AUFGABE 83 (EINSTEIGER) 7083

Man bezieht sämtliche Auszahlungen und sämtliche Mengen auf einen einheitlichen Zeitpunkt, z. B. den Zeitpunkt 0, wie dies für die Kapitalwertmethode typisch ist, und bildet den Quotienten:

$$\frac{\text{Auszahlungsbarwert (€)}}{\text{Mengenbarwert (Stck.)}} = \text{dynamische Stückkosten (€/Stck.)}$$

In bestimmten Fällen kann es sinnvoll sein, einen anderen Bezugszeitpunkt als die Gegenwart zu wählen. Entscheidet man sich z. B. für das Ende des letzten Produktionsjahres als Bezugszeitpunkt, so sind alle Auszahlungen und alle Mengen auf den Zeitpunkt n aufzuzinsen (Horizontwertmethode) und man erhält:

$$\frac{\text{Auszahlungsbarwert (€)}}{\text{Mengenendwert (Stck.)}} = \text{dynamische Stückkosten (€/Stck.)}$$

Statt dessen kann man aber auch alle Zahlungen sowie alle Mengen in finanzmathematische Durchschnittswerte umrechnen, man gelangt dann in Anlehnung an die Annuitätenmethode zu dem Ausdruck:

$$\frac{\text{durchschnittl. jährl. Auszahlungen (€/Jahr)}}{\text{durchschnittl. jährl. Menge (Stück/Jahr)}} = \text{dynamische Stückkosten (€/Stck.)}$$

AUFGABE 84 (PROFIS)

anteilige Erschließung	=	300.000.000 · EWF_3 · KWF_{10}
anteilige Erschließung	=	300.000.000 · 3,342100 · 0,169801
anteilige Erschließung	=	170.247.577 (€/Jahr)
anteilige Rekultivierung	=	220.000.000 · DSF_4 · RVF_{10}
anteilige Rekultivierung	=	220.000.000 · 3,102446 · 0,059801
anteilige Rekultivierung	=	40.816.462 (€/Jahr)

Die Gesamtbelastung je Produktionsjahr für Erschließung und Rekultivierung beträgt somit 211.064.039 €.

Kapitel 2.4: Anwendungen und Probleme

KAPITEL 7

AUFGABE 85 (PROFIS) 7085

Zeit-punkt	Auszahlungen (€/Jahr)	AuF bzw. AbF (8 %)	Barwert (€)	AuF bzw. AbF (14 %)	Barwert (€)
	I	II	III = I · II	IV	V = I · IV
-2	500.000	1,166400	583.200	1,299600	649.800
-1	100.000	1,080000	108.000	1,140000	114.000
0	210.000	1,000000	210.000	1,000000	210.000
1	150.000	0,925926	138.889	0,877193	131.579
2	150.000	0,857339	128.601	0,769468	115.420
3	150.000	0,793832	119.075	0,674972	101.246
4	200.000	0,735030	147.006	0,592080	118.416
5	250.000	0,680583	170.146	0,519369	129.842
6	250.000	0,630170	157.542	0,455587	113.897
7	100.000	0,583490	58.349	0,399637	39.964
8	50.000	0,540269	27.013	0,350559	17.528
9	90.000	0,500249	45.022	0,307508	27.676
10	90.000	0,463143	41.683	0,269744	24.278
Auszahlungsbarwerte A_0:			1.934.526		1.793.646

Zeit-punkt	Produktions-menge (m³/J)	AbF (8 %)	Barwert (m³)	AbF (14 %)	Barwert (m³)
	I	II	III = I · II	IV	V = I · IV
0	0	–	–	–	–
1	10.000	0,925926	9.259	0,877193	8.772
2	10.000	0,857339	8.573	0,769468	7.695
3	30.000	0,793832	23.815	0,674972	20.249
4	70.000	0,735030	51.452	0,592080	41.446
5	90.000	0,680583	61.252	0,519369	46.743
6	110.000	0,630170	69.319	0,455587	50.115
7	50.000	0,583490	29.174	0,399637	19.982
8	20.000	0,540269	10.805	0,350559	7.011
Mengenbarwerte M_0:			263.649		202.013

$i_1 = 8\,\%$ → dynamische Stückkosten = $\dfrac{A_0}{M_0} = \dfrac{1.934.526}{263.649} = 7{,}34\,\text{€/m}^3$

$i_2 = 14\,\%$ → dynamische Stückkosten = $\dfrac{A_0}{M_0} = \dfrac{1.793.646}{202.013} = 8{,}88\,\text{€/m}^3$

Die dynamischen Stückkosten betragen beim Zinssatz i_1 = 8 % 7,34 € pro gefördertem m³ Kies. Sie hängen von der Höhe und der zeitlichen Verteilung der Zahlungen sowie der Produktionsmenge ab, des weiteren vom Kalkulationszinssatz. Wird dieser auf 14 % angehoben, steigen die dynamischen Stückkosten auf 8,88 €/m³. Dieser Anstieg kommt dadurch zustande, dass beide Barwerte, Auszahlungs- und Mengenbarwert, mit steigendem Zins abnehmen, wobei jedoch die Abnahme des Mengenbarwertes größer als jene des Auszahlungsbarwertes ist.

Kapitel 2.4.4: Spezielle Probleme der dynamischen Methoden

AUFGABE 86 (EINSTEIGER)

Es gibt einen (zwei, drei) interne Zinssätze als Lösung.

AUFGABE 87 (EINSTEIGER)

Investitionen mit mehr als einem Vorzeichenwechsel enthalten die Gefahr einer mehrdeutigen Lösung. Mehrdeutigkeit liegt vor, wenn man als Ergebnis der Effektivzinsberechnung mehrere interne Zinssätze oder imaginäre Zahlen erhält.

AUFGABE 88 (EINSTEIGER)

Die Differenzinvestition ist jene Investition, die die betragsmäßigen und/oder zeitlichen Unterschiede zwischen zwei Investitionsalternativen ausgleicht. Sie ergibt sich rechnerisch aus dem Unterschied der Zahlungsreihen der beiden Objekte, falls man so saldiert, dass die neue Zahlungsreihe mit einer Auszahlung beginnt.

AUFGABE 89 (FORTGESCHRITTENE)

Fehlende Beträge können zum Kalkulationszinsfuß geliehen, überschüssige zum Kalkulationszinsfuß angelegt werden.

KAPITEL 7 — Lösungen zu den Übungsaufgaben

7090 AUFGABE 90 (FORTGESCHRITTENE)

Es kann einen bestimmten kritischen Zinssatz geben, bei dessen Erreichen und Überschreiten sich die Rangfolge der Investitionen umkehrt. Das ist der kritische Kalkulationszinssatz $i^{A,B}_{kr}$ in Bezug auf Investition A und B.

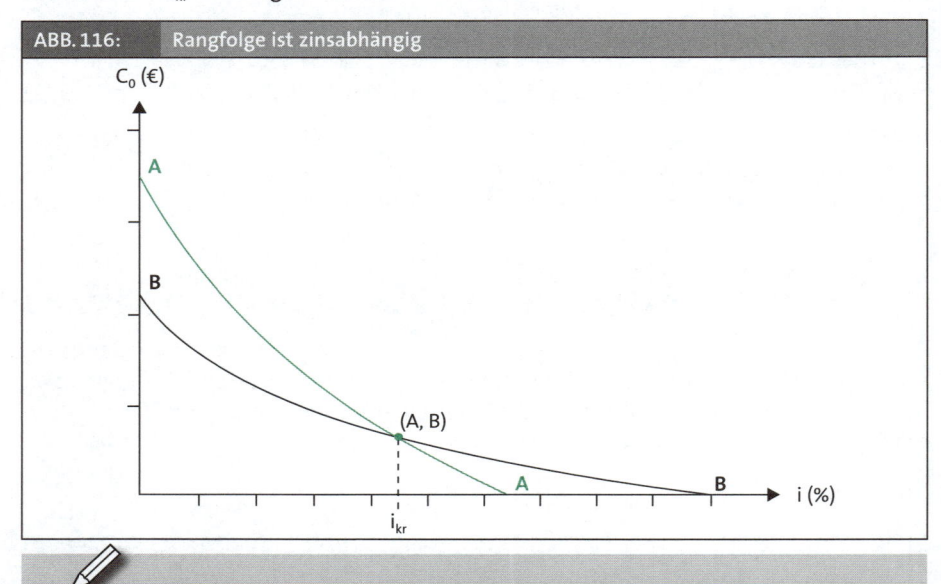

ABB. 116: Rangfolge ist zinsabhängig

7091 AUFGABE 91 (FORTGESCHRITTENE)

Rangfolgeentscheidungen sind etwa zu treffen bei den folgenden Fällen:

▶ Alternativenvergleich	→ *Ist Drehbank A oder B wirtschaftlicher?*
▶ Untersuchung von Finanzierungsformen	→ *Ist Kredit A oder B zinsgünstiger?*
▶ Prüfung von Leasing-Angeboten	→ *Ist Leasing oder Kreditkauf lohnender?*
▶ Zusammenstellung eines optimalen Investitionsprogramms	→ *In welcher Reihenfolge sollen knappe Mittel auf verschiedene Investitionsobjekte verteilt werden?*

Kapitel 2.4: Anwendungen und Probleme

AUFGABE 92 (FORTGESCHRITTENE) 7092

Die Kapitalwertgleichung

$$C_0 = -100 + 50 \cdot \frac{1}{1+i} + 50 \cdot \frac{1}{(1+i)^2}$$

wird gleich Null gesetzt und umgeformt.

$$0 = -100 + 50 \cdot \frac{1}{1+r} + 50 \cdot \frac{1}{(1+r)^2} \qquad \Big| \cdot \frac{1}{50}(1+r)^2 \rightarrow$$

$$0 = -2(1+r)^2 + 1 + r + 1 \qquad \text{| Klammer ausmultiplizieren} \rightarrow$$

$$0 = -2 - 4r - 2r^2 + 2 + r \qquad \text{| Glieder zusammenfassen} \rightarrow$$

$$0 = -3r - 2r^2 \qquad \Big| \cdot \left(-\frac{1}{2}\right)$$

$$r^2 + 1{,}5\,r = 0$$

$$r(r + 1{,}5) = 0 \qquad \rightarrow$$

$$r_1 = 0$$

$$r_2 = -1{,}5$$

Interpretation:

Das erste Ergebnis mit $r_1 = 0$ besagt, dass der Investor zwar sein Kapital zurückgewinnt, im Übrigen jedoch keinerlei Verzinsung erhält. Das heißt: Die interne Verzinsung der jeweils noch ausstehenden (im Objekt gebundenen Beträge) beläuft sich auf 0 %.

Das zweite Ergebnis mit $r_2 = -1{,}5$ besagt, dass die Rendite minus 150 % sei. Da aber kein Investor im Normalfall mehr als 100 % seines Kapitals verlieren kann, ist dieser Wert – wie alle Werte von unter minus 100 % – ökonomisch irrelevant. Also gibt es nur ein wirtschaftlich zu beachtendes Ergebnis: das erste.

7093 **AUFGABE 93 (FORTGESCHRITTENE)**

i (%)	0	5	10	15	20
$C_{0,A}$ (€)	100	65	38	17	0
$C_{0,B}$ (€)	300	116	0	-75	-126

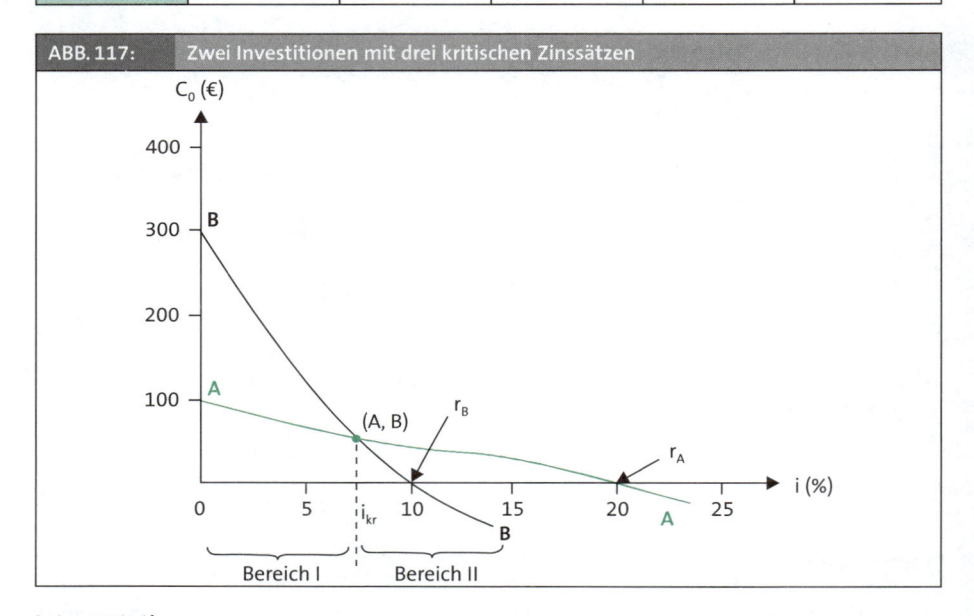

ABB. 117: Zwei Investitionen mit drei kritischen Zinssätzen

Interpretation:

1. Bei einem Kalkulationszinsfuß von i_{kr} = 10 % ist Investition B gerade lohnend; r_B ist der kritische Höchstwert des Kalkulationszinsfußes in Bezug auf Investition B.

2. Bei einem Kalkulationszinsfuß von i_{kr} = 20 % ist Investition A gerade lohnend; r_A ist der kritische Höchstwert des Kalkulationszinsfußes in Bezug auf Investition A.

3. Bei einem Kalkulationszinsfuß von $i^{A,B}_{kr} \approx$ 7,3 % sind A und B kapitalwertgleich – das ist der kritische Kalkulationszinssatz in Bezug auf die Investition A und B. Rechnet man mit einem kleineren Zinssatz, so ist B kapitalwertstärker (Bereich I); rechnet man mit einem größeren Zinssatz, so ändert sich die Rangfolge, und A ist kapitalwertstärker (Bereich II).

Kapitel 3: Statische Verfahren

AUFGABE 94 (EINSTEIGER) — 7094

- **Entscheidungsregel Kostenvergleichsrechnung:**

    Eine Anlage II ist gegenüber einer Anlage I stets dann vorzuziehen, wenn die Jahreskosten der Anlage II kleiner sind als die der ersten Anlage.

- **Entscheidungsregel Gewinnvergleichsrechnung:**

    Von zwei Investitionsmöglichkeiten ist jene vorzuziehen, die den höheren Jahresgewinn erbringt.

Die Globalgrößen, die in die Rechnung eingehen, werden gewöhnlich wie folgt differenziert:

Kostenvergleichsrechnung:

$$K_I \geq K_{II}$$

$$B_I \cdot \frac{A_I - R_I}{n_I} + \frac{A_I + R_I}{2} \cdot i \geq B_{II} + \frac{A_{II} - R_{II}}{n_{II}} + \frac{A_{II} + R_{II}}{2} \cdot i$$

Gewinnvergleichsrechnung:

$$G_I \geq G_{II}$$

$$p_I x_I - k_{vI} x_I - K_{fI} \geq p_{II} x_{II} - k_{vII} x_{II} - K_{fII}$$

AUFGABE 95 (EINSTEIGER) — 7095

Eine Kostenvergleichsrechnung wird hauptsächlich bei Rationalisierungsinvestitionen angewandt, da sich dabei auf der Ertragsseite gewöhnlich nichts ändert. Es braucht also nur die Kostenseite der Investition betrachtet zu werden. Möglich ist die Anwendung der Kostenvergleichsrechnung aber auch bei Erweiterungsinvestitionen, wenn mehrere Investitionen zur Verfügung stehen, die gleiche Erträge aufweisen. Die Gewinnvergleichsrechnung wird dann angewandt, wenn bei verschiedenen Investitionen mit unterschiedlichen Erträgen zu rechnen ist. Das ist i. d. R. bei Erweiterungsinvestitionen der Fall. Aber auch bei Rationalisierungsinvestitionen kann die Gewinnvergleichsrechnung u. U. eingesetzt werden, nämlich dann, wenn die neue Anlage qualitativ bessere Güter herzustellen vermag und dadurch der Verkaufspreis erhöht werden kann.

AUFGABE 96 (EINSTEIGER) — 7096

Die statischen Methoden haben folgende Nachteile:

a) Die Rechnungen erfolgen nicht auf finanzmathematischer Basis.

b) Es erfolgt keine Erfassung der Zeitpräferenz.

c) Als Grundlage dienen unzweckmäßige Rechnungselemente.

d) Es wird auf eine Einzelschätzung der Rechnungselemente verzichtet.

KAPITEL 7 — Lösungen zu den Übungsaufgaben

Verwendet man die Kosten- und Gewinnvergleichsrechnung im Rahmen eines Alternativenvergleichs, so ist neben den Nachteilen a) bis d) die Tatsache zu berücksichtigen, dass man auf die Ermittlung eines genauen Kapitaldienstes verzichtet und stattdessen einen approximativen Kapitaldienst verwendet. Dies kann insbesondere bei langlebigen Großinvestitionen und hohen Kalkulationszinssätzen zu Fehlentscheidungen führen.

Soll das Ersatzproblem gelöst werden, begehen Vertreter der Kostenvergleichsrechnung darüber hinaus einen Grundsatzfehler, wenn sie den Kapitaldienst der alten Anlage als entscheidungsrelevant ansehen. Das ist falsch, denn die Kapitalkosten der alten Anlage verschwinden nicht dadurch, dass man die alte Anlage durch eine neue ersetzt.

7097 — AUFGABE 97 (PROFIS)

Im ersten Satz wird die Schwierigkeit jeder zukunftsbezogenen Rechnung angesprochen: Der Rechnende muss Schätzungen der künftigen Zahlungen vornehmen. Detaillierte Schätzungen sind in der Tat schwierig, es wäre jedoch eine seltsame Logik, wenn man aufgrund der Schwierigkeit der Zukunftsschätzungen zu dem Ergebnis käme, die statischen Verfahren seien den dynamischen vorzuziehen: Man kann eine Schwachstelle nicht dadurch beseitigen, dass man ihr eine zweite hinzufügt.

Ähnliches gilt für den zweiten Satz: Es mag in Einzelfällen kompliziert sein, den Investitionsprojekten Zahlungen zuzuordnen. Die Gefahr von Fehlentscheidungen wird jedoch noch erhöht, wenn man angesichts einer „harten Nuss" mit statischen Verfahren rechnet.

7098 — AUFGABE 98 (FORTGESCHRITTENE)

Aufgabe a)

$$KD_{appr} = \frac{A - R}{n} + \frac{A + R}{2} \cdot i$$

$$KD_{appr} = \frac{100.000 - 20.000}{10} + \frac{100.000 + 20.000}{2} \cdot 0{,}10$$

$$KD_{appr} = 8.000 + 60.000 \cdot 0{,}10 = 14.000\ (\text{€})$$

Aufgabe b)

$$KD_{appr} = \frac{A - R}{n} + \frac{A + R}{2} \cdot i$$

$$KD_{appr} = \frac{100.000 - (-20.000)}{10} + \frac{100.000 + (-20.000)}{2} \cdot 0{,}10$$

$$KD_{appr} = 12.000 + 40.000 \cdot 0{,}10 = 16.000\ (\text{€})$$

AUFGABE 99 (FORTGESCHRITTENE)

Zeichnerische Lösung:

Zeichnet man die zu den Alternativen Fremdbezug, Verfahren I und Verfahren II gehörenden Kostenfunktionen in ein Diagramm, so ergeben sich in der nachfolgenden Abbildung kritische Mengen von x_{kr} = 200 und x_{kr}' = 500.

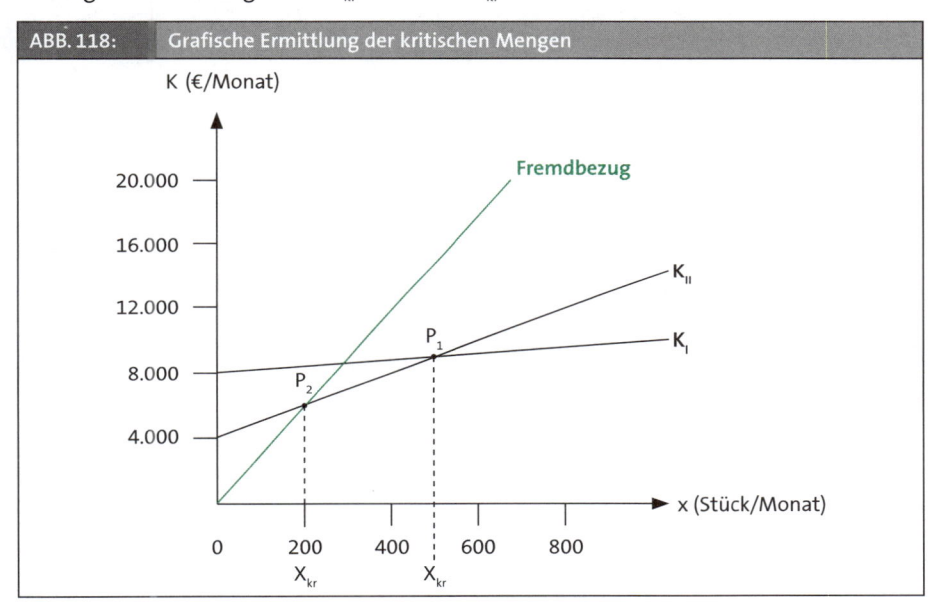

ABB. 118: Grafische Ermittlung der kritischen Mengen

Rechnerische Lösung:

Durch Gleichsetzen von K_I und K_{II} erhält man den Schnittpunkt:

$$K_I = K_{II}$$
$$8.000 + 2x_{kr}' = 4.000 + 10x_{kr}'$$
$$8x_{kr}' = 4.000$$
$$x_{kr}' = 500 \text{ (Stck./Monat)}$$

Bei einer Produktion von mehr als 500 Einheiten pro Monat sollte man die alte Anlage identisch ersetzen.

Bei einer Produktion bis zu 500 Einheiten pro Monat stehen zur Wahl der Fremdbezug (K_{III} = 30 x) und eine Anlage mit der Kostenfunktion K_{II} = 4.000 + 10 x. Durch Gleichsetzen ergibt sich P_2:

$$K_{III} = K_{II}$$
$$30x_{kr} = 4.000 + 10x_{kr}$$
$$x_{kr} = 200 \text{ (Stck./Monat)}$$

Bis zu einer Produktion von höchstens 200 Einheiten pro Monat sollte man den Fremdbezug nutzen. Bei einer Produktion zwischen 200 und 500 Einheiten pro Monat sollte das weniger automatisierte neue Verfahren eingesetzt werden.

7100 AUFGABE 100 (FORTGESCHRITTENE)

Die Gewinnfunktion des alten Verfahrens lautet:

$$G_{alt} = 10x - K_{alt}$$
$$G_{alt} = 10x - 2.000 - 5x$$
$$G_{alt} = 5x - 2.000$$
$$(x_{alt}^{max} = 1.500)$$

Für die Gewinnfunktion des neuen Verfahrens gilt:

$$G_{neu} = 10x - K_{neu}$$
$$G_{neu} = 10x - 6.000 - 2x$$
$$G_{neu} = 8x - 6.000$$
$$(x_{neu}^{max} = 2.000)$$

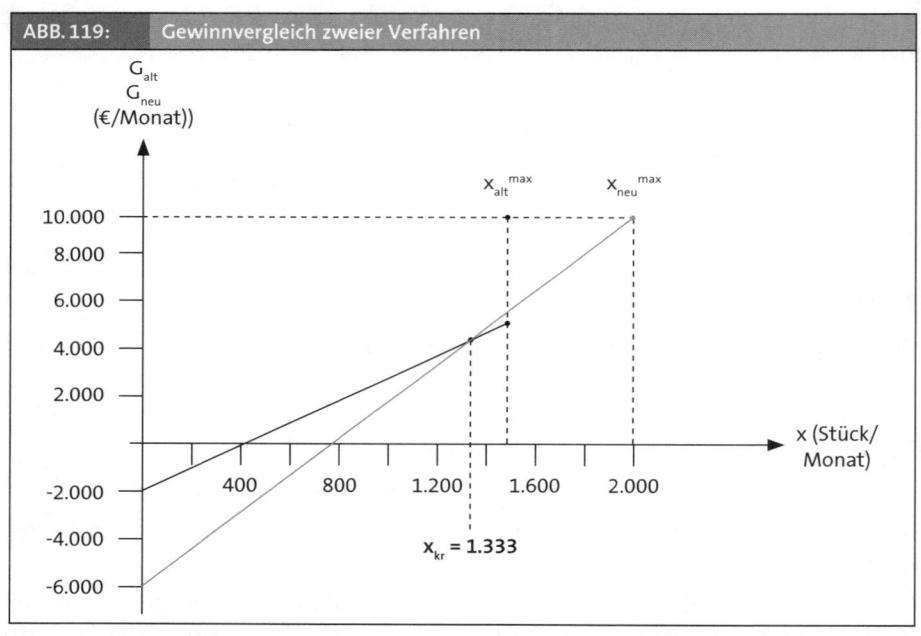

ABB. 119: Gewinnvergleich zweier Verfahren

Die Abbildung zeigt, dass sich der Übergang zum neuen Verfahren beim Ersatz des technisch veralteten bisherigen Verfahrens dann lohnt, wenn die künftige Monatsproduktion bei wenigstens 1.333 Einheiten liegt. Bei dieser kritischen Menge x_{kr} sind beide Verfahren gewinngleich.

$$G_{alt} = G_{neu}$$
$$5x_{kr} - 2.000 = 8x_{kr} - 6.000$$
$$x_{kr} = 1.333 \text{ (Stck./Monat)}$$

Kapitel 3: Statische Verfahren

KAPITEL 7

AUFGABE 101 (FORTGESCHRITTENE) 7101

Verfahren	Rechnungsgrundsatz	Kosten oder Auszahlungen
Primitive statische Verfahren	Erstjahr ist repräsentativ	Investition 1: 100.000
		Investition 2: 300.000
Verbesserte statische Verfahren	Mittelwertbildung	Investition 1: 200.000
		Investition 2: 200.000
Dynamische Verfahren ($i = 0{,}12$)	Summe der Barwerte errechnen und diese auf Laufzeit verteilen	Investition 1: 192.461
		Investition 2: 207.539

Die finanzmathematische Durchschnittsbildung kann anhand der folgenden Zeitbilder demonstriert werden:

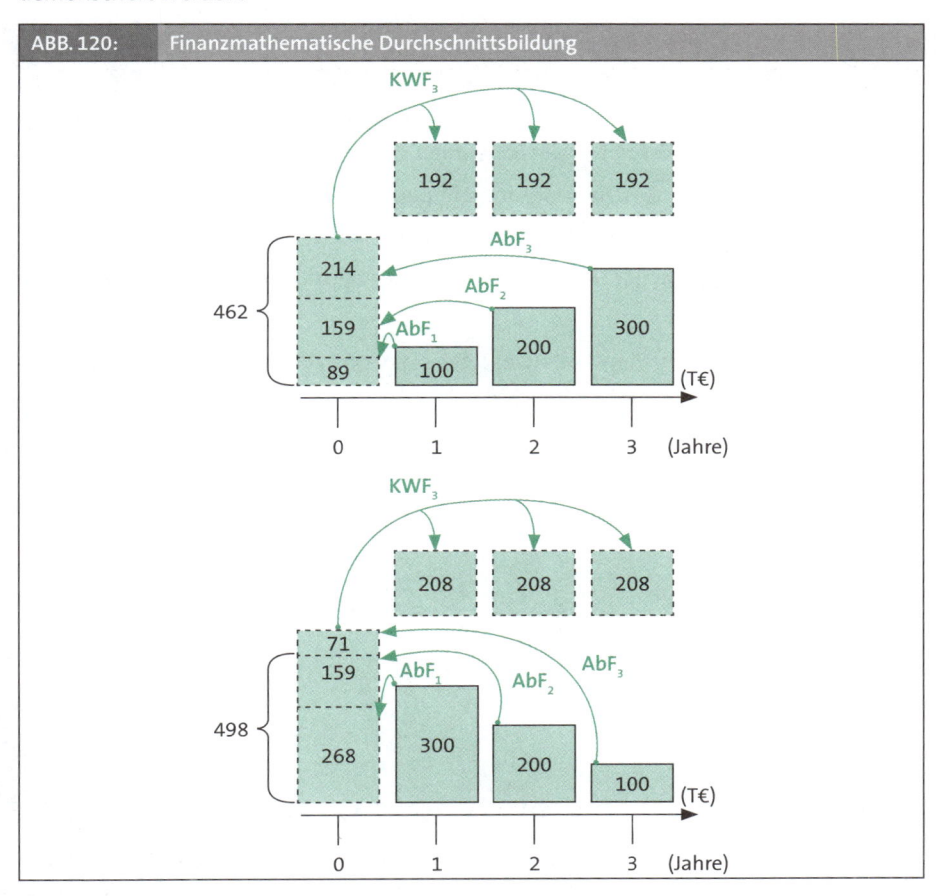

ABB. 120: Finanzmathematische Durchschnittsbildung

AUFGABE 102 (EINSTEIGER)

Die statische Rentabilitätsrechnung bezeichnet eine Investition dann als vorteilhaft, wenn sie eine vorgegebene Mindestrentabilität erreicht. Die **Rentabilität einer Erweiterungsinvestition** ermitteln Sie durch folgende Formel:

$$\text{Rent} = \frac{\text{Gewinn (€/Jahr)}}{\text{Kapitaleinsatz (€)}}$$

Die **Rentabilitätsformel bei Rationalisierungsinvestitionen** lautet:

$$\text{Rent} = \frac{\text{Minderkosten (€/Jahr)}}{\text{Kapitaleinsatz (€)}}$$

AUFGABE 103 (FORTGESCHRITTENE)

Der Kapitaleinsatz, das durchschnittlich gebundene Kapital DGK, kann ganz unterschiedlich quantifiziert werden. Praxisannahmen sind:

▶ Kapitaleinsatz = volle Anschaffungsauszahlung,

▶ Kapitaleinsatz = halbe Anschaffungsauszahlung (häufigste Annahme),

▶ Kapitaleinsatz = jeweilige Restwerte bzw. Buchwerte oder Durchschnitte dieser Werte.

Eine genaue Bestimmung des Kapitaleinsatzes setzt eine Analyse des Verlaufs der zeitlichen Wiedergewinnung des gebundenen Kapitals voraus, z. B.:

Gebundenes Kapital wird kontinuierlich vermindert; R = 0. $\quad DGK = \dfrac{A}{2}$

Gebundenes Kapital wird kontinuierlich vermindert; R > 0. $\quad DGK = \dfrac{A + R}{2}$

Gebundenes Kapital wird am Jahresende reduziert; R = 0. $\quad DGK = \dfrac{A}{2} \cdot \dfrac{n+1}{n}$

Gebundenes Kapital wird am Jahresende reduziert; R > 0. $\quad DGK = \dfrac{A - R}{2} \cdot \dfrac{n+1}{n} + R$

AUFGABE 104 (EINSTEIGER)

Die interne Zinsfuß-Methode ermittelt die Effektivverzinsung einer Investition, wobei die jeweils noch ausstehenden Beträge und die zeitliche Verteilung der Zahlungen berücksichtigt werden. Die statische Rentabilitätsrechnung ermittelt die jährliche Verzinsung als Durchschnittswert, wobei für die jeweils ausstehenden Beträge eine Fiktion, der „Kapitaleinsatz", angesetzt wird. Die zeitliche Verteilung der Zahlungen wird nicht berücksichtigt, da man sowohl beim Gewinn als auch beim Kapitaleinsatz mit Durchschnittswerten rechnet. Der interne Zinssatz ist das Ergebnis einer dynamischen, die Rentabilität ist das Resultat einer statischen Rechnung.

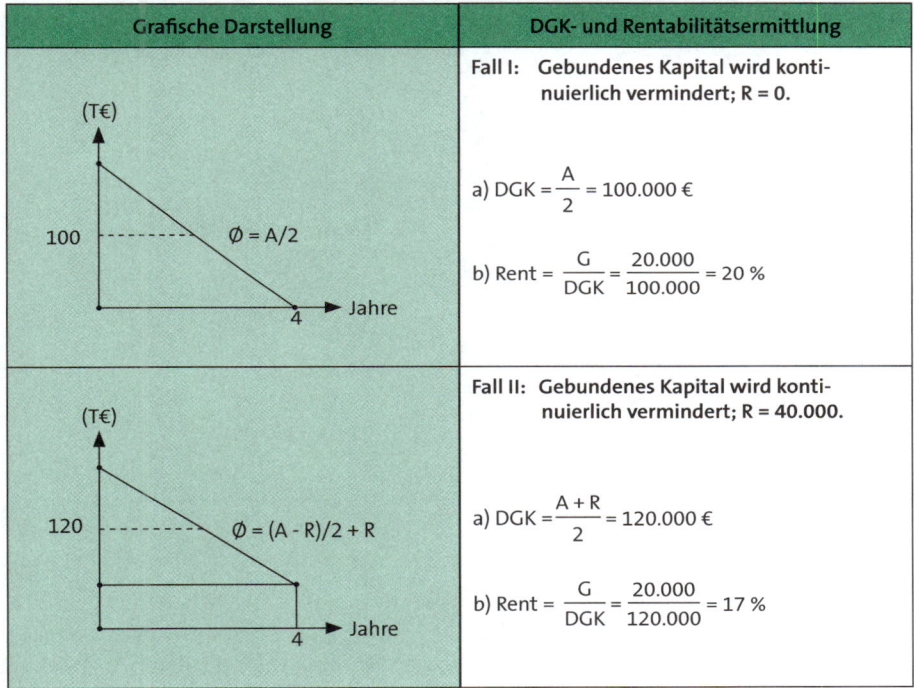

AUFGABE 105 (FORTGESCHRITTENE) — 7105

Grafische Darstellung	DGK- und Rentabilitätsermittlung
(T€), 100, Ø = A/2, 4 Jahre	**Fall I:** Gebundenes Kapital wird kontinuierlich vermindert; R = 0. a) $DGK = \dfrac{A}{2} = 100.000\ €$ b) $Rent = \dfrac{G}{DGK} = \dfrac{20.000}{100.000} = 20\,\%$
(T€), 120, Ø = (A − R)/2 + R, 4 Jahre	**Fall II:** Gebundenes Kapital wird kontinuierlich vermindert; R = 40.000. a) $DGK = \dfrac{A + R}{2} = 120.000\ €$ b) $Rent = \dfrac{G}{DGK} = \dfrac{20.000}{120.000} = 17\,\%$

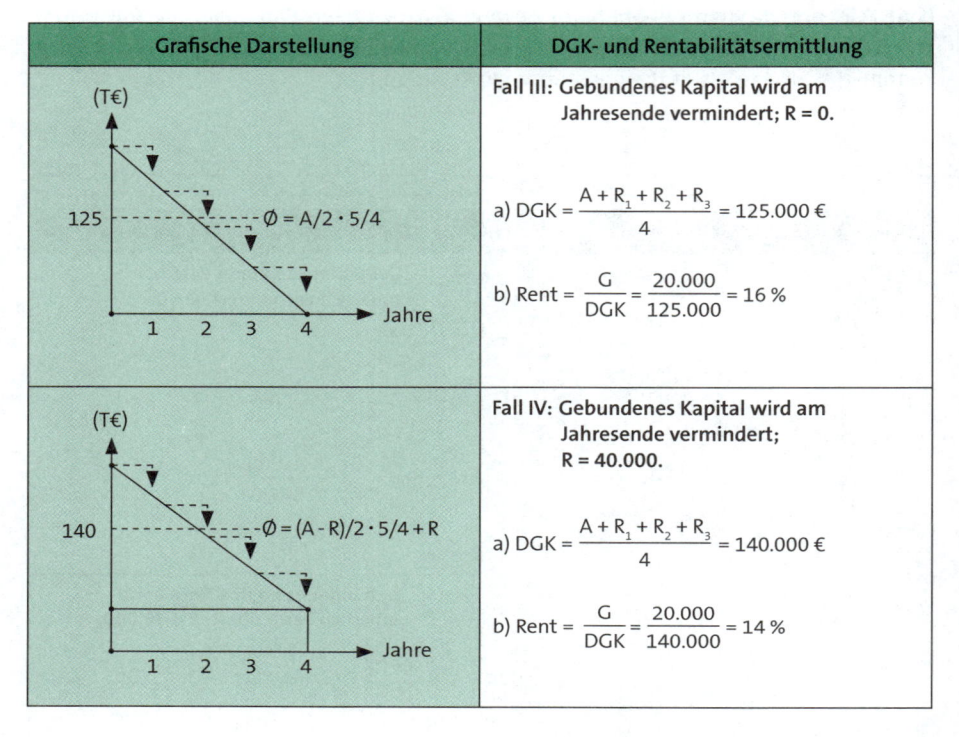

Grafische Darstellung	DGK- und Rentabilitätsermittlung
(T€), 125, Ø = A/2 · 5/4, Jahre 1 2 3 4	**Fall III: Gebundenes Kapital wird am Jahresende vermindert; R = 0.** a) $DGK = \dfrac{A + R_1 + R_2 + R_3}{4} = 125.000\ €$ b) $Rent = \dfrac{G}{DGK} = \dfrac{20.000}{125.000} = 16\ \%$
(T€), 140, Ø = (A−R)/2 · 5/4 + R, Jahre 1 2 3 4	**Fall IV: Gebundenes Kapital wird am Jahresende vermindert; R = 40.000.** a) $DGK = \dfrac{A + R_1 + R_2 + R_3}{4} = 140.000\ €$ b) $Rent = \dfrac{G}{DGK} = \dfrac{20.000}{140.000} = 14\ \%$

Aufgabe c)

Die einander widersprechenden Rentabilitätswerte von 14 % bis 20 % berücksichtigen nicht die zeitliche Verteilung der zusätzlichen Gewinne. Auch stellt das durchschnittlich gebundene Kapital DGK nur eine grobe Anhaltsgröße für das jeweils noch im Investitionsobjekt gebundene Kapital, die ausstehenden (noch wiederzugewinnenden) Beträge dar. Es ist zu fordern, dass betriebliche Investitionsentscheidungen am internen Zinssatz orientiert werden. Er erfasst korrekt die zeitlichen Unterschiede im Zahlungsfall. Außerdem erfasst er korrekt die jeweils noch ausstehenden, im Investitionsobjekt gebundenen Beträge als Verzinsungsbasis.

Kapitel 4: Amortisationsrechnung

AUFGABE 106 (EINSTEIGER)

Eine Investition ist dann vorteilhaft, wenn die tatsächliche Amortisationszeit t nicht größer ist als die vom Investor subjektiv festgesetzte höchste zulässige Amortisationszeit t_{max} ($t \leq t_{max}$). Oder: Die Investition ist lohnend, wenn ihre tatsächliche Amortisationszeit nicht größer ist als ihre Nutzungsdauer.

AUFGABE 107 (FORTGESCHRITTENE)

1. Durchschnittsrechnung:

Sie stellt zwei Größen einander gegenüber, nämlich den Kapitaleinsatz A und die durchschnittlichen jährlichen Nettoeinzahlungen (e - a) und errechnet so die Amortisationszeit t:

$$t = \frac{A}{\varnothing(e-a)}$$

2. Kumulationsrechnung:

Sie addiert die jährlichen Nettoeinzahlungen ($e_k - a_k$) so lange, bis diese, zusammen mit dem Restwert R, die Höhe der Anschaffungsauszahlung A erreicht haben:

$$A = \sum_{k=1}^{k=t}(e_k - a_k) + R_k$$

Die Kumulationsrechnung ist das bessere Verfahren, denn sie berücksichtigt die Unterschiede in der Höhe der jährlichen Rückflüsse, da die effektiven jährlichen Rückflüsse in die Rechnung eingehen.

AUFGABE 108 (FORTGESCHRITTENE)

1. Trotz einer Kapitalrückflusszeit, die unter der maximal zulässigen Amortisationszeit liegt, kann eine Investition unvorteilhaft sein, da in die Amortisationsrechnung keine Mindestverzinsungsanforderung eingeht.

2. Zwei Investitionen können trotz gleicher Kapitalrückflusszeiten unterschiedlich vorteilhaft sein, da die Amortisationsrechnung keine Rücksicht darauf nimmt, wann die größeren und wann die kleineren Zahlungen anfallen.

3. Die Amortisationsrechnung birgt die Gefahr, dass kurzfristige Investitionen gegenüber langfristigen bevorzugt werden. Langfristige Investitionen werden durch die Vorgabe von höchstzulässigen Amortisationszeiten häufig förmlich „abgewürgt".

7109 AUFGABE 109 (EINSTEIGER)

Die statische Amortisationsrechnung ermittelt den Zeitraum, in dem die Anschaffungsauszahlung ohne Zinsen wiedergewonnen wird. Die dynamische Amortisationsrechnung ermittelt dagegen den Zeitraum, in dem die Anschaffungsauszahlung inklusive Zinsen auf die ausstehenden Beträge wiedergewonnen wird. Da für diesen Zeitraum $C_0 = 0$ gilt, basiert die dynamische Amortisationsrechnung auf der Kapitalwertmethode.

7110 AUFGABE 110 (FORTGESCHRITTENE)

Die statische Variante der Amortisationsrechnung ist als Grenzfall in der dynamischen enthalten, wenn Sie mit einem Kalkulationszinssatz von Null rechnen. Bei $i = 0$ stimmen statische und dynamische Amortisationszeit überein. Der Ansatz von $i = 0$ ist genauso subjektiv wie jeder andere Ansatz. Allerdings ist die Mindestverzinsungsanforderung von Null nicht realistisch. Man kommt also nicht darum herum, einen von Null verschiedenen Kalkulationszinssatz festzulegen, auch wenn das schwierig und subjektiv sein mag.

7111 AUFGABE 111 (FORTGESCHRITTENE)

Aufgabe a)

Durch die neue Anlage entstehen Minderkosten von $2.400 \cdot (8,00 - 5,50) = 6.000$ pro Jahr.

Bei einer Anschaffungsauszahlung von 24.000 € ergibt sich somit eine Amortisationszeit t von

$$t = \frac{24.000}{6.000}$$

$t = 4$ (Jahre)

Die Investition sollte durchgeführt werden, da die tatsächliche Amortisationszeit von 4 Jahren unter der maximal zulässigen von 5 Jahren liegt.

Aufgabe b)

Jahre	Rückflüsse (€)	AbF (10 %)	Barwerte (€)	Kumulierte Barwerte (€)
1	6.000	0,909091	5.455	5.455
2	6.000	0,826446	4.959	10.414
3	6.000	0,751315	4.508	14.922
4	6.000	0,683013	4.098	19.020
5	6.000	0,620921	3.726	22.746
6	6.000	0,564474	3.387	**26.133**

Kapitel 4: Amortisationsrechnung

KAPITEL 7

Die dynamische Amortisationsrechnung verdeutlicht, dass die Investition erst nach dem 5. Jahr amortisiert ist. Die Rationalisierungsinvestition kann daher unter Berücksichtigung einer Mindestverzinsungsanforderung von 10 % nicht als vorteilhaft bezeichnet werden.

AUFGABE 112 (FORTGESCHRITTENE) 7112

Für die drei Fälle ergeben sich folgende Kapitalwerte:

1. Fall:

$C_{0,1}$ = -100.000 + 60.000 · 909091 + 40.000 · 0,826446
$C_{0,1}$ = -100.000 + 87.603
$C_{0,1}$ = -12.397 (€)

2. Fall:

$C_{0,2}$ = -100.000 + 60.000 · 909091 + 40.000 · 0,826446 + 10.000 · 0,751315
$C_{0,2}$ = -100.000 + 95.116
$C_{0,2}$ = -4.884 (€)

3. Fall:

$C_{0,3}$ = -100.000 + 60.000 · 909091 + 40.000 · 0,826446 + 10.000 · 0,751315
$C_{0,3}$ = -100.000 + 105.361
$C_{0,3}$ = +5.361 (€)

Aufgrund der Kapitalwertberechnung kann man feststellen, dass nur der 3. Fall vorteilhaft ist. In Fall 1 erzielt der Investor keine, in Fall 2 keine angemessene Verzinsung der investierten Geldmittel.

AUFGABE 113 (FORTGESCHRITTENE) 7113

Aufgabe a)

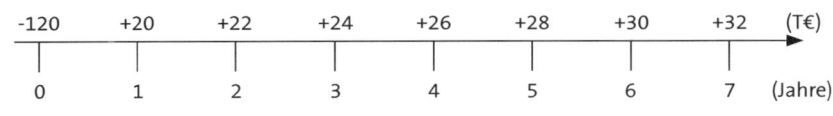

-120	+20	+22	+24	+26	+28	+30	+32	(T€)
0	1	2	3	4	5	6	7	(Jahre)

Durchschnittswert der jährlichen Rückflüsse $= \dfrac{20 + 22 + 24 + 26 + 28 + 30 + 32}{7} = 26$ (T€)

Amortisationszeit nach Durchschnittsrechnung $= \dfrac{\text{Anschaffungsauszahlung}}{\varnothing \text{ Rückflüsse}} = \dfrac{120.000}{26.000} = 4{,}6$ (Jahre)

Aufgabe b)

ABB. 121: Statische und dynamische Amortisationszeit

	statisch		dynamisch		
Jahre	Rückflüsse	Kumulierte Rückflüsse	Abzinsungs-faktor	Barwertige Rückflüsse	Kumulierte barwertige Rückflüsse
	(€)	(€)	(10 %)	(€)	(€)
	I	II = $\sum$ I	III	VI = I III	V = $\sum$ IV
1	20.000	20.000	0,909091	18.182	18.182
2	22.000	42.000	0,826446	18.182	36.364
3	24.000	66.000	0,751315	18.032	54.396
4	26.000	92.000	0,683013	17.758	72.154
t→ 5	28.000	**120.000**	0,620921	17.386	89.540
6	30.000	150.000	0,564474	16.934	106.474
7	32.000	182.000	0,513158	16.421	**122.895** ◄-t_d

$$t_d = n_1 - C_{0,1} \cdot \frac{n_2 - n_1}{C_{0,2} - C_{0,1}}$$

$$t_d = 6 + 13.523 \cdot \frac{7 - 6}{2.895 + 13.526}$$

$$t_d = 6 + \frac{13.526}{16.421} = 6{,}82 \text{ (Jahre)}$$

Der Investor hat die Auswahl zwischen drei Amortisationszeiten:

▶ statische Amortisationszeit (Durchschnittsrechnung) = 4,6 Jahre,

▶ statische Amortisationszeit (Kumulationsrechnung) = 5,0 Jahre,

▶ dynamische Amortisationszeit ($C_0 = 0$) = 6,8 Jahre.

Kapitel 5: Kritische Werte-Rechnung und Break-even-Analyse

Kapitel 5.1 bis 5.3: Kritische Werte

AUFGABE 114 (EINSTEIGER) 7114

Ein kritischer Wert ist der Maximal- oder Minimalwert einer in die Investitionsrechnung eingehenden Größe, bei dem sich die Investition gerade noch (oder gerade eben) lohnt.

Beispiele:

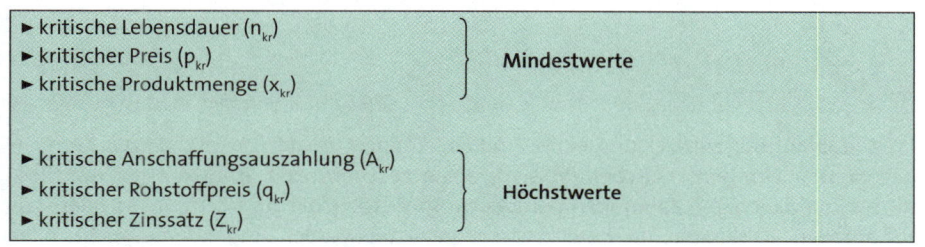

- kritische Lebensdauer (n_{kr})
- kritischer Preis (p_{kr}) } Mindestwerte
- kritische Produktmenge (x_{kr})

- kritische Anschaffungsauszahlung (A_{kr})
- kritischer Rohstoffpreis (q_{kr}) } Höchstwerte
- kritischer Zinssatz (Z_{kr})

AUFGABE 115 (EINSTEIGER) 7115

Die Ermittlung des kritischen Wertes einer Größe, die in die Investitionsrechnung eingeht, kann grundsätzlich nach drei Methoden erfolgen:

1. nach der Kapitalwertmethode ($C_0 = 0$),
2. nach der internen Zinsfuß-Methode ($i = r$),
3. nach der Annuitätenmethode (DJE = DJA).

Die drei Methoden sind unterschiedliche Formulierungen eines einheitlichen Sachverhalts: Der kritische Wert ist so zu fixieren, dass die betrachtete Investition gerade eben oder gerade noch vorteilhaft ist. Dabei ist die Nutzung der internen Zinsfuß-Methode unüblich, weil sie rechnerisch aufwendig ist.

AUFGABE 116 (FORTGESCHRITTENE) 7116

Der interne Zinsfuß einer Investition ist der Zinssatz, bei dem der Kapitalwert gerade gleich Null ist. Die Investition ist bei diesem Zinssatz gerade noch lohnend. Setzt man den Kalkulationszinssatz i unter dem internen Zinssatz fest, ist der Kapitalwert positiv. Erhöht man den Kalkulationszinssatz sukzessive, sinkt der Kapitalwert und strebt gegen Null, wenn i gegen r strebt. Bei einem die Rendite übersteigenden Kalkulationszinssatz wird die Investition wegen des negativen Kapitalwertes unvorteilhaft. Also ist der kritische Kalkulationszinssatz, bei dem die Investition gerade eben vorteilhaft ist, durch die Rendite, den internen Zinssatz, gegeben.

7117 AUFGABE 117 (FORTGESCHRITTENE)

Sie legen den Kalkulationszinssatz fest und errechnen die kritische Anschaffungsauszahlung A_{kr}, bei der sich die Investition eben noch lohnt:

1. Schritt: $C_0 = (e - a) \cdot DSF_n + R \cdot AbF_n - A$
2. Schritt: $0 = (e - a) \cdot DSF_n + R \cdot AbF_n - A_{kr}$
3. Schritt: $A_{kr} = (e - a) \cdot DSF_n + R \cdot AbF_n$

Man erkennt, dass die kritische Anschaffungsauszahlung ermittelt werden kann, wenn neben dem Kalkulationszinssatz die jährlichen Nettoeinzahlungen (= Nettomiete = e - a) sowie der spätere Restwert und die Lebensdauer bekannt sind. Kritischer Preis ist der Barwert der künftigen Nettoeinzahlungen und des künftigen Restwertes.

7118 AUFGABE 118 (FORTGESCHRITTENE)

Im Zeitablauf der Entwicklung eines Produkts können mehrere kritische Preise errechnet werden. Um den kritischen Preis für einen bestimmten Zeitpunkt t festzustellen, dürfen nur diejenigen Zahlungen berücksichtigt werden, die zum Zeitpunkt t oder später anfallen. Zahlungen, die bereits vorher geleistet worden sind, können nicht mehr beeinflusst werden, sind also nicht mehr entscheidungsrelevant.

Der Verzicht auf die Fortführung des Projekts bringt nur den Wegfall der künftigen Zahlungen. Da die künftig anfallenden Zahlungen als Gesamtsumme umso kleiner werden, je weiter das Projekt fortschreitet, d. h. je näher der Betrachtungszeitpunkt t an das Ende des Projekts rückt, fällt der entscheidungsrelevante kritische Preis im Zeitablauf.

7119 AUFGABE 119 (FORTGESCHRITTENE)

Kritischer Wert einer Variablen in Bezug auf zwei Investitionen ist der Wert der betreffenden Variablen, bei dem beide Objekte gleich vorteilhaft oder gleich unvorteilhaft sind. Man benötigt ihn beim Alternativenvergleich und ermittelt ihn wahlweise

1. nach der Kapitalwertmethode: $C_0^I = C_0^{II}$,
2. nach der internen Zinsfuß-Methode: $r_I = r_{II}$ (unüblich, weil aufwendig),
3. nach der Annuitätenmethode: $DJÜ_I = DJÜ_{II}$.

Kapitel 5: Break-even-Analyse

AUFGABE 120 (EINSTEIGER) — 7120

ABB. 122: Drei kritische Werte der Nutzungsdauer

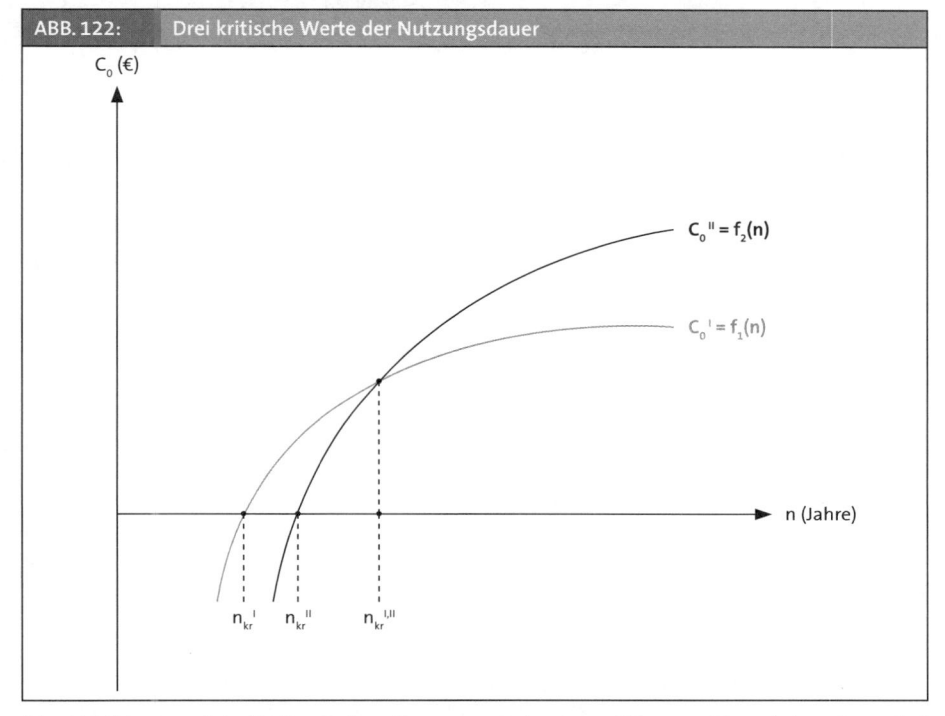

C_0 (€)

$C_0^{II} = f_2(n)$

$C_0^{I} = f_1(n)$

n (Jahre)

n_{kr}^{I} n_{kr}^{II} $n_{kr}^{I,II}$

Die Abbildung zeigt die Kapitalwertkurven zweier Investitionen. Sie zeigt zudem drei kritische Werte

- n_{kr}^{I} = kritische Nutzungsdauer der Investition I (ab hier wird I vorteilhaft).
- n_{kr}^{II} = kritische Nutzungsdauer der Investition II (ab hier wird II vorteilhaft).
- $n_{kr}^{I,II}$ = kritische Nutzungsdauer in Bezug auf Investition I und II (hier sind beide Objekte gleich vorteilhaft).

AUFGABE 121 (FORTGESCHRITTENE) — 7121

1. Stelle C_0-Funktion auf:

C_0 = [12.000 · p - (2.000 + 0,15 · 12.000)] · 5,334926 + 1.000 · 0,466507 - 19.000

2. Setze C_0 = 0:

0 = [12.000 · p_{kr} - (2.000 + 18.000)] · 5,334926 + 466,51 - 19.000

3. Löse nach p_{kr} auf:

$$12.000 \cdot p_{kr} - 3.800 = \frac{18.533{,}49}{5{,}334926}$$

$$12.000 \cdot p_{kr} = 7.274$$

$$p_{kr} = 0{,}61 \ (\text{€/Stck.})$$

Bei Anwendung der Kapitalwertmethode ergibt sich ein kritischer Preis von 0,61 € je Schüssel.

7122 AUFGABE 122 (FORTGESCHRITTENE)

1. Stelle C_0-Funktion auf:

C_0 = (1.500 - 1.000) · 6,144567 + R · 0,385543 - 5.000

2. Setze $C_0 = 0$:

0 = 500 · 6,144567 + R_{kr} · 0,385543 - 5.000

3. Löse nach R_{kr} auf:

R_{kr} = 5.000 (€)

Der Restwert muss also mindestens die Höhe der Anschaffungsauszahlung erreichen, damit sich die Investition lohnt.

7123 AUFGABE 123 (FORTGESCHRITTENE)

Der Rationalisierungseffekt RE pro Jahr (d. h. die jährliche Minderauszahlung) muss mindestens so groß sein, dass die Anschaffungsauszahlung während der Laufzeit von fünf Jahren wiedergewonnen wird und die jeweils noch ausstehenden Beträge mit dem Kalkulationszinssatz verzinst werden.

Es muss also gelten:

$$RE = A \cdot \underbrace{\frac{i(1+i)^n}{(1+i)^n - 1}}_{KWF_n}$$

$$RE = 90.000 \cdot 0{,}263797$$

$$RE = 23.742 \ (\text{€/Jahr})$$

Damit sich die Investition lohnt, müssen jährlich mindestens 23.742 € eingespart werden können.

Kapitel 5: Break-even-Analyse

AUFGABE 124 (FORTGESCHRITTENE) 7124

Der Investor kann maximal eine Kaufsumme i. H. d. Barwertes der künftigen Jahresnettomieten bezahlen. Wenn er zu diesem Höchstpreis kauft, verzinst sich seine Anschaffungsauszahlung genau mit 10 %. Der Barwert der Nettomieten wird folgendermaßen ermittelt:

Jahre	Netto-mieten (€/Jahr)	Diskontie-rungs-summen-faktor	Zeit-werte (€)	Abzinsungs-faktor	Bar-werte (€)
1 bis 5	100.000	3,790787	379.079		379.079
6 bis 10	120.000	3,790787	454.894	0,620921	282.453
11 bis 15	150.000	3,790787	568.618	0,385543	219.227
16 bis 35	200.000	8,513564	1.702.713	0,239392	407.616
				Barwert aller Nettomieten:	1.288.375

Der Höchstpreis des Investors, d. h. die kritische Anschaffungsauszahlung in Bezug auf das Investitionsobjekt, beläuft sich auf knapp 1,3 Mio. €.

AUFGABE 125 (PROFIS) 7125

Aufgabe a)

Für den Kapitalwert einer Investition gilt definitionsgemäß:

$$C_0 = -A + (e - a) \cdot \underbrace{\frac{(1+i)^n - 1}{i(1+i)^n}}_{DSF_n} + R \underbrace{(1+i)^{-n}}_{AbF_n}$$

Unter Benutzung der im gegebenen Fall vorliegenden Daten kann man schreiben:

$$C_0 = -12.500 + (5.700 - 2.700) \cdot \frac{(1+0{,}06)^n - 1}{0{,}06 (1+0{,}06)^n} + 2.000 \,(1+0{,}06)^{-n}$$

$n_1 = 4$ Jahre $\rightarrow$ $C_{0,1} = -12.500 + 3.000 \cdot 3{,}465106 + 2.000 \cdot 0{,}792094$

$C_{0,1} = -12.500 + 10.395 + 1.584 = -521$ (€)

$n_2 = 5$ Jahre $\rightarrow$ $C_{0,2} = -12.500 + 3.000 \cdot 4{,}212364 + 2.000 \cdot 0{,}747258$

$C_{0,2} = -12.500 + 12.637 + 1.495 = 1.632$ (€)

$n_3 = 6$ Jahre $\rightarrow$ $C_{0,3} = -12.500 + 3.000 \cdot 4{,}917324 + 2.000 \cdot 0{,}704961$

$C_{0,3} = -12.500 + 14.752 + 1.410 = 3.662$ (€)

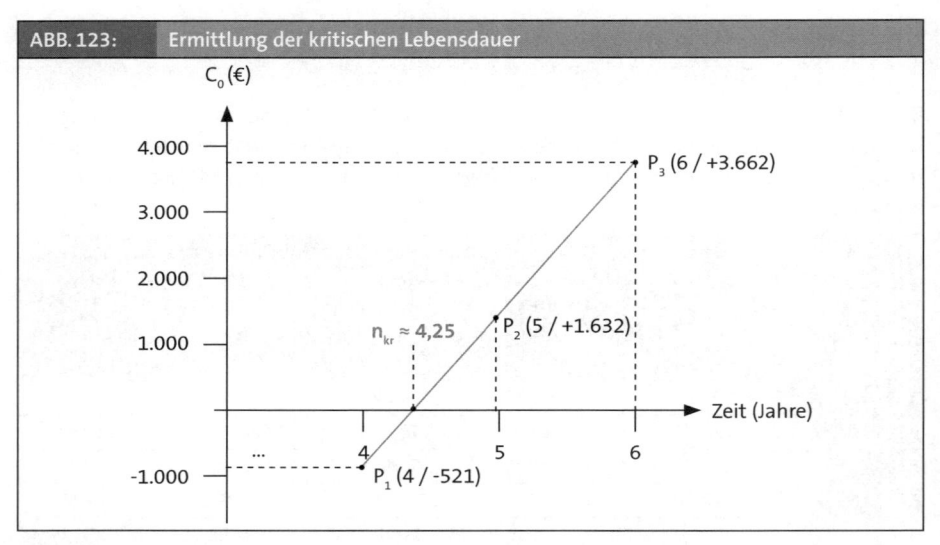

ABB. 123: Ermittlung der kritischen Lebensdauer

C_0 (€)

- 4.000 ───────────────── P_3 (6 / +3.662)
- 3.000
- 2.000
- 1.000 $n_{kr} \approx 4{,}25$ P_2 (5 / +1.632)
- ────────── 4 ──── 5 ──── 6 ──→ Zeit (Jahre)
- -1.000 P_1 (4 / -521)

Aufgabe b)

Es gilt:

$$n_{kr} = n_1 - C_{0,1} \cdot \frac{n_2 - n_1}{C_{0,2} - C_{0,1}}$$

Setzt man die Koordinaten von P_1 und P_2 in die Gleichung ein, so ergibt sich:

$$n_{kr} = 4 + 521 \cdot \frac{5 - 4}{1.632 + 521}$$

$$n_{kr} = 4 + \frac{521}{2.153} = 4{,}24 \text{ (Jahre)}$$

Aufgabe c)

Dieses Ergebnis lässt sich mittels Logarithmierens bestätigen:

1. Stelle C_0-Funktion auf:

$$C_0 = -12.500 + 3.000 \cdot \frac{1{,}06^n - 1}{0{,}06 \cdot 1{,}06^n} + \frac{2.000}{1{,}06^n}$$

2. Setze $C_0 = 0$:

$$0 = -12.500 + 3.000 \cdot \frac{1{,}06^{n_{kr}} - 1}{0{,}06 \cdot 1{,}06^{n_{kr}}} + \frac{2.000}{1{,}06^{n_{kr}}} \quad | \cdot 1{,}06^{n_{kr}} \cdot 0{,}06 \rightarrow$$

3. Löse nach $1{,}06^{n_{kr}}$ auf:

$$0 = -750 \cdot 1{,}06^{n_{kr}} + 3.000 \, (1{,}06^{n_{kr}} - 1) + 120$$
$$0 = -750 \cdot 1{,}06^{n_{kr}} + 3.000 \cdot 1{,}06^{n_{kr}} - 2.880 \quad | + 2.880 \rightarrow$$
$$2.880 = 2.250 \cdot 1{,}06^{n_{kr}} \quad | : 2.250 \rightarrow$$
$$1{,}06^{n_{kr}} = 1{,}28 \quad | \lg \rightarrow$$
$$n_{kr} \cdot \lg 1{,}06 = \lg 1{,}28$$
$$n_{kr} = \frac{\lg 1{,}28}{\lg 1{,}06} = \frac{0{,}1072}{0{,}0253} = 4{,}24 \text{ (Jahre)}$$

Aufgabe d)

Es gilt:

$$C_0 = (e - a) \cdot DSF_n - A$$
$$0 = (e - a) \cdot DSF_{n_{kr}} - A$$
$$DSF_{n_{kr}} = \frac{A}{(e - a)} = \frac{12.500}{3.000} = 4{,}166667$$

n = 4	→ DSF = 3,465106	
errechnet	→ DSF = 4,166667	Inter-polation → n_{kr} = 4,94 (Jahre)
n = 5	→ DSF = 4,212364	

AUFGABE 126 (FORTGESCHRITTENE)   7126

Aufgabe a)

Für den kritischen Wert q^I_{kr} einer Rohstoffeinheit muss in Bezug auf Investition I nach der Annuitätenmethode gelten:

1. Stelle DJÜ-Funktion auf:

$$DJÜ = DJE_I - DJA_I$$

2. Setze DJÜ = 0:

$$0 = 1.200 - 100 - 30 q^I_{kr} - 3.000 \cdot 0{,}174015$$

3. Löse nach q^I_{kr} auf:

$$30 q^I_{kr} = 578$$
$$q^I_{kr} = 19{,}27 \, (€/Stck.)$$

Investition I ist nur dann lohnend, wenn der Preis für eine Rohstoffeinheit nicht über 19,27 € liegt.

Aufgabe b)

Der kritische Preis q^{II}_{kr} für eine Rohstoffeinheit in Bezug auf Investition II wird entsprechend errechnet:

1. Stelle DJÜ-Funktion auf:

DJÜ = $DJE_{II} - DJA_{II}$

2. Setze DJÜ = 0:

0 = $1.200 - 150 - 10q^{II}_{kr} - 5.000 \cdot 0{,}174015$

3. Löse nach q^{II}_{kr} auf:

$10q^{II}_{kr}$ = 180
q^{II}_{kr} = 18 (€/Stck.)

Investition II ist nur dann lohnend, wenn der Preis für eine Rohstoffeinheit 18 € nicht übersteigt.

Aufgabe c)

Für den kritischen Preis $q^{I,II}_{kr}$ in Bezug auf beide Investitionen, d. h. für jenen Preis, bei dem beide Investitionen gleich vorteilhaft sind, muss gelten:

$$DJÜ_I = DJÜ_{II}$$
$$DJE_I - DJA_I = DJE_{II} - DJA_{II}$$
oder wegen $DJE_I = DJE_{II} \rightarrow DJA_I = DJA_{II}$
$$100 + 30q^{I,II}_{kr} + 3.000 \cdot 0{,}174018 = 150 + 10^{I,II}_{kr} + 5.000 \cdot 0{,}174015$$
$$100 + 30q^{I,II}_{kr} + 522 = 150 + 10^{I,II}_{kr} + 870$$
$$20q^{I,II}_{kr} = 398$$
$$q^{I,II}_{kr} = 19{,}90 \text{ (€/Stck.)}$$

Nimmt der Rohstoffpreis den Wert 19,90 € an, so sind beide Investitionen gleichwertig.

Es muss beachtet werden, dass dieser kritische Wert höher ist als der kritische Wert für Investition I und Investition II. Mithin sind bei einem Rohstoffpreis von 19,90 € beide Investitionen gleich unvorteilhaft. Die folgende Abbildung illustriert diesen Sachverhalt, sie zeigt die DJÜ beider Investitionen in Abhängigkeit vom Rohstoffpreis.

ABB. 124: DJÜ-Funktionen in Abhängigkeit vom Rohstoffpreis

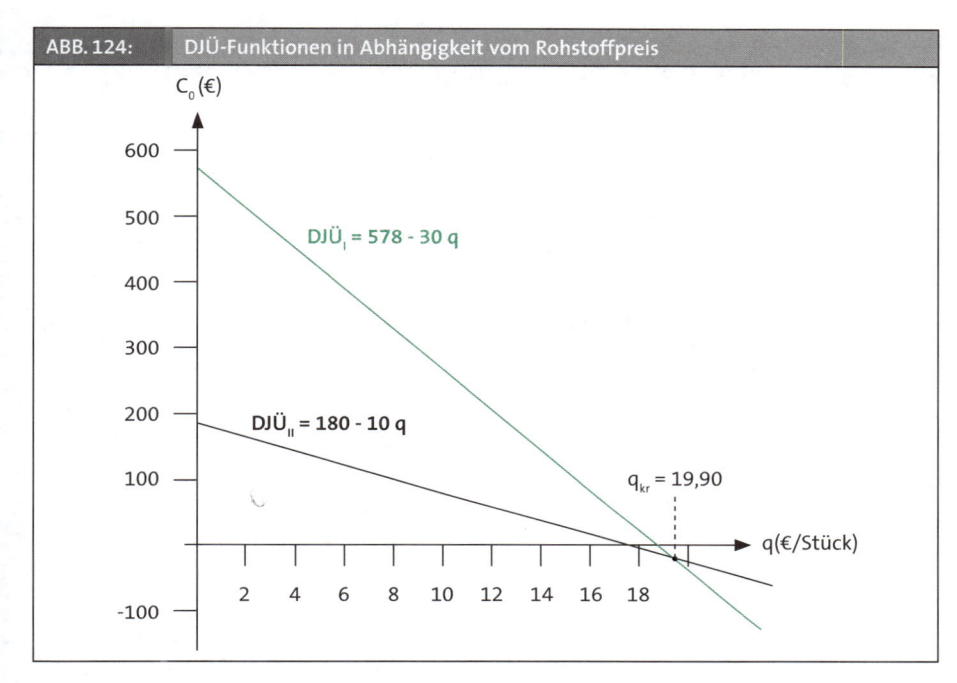

$DJÜ_I = 578 - 30\,q$

$DJÜ_{II} = 180 - 10\,q$

$q_{kr} = 19{,}90$

Der Schnittpunkt der DJÜ-Funktionen liegt im negativen Bereich. Beide Investitionen sind gleich unwirtschaftlich, falls der Rohstoffpreis von 19,90 € erreicht wird. Liegt der Rohstoffpreis unter 18 €/Einheit, so sind beide Alternativen vorteilhaft; die Investition I ist jedoch wegen der höheren Überschüsse vorzuziehen.

AUFGABE 127 (FORTGESCHRITTENE) 7127

Aufgabe a)

Die Investition lohnt sich nur dann, wenn die jährlichen Auszahlungen sowie der Kapitaldienst auf die Anschaffungsauszahlung durch den Minderverbrauch an Heizöl ausgeglichen werden. Es gilt:

- Minderauszahlung = $400 + 4.000 \cdot KWF_{12}$
- Minderauszahlung = $400 + 4.000 \cdot 0{,}146763$
- Minderauszahlung = 987 (€/Jahr)

Aufgabe b)

Die Erwartung künftig steigender Ölpreise und das ökologische Gewissen.

7128 AUFGABE 128 (FORTGESCHRITTENE)

Aufgabe a)

Regula falsi:

$$n_{kr} = 4 + 20.819 \cdot \frac{5 - 4}{65.265 + 20.819} = 4{,}24 \text{ Jahre}$$

Aufgabe b)

Kritische Nutzungsdauer für den Fall, dass man den Restwert der Erweiterungsinvestition aus Vorsichtsgründen mit R = 0 ansetzt:

$$DSF^n_{kr} = \frac{A}{(e - a)} = \frac{500.000}{120.000} = 4{,}1666$$

$n_{kr} = 4{,}94$ Jahre

AUFGABE 129 (FORTGESCHRITTENE)

ABB. 125: Drei mögliche Kapitalwertfunktionen

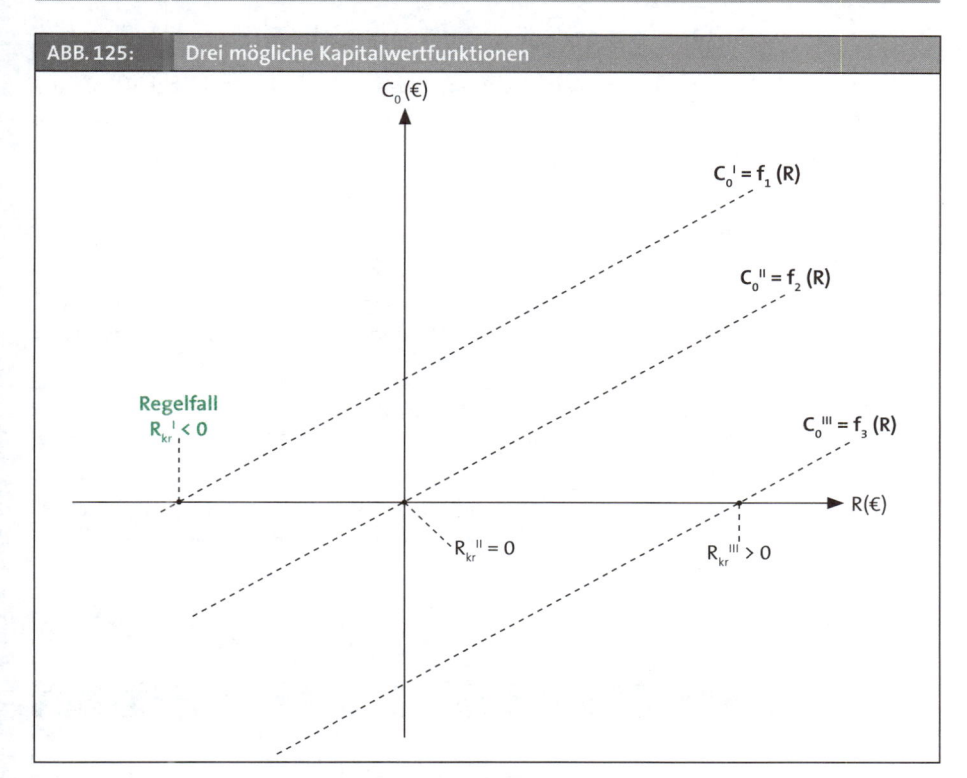

- $C_0^I = f_1(R)$
- $C_0^{II} = f_2(R)$
- $C_0^{III} = f_3(R)$
- Regelfall $R_{kr}^I < 0$
- $R_{kr}^{II} = 0$
- $R_{kr}^{III} > 0$

Der kritische Restwert, bei dem sich eine Investition gerade eben lohnt, d. h. bei dem ihr Kapitalwert und ihr durchschnittlicher jährlicher Überschuss Null sind, ist völlig unabhängig vom tatsächlichen Restwert. Letzterer kann positiv, Null oder negativ sein (Demontagekosten, Beseitigung oder Vermeidung von Umweltschäden). Der kritische Restwert ist im ersten Fall bei der Kapitalwertfunktion $C_0^I = f_1(R)$ negativ. Das heißt, die Investition I verkraftet es, wenn der Investor am Ende der Nutzungsdauer noch einen gewissen Geldbetrag hingeben muss, wenn er die Maschine I abbaut. Investition I bleibt vorteilhaft, wenn die Abschlusszahlung nicht größer ist als R_{kr}. Investition II verträgt einen Restwert von Null, wird dieser unterschritten, lohnt sich Objekt II nicht mehr. Die dritte Investition ist erst dann lohnend, wenn sie am Ende noch einen positiven Restwert erbringt, der mindestens die Höhe R_{kr} aufweist.

In der betrieblichen Praxis ist der Fall I die Regel: Fast alle Investitionen verkraften es, wenn der Investor abschließend eine bestimmte (nicht zu große) Restwertauszahlung zu tätigen hat.

Kapitel 5.4: Optimale Nutzungsdauer und optimaler Ersatzzeitpunkt

7130 AUFGABE 130 (EINSTEIGER)

Eine Reihe von Faktoren führt im Zeitablauf dazu, dass die mit einer Anlage verbundenen jährlichen Nettoeinzahlungen (e - a) sinken, z. B.:

- steigender Materialverbrauch,
- steigender Energieverbrauch,
- höhere Reparaturanfälligkeit,
- schlechtere Produktqualität.

Dazu kommt, dass der Restwert im Zeitablauf geringer wird. Beides, sinkende jährliche Nettoeinzahlungen und abnehmender Restwert, sind Argumente für eine möglichst kurze Nutzungsdauer.

Bei kurzer Nutzungsdauer bliebe allerdings nur wenig Zeit, um die Anschaffungsauszahlung wiederzugewinnen. Der auf das einzelne Jahr entfallende Kapitaldienst wäre dann sehr hoch.

Die ökonomische Nutzungsdauer stellt daher einen optimalen Kompromiss dar, bei dem die auf kurze und die auf lange Nutzungsdauer hinwirkenden Aspekte gleichzeitig und gleichberechtigt berücksichtigt werden.

7131 AUFGABE 131 (EINSTEIGER)

Begriff	Definition
Zeitliche Grenzauszahlungen GA_t	Auszahlungen, die bei einjähriger Verlängerung der Nutzungsdauer anfallen
Durchschnittliche jährliche Auszahlungen DJA	Auf geplante Nutzungsdauer verteilter Barwert aller zeitlichen Grenzauszahlungen
Zeitliche Grenzeinzahlungen GE_t	Einzahlungen, die bei einjähriger Verlängerung der Nutzungsdauer anfallen
Zeitlicher Grenzüberschuss $GÜ_t$	Geldbetrag, der dem Investor netto bei einjährigem Weiterbetrieb zufließt
Durchschnittlicher jährlicher Überschuss DJÜ	Auf geplante Nutzungsdauer verteilter Kapitalwert

Man benötigt diese Begriffe bei der Ermittlung der optimalen Nutzungsdauer und des optimalen Ersatzzeitpunktes.

7132 AUFGABE 132 (PROFIS)

$$GA_t = a_t + (R_{t-1} - R_t) + i \cdot R_{t-1}$$

Eine einjährige Investitionsverlängerung kostet

- die auf das Verlängerungsjahr entfallenden Betriebs- und Instandhaltungsauszahlungen a_t;

- die während des Verlängerungsjahres zu verzeichnende Minderung des Restwertes ($R_{t-1} - R_t$);
- entgangene Zinsen auf den Restwert, der vor dem Verlängerungsjahr realisierbar gewesen wäre.

$$GA_t = a_t + R_{t-1} \cdot KWF$$

Eine einjährige Investitionsverlängerung kostet
- die auf das Verlängerungsjahr entfallenden Betriebs- und Instandhaltungsauszahlungen a_t;
- die Annuität (bestehend aus Zins- und Wiedergewinnungsanteil) auf den nicht realisierten Restwert, der mit Hilfe des KWF auf die Restnutzungsdauer der Altanlage verteilt wird.

AUFGABE 133 (FORTGESCHRITTENE)

Entscheidungssituation	Gleichungsansatz
Bestimmung der optimalen Nutzungsdauer bei einmaliger Investition	C_0 = max! $GA_t = GE_t$
Bestimmung der optimalen Nutzungsdauer bei wiederholter Investition	
▶ mit konstanten jährlichen Einzahlungen	DJA = min! DJA = GA_t
▶ mit unterschiedlichen jährlichen Einzahlungen	DJÜ = max!

AUFGABE 134 (FORTGESCHRITTENE)

Bei der Bestimmung der ökonomischen Nutzungsdauer bei wiederholter Investition geht man zur Vereinfachung von einer unendlich langen Kette von Folgeinvestitionen aus. Trotz dieser theoretischen Annahme (nichts lässt sich unendlich oft wiederholen!) gelangt man zu sinnvollen Ergebnissen, weil Zahlungen, die nach 30 oder mehr Jahren anfallen, nur noch einen verschwindend geringen Einfluss auf den Kapitalwert der Investitionskette haben.

AUFGABE 135 (FORTGESCHRITTENE)

Je höher der Restwert einer zu ersetzenden alten Anlage unter sonst gleichen Umständen ist, desto leichter wird man sich von ihr trennen. Denn mit steigendem Restwert steigen auch die der Altanlage anzulastenden zeitlichen Grenzauszahlungen GA_t. Es gilt:

$$GA_t = a_t + (R_{t-1} - R_t) + i \cdot R_{t-1}$$
$$\text{oder}$$
$$GA_t = a_1 + R \cdot KWF$$

Je höher der Restwert ist, desto größer ist die Summe der auf die folgenden Perioden entfallenden Restwertminderung ΔR und der entgangenen Zinsen auf die bei Weiterbetrieb nicht realisierte Restwerteinzahlung.

In der Praxis rechnet man bei Ersatz einer Altanlage gelegentlich mit einer Nettoanschaffungsauszahlung (A_{neu} - R_{alt}) für die Neuinvestition. Diese Fassung zeigt deutlich, dass das Umsteigen auf die Neuanlage mit steigendem R_{alt} immer billiger wird. Richtig ist also das genaue Gegenteil des zitierten Satzes.

7136 AUFGABE 136 (FORTGESCHRITTENE)

Aufgabe a)

Für den optimalen Ersatzzeitpunkt gilt allgemein:

Umsteigen lohnt, wenn der zeitliche Grenzüberschuss bei Weiterbetrieb nicht größer ist als der durchschnittliche jährliche Überschuss bei Sofortersatz.

Bleibt bei einer Ersatzentscheidung die Einzahlungsseite unberührt, so genügt eine Betrachtung der Auszahlungsseite:

Umsteigen lohnt, wenn die zeitlichen Grenzauszahlungen bei Weiterbetrieb mindestens so groß sind wie die durchschnittlichen jährlichen Auszahlungen bei Sofortersatz.

Aufgabe b)

Entscheidungssituation	Gleichungsansatz
Alle Restwerte sind gleich Null	$a_{alt} \geq a_{neu} + KD_{neu}$
Altanlage hat Restwert R_{alt}	$a_{alt} + R_{alt} \cdot KWF \geq a_{neu} + KD_{neu}$
Neuanlage hat Restwert R_{neu}	$a_{alt} \geq a_{neu} + (a_{neu} - R_{0,neu}) \cdot KWF$
Neu- und Altanlage haben beliebige Restwerte; Sofortansatz wirkt sich auch auf Einzahlungen aus	$GÜ_{alt} \leq DJÜ_{neu}$

7137 AUFGABE 137 (FORTGESCHRITTENE)

Anzahl Jahre (n)	KD = 50.000 · KWF_n
2	KD_2 = 50.000 · 0,560769 = 28.038 (€/Jahr)
4	KD_4 = 50.000 · 0,301921 = 15.096 (€/Jahr)
6	KD_6 = 50.000 · 0,216315 = 10.816 (€/Jahr)
8	KD_8 = 50.000 · 0,174015 = 8.701 (€/Jahr)
10	KD_{10} = 50.000 · 0,149029 = 7.451 (€/Jahr)

Kapitel 5: Break-even-Analyse

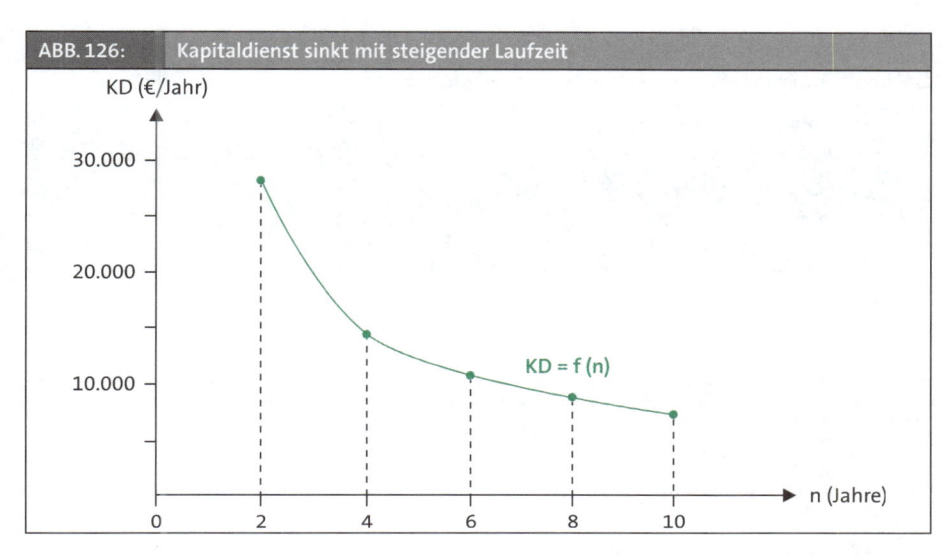

KAPITEL 7

ABB. 126: Kapitaldienst sinkt mit steigender Laufzeit

KD (€/Jahr), KD = f(n), n (Jahre)

Die Kenntnis von derartigen Annuitäten ist bei Nutzungsdauer- und Ersatzproblemen von Bedeutung. Der mit steigender Nutzungsdauer sinkende jährliche Kapitaldienst ist ein Argument in Richtung auf eine längere Anlagennutzung.

AUFGABE 138 (FORTGESCHRITTENE)

7138

Aufgabe a)

Optimale Nutzungsdauer bei Nichtwiederholung:

Geplante Nutzungs-dauer (Jahre)	Jährliche Nettoein-zahlungen (T€/Jahr)	Barwerte der Nettoeinzah-lungen (T€)	Kumulierte Barwerte (T€)	Barwertiger Restwert (T€)	Kapital-wert (T€)
n	$(e_t - a_t)$	$(e_t - a_t)$ AbF	$\Sigma(e_t - a_t)$ AbF	$R \cdot $ AbF	C_0
	I	II	III = Σ II	IV	V = III + IV - A
1	200	182	182	636	-182
2	500	413	595	413	8
3	300	225	820	263	83
4	200	137	957	154	111
5	170	106	1.063	62	125
6	85	48	1.111	0	111

n_{opt} = 5 Jahre bei Nichtwiederholung

Aufgabe b)

Optimale Nutzungsdauer bei Investitionswiederholung:

Geplante Nutzungsdauer (Jahre)	Kapitalwert (T€)	KWF (10 %)	Durchschnittlicher jährlicher Überschuss (T€/Jahr)
n	C_0	KWF_n	DJÜ
	I	II	III = I · II
1	-182	1,100000	-200
2	8	0,576190	5
3	83	0,402115	33
4	111	0,315471	35
5	125	0,263797	33
6	111	0,229607	25

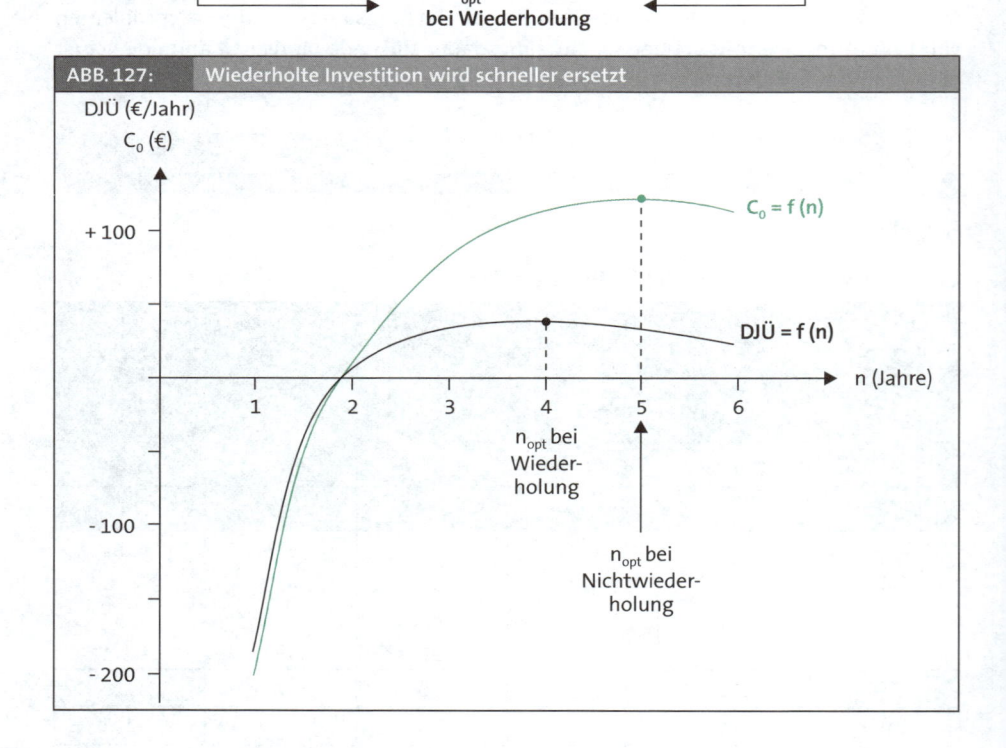

n_{opt} = 4 Jahre bei Wiederholung

ABB. 127: Wiederholte Investition wird schneller ersetzt

Kapitel 5: Break-even-Analyse

KAPITEL 7

AUFGABE 139 (FORTGESCHRITTENE) 7139

Aufgabe a)

Optimale Nutzungsdauer bei einmaliger Investition:

Geplante Nutzungs- dauer	Jährliche Betriebs- und Instand- haltungsaus- zahlungen	Jährliche Restwert- minderung ΔR	Zinsen auf Restwert	Zeitliche Grenzaus- zahlungen	Zeitliche Grenzein- zahlungen
(Jahre)	(T€/Jahr)	(T€/Jahr)	(T€/Jahr)	(T€/Jahr)	(T€/Jahr)
n	a_t	$R_{t-1} - R_t$	$i \cdot R_{t-1}$	GA_t	GE_t
	I	II	III	IV = I + II + III	V
1	500	300	100	900	700
2	200	200	70	470	700
3	400	150	50	600	700
4	500	125	35	660	700
5	530	125	23	**678**	700
6	615	100	10	725	700

n_{opt} = 5 Jahre bei Nichtwiederholung

Aufgabe b)

Optimale Nutzungsdauer bei wiederholter Investition:

Geplante Nutzungsdauer	Zeitliche Grenzaus- zahlungen	Barwert der Grenz- auszahlungen	Kumulierte Barwerte der Grenzaus- zahlungen	Durchschnittliche jährliche Auszahlungen
(Jahre)	(T€/Jahr)	(T€)	(T€)	(T€/Jahr)
n	GA_t	$GA_t \cdot AbF$	$\Sigma\, GA_t \cdot AbF$	DJA
	I	II = I · AbF	III = Σ II	IV = III · KWF
1	900	818	818	900
2	470	388	1.206	695
3	600	451	1.657	666
4	660	451	2.108	**665**
5	678	421	2.529	667
6	725	409	2.938	675

n_{opt} = 4 Jahre bei Wiederholung

7140 AUFGABE 140 (FORTGESCHRITTENE)

Aufgabe a)

$$a_{alt} + R_{alt} \cdot KWF \gtreqless a_{neu} + A_{neu} \cdot KWF$$
$$70.000 + 100.000 \cdot 0{,}388034 \gtreqless 30.000 + 300.000 \cdot 0{,}149029$$
$$108.803 > 74.709 \;(\rightarrow \text{Sofortersatz})$$

Aufgabe b)

$$a_{alt} \gtreqless a_{neu} + A_{neu} \cdot KWF$$
$$70.000 \gtreqless 30.000 + 300.000 \cdot 0{,}149029$$
$$70.000 < 74.709 \;(\rightarrow \text{Weiterbetrieb})$$

Aufgabe c)

$$a_{alt} \gtreqless a_{neu} + (A_{neu} - R_{0,neu}) \cdot KWF$$
$$70.000 \gtreqless 30.000 + (300.000 - 100.000 \cdot 0{,}463193) \cdot 0{,}149029$$
$$70.000 > 67.806 \;(\rightarrow \text{Sofortersatz})$$

7141 AUFGABE 141 (FORTGESCHRITTENE)

$$a_{alt} - a_{neu} \geq KD_{neu}$$

Der Kapitaldienst darf maximal so hoch sein wie die jährlichen Minderauszahlungen, die die Ersatzinvestition ermöglicht. Dann gewinnt der Investor die Investitionssumme während der Laufzeit der Ersatzinvestition zurück und erhält eine Verzinsung der ausstehenden Beträge i. H. d. Kalkulationszinsfußes.

Kapitel 6: Unternehmensbewertung als Investitionskalkül

AUFGABE 142 (EINSTEIGER)

Der Wert einer Unternehmung ergibt sich aufgrund subjektiver Zukunftseinschätzung eines potentiellen Käufers oder Verkäufers als Höchst- oder Mindestwert. Beide, Käufer und Verkäufer, bewerten die ihnen offenstehenden Handlungsmöglichkeiten mit deren Zukunftserfolgswerten und richten ihre Entscheidungen an dem höchsten erreichbaren Zukunftserfolgswert aus.

Die Festlegung des Preises einer Unternehmung ist meist Verhandlungssache. Der Verhandlungsspielraum wird begrenzt durch den Höchstwert des Käufers und den Mindestwert des Verkäufers.

AUFGABE 143 (EINSTEIGER)

Der Zukunftserfolgswert hängt in keiner Weise von historischen Anschaffungswerten ab. Denn: „Für das Gewesene gibt der Kaufmann nichts." Wertbestimmend sind ausschließlich künftige Faktoren.

AUFGABE 144 (EINSTEIGER)

Der Zukunftserfolgswert kann zur Bewertung jeder denkbaren Handlungsmöglichkeit herangezogen werden. Im Falle einer Unternehmung ist somit neben der Möglichkeit der Weiterführung stets auch die der Liquidierung und die des Verkaufs des Gesamtbetriebs oder einzelner Vermögensteile zu prüfen.

AUFGABE 145 (EINSTEIGER)

Die gefundenen Ergebnisse sind dann realistisch, wenn die tatsächliche Lebensdauer des Beurteilungsobjekts mindestens 30 Jahre beträgt. Bei kürzeren Nutzungsdauern sollte man dagegen mit dem jeweiligen Diskontierungssummenfaktor rechnen.

AUFGABE 146 (FORTGESCHRITTENE)

1. ZEW (Weiterbetrieb) = 30.000 · 7,160725 + 15.000 · 0,355535

   ZEW (Weiterbetrieb) = 214.822 + 5.333

   ZEW (Weiterbetrieb) = 220.155 (€)

2. ZEW (Abwrackaktion) = 225.000 (€) (→ Abwracken vorteilhaft)

7147 AUFGABE 147 (FORTGESCHRITTENE)

$$g \cdot 5{,}328250 + 100.000.000 \cdot 0{,}360610 = 80.000.000$$

$$g = \frac{80.000.000 - 36.061.000}{5{,}32850}$$

$$g = 8.246.422 \; (\text{€/Jahr})$$

7148 AUFGABE 148 (PROFIS)

Zeit → Zins ↓	20 Jahre	30 Jahre	40 Jahre	50 Jahre
5 %	37,69 %	23,14 %	14,21 %	8,72 %
10 %	14,86 %	5,73 %	2,21 %	0,85 %
15 %	6,12 %	1,51 %	0,37 %	0,09 %
20 %	2,60 %	0,42 %	0,06 %	0,01 %

$i = 5\,\%$

$$ZEW_\infty = \frac{1.000}{i} = \frac{1.000}{0{,}05} = 20.000 \; (\text{€})$$

$$ZEW_{20} = 1.000 \cdot DSF_{20} = 1.000 \cdot 12{,}462210 = 12.462 \; (\text{€})$$

$$\frac{ZEW_\infty - ZEW_{20}}{ZEW_\infty} = \frac{20.000 - 12.462}{20.000} = 0{,}3769 = 37{,}69 \; (\%)$$

7149 AUFGABE 149 (FORTGESCHRITTENE)

Für die Elastizität der Funktion y = a/x gilt allgemein:a.

$$\varepsilon = \frac{dy}{dx} \cdot \frac{x}{y} = -\frac{a}{x^2} \cdot \frac{x \cdot x}{a} = -1$$

Somit führt eine Änderung des Kalkulationszinssatzes um +1 % zu einer Änderung des Zukunftserfolgswertes um -1 %.

Musterklausur

Die folgenden Behauptungen sind auf ihre Richtigkeit zu überprüfen. Es können mehrere Behauptungen richtig oder falsch sein.

Setzen Sie an entsprechender Stelle ein X. Raten Sie nicht. Verzichten Sie im Zweifel auf das Ausfüllen.

AUFGABE 1

	Eine sachlich korrekte Investitionsrechnung sollte stets auf der Grundlage vom	richtig	falsch
a)	Leistungen und Kosten durchgeführt werden.		
b)	Einzahlungen und Auszahlungen durchgeführt werden.		
c)	Erträgen und Aufwendungen durchgeführt werden.		

AUFGABE 2

	Die Aufgabe der Investitionsrechnung besteht darin,	richtig	falsch
a)	erstens die absolute Vorteilhaftigkeit eines Objekts zu bestimmen, zweitens die relative Vorteilhaftigkeit zu ermitteln, drittens den optimalen Ersatzzeitpunkt sowie die optimale Nutzungsdauer anzugeben.		
b)	die Liquidität des Unternehmens sicherzustellen.		
c)	Entscheidungshilfen bei der betrieblichen Investitionsplanung zu geben.		

AUFGABE 3

	Der Kalkulationszinssatz i eines Investors ist definiert als	richtig	falsch
a)	die Verzinsung, die das durchzuführende Objekt abwirft.		
b)	subjektive Mindestverzinsungsanforderung des Investors an sein Investitionsobjekt.		
c)	Basiszinssatz gem. Diskontsatz-Überleitungs-Gesetz plus 4 %.		

AUFGABE 4

	Der Kapitalwert einer Investition ist definiert als	richtig	falsch
a)	Differenz zwischen den barwertigen Einzahlungen E_0 und barwertigen Auszahlungen A_0, jeweils berechnet mit dem Kalkulationszinssatz.		
b)	Summe aller auf den Zeitpunkt 0 mit dem Kalkulationszinssatz i abgezinsten Zahlungen.		
c)	Summe aller auf den Zeitpunkt 0 mit dem Kalkulationszinssatz i abgezinsten Einzahlungen.		

MUSTERKLAUSUR — Aufgaben

AUFGABE 5

Der Kapitalwert einer Investition mit positiven jährlichen Nettoeinzahlungen fällt unter sonst gleichen Umständen (ceteris paribus)	richtig	falsch
a) mit steigender Nutzungsdauer n.		
b) mit steigendem Kalkulationszinssatz i.		
c) mit steigendem Restwert R.		

AUFGABE 6

Der Kapitalwert einer Investition ist negativ, wenn	richtig	falsch
a) die Summe aller abgezinsten Einzahlungen E_0 kleiner ist als die Summe aller abgezinsten Auszahlungen A_0.		
b) die interne Verzinsung r über dem Kalkulationszinssatz i liegt.		
c) die Anschaffungsauszahlung A größer ist als die Summe der nachfolgenden undiskontierten Nettoeinzahlungen (e - a) zzgl. Restwert.		

AUFGABE 7

Gegeben sei folgender Kapitalwert einer Investition:

```
                          + 100
   - 100       + 10       + 10        (€)
     |           |           |
     0           1           2        (Jahre)
```

Dieser Kapitalwert der Investition	richtig	falsch
a) ist erst errechenbar, wenn man den Kalkulationszinssatz i kennt.		
b) ist erst errechenbar, wenn man den internen Zinssatz r des Objekts kennt.		
c) ist gleich Null, falls man mit einem Kalkulationszinssatz von i = 0,10 = 10 % rechnet.		

AUFGABE 8

Eine Investition ist stets dann vorteilhaft, wenn	richtig	falsch
a) sie sich zum internen Zinssatz r verzinst.		
b) die Anschaffungsauszahlung A wiedergewonnen wird.		
c) der Kalkulationszinsfuß unter dem internen Zinssatz liegt.		

Aufgaben **MUSTERKLAUSUR**

AUFGABE 9

Der interne Zinssatz einer Investition	richtig	falsch
a)	sagt für sich allein noch nichts über ihre Vorteilhaftigkeit aus.		
b)	liegt über dem Kalkulationszinssatz, falls die Investition einen positiven Kapitalwert hat.		
c)	ist gleich Null, falls der Kapitalwert der Investition Null ist.		

AUFGABE 10

Gegeben sei der interne Zinssatz einer Investition:

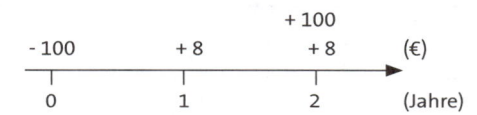

```
                    +100
   -100    +8       +8         (€)
    |      |        |
    0      1        2         (Jahre)
```

Dieser interne Zinssatz der Investition	richtig	falsch
a)	ist gleich Null, falls der Kalkulationszinssatz gleich Null ist.		
b)	beläuft sich auf 8 %, und zwar unabhängig von der Höhe des Kalkulationszinssatzes.		
c)	kann im gegebenen Fall auch ohne die Regula falsi errechnet werden, indem man die Kapitalwertgleichung aufstellt, gleich Null setzt und nach dem Zinssatz auflöst.		

AUFGABE 11

Die Rendite eines Investitionsobjekts	richtig	falsch
a)	entspricht dem Kalkulationszinssatz stets dann, wenn die barwertigen Einzahlungen E_0 mit den barwertigen Auszahlungen A_0 übereinstimmen.		
b)	gibt an, wie sich das jeweils im Objekt gebundene Kapital verzinst.		
c)	ist immer dann größer als der Kalkulationszinssatz, wenn die Nettoeinzahlungen (e - a) des Investitionsobjekts positiv sind.		

AUFGABE 12

Die Effektivverzinsung einer Industrieobligation steigt unter sonst gleichen Umständen (ceteris paribus)	richtig	falsch
a)	mit steigendem Ausgabekurs.		
b)	mit steigendem Rückzahlungskurs.		
c)	mit steigendem Nominalzinssatz.		

AUFGABE 13

Im Rahmen der Annuitätenmethode	richtig	falsch
a) ermittelt man die durchschnittlichen jährlichen Ein- und Auszahlungen und/oder den durchschnittlichen jährlichen Überschuss DJÜ.		
b) ergibt sich der durchschnittliche jährliche Überschuss DJÜ durch Multiplikation des Kapitalwertes mit dem Kehrwert des Diskontierungssummenfaktors.		
c) erhält man den Kapitalwert C_0 durch Multiplikation des durchschnittlichen jährlichen Überschusses mit dem Kapitalwiedergewinnungsfaktor.		

AUFGABE 14

Nach dem Annuitätenkriterium gilt eine Investition	richtig	falsch
a) stets dann als vorteilhaft, wenn ihre durchschnittlichen jährlichen Einzahlungen DJE positiv sind.		
b) nur dann als vorteilhaft, wenn der durchschnittliche jährliche Überschuss DJÜ einen bestimmten, über Null liegenden Mindestwert überschreitet.		
c) als vorteilhaft, wenn die Differenz zwischen den durchschnittlichen jährlichen Einzahlungen DJE und den Betriebs- und Instandhaltungsauszahlungen a mindestens die Höhe des Kapitaldienstes KD erreicht.		

AUFGABE 15

Der durchschnittliche jährliche Überschuss DJÜ einer vorteilhaften Investition steigt unter sonst gleichen Umständen (ceteris paribus)	richtig	falsch
a) mit steigendem Restwert R.		
b) mit steigender Anschaffungsauszahlung A.		
c) mit steigenden Betriebs- und Instandhaltungsauszahlungen a.		

AUFGABE 16

Wenn der durchschnittliche jährliche Überschuss DJÜ einer Investition gleich Null ist, dann	richtig	falsch
a) ist Kapitalwert C_0 größer Null.		
b) stimmen Kalkulationszinssatz i und interner Zinssatz r überein.		
c) hat ihr Kapitaldienst KD den Wert Null.		

AUFGABE 17

Ein unterjähriges Investitions- oder Finanzierungsproblem	richtig	falsch
a)	liegt dann vor, wenn alle Zahlungen nicht am Jahresende, sondern zur Jahresmitte anfallen.		
b)	liegt dann vor, wenn der zeitliche Abstand zwischen den die Zahlungsreihe ausmachenden Zahlungen kleiner als ein Jahr ist.		
c)	kann, wenn es um die Ermittlung des zugehörigen effektiven Jahreszinses geht, wie folgt gelöst werden: Man errechnet den Effektivzins der unterjährigen Periode und setzt ihn in die Zinsumrechnungsformel ein.		

AUFGABE 18

Die Studentin Ottilie erhält von ihrem Vater zur Finanzierung des Studiums eine jährliche Rente von 12.000 €. Deren Barwert ist	richtig	falsch
a)	bei nachschüssiger Zahlungsweise größer als bei vorschüssiger Zahlung.		
b)	bei monatlich nachschüssiger Zahlungsweise größer als bei jährlich nachschüssiger Zahlung.		
c)	bei monatlich vorschüssiger Zahlungsweise größer als bei jährlich vorschüssiger Zahlung.		

AUFGABE 19

Die dynamischen Stückkosten finanziert man als	richtig	falsch
a)	Gesamtkosten einer Periode (inkl. kalkulatorischer Zinsen) dividiert durch die gesamte Produktionsmenge der betreffenden Periode.		
b)	Mengenbarwert geteilt durch Anzahlungsbarwert.		
c)	Quotient der durchschnittlichen jährlichen Auszahlungen und durchschnittlichen jährlichen Menge, wobei die Durchschnittswerte i. S. d. Annuitätenmethode ermittelt werden.		

AUFGABE 20

Bei der Ermittlung dynamischer Stückkosten	richtig	falsch
a)	zeigt es sich, dass man nur Größen mit der Dimension „€, $ usw." auf- oder abzinsen kann.		
b)	zeigt es sich, dass das Instrumentarium der Kostenrechnung für die Behandlung von Problemen mit vor- und/oder nachzuleistenden Auszahlungen durch das Instrumentarium der Investitionsrechnung zu ergänzen ist.		
c)	erhält man einen Wert, der sich auch als kritischer Verkaufspreis in Bezug auf die betreffende Investition interpretieren lässt.		

MUSTERKLAUSUR — Aufgaben

AUFGABE 21

Im Rahmen der internen Zinsfuß-Methode kann es	richtig	falsch
a) bei einmaligem Vorzeichenwechsel eine mehrdeutige oder eine imaginäre Lösung geben.		
b) bei mehrmaligem Vorzeichenwechsel eine mehrdeutige oder eine imaginäre Lösung geben.		
c) bei einer Investition, die über drei Perioden läuft, maximal zwei interne Zinsfüße geben.		

AUFGABE 22

Die Fisher-Hypothese besagt, dass der	richtig	falsch
a) interne Zinsfuß der Differenzinvestition gleich Null ist.		
b) Kapitalwert der Differenzinvestition gleich Null ist.		
c) Investor fehlende Geldmittel zum Kalkulationszinssatz leihen und überschüssige Geldmittel zum Kalkulationszinssatz anlegen kann.		

AUFGABE 23

Bei der Bestimmung der Rangfolge mehrerer vorteilhafter Investitionen führen die drei dynamischen Investitionsrechnungsverfahren	richtig	falsch
a) stets zum gleichen Ergebnis.		
b) nie zum gleichen Ergebnis.		
c) unter bestimmten Umständen zu verschiedenen Ergebnissen.		

AUFGABE 24

Bei der internen Zinsfuß-Methode ist eine mehrdeutige oder imaginäre Lösung auszuschließen, wenn	richtig	falsch
a) die Investition über eine Periode läuft.		
b) die Investition über zwei Perioden läuft.		
c) die Investition über drei Perioden läuft.		

AUFGABE 25

Bei Einsatz der Ingenieurformel im Rahmen einer Kostenvergleichsrechnung	richtig	falsch
a) werden keinerlei Zinsen berücksichtigt.		
b) werden Zinsen nur im Rahmen eines approximativen Kapitaldienstes berücksichtigt.		
c) arbeitet man mit den Rechnungselementen Ein- und Auszahlungen.		

AUFGABE 26

Der approximative Kapitaldienst	richtig	falsch
a) ist stets kleiner als der genaue Kapitaldienst.		
b) weicht vom genauen Wert immer mehr ab, wenn der Kalkulationszinssatz i unter sonst gleichen Umständen steigt.		
c) weicht vom genauen Wert immer mehr ab, wenn die Laufzeit n unter sonst gleichen Umständen steigt.		

AUFGABE 27

Die Gewinnvergleichsrechnung	richtig	falsch
a) hat gegenüber der Kostenvergleichsrechnung den Vorteil, auch bei ertragsändernden Investitionen anwendbar zu sein.		
b) basiert auf den Rechnungselementen Ein- und Auszahlungen.		
c) geht wie die Kostenvergleichsrechnung vom approximativen Kapitaldienst aus.		

AUFGABE 28

Die statische Amortisationszeit t ist die Anzahl von Jahren,	richtig	falsch
a) nach der das Objekt wegen technischer Überalterung aus dem Betrieb scheidet.		
b) bei der die Verrechnung aller Ein- und Auszahlungen des Objekts den Wert Null ergibt.		
c) bei der die Anschaffungsauszahlung A des Objekts dem kumulierten Wert aller nach dem Zeitpunkt Null anfallenden Nettoeinzahlungen (e - a) einschließlich Restwert R entspricht.		

AUFGABE 29

Grundsätzlich gilt für Investitionen: Sie können	richtig	falsch
a) vorteilhaft sein, obgleich ihre statische Amortisationszeit über der von der Unternehmensleitung festgelegten maximal zulässigen Amortisationszeit liegt.		
b) unterschiedlich lohnend sein, obgleich ihre statischen Amortisationszeiten übereinstimmen.		
c) unwirtschaftlich sein, obgleich ihre statische Amortisationszeit die maximal zulässige Amortisationszeit deutlich unterschreitet.		

MUSTERKLAUSUR — Aufgaben

AUFGABE 30

Die dynamische Amortisationszeit t_d einer Anlage ist	richtig	falsch
a) unter sonst gleichen Umständen im Regelfall länger als die statische.		
b) ein kritischer Wert in Bezug auf die betreffende Investition, bei dem der Kapitalwert C_0 des Objekts gleich Null wird.		
c) ein kritischer Wert in Bezug auf die betreffende Investition, bei dem der durchschnittliche jährliche Überschuss DJÜ gerade gleich Null wird.		

AUFGABE 31

Im Rahmen der Rentabilitätsrechnung	richtig	falsch
a) ermittelt man die Zielgröße Rentabilität, indem man den Gewinn G durch das durchschnittlich gebundene Kapital DGK dividiert.		
b) erhält man ein Ergebnis, die Rentabilität, das im Regelfall mit dem internen Zinssatz r des Objekts übereinstimmt.		
c) zeigt es sich, dass man das durchschnittlich gebundene Kapital DGK in allen Praxisfällen in Höhe der halben Anschaffungsauszahlung A angeben kann.		

AUFGABE 32

Die kritische Werte-Rechnung ermittelt immer	richtig	falsch
a) den Höchstwert einer Eingabevariablen, bei dem die Investition gerade noch vorteilhaft ist.		
b) den Mindestwert einer Eingabevariablen, bei dem die Investition gerade eben vorteilhaft ist.		
c) den Höchst- oder Mindestwert einer Eingabevariablen, bei dem die Investition gerade noch oder gerade eben vorteilhaft ist.		

AUFGABE 33

Der kritische Wert einer Variablen in Bezug auf eine Investition	richtig	falsch
a) kann positiv, gleich Null oder negativ sein.		
b) kann auch dann hinlänglich genau errechnet werden, wenn sich die Kapitalwert- oder DJÜ-Funktion nicht nach der gesuchten Größe auflösen lässt.		
c) ist der Höchst- oder Mindestwert der betreffenden Variablen, bei dem die Investition gerade noch oder gerade eben vorteilhaft ist.		

AUFGABE 34

Der kritische Wert einer Variablen in Bezug auf zwei Investitionen	richtig	falsch
a) kann positiv, gleich Null oder negativ sein.		
b) ist der Wert, bei dem beide Investitionen den gleichen Wert der jeweiligen Zielgröße (z. B. Kapitalwert) aufweisen.		
c) ist der Wert der betreffenden Variablen, bei dem beide Investitionen einen identischen Kapitaldienst KD aufweisen.		

AUFGABE 35

Die ökonomisch optimale Nutzungsdauer im Fall der einmaligen Investition ist erreicht,	richtig	falsch
a) wenn ihr Kapitalwert gleich Null ist.		
b) wenn ihr Kapitalwert maximiert ist.		
c) wenn ihre zeitlichen Grenzauszahlungen und zeitlichen Grenzeinzahlungen gleich sind.		

AUFGABE 36

Die ökonomisch optimale Nutzungsdauer der unendlich oft wiederholten Investition	richtig	falsch
a) ist grundsätzlich länger als die einer gleichartigen einmaligen.		
b) wird so festgelegt, dass der durchschnittliche jährliche Überschuss der Investitionskette maximiert wird.		
c) wird so festgelegt, dass der Kapitalwert der einzelnen zu wiederholenden Investitionen maximiert wird.		

AUFGABE 37

Im Rahmen der Entscheidung „Weiterbetrieb oder Sofortersatz einer Altanlage"	richtig	falsch
a) ist die Kenntnis der früheren Anschaffungsauszahlung der alten Anlage nicht erforderlich.		
b) ist der Kapitaldienst der Altanlage nicht entscheidungsrelevant.		
c) würde man bei entscheidungsrelevanter Einbeziehung des Kapitaldienstes der Altanlage diese regelmäßig zu spät ersetzen.		

Aufgaben

AUFGABE 38

	Der optimale Ersatzzeitpunkt einer alten Anlage ist dann gegeben, wenn	richtig	falsch
a)	der Kapitaldienst für die neue Anlage kleiner als der für die alte ist.		
b)	der durchschnittliche jährliche Überschuss der neuen Anlage den zeitlichen Grenzüberschuss der alten erreicht oder übersteigt.		
c)	die zeitlichen Grenzauszahlungen der Altanlage mindestens so groß sind wie die zeitlichen Durchschnittsauszahlungen der neuen, falls die Ersatzentscheidung die Einzahlungsseite unberührt lässt.		

AUFGABE 39

	Im Rahmen der Investition „Kauf einer Unternehmung"	richtig	falsch
a)	kann man den Preis der Unternehmung mit Hilfe der Investitionsrechnung festlegen.		
b)	kann man die Preisobergrenze des potentiellen Käufers mit Hilfe der Investitionsrechnung festlegen.		
c)	kann man die Preisuntergrenze des potentiellen Verkäufers mit Hilfe der Investitionsrechnung festlegen.		

AUFGABE 40

	Unter dem Zukunftserfolgswert eines Betriebs versteht man	richtig	falsch
a)	die kapitalisierten künftigen Nettoeinzahlungen des Betriebs.		
b)	die Wertsumme aller in der Bilanz ausgewiesenen Vermögensteile.		
c)	die Summe aus Eigen- und Fremdkapital.		

AUFGABE 41

	Der Zukunftserfolgswert einer Unternehmung mit unbegrenzter Nutzungsdauer und positiven jährlichen Nettoeinzahlungen	richtig	falsch
a)	wird bei einer Verdopplung des Zinssatzes i halbiert.		
b)	strebt gegen unendlich, wenn der Kalkulationszinssatz gegen Null strebt.		
c)	stimmt mit dem Kapitalwert der Investition „Kauf einer Unternehmung" überein, wenn man den Zukunftserfolgswert um die Kaufsumme für die Unternehmung vermindert.		

AUFGABE 42

Der Zukunftserfolgswert einer Unternehmung mit begrenzter Nutzungsdauer und positiven jährlichen Nettoeinzahlungen	richtig	falsch
a) strebt gegen unendlich, wenn der Kalkulationszinssatz gegen Null strebt.		
b) nähert sich bei steigender Nutzungsdauer asymptotisch dem Zukunftserfolgswert für unbegrenzte Nutzungsdauer, wobei die Annäherung umso rascher erfolgt, je höher der Kalkulationszinssatz ist.		
c) wird zwar mit steigendem Kalkulationszinsfuß kleiner, kann jedoch niemals negativ werden.		

Lösung zur Musterklausur

AUFGABE 1

Eine sachlich korrekte Investitionsrechnung sollte stets auf der Grundlage vom	richtig	falsch
a)	Leistungen und Kosten durchgeführt werden.		X
b)	Einzahlungen und Auszahlungen durchgeführt werden.	X	
c)	Erträgen und Aufwendungen durchgeführt werden.		X

AUFGABE 2

Die Aufgabe der Investitionsrechnung besteht darin,	richtig	falsch
a)	erstens die absolute Vorteilhaftigkeit eines Objekts zu bestimmen, zweitens die relative Vorteilhaftigkeit zu ermitteln, drittens den optimalen Ersatzzeitpunkt sowie die optimale Nutzungsdauer anzugeben.	X	
b)	die Liquidität des Unternehmens sicherzustellen.		X
c)	Entscheidungshilfen bei der betrieblichen Investitionsplanung zu geben.	X	

AUFGABE 3

Der Kalkulationszinssatz i eines Investors ist definiert als	richtig	falsch
a)	die Verzinsung, die das durchzuführende Objekt abwirft.		X
b)	subjektive Mindestverzinsungsanforderung des Investors an sein Investitionsobjekt.	X	
c)	Basiszinssatz gem. Diskontsatz-Überleitungs-Gesetz plus 4 %.		X

AUFGABE 4

Der Kapitalwert einer Investition ist definiert als	richtig	falsch
a)	Differenz zwischen den barwertigen Einzahlungen E_0 und barwertigen Auszahlungen A_0, jeweils berechnet mit dem Kalkulationszinssatz.	X	
b)	Summe aller auf den Zeitpunkt 0 mit dem Kalkulationszinssatz i abgezinsten Zahlungen.	X	
c)	Summe aller auf den Zeitpunkt 0 mit dem Kalkulationszinssatz i abgezinsten Einzahlungen.		X

MUSTERKLAUSUR — Lösungen

AUFGABE 5

Der Kapitalwert einer Investition mit positiven jährlichen Nettoeinzahlungen fällt unter sonst gleichen Umständen (ceteris paribus)	richtig	falsch
a) mit steigender Nutzungsdauer n.		X
b) mit steigendem Kalkulationszinssatz i.	X	
c) mit steigendem Restwert R.		X

AUFGABE 6

Der Kapitalwert einer Investition ist negativ, wenn	richtig	falsch
a) die Summe aller abgezinsten Einzahlungen E_0 kleiner ist als die Summe aller abgezinsten Auszahlungen A_0.	X	
b) die interne Verzinsung r über dem Kalkulationszinssatz i liegt.		X
c) die Anschaffungsauszahlung A größer ist als die Summe der nachfolgenden undiskontierten Nettoeinzahlungen (e - a) zzgl. Restwert.	X	

AUFGABE 7

Gegeben sei folgender Kapitalwert einer Investition:

```
                        + 100
    - 100     + 10      + 10      (€)
      |        |          |
      0        1          2       (Jahre)
```

Dieser Kapitalwert der Investition	richtig	falsch
a) ist erst errechenbar, wenn man den Kalkulationszinssatz i kennt.	X	
b) ist erst errechenbar, wenn man den internen Zinssatz r des Objekts kennt.		X
c) ist gleich Null, falls man mit einem Kalkulationszinssatz von i = 0,10 = 10 % rechnet.	X	

AUFGABE 8

Eine Investition ist stets dann vorteilhaft, wenn	richtig	falsch
a) sie sich zum internen Zinssatz r verzinst.		X
b) die Anschaffungsauszahlung A wiedergewonnen wird.		X
c) der Kalkulationszinsfuß unter dem internen Zinssatz liegt.	X	

Lösungen **MUSTERKLAUSUR**

AUFGABE 9

	Der interne Zinssatz einer Investition	richtig	falsch
a)	sagt für sich allein noch nichts über ihre Vorteilhaftigkeit aus.	X	
b)	liegt über dem Kalkulationszinssatz, falls die Investition einen positiven Kapitalwert hat.	X	
c)	ist gleich Null, falls der Kapitalwert der Investition Null ist.		X

AUFGABE 10

Gegeben sei der interne Zinssatz einer Investition:

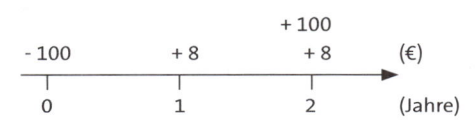

$$\begin{array}{c c c}
& & +100 \\
-100 & +8 & +8 \quad (\text{€}) \\
\hline
0 & 1 & 2 \quad (\text{Jahre})
\end{array}$$

	Dieser interne Zinssatz der Investition	richtig	falsch
a)	ist gleich Null, falls der Kalkulationszinssatz gleich Null ist.		X
b)	beläuft sich auf 8 %, und zwar unabhängig von der Höhe des Kalkulationszinssatzes.	X	
c)	kann im gegebenen Fall auch ohne die Regula falsi errechnet werden, indem man die Kapitalwertgleichung aufstellt, gleich Null setzt und nach dem Zinssatz auflöst.	X	

AUFGABE 11

	Die Rendite eines Investitionsobjekts	richtig	falsch
a)	entspricht dem Kalkulationszinssatz stets dann, wenn die barwertigen Einzahlungen E_0 mit den barwertigen Auszahlungen A_0 übereinstimmen.	X	
b)	gibt an, wie sich das jeweils im Objekt gebundene Kapital verzinst.	X	
c)	ist immer dann größer als der Kalkulationszinssatz, wenn die Nettoeinzahlungen (e - a) des Investitionsobjekts positiv sind.		X

AUFGABE 12

	Die Effektivverzinsung einer Industrieobligation steigt unter sonst gleichen Umständen (ceteris paribus)	richtig	falsch
a)	mit steigendem Ausgabekurs.		X
b)	mit steigendem Rückzahlungskurs.	X	
c)	mit steigendem Nominalzinssatz.	X	

MUSTERKLAUSUR Lösungen

AUFGABE 13

	Im Rahmen der Annuitätenmethode	richtig	falsch
a)	ermittelt man die durchschnittlichen jährlichen Ein- und Auszahlungen und/oder den durchschnittlichen jährlichen Überschuss DJÜ.	X	
b)	ergibt sich der durchschnittliche jährliche Überschuss DJÜ durch Multiplikation des Kapitalwertes mit dem Kehrwert des Diskontierungssummenfaktors.	X	
c)	erhält man den Kapitalwert C_0 durch Multiplikation des durchschnittlichen jährlichen Überschusses mit dem Kapitalwiedergewinnungsfaktor.		X

AUFGABE 14

	Nach dem Annuitätenkriterium gilt eine Investition	richtig	falsch
a)	stets dann als vorteilhaft, wenn ihre durchschnittlichen jährlichen Einzahlungen DJE positiv sind.		X
b)	nur dann als vorteilhaft, wenn der durchschnittliche jährliche Überschuss DJÜ einen bestimmten, über Null liegenden Mindestwert überschreitet.		X
c)	als vorteilhaft, wenn die Differenz zwischen den durchschnittlichen jährlichen Einzahlungen DJE und den Betriebs- und Instandhaltungsauszahlungen a mindestens die Höhe des Kapitaldienstes KD erreicht.	X	

AUFGABE 15

	Der durchschnittliche jährliche Überschuss DJÜ einer vorteilhaften Investition steigt unter sonst gleichen Umständen (ceteris paribus)	richtig	falsch
a)	mit steigendem Restwert R.	X	
b)	mit steigender Anschaffungsauszahlung A.		X
c)	mit steigenden Betriebs- und Instandhaltungsauszahlungen a.		X

AUFGABE 16

	Wenn der durchschnittliche jährliche Überschuss DJÜ einer Investition gleich Null ist, dann	richtig	falsch
a)	ist Kapitalwert C_0 größer Null.		X
b)	stimmen Kalkulationszinssatz i und interner Zinssatz r überein.	X	
c)	hat ihr Kapitaldienst KD den Wert Null.		X

Lösungen **MUSTERKLAUSUR**

AUFGABE 17

Ein unterjähriges Investitions- oder Finanzierungsproblem	richtig	falsch
a) liegt dann vor, wenn alle Zahlungen nicht am Jahresende, sondern zur Jahresmitte anfallen.		X
b) liegt dann vor, wenn der zeitliche Abstand zwischen den die Zahlungsreihe ausmachenden Zahlungen kleiner als ein Jahr ist.	X	
c) kann, wenn es um die Ermittlung des zugehörigen effektiven Jahreszinses geht, wie folgt gelöst werden: Man errechnet den Effektivzins der unterjährigen Periode und setzt ihn in die Zinsumrechnungsformel ein.	X	

AUFGABE 18

Die Studentin Ottilie erhält von ihrem Vater zur Finanzierung des Studiums eine jährliche Rente von 12.000 €. Deren Barwert ist	richtig	falsch
a) bei nachschüssiger Zahlungsweise größer als bei vorschüssiger Zahlung.		X
b) bei monatlich nachschüssiger Zahlungsweise größer als bei jährlich nachschüssiger Zahlung.	X	
c) bei monatlich vorschüssiger Zahlungsweise größer als bei jährlich vorschüssiger Zahlung.		X

AUFGABE 19

Die dynamischen Stückkosten finanziert man als	richtig	falsch
a) Gesamtkosten einer Periode (inkl. kalkulatorischer Zinsen) dividiert durch die gesamte Produktionsmenge der betreffenden Periode.		X
b) Mengenbarwert geteilt durch Anzahlungsbarwert.		X
c) Quotient der durchschnittlichen jährlichen Auszahlungen und durchschnittlichen jährlichen Menge, wobei die Durchschnittswerte i. S. d. Annuitätenmethode ermittelt werden.	X	

AUFGABE 20

Bei der Ermittlung dynamischer Stückkosten	richtig	falsch
a) zeigt es sich, dass man nur Größen mit der Dimension „€, $ usw." auf- oder abzinsen kann.		X
b) zeigt es sich, dass das Instrumentarium der Kostenrechnung für die Behandlung von Problemen mit vor- und/oder nachzuleistenden Auszahlungen durch das Instrumentarium der Investitionsrechnung zu ergänzen ist.	X	
c) erhält man einen Wert, der sich auch als kritischer Verkaufspreis in Bezug auf die betreffende Investition interpretieren lässt.	X	

MUSTERKLAUSUR — Lösungen

AUFGABE 21

Im Rahmen der internen Zinsfuß-Methode kann es		richtig	falsch
a)	bei einmaligem Vorzeichenwechsel eine mehrdeutige oder eine imaginäre Lösung geben.		X
b)	bei mehrmaligem Vorzeichenwechsel eine mehrdeutige oder eine imaginäre Lösung geben.	X	
c)	bei einer Investition, die über drei Perioden läuft, maximal zwei interne Zinsfüße geben.		X

AUFGABE 22

Die Fisher-Hypothese besagt, dass der		richtig	falsch
a)	interne Zinsfuß der Differenzinvestition gleich Null ist.		X
b)	Kapitalwert der Differenzinvestition gleich Null ist.	X	
c)	Investor fehlende Geldmittel zum Kalkulationszinssatz leihen und überschüssige Geldmittel zum Kalkulationszinssatz anlegen kann.	X	

AUFGABE 23

Bei der Bestimmung der Rangfolge mehrerer vorteilhafter Investitionen führen die drei dynamischen Investitionsrechnungsverfahren		richtig	falsch
a)	stets zum gleichen Ergebnis.		X
b)	nie zum gleichen Ergebnis.		X
c)	unter bestimmten Umständen zu verschiedenen Ergebnissen.	X	

AUFGABE 24

Bei der internen Zinsfuß-Methode ist eine mehrdeutige oder imaginäre Lösung auszuschließen, wenn		richtig	falsch
a)	die Investition über eine Periode läuft.	X	
b)	die Investition über zwei Perioden läuft.		X
c)	die Investition über drei Perioden läuft.		X

AUFGABE 25

Bei Einsatz der Ingenieurformel im Rahmen einer Kostenvergleichsrechnung		richtig	falsch
a)	werden keinerlei Zinsen berücksichtigt.		X
b)	werden Zinsen nur im Rahmen eines approximativen Kapitaldienstes berücksichtigt.	X	
c)	arbeitet man mit den Rechnungselementen Ein- und Auszahlungen.		X

Lösungen — **MUSTERKLAUSUR**

AUFGABE 26

Der approximative Kapitaldienst	richtig	falsch
a) ist stets kleiner als der genaue Kapitaldienst.	X	
b) weicht vom genauen Wert immer mehr ab, wenn der Kalkulationszinssatz i unter sonst gleichen Umständen steigt.	X	
c) weicht vom genauen Wert immer mehr ab, wenn die Laufzeit n unter sonst gleichen Umständen steigt.	X	

AUFGABE 27

Die Gewinnvergleichsrechnung	richtig	falsch
a) hat gegenüber der Kostenvergleichsrechnung den Vorteil, auch bei ertragsändernden Investitionen anwendbar zu sein.	X	
b) basiert auf den Rechnungselementen Ein- und Auszahlungen.		X
c) geht wie die Kostenvergleichsrechnung vom approximativen Kapitaldienst aus.	X	

AUFGABE 28

Die statische Amortisationszeit t ist die Anzahl von Jahren,	richtig	falsch
a) nach der das Objekt wegen technischer Überalterung aus dem Betrieb scheidet.		X
b) bei der die Verrechnung aller Ein- und Auszahlungen des Objekts den Wert Null ergibt.	X	
c) bei der die Anschaffungsauszahlung A des Objekts dem kumulierten Wert aller nach dem Zeitpunkt Null anfallenden Nettoeinzahlungen (e - a) einschließlich Restwert R entspricht.	X	

AUFGABE 29

Grundsätzlich gilt für Investitionen: Sie können	richtig	falsch
a) vorteilhaft sein, obgleich ihre statische Amortisationszeit über der von der Unternehmensleitung festgelegten maximal zulässigen Amortisationszeit liegt.	X	
b) unterschiedlich lohnend sein, obgleich ihre statischen Amortisationszeiten übereinstimmen.	X	
c) unwirtschaftlich sein, obgleich ihre statische Amortisationszeit die maximal zulässige Amortisationszeit deutlich unterschreitet.	X	

MUSTERKLAUSUR — Lösungen

AUFGABE 30

Die dynamische Amortisationszeit t_d einer Anlage ist		richtig	falsch
a)	unter sonst gleichen Umständen im Regelfall länger als die statische.	X	
b)	ein kritischer Wert in Bezug auf die betreffende Investition, bei dem der Kapitalwert C_0 des Objekts gleich Null wird.	X	
c)	ein kritischer Wert in Bezug auf die betreffende Investition, bei dem der durchschnittliche jährliche Überschuss DJÜ gerade gleich Null wird.		X

AUFGABE 31

Im Rahmen der Rentabilitätsrechnung		richtig	falsch
a)	ermittelt man die Zielgröße Rentabilität, indem man den Gewinn G durch das durchschnittlich gebundene Kapital DGK dividiert.	X	
b)	erhält man ein Ergebnis, die Rentabilität, das im Regelfall mit dem internen Zinssatz r des Objekts übereinstimmt.		X
c)	zeigt es sich, dass man das durchschnittlich gebundene Kapital DGK in allen Praxisfällen in Höhe der halben Anschaffungsauszahlung A angeben kann.		X

AUFGABE 32

Die kritische Werte-Rechnung ermittelt immer		richtig	falsch
a)	den Höchstwert einer Eingabevariablen, bei dem die Investition gerade noch vorteilhaft ist.		X
b)	den Mindestwert einer Eingabevariablen, bei dem die Investition gerade eben vorteilhaft ist.		X
c)	den Höchst- oder Mindestwert einer Eingabevariablen, bei dem die Investition gerade noch oder gerade eben vorteilhaft ist.	X	

AUFGABE 33

Der kritische Wert einer Variablen in Bezug auf eine Investition		richtig	falsch
a)	kann positiv, gleich Null oder negativ sein.	X	
b)	kann auch dann hinlänglich genau errechnet werden, wenn sich die Kapitalwert- oder DJÜ-Funktion nicht nach der gesuchten Größe auflösen lässt.	X	
c)	ist der Höchst- oder Mindestwert der betreffenden Variablen, bei dem die Investition gerade noch oder gerade eben vorteilhaft ist.	X	

Lösungen **MUSTERKLAUSUR**

AUFGABE 34

Der kritische Wert einer Variablen in Bezug auf zwei Investitionen	richtig	falsch
a) kann positiv, gleich Null oder negativ sein.	X	
b) ist der Wert, bei dem beide Investitionen den gleichen Wert der jeweiligen Zielgröße (z. B. Kapitalwert) aufweisen.	X	
c) ist der Wert der betreffenden Variablen, bei dem beide Investitionen einen identischen Kapitaldienst KD aufweisen.		X

AUFGABE 35

Die ökonomisch optimale Nutzungsdauer im Fall der einmaligen Investition ist erreicht,	richtig	falsch
a) wenn ihr Kapitalwert gleich Null ist.		X
b) wenn ihr Kapitalwert maximiert ist.	X	
c) wenn ihre zeitlichen Grenzauszahlungen und zeitlichen Grenzeinzahlungen gleich sind.	X	

AUFGABE 36

Die ökonomisch optimale Nutzungsdauer der unendlich oft wiederholten Investition	richtig	falsch
a) ist grundsätzlich länger als die einer gleichartigen einmaligen.		X
b) wird so festgelegt, dass der durchschnittliche jährliche Überschuss der Investitionskette maximiert wird.	X	
c) wird so festgelegt, dass der Kapitalwert der einzelnen zu wiederholenden Investitionen maximiert wird.		X

AUFGABE 37

Im Rahmen der Entscheidung „Weiterbetrieb oder Sofortersatz einer Altanlage"	richtig	falsch
a) ist die Kenntnis der früheren Anschaffungsauszahlung der alten Anlage nicht erforderlich.	X	
b) ist der Kapitaldienst der Altanlage nicht entscheidungsrelevant.	X	
c) würde man bei entscheidungsrelevanter Einbeziehung des Kapitaldienstes der Altanlage diese regelmäßig zu spät ersetzen.		X

AUFGABE 38

Der optimale Ersatzzeitpunkt einer alten Anlage ist dann gegeben, wenn	richtig	falsch
a)	der Kapitaldienst für die neue Anlage kleiner als der für die alte ist.		X
b)	der durchschnittliche jährliche Überschuss der neuen Anlage den zeitlichen Grenzüberschuss der alten erreicht oder übersteigt.	X	
c)	die zeitlichen Grenzauszahlungen der Altanlage mindestens so groß sind wie die zeitlichen Durchschnittsauszahlungen der neuen, falls die Ersatzentscheidung die Einzahlungsseite unberührt lässt.	X	

AUFGABE 39

Im Rahmen der Investition „Kauf einer Unternehmung"	richtig	falsch
a)	kann man den Preis der Unternehmung mit Hilfe der Investitionsrechnung festlegen.		X
b)	kann man die Preisobergrenze des potentiellen Käufers mit Hilfe der Investitionsrechnung festlegen.	X	
c)	kann man die Preisuntergrenze des potentiellen Verkäufers mit Hilfe der Investitionsrechnung festlegen.	X	

AUFGABE 40

Unter dem Zukunftserfolgswert eines Betriebs versteht man	richtig	falsch
a)	die kapitalisierten künftigen Nettoeinzahlungen des Betriebs.	X	
b)	die Wertsumme aller in der Bilanz ausgewiesenen Vermögensteile.		X
c)	die Summe aus Eigen- und Fremdkapital.		X

AUFGABE 41

Der Zukunftserfolgswert einer Unternehmung mit unbegrenzter Nutzungsdauer und positiven jährlichen Nettoeinzahlungen	richtig	falsch
a)	wird bei einer Verdopplung des Zinssatzes i halbiert.	X	
b)	strebt gegen unendlich, wenn der Kalkulationszinssatz gegen Null strebt.	X	
c)	stimmt mit dem Kapitalwert der Investition „Kauf einer Unternehmung" überein, wenn man den Zukunftserfolgswert um die Kaufsumme für die Unternehmung vermindert.	X	

AUFGABE 42

Der Zukunftserfolgswert einer Unternehmung mit begrenzter Nutzungsdauer und positiven jährlichen Nettoeinzahlungen		richtig	falsch
a)	strebt gegen unendlich, wenn der Kalkulationszinssatz gegen Null strebt.		X
b)	nähert sich bei steigender Nutzungsdauer asymptotisch dem Zukunftserfolgswert für unbegrenzte Nutzungsdauer, wobei die Annäherung umso rascher erfolgt, je höher der Kalkulationszinssatz ist.	X	
c)	wird zwar mit steigendem Kalkulationszinsfuß kleiner, kann jedoch niemals negativ werden.	X	

MUSTERKLAUSUR — Lösungen

Punktvergabe:

Kennzeichen richtig: 1 Punkt

Kennzeichen falsch oder Leerstelle: 0 Punkte

Beispiel:

	a)	b)	c)	Punktzahl
Musterlösung zu Aufgabe 1	Falsch	Richtig	Falsch	3
Andere Lösungen	Richtig	Richtig	Falsch	2
	Richtig	Falsch	Falsch	1
	Leerstelle	Falsch	Leerstelle	0
	Leerstelle	Leerstelle	Leerstelle	0

Bewertung:

Note	Punkte
5	bis 50 %
4	ab 51 %
3	ab 66 %
2	ab 81 %
1	ab 96 %

Investitionsrechnungsformular

Im praktischen Fall ist es zweckmäßig, zwischen Kleininvestitionen, mittleren Investitionen und Großinvestitionen zu unterscheiden und diese Unterscheidung mit einer gestaffelten Kompetenz zu verbinden, die z. B. bei Großunternehmungen wie folgt aussehen kann:

Investitionsart	Anschaffungsauszahlung	Entscheidungsbefugnis
Kleininvestition	bis 50.000 €	Abteilungsebene
mittlere Investition	über 50.000 bis 500.000 €	Leitung Zweigbetrieb
Großinvestition	über 500.000 €	Leitung Gesamtunternehmung

Bei besonders umfangreichen Investitionen ist neben dem Vorstand auch der Aufsichtsrat zu befragen. Kleininvestitionen können formlos beantragt und entschieden werden. Bei mittleren und großen Investitionen empfiehlt sich eine ausführliche Investitionsrechnung, bei der man gleichzeitig mehrere Methoden einsetzt. Am besten sollte man den Kapitalwert, den internen Zinssatz und den durchschnittlichen jährlichen Überschuss ermitteln. Mit anderen Worten: Die drei dynamischen Investitionsrechnungsverfahren schließen sich bei praktischer Anwendung keineswegs aus, sie ergänzen einander vielmehr. Sie beleuchten das Investitionsobjekt von verschiedenen Seiten: Wie hoch ist der barwertige Überschuss, die Rendite, der durchschnittliche jährliche Überschuss? Daneben interessiert sich die Praxis sehr stark für die Amortisationszeit: Mehr als die Hälfte der Großen nutzt diese Methode. Deshalb sollte man zusätzlich die statische und dynamische Amortisationszeit ins Formular aufnehmen.

Eine solche Betrachtung von Investitionsobjekten ist in der Bundesrepublik bei Großunternehmungen die Regel. Die Umsatzmilliardäre setzen üblicherweise drei bis vier Methoden nebeneinander ein und gelangen so zu einem abgerundeten Bild ihrer Investitionen, das eine gute Entscheidungshilfe darstellt. Die Investitionsentscheidung selbst hängt allerdings nicht allein vom Ergebnis der Investitionsrechnung, sondern auch von solchen Faktoren ab, die nicht in Euro und Cent bewertbar sind. Das Rechnungsergebnis ist eine Entscheidungshilfe – nicht mehr, aber auch nicht weniger.

Das Investitionsrechnungsformular soll eine doppelte Aufgabe erfüllen: Einmal dient es der Durchführung der Investitionsrechnung, zum Zweiten der Kurzinformation der Unternehmungsleitung, wenn über die Investitionen entschieden wird. Der entscheidende Unternehmer kann dem oberen Formularteil (Eingabewerte) alle wesentlichen Rechnungsannahmen entnehmen: Er sieht die angenommenen Ein- und Auszahlungen, deren zeitliche Verteilung, die Nutzungsdauer und die Zinssätze. Der untere Formularteil (Ausgabewerte) enthält nicht nur Rechenergebnisse, sondern auch eine Kurzbeschreibung des jeweiligen Rechengangs, die als Gedächtnisstütze und Interpretationshilfe für den Benutzer gedacht ist. Das Formular bietet eine übersichtliche Darstellung der Rechnungsannahmen, Rechnungswege und Rechnungsergebnisse. Es kann Ihnen als Anregung für die Gestaltung Ihres Formulars dienen, denn tendenziell besitzt jede Unternehmung ihr eigenes Formular. Sie sollten das abgedruckte Formular durch betriebsspezifische Änderungen und Ergänzungen an die Erfordernisse Ihres Unternehmens anpassen.

Wenn Sie in Ihrer praktischen Arbeit häufig mit Investitionsentscheidungen zu tun haben, dann kann es sinnvoll sein, von der manuellen Lösung abzugehen und den im Formular angegebenen Lösungsweg zu programmieren. Das ist bei Benutzung geeigneter Tabellenprogramme kein großes Problem. Alternativ dazu wäre auch die Beschaffung eines fertigen Investitions-Software-Pakets denkbar. In beiden Fällen besteht die Zielsetzung darin, dass der Anwender nur die in Spalte I und II abgefragten Ein- und Auszahlungen einzugeben hat; alles Übrige erledigt der PC.

In unserem Formular betrachten wir einen Unternehmer, der mit einem Kalkulationszinssatz von 8 % rechnet. Er ermittelt die Kapitalwerte zum einen für diesen Zinssatz und zum anderen für einen Satz von 12 %. Die beiden Werte zeigen dann nicht nur, wie empfindlich der Kapitalwert auf Zinserhöhungen reagiert, sondern stellen auch die Eingabewerte in der Formel zur Renditenberechnung dar. Beim Zeitbild der Investition wurde berücksichtigt, dass bei manchen Großvorhaben mit erheblichen Vorlaufzeiten zu rechnen ist, sodass die Anschaffungsauszahlung teilweise schon vor dem Zeitpunkt 0 anfällt. Die zum Zeitpunkt - 1 (- 2) anfallenden Zahlungen sind demnach mit dem Aufzinsungsfaktor auf 0 zu beziehen. Somit stehen in der Spalte der Faktoren zunächst Aufzinsungsfaktoren und dann (ab Zeitpunkt 1) Abzinsungsfaktoren.

Investitionsrechnungsformular

Investitionsrechnungsformular: Eingabewerte

Zeitpunkt/ Geschäftsjahr	Auszahlungen A, a (€)	Einzahlungen e, R (€)	Nettoeinzahlungen (€)	Faktoren (8 %)	Barwerte (8 %) (€)	Kumulierte Nettoeinzahlungen (€)	Kumulierte Barwerte (€)	Faktoren (12 %)	Barwerte (12 %) (€)
	I	II	III = II - I	IV	V = III IV	VI = Summe III	VII = Summe V	VIII	IX = III VIII
-2 20..				0,166400				1,254400	
-1 20..				1,080000				1,120000	
0 20..				1,000000				1,000000	
1 20..				0,925926				0,892857	
2 20..				0,857339				0,797194	
3 20..				0,793832				0,711780	
4 20..				0,735030				0,635518	
5 20..				0,680583				0,567427	
6 20..				0,630170				0,506631	
7 20..				0,583490				0,452349	
8 20..				0,540269				0,403883	
9 20..				0,500249				0,360610	
10 20..				0,463193				0,321973	
11 20..				0,428883				0,287476	
12 20..				0,397114				0,256675	

ANHANG — Investitionsrechnungsformular

Investitionsrechnungsformular: Ausgabewerte

Zielgröße	Rechengang	Ergebniswert	Symbol
Kapitalwert (8 %)	Spalte V summieren		$C_{0,1}$
Kapitalwert (12 %)	Spalte IX summieren		$C_{0,2}$
Rendite (interner Zinsfuß)	$r = 8 - [C_{0,1} \cdot (12 - 8) : (C_{0,2} - C_{0,1})]$		r
Durchschnittlicher jährlicher Überschuss (8 %)	$C_{0,1}$ · Kapitalwiedergewinnungsfaktor (8 %)		$DJÜ_1$
Durchschnittlicher jährlicher Überschuss (12 %)	$C_{0,2}$ · Kapitalwiedergewinnungsfaktor (12 %)		$DJÜ_2$
Statische Amortisationszeit	Ermittlung der Zeit, in der die Gesamtsumme der kumulierten Nettoeinzahlungen gleich null ist (VI = Summe III)		t
Dynamische Amortisationszeit (8 %)	Ermittlung der Zeit, in der die Gesamtsumme der kumulierten Barwerte der Nettoeinzahlungen gleich null ist (VII = Summe V)		t_d

Tabellen für die finanzmathematischen Faktoren

Der Tabellenanhang ist ein notwendiges Hilfsmittel für die Beurteilung und Berechnung finanzmathematischer Probleme, wie sie z. B. auftreten können im Bereich der

- Zinseszinsrechnung,
- Investitions- und Wirtschaftlichkeitsrechnung,
- Rentenrechnung,
- Tilgungsrechnung,
- Renditenberechnung,
- Versicherungsmathematik.

Mit der hier gewählten Darstellung wird versucht, einige Schwächen der üblichen Tabellenwerke zu vermeiden:

1. Herkömmliche Tabellenwerke enden häufig bei einem Zinssatz von 10 %. Da man in der Praxis bei Investitionsrechnungen häufig mit zweistelligen Kalkulationszinsfüßen zu rechnen hat, erschließt der Tabellenanhang einen Bereich von 0,5 % bis 20 %.

2. Häufig sind die Schritte zwischen den einzelnen Zinssätzen im Hinblick auf praktische Probleme, etwa Renditeberechnungen, zu groß. Deshalb werden die Faktoren hier in dem für Renditeberechnungen relevanten Bereich bis 14 % in kleinen Schritten von 0,5 Prozentpunkten ausgewiesen. Für die Effektivzinsberechnung bei unterjähriger Zahlungsweise sind die Zinssätze von 0,50 - 3,50 in noch kleineren Schritten angegeben.

3. In den bekannten Standardtabellenwerken werden die einzelnen Faktoren gewöhnlich getrennt voneinander aufgelistet. Da zur Lösung eines praktischen Problems häufig mehrere Faktoren benötigt werden, ist in diesem Falle ein ständiges Umblättern notwendig. Um dieses Umblättern zu vermeiden, sind im Tabellenanhang alle Faktoren für einen bestimmten Rechnungszinssatz auf einer Seite zusammengefasst.

Zur Lösung praktischer Probleme kann es notwendig sein, auf ein ausführlicheres Tabellenwerk zurückzugreifen.[131]

Sollen Investitions- und Finanzierungsentscheidungen unter Berücksichtigung von Preissteigerungen getroffen werden, so sind die Faktorenwerte entsprechend umzurechnen.[132]

Die folgende Übersicht gibt eine stark komprimierte Darstellung der sechs finanzmathematischen Faktoren und ihrer Wirkungsweise.

---

[131] Vgl. hierzu: *Däumler, K.-D.*: Finanzmathematisches Tabellenwerk. Hier sind die finanzmathematischen Faktoren für Zinssätze von 0,10 % bis 30 % ausgewiesen.
[132] Zur Technik der Berücksichtigung von Preissteigerungsraten vgl.: *derselbe*: Anwendung von Investitionsrechnungsverfahren in der Praxis, S. 138 ff. Tabellen für die finanzmathematischen Faktoren unter Berücksichtigung von Preissteigerungsraten von 1 % bis 10 % finden sich im Finanzmathematischen Tabellenwerk.

ANHANG

Tabellen für die finanzmathematischen Faktoren

In der ersten Spalte sind die sechs Faktoren in der Schreibweise wiedergegeben, die in der Betriebswirtschaftslehre üblich ist. In allgemein-mathematischen Darstellungen findet man häufig eine alternative Schreibweise, wobei (1+i) = q gesetzt wird. Diese Schreibweise ist in der zweiten Spalte ergänzend aufgenommen worden. Die dritte Spalte enthält die verschiedenen Bezeichnungen für die Faktoren sowie die zugehörigen Abkürzungen. So wird etwa der DSF im Bereich der Rentenrechnung häufig auch (Renten-)Barwertfaktor genannt; im Bereich der Unternehmensbewertung nennt man den DSF auch Kapitalisierungsfaktor. Der KWF heißt Verrentungsfaktor, wenn es um die Ermittlung einer Rente geht; bei Banken spricht man vom Annuitätenfaktor, wenn die zu einem bestimmten Darlehen gehörende Annuität ermittelt werden soll. In der vierten Spalte werden die Faktoren im Hinblick auf ihre finanzmathematische Funktion verbal beschrieben. Die verbale Beschreibung wird in der fünften Spalte durch eine schematische Zeitstrahl-Darstellung ergänzt, die die Funktion von der grafischen Seite erschließt.

Tabellen für die finanzmathematischen Faktoren

0,50 %

n	AuF $(1+i)^n$	AbF $(1+i)^{-n}$	DSF $\dfrac{(1+i)^n - 1}{i(1+i)^n}$	KWF $\dfrac{i(1+i)^n}{(1+i)^n - 1}$	EWF $\dfrac{(1+i)^n - 1}{i}$	RVF $\dfrac{i}{(1+i)^n - 1}$
1	1,005000	0,995025	0,995025	1,005000	1,000000	1,000000
2	1,010025	0,990075	1,985099	0,503753	2,005000	0,498753
3	1,015075	0,985149	2,970248	0,336672	3,015025	0,331672
4	1,020151	0,980248	3,950496	0,253133	4,030100	0,248133
5	1,025251	0,975371	4,925866	0,203010	5,050251	0,198010
6	1,030378	0,970518	5,896384	0,169595	6,075502	0,164595
7	1,035529	0,965690	6,862074	0,145729	7,105879	0,140729
8	1,040707	0,960885	7,822959	0,127829	8,141409	0,122829
9	1,045911	0,956105	8,779064	0,113907	9,182116	0,108907
10	1,051140	0,951348	9,730412	0,102771	10,228026	0,097771
11	1,056396	0,946615	10,677027	0,093659	11,279167	0,088659
12	1,061678	0,941905	11,618932	0,086066	12,335562	0,081066
13	1,066986	0,937219	12,556151	0,079642	13,397240	0,074642
14	1,072321	0,932556	13,488708	0,074136	14,464226	0,069136
15	1,077683	0,927917	14,416625	0,069364	15,536548	0,064364
16	1,083071	0,923300	15,339925	0,065189	16,614230	0,060189
17	1,088487	0,918707	16,258632	0,061506	17,697301	0,056506
18	1,093929	0,914136	17,172768	0,058232	18,785788	0,053232
19	1,099399	0,909588	18,082356	0,055303	19,879717	0,050303
20	1,104896	0,905063	18,987419	0,052666	20,979115	0,047666
21	1,110420	0,900560	19,887979	0,050282	22,084011	0,045282
22	1,115972	0,896080	20,784059	0,048114	23,194431	0,043114
23	1,121552	0,891622	21,675681	0,046135	24,310403	0,041135
24	1,127160	0,887186	22,562866	0,044321	25,431955	0,039321
25	1,132796	0,882772	23,445638	0,042652	26,559115	0,037652
26	1,138460	0,878380	24,324018	0,041112	27,691911	0,036112
27	1,144152	0,874010	25,198028	0,039686	28,830370	0,034686
28	1,149873	0,869662	26,067689	0,038362	29,974522	0,033362
29	1,155622	0,865335	26,933024	0,037129	31,124395	0,032129
30	1,161400	0,861030	27,794054	0,035979	32,280017	0,030979
31	1,167207	0,856746	28,650800	0,034903	33,441417	0,029903
32	1,173043	0,852484	29,503284	0,033895	34,608624	0,028895
33	1,178908	0,848242	30,351526	0,032947	35,781667	0,027947
34	1,184803	0,844022	31,195548	0,032056	36,960575	0,027056
35	1,190727	0,839823	32,035371	0,031215	38,145378	0,026215
36	1,196681	0,835645	32,871016	0,030422	39,336105	0,025422
37	1,202664	0,831487	33,702504	0,029671	40,532785	0,024671
38	1,208677	0,827351	34,529854	0,028960	41,735449	0,023960
39	1,214721	0,823235	35,353089	0,028286	42,944127	0,023286

ANHANG

Tabellen für die finanzmathematischen Faktoren

			0,50 %			
n	AuF $(1 + i)^n$	AbF $(1 + i)^{-n}$	DSF $\frac{(1 + i)^n - 1}{i (1 + i)^n}$	KWF $\frac{i (1 + i)^n}{(1 + i)^n - 1}$	EWF $\frac{(1 + i)^n - 1}{i}$	RVF $\frac{i}{(1 + i)^n - 1}$
40	1,220794	0,819139	36,172228	0,027646	44,158847	0,022646
41	1,226898	0,815064	36,987291	0,027036	45,379642	0,022036
42	1,233033	0,811009	37,798300	0,026456	46,606540	0,021456
43	1,239198	0,806974	38,605274	0,025903	47,839572	0,020903
44	1,245394	0,802959	39,408232	0,025375	49,078770	0,020375
45	1,251621	0,798964	40,207196	0,024871	50,324164	0,019871
46	1,257879	0,794989	41,002185	0,024389	51,575785	0,019389
47	1,264168	0,791034	41,793219	0,023927	52,833664	0,018927
48	1,270489	0,787098	42,580318	0,023485	54,097832	0,018485
49	1,276842	0,783182	43,363500	0,023061	55,368321	0,018061
50	1,283226	0,779286	44,142786	0,022654	56,645163	0,017654
51	1,289642	0,775409	44,918195	0,022263	57,928389	0,017263
52	1,296090	0,771551	45,689747	0,021887	59,218031	0,016887
53	1,302571	0,767713	46,457459	0,021525	60,514121	0,016525
54	1,309083	0,763893	47,221353	0,021177	61,816692	0,016177
55	1,315629	0,760093	47,981445	0,020841	63,125775	0,015841
56	1,322207	0,756311	48,737757	0,020518	64,441404	0,015518
57	1,328818	0,752548	49,490305	0,020206	65,763611	0,015206
58	1,335462	0,748804	50,239109	0,019905	67,092429	0,014905
59	1,342139	0,745079	50,984189	0,019614	68,427891	0,014614
60	1,348850	0,741372	51,725561	0,019333	69,770031	0,014333
61	1,355594	0,737684	52,463245	0,019061	71,118881	0,014061
62	1,362372	0,734014	53,197258	0,018798	72,474475	0,013798
63	1,369184	0,730362	53,927620	0,018543	73,836847	0,013543
64	1,376030	0,726728	54,654348	0,018297	75,206032	0,013297
65	1,382910	0,723113	55,377461	0,018058	76,582062	0,013058
66	1,389825	0,719515	56,096976	0,017826	77,964972	0,012826
67	1,396774	0,715935	56,812912	0,017602	79,354797	0,012602
68	1,403758	0,712374	57,525285	0,017384	80,751571	0,012384
69	1,410777	0,708829	58,234115	0,017172	82,155329	0,012172
70	1,417831	0,705303	58,939418	0,016967	83,566105	0,011967
71	1,424920	0,701794	59,641212	0,016767	84,983936	0,011767
72	1,432044	0,698302	60,339514	0,016573	86,408856	0,011573
73	1,439204	0,694828	61,034342	0,016384	87,840900	0,011384
74	1,446401	0,691371	61,725714	0,016201	89,280104	0,011201
75	1,453633	0,687932	62,413645	0,016022	90,726505	0,011022
76	1,460901	0,684509	63,098155	0,015848	92,180138	0,010848
77	1,468205	0,681104	63,779258	0,015679	93,641038	0,010679
78	1,475546	0,677715	64,456973	0,015514	95,109243	0,010514

Tabellen für die finanzmathematischen Faktoren — ANHANG

0,80 %

n	AuF $(1 + i)^n$	AbF $(1 + i)^{-n}$	DSF $\frac{(1 + i)^n - 1}{i (1 + i)^n}$	KWF $\frac{i (1 + i)^n}{(1 + i)^n - 1}$	EWF $\frac{(1 + i)^n - 1}{i}$	RVF $\frac{i}{(1 + i)^n - 1}$
1	1,008000	0,992063	0,992063	1,008000	1,000000	1,000000
2	1,016064	0,984190	1,976253	0,506008	2,008000	0,498008
3	1,024193	0,976379	2,952632	0,338681	3,024064	0,330681
4	1,032386	0,968630	3,921262	0,255020	4,048257	0,247020
5	1,040645	0,960942	4,882205	0,204825	5,080643	0,196825
6	1,048970	0,953316	5,835521	0,171364	6,121288	0,163364
7	1,057362	0,945750	6,781270	0,147465	7,170258	0,139465
8	1,065821	0,938244	7,719514	0,129542	8,227620	0,121542
9	1,074348	0,930798	8,650312	0,115603	9,293441	0,107603
10	1,082942	0,923410	9,573722	0,104453	10,367789	0,096453
11	1,091606	0,916082	10,489804	0,095331	11,450731	0,087331
12	1,100339	0,908811	11,398615	0,087730	12,542337	0,079730
13	1,109141	0,901598	12,300213	0,081299	13,642675	0,073299
14	1,118015	0,894443	13,194656	0,075788	14,751817	0,067788
15	1,126959	0,887344	14,082000	0,071013	15,869831	0,063013
16	1,135974	0,880302	14,962301	0,066835	16,996790	0,058835
17	1,145062	0,873315	15,835616	0,063149	18,132764	0,055149
18	1,154223	0,866384	16,702000	0,059873	19,277826	0,051873
19	1,163456	0,859508	17,561508	0,056943	20,432049	0,048943
20	1,172764	0,852686	18,414195	0,054306	21,595505	0,046306
21	1,182146	0,845919	19,260114	0,051921	22,768269	0,043921
22	1,191603	0,839205	20,099319	0,049753	23,950416	0,041753
23	1,201136	0,832545	20,931864	0,047774	25,142019	0,039774
24	1,210745	0,825938	21,757802	0,045961	26,343155	0,037961
25	1,220431	0,819383	22,577184	0,044293	27,553900	0,036293
26	1,230195	0,812879	23,390064	0,042753	28,774332	0,034753
27	1,240036	0,806428	24,196492	0,041328	30,004526	0,033328
28	1,249956	0,800028	24,996520	0,040006	31,244562	0,032006
29	1,259956	0,793678	25,790198	0,038774	32,494519	0,030774
30	1,270036	0,787379	26,577578	0,037626	33,754475	0,029626
31	1,280196	0,781130	27,358708	0,036551	35,024511	0,028551
32	1,290438	0,774931	28,133639	0,035545	36,304707	0,027545
33	1,300761	0,768781	28,902419	0,034599	37,595145	0,026599
34	1,311167	0,762679	29,665099	0,033710	38,895906	0,025710
35	1,321657	0,756626	30,421725	0,032871	40,207073	0,024871
36	1,332230	0,750621	31,172346	0,032080	41,528730	0,024080
37	1,342888	0,744664	31,917010	0,031331	42,860959	0,023331
38	1,353631	0,738754	32,655764	0,030622	44,203847	0,022622
39	1,364460	0,732891	33,388655	0,029950	45,557478	0,021950

ANHANG

Tabellen für die finanzmathematischen Faktoren

			0,80 %			
	AuF	AbF	DSF	KWF	EWF	RVF
n	$(1+i)^n$	$(1+i)^{-n}$	$\dfrac{(1+i)^n - 1}{i(1+i)^n}$	$\dfrac{i(1+i)^n}{(1+i)^n - 1}$	$\dfrac{(1+i)^n - 1}{i}$	$\dfrac{i}{(1+i)^n - 1}$
40	1,375376	0,727074	34,115729	0,029312	46,921938	0,021312
41	1,386379	0,721304	34,837033	0,028705	48,297313	0,020705
42	1,397470	0,715579	35,552612	0,028127	49,683692	0,020127
43	1,408649	0,709900	36,262512	0,027577	51,081161	0,019577
44	1,419918	0,704266	36,966777	0,027051	52,489811	0,019051
45	1,431278	0,698676	37,665454	0,026550	53,909729	0,018550
46	1,442728	0,693131	38,358585	0,026070	55,341007	0,018070
47	1,454270	0,687630	39,046215	0,025611	56,783735	0,017611
48	1,465904	0,682173	39,728388	0,025171	58,238005	0,017171
49	1,477631	0,676759	40,405147	0,024749	59,703909	0,016749
50	1,489452	0,671388	41,076535	0,024345	61,181540	0,016345
51	1,501368	0,666059	41,742594	0,023956	62,670992	0,015956
52	1,513379	0,660773	42,403367	0,023583	64,172360	0,015583
53	1,525486	0,655529	43,058896	0,023224	65,685739	0,015224
54	1,537690	0,650326	43,709222	0,022878	67,211225	0,014878
55	1,549991	0,645165	44,354387	0,022546	68,748915	0,014546
56	1,562391	0,640045	44,994432	0,022225	70,298906	0,014225
57	1,574890	0,634965	45,629396	0,021916	71,861298	0,013916
58	1,587490	0,629925	46,259322	0,021617	73,436188	0,013617
59	1,600189	0,624926	46,884248	0,021329	75,023677	0,013329
60	1,612991	0,619966	47,504214	0,021051	76,623867	0,013051
61	1,625895	0,615046	48,119260	0,020782	78,236858	0,012782
62	1,638902	0,610165	48,729425	0,020521	79,862753	0,012521
63	1,652013	0,605322	49,334747	0,020270	81,501655	0,012270
64	1,665229	0,600518	49,935265	0,020026	83,153668	0,012026
65	1,678551	0,595752	50,531016	0,019790	84,818897	0,011790
66	1,691980	0,591024	51,122040	0,019561	86,497448	0,011561
67	1,705515	0,586333	51,708373	0,019339	88,189428	0,011339
68	1,719160	0,581680	52,290053	0,019124	89,894943	0,011124
69	1,732913	0,577063	52,867116	0,018915	91,614103	0,010915
70	1,746776	0,572483	53,439599	0,018713	93,347016	0,010713
71	1,760750	0,567940	54,007539	0,018516	95,093792	0,010516
72	1,774836	0,563432	54,570971	0,018325	96,854542	0,010325
73	1,789035	0,558961	55,129932	0,018139	98,629379	0,010139
74	1,803347	0,554524	55,684456	0,017958	100,418414	0,009958
75	1,817774	0,550123	56,234579	0,017783	102,221761	0,009783
76	1,832316	0,545757	56,780337	0,017612	104,039535	0,009612
77	1,846975	0,541426	57,321762	0,017445	105,871851	0,009445
78	1,861751	0,537129	57,858891	0,017283	107,718826	0,009283

Tabellen für die finanzmathematischen Faktoren

0,85 %

n	AuF $(1 + i)^n$	AbF $(1 + i)^{-n}$	DSF $\dfrac{(1 + i)^n - 1}{i (1 + i)^n}$	KWF $\dfrac{i (1 + i)^n}{(1 + i)^n - 1}$	EWF $\dfrac{(1 + i)^n - 1}{i}$	RVF $\dfrac{i}{(1 + i)^n - 1}$
1	1,008500	0,991572	0,991572	1,008500	1,000000	1,000000
2	1,017072	0,983214	1,974786	0,506384	2,008500	0,497884
3	1,025717	0,974927	2,949713	0,339016	3,025572	0,330516
4	1,034436	0,966710	3,916424	0,255335	4,051290	0,246835
5	1,043229	0,958563	4,874986	0,205129	5,085726	0,196629
6	1,052096	0,950484	5,825470	0,171660	6,128954	0,163160
7	1,061039	0,942472	6,767942	0,147755	7,181050	0,139255
8	1,070058	0,934529	7,702471	0,129828	8,242089	0,121328
9	1,079153	0,926652	8,629124	0,115887	9,312147	0,107387
10	1,088326	0,918842	9,547966	0,104734	10,391300	0,096234
11	1,097577	0,911098	10,459064	0,095611	11,479626	0,087111
12	1,106906	0,903419	11,362483	0,088009	12,577203	0,079509
13	1,116315	0,895805	12,258288	0,081577	13,684109	0,073077
14	1,125804	0,888254	13,146542	0,076066	14,800424	0,067566
15	1,135373	0,880768	14,027310	0,071290	15,926228	0,062790
16	1,145024	0,873344	14,900654	0,067111	17,061601	0,058611
17	1,154756	0,865984	15,766638	0,063425	18,206624	0,054925
18	1,164572	0,858685	16,625323	0,060149	19,361381	0,051649
19	1,174471	0,851447	17,476770	0,057219	20,525953	0,048719
20	1,184454	0,844271	18,321041	0,054582	21,700423	0,046082
21	1,194521	0,837155	19,158197	0,052197	22,884877	0,043697
22	1,204675	0,830099	19,988296	0,050029	24,079398	0,041529
23	1,214915	0,823103	20,811399	0,048051	25,284073	0,039551
24	1,225241	0,816166	21,627565	0,046237	26,498988	0,037737
25	1,235656	0,809287	22,436852	0,044570	27,724229	0,036070
26	1,246159	0,802466	23,239317	0,043031	28,959885	0,034531
27	1,256751	0,795702	24,035020	0,041606	30,206044	0,033106
28	1,267434	0,788996	24,824016	0,040284	31,462795	0,031784
29	1,278207	0,782346	25,606361	0,039053	32,730229	0,030553
30	1,289072	0,775752	26,382114	0,037904	34,008436	0,029404
31	1,300029	0,769214	27,151327	0,036831	35,297508	0,028331
32	1,311079	0,762731	27,914058	0,035824	36,597537	0,027324
33	1,322223	0,756302	28,670360	0,034879	37,908616	0,026379
34	1,333462	0,749928	29,420287	0,033990	39,230839	0,025490
35	1,344797	0,743607	30,163894	0,033152	40,564301	0,024652
36	1,356227	0,737340	30,901234	0,032361	41,909098	0,023861
37	1,367755	0,731125	31,632359	0,031613	43,265325	0,023113
38	1,379381	0,724963	32,357321	0,030905	44,633080	0,022405
39	1,391106	0,718853	33,076174	0,030233	46,012461	0,021733

ANHANG — Tabellen für die finanzmathematischen Faktoren

			0,85 %			
n	AuF $(1+i)^n$	AbF $(1+i)^{-n}$	DSF $\dfrac{(1+i)^n - 1}{i(1+i)^n}$	KWF $\dfrac{i(1+i)^n}{(1+i)^n - 1}$	EWF $\dfrac{(1+i)^n - 1}{i}$	RVF $\dfrac{i}{(1+i)^n - 1}$
40	1,402930	0,712794	33,788968	0,029595	47,403567	0,021095
41	1,414855	0,706786	34,495754	0,028989	48,806498	0,020489
42	1,426881	0,700829	35,196583	0,028412	50,221353	0,019912
43	1,439010	0,694922	35,891505	0,027862	51,648234	0,019362
44	1,451242	0,689065	36,580570	0,027337	53,087244	0,018837
45	1,463577	0,663257	37,263828	0,026836	54,538486	0,018336
46	1,476018	0,677499	37,941326	0,026356	56,002063	0,017856
47	1,488564	0,671789	38,613115	0,025898	57,478081	0,017398
48	1,501216	0,666126	39,279241	0,025459	58,966644	0,016959
49	1,513977	0,660512	39,939753	0,025038	60,467861	0,016538
50	1,526846	0,654945	40,594699	0,024634	61,981838	0,016134
51	1,539824	0,649425	41,244123	0,024246	63,508683	0,015746
52	1,552912	0,643951	41,888075	0,023873	65,048507	0,015373
53	1,566112	0,638524	42,526599	0,023515	66,601419	0,015015
54	1,579424	0,633142	43,159741	0,023170	68,167531	0,014670
55	1,592849	0,627806	43,787547	0,022838	69,746955	0,014338
56	1,606388	0,622514	44,410061	0,022517	71,339805	0,014017
57	1,620043	0,617268	45,027329	0,022209	72,946193	0,013709
58	1,633813	0,612065	45,639394	0,021911	74,566236	0,013411
59	1,647700	0,606906	46,246301	0,021623	76,200049	0,013123
60	1,661706	0,601791	46,848092	0,021346	77,847749	0,012846
61	1,675830	0,596719	47,444811	0,021077	79,509455	0,012577
62	1,690075	0,591690	48,036501	0,020818	81,185285	0,012318
63	1,704441	0,586703	48,623203	0,020566	82,875360	0,012066
64	1,718928	0,581758	49,204961	0,020323	84,579801	0,011823
65	1,733539	0,576855	49,781816	0,020088	86,298729	0,011588
66	1,748274	0,571993	50,353808	0,019859	88,032268	0,011359
67	1,763135	0,567172	50,920980	0,019638	89,780542	0,011138
68	1,778121	0,562391	51,483371	0,019424	91,543677	0,010924
69	1,793235	0,557651	52,041023	0,019216	93,321798	0,010716
70	1,808478	0,552951	52,593974	0,019014	95,115034	0,010514
71	1,823850	0,548291	53,142265	0,018817	96,923511	0,010317
72	1,839353	0,543670	53,685934	0,018627	98,747361	0,010127
73	1,854987	0,539087	54,225022	0,018442	100,586714	0,009942
74	1,870754	0,534544	54,759565	0,018262	102,441701	0,009762
75	1,886656	0,530038	55,289604	0,018087	104,312455	0,009587
76	1,902692	0,525571	55,815175	0,017916	106,199111	0,009416
77	1,918865	0,521141	56,336316	0,017751	108,101804	0,009251
78	1,935176	0,516749	56,853065	0,017589	110,020669	0,009089

Tabellen für die finanzmathematischen Faktoren — ANHANG

0,90 %

n	AuF $(1+i)^n$	AbF $(1+i)^{-n}$	DSF $\dfrac{(1+i)^n - 1}{i(1+i)^n}$	KWF $\dfrac{i(1+i)^n}{(1+i)^n - 1}$	EWF $\dfrac{(1+i)^n - 1}{i}$	RVF $\dfrac{i}{(1+i)^n - 1}$
1	1,009000	0,991080	0,991080	1,009000	1,000000	1,000000
2	1,018081	0,982240	1,973320	0,506760	2,009000	0,497760
3	1,027244	0,973479	2,946799	0,339351	3,027081	0,330351
4	1,036489	0,964796	3,911595	0,255650	4,054325	0,246650
5	1,045817	0,956190	4,867785	0,205432	5,090814	0,196432
6	1,055230	0,947661	5,815446	0,171956	6,136631	0,162956
7	1,064727	0,939208	6,754654	0,148046	7,191861	0,139046
8	1,074309	0,930831	7,685485	0,130115	8,256587	0,121115
9	1,083978	0,922528	8,608012	0,116171	9,330897	0,107171
10	1,093734	0,914299	9,522312	0,105017	10,414875	0,096017
11	1,103577	0,906144	10,428456	0,095891	11,508609	0,086891
12	1,113510	0,898061	11,326517	0,088288	12,612186	0,079288
13	1,123531	0,890051	12,216568	0,081856	13,725696	0,072856
14	1,133643	0,882112	13,098680	0,076344	14,849227	0,067344
15	1,143846	0,874244	13,972923	0,071567	15,982870	0,062567
16	1,154140	0,866446	14,839369	0,067388	17,126716	0,058388
17	1,164528	0,858717	15,698086	0,063702	18,280856	0,054702
18	1,175008	0,851058	16,549144	0,060426	19,445384	0,051426
19	1,185584	0,843467	17,392610	0,057496	20,620393	0,048496
20	1,196254	0,835943	18,228553	0,054859	21,805976	0,045859
21	1,207020	0,828487	19,057040	0,052474	23,002230	0,043474
22	1,217883	0,821097	19,878137	0,050307	24,209250	0,041307
23	1,228844	0,813773	20,691910	0,048328	25,427133	0,039328
24	1,239904	0,806514	21,498424	0,046515	26,655977	0,037515
25	1,251063	0,799320	22,297744	0,044848	27,895881	0,035848
26	1,262322	0,792191	23,089935	0,043309	29,146944	0,034309
27	1,273683	0,785124	23,875059	0,041885	30,409267	0,032885
28	1,285147	0,778121	24,653181	0,040563	31,682950	0,031563
29	1,296713	0,771181	25,424361	0,039332	32,968097	0,030332
30	1,308383	0,764302	26,188663	0,038184	34,264809	0,029184
31	1,320159	0,757485	26,946148	0,037111	35,573193	0,028111
32	1,332040	0,750728	27,696876	0,036105	36,893351	0,027105
33	1,344029	0,744032	28,440908	0,035161	38,225392	0,026161
34	1,356125	0,737395	29,178303	0,034272	39,569420	0,025272
35	1,368330	0,730818	29,909121	0,033435	40,925545	0,024435
36	1,380645	0,724299	30,633420	0,032644	42,293875	0,023644
37	1,393071	0,717839	31,351259	0,031897	43,674520	0,022897
38	1,405608	0,711436	32,062695	0,031189	45,067590	0,022189
39	1,418259	0,705090	32,767785	0,030518	46,473199	0,021518

ANHANG Tabellen für die finanzmathematischen Faktoren

			0,90 %			
n	AuF $(1 + i)^n$	AbF $(1 + i)^{-n}$	DSF $\frac{(1 + i)^n - 1}{i(1 + i)^n}$	KWF $\frac{i(1 + i)^n}{(1 + i)^n - 1}$	EWF $\frac{(1 + i)^n - 1}{i}$	RVF $\frac{i}{(1 + i)^n - 1}$
40	1,431023	0,698801	33,466585	0,029881	47,891457	0,020881
41	1,443902	0,692568	34,159153	0,029275	49,322481	0,020275
42	1,456897	0,686390	34,845543	0,028698	50,766383	0,019698
43	1,470010	0,680268	35,525811	0,028149	52,223280	0,019149
44	1,483240	0,674200	36,200011	0,027624	53,693290	0,018624
45	1,496589	0,668186	36,868197	0,027124	55,176529	0,018124
46	1,510058	0,662226	37,530423	0,026645	56,673118	0,017645
47	1,523649	0,656319	38,186743	0,026187	58,183176	0,017187
48	1,537361	0,650465	38,837208	0,025749	59,706825	0,016749
49	1,551198	0,644663	39,481871	0,025328	61,244186	0,016328
50	1,565158	0,638913	40,120784	0,024925	62,795384	0,015925
51	1,579245	0,633214	40,753998	0,024537	64,360542	0,015537
52	1,593458	0,627566	41,381564	0,024165	65,939787	0,015165
53	1,607799	0,621968	42,003532	0,023808	67,533245	0,014808
54	1,622269	0,616420	42,619952	0,023463	69,141045	0,014463
55	1,636870	0,610922	43,230874	0,023132	70,763314	0,014132
56	1,651602	0,605473	43,836347	0,022812	72,400184	0,013812
57	1,666466	0,600072	44,436420	0,022504	74,051785	0,013504
58	1,681464	0,594720	45,031139	0,022207	75,718252	0,013207
59	1,696597	0,589415	45,620554	0,021920	77,399716	0,012920
60	1,711867	0,584158	46,204712	0,021643	79,096313	0,012643
61	1,727274	0,578947	46,783659	0,021375	80,808180	0,012375
62	1,742819	0,573783	47,357442	0,021116	82,535454	0,012116
63	1,758504	0,568665	47,926107	0,020865	84,278273	0,011865
64	1,774331	0,563593	48,489700	0,020623	86,036777	0,011623
65	1,790300	0,558566	49,048265	0,020388	87,811108	0,011388
66	1,806413	0,553583	49,601849	0,020161	89,601408	0,011161
67	1,822670	0,548646	50,150494	0,019940	91,407821	0,010940
68	1,839074	0,543752	50,694246	0,019726	93,230491	0,010726
69	1,855626	0,538902	51,233148	0,019519	95,069566	0,010519
70	1,872327	0,534095	51,767243	0,019317	96,925192	0,010317
71	1,889178	0,529331	52,296573	0,019122	98,797519	0,010122
72	1,906180	0,524609	52,821183	0,018932	100,686696	0,009932
73	1,923336	0,519930	53,341113	0,018747	102,592876	0,009747
74	1,940646	0,515292	53,856405	0,018568	104,516212	0,009568
75	1,958112	0,510696	54,367101	0,018393	106,456858	0,009393
76	1,975735	0,506141	54,873242	0,018224	108,414970	0,009224
77	1,993516	0,501626	55,374868	0,018059	110,390705	0,009059
78	2,011458	0,497152	55,872020	0,017898	112,384221	0,008898

Tabellen für die finanzmathematischen Faktoren — ANHANG

0,95 %

n	AuF $(1+i)^n$	AbF $(1+i)^{-n}$	DSF $\dfrac{(1+i)^n - 1}{i(1+i)^n}$	KWF $\dfrac{i(1+i)^n}{(1+i)^n - 1}$	EWF $\dfrac{(1+i)^n - 1}{i}$	RVF $\dfrac{i}{(1+i)^n - 1}$
1	1,009500	0,990589	0,990589	1,009500	1,000000	1,000000
2	1,019090	0,981267	1,971857	0,507136	2,009500	0,497636
3	1,028772	0,972033	2,943890	0,339687	3,028590	0,330187
4	1,038545	0,962886	3,906775	0,255966	4,057362	0,246466
5	1,048411	0,953824	4,860600	0,205736	5,095907	0,196236
6	1,058371	0,944848	5,805448	0,172252	6,144318	0,162752
7	1,068426	0,935957	6,741405	0,148337	7,202689	0,138837
8	1,078576	0,927149	7,668553	0,130403	8,271114	0,120903
9	1,088822	0,918424	8,586977	0,116455	9,349690	0,106955
10	1,099166	0,909781	9,496758	0,105299	10,438512	0,095799
11	1,109608	0,901219	10,397977	0,096173	11,537678	0,086673
12	1,120149	0,892738	11,290715	0,088568	12,647286	0,079068
13	1,130791	0,884337	12,175052	0,082135	13,767435	0,072635
14	1,141533	0,876015	13,051067	0,076622	14,898226	0,067122
15	1,152378	0,867771	13,918838	0,071845	16,039759	0,062345
16	1,163325	0,859605	14,778443	0,067666	17,192137	0,058166
17	1,174377	0,851515	15,629958	0,063980	18,355462	0,054480
18	1,185533	0,843502	16,473461	0,060704	19,529839	0,051204
19	1,196796	0,835564	17,309025	0,057773	20,715372	0,048273
20	1,208166	0,827701	18,136726	0,055137	21,912168	0,045637
21	1,219643	0,819912	18,956638	0,052752	23,120334	0,043252
22	1,231230	0,812196	19,768834	0,050585	24,339977	0,041085
23	1,242926	0,804553	20,573387	0,048606	25,571207	0,039106
24	1,254734	0,796982	21,370368	0,046794	26,814133	0,037294
25	1,266654	0,789481	22,159850	0,045127	28,068868	0,035627
26	1,278687	0,782052	22,941902	0,043588	29,335522	0,034088
27	1,290835	0,774692	23,716594	0,042165	30,614209	0,032665
28	1,303098	0,767402	24,483996	0,040843	31,905044	0,031343
29	1,315477	0,760180	25,244176	0,039613	33,208142	0,030113
30	1,327974	0,753027	25,997203	0,038466	34,523620	0,028966
31	1,340590	0,745940	26,743143	0,037393	35,851594	0,027893
32	1,353326	0,738920	27,482063	0,036387	37,192184	0,026887
33	1,366182	0,731967	28,214030	0,035443	38,545510	0,025943
34	1,379161	0,725078	28,939109	0,034555	39,911692	0,025055
35	1,392263	0,718255	29,657364	0,033718	41,290853	0,024218
36	1,405490	0,711496	30,368860	0,032928	42,683116	0,023428
37	1,418842	0,704800	31,073660	0,032182	44,088606	0,022682
38	1,432321	0,698168	31,771827	0,031474	45,507448	0,021974
39	1,445928	0,691597	32,463425	0,030804	46,939768	0,021304

ANHANG — Tabellen für die finanzmathematischen Faktoren

			0,95 %			
n	AuF $(1+i)^n$	AbF $(1+i)^{-n}$	DSF $\dfrac{(1+i)^n - 1}{i(1+i)^n}$	KWF $\dfrac{i(1+i)^n}{(1+i)^n - 1}$	EWF $\dfrac{(1+i)^n - 1}{i}$	RVF $\dfrac{i}{(1+i)^n - 1}$
40	1,459664	0,685089	33,148514	0,030167	48,385696	0,020667
41	1,473531	0,678642	33,827156	0,029562	49,845360	0,020062
42	1,487529	0,672256	34,499412	0,028986	51,318891	0,019486
43	1,501661	0,665929	35,165341	0,028437	52,806421	0,018937
44	1,515927	0,659662	35,825003	0,027913	54,308082	0,018413
45	1,530328	0,653455	36,478458	0,027413	55,824009	0,017913
46	1,544866	0,647305	37,125763	0,026935	57,354337	0,017435
47	1,559542	0,641214	37,766977	0,026478	58,899203	0,016978
48	1,574358	0,635180	38,402156	0,026040	60,458745	0,016540
49	1,589314	0,629202	39,031359	0,025620	62,033103	0,016120
50	1,604413	0,623281	39,654639	0,025218	63,622418	0,015718
51	1,619655	0,617415	40,272055	0,024831	65,226831	0,015331
52	1,635042	0,611605	40,883660	0,024460	66,846486	0,014960
53	1,650575	0,605850	41,489510	0,024102	68,481527	0,014602
54	1,666255	0,600148	42,089658	0,023759	70,132102	0,014259
55	1,682084	0,594500	42,684159	0,023428	71,798357	0,013928
56	1,698064	0,588906	43,273064	0,023109	73,480441	0,013609
57	1,714196	0,583364	43,856428	0,022802	75,178505	0,013302
58	1,730481	0,577874	44,434303	0,022505	76,892701	0,013005
59	1,746920	0,572436	45,006738	0,022219	78,623182	0,012719
60	1,763516	0,567049	45,573788	0,021942	80,370102	0,012442
61	1,780269	0,561713	46,135500	0,021675	82,133618	0,012175
62	1,797182	0,556427	46,691927	0,021417	83,913887	0,011917
63	1,814255	0,551190	47,243117	0,021167	85,711069	0,011667
64	1,831491	0,546003	47,789121	0,020925	87,525324	0,011425
65	1,848890	0,540865	48,329986	0,020691	89,356815	0,011191
66	1,866454	0,535775	48,865761	0,020464	91,205705	0,010964
67	1,884186	0,530733	49,396494	0,020244	93,072159	0,010744
68	1,902085	0,525739	49,922233	0,020031	94,956345	0,010531
69	1,920155	0,520791	50,443024	0,019824	96,858430	0,010324
70	1,938397	0,515890	50,958915	0,019624	98,778585	0,010124
71	1,956811	0,511035	51,469950	0,019429	100,716981	0,009929
72	1,975401	0,506226	51,976177	0,019240	102,673793	0,009740
73	1,994167	0,501462	52,477639	0,019056	104,649194	0,009556
74	2,013112	0,496743	52,974382	0,018877	106,643361	0,009377
75	2,032236	0,492069	53,466451	0,018703	108,656473	0,009203
76	2,051543	0,487438	53,953889	0,018534	110,688710	0,009034
77	2,071032	0,482851	54,436740	0,018370	112,740252	0,008870
78	2,090707	0,478307	54,915047	0,018210	114,811285	0,008710

Tabellen für die finanzmathematischen Faktoren — ANHANG

				1,00 %		
n	AuF $(1+i)^n$	AbF $(1+i)^{-n}$	DSF $\dfrac{(1+i)^n - 1}{i(1+i)^n}$	KWF $\dfrac{i(1+i)^n}{(1+i)^n - 1}$	EWF $\dfrac{(1+i)^n - 1}{i}$	RVF $\dfrac{i}{(1+i)^n - 1}$
1	1,010000	0,990099	0,990099	1,010000	1,000000	1,000000
2	1,020100	0,980296	1,970395	0,507512	2,010000	0,497512
3	1,030301	0,970590	2,940985	0,340022	3,030100	0,330022
4	1,040604	0,960980	3,901966	0,256281	4,060401	0,246281
5	1,051010	0,951466	4,853431	0,206040	5,101005	0,196040
6	1,061520	0,942045	5,795476	0,172548	6,152015	0,162548
7	1,072135	0,932718	6,728195	0,148628	7,213535	0,138628
8	1,082857	0,923483	7,651678	0,130690	8,285671	0,120690
9	1,093685	0,914340	8,566018	0,116740	9,368527	0,106740
10	1,104622	0,905287	9,471305	0,105582	10,462213	0,095582
11	1,115668	0,896324	10,367628	0,096454	11,566835	0,086454
12	1,126825	0,887449	11,255077	0,088849	12,682503	0,078849
13	1,138093	0,878663	12,133740	0,082415	13,809328	0,072415
14	1,149474	0,869963	13,003703	0,076901	14,947421	0,066901
15	1,160969	0,861349	13,865053	0,072124	16,096896	0,062124
16	1,172579	0,852821	14,717874	0,067945	17,257864	0,057945
17	1,184304	0,844377	15,562251	0,064258	18,430443	0,054258
18	1,196147	0,836017	16,398269	0,060982	19,614748	0,050982
19	1,208109	0,827740	17,226008	0,058052	20,810895	0,048052
20	1,220190	0,819544	18,045553	0,055415	22,019004	0,045415
21	1,232392	0,811430	18,856983	0,053031	23,239194	0,043031
22	1,244716	0,803396	19,660379	0,050864	24,471586	0,040864
23	1,257163	0,795442	20,455821	0,048886	25,716302	0,038886
24	1,269735	0,787566	21,243387	0,047073	26,973465	0,037073
25	1,282432	0,779768	22,023156	0,045407	28,243200	0,035407
26	1,295256	0,772048	22,795204	0,043869	29,525631	0,033869
27	1,308209	0,764404	23,559608	0,042446	30,820888	0,032446
28	1,321291	0,756836	24,316443	0,041124	32,129097	0,031124
29	1,334504	0,749342	25,065785	0,039895	33,450388	0,029895
30	1,347849	0,741923	25,807708	0,038748	34,784892	0,028748
31	1,361327	0,734577	26,542285	0,037676	36,132740	0,027676
32	1,374941	0,727304	27,269589	0,036671	37,494068	0,026671
33	1,388690	0,720103	27,989693	0,035727	38,869009	0,025727
34	1,402577	0,712973	28,702666	0,034840	40,257699	0,024840
35	1,416603	0,705914	29,408580	0,034004	41,660276	0,024004
36	1,430769	0,698925	30,107505	0,033214	43,076878	0,023214
37	1,445076	0,692005	30,799510	0,032468	44,507647	0,022468
38	1,459527	0,685153	31,484663	0,031761	45,952724	0,021761
39	1,474123	0,678370	32,163033	0,031092	47,412251	0,021092

ANHANG

Tabellen für die finanzmathematischen Faktoren

			1,00 %			
	AuF	AbF	DSF	KWF	EWF	RVF
n	$(1+i)^n$	$(1+i)^{-n}$	$\dfrac{(1+i)^n - 1}{i(1+i)^n}$	$\dfrac{i(1+i)^n}{(1+i)^n - 1}$	$\dfrac{(1+i)^n - 1}{i}$	$\dfrac{i}{(1+i)^n - 1}$
40	1,488864	0,671653	32,834686	0,030456	48,886373	0,020456
41	1,503752	0,665003	33,499689	0,029851	50,375237	0,019851
42	1,518790	0,658419	34,158108	0,029276	51,878989	0,019276
43	1,533978	0,651900	34,810008	0,028727	53,397779	0,018727
44	1,549318	0,645445	35,455454	0,028204	54,931757	0,018204
45	1,564811	0,639055	36,094508	0,027705	56,481075	0,017705
46	1,580459	0,632728	36,727236	0,027228	58,045885	0,017228
47	1,596263	0,626463	37,353699	0,026771	59,626344	0,016771
48	1,612226	0,620260	37,973959	0,026334	61,222608	0,016334
49	1,628348	0,614119	38,588079	0,025915	62,834834	0,015915
50	1,644632	0,608039	39,196118	0,025513	64,463182	0,015513
51	1,661078	0,602019	39,798136	0,025127	66,107814	0,015127
52	1,677689	0,596058	40,394194	0,024756	67,768892	0,014756
53	1,694466	0,590156	40,984351	0,024400	69,446581	0,014400
54	1,711410	0,584313	41,568664	0,024057	71,141047	0,014057
55	1,728525	0,578528	42,147192	0,023726	72,852457	0,013726
56	1,745810	0,572800	42,719992	0,023408	74,580982	0,013408
57	1,763268	0,567129	43,287121	0,023102	76,326792	0,013102
58	1,780901	0,561514	43,848635	0,022806	78,090060	0,012806
59	1,798710	0,555954	44,404589	0,022520	79,870960	0,012520
60	1,816697	0,550450	44,955038	0,022244	81,669670	0,012244
61	1,834864	0,545000	45,500038	0,021978	83,486367	0,011978
62	1,853212	0,539604	46,039642	0,021720	85,321230	0,011720
63	1,871744	0,534261	46,573903	0,021471	87,174443	0,011471
64	1,890462	0,528971	47,102874	0,021230	89,046187	0,011230
65	1,909366	0,523734	47,626608	0,020997	90,936649	0,010997
66	1,928460	0,518548	48,145156	0,020771	92,846015	0,010771
67	1,947745	0,513414	48,658571	0,020551	94,774475	0,010551
68	1,967222	0,508331	49,166901	0,020339	96,722220	0,010339
69	1,986894	0,503298	49,670199	0,020133	98,689442	0,010133
70	2,006763	0,498315	50,168514	0,019933	100,676337	0,009933
71	2,026831	0,493381	50,661895	0,019739	102,683100	0,009739
72	2,047099	0,488496	51,150391	0,019550	104,709931	0,009550
73	2,067570	0,483659	51,634051	0,019367	106,757031	0,009367
74	2,088246	0,478871	52,112922	0,019189	108,824601	0,009189
75	2,109128	0,474129	52,587051	0,019016	110,912847	0,009016
76	2,130220	0,469435	53,056486	0,018848	113,021975	0,008848
77	2,151522	0,464787	53,521274	0,018684	115,152195	0,008684
78	2,173037	0,460185	53,981459	0,018525	117,303717	0,008525

Tabellen für die finanzmathematischen Faktoren — ANHANG

1,10 %

n	AuF $(1+i)^n$	AbF $(1+i)^{-n}$	DSF $\frac{(1+i)^n - 1}{i(1+i)^n}$	KWF $\frac{i(1+i)^n}{(1+i)^n - 1}$	EWF $\frac{(1+i)^n - 1}{i}$	RVF $\frac{i}{(1+i)^n - 1}$
1	1,011000	0,989120	0,989120	1,011000	1,000000	1,000000
2	1,022121	0,978358	1,967477	0,508265	2,011000	0,497265
3	1,033364	0,967713	2,935190	0,340693	3,033121	0,329693
4	1,044731	0,957184	3,892374	0,256913	4,066485	0,245913
5	1,056223	0,946769	4,839144	0,206648	5,111217	0,195648
6	1,067842	0,936468	5,775612	0,173142	6,167440	0,162142
7	1,079588	0,926279	6,701891	0,149212	7,235282	0,138212
8	1,091464	0,916201	7,618092	0,131266	8,314870	0,120266
9	1,103470	0,906232	8,524325	0,117311	9,406334	0,106311
10	1,115608	0,896372	9,420697	0,106149	10,509803	0,095149
11	1,127880	0,886620	10,307316	0,097018	11,625411	0,086018
12	1,140286	0,876973	11,184289	0,089411	12,753291	0,078411
13	1,152829	0,867431	12,051720	0,082976	13,893577	0,071976
14	1,165510	0,857993	12,909713	0,077461	15,046406	0,066461
15	1,178331	0,848658	13,758371	0,072683	16,211917	0,061683
16	1,191293	0,839424	14,597796	0,068503	17,390248	0,057503
17	1,204397	0,830291	15,428087	0,064817	18,581540	0,053817
18	1,217645	0,821257	16,249344	0,061541	19,785937	0,050541
19	1,231039	0,812322	17,061666	0,058611	21,003583	0,047611
20	1,244581	0,803483	17,865149	0,055975	22,234622	0,044975
21	1,258271	0,794741	18,659890	0,053591	23,479203	0,042591
22	1,272112	0,786094	19,445984	0,051424	24,737474	0,040424
23	1,286105	0,777541	20,223525	0,049447	26,009586	0,038447
24	1,300253	0,769081	20,992607	0,047636	27,295692	0,036636
25	1,314555	0,760713	21,753320	0,045970	28,595944	0,034970
26	1,329015	0,752437	22,505757	0,044433	29,910500	0,033433
27	1,343635	0,744250	23,250007	0,043011	31,239515	0,032011
28	1,358415	0,736152	23,986159	0,041691	32,583150	0,030691
29	1,373357	0,728143	24,714302	0,040462	33,941565	0,029462
30	1,388464	0,720220	25,434522	0,039317	35,314922	0,028317
31	1,403737	0,712384	26,146906	0,038245	36,703386	0,027245
32	1,419178	0,704633	26,851539	0,037242	38,107123	0,026242
33	1,434789	0,696966	27,548506	0,036300	39,526302	0,025300
34	1,450572	0,689383	28,237889	0,035413	40,961091	0,024413
35	1,466528	0,681883	28,919771	0,034578	42,411663	0,023578
36	1,482660	0,674463	29,594235	0,033790	43,878191	0,022790
37	1,498969	0,667125	30,261360	0,033045	45,360851	0,022045
38	1,515458	0,659867	30,921226	0,032340	46,859821	0,021340
39	1,532128	0,652687	31,573913	0,031672	48,375279	0,020672

ANHANG

Tabellen für die finanzmathematischen Faktoren

			1,10 %			
	AuF	AbF	DSF	KWF	EWF	RVF
n	$(1+i)^n$	$(1+i)^{-n}$	$\frac{(1+i)^n - 1}{i(1+i)^n}$	$\frac{i(1+i)^n}{(1+i)^n - 1}$	$\frac{(1+i)^n - 1}{i}$	$\frac{i}{(1+i)^n - 1}$
40	1,548981	0,645586	32,219499	0,031037	49,907407	0,020037
41	1,566020	0,638561	32,858060	0,030434	51,456388	0,019434
42	1,583246	0,631614	33,489674	0,029860	53,022408	0,018860
43	1,600662	0,624741	34,114415	0,029313	54,605655	0,018313
44	1,618269	0,617944	34,732359	0,028792	56,206317	0,017792
45	1,636070	0,611221	35,343580	0,028294	57,824587	0,017294
46	1,654067	0,604570	35,948150	0,027818	59,460657	0,016818
47	1,672262	0,597992	36,546143	0,027363	61,114724	0,016363
48	1,690657	0,591486	37,137629	0,026927	62,786986	0,015927
49	1,709254	0,585051	37,722679	0,026509	64,477643	0,015509
50	1,728056	0,578685	38,301364	0,026109	66,186897	0,015109
51	1,747064	0,572389	38,873753	0,025724	67,914953	0,014724
52	1,766282	0,566161	39,439914	0,025355	69,662018	0,014355
53	1,785711	0,560001	39,999915	0,025000	71,428300	0,014000
54	1,805354	0,553908	40,553823	0,024659	73,214011	0,013659
55	1,825213	0,547881	41,101704	0,024330	75,019365	0,013330
56	1,845290	0,541920	41,643624	0,024013	76,844578	0,013013
57	1,865589	0,536024	42,179648	0,023708	78,689869	0,012708
58	1,886110	0,530192	42,709840	0,023414	80,555457	0,012414
59	1,906857	0,524423	43,234263	0,023130	82,441567	0,012130
60	1,927833	0,518717	43,752980	0,022856	84,348424	0,011856
61	1,949039	0,513073	44,266054	0,022591	86,276257	0,011591
62	1,970478	0,507491	44,773545	0,022335	88,225296	0,011335
63	1,992154	0,501969	45,275514	0,022087	90,195774	0,011087
64	2,014067	0,496508	45,772022	0,021847	92,187928	0,010847
65	2,036222	0,491106	46,263127	0,021615	94,201995	0,010615
66	2,058620	0,485762	46,748889	0,021391	96,238217	0,010391
67	2,081265	0,480477	47,229366	0,021173	98,296837	0,010173
68	2,104159	0,475249	47,704616	0,020962	100,378102	0,009962
69	2,127305	0,470078	48,174694	0,020758	102,482262	0,009758
70	2,150705	0,464964	48,639658	0,020559	104,609566	0,009559
71	2,174363	0,459905	49,099563	0,020367	106,760272	0,009367
72	2,198281	0,454901	49,554464	0,020180	108,934635	0,009180
73	2,222462	0,449951	50,004415	0,019998	111,132916	0,008998
74	2,246909	0,445056	50,449471	0,019822	113,355378	0,008822
75	2,271625	0,440213	50,889684	0,019650	115,602287	0,008650
76	2,296613	0,435424	51,325108	0,019484	117,873912	0,008484
77	2,321876	0,430686	51,755794	0,019322	120,170525	0,008322
78	2,347416	0,426000	52,181795	0,019164	122,492401	0,008164

Tabellen für die finanzmathematischen Faktoren — ANHANG

1,20 %

n	AuF $(1 + i)^n$	AbF $(1 + i)^{-n}$	DSF $\dfrac{(1 + i)^n - 1}{i(1 + i)^n}$	KWF $\dfrac{i(1 + i)^n}{(1 + i)^n - 1}$	EWF $\dfrac{(1 + i)^n - 1}{i}$	RVF $\dfrac{i}{(1 + i)^n - 1}$
1	1,012000	0,988142	0,988142	1,012000	1,000000	1,000000
2	1,024144	0,976425	1,964567	0,509018	2,012000	0,497018
3	1,036434	0,964847	2,929415	0,341365	3,036144	0,329365
4	1,048871	0,953406	3,882821	0,257545	4,072578	0,245545
5	1,061457	0,942101	4,824922	0,207257	5,121449	0,195257
6	1,074195	0,930930	5,755851	0,173736	6,182906	0,161736
7	1,087085	0,919891	6,675742	0,149796	7,257101	0,137796
8	1,100130	0,908983	7,584726	0,131844	8,344186	0,119844
9	1,113332	0,898205	8,482931	0,117884	9,444316	0,105884
10	1,126692	0,887554	9,370485	0,106718	10,557648	0,094718
11	1,140212	0,877030	10,247515	0,097585	11,684340	0,085585
12	1,153895	0,866630	11,114145	0,089975	12,824552	0,077975
13	1,167741	0,856354	11,970499	0,083539	13,978447	0,071539
14	1,181754	0,846200	12,816698	0,078023	15,146188	0,066023
15	1,195935	0,836166	13,652864	0,073245	16,327942	0,061245
16	1,210287	0,826251	14,479115	0,069065	17,523878	0,057065
17	1,224810	0,816453	15,295568	0,065378	18,734164	0,053378
18	1,239508	0,806772	16,102340	0,062103	19,958974	0,050103
19	1,254382	0,797205	16,899545	0,059173	21,198482	0,047173
20	1,269434	0,787752	17,687298	0,056538	22,452864	0,044538
21	1,284668	0,778411	18,465709	0,054154	23,722298	0,042154
22	1,300084	0,769181	19,234891	0,051989	25,006965	0,039989
23	1,315685	0,760061	19,994951	0,050013	26,307049	0,038013
24	1,331473	0,751048	20,745999	0,048202	27,622734	0,036202
25	1,347450	0,742142	21,488141	0,046537	28,954206	0,034537
26	1,363620	0,733342	22,221484	0,045001	30,301657	0,033001
27	1,379983	0,724646	22,946130	0,043580	31,665277	0,031580
28	1,396543	0,716054	23,662184	0,042262	33,045260	0,030262
29	1,413302	0,707563	24,369747	0,041034	34,441803	0,029034
30	1,430261	0,699173	25,068920	0,039890	35,855105	0,027890
31	1,447424	0,690882	25,759802	0,038820	37,285366	0,026820
32	1,464793	0,682690	26,442492	0,037818	38,732791	0,025818
33	1,482371	0,674595	27,117087	0,036877	40,197584	0,024877
34	1,500159	0,666596	27,783683	0,035992	41,679955	0,023992
35	1,518161	0,658692	28,442375	0,035159	43,180114	0,023159
36	1,536379	0,650881	29,093256	0,034372	44,698276	0,022372
37	1,554816	0,643163	29,736419	0,033629	46,234655	0,021629
38	1,573474	0,635537	30,371955	0,032925	47,789471	0,020925
39	1,592355	0,628001	30,999956	0,032258	49,362945	0,020258

ANHANG — Tabellen für die finanzmathematischen Faktoren

			1,20 %			
n	AuF $(1 + i)^n$	AbF $(1 + i)^{-n}$	DSF $\frac{(1 + i)^n - 1}{i (1 + i)^n}$	KWF $\frac{i (1 + i)^n}{(1 + i)^n - 1}$	EWF $\frac{(1 + i)^n - 1}{i}$	RVF $\frac{i}{(1 + i)^n - 1}$
40	1,611464	0,620554	31,620509	0,031625	50,955300	0,019625
41	1,630801	0,613196	32,233705	0,031023	52,566764	0,019023
42	1,650371	0,605924	32,839629	0,030451	54,197565	0,018451
43	1,670175	0,598740	33,438369	0,029906	55,847936	0,017906
44	1,690217	0,591640	34,030009	0,029386	57,518111	0,017386
45	1,710500	0,584624	34,614633	0,028890	59,208328	0,016890
46	1,731026	0,577692	35,192325	0,028415	60,918828	0,016415
47	1,751798	0,570842	35,763167	0,027962	62,649854	0,015962
48	1,772820	0,564073	36,327241	0,027528	64,401652	0,015528
49	1,794094	0,557384	36,884625	0,027112	66,174472	0,015112
50	1,815623	0,550775	37,435400	0,026713	67,968566	0,014713
51	1,837410	0,544244	37,979644	0,026330	69,784189	0,014330
52	1,859459	0,537791	38,517435	0,025962	71,621599	0,013962
53	1,881773	0,531414	39,048849	0,025609	73,481058	0,013609
54	1,904354	0,525112	39,573962	0,025269	75,362831	0,013269
55	1,927206	0,518886	40,092847	0,024942	77,267185	0,012942
56	1,950333	0,512733	40,605580	0,024627	79,194391	0,012627
57	1,973737	0,506653	41,112234	0,024324	81,144724	0,012324
58	1,997422	0,500645	41,612879	0,024031	83,118460	0,012031
59	2,021391	0,494709	42,107588	0,023749	85,115882	0,011749
60	2,045647	0,488843	42,596431	0,023476	87,137272	0,011476
61	2,070195	0,483046	43,079477	0,023213	89,182920	0,011213
62	2,095037	0,477318	43,556796	0,022959	91,253115	0,010959
63	2,120178	0,471659	44,028454	0,022713	93,348152	0,010713
64	2,145620	0,466066	44,494520	0,022475	95,468330	0,010475
65	2,171367	0,460539	44,955059	0,022244	97,613950	0,010244
66	2,197424	0,455078	45,410138	0,022022	99,785317	0,010022
67	2,223793	0,449682	45,859820	0,021806	101,982741	0,009806
68	2,250478	0,441350	46,304170	0,021596	104,206534	0,009596
69	2,277484	0,439081	46,743251	0,021393	106,457012	0,009393
70	2,304814	0,433874	47,177125	0,021197	108,734496	0,009197
71	2,332472	0,428730	47,605855	0,021006	111,039310	0,009006
72	2,360461	0,423646	48,029501	0,020821	113,371782	0,008821
73	2,388787	0,418623	48,448123	0,020641	115,732244	0,008641
74	2,417452	0,413659	48,861782	0,020466	118,121030	0,008466
75	2,446462	0,408754	49,270536	0,020296	120,538483	0,008296
76	2,475819	0,403907	49,674442	0,020131	122,984945	0,008131
77	2,505529	0,399117	50,073560	0,019971	125,460764	0,007971
78	2,535596	0,394385	50,467944	0,019815	127,966293	0,007815

Tabellen für die finanzmathematischen Faktoren — ANHANG

			1,25 %			
n	AuF $(1+i)^n$	AbF $(1+i)^{-n}$	DSF $\dfrac{(1+i)^n - 1}{i(1+i)^n}$	KWF $\dfrac{i(1+i)^n}{(1+i)^n - 1}$	EWF $\dfrac{(1+i)^n - 1}{i}$	RVF $\dfrac{i}{(1+i)^n - 1}$
1	1,012500	0,987654	0,987654	1,012500	1,000000	1,000000
2	1,025156	0,975461	1,963115	0,509394	2,012500	0,496894
3	1,037971	0,963418	2,926534	0,341701	3,037656	0,329201
4	1,050945	0,951524	3,878058	0,257861	4,075627	0,245361
5	1,064082	0,939777	4,817835	0,207562	5,126572	0,195062
6	1,077383	0,928175	5,746010	0,174034	6,190654	0,161534
7	1,090850	0,916716	6,662726	0,150089	7,268038	0,137589
8	1,104486	0,905398	7,568124	0,132133	8,358888	0,119633
9	1,118292	0,894221	8,462345	0,118171	9,463374	0,105671
10	1,132271	0,883181	9,345526	0,107003	10,581666	0,094503
11	1,146424	0,872277	10,217803	0,097868	11,713937	0,085368
12	1,160755	0,861509	11,079312	0,090258	12,860361	0,077758
13	1,175264	0,850873	11,930185	0,083821	14,021116	0,071321
14	1,189955	0,840368	12,770553	0,078305	15,196380	0,065805
15	1,204829	0,829993	13,600546	0,073526	16,386335	0,061026
16	1,219890	0,819746	14,420292	0,069347	17,591164	0,056847
17	1,235138	0,809626	15,229918	0,065660	18,811053	0,053160
18	1,250577	0,799631	16,029549	0,062385	20,046192	0,049885
19	1,266210	0,789759	16,819308	0,059455	21,296769	0,046955
20	1,282037	0,780009	17,599316	0,056820	22,562979	0,044320
21	1,298063	0,770379	18,369695	0,054437	23,845016	0,041937
22	1,314288	0,760868	19,130563	0,052272	25,143078	0,039772
23	1,330717	0,751475	19,882037	0,050297	26,457367	0,037797
24	1,347351	0,742197	20,624235	0,048487	27,788084	0,035987
25	1,364193	0,733034	21,357269	0,046822	29,135435	0,034322
26	1,381245	0,723984	22,081253	0,045287	30,499628	0,032787
27	1,398511	0,715046	22,796299	0,043867	31,880873	0,031367
28	1,415992	0,706219	23,502518	0,042549	33,279384	0,030049
29	1,433692	0,697500	24,200018	0,041322	34,695377	0,028822
30	1,451613	0,688889	24,888906	0,040179	36,129069	0,027679
31	1,469759	0,680384	25,569290	0,039109	37,580682	0,026609
32	1,488131	0,671984	26,241274	0,038108	39,050441	0,025608
33	1,506732	0,663688	26,904962	0,037168	40,538571	0,024668
34	1,525566	0,655494	27,560456	0,036284	42,045303	0,023784
35	1,544636	0,647402	28,207858	0,035451	43,570870	0,022951
36	1,563944	0,639409	28,847267	0,034665	45,115505	0,022165
37	1,583493	0,631515	29,478783	0,033923	46,679449	0,021423
38	1,603287	0,623719	30,102501	0,033220	48,262942	0,020720
39	1,623328	0,616019	30,718520	0,032554	49,866229	0,020054

ANHANG

Tabellen für die finanzmathematischen Faktoren

	1,25 %					
n	AuF $(1+i)^n$	AbF $(1+i)^{-n}$	DSF $\frac{(1+i)^n - 1}{i(1+i)^n}$	KWF $\frac{i(1+i)^n}{(1+i)^n - 1}$	EWF $\frac{(1+i)^n - 1}{i}$	RVF $\frac{i}{(1+i)^n - 1}$
40	1,643619	0,608413	31,326933	0,031921	51,489557	0,019421
41	1,664165	0,600902	31,927835	0,031321	53,133177	0,018821
42	1,684967	0,593484	32,521319	0,030749	54,797341	0,018249
43	1,706029	0,586157	33,107475	0,030205	56,482308	0,017705
44	1,727354	0,578920	33,686395	0,029686	58,188337	0,017186
45	1,748946	0,571773	34,258168	0,029190	59,915691	0,016690
46	1,770808	0,564714	34,822882	0,028717	61,664637	0,016217
47	1,792943	0,557742	35,380624	0,028264	63,435445	0,015764
48	1,815355	0,550856	35,931481	0,027831	65,228388	0,015331
49	1,838047	0,544056	36,475537	0,027416	67,043743	0,014916
50	1,861022	0,537339	37,012876	0,027018	68,881790	0,014518
51	1,884285	0,530705	37,543581	0,026636	70,742812	0,014136
52	1,907839	0,524153	38,067734	0,026269	72,627097	0,013769
53	1,931687	0,517682	38,585417	0,025917	74,534936	0,013417
54	1,955833	0,511291	39,096708	0,025578	76,466623	0,013078
55	1,980281	0,504979	39,601687	0,025251	78,422456	0,012751
56	2,005034	0,498745	40,100431	0,024937	80,402736	0,012437
57	2,030097	0,492587	40,593019	0,024635	82,407771	0,012135
58	2,055473	0,486506	41,079524	0,024343	84,437868	0,011843
59	2,081167	0,480500	41,560024	0,024062	86,493341	0,011562
60	2,107181	0,474568	42,034592	0,023790	88,574508	0,011290
61	2,133521	0,468709	42,503301	0,023528	90,681689	0,011028
62	2,160190	0,462922	42,966223	0,023274	92,815210	0,010774
63	2,187193	0,457207	43,423430	0,023029	94,975400	0,010529
64	2,214532	0,451563	43,874992	0,022792	97,162593	0,010292
65	2,242214	0,445988	44,320980	0,022563	99,377125	0,010063
66	2,270242	0,440482	44,761462	0,022341	101,619339	0,009841
67	2,298620	0,435044	45,196506	0,022126	103,889581	0,009626
68	2,327353	0,429673	45,626178	0,021917	106,188201	0,009417
69	2,356444	0,424368	46,050547	0,021715	108,515553	0,009215
70	2,385900	0,419129	46,469676	0,021519	110,871998	0,009019
71	2,415724	0,413955	46,883630	0,021329	113,257898	0,008829
72	2,445920	0,408844	47,292474	0,021145	115,673621	0,008645
73	2,476494	0,403797	47,696271	0,020966	118,119542	0,008466
74	2,507450	0,398811	48,095082	0,020792	120,596036	0,008292
75	2,538794	0,393888	48,488970	0,020623	123,103486	0,008123
76	2,570529	0,389025	48,877995	0,020459	125,642280	0,007959
77	2,602660	0,384222	49,262218	0,020300	128,212809	0,007800
78	2,635193	0,379479	49,641696	0,020144	130,815469	0,007644

Tabellen für die finanzmathematischen Faktoren

			1,30 %			
n	AuF $(1 + i)^n$	AbF $(1 + i)^{-n}$	DSF $\dfrac{(1 + i)^n - 1}{i (1 + i)^n}$	KWF $\dfrac{i (1 + i)^n}{(1 + i)^n - 1}$	EWF $\dfrac{(1 + i)^n - 1}{i}$	RVF $\dfrac{i}{(1 + i)^n - 1}$
1	1,013000	0,987167	0,987167	1,013000	1,000000	1,000000
2	1,026169	0,974498	1,961665	0,509771	2,013000	0,496771
3	1,039509	0,961992	2,923658	0,342037	3,039169	0,329037
4	1,053023	0,949647	3,873305	0,258177	4,078678	0,245177
5	1,066712	0,937460	4,810765	0,207867	5,131701	0,194867
6	1,080579	0,925429	5,736194	0,174332	6,198413	0,161332
7	1,094627	0,913553	6,649747	0,150382	7,278992	0,137382
8	1,108857	0,901829	7,551577	0,132423	8,373619	0,119423
9	1,123272	0,890256	8,441833	0,118458	9,482476	0,105458
10	1,137875	0,878831	9,320665	0,107288	10,605749	0,094288
11	1,152667	0,867553	10,188218	0,098153	11,743623	0,085153
12	1,167652	0,856420	11,044637	0,090542	12,896290	0,077542
13	1,182831	0,845429	11,890067	0,084104	14,063942	0,071104
14	1,198208	0,834580	12,724646	0,078588	15,246774	0,065588
15	1,213785	0,823869	13,548515	0,073809	16,444982	0,060809
16	1,229564	0,813296	14,361812	0,069629	17,658766	0,056629
17	1,245548	0,802859	15,164671	0,065943	18,888330	0,052943
18	1,261740	0,792556	15,957227	0,062668	20,133879	0,049668
19	1,278143	0,782385	16,739612	0,059739	21,395619	0,046739
20	1,294759	0,772345	17,511957	0,057104	22,673762	0,044104
21	1,311591	0,762433	18,274390	0,054721	23,968521	0,041721
22	1,328641	0,752649	19,027038	0,052557	25,280112	0,039557
23	1,345914	0,742990	19,770028	0,050582	26,608753	0,037582
24	1,363411	0,733455	20,503483	0,048772	27,954667	0,035772
25	1,381135	0,724042	21,227525	0,047109	29,318078	0,034109
26	1,399090	0,714750	21,942275	0,045574	30,699213	0,032574
27	1,417278	0,705578	22,647853	0,044154	32,098302	0,031154
28	1,435703	0,696523	23,344376	0,042837	33,515580	0,029837
29	1,454367	0,687585	24,031961	0,041611	34,951283	0,028611
30	1,473273	0,678761	24,710721	0,040468	36,405650	0,027468
31	1,492426	0,670050	25,380771	0,039400	37,878923	0,026400
32	1,511828	0,661451	26,042222	0,038399	39,371349	0,025399
33	1,531481	0,652963	26,695185	0,037460	40,883177	0,024460
34	1,551391	0,644583	27,339768	0,036577	42,414658	0,023577
35	1,571559	0,636311	27,976079	0,035745	43,966048	0,022745
36	1,591989	0,628145	28,604224	0,034960	45,537607	0,021960
37	1,612685	0,620084	29,224308	0,034218	47,129596	0,021218
38	1,633650	0,612126	29,836434	0,033516	48,742281	0,020516
39	1,654887	0,604271	30,440705	0,032851	50,375930	0,019851

ANHANG — Tabellen für die finanzmathematischen Faktoren

n	1,30 %					
	AuF $(1+i)^n$	AbF $(1+i)^{-n}$	DSF $\dfrac{(1+i)^n - 1}{i(1+i)^n}$	KWF $\dfrac{i(1+i)^n}{(1+i)^n - 1}$	EWF $\dfrac{(1+i)^n - 1}{i}$	RVF $\dfrac{i}{(1+i)^n - 1}$
40	1,676401	0,596516	31,037221	0,032219	52,030817	0,019219
41	1,698194	0,588861	31,626082	0,031619	53,707218	0,018619
42	1,720270	0,581304	32,207386	0,031049	55,405412	0,018049
43	1,742634	0,573844	32,781230	0,030505	57,125682	0,017505
44	1,765288	0,566480	33,347710	0,029987	58,868316	0,016987
45	1,788237	0,559210	33,906920	0,029493	60,633604	0,016493
46	1,811484	0,552034	34,458954	0,029020	62,421841	0,016020
47	1,835033	0,544949	35,003903	0,028568	64,233325	0,015568
48	1,858889	0,537956	35,541859	0,028136	66,068358	0,015136
49	1,883054	0,531052	36,072911	0,027722	67,927247	0,014722
50	1,907534	0,524237	36,597148	0,027325	69,810301	0,014325
51	1,932332	0,517509	37,114658	0,026944	71,717835	0,013944
52	1,957452	0,510868	37,625526	0,026578	73,650167	0,013578
53	1,982899	0,504312	38,129838	0,026226	75,607619	0,013226
54	2,008677	0,497840	38,627678	0,025888	77,590518	0,012888
55	2,034790	0,491451	39,119129	0,025563	79,599195	0,012563
56	2,061242	0,485144	39,604274	0,025250	81,633984	0,012250
57	2,088038	0,478919	40,083192	0,024948	83,695226	0,011948
58	2,115182	0,472772	40,555965	0,024657	85,783264	0,011657
59	2,142680	0,466705	41,022670	0,024377	87,898447	0,011377
60	2,170535	0,460716	41,483386	0,024106	90,041126	0,011106
61	2,198752	0,454804	41,938190	0,023845	92,211661	0,010845
62	2,227335	0,448967	42,387156	0,023592	94,410413	0,010592
63	2,256291	0,443205	42,830362	0,023348	96,637748	0,010348
64	2,285623	0,437518	43,267879	0,023112	98,894039	0,010112
65	2,315336	0,431903	43,699782	0,022883	101,179661	0,009883
66	2,345435	0,426360	44,126142	0,022662	103,494997	0,009662
67	2,375926	0,420889	44,547031	0,022448	105,840432	0,009448
68	2,406813	0,415487	44,962518	0,022241	108,216357	0,009241
69	2,438101	0,410155	45,372673	0,022040	110,623170	0,009040
70	2,469797	0,404892	45,777565	0,021845	113,061271	0,008845
71	2,501904	0,399696	46,177261	0,021656	115,531068	0,008656
72	2,534429	0,394566	46,571827	0,021472	118,032972	0,008472
73	2,567376	0,389503	46,961330	0,021294	120,567400	0,008294
74	2,600752	0,384504	47,345834	0,021121	123,134776	0,008121
75	2,634562	0,379570	47,725404	0,020953	125,735528	0,007953
76	2,668811	0,374699	48,100102	0,020790	128,370090	0,007790
77	2,703506	0,369890	48,469992	0,020631	131,038902	0,007631
78	2,738651	0,365143	48,835136	0,020477	133,742407	0,007477

Tabellen für die finanzmathematischen Faktoren — ANHANG

1,60 %

n	AuF $(1+i)^n$	AbF $(1+i)^{-n}$	DSF $\dfrac{(1+i)^n - 1}{i(1+i)^n}$	KWF $\dfrac{i(1+i)^n}{(1+i)^n - 1}$	EWF $\dfrac{(1+i)^n - 1}{i}$	RVF $\dfrac{i}{(1+i)^n - 1}$
1	1,016000	0,984252	0,984252	1,016000	1,000000	1,000000
2	1,032256	0,968752	1,953004	0,512032	2,016000	0,496032
3	1,048772	0,953496	2,906500	0,344056	3,048256	0,328056
4	1,065552	0,938480	3,844980	0,260079	4,097028	0,244079
5	1,082601	0,923701	4,768681	0,209702	5,162581	0,193702
6	1,099923	0,909155	5,677836	0,176123	6,245182	0,160123
7	1,117522	0,894837	6,572673	0,152145	7,345105	0,136145
8	1,135402	0,880745	7,453418	0,134167	8,462626	0,118167
9	1,153568	0,866875	8,320294	0,120188	9,598028	0,104188
10	1,172026	0,853224	9,173518	0,109009	10,751597	0,093009
11	1,190778	0,839787	10,013305	0,099867	11,923622	0,083867
12	1,209830	0,826562	10,839867	0,092252	13,114400	0,076252
13	1,229188	0,813545	11,653412	0,085812	14,324231	0,069812
14	1,248855	0,800734	12,454146	0,080295	15,553419	0,064295
15	1,268836	0,788124	13,242270	0,075516	16,802273	0,059516
16	1,289138	0,775712	14,017982	0,071337	18,071110	0,055337
17	1,309764	0,763496	14,781478	0,067652	19,360247	0,051652
18	1,330720	0,751473	15,532951	0,064379	20,670011	0,048379
19	1,352012	0,739639	16,272590	0,061453	22,000731	0,045453
20	1,373644	0,727991	17,000580	0,058822	23,352743	0,042822
21	1,395622	0,716526	17,717107	0,056443	24,726387	0,040443
22	1,417952	0,705242	18,422349	0,054282	26,122009	0,038282
23	1,440639	0,694136	19,116485	0,052311	27,539961	0,036311
24	1,463690	0,683205	19,799690	0,050506	28,980601	0,034506
25	1,487109	0,672446	20,472136	0,048847	30,444290	0,032847
26	1,510902	0,661856	21,133992	0,047317	31,931399	0,031317
27	1,535077	0,651433	21,785425	0,045902	33,442301	0,029902
28	1,559638	0,641174	22,426600	0,044590	34,977378	0,028590
29	1,584592	0,631077	23,057677	0,043370	36,537016	0,027370
30	1,609946	0,621139	23,678816	0,042232	38,121609	0,026232
31	1,635705	0,611357	24,290173	0,041169	39,731554	0,025169
32	1,661876	0,601730	24,891903	0,040174	41,367259	0,024174
33	1,688466	0,592254	25,484156	0,039240	43,029135	0,023240
34	1,715482	0,582927	26,067083	0,038363	44,717601	0,022363
35	1,742929	0,573747	26,640830	0,037536	46,433083	0,021536
36	1,770816	0,564711	27,205541	0,036757	48,176012	0,020757
37	1,799149	0,555818	27,761359	0,036021	49,946829	0,020021
38	1,827936	0,547065	28,308424	0,035325	51,745978	0,019325
39	1,857183	0,538450	28,846874	0,034666	53,573914	0,018666

ANHANG
Tabellen für die finanzmathematischen Faktoren

1,60 %

n	AuF $(1 + i)^n$	AbF $(1 + i)^{-n}$	DSF $\dfrac{(1 + i)^n - 1}{i(1 + i)^n}$	KWF $\dfrac{i(1 + i)^n}{(1 + i)^n - 1}$	EWF $\dfrac{(1 + i)^n - 1}{i}$	RVF $\dfrac{i}{(1 + i)^n - 1}$
40	1,886898	0,529970	29,376845	0,034040	55,431096	0,018040
41	1,917088	0,521624	29,898469	0,033447	57,317994	0,017447
42	1,947761	0,513410	30,411879	0,032882	59,235082	0,016882
43	1,978925	0,505325	30,917204	0,032344	61,182843	0,016344
44	2,010588	0,497367	31,414571	0,031832	63,161768	0,015832
45	2,042758	0,489534	31,904105	0,031344	65,172357	0,015344
46	2,075442	0,481825	32,385930	0,030878	67,215114	0,014878
47	2,108649	0,474237	32,860168	0,030432	69,290556	0,014432
48	2,142387	0,466769	33,326937	0,030006	71,399205	0,014006
49	2,176665	0,459418	33,786355	0,029598	73,541592	0,013598
50	2,211492	0,452183	34,238538	0,029207	75,718258	0,013207
51	2,246876	0,445062	34,683601	0,028832	77,929750	0,012832
52	2,282826	0,438054	35,121654	0,028472	80,176626	0,012472
53	2,319351	0,431155	35,552809	0,028127	82,459452	0,012127
54	2,356461	0,424365	35,977174	0,027795	84,778803	0,011795
55	2,394164	0,417682	36,394857	0,027476	87,135264	0,011476
56	2,432471	0,411105	36,805961	0,027170	89,529428	0,011170
57	2,471390	0,404631	37,210592	0,026874	91,961899	0,010874
58	2,510933	0,398258	37,608850	0,026589	94,433290	0,010589
59	2,551108	0,391987	38,000837	0,026315	96,944222	0,010315
60	2,591925	0,385814	38,386651	0,026051	99,495330	0,010051
61	2,633396	0,379738	38,766388	0,025796	102,087255	0,009796
62	2,675530	0,373758	39,140146	0,025549	104,720651	0,009549
63	2,718339	0,367872	39,508018	0,025311	107,396182	0,009311
64	2,761832	0,362078	39,870096	0,025081	110,114520	0,009081
65	2,806022	0,356376	40,226473	0,024859	112,876353	0,008859
66	2,850918	0,350764	40,577237	0,024644	115,682374	0,008644
67	2,896533	0,345240	40,922477	0,024436	118,533292	0,008436
68	2,942877	0,339804	41,262281	0,024235	121,429825	0,008235
69	2,989963	0,334452	41,596733	0,024040	124,372702	0,008040
70	3,037803	0,329185	41,925918	0,023852	127,362666	0,007852
71	3,086407	0,324001	42,249920	0,023669	130,400468	0,007669
72	3,135790	0,318899	42,568818	0,023491	133,486876	0,007491
73	3,185963	0,313877	42,882695	0,023319	136,622666	0,007319
74	3,236938	0,308934	43,191629	0,023153	139,808628	0,007153
75	3,288729	0,304069	43,495698	0,022991	143,045566	0,006991
76	3,341349	0,299280	43,794978	0,022834	146,334295	0,006834
77	3,394810	0,294567	44,089546	0,022681	149,675644	0,006681
78	3,449127	0,289928	44,379474	0,022533	153,070454	0,006533

Tabellen für die finanzmathematischen Faktoren — ANHANG

1,65 %

n	AuF $(1 + i)^n$	AbF $(1 + i)^{-n}$	DSF $\dfrac{(1 + i)^n - 1}{i (1 + i)^n}$	KWF $\dfrac{i (1 + i)^n}{(1 + i)^n - 1}$	EWF $\dfrac{(1 + i)^n - 1}{i}$	RVF $\dfrac{i}{(1 + i)^n - 1}$
1	1,016500	0,983768	0,983768	1,016500	1,000000	1,000000
2	1,033272	0,967799	1,951567	0,512409	2,016500	0,495909
3	1,050321	0,952090	2,903657	0,344393	3,049772	0,327893
4	1,067652	0,936635	3,840292	0,260397	4,100093	0,243897
5	1,085268	0,921432	4,761723	0,210008	5,167745	0,193508
6	1,103175	0,906475	5,668198	0,176423	6,253013	0,159923
7	1,121377	0,891761	6,559959	0,152440	7,356188	0,135940
8	1,139880	0,877285	7,437244	0,134458	8,477565	0,117958
9	1,158688	0,863045	8,300289	0,120478	9,617444	0,103978
10	1,177806	0,849036	9,149326	0,109298	10,776132	0,092798
11	1,197240	0,835254	9,984580	0,100154	11,953938	0,083654
12	1,216994	0,821696	10,806276	0,092539	13,151178	0,076039
13	1,237075	0,808359	11,614635	0,086098	14,368173	0,069598
14	1,257487	0,795237	12,409872	0,080581	15,605248	0,064081
15	1,278235	0,782329	13,192201	0,075802	16,862734	0,059302
16	1,299326	0,769630	13,961831	0,071624	18,140969	0,055124
17	1,320765	0,757137	14,718968	0,067940	19,440295	0,051440
18	1,342557	0,744847	15,463815	0,064667	20,761060	0,048167
19	1,364710	0,732757	16,196571	0,061741	22,103618	0,045241
20	1,387227	0,720862	16,917434	0,059111	23,468328	0,042611
21	1,410117	0,709161	17,626595	0,056732	24,855555	0,040232
22	1,433384	0,697650	18,324245	0,054573	26,265672	0,038073
23	1,457034	0,686326	19,010570	0,052602	27,699055	0,036102
24	1,481075	0,675185	19,685755	0,050798	29,156090	0,034298
25	1,505513	0,664225	20,349981	0,049140	30,637165	0,032640
26	1,530354	0,653444	21,003424	0,047611	32,142678	0,031111
27	1,555605	0,642837	21,646261	0,046197	33,673032	0,029697
28	1,581273	0,632402	22,278663	0,044886	35,228637	0,028386
29	1,607364	0,622137	22,900800	0,043667	36,809910	0,027167
30	1,633885	0,612038	23,512838	0,042530	38,417274	0,026030
31	1,660844	0,602103	24,114941	0,041468	40,051159	0,024968
32	1,688248	0,592330	24,707271	0,040474	41,712003	0,023974
33	1,716104	0,582715	25,289987	0,039541	43,400251	0,023041
34	1,744420	0,573256	25,863243	0,038665	45,116355	0,022165
35	1,773203	0,563951	26,427194	0,037840	46,860775	0,021340
36	1,802461	0,554797	26,981992	0,037062	48,633977	0,020562
37	1,832201	0,545792	27,527783	0,036327	50,436438	0,019827
38	1,862433	0,536932	28,064715	0,035632	52,268639	0,019132
39	1,893163	0,528217	28,592932	0,034974	54,131072	0,018474

ANHANG

Tabellen für die finanzmathematischen Faktoren

			1,65 %			
n	AuF $(1 + i)^n$	AbF $(1 + i)^{-n}$	DSF $\frac{(1 + i)^n - 1}{i (1 + i)^n}$	KWF $\frac{i (1 + i)^n}{(1 + i)^n - 1}$	EWF $\frac{(1 + i)^n - 1}{i}$	RVF $\frac{i}{(1 + i)^n - 1}$
40	1,924400	0,519643	29,112574	0,034349	56,024235	0,017849
41	1,956152	0,511208	29,623782	0,033757	57,948634	0,017257
42	1,988429	0,502910	30,126692	0,033193	59,904787	0,016693
43	2,021238	0,494746	30,621438	0,032657	61,893216	0,016157
44	2,054588	0,486715	31,108153	0,032146	63,914454	0,015646
45	2,088489	0,478815	31,586968	0,031659	65,969042	0,015159
46	2,122949	0,471043	32,058011	0,031193	68,057532	0,014693
47	2,157978	0,463397	32,521408	0,030749	70,180481	0,014249
48	2,193585	0,455875	32,977283	0,030324	72,338459	0,013824
49	2,229779	0,448475	33,425758	0,029917	74,532043	0,013417
50	2,266570	0,441195	33,866953	0,029527	76,761822	0,013027
51	2,303968	0,434034	34,300987	0,029154	79,028392	0,012654
52	2,341984	0,426988	34,727975	0,028795	81,332361	0,012295
53	2,380627	0,420057	35,148033	0,028451	83,674345	0,011951
54	2,419907	0,413239	35,561272	0,028120	86,054971	0,011620
55	2,459835	0,406531	35,967803	0,027803	88,474878	0,011303
56	2,500423	0,399932	36,367735	0,027497	90,934714	0,010997
57	2,541680	0,393441	36,761176	0,027203	93,435137	0,010703
58	2,583617	0,387054	37,148230	0,026919	95,976816	0,010419
59	2,626247	0,380771	37,529002	0,026646	98,560434	0,010146
60	2,669580	0,374591	37,903592	0,026383	101,186681	0,009883
61	2,713628	0,368510	38,272103	0,026129	103,856261	0,009629
62	2,758403	0,362529	38,634631	0,025884	106,569890	0,009384
63	2,803917	0,356644	38,991275	0,025647	109,328293	0,009147
64	2,850181	0,350855	39,342130	0,025418	112,132210	0,008918
65	2,897209	0,345160	39,687290	0,025197	114,982391	0,008697
66	2,945013	0,339557	40,026847	0,024983	117,879600	0,008483
67	2,993606	0,334045	40,360892	0,024776	120,824614	0,008276
68	3,043001	0,328623	40,689515	0,024576	123,818220	0,008076
69	3,093210	0,323289	41,012804	0,024383	126,861221	0,007883
70	3,144248	0,318041	41,330845	0,024195	129,954431	0,007695
71	3,196128	0,312879	41,643723	0,024013	133,098679	0,007513
72	3,248864	0,307800	41,951523	0,023837	136,294807	0,007337
73	3,302471	0,302804	42,254327	0,023666	139,543671	0,007166
74	3,356961	0,297888	42,552215	0,023501	142,846142	0,007001
75	3,412351	0,293053	42,845268	0,023340	146,203103	0,006840
76	3,468655	0,288296	43,133565	0,023184	149,615455	0,006684
77	3,525888	0,283617	43,417181	0,023032	153,084110	0,006532
78	3,584065	0,279013	43,696194	0,022885	156,609997	0,006385

Tabellen für die finanzmathematischen Faktoren — ANHANG

1,75 %

n	AuF $(1 + i)^n$	AbF $(1 + i)^{-n}$	DSF $\dfrac{(1 + i)^n - 1}{i (1 + i)^n}$	KWF $\dfrac{i (1 + i)^n}{(1 + i)^n - 1}$	EWF $\dfrac{(1 + i)^n - 1}{i}$	RVF $\dfrac{i}{(1 + i)^n - 1}$
1	1,017500	0,982801	0,982801	1,017500	1,000000	1,000000
2	1,035306	0,965898	1,948699	0,513163	2,017500	0,495663
3	1,053424	0,949285	2,897984	0,345067	3,052806	0,327567
4	1,071859	0,932959	3,830943	0,261032	4,106230	0,243532
5	1,090617	0,916913	4,747855	0,210621	5,178089	0,193121
6	1,109702	0,901143	5,648998	0,177023	6,268706	0,159523
7	1,129122	0,885644	6,534641	0,153031	7,378408	0,135531
8	1,148882	0,870412	7,405053	0,135043	8,507530	0,117543
9	1,168987	0,855441	8,260494	0,121058	9,656412	0,103558
10	1,189444	0,840729	9,101223	0,109875	10,825399	0,092375
11	1,210260	0,826269	9,927492	0,100730	12,014844	0,083230
12	1,231439	0,812058	10,739550	0,093114	13,225104	0,075614
13	1,252990	0,798091	11,537641	0,086673	14,456543	0,069173
14	1,274917	0,784365	12,322006	0,081156	15,709533	0,063656
15	1,297228	0,770875	13,092880	0,076377	16,984449	0,058877
16	1,319929	0,757616	13,850497	0,072200	18,281677	0,054700
17	1,343028	0,744586	14,595083	0,068516	19,601607	0,051016
18	1,366531	0,731780	15,326863	0,065245	20,944635	0,047745
19	1,390445	0,719194	16,046057	0,062321	22,311166	0,044821
20	1,414778	0,706825	16,752881	0,059691	23,701611	0,042191
21	1,439537	0,694668	17,447549	0,057315	25,116389	0,039815
22	1,464729	0,682720	18,130269	0,055156	26,555926	0,037656
23	1,490361	0,670978	18,801248	0,053188	28,020655	0,035688
24	1,516443	0,659438	19,460686	0,051386	29,511016	0,033886
25	1,542981	0,648096	20,108782	0,049730	31,027459	0,032230
26	1,569983	0,636950	20,745732	0,048203	32,570440	0,030703
27	1,597457	0,625995	21,371726	0,046791	34,140422	0,029291
28	1,625413	0,615228	21,986955	0,045482	35,737880	0,027982
29	1,653858	0,604647	22,591602	0,044264	37,363293	0,026764
30	1,682800	0,594248	23,185849	0,043130	39,017150	0,025630
31	1,712249	0,584027	23,769877	0,042070	40,699950	0,024570
32	1,742213	0,573982	24,343859	0,041078	42,412200	0,023578
33	1,772702	0,564111	24,907970	0,040148	44,154413	0,022648
34	1,803725	0,554408	25,462378	0,039274	45,927115	0,021774
35	1,835290	0,544873	26,007251	0,038451	47,730840	0,020951
36	1,867407	0,535502	26,542753	0,037675	49,566129	0,020175
37	1,900087	0,526292	27,069045	0,036943	51,433537	0,019443
38	1,933338	0,517240	27,586285	0,036250	53,333624	0,018750
39	1,967172	0,508344	28,094629	0,035594	55,266962	0,018094

ANHANG — Tabellen für die finanzmathematischen Faktoren

			1,75 %			
	AuF	AbF	DSF	KWF	EWF	RVF
n	$(1+i)^n$	$(1+i)^{-n}$	$\dfrac{(1+i)^n - 1}{i(1+i)^n}$	$\dfrac{i(1+i)^n}{(1+i)^n - 1}$	$\dfrac{(1+i)^n - 1}{i}$	$\dfrac{i}{(1+i)^n - 1}$
40	2,001597	0,499601	28,594230	0,034972	57,234134	0,017472
41	2,036625	0,491008	29,085238	0,034382	59,235731	0,016882
42	2,072266	0,482563	29,567801	0,033821	61,272357	0,016321
43	2,108531	0,474264	30,042065	0,033287	63,344623	0,015787
44	2,145430	0,466107	30,508172	0,032778	65,453154	0,015278
45	2,182975	0,458090	30,966263	0,032293	67,598584	0,014793
46	2,221177	0,450212	31,416474	0,031830	69,781559	0,014330
47	2,260048	0,442469	31,858943	0,031388	72,002736	0,013888
48	2,299599	0,434858	32,293801	0,030966	74,262784	0,013466
49	2,339842	0,427379	32,721181	0,030561	76,562383	0,013061
50	2,380789	0,420029	33,141209	0,030174	78,902225	0,012674
51	2,422453	0,412805	33,554014	0,029803	81,283014	0,012303
52	2,464846	0,405705	33,959719	0,029447	83,705466	0,011947
53	2,507980	0,398727	34,358446	0,029105	86,170312	0,011605
54	2,551870	0,391869	34,750316	0,028777	88,678292	0,011277
55	2,596528	0,385130	35,135445	0,028461	91,230163	0,010961
56	2,641967	0,378506	35,513951	0,028158	93,826690	0,010658
57	2,688202	0,371996	35,885947	0,027866	96,468658	0,010366
58	2,735245	0,365598	36,251545	0,027585	99,156859	0,010085
59	2,783112	0,359310	36,610855	0,027314	101,892104	0,009814
60	2,831816	0,353130	36,963986	0,027053	104,675216	0,009553
61	2,881373	0,347057	37,311042	0,026802	107,507032	0,009302
62	2,931797	0,341088	37,652130	0,026559	110,388405	0,009059
63	2,983104	0,335221	37,987351	0,026325	113,320202	0,008825
64	3,035308	0,329456	38,316807	0,026098	116,303306	0,008598
65	3,088426	0,323790	38,640597	0,025880	119,338614	0,008380
66	3,142473	0,318221	38,958817	0,025668	122,427039	0,008168
67	3,197466	0,312748	39,271565	0,025464	125,569513	0,007964
68	3,253422	0,307369	39,578934	0,025266	128,766979	0,007766
69	3,310357	0,302082	39,881016	0,025075	132,020401	0,007575
70	3,368288	0,296887	40,177903	0,024889	135,330758	0,007389
71	3,427233	0,291781	40,469683	0,024710	138,699047	0,007210
72	3,487210	0,286762	40,756445	0,024536	142,126280	0,007036
73	3,548236	0,281830	41,038276	0,024367	145,613490	0,006867
74	3,610330	0,276983	41,315259	0,024204	149,161726	0,006704
75	3,673511	0,272219	41,587478	0,024046	152,772056	0,006546
76	3,737797	0,267537	41,855015	0,023892	156,445567	0,006392
77	3,803209	0,262936	42,117951	0,023743	160,183364	0,006243
78	3,869765	0,258414	42,376364	0,023598	163,986573	0,006098

Tabellen für die finanzmathematischen Faktoren — ANHANG

3,00 %

n	AuF $(1 + i)^n$	AbF $(1 + i)^{-n}$	DSF $\dfrac{(1 + i)^n - 1}{i (1 + i)^n}$	KWF $\dfrac{i (1 + i)^n}{(1 + i)^n - 1}$	EWF $\dfrac{(1 + i)^n - 1}{i}$	RVF $\dfrac{i}{(1 + i)^n - 1}$
1	1,030000	0,970874	0,970874	1,030000	1,000000	1,000000
2	1,060900	0,942596	1,913470	0,522611	2,030000	0,492611
3	1,092727	0,915142	2,828611	0,353530	3,090900	0,323530
4	1,125509	0,888487	3,717098	0,269027	4,183627	0,239027
5	1,159274	0,862609	4,579707	0,218355	5,309136	0,188355
6	1,194052	0,837484	5,417191	0,184598	6,468410	0,154598
7	1,229874	0,813092	6,230283	0,160506	7,662462	0,130506
8	1,266770	0,789409	7,019692	0,142456	8,892336	0,112456
9	1,304773	0,766417	7,786109	0,128434	10,159106	0,098434
10	1,343916	0,744094	8,530203	0,117231	11,463879	0,087231
11	1,384234	0,722421	9,252624	0,108077	12,807796	0,078077
12	1,425761	0,701380	9,954004	0,100462	14,192030	0,070462
13	1,468534	0,680951	10,634955	0,094030	15,617790	0,064030
14	1,512590	0,661118	11,296073	0,088526	17,086324	0,058526
15	1,557967	0,641862	11,937935	0,083767	18,598914	0,053767
16	1,604706	0,623167	12,561102	0,079611	20,156881	0,049611
17	1,652848	0,605016	13,166118	0,075953	21,761588	0,045953
18	1,702433	0,587395	13,753513	0,072709	23,414435	0,042709
19	1,753506	0,570286	14,323799	0,069814	25,116868	0,039814
20	1,806111	0,553676	14,877475	0,067216	26,870374	0,037216
21	1,860295	0,537549	15,415024	0,064872	28,676486	0,034872
22	1,916103	0,521893	15,936917	0,062747	30,536780	0,032747
23	1,973587	0,506692	16,443608	0,060814	32,452884	0,030814
24	2,032794	0,491934	16,935542	0,059047	34,426470	0,029047
25	2,093778	0,477606	17,413148	0,057428	36,459264	0,027428
26	2,156591	0,463695	17,876842	0,055938	38,553042	0,025938
27	2,221289	0,450189	18,327031	0,054564	40,709634	0,024564
28	2,287928	0,437077	18,764108	0,053293	42,930923	0,023293
29	2,356566	0,424346	19,188455	0,052115	45,218850	0,022115
30	2,427262	0,411987	19,600441	0,051019	47,575416	0,021019
31	2,500080	0,399987	20,000428	0,049999	50,002678	0,019999
32	2,575083	0,388337	20,388766	0,049047	52,502759	0,019047
33	2,652335	0,377026	20,765792	0,048156	55,077841	0,018156
34	2,731905	0,366045	21,131837	0,047322	57,730177	0,017322
35	2,813862	0,355383	21,487220	0,046539	60,462082	0,016539
36	2,898278	0,345032	21,832252	0,045804	63,275944	0,015804
37	2,985227	0,334983	22,167235	0,045112	66,174223	0,015112
38	3,074783	0,325226	22,492462	0,044459	69,159449	0,014459
39	3,167027	0,315754	22,808215	0,043844	72,234233	0,013844

ANHANG — Tabellen für die finanzmathematischen Faktoren

			3,00 %			
n	AuF $(1+i)^n$	AbF $(1+i)^{-n}$	DSF $\frac{(1+i)^n - 1}{i(1+i)^n}$	KWF $\frac{i(1+i)^n}{(1+i)^n - 1}$	EWF $\frac{(1+i)^n - 1}{i}$	RVF $\frac{i}{(1+i)^n - 1}$
40	3,262038	0,306557	23,114772	0,043262	75,401260	0,013262
41	3,359899	0,297628	23,412400	0,042712	78,663298	0,012712
42	3,460696	0,288959	23,701359	0,042192	82,023196	0,012192
43	3,564517	0,280543	23,981902	0,041698	85,483892	0,011698
44	3,671452	0,272372	24,254274	0,041230	89,048409	0,011230
45	3,781596	0,264439	24,518713	0,040785	92,719861	0,010785
46	3,895044	0,256737	24,775449	0,040363	96,501457	0,010363
47	4,011895	0,249259	25,024708	0,039961	100,396501	0,009961
48	4,132252	0,241999	25,266707	0,039578	104,408396	0,009578
49	4,256219	0,234950	25,501657	0,039213	108,540648	0,009213
50	4,383906	0,228107	25,729764	0,038865	112,796867	0,008865
51	4,515423	0,221463	25,951227	0,038534	117,180773	0,008534
52	4,650886	0,215013	26,166240	0,038217	121,696197	0,008217
53	4,790412	0,208750	26,374990	0,037915	126,347082	0,007915
54	4,934125	0,202670	26,577660	0,037626	131,137495	0,007626
55	5,082149	0,196767	26,774428	0,037349	136,071620	0,007349
56	5,234613	0,191036	26,965464	0,037084	141,153768	0,007084
57	5,391651	0,185472	27,150936	0,036831	146,388381	0,006831
58	5,553401	0,180070	27,331005	0,036588	151,780033	0,006588
59	5,720003	0,174825	27,505831	0,036356	157,333434	0,006356
60	5,891603	0,169733	27,675564	0,036133	163,053437	0,006133
61	6,068351	0,164789	27,840353	0,035919	168,945040	0,005919
62	6,250402	0,159990	28,000343	0,035714	175,013391	0,005714
63	6,437914	0,155330	28,155673	0,035517	181,263793	0,005517
64	6,631051	0,150806	28,306478	0,035328	187,701707	0,005328
65	6,829983	0,146413	28,452892	0,035146	194,332758	0,005146
66	7,034882	0,142149	28,595040	0,034971	201,162741	0,004971
67	7,245929	0,138009	28,733049	0,034803	208,197623	0,004803
68	7,463307	0,133989	28,867038	0,034642	215,443551	0,004642
69	7,687206	0,130086	28,997124	0,034486	222,906858	0,004486
70	7,917822	0,126297	29,123421	0,034337	230,594064	0,004337
71	8,155357	0,122619	29,246040	0,034193	238,511886	0,004193
72	8,400017	0,119047	29,365088	0,034054	246,667242	0,004054
73	8,652018	0,115580	29,480667	0,033921	255,067259	0,003921
74	8,911578	0,112214	29,592881	0,033792	263,719277	0,003792
75	9,178926	0,108945	29,701826	0,033668	272,630856	0,003668
76	9,454293	0,105772	29,807598	0,033548	281,809781	0,003548
77	9,737922	0,102691	29,910290	0,033433	291,264075	0,003433
78	10,030060	0,099700	30,009990	0,033322	301,001997	0,003322

Tabellen für die finanzmathematischen Faktoren — ANHANG

			3,35 %			
n	AuF $(1+i)^n$	AbF $(1+i)^{-n}$	DSF $\dfrac{(1+i)^n - 1}{i(1+i)^n}$	KWF $\dfrac{i(1+i)^n}{(1+i)^n - 1}$	EWF $\dfrac{(1+i)^n - 1}{i}$	RVF $\dfrac{i}{(1+i)^n - 1}$
1	1,033500	0,967586	0,967586	1,033500	1,000000	1,000000
2	1,068122	0,936222	1,903808	0,525263	2,033500	0,491763
3	1,103904	0,905876	2,809684	0,355912	3,101622	0,322412
4	1,140885	0,876512	3,686196	0,271282	4,205527	0,237782
5	1,179105	0,848101	4,534297	0,220541	5,346412	0,187041
6	1,218605	0,820611	5,354908	0,186745	6,525517	0,153245
7	1,259428	0,794011	6,148919	0,162630	7,744121	0,129130
8	1,301619	0,768274	6,917193	0,144567	9,003549	0,111067
9	1,345223	0,743371	7,660564	0,130539	10,305168	0,097039
10	1,390288	0,719275	8,379840	0,119334	11,650391	0,085834
11	1,436863	0,695961	9,075800	0,110183	13,040680	0,076683
12	1,484998	0,673402	9,749202	0,102572	14,477542	0,069072
13	1,534745	0,651574	10,400776	0,096147	15,962540	0,062647
14	1,586159	0,630454	11,031230	0,090652	17,497285	0,057152
15	1,639295	0,610018	11,641248	0,085901	19,083444	0,052401
16	1,694212	0,590245	12,231493	0,081756	20,722740	0,048256
17	1,750968	0,571113	12,802606	0,078109	22,416951	0,044609
18	1,809625	0,552601	13,355206	0,074877	24,167919	0,041377
19	1,870248	0,534689	13,889895	0,071995	25,977544	0,038495
20	1,932901	0,517357	14,407252	0,069409	27,847792	0,035909
21	1,997653	0,500587	14,907839	0,067079	29,780693	0,033579
22	2,064575	0,484361	15,392201	0,064968	31,778346	0,031468
23	2,133738	0,468661	15,860862	0,063048	33,842921	0,029548
24	2,205218	0,453470	16,314332	0,061296	35,976659	0,027796
25	2,279093	0,438771	16,753103	0,059690	38,181877	0,026190
26	2,355442	0,424549	17,177651	0,058215	40,460970	0,024715
27	2,434350	0,410787	17,588439	0,056856	42,816412	0,023356
28	2,515901	0,397472	17,985911	0,055599	45,250762	0,022099
29	2,600183	0,384588	18,370499	0,054435	47,766663	0,020935
30	2,687289	0,372122	18,742621	0,053354	50,366846	0,019854
31	2,777314	0,360060	19,102681	0,052349	53,054135	0,018849
32	2,870354	0,348389	19,451070	0,051411	55,831449	0,017911
33	2,966510	0,337096	19,788167	0,050535	58,701802	0,017035
34	3,065888	0,326170	20,114337	0,049716	61,668313	0,016216
35	3,168596	0,315597	20,429934	0,048948	64,734201	0,015448
36	3,274744	0,305367	20,735301	0,048227	67,902797	0,014727
37	3,384448	0,295469	21,030770	0,047549	71,177541	0,014049
38	3,497827	0,285892	21,316662	0,046912	74,561988	0,013412
39	3,615004	0,276625	21,593287	0,046311	78,059815	0,012811

ANHANG — Tabellen für die finanzmathematischen Faktoren

n	AuF $(1+i)^n$	AbF $(1+i)^{-n}$	DSF $\frac{(1+i)^n - 1}{i(1+i)^n}$	KWF $\frac{i(1+i)^n}{(1+i)^n - 1}$	EWF $\frac{(1+i)^n - 1}{i}$	RVF $\frac{i}{(1+i)^n - 1}$
			3,35 %			
40	3,736106	0,267658	21,860945	0,045744	81,674819	0,012244
41	3,861266	0,258982	22,119928	0,045208	85,410925	0,011708
42	3,990618	0,250588	22,370516	0,044702	89,272191	0,011202
43	4,124304	0,242465	22,612981	0,044222	93,262809	0,010722
44	4,262468	0,234606	22,847587	0,043768	97,387113	0,010268
45	4,405261	0,227001	23,074588	0,043338	101,649582	0,009838
46	4,552837	0,219643	23,294231	0,042929	106,054843	0,009429
47	4,705357	0,212524	23,506755	0,042541	110,607680	0,009041
48	4,862987	0,205635	23,712390	0,042172	115,313037	0,008672
49	5,025897	0,198969	23,911359	0,041821	120,176024	0,008321
50	5,194264	0,192520	24,103879	0,041487	125,201921	0,007987
51	5,368272	0,186280	24,290159	0,041169	130,396185	0,007669
52	5,548109	0,180242	24,470401	0,040866	135,764457	0,007366
53	5,733971	0,174399	24,644800	0,040577	141,312567	0,007077
54	5,926059	0,168746	24,813546	0,040301	147,046538	0,006801
55	6,124582	0,163276	24,976822	0,040037	152,972597	0,006537
56	6,329755	0,157984	25,134806	0,039785	159,097179	0,006285
57	6,541802	0,152863	25,287669	0,039545	165,426934	0,006045
58	6,760953	0,147908	25,435578	0,039315	171,968737	0,005815
59	6,987445	0,143114	25,578691	0,039095	178,729689	0,005595
60	7,221524	0,138475	25,717166	0,038885	185,717134	0,005385
61	7,463445	0,133986	25,851153	0,038683	192,938658	0,005183
62	7,713470	0,129643	25,980796	0,038490	200,402103	0,004990
63	7,971872	0,125441	26,106237	0,038305	208,115573	0,004805
64	8,238929	0,121375	26,227612	0,038128	216,087445	0,004628
65	8,514934	0,117441	26,345053	0,037958	224,326374	0,004458
66	8,800184	0,113634	26,458687	0,037795	232,841308	0,004295
67	9,094990	0,109951	26,568638	0,037638	241,641492	0,004138
68	9,399672	0,106387	26,675024	0,037488	250,736482	0,003988
69	9,714561	0,102938	26,777962	0,037344	260,136154	0,003844
70	10,039999	0,099602	26,877564	0,037206	269,850715	0,003706
71	10,376339	0,096373	26,973937	0,037073	279,890714	0,003573
72	10,723946	0,093249	27,067186	0,036945	290,267053	0,003445
73	11,083198	0,090227	27,157413	0,036822	300,990999	0,003322
74	11,454486	0,087302	27,244715	0,036704	312,074198	0,003204
75	11,838211	0,084472	27,329187	0,036591	323,528683	0,003091
76	12,234791	0,081734	27,410921	0,036482	335,366894	0,002982
77	12,644656	0,079085	27,490006	0,036377	347,601685	0,002877
78	13,068252	0,076521	27,566528	0,036276	360,246341	0,002776

Tabellen für die finanzmathematischen Faktoren — ANHANG

			3,40 %			
n	AuF $(1+i)^n$	AbF $(1+i)^{-n}$	DSF $\dfrac{(1+i)^n - 1}{i(1+i)^n}$	KWF $\dfrac{i(1+i)^n}{(1+i)^n - 1}$	EWF $\dfrac{(1+i)^n - 1}{i}$	RVF $\dfrac{i}{(1+i)^n - 1}$
1	1,034000	0,967118	0,967118	1,034000	1,000000	1,000000
2	1,069156	0,935317	1,902435	0,525642	2,034000	0,491642
3	1,105507	0,904562	2,806997	0,356253	3,103156	0,322253
4	1,143095	0,874818	3,681816	0,271605	4,208663	0,237605
5	1,181960	0,846052	4,527868	0,220854	5,351758	0,186854
6	1,222146	0,818233	5,346101	0,187052	6,533718	0,153052
7	1,263699	0,791327	6,137428	0,162935	7,755864	0,128935
8	1,306665	0,765307	6,902735	0,144870	9,019563	0,110870
9	1,351092	0,740142	7,642877	0,130841	10,326229	0,096841
10	1,397029	0,715805	8,358682	0,119636	11,677320	0,085636
11	1,444528	0,692268	9,050950	0,110486	13,074349	0,076486
12	1,493642	0,669505	9,720454	0,102876	14,518877	0,068876
13	1,544426	0,647490	10,367944	0,096451	16,012519	0,062451
14	1,596936	0,626199	10,994143	0,090958	17,556945	0,056958
15	1,651232	0,605608	11,599752	0,086209	19,153881	0,052209
16	1,707374	0,585695	12,185447	0,082065	20,805113	0,048065
17	1,765425	0,566436	12,751883	0,078420	22,512486	0,044420
18	1,825449	0,547810	13,299693	0,075190	24,277911	0,041190
19	1,887514	0,529797	13,829490	0,072309	26,103360	0,038309
20	1,951690	0,512377	14,341867	0,069726	27,990874	0,035726
21	2,018047	0,495529	14,837395	0,067397	29,942564	0,033397
22	2,086661	0,479235	15,316630	0,065289	31,960611	0,031289
23	2,157607	0,463476	15,780106	0,063371	34,047272	0,029371
24	2,230966	0,448236	16,228343	0,061621	36,204879	0,027621
25	2,306819	0,433497	16,661840	0,060017	38,435845	0,026017
26	2,385251	0,419243	17,081083	0,058544	40,742664	0,024544
27	2,466349	0,405458	17,486541	0,057187	43,127914	0,023187
28	2,550205	0,392125	17,878666	0,055933	45,594263	0,021933
29	2,636912	0,379231	18,257898	0,054771	48,144468	0,020771
30	2,726567	0,366762	18,624659	0,053692	50,781380	0,019692
31	2,819270	0,354702	18,979361	0,052689	53,507947	0,018689
32	2,915125	0,343038	19,322399	0,051753	56,327217	0,017753
33	3,014240	0,331759	19,654158	0,050880	59,242343	0,016880
34	3,116724	0,320850	19,975008	0,050063	62,256582	0,016063
35	3,299692	0,310300	20,285307	0,049297	65,373306	0,015297
36	3,332264	0,300096	20,585404	0,048578	68,595999	0,014578
37	3,445561	0,290229	20,875632	0,047903	71,928263	0,013903
38	3,562710	0,280685	21,156317	0,047267	75,373824	0,013267
39	3,683842	0,271456	21,427773	0,046668	78,936534	0,012668

ANHANG

Tabellen für die finanzmathematischen Faktoren

			3,40 %			
n	AuF $(1+i)^n$	AbF $(1+i)^{-n}$	DSF $\dfrac{(1+i)^n - 1}{i(1+i)^n}$	KWF $\dfrac{i(1+i)^n}{(1+i)^n - 1}$	EWF $\dfrac{(1+i)^n - 1}{i}$	RVF $\dfrac{i}{(1+i)^n - 1}$
40	3,809093	0,262530	21,690303	0,046104	82,620376	0,012104
41	3,938602	0,253897	21,944200	0,045570	86,429468	0,011570
42	4,072514	0,245549	22,189749	0,045066	90,368070	0,011066
43	4,210980	0,237474	22,427223	0,044589	94,440585	0,010589
44	4,354153	0,229666	22,656889	0,044137	98,651565	0,010137
45	4,502194	0,222114	22,879003	0,043708	103,005718	0,009708
46	4,655269	0,214810	23,093813	0,043302	107,507912	0,009302
47	4,813548	0,207747	23,301560	0,042916	112,163181	0,008916
48	4,977209	0,200916	23,502476	0,042549	116,976729	0,008549
49	5,146434	0,194309	23,696785	0,042200	121,953938	0,008200
50	5,321413	0,187920	23,884705	0,041868	127,100372	0,007868
51	5,502341	0,181741	24,066446	0,041552	132,421785	0,007552
52	5,689420	0,175765	24,242211	0,041250	137,924125	0,007250
53	5,882861	0,169985	24,412196	0,040963	143,613546	0,006963
54	6,082878	0,164396	24,576592	0,040689	149,496406	0,006689
55	6,289696	0,158990	24,735582	0,040428	155,579284	0,006428
56	6,503545	0,153762	24,889345	0,040178	161,868980	0,006178
57	6,724666	0,148706	25,038051	0,039939	168,372525	0,005939
58	6,953304	0,143817	25,181867	0,039711	175,097191	0,005711
59	7,189717	0,139088	25,320955	0,039493	182,050495	0,005493
60	7,434167	0,134514	25,455469	0,039284	189,240212	0,005284
61	7,686929	0,130091	25,585560	0,039085	196,674379	0,005085
62	7,948284	0,125813	25,711373	0,038893	204,361308	0,004893
63	8,218526	0,121676	25,833049	0,038710	212,309593	0,004710
64	8,497956	0,117675	25,950725	0,038535	220,528119	0,004535
65	8,786887	0,113806	26,064531	0,038366	229,026075	0,004366
66	9,085641	0,110064	26,174595	0,038205	237,812962	0,004205
67	9,394552	0,106445	26,281039	0,038050	246,898602	0,004050
68	9,713967	0,102945	26,383984	0,037902	256,293155	0,003902
69	10,044242	0,099560	26,483543	0,037759	266,007122	0,003759
70	10,385746	0,096286	26,579829	0,037623	276,051364	0,003623
71	10,738862	0,093120	26,672949	0,037491	286,437111	0,003491
72	11,103983	0,090058	26,763007	0,037365	297,175972	0,003365
73	11,481518	0,087096	26,850103	0,037244	308,279955	0,003244
74	11,871890	0,084233	26,934336	0,037127	319,761474	0,003127
75	12,275534	0,081463	27,015799	0,037015	331,633364	0,003015
76	12,692903	0,078784	27,094583	0,036908	343,908898	0,002908
77	13,124461	0,076194	27,170776	0,036804	356,601801	0,002804
78	13,570693	0,073688	27,244465	0,036705	369,726262	0,002705

Tabellen für die finanzmathematischen Faktoren — ANHANG

3,50 %

n	AuF $(1+i)^n$	AbF $(1+i)^{-n}$	DSF $\dfrac{(1+i)^n - 1}{i(1+i)^n}$	KWF $\dfrac{i(1+i)^n}{(1+i)^n - 1}$	EWF $\dfrac{(1+i)^n - 1}{i}$	RVF $\dfrac{i}{(1+i)^n - 1}$
1	1,035000	0,966184	0,966184	1,035000	1,000000	1,000000
2	1,071225	0,933511	1,899694	0,526400	2,035000	0,491400
3	1,108718	0,901943	2,801637	0,356934	3,106225	0,321934
4	1,147523	0,871442	3,673079	0,272251	4,214943	0,237251
5	1,187686	0,841973	4,515052	0,221481	5,362466	0,186481
6	1,229255	0,813501	5,328553	0,187668	6,550152	0,152668
7	1,272279	0,785991	6,114544	0,163544	7,779408	0,128544
8	1,316809	0,759412	6,873956	0,145477	9,051687	0,110477
9	1,362897	0,733731	7,607687	0,131446	10,368496	0,096446
10	1,410599	0,708919	8,316605	0,120241	11,731393	0,085241
11	1,459970	0,684946	9,001551	0,111092	13,141992	0,076092
12	1,511069	0,661783	9,663334	0,103484	14,601962	0,068484
13	1,563956	0,639404	10,302738	0,097062	16,113030	0,062062
14	1,618695	0,617782	10,920520	0,091571	17,676986	0,056571
15	1,675349	0,596891	11,517411	0,086825	19,295681	0,051825
16	1,733986	0,576706	12,094117	0,082685	20,971030	0,047685
17	1,794676	0,557204	12,651321	0,079043	22,705016	0,044043
18	1,857489	0,538361	13,189682	0,075817	24,499691	0,040817
19	1,922501	0,520156	13,709837	0,072940	26,357180	0,037940
20	1,989789	0,502566	14,212403	0,070361	28,279682	0,035361
21	2,059431	0,485571	14,697974	0,068037	30,269471	0,033037
22	2,131512	0,469151	15,167125	0,065932	32,328902	0,030932
23	2,206114	0,453286	15,620410	0,064019	34,460414	0,029019
24	2,283328	0,437957	16,058368	0,062273	36,666528	0,027273
25	2,363245	0,423147	16,481515	0,060674	38,949857	0,025674
26	2,445959	0,408838	16,890352	0,059205	41,313102	0,024205
27	2,531567	0,395012	17,285365	0,057852	43,759060	0,022852
28	2,620172	0,381654	17,667019	0,056603	46,290627	0,021603
29	2,711878	0,368748	18,035767	0,055445	48,910799	0,020445
30	2,806794	0,356278	18,392045	0,054371	51,622677	0,019371
31	2,905031	0,344230	18,736276	0,053372	54,429471	0,018372
32	3,006708	0,332590	19,068865	0,052442	57,334502	0,017442
33	3,111942	0,321343	19,390208	0,051572	60,341210	0,016572
34	3,220860	0,310476	19,700684	0,050760	63,453152	0,015760
35	3,333590	0,299977	20,000661	0,049998	66,674013	0,014998
36	3,450266	0,289833	20,290494	0,049284	70,007603	0,014284
37	3,571025	0,280032	20,570525	0,048613	73,457869	0,013613
38	3,696011	0,270562	20,841087	0,047982	77,028895	0,012982
39	3,825372	0,261413	21,102500	0,047388	80,724906	0,012388

ANHANG — Tabellen für die finanzmathematischen Faktoren

			3,50 %			
n	AuF $(1 + i)^n$	AbF $(1 + i)^{-n}$	DSF $\dfrac{(1 + i)^n - 1}{i (1 + i)^n}$	KWF $\dfrac{i (1 + i)^n}{(1 + i)^n - 1}$	EWF $\dfrac{(1 + i)^n - 1}{i}$	RVF $\dfrac{i}{(1 + i)^n - 1}$
40	3,959260	0,252572	21,355072	0,046827	84,550278	0,011827
41	4,097834	0,244031	21,599104	0,046298	88,509537	0,011298
42	4,241258	0,235779	21,834883	0,045798	92,607371	0,010798
43	4,389702	0,227806	22,062689	0,045325	96,848629	0,010325
44	4,543342	0,220102	22,282791	0,044878	101,238331	0,009878
45	4,702359	0,212659	22,495450	0,044453	105,781673	0,009453
46	4,866941	0,205468	22,700918	0,044051	110,484031	0,009051
47	5,037284	0,198520	22,899438	0,043669	115,350973	0,008669
48	5,213589	0,191806	23,091244	0,043306	120,388257	0,008306
49	5,396065	0,185320	23,276564	0,042962	125,601846	0,007962
50	5,584927	0,179053	23,455618	0,042634	130,997910	0,007634
51	5,780399	0,172998	23,628616	0,042322	136,582837	0,007322
52	5,982713	0,167148	23,795765	0,042024	142,363236	0,007024
53	6,192108	0,161496	23,957260	0,041741	148,345950	0,006741
54	6,408832	0,156035	24,113295	0,041471	154,538058	0,006471
55	6,633141	0,150758	24,264053	0,041213	160,946890	0,006213
56	6,865301	0,145660	24,409713	0,040967	167,580031	0,005967
57	7,105587	0,140734	24,550448	0,040732	174,445332	0,005732
58	7,354282	0,135975	24,686423	0,040508	181,550919	0,005508
59	7,611682	0,131377	24,817800	0,040294	188,905201	0,005294
60	7,878091	0,126934	24,944734	0,040089	196,516883	0,005089
61	8,153824	0,122642	25,067376	0,039892	204,394974	0,004892
62	8,439208	0,118495	25,185870	0,039705	212,548798	0,004705
63	8,734580	0,114487	25,300358	0,039525	220,988006	0,004525
64	9,040291	0,110616	25,410974	0,039353	229,722586	0,004353
65	9,356701	0,106875	25,517849	0,039188	238,762876	0,004188
66	9,684185	0,103261	25,621110	0,039030	248,119577	0,004030
67	10,023132	0,099769	25,720880	0,038879	257,803762	0,003879
68	10,373941	0,096395	25,817275	0,038734	267,826894	0,003734
69	10,737029	0,093136	25,910411	0,038595	278,200835	0,003595
70	11,112825	0,089986	26,000397	0,038461	288,937865	0,003461
71	11,501774	0,086943	26,087340	0,038333	300,050690	0,003333
72	11,904336	0,084003	26,171343	0,038210	311,552464	0,003210
73	12,320988	0,081162	26,252505	0,038092	323,456800	0,003092
74	12,752223	0,078418	26,330923	0,037978	335,777788	0,002978
75	13,198550	0,075766	26,406689	0,037869	348,530011	0,002869
76	13,660500	0,073204	26,479892	0,037765	361,728561	0,002765
77	14,138617	0,070728	26,550621	0,037664	375,389061	0,002664
78	14,633469	0,068336	26,618957	0,037567	389,527678	0,002567

Tabellen für die finanzmathematischen Faktoren — ANHANG

				4,00 %		
n	AuF $(1+i)^n$	AbF $(1+i)^{-n}$	DSF $\frac{(1+i)^n - 1}{i(1+i)^n}$	KWF $\frac{i(1+i)^n}{(1+i)^n - 1}$	EWF $\frac{(1+i)^n - 1}{i}$	RVF $\frac{i}{(1+i)^n - 1}$
1	1.040000	0.961538	0.961538	1.040000	1.000000	1.000000
2	1.081600	0.924556	1.886095	0.530196	2.040000	0.490196
3	1.124864	0.888996	2.775091	0.360349	3.121600	0.320349
4	1.169859	0.854804	3.629895	0.275490	4.246464	0.235490
5	1.216653	0.821927	4.451822	0.224627	5.416323	0.184627
6	1.265319	0.790315	5.242137	0.190762	6.632975	0.150762
7	1.315932	0.759918	6.002055	0.166610	7.898294	0.126610
8	1.368569	0.730690	6.732745	0.148528	9.214226	0.108528
9	1.423312	0.702587	7.435332	0.134493	10.582795	0.094493
10	1.480244	0.675564	8.110896	0.123291	12.006107	0.083291
11	1.539454	0.649581	8.760477	0.114149	13.486351	0.074149
12	1.601032	0.624597	9.385074	0.106552	15.025805	0.066552
13	1.665074	0.600574	9.985648	0.100144	16.626838	0.060144
14	1.731676	0.577475	10.563123	0.094669	18.291911	0.054669
15	1.800944	0.555265	11.118387	0.089941	20.023588	0.049941
16	1.872981	0.533908	11.652296	0.085820	21.824531	0.045820
17	1.947900	0.513373	12.165669	0.082199	23.697512	0.042199
18	2.025817	0.493628	12.659297	0.078993	25.645413	0.038993
19	2.106849	0.474642	13.133939	0.076139	27.671229	0.036139
20	2.191123	0.456387	13.590326	0.073582	29.778079	0.033582
21	2.278768	0.438834	14.029160	0.071280	31.969202	0.031280
22	2.369919	0.421955	14.451115	0.069199	34.247970	0.029199
23	2.464716	0.405726	14.856842	0.067309	36.617889	0.027309
24	2.563304	0.390121	15.246963	0.065587	39.082604	0.025587
25	2.665836	0.375117	15.622080	0.064012	41.645908	0.024012
26	2.772470	0.360689	15.982769	0.062567	44.311745	0.022567
27	2.883369	0.346817	16.329586	0.061239	47.084214	0.021239
28	2.998703	0.333477	16.663063	0.060013	49.967583	0.020013
29	3.118651	0.320651	16.983715	0.058880	52.966286	0.018880
30	3.243398	0.308319	17.292033	0.057830	56.084938	0.017830
35	3.946089	0.253415	18.664613	0.053577	73.652225	0.013577
40	4.801021	0.208289	19.792774	0.050523	95.025516	0.010523
45	5.841176	0.171198	20.720040	0.048262	121.029392	0.008262
50	7.106683	0.140713	21.482185	0.046550	152.667084	0.006550

ANHANG

Tabellen für die finanzmathematischen Faktoren

			4,50 %			
n	AuF $(1 + i)^n$	AbF $(1 + i)^{-n}$	DSF $\dfrac{(1 + i)^n - 1}{i (1 + i)^n}$	KWF $\dfrac{i (1 + i)^n}{(1 + i)^n - 1}$	EWF $\dfrac{(1 + i)^n - 1}{i}$	RVF $\dfrac{i}{(1 + i)^n - 1}$
1	1.045000	0.956938	0.956938	1.045000	1.000000	1.000000
2	1.092025	0.915730	1.872668	0.533998	2.045000	0.488998
3	1.141166	0.876297	2.748964	0.363773	3.137025	0.318773
4	1.192519	0.838561	3.587526	0.278744	4.278191	0.233744
5	1.246182	0.802451	4.389977	0.227792	5.470710	0.182792
6	1.302260	0.767896	5.157872	0.193878	6.716892	0.148878
7	1.360862	0.734828	5.892701	0.169701	8.019152	0.124701
8	1.422101	0.703185	6.595886	0.151610	9.380014	0.106610
9	1.486095	0.672904	7.268790	0.137574	10.802114	0.092574
10	1.552969	0.643928	7.912718	0.126379	12.288209	0.081379
11	1.622853	0.616199	8.528917	0.117248	13.841179	0.072248
12	1.695881	0.589664	9.118581	0.109666	15.464032	0.064666
13	1.772196	0.564272	9.682852	0.103275	17.159913	0.058275
14	1.851945	0.539973	10.222825	0.097820	18.932109	0.052820
15	1.935282	0.516720	10.739546	0.093114	20.784054	0.048114
16	2.022370	0.494469	11.234015	0.089015	22.719337	0.044015
17	2.113377	0.473176	11.707191	0.085418	24.741707	0.040418
18	2.208479	0.452800	12.159992	0.082237	26.855084	0.037237
19	2.307860	0.433302	12.593294	0.079407	29.063562	0.034407
20	2.411714	0.414643	13.007936	0.076876	31.371423	0.031876
21	2.520241	0.396787	13.404724	0.074601	33.783137	0.029601
22	2.633652	0.379701	13.784425	0.072546	36.303378	0.027546
23	2.752166	0.363350	14.147775	0.070682	38.937030	0.025682
24	2.876014	0.347703	14.495478	0.068987	41.689196	0.023987
25	3.005434	0.332731	14.828209	0.067439	44.565210	0.022439
26	3.140679	0.318402	15.146611	0.066021	47.570645	0.021021
27	3.282010	0.304691	15.451303	0.064719	50.711324	0.019719
28	3.429700	0.291571	15.742874	0.063521	53.993333	0.018521
29	3.584036	0.279015	16.021889	0.062415	57.423033	0.017415
30	3.745318	0.267000	16.288889	0.061392	61.007070	0.016392
35	4.667348	0.214254	17.461012	0.057270	81.496618	0.012270
40	5.816365	0.171929	18.401584	0.054343	107.030323	0.009343
45	7.248248	0.137964	19.156347	0.052202	138.849965	0.007202
50	9.032636	0.110710	19.762008	0.050602	178.503028	0.005602

Tabellen für die finanzmathematischen Faktoren — ANHANG

5,00 %

n	AuF $(1+i)^n$	AbF $(1+i)^{-n}$	DSF $\frac{(1+i)^n - 1}{i(1+i)^n}$	KWF $\frac{i(1+i)^n}{(1+i)^n - 1}$	EWF $\frac{(1+i)^n - 1}{i}$	RVF $\frac{i}{(1+i)^n - 1}$
1	1.050.000	0.952381	0.952381	1.050.000	1.000.000	1.000.000
2	1.102.500	0.907029	1.859.410	0.537805	2.050.000	0.487805
3	1.157.625	0.863838	2.723.248	0.367209	3.152.500	0.317209
4	1.215.506	0.822702	3.545.951	0.282012	4.310.125	0.232012
5	1.276.282	0.783526	4.329.477	0.230975	5.525.631	0.180975
6	1.340.096	0.746215	5.075.692	0.197017	6.801.913	0.147017
7	1.407.100	0.710681	5.786.373	0.172820	8.142.008	0.122820
8	1.477.455	0.676839	6.463.213	0.154722	9.549.109	0.104722
9	1.551.328	0.644609	7.107.822	0.140690	11.026.564	0.090690
10	1.628.895	0.613913	7.721.735	0.129505	12.577.893	0.079505
11	1.710.339	0.584679	8.306.414	0.120389	14.206.787	0.070389
12	1.795.856	0.556837	8.863.252	0.112825	15.917.127	0.062825
13	1.885.649	0.530321	9.393.573	0.106456	17.712.983	0.056456
14	1.979.932	0.505068	9.898.641	0.101024	19.598.632	0.051024
15	2.078.928	0.481017	10.379.658	0.096342	21.578.564	0.046342
16	2.182.875	0.458112	10.837.770	0.092270	23.657.492	0.042270
17	2.292.018	0.436297	11.274.066	0.088699	25.840.366	0.038699
18	2.406.619	0.415521	11.689.587	0.085546	28.132.385	0.035546
19	2.526.950	0.395734	12.085.321	0.082745	30.539.004	0.032745
20	2.653.298	0.376889	12.462.210	0.080243	33.065.954	0.030243
21	2.785.963	0.358942	12.821.153	0.077996	35.719.252	0.027996
22	2.925.261	0.341850	13.163.003	0.075971	38.505.214	0.025971
23	3.071.524	0.325571	13.488.574	0.074137	41.430.475	0.024137
24	3.225.100	0.310068	13.798.642	0.072471	44.501.999	0.022471
25	3.386.355	0.295303	14.093.945	0.070952	47.727.099	0.020952
26	3.555.673	0.281241	14.375.185	0.069564	51.113.454	0.019564
27	3.733.456	0.267848	14.643.034	0.068292	54.669.126	0.018292
28	3.920.129	0.255094	14.898.127	0.067123	58.402.583	0.017123
29	4.116.136	0.242946	15.141.074	0.066046	62.322.712	0.016046
30	4.321.942	0.231377	15.372.451	0.065051	66.438.848	0.015051
35	5.516.015	0.181290	16.374.194	0.061072	90.320.307	0.011072
40	7.039.989	0.142046	17.159.086	0.058278	120.799.774	0.008278
45	8.985.008	0.111297	17.774.070	0.056262	159.700.156	0.006262
50	11.467.400	0.087204	18.255.925	0.054777	209.347.996	0.004777

ANHANG — Tabellen für die finanzmathematischen Faktoren

n	5,50 %					
	AuF $(1+i)^n$	AbF $(1+i)^{-n}$	DSF $\frac{(1+i)^n - 1}{i(1+i)^n}$	KWF $\frac{i(1+i)^n}{(1+i)^n - 1}$	EWF $\frac{(1+i)^n - 1}{i}$	RVF $\frac{i}{(1+i)^n - 1}$
1	1.055000	0.947867	0.947867	1.055000	1.000000	1.000000
2	1.113025	0.898452	1.846320	0.541618	2.055000	0.486618
3	1.174241	0.851614	2.697933	0.370654	3.168025	0.315654
4	1.238825	0.807217	3.505150	0.285294	4.342266	0.230294
5	1.306960	0.765134	4.270284	0.234176	5.581091	0.179176
6	1.378843	0.725246	4.995530	0.200179	6.888051	0.145179
7	1.454679	0.687437	5.682967	0.175964	8.266894	0.120964
8	1.534687	0.651599	6.334566	0.157864	9.721573	0.102864
9	1.619094	0.617629	6.952195	0.143839	11.256260	0.088839
10	1.708144	0.585431	7.537626	0.132668	12.875354	0.077668
11	1.802092	0.554911	8.092536	0.123571	14.583498	0.068571
12	1.901207	0.525982	8.618518	0.116029	16.385591	0.061029
13	2.005774	0.498561	9.117079	0.109684	18.286798	0.054684
14	2.116091	0.472569	9.589648	0.104279	20.292572	0.049279
15	2.232476	0.447933	10.037581	0.099626	22.408663	0.044626
16	2.355263	0.424581	10.462162	0.095583	24.641140	0.040583
17	2.484802	0.402447	10.864609	0.092042	26.996403	0.037042
18	2.621466	0.381466	11.246074	0.088920	29.481205	0.033920
19	2.765647	0.361579	11.607654	0.086150	32.102671	0.031150
20	2.917757	0.342729	11.950382	0.083679	34.868318	0.028679
21	3.078234	0.324862	12.275244	0.081465	37.786076	0.026465
22	3.247537	0.307926	12.583170	0.079471	40.864310	0.024471
23	3.426152	0.291873	12.875042	0.077670	44.111847	0.022670
24	3.614590	0.276657	13.151699	0.076036	47.537998	0.021036
25	3.813392	0.262234	13.413933	0.074549	51.152588	0.019549
26	4.023129	0.248563	13.662495	0.073193	54.965981	0.018193
27	4.244401	0.235605	13.898100	0.071952	58.989109	0.016952
28	4.477843	0.223322	14.121422	0.070814	63.233510	0.015814
29	4.724124	0.211679	14.333101	0.069769	67.711354	0.014769
30	4.983951	0.200644	14.533745	0.068805	72.435478	0.013805
35	6.513825	0.153520	15.390552	0.064975	100.251364	0.009975
40	8.513309	0.117463	16.046125	0.062320	136.605614	0.007320
45	11.126554	0.089875	16.547726	0.060431	184.119165	0.005431
50	14.541961	0.068767	16.931518	0.059061	246.217476	0.004061

Tabellen für die finanzmathematischen Faktoren — ANHANG

			6,00 %			
n	AuF $(1+i)^n$	AbF $(1+i)^{-n}$	DSF $\dfrac{(1+i)^n - 1}{i(1+i)^n}$	KWF $\dfrac{i(1+i)^n}{(1+i)^n - 1}$	EWF $\dfrac{(1+i)^n - 1}{i}$	RVF $\dfrac{i}{(1+i)^n - 1}$
1	1.060.000	0.943396	0.943396	1.060.000	1.000.000	1.000.000
2	1.123.600	0.889996	1.833.393	0.545437	2.060.000	0.485437
3	1.191.016	0.839619	2.673.012	0.374110	3.183.600	0.314110
4	1.262.477	0.792094	3.465.106	0.288591	4.374.616	0.228591
5	1.338.226	0.747258	4.212.364	0.237396	5.637.093	0.177396
6	1.418.519	0.704961	4.917.324	0.203363	6.975.319	0.143363
7	1.503.630	0.665057	5.582.381	0.179135	8.393.838	0.119135
8	1.593.848	0.627412	6.209.794	0.161036	9.897.468	0.101036
9	1.689.479	0.591898	6.801.692	0.147022	11.491.316	0.087022
10	1.790.848	0.558395	7.360.087	0.135868	13.180.795	0.075868
11	1.898.299	0.526788	7.886.875	0.126793	14.971.643	0.066793
12	2.012.196	0.496969	8.383.844	0.119277	16.869.941	0.059277
13	2.132.928	0.468839	8.852.683	0.112960	18.882.138	0.052960
14	2.260.904	0.442301	9.294.984	0.107585	21.015.066	0.047585
15	2.396.558	0.417265	9.712.249	0.102963	23.275.970	0.042963
16	2.540.352	0.393646	10.105.895	0.098952	25.672.528	0.038952
17	2.692.773	0.371364	10.477.260	0.095445	28.212.880	0.035445
18	2.854.339	0.350344	10.827.603	0.092357	30.905.653	0.032357
19	3.025.600	0.330513	11.158.116	0.089621	33.759.992	0.029621
20	3.207.135	0.311805	11.469.921	0.087185	36.785.591	0.027185
21	3.399.564	0.294155	11.764.077	0.085005	39.992.727	0.025005
22	3.603.537	0.277505	12.041.582	0.083046	43.392.290	0.023046
23	3.819.750	0.261797	12.303.379	0.081278	46.995.828	0.021278
24	4.048.935	0.246979	12.550.358	0.079679	50.815.577	0.019679
25	4.291.871	0.232999	12.783.356	0.078227	54.864.512	0.018227
26	4.549.383	0.219810	13.003.166	0.076904	59.156.383	0.016904
27	4.822.346	0.207368	13.210.534	0.075697	63.705.766	0.015697
28	5.111.687	0.195630	13.406.164	0.074593	68.528.112	0.014593
29	5.418.388	0.184557	13.590.721	0.073580	73.639.798	0.013580
30	5.743.491	0.174110	13.764.831	0.072649	79.058.186	0.012649
35	7.686.087	0.130105	14.498.246	0.068974	111.434.780	0.008974
40	10.285.718	0.097222	15.046.297	0.066462	154.761.966	0.006462
45	13.764.611	0.072650	15.455.832	0.064700	212.743.514	0.004700
50	18.420.154	0.054288	15.761.861	0.063444	290.335.905	0.003444

ANHANG

Tabellen für die finanzmathematischen Faktoren

			6,50 %			
n	AuF $(1+i)^n$	AbF $(1+i)^{-n}$	DSF $\frac{(1+i)^n - 1}{i(1+i)^n}$	KWF $\frac{i(1+i)^n}{(1+i)^n - 1}$	EWF $\frac{(1+i)^n - 1}{i}$	RVF $\frac{i}{(1+i)^n - 1}$
1	1.065000	0.938967	0.938967	1.065000	1.000000	1.000000
2	1.134225	0.881659	1.820626	0.549262	2.065000	0.484262
3	1.207950	0.827849	2.648476	0.377576	3.199225	0.312576
4	1.286466	0.777323	3.425799	0.291903	4.407175	0.226903
5	1.370087	0.729881	4.155679	0.240635	5.693641	0.175635
6	1.459142	0.685334	4.841014	0.206568	7.063728	0.141568
7	1.553987	0.643506	5.484520	0.182331	8.522870	0.117331
8	1.654996	0.604231	6.088751	0.164237	10.076856	0.099237
9	1.762570	0.567353	6.656104	0.150238	11.731852	0.085238
10	1.877137	0.532726	7.188830	0.139105	13.494423	0.074105
11	1.999151	0.500212	7.689042	0.130055	15.371560	0.065055
12	2.129096	0.469683	8.158725	0.122568	17.370711	0.057568
13	2.267487	0.441017	8.599742	0.116283	19.499808	0.051283
14	2.414874	0.414100	9.013842	0.110940	21.767295	0.045940
15	2.571841	0.388827	9.402669	0.106353	24.182169	0.041353
16	2.739011	0.365095	9.767764	0.102378	26.754010	0.037378
17	2.917046	0.342813	10.110577	0.098906	29.493021	0.033906
18	3.106654	0.321890	10.432466	0.095855	32.410067	0.030855
19	3.308587	0.302244	10.734710	0.093156	35.516722	0.028156
20	3.523645	0.283797	11.018507	0.090756	38.825309	0.025756
21	3.752682	0.266476	11.284983	0.088613	42.348954	0.023613
22	3.996606	0.250212	11.535196	0.086691	46.101636	0.021691
23	4.256386	0.234941	11.770137	0.084961	50.098242	0.019961
24	4.533051	0.220602	11.990739	0.083398	54.354628	0.018398
25	4.827699	0.207138	12.197877	0.081981	58.887679	0.016981
26	5.141500	0.194496	12.392373	0.080695	63.715378	0.015695
27	5.475697	0.182625	12.574998	0.079523	68.856877	0.014523
28	5.831617	0.171479	12.746477	0.078453	74.332574	0.013453
29	6.210672	0.161013	12.907490	0.077474	80.164192	0.012474
30	6.614366	0.151186	13.058676	0.076577	86.374864	0.011577
35	9.062255	0.110348	13.686957	0.073062	124.034690	0.008062
40	12.416075	0.080541	14.145527	0.070694	175.631916	0.005694
45	17.011098	0.058785	14.480228	0.069060	246.324587	0.004060
50	23.306679	0.042906	14.724521	0.067914	343.179672	0.002914

Tabellen für die finanzmathematischen Faktoren — ANHANG

7,00 %

n	AuF $(1+i)^n$	AbF $(1+i)^{-n}$	DSF $\dfrac{(1+i)^n - 1}{i(1+i)^n}$	KWF $\dfrac{i(1+i)^n}{(1+i)^n - 1}$	EWF $\dfrac{(1+i)^n - 1}{i}$	RVF $\dfrac{i}{(1+i)^n - 1}$
1	1.070.000	0.934579	0.934579	1.070.000	1.000.000	1.000.000
2	1.144.900	0.873439	1.808.018	0.553092	2.070.000	0.483092
3	1.225.043	0.816298	2.624.316	0.381052	3.214.900	0.311052
4	1.310.796	0.762895	3.387.211	0.295228	4.439.943	0.225228
5	1.402.552	0.712986	4.100.197	0.243891	5.750.739	0.173891
6	1.500.730	0.666342	4.766.540	0.209796	7.153.291	0.139796
7	1.605.781	0.622750	5.389.289	0.185553	8.654.021	0.115553
8	1.718.186	0.582009	5.971.299	0.167468	10.259.803	0.097468
9	1.838.459	0.543934	6.515.232	0.153486	11.977.989	0.083486
10	1.967.151	0.508349	7.023.582	0.142378	13.816.448	0.072378
11	2.104.852	0.475093	7.498.674	0.133357	15.783.599	0.063357
12	2.252.192	0.444012	7.942.686	0.125902	17.888.451	0.055902
13	2.409.845	0.414964	8.357.651	0.119651	20.140.643	0.049651
14	2.578.534	0.387817	8.745.468	0.114345	22.550.488	0.044345
15	2.759.032	0.362446	9.107.914	0.109795	25.129.022	0.039795
16	2.952.164	0.338735	9.446.649	0.105858	27.888.054	0.035858
17	3.158.815	0.316574	9.763.223	0.102425	30.840.217	0.032425
18	3.379.932	0.295864	10.059.087	0.099413	33.999.033	0.029413
19	3.616.528	0.276508	10.335.595	0.096753	37.378.965	0.026753
20	3.869.684	0.258419	10.594.014	0.094393	40.995.492	0.024393
21	4.140.562	0.241513	10.835.527	0.092289	44.865.177	0.022289
22	4.430.402	0.225713	11.061.240	0.090406	49.005.739	0.020406
23	4.740.530	0.210947	11.272.187	0.088714	53.436.141	0.018714
24	5.072.367	0.197147	11.469.334	0.087189	58.176.671	0.017189
25	5.427.433	0.184249	11.653.583	0.085811	63.249.038	0.015811
26	5.807.353	0.172195	11.825.779	0.084561	68.676.470	0.014561
27	6.213.868	0.160930	11.986.709	0.083426	74.483.823	0.013426
28	6.648.838	0.150402	12.137.111	0.082392	80.697.691	0.012392
29	7.114.257	0.140563	12.277.674	0.081449	87.346.529	0.011449
30	7.612.255	0.131367	12.409.041	0.080586	94.460.786	0.010586
35	10.676.581	0.093663	12.947.672	0.077234	138.236.878	0.007234
40	14.974.458	0.066780	13.331.709	0.075009	199.635.112	0.005009
45	21.002.452	0.047613	13.605.522	0.073500	285.749.311	0.003500
50	29.457.025	0.033948	13.800.746	0.072460	406.528.929	0.002460

ANHANG

Tabellen für die finanzmathematischen Faktoren

			7,50 %			
n	AuF $(1+i)^n$	AbF $(1+i)^{-n}$	DSF $\frac{(1+i)^n - 1}{i(1+i)^n}$	KWF $\frac{i(1+i)^n}{(1+i)^n - 1}$	EWF $\frac{(1+i)^n - 1}{i}$	RVF $\frac{i}{(1+i)^n - 1}$
1	1.075000	0.930233	0.930233	1.075000	1.000000	1.000000
2	1.155625	0.865333	1.795565	0.556928	2.075000	0.481928
3	1.242297	0.804961	2.600526	0.384538	3.230625	0.309538
4	1.335469	0.748801	3.349326	0.298568	4.472922	0.223568
5	1.435629	0.696559	4.045885	0.247165	5.808391	0.172165
6	1.543302	0.647962	4.693846	0.213045	7.244020	0.138045
7	1.659049	0.602755	5.296601	0.188800	8.787322	0.113800
8	1.783478	0.560702	5.857304	0.170727	10.446371	0.095727
9	1.917239	0.521583	6.378887	0.156767	12.229849	0.081767
10	2.061032	0.485194	6.864081	0.145686	14.147087	0.070686
11	2.215609	0.451343	7.315424	0.136697	16.208119	0.061697
12	2.381780	0.419854	7.735278	0.129278	18.423728	0.054278
13	2.560413	0.390562	8.125840	0.123064	20.805508	0.048064
14	2.752444	0.363313	8.489154	0.117797	23.365921	0.042797
15	2.958877	0.337966	8.827120	0.113287	26.118365	0.038287
16	3.180793	0.314387	9.141507	0.109391	29.077242	0.034391
17	3.419353	0.292453	9.433960	0.106000	32.258035	0.031000
18	3.675804	0.272049	9.706009	0.103029	35.677388	0.028029
19	3.951489	0.253069	9.959078	0.100411	39.353192	0.025411
20	4.247851	0.235413	10.194491	0.098092	43.304681	0.023092
21	4.566440	0.218989	10.413480	0.096029	47.552532	0.021029
22	4.908923	0.203711	10.617191	0.094187	52.118972	0.019187
23	5.277092	0.189498	10.806689	0.092535	57.027895	0.017535
24	5.672874	0.176277	10.982967	0.091050	62.304987	0.016050
25	6.098340	0.163979	11.146946	0.089711	67.977862	0.014711
26	6.555715	0.152539	11.299485	0.088500	74.076201	0.013500
27	7.047394	0.141896	11.441381	0.087402	80.631916	0.012402
28	7.575948	0.131997	11.573378	0.086405	87.679310	0.011405
29	8.144144	0.122788	11.696165	0.085498	95.255258	0.010498
30	8.754955	0.114221	11.810386	0.084671	103.399403	0.009671
35	12.568870	0.079562	12.272511	0.081483	154.251606	0.006483
40	18.044239	0.055419	12.594409	0.079400	227.256520	0.004400
45	25.904839	0.038603	12.818629	0.078011	332.064515	0.003011
50	37.189746	0.026889	12.974812	0.077072	482.529947	0.002072

Tabellen für die finanzmathematischen Faktoren

8,00 %

n	AuF $(1+i)^n$	AbF $(1+i)^{-n}$	DSF $\frac{(1+i)^n - 1}{i(1+i)^n}$	KWF $\frac{i(1+i)^n}{(1+i)^n - 1}$	EWF $\frac{(1+i)^n - 1}{i}$	RVF $\frac{i}{(1+i)^n - 1}$
1	1.080.000	0.925926	0.925926	1.080.000	1.000.000	1.000.000
2	1.166.400	0.857339	1.783.265	0.560769	2.080.000	0.480769
3	1.259.712	0.793832	2.577.097	0.388034	3.246.400	0.308034
4	1.360.489	0.735030	3.312.127	0.301921	4.506.112	0.221921
5	1.469.328	0.680583	3.992.710	0.250456	5.866.601	0.170456
6	1.586.874	0.630170	4.622.880	0.216315	7.335.929	0.136315
7	1.713.824	0.583490	5.206.370	0.192072	8.922.803	0.112072
8	1.850.930	0.540269	5.746.639	0.174015	10.636.628	0.094015
9	1.999.005	0.500249	6.246.888	0.160080	12.487.558	0.080080
10	2.158.925	0.463193	6.710.081	0.149029	14.486.562	0.069029
11	2.331.639	0.428883	7.138.964	0.140076	16.645.487	0.060076
12	2.518.170	0.397114	7.536.078	0.132695	18.977.126	0.052695
13	2.719.624	0.367698	7.903.776	0.126522	21.495.297	0.046522
14	2.937.194	0.340461	8.244.237	0.121297	24.214.920	0.041297
15	3.172.169	0.315242	8.559.479	0.116830	27.152.114	0.036830
16	3.425.943	0.291890	8.851.369	0.112977	30.324.283	0.032977
17	3.700.018	0.270269	9.121.638	0.109629	33.750.226	0.029629
18	3.996.019	0.250249	9.371.887	0.106702	37.450.244	0.026702
19	4.315.701	0.231712	9.603.599	0.104128	41.446.263	0.024128
20	4.660.957	0.214548	9.818.147	0.101852	45.761.964	0.021852
21	5.033.834	0.198656	10.016.803	0.099832	50.422.921	0.019832
22	5.436.540	0.183941	10.200.744	0.098032	55.456.755	0.018032
23	5.871.464	0.170315	10.371.059	0.096422	60.893.296	0.016422
24	6.341.181	0.157699	10.528.758	0.094978	66.764.759	0.014978
25	6.848.475	0.146018	10.674.776	0.093679	73.105.940	0.013679
26	7.396.353	0.135202	10.809.978	0.092507	79.954.415	0.012507
27	7.988.061	0.125187	10.935.165	0.091448	87.350.768	0.011448
28	8.627.106	0.115914	11.051.078	0.090489	95.338.830	0.010489
29	9.317.275	0.107328	11.158.406	0.089619	103.965.936	0.009619
30	10.062.657	0.099377	11.257.783	0.088827	113.283.211	0.008827
35	14.785.344	0.067635	11.654.568	0.085803	172.316.804	0.005803
40	21.724.521	0.046031	11.924.613	0.083860	259.056.519	0.003860
45	31.920.449	0.031328	12.108.402	0.082587	386.505.617	0.002587
50	46.901.613	0.021321	12.233.485	0.081743	573.770.156	0.001743

ANHANG

Tabellen für die finanzmathematischen Faktoren

			8,50 %			
n	AuF $(1+i)^n$	AbF $(1+i)^{-n}$	DSF $\frac{(1+i)^n - 1}{i(1+i)^n}$	KWF $\frac{i(1+i)^n}{(1+i)^n - 1}$	EWF $\frac{(1+i)^n - 1}{i}$	RVF $\frac{i}{(1+i)^n - 1}$
1	1.085000	0.921659	0.921659	1.085000	1.000000	1.000000
2	1.177225	0.849455	1.771114	0.564616	2.085000	0.479616
3	1.277289	0.782908	2.554022	0.391539	3.262225	0.306539
4	1.385859	0.721574	3.275597	0.305288	4.539514	0.220288
5	1.503657	0.665045	3.940642	0.253766	5.925373	0.168766
6	1.631468	0.612945	4.553587	0.219607	7.429030	0.134607
7	1.770142	0.564926	5.118514	0.195369	9.060497	0.110369
8	1.920604	0.520669	5.639183	0.177331	10.830639	0.092331
9	2.083856	0.479880	6.119063	0.163424	12.751244	0.078424
10	2.260983	0.442285	6.561348	0.152408	14.835099	0.067408
11	2.453167	0.407636	6.968984	0.143493	17.096083	0.058493
12	2.661686	0.375702	7.344686	0.136153	19.549250	0.051153
13	2.887930	0.346269	7.690955	0.130023	22.210936	0.045023
14	3.133404	0.319142	8.010097	0.124842	25.098866	0.039842
15	3.399743	0.294140	8.304237	0.120420	28.232269	0.035420
16	3.688721	0.271097	8.575333	0.116614	31.632012	0.031614
17	4.002262	0.249859	8.825192	0.113312	35.320733	0.028312
18	4.342455	0.230285	9.055476	0.110430	39.322995	0.025430
19	4.711563	0.212244	9.267720	0.107901	43.665450	0.022901
20	5.112046	0.195616	9.463337	0.105671	48.377013	0.020671
21	5.546570	0.180292	9.643628	0.103695	53.489059	0.018695
22	6.018028	0.166167	9.809796	0.101939	59.035629	0.016939
23	6.529561	0.153150	9.962945	0.100372	65.053658	0.015372
24	7.084574	0.141152	10.104097	0.098970	71.583219	0.013970
25	7.686762	0.130094	10.234191	0.097712	78.667792	0.012712
26	8.340137	0.119902	10.354093	0.096580	86.354555	0.011580
27	9.049049	0.110509	10.464602	0.095560	94.694692	0.010560
28	9.818218	0.101851	10.566453	0.094639	103.743741	0.009639
29	10.652766	0.093872	10.660326	0.093806	113.561959	0.008806
30	11.558252	0.086518	10.746844	0.093051	124.214725	0.008051
35	17.379642	0.057539	11.087781	0.090189	192.701675	0.005189
40	26.133016	0.038266	11.314520	0.088382	295.682536	0.003382
45	39.295084	0.025448	11.465312	0.087220	450.530397	0.002220
50	59.086316	0.016924	11.565595	0.086463	683.368418	0.001463

Tabellen für die finanzmathematischen Faktoren — ANHANG

9,00 %

n	AuF $(1+i)^n$	AbF $(1+i)^{-n}$	DSF $\dfrac{(1+i)^n - 1}{i(1+i)^n}$	KWF $\dfrac{i(1+i)^n}{(1+i)^n - 1}$	EWF $\dfrac{(1+i)^n - 1}{i}$	RVF $\dfrac{i}{(1+i)^n - 1}$
1	1.090.000	0.917431	0.917431	1.090.000	1.000.000	1.000.000
2	1.188.100	0.841680	1.759.111	0.568469	2.090.000	0.478469
3	1.295.029	0.772183	2.531.295	0.395055	3.278.100	0.305055
4	1.411.582	0.708425	3.239.720	0.308669	4.573.129	0.218669
5	1.538.624	0.649931	3.889.651	0.257092	5.984.711	0.167092
6	1.677.100	0.596267	4.485.919	0.222920	7.523.335	0.132920
7	1.828.039	0.547034	5.032.953	0.198691	9.200.435	0.108691
8	1.992.563	0.501866	5.534.819	0.180674	11.028.474	0.090674
9	2.171.893	0.460428	5.995.247	0.166799	13.021.036	0.076799
10	2.367.364	0.422411	6.417.658	0.155820	15.192.930	0.065820
11	2.580.426	0.387533	6.805.191	0.146947	17.560.293	0.056947
12	2.812.665	0.355535	7.160.725	0.139651	20.140.720	0.049651
13	3.065.805	0.326179	7.486.904	0.133567	22.953.385	0.043567
14	3.341.727	0.299246	7.786.150	0.128433	26.019.189	0.038433
15	3.642.482	0.274538	8.060.688	0.124059	29.360.916	0.034059
16	3.970.306	0.251870	8.312.558	0.120300	33.003.399	0.030300
17	4.327.633	0.231073	8.543.631	0.117046	36.973.705	0.027046
18	4.717.120	0.211994	8.755.625	0.114212	41.301.338	0.024212
19	5.141.661	0.194490	8.950.115	0.111730	46.018.458	0.021730
20	5.604.411	0.178431	9.128.546	0.109546	51.160.120	0.019546
21	6.108.808	0.163698	9.292.244	0.107617	56.764.530	0.017617
22	6.658.600	0.150182	9.442.425	0.105905	62.873.338	0.015905
23	7.257.874	0.137781	9.580.207	0.104382	69.531.939	0.014382
24	7.911.083	0.126405	9.706.612	0.103023	76.789.813	0.013023
25	8.623.081	0.115968	9.822.580	0.101806	84.700.896	0.011806
26	9.399.158	0.106393	9.928.972	0.100715	93.323.977	0.010715
27	10.245.082	0.097608	10.026.580	0.099735	102.723.135	0.009735
28	11.167.140	0.089548	10.116.128	0.098852	112.968.217	0.008852
29	12.172.182	0.082155	10.198.283	0.098056	124.135.356	0.008056
30	13.267.678	0.075371	10.273.654	0.097336	136.307.539	0.007336
35	20.413.968	0.048986	10.566.821	0.094636	215.710.755	0.004636
40	31.409.420	0.031838	10.757.360	0.092960	337.882.445	0.002960
45	48.327.286	0.020692	10.881.197	0.091902	525.858.734	0.001902
50	74.357.520	0.013449	10.961.683	0.091227	815.083.556	0.001227

ANHANG

Tabellen für die finanzmathematischen Faktoren

9,50 %

n	AuF $(1+i)^n$	AbF $(1+i)^{-n}$	DSF $\dfrac{(1+i)^n - 1}{i(1+i)^n}$	KWF $\dfrac{i(1+i)^n}{(1+i)^n - 1}$	EWF $\dfrac{(1+i)^n - 1}{i}$	RVF $\dfrac{i}{(1+i)^n - 1}$
1	1.095000	0.913242	0.913242	1.095000	1.000000	1.000000
2	1.199025	0.834011	1.747253	0.572327	2.095000	0.477327
3	1.312932	0.761654	2.508907	0.398580	3.294025	0.303580
4	1.437661	0.695574	3.204481	0.312063	4.606957	0.217063
5	1.574239	0.635228	3.839709	0.260436	6.044618	0.165436
6	1.723791	0.580117	4.419825	0.226253	7.618857	0.131253
7	1.887552	0.529787	4.949612	0.202036	9.342648	0.107036
8	2.066869	0.483824	5.433436	0.184046	11.230200	0.089046
9	2.263222	0.441848	5.875284	0.170205	13.297069	0.075205
10	2.478228	0.403514	6.278798	0.159266	15.560291	0.064266
11	2.713659	0.368506	6.647304	0.150437	18.038518	0.055437
12	2.971457	0.336535	6.983839	0.143188	20.752178	0.048188
13	3.253745	0.307338	7.291178	0.137152	23.723634	0.042152
14	3.562851	0.280674	7.571852	0.132068	26.977380	0.037068
15	3.901322	0.256323	7.828175	0.127744	30.540231	0.032744
16	4.271948	0.234085	8.062260	0.124035	34.441553	0.029035
17	4.677783	0.213777	8.276037	0.120831	38.713500	0.025831
18	5.122172	0.195230	8.471266	0.118046	43.391283	0.023046
19	5.608778	0.178292	8.649558	0.115613	48.513454	0.020613
20	6.141612	0.162824	8.812382	0.113477	54.122233	0.018477
21	6.725065	0.148697	8.961080	0.111594	60.263845	0.016594
22	7.363946	0.135797	9.096876	0.109928	66.988910	0.014928
23	8.063521	0.124015	9.220892	0.108449	74.352856	0.013449
24	8.829556	0.113256	9.334148	0.107134	82.416378	0.012134
25	9.668364	0.103430	9.437578	0.105959	91.245934	0.010959
26	10.586858	0.094457	9.532034	0.104909	100.914297	0.009909
27	11.592610	0.086262	9.618296	0.103969	111.501156	0.008969
28	12.693908	0.078778	9.697074	0.103124	123.093766	0.008124
29	13.899829	0.071943	9.769018	0.102364	135.787673	0.007364
30	15.220313	0.065702	9.834719	0.101681	149.687502	0.006681
35	23.960406	0.041736	10.086995	0.099138	241.688483	0.004138
40	37.719399	0.026512	10.247247	0.097587	386.519992	0.002587
45	59.379340	0.016841	10.349043	0.096627	614.519364	0.001627
50	93.477257	0.010698	10.413707	0.096027	973.444808	0.001027

Tabellen für die finanzmathematischen Faktoren — ANHANG

			10,00 %			
	AuF	AbF	DSF	KWF	EWF	RVF
n	$(1+i)^n$	$(1+i)^{-n}$	$\dfrac{(1+i)^n - 1}{i(1+i)^n}$	$\dfrac{i(1+i)^n}{(1+i)^n - 1}$	$\dfrac{(1+i)^n - 1}{i}$	$\dfrac{i}{(1+i)^n - 1}$
1	1.100.000	0.909091	0.909091	1.100.000	1.000.000	1.000.000
2	1.210.000	0.826446	1.735.537	0.576190	2.100.000	0.476190
3	1.331.000	0.751315	2.486.852	0.402115	3.310.000	0.302115
4	1.464.100	0.683013	3.169.865	0.315471	4.641.000	0.215471
5	1.610.510	0.620921	3.790.787	0.263797	6.105.100	0.163797
6	1.771.561	0.564474	4.355.261	0.229607	7.715.610	0.129607
7	1.948.717	0.513158	4.868.419	0.205405	9.487.171	0.105405
8	2.143.589	0.466507	5.334.926	0.187444	11.435.888	0.087444
9	2.357.948	0.424098	5.759.024	0.173641	13.579.477	0.073641
10	2.593.742	0.385543	6.144.567	0.162745	15.937.425	0.062745
11	2.853.117	0.350494	6.495.061	0.153963	18.531.167	0.053963
12	3.138.428	0.318631	6.813.692	0.146763	21.384.284	0.046763
13	3.452.271	0.289664	7.103.356	0.140779	24.522.712	0.040779
14	3.797.498	0.263331	7.366.687	0.135746	27.974.983	0.035746
15	4.177.248	0.239392	7.606.080	0.131474	31.772.482	0.031474
16	4.594.973	0.217629	7.823.709	0.127817	35.949.730	0.027817
17	5.054.470	0.197845	8.021.553	0.124664	40.544.703	0.024664
18	5.559.917	0.179859	8.201.412	0.121930	45.599.173	0.021930
19	6.115.909	0.163508	8.364.920	0.119547	51.159.090	0.019547
20	6.727.500	0.148644	8.513.564	0.117460	57.274.999	0.017460
21	7.400.250	0.135131	8.648.694	0.115624	64.002.499	0.015624
22	8.140.275	0.122846	8.771.540	0.114005	71.402.749	0.014005
23	8.954.302	0.111678	8.883.218	0.112572	79.543.024	0.012572
24	9.849.733	0.101526	8.984.744	0.111300	88.497.327	0.011300
25	10.834.706	0.092296	9.077.040	0.110168	98.347.059	0.010168
26	11.918.177	0.083905	9.160.945	0.109159	109.181.765	0.009159
27	13.109.994	0.076278	9.237.223	0.108258	121.099.942	0.008258
28	14.420.994	0.069343	9.306.567	0.107451	134.209.936	0.007451
29	15.863.093	0.063039	9.369.606	0.106728	148.630.930	0.006728
30	17.449.402	0.057309	9.426.914	0.106079	164.494.023	0.006079
35	28.102.437	0.035584	9.644.159	0.103690	271.024.368	0.003690
40	45.259.256	0.022095	9.779.051	0.102259	442.592.556	0.002259
45	72.890.484	0.013719	9.862.808	0.101391	718.904.837	0.001391
50	117.390.853	0.008519	9.914.814	0.100859	1.163.908.529	0.000859

ANHANG Tabellen für die finanzmathematischen Faktoren

			10,50 %			
n	AuF $(1+i)^n$	AbF $(1+i)^{-n}$	DSF $\frac{(1+i)^n - 1}{i(1+i)^n}$	KWF $\frac{i(1+i)^n}{(1+i)^n - 1}$	EWF $\frac{(1+i)^n - 1}{i}$	RVF $\frac{i}{(1+i)^n - 1}$
1	1.105000	0.904977	0.904977	1.105000	1.000000	1.000000
2	1.221025	0.818984	1.723961	0.580059	2.105000	0.475059
3	1.349233	0.741162	2.465123	0.405659	3.326025	0.300659
4	1.490902	0.670735	3.135858	0.318892	4.675258	0.213892
5	1.647447	0.607000	3.742858	0.267175	6.166160	0.162175
6	1.820429	0.549321	4.292179	0.232982	7.813606	0.127982
7	2.011574	0.497123	4.789303	0.208799	9.634035	0.103799
8	2.222789	0.449885	5.239188	0.190869	11.645609	0.085869
9	2.456182	0.407136	5.646324	0.177106	13.868398	0.072106
10	2.714081	0.368449	6.014773	0.166257	16.324579	0.061257
11	2.999059	0.333438	6.348211	0.157525	19.038660	0.052525
12	3.313961	0.301754	6.649964	0.150377	22.037720	0.045377
13	3.661926	0.273080	6.923045	0.144445	25.351680	0.039445
14	4.046429	0.247132	7.170176	0.139467	29.013607	0.034467
15	4.471304	0.223648	7.393825	0.135248	33.060035	0.030248
16	4.940791	0.202397	7.596221	0.131644	37.531339	0.026644
17	5.459574	0.183164	7.779386	0.128545	42.472130	0.023545
18	6.032829	0.165760	7.945146	0.125863	47.931703	0.020863
19	6.666276	0.150009	8.095154	0.123531	53.964532	0.018531
20	7.366235	0.135755	8.230909	0.121493	60.630808	0.016493
21	8.139690	0.122855	8.353764	0.119707	67.997043	0.014707
22	8.994357	0.111181	8.464945	0.118134	76.136732	0.013134
23	9.938764	0.100616	8.565561	0.116747	85.131089	0.011747
24	10.982335	0.091055	8.656616	0.115519	95.069854	0.010519
25	12.135480	0.082403	8.739019	0.114429	106.052188	0.009429
26	13.409705	0.074573	8.813592	0.113461	118.187668	0.008461
27	14.817724	0.067487	8.881079	0.112599	131.597373	0.007599
28	16.373585	0.061074	8.942153	0.111830	146.415097	0.006830
29	18.092812	0.055271	8.997423	0.111143	162.788683	0.006143
30	19.992557	0.050019	9.047442	0.110528	180.881494	0.005528
35	32.936673	0.030361	9.234654	0.108288	304.158792	0.003288
40	54.261416	0.018429	9.348292	0.106971	507.251579	0.001971
45	89.392794	0.011187	9.417271	0.106188	841.836132	0.001188
50	147.269869	0.006790	9.459140	0.105718	1.393.046373	0.000718

Tabellen für die finanzmathematischen Faktoren — ANHANG

11,00 %

n	AuF $(1+i)^n$	AbF $(1+i)^{-n}$	DSF $\dfrac{(1+i)^n - 1}{i(1+i)^n}$	KWF $\dfrac{i(1+i)^n}{(1+i)^n - 1}$	EWF $\dfrac{(1+i)^n - 1}{i}$	RVF $\dfrac{i}{(1+i)^n - 1}$
1	1.110.000	0.900901	0.900901	1.110.000	1.000.000	1.000.000
2	1.232.100	0.811622	1.712.523	0.583934	2.110.000	0.473934
3	1.367.631	0.731191	2.443.715	0.409213	3.342.100	0.299213
4	1.518.070	0.658731	3.102.446	0.322326	4.709.731	0.212326
5	1.685.058	0.593451	3.695.897	0.270570	6.227.801	0.160570
6	1.870.415	0.534641	4.230.538	0.236377	7.912.860	0.126377
7	2.076.160	0.481658	4.712.196	0.212215	9.783.274	0.102215
8	2.304.538	0.433926	5.146.123	0.194321	11.859.434	0.084321
9	2.558.037	0.390925	5.537.048	0.180602	14.163.972	0.070602
10	2.839.421	0.352184	5.889.232	0.169801	16.722.009	0.059801
11	3.151.757	0.317283	6.206.515	0.161121	19.561.430	0.051121
12	3.498.451	0.285841	6.492.356	0.154027	22.713.187	0.044027
13	3.883.280	0.257514	6.749.870	0.148151	26.211.638	0.038151
14	4.310.441	0.231995	6.981.865	0.143228	30.094.918	0.033228
15	4.784.589	0.209004	7.190.870	0.139065	34.405.359	0.029065
16	5.310.894	0.188292	7.379.162	0.135517	39.189.948	0.025517
17	5.895.093	0.169633	7.548.794	0.132471	44.500.843	0.022471
18	6.543.553	0.152822	7.701.617	0.129843	50.395.936	0.019843
19	7.263.344	0.137678	7.839.294	0.127563	56.939.488	0.017563
20	8.062.312	0.124034	7.963.328	0.125576	64.202.832	0.015576
21	8.949.166	0.111742	8.075.070	0.123838	72.265.144	0.013838
22	9.933.574	0.100669	8.175.739	0.122313	81.214.309	0.012313
23	11.026.267	0.090693	8.266.432	0.120971	91.147.884	0.010971
24	12.239.157	0.081705	8.348.137	0.119787	102.174.151	0.009787
25	13.585.464	0.073608	8.421.745	0.118740	114.413.307	0.008740
26	15.079.865	0.066314	8.488.058	0.117813	127.998.771	0.007813
27	16.738.650	0.059742	8.547.800	0.116989	143.078.636	0.006989
28	18.579.901	0.053822	8.601.622	0.116257	159.817.286	0.006257
29	20.623.691	0.048488	8.650.110	0.115605	178.397.187	0.005605
30	22.892.297	0.043683	8.693.793	0.115025	199.020.878	0.005025
35	38.574.851	0.025924	8.855.240	0.112927	341.589.555	0.002927
40	65.000.867	0.015384	8.951.051	0.111719	581.826.066	0.001719
45	109.530.242	0.009130	9.007.910	0.111014	986.638.559	0.001014
50	184.564.827	0.005418	9.041.653	0.110599	1.668.771.152	0.000599

ANHANG — Tabellen für die finanzmathematischen Faktoren

			11,50 %			
n	AuF $(1+i)^n$	AbF $(1+i)^{-n}$	DSF $\dfrac{(1+i)^n - 1}{i(1+i)^n}$	KWF $\dfrac{i(1+i)^n}{(1+i)^n - 1}$	EWF $\dfrac{(1+i)^n - 1}{i}$	RVF $\dfrac{i}{(1+i)^n - 1}$
1	1.115000	0.896861	0.896861	1.115000	1.000000	1.000000
2	1.243225	0.804360	1.701221	0.587813	2.115000	0.472813
3	1.386196	0.721399	2.422619	0.412776	3.358225	0.297776
4	1.545608	0.646994	3.069614	0.325774	4.744421	0.210774
5	1.723353	0.580264	3.649878	0.273982	6.290029	0.158982
6	1.921539	0.520416	4.170294	0.239791	8.013383	0.124791
7	2.142516	0.466741	4.637035	0.215655	9.934922	0.100655
8	2.388905	0.418602	5.055637	0.197799	12.077438	0.082799
9	2.663629	0.375428	5.431064	0.184126	14.466343	0.069126
10	2.969947	0.336706	5.767771	0.173377	17.129972	0.058377
11	3.311491	0.301979	6.069750	0.164751	20.099919	0.049751
12	3.692312	0.270833	6.340583	0.157714	23.411410	0.042714
13	4.116928	0.242900	6.563482	0.151895	27.103722	0.036895
14	4.590375	0.217847	6.801329	0.147030	31.220650	0.032030
15	5.118268	0.195379	6.996708	0.142924	35.811025	0.027924
16	5.706869	0.175227	7.171935	0.139432	40.929293	0.024432
17	6.363159	0.157155	7.329090	0.136443	46.636161	0.021443
18	7.094922	0.140946	7.470036	0.133868	52.999320	0.018868
19	7.910838	0.126409	7.596445	0.131641	60.094242	0.016641
20	8.820584	0.113371	7.709816	0.129705	68.005080	0.014705
21	9.834951	0.101678	7.811494	0.128016	76.825664	0.013016
22	10.965971	0.091191	7.902685	0.126539	86.660615	0.011539
23	12.227057	0.081786	7.984471	0.125243	97.626586	0.010243
24	13.633169	0.073351	8.057822	0.124103	109.853643	0.009103
25	15.200983	0.065785	8.123607	0.123098	123.486812	0.008098
26	16.949096	0.059000	8.182607	0.122210	138.687796	0.007210
27	18.898243	0.052915	8.235522	0.121425	155.636892	0.006425
28	21.071540	0.047457	8.282979	0.120730	174.535135	0.005730
29	23.494768	0.042563	8.325542	0.120112	195.606675	0.005112
30	26.196666	0.038173	8.363715	0.119564	219.101443	0.004564
35	45.146112	0.022150	8.503041	0.117605	383.879238	0.002605
40	77.802705	0.012853	8.583887	0.116497	667.849607	0.001497
45	134.081553	0.007458	8.630799	0.115864	1.157.230898	0.000864
50	231.069896	0.004328	8.658020	0.115500	2.000.607793	0.000500

Tabellen für die finanzmathematischen Faktoren — ANHANG

12,00 %

n	AuF $(1+i)^n$	AbF $(1+i)^{-n}$	DSF $\frac{(1+i)^n - 1}{i(1+i)^n}$	KWF $\frac{i(1+i)^n}{(1+i)^n - 1}$	EWF $\frac{(1+i)^n - 1}{i}$	RVF $\frac{i}{(1+i)^n - 1}$
1	1.120.000	0.892857	0.892857	1.120.000	1.000.000	1.000.000
2	1.254.400	0.797194	1.690.051	0.591698	2.120.000	0.471698
3	1.404.928	0.711780	2.401.831	0.416349	3.374.400	0.296349
4	1.573.519	0.635518	3.037.349	0.329234	4.779.328	0.209234
5	1.762.342	0.567427	3.604.776	0.277410	6.352.847	0.157410
6	1.973.823	0.506631	4.111.407	0.243226	8.115.189	0.123226
7	2.210.681	0.452349	4.563.757	0.219118	10.089.012	0.099118
8	2.475.963	0.403883	4.967.640	0.201303	12.299.693	0.081303
9	2.773.079	0.360610	5.328.250	0.187679	14.775.656	0.067679
10	3.105.848	0.321973	5.650.223	0.176984	17.548.735	0.056984
11	3.478.550	0.287476	5.937.699	0.168415	20.654.583	0.048415
12	3.895.976	0.256675	6.194.374	0.161437	24.133.133	0.041437
13	4.363.493	0.229174	6.423.548	0.155677	28.029.109	0.035677
14	4.887.112	0.204620	6.628.168	0.150871	32.392.602	0.030871
15	5.473.566	0.182696	6.810.864	0.146824	37.279.715	0.026824
16	6.130.394	0.163122	6.973.986	0.143390	42.753.280	0.023390
17	6.866.041	0.145644	7.119.630	0.140457	48.883.674	0.020457
18	7.689.966	0.130040	7.249.670	0.137937	55.749.715	0.017937
19	8.612.762	0.116107	7.365.777	0.135763	63.439.681	0.015763
20	9.646.293	0.103667	7.469.444	0.133879	72.052.442	0.013879
21	10.803.848	0.092560	7.562.003	0.132240	81.698.736	0.012240
22	12.100.310	0.082643	7.644.646	0.130811	92.502.584	0.010811
23	13.552.347	0.073788	7.718.434	0.129560	104.602.894	0.009560
24	15.178.629	0.065882	7.784.316	0.128463	118.155.241	0.008463
25	17.000.064	0.058823	7.843.139	0.127500	133.333.870	0.007500
26	19.040.072	0.052521	7.895.660	0.126652	150.333.934	0.006652
27	21.324.881	0.046894	7.942.554	0.125904	169.374.007	0.005904
28	23.883.866	0.041869	7.984.423	0.125244	190.698.887	0.005244
29	26.749.930	0.037383	8.021.806	0.124660	214.582.754	0.004660
30	29.959.922	0.033378	8.055.184	0.124144	241.332.684	0.004144
35	52.799.620	0.018940	8.175.504	0.122317	431.663.496	0.002317
40	93.050.970	0.010747	8.243.777	0.121304	767.091.420	0.001304
45	163.987.604	0.006098	8.282.516	0.120736	1.358.230.032	0.000736
50	289.002.190	0.003460	8.304.498	0.120417	2.400.018.249	0.000417

ANHANG — Tabellen für die finanzmathematischen Faktoren

n	12,50 %					
	AuF $(1+i)^n$	AbF $(1+i)^{-n}$	DSF $\dfrac{(1+i)^n - 1}{i(1+i)^n}$	KWF $\dfrac{i(1+i)^n}{(1+i)^n - 1}$	EWF $\dfrac{(1+i)^n - 1}{i}$	RVF $\dfrac{i}{(1+i)^n - 1}$
1	1.125000	0.888889	0.888889	1.125000	1.000000	1.000000
2	1.265625	0.790123	1.679012	0.595588	2.125000	0.470588
3	1.423828	0.702332	2.381344	0.419931	3.390625	0.294931
4	1.601807	0.624295	3.005639	0.332708	4.814453	0.207708
5	1.802032	0.554929	3.560568	0.280854	6.416260	0.155854
6	2.027287	0.493270	4.053839	0.246680	8.218292	0.121680
7	2.280697	0.438462	4.492301	0.222603	10.245579	0.097603
8	2.565785	0.389744	4.882045	0.204832	12.526276	0.079832
9	2.886508	0.346439	5.228485	0.191260	15.092061	0.066260
10	3.247321	0.307946	5.536431	0.180622	17.978568	0.055622
11	3.653236	0.273730	5.810161	0.172112	21.225889	0.047112
12	4.109891	0.243315	6.053476	0.165194	24.879125	0.040194
13	4.623627	0.216280	6.269757	0.159496	28.989016	0.034496
14	5.201580	0.192249	6.462006	0.154751	33.612643	0.029751
15	5.851778	0.170888	6.632894	0.150764	38.814223	0.025764
16	6.583250	0.151901	6.784795	0.147388	44.666001	0.022388
17	7.406156	0.135023	6.919818	0.144512	51.249252	0.019512
18	8.331926	0.120020	7.039838	0.142049	58.655408	0.017049
19	9.373417	0.106685	7.146523	0.139928	66.987334	0.014928
20	10.545094	0.094831	7.241353	0.138096	76.360751	0.013096
21	11.863231	0.084294	7.325647	0.136507	86.905845	0.011507
22	13.346134	0.074928	7.400575	0.135125	98.769075	0.010125
23	15.014401	0.066603	7.467178	0.133919	112.115210	0.008919
24	16.891201	0.059202	7.526381	0.132866	127.129611	0.007866
25	19.002602	0.052624	7.579005	0.131943	144.020812	0.006943
26	21.377927	0.046777	7.625782	0.131134	163.023414	0.006134
27	24.050168	0.041580	7.667362	0.130423	184.401340	0.005423
28	27.056438	0.036960	7.704322	0.129797	208.451508	0.004797
29	30.438493	0.032853	7.737175	0.129246	235.507946	0.004246
30	34.243305	0.029203	7.766378	0.128760	265.946440	0.003760
35	61.707547	0.016205	7.870356	0.127059	485.660379	0.002059
40	111.199004	0.008993	7.928057	0.126134	881.592033	0.001134
45	200.384216	0.004990	7.960077	0.125627	1.595.073729	0.000627
50	361.098864	0.002769	7.977845	0.125347	2.880.790913	0.000347

Tabellen für die finanzmathematischen Faktoren — ANHANG

13,00 %

n	AuF $(1+i)^n$	AbF $(1+i)^{-n}$	DSF $\frac{(1+i)^n - 1}{i(1+i)^n}$	KWF $\frac{i(1+i)^n}{(1+i)^n - 1}$	EWF $\frac{(1+i)^n - 1}{i}$	RVF $\frac{i}{(1+i)^n - 1}$
1	1.130000	0.884956	0.884956	1.130000	1.000000	1.000000
2	1.276900	0.783147	1.668102	0.599484	2.130000	0.469484
3	1.442897	0.693050	2.361153	0.423522	3.406900	0.293522
4	1.630474	0.613319	2.974471	0.336194	4.849797	0.206194
5	1.842435	0.542760	3.517231	0.284315	6.480271	0.154315
6	2.081952	0.480319	3.997550	0.250153	8.322706	0.120153
7	2.352605	0.425061	4.422610	0.226111	10.404658	0.096111
8	2.658444	0.376160	4.798770	0.208387	12.757263	0.078387
9	3.004042	0.332885	5.131655	0.194869	15.415707	0.064869
10	3.394567	0.294588	5.426243	0.184290	18.419749	0.054290
11	3.835861	0.260698	5.686941	0.175841	21.814317	0.045841
12	4.334523	0.230706	5.917647	0.168986	25.650178	0.038986
13	4.898011	0.204165	6.121812	0.163350	29.984701	0.033350
14	5.534753	0.180677	6.302488	0.158667	34.882712	0.028667
15	6.254270	0.159891	6.462379	0.154742	40.417464	0.024742
16	7.067326	0.141496	6.603875	0.151426	46.671735	0.021426
17	7.986078	0.125218	6.729093	0.148608	53.739060	0.018608
18	9.024268	0.110812	6.839905	0.146201	61.725138	0.016201
19	10.197423	0.098064	6.937969	0.144134	70.749406	0.014134
20	11.523088	0.086782	7.024752	0.142354	80.946829	0.012354
21	13.021089	0.076798	7.101550	0.140814	92.469917	0.010814
22	14.713831	0.067963	7.169513	0.139479	105.491006	0.009479
23	16.626629	0.060144	7.229658	0.138319	120.204837	0.008319
24	18.788091	0.053225	7.282883	0.137308	136.831465	0.007308
25	21.230542	0.047102	7.329985	0.136426	155.619556	0.006426
26	23.990513	0.041683	7.371668	0.135655	176.850098	0.005655
27	27.109279	0.036888	7.408556	0.134979	200.840611	0.004979
28	30.633486	0.032644	7.441200	0.134387	227.949890	0.004387
29	34.615839	0.028889	7.470088	0.133867	258.583376	0.003867
30	39.115898	0.025565	7.495653	0.133411	293.199215	0.003411
35	72.068506	0.013876	7.585572	0.131829	546.680819	0.001829
40	132.781552	0.007531	7.634376	0.130986	1.013.704243	0.000986
45	244.641402	0.004088	7.660864	0.130534	1.874.164630	0.000534
50	450.735925	0.002219	7.675242	0.130289	3.459.507117	0.000289

ANHANG — Tabellen für die finanzmathematischen Faktoren

	13,50 %					
n	AuF $(1+i)^n$	AbF $(1+i)^{-n}$	DSF $\frac{(1+i)^n - 1}{i(1+i)^n}$	KWF $\frac{i(1+i)^n}{(1+i)^n - 1}$	EWF $\frac{(1+i)^n - 1}{i}$	RVF $\frac{i}{(1+i)^n - 1}$
1	1.135000	0.881057	0.881057	1.135000	1.000000	1.000000
2	1.288225	0.776262	1.657319	0.603384	2.135000	0.468384
3	1.462135	0.683931	2.341250	0.427122	3.423225	0.292122
4	1.659524	0.602583	2.943833	0.339693	4.885360	0.204693
5	1.883559	0.530910	3.474743	0.287791	6.544884	0.152791
6	2.137840	0.467762	3.942505	0.253646	8.428443	0.118646
7	2.426448	0.412125	4.354630	0.229641	10.566283	0.094641
8	2.754019	0.363106	4.717735	0.211966	12.992731	0.076966
9	3.125811	0.319917	5.037652	0.198505	15.746750	0.063505
10	3.547796	0.281865	5.319517	0.187987	18.872561	0.052987
11	4.026748	0.248339	5.567857	0.179602	22.420357	0.044602
12	4.570359	0.218801	5.786658	0.172811	26.447106	0.037811
13	5.187358	0.192776	5.979434	0.167240	31.017465	0.032240
14	5.887651	0.169847	6.149281	0.162621	36.204823	0.027621
15	6.682484	0.149645	6.298926	0.158757	42.092474	0.023757
16	7.584619	0.131846	6.430772	0.155502	48.774957	0.020502
17	8.608543	0.116164	6.546936	0.152743	56.359577	0.017743
18	9.770696	0.102347	6.649283	0.150392	64.968120	0.015392
19	11.089740	0.090173	6.739456	0.148380	74.738816	0.013380
20	12.586855	0.079448	6.818904	0.146651	85.828556	0.011651
21	14.286080	0.069998	6.888902	0.145161	98.415411	0.010161
22	16.214701	0.061672	6.950575	0.143873	112.701491	0.008873
23	18.403686	0.054337	7.004912	0.142757	128.916193	0.007757
24	20.888184	0.047874	7.052786	0.141788	147.319879	0.006788
25	23.708088	0.042180	7.094965	0.140945	168.208062	0.005945
26	26.908680	0.037163	7.132128	0.140211	191.916151	0.005211
27	30.541352	0.032742	7.164870	0.139570	218.824831	0.004570
28	34.664435	0.028848	7.193718	0.139010	249.366183	0.004010
29	39.344133	0.025417	7.219135	0.138521	284.030618	0.003521
30	44.655591	0.022394	7.241529	0.138092	323.374752	0.003092
35	84.111457	0.011889	7.319341	0.136624	615.640419	0.001624
40	158.428920	0.006312	7.360652	0.135858	1.166.140147	0.000858
45	298.410272	0.003351	7.382585	0.135454	2.203.039053	0.000454
50	562.073456	0.001779	7.394229	0.135241	4.156.099677	0.000241

Tabellen für die finanzmathematischen Faktoren — ANHANG

			14,00 %			
	AuF	AbF	DSF	KWF	EWF	RVF
n	$(1+i)^n$	$(1+i)^{-n}$	$\dfrac{(1+i)^n - 1}{i(1+i)^n}$	$\dfrac{i(1+i)^n}{(1+i)^n - 1}$	$\dfrac{(1+i)^n - 1}{i}$	$\dfrac{i}{(1+i)^n - 1}$
1	1.140000	0.877193	0.877193	1.140000	1.000000	1.000000
2	1.299600	0.769468	1.646661	0.607290	2.140000	0.467290
3	1.481544	0.674972	2.321632	0.430731	3.439600	0.290731
4	1.688960	0.592080	2.913712	0.343205	4.921144	0.203205
5	1.925415	0.519369	3.433081	0.291284	6.610104	0.151284
6	2.194973	0.455587	3.888668	0.257157	8.535519	0.117157
7	2.502269	0.399637	4.288305	0.233192	10.730491	0.093192
8	2.852586	0.350559	4.638864	0.215570	13.232760	0.075570
9	3.251949	0.307508	4.946372	0.202168	16.085347	0.062168
10	3.707221	0.269744	5.216116	0.191714	19.337295	0.051714
11	4.226232	0.236617	5.452733	0.183394	23.044516	0.043394
12	4.817905	0.207559	5.660292	0.176669	27.270749	0.036669
13	5.492411	0.182069	5.842362	0.171164	32.088654	0.031164
14	6.261349	0.159710	6.002072	0.166609	37.581065	0.026609
15	7.137938	0.140096	6.142168	0.162809	43.842414	0.022809
16	8.137249	0.122892	6.265060	0.159615	50.980352	0.019615
17	9.276464	0.107800	6.372859	0.156915	59.117601	0.016915
18	10.575169	0.094561	6.467420	0.154621	68.394066	0.014621
19	12.055693	0.082948	6.550369	0.152663	78.969235	0.012663
20	13.743490	0.072762	6.623131	0.150986	91.024928	0.010986
21	15.667578	0.063826	6.686957	0.149545	104.768418	0.009545
22	17.861039	0.055988	6.742944	0.148303	120.435996	0.008303
23	20.361585	0.049112	6.792056	0.147231	138.297035	0.007231
24	23.212207	0.043081	6.835137	0.146303	158.658620	0.006303
25	26.461916	0.037790	6.872927	0.145498	181.870827	0.005498
26	30.166584	0.033149	6.906077	0.144800	208.332743	0.004800
27	34.389906	0.029078	6.935155	0.144193	238.499327	0.004193
28	39.204493	0.025507	6.960662	0.143664	272.889233	0.003664
29	44.693122	0.022375	6.983037	0.143204	312.093725	0.003204
30	50.950159	0.019627	7.002664	0.142803	356.786847	0.002803
35	98.100178	0.010194	7.070045	0.141442	693.572702	0.001442
40	188.883514	0.005294	7.105041	0.140745	1.342.025099	0.000745
45	363.679072	0.002750	7.123217	0.140386	2.590.564800	0.000386
50	700.232988	0.001428	7.132656	0.140200	4.994.521346	0.000200

ANHANG — Tabellen für die finanzmathematischen Faktoren

15,00 %

n	AuF $(1+i)^n$	AbF $(1+i)^{-n}$	DSF $\dfrac{(1+i)^n - 1}{i(1+i)^n}$	KWF $\dfrac{i(1+i)^n}{(1+i)^n - 1}$	EWF $\dfrac{(1+i)^n - 1}{i}$	RVF $\dfrac{i}{(1+i)^n - 1}$
1	1.150000	0.869565	0.869565	1.150000	1.000000	1.000000
2	1.322500	0.756144	1.625709	0.615116	2.150000	0.465116
3	1.520875	0.657516	2.283225	0.437977	3.472500	0.287977
4	1.749006	0.571753	2.854978	0.350265	4.993375	0.200265
5	2.011357	0.497177	3.352155	0.298316	6.742381	0.148316
6	2.313061	0.432328	3.784483	0.264237	8.753738	0.114237
7	2.660020	0.375937	4.160420	0.240360	11.066799	0.090360
8	3.059023	0.326902	4.487322	0.222850	13.726819	0.072850
9	3.517876	0.284262	4.771584	0.209574	16.785842	0.059574
10	4.045558	0.247185	5.018769	0.199252	20.303718	0.049252
11	4.652391	0.214943	5.233712	0.191069	24.349276	0.041069
12	5.350250	0.186907	5.420619	0.184481	29.001667	0.034481
13	6.152788	0.162528	5.583147	0.179110	34.351917	0.029110
14	7.075706	0.141329	5.724476	0.174688	40.504705	0.024688
15	8.137062	0.122894	5.847370	0.171017	47.580411	0.021017
16	9.357621	0.106865	5.954235	0.167948	55.717472	0.017948
17	10.761264	0.092926	6.047161	0.165367	65.075093	0.015367
18	12.375454	0.080805	6.127966	0.163186	75.836357	0.013186
19	14.231772	0.070265	6.198231	0.161336	88.211811	0.011336
20	16.366537	0.061100	6.259331	0.159761	102.443583	0.009761
21	18.821518	0.053131	6.312462	0.158417	118.810120	0.008417
22	21.644746	0.046201	6.358663	0.157266	137.631638	0.007266
23	24.891458	0.040174	6.398837	0.156278	159.276384	0.006278
24	28.625176	0.034934	6.433771	0.155430	184.167841	0.005430
25	32.918953	0.030378	6.464149	0.154699	212.793017	0.004699
26	37.856796	0.026415	6.490564	0.154070	245.711970	0.004070
27	43.535315	0.022970	6.513534	0.153526	283.568766	0.003526
28	50.065612	0.019974	6.533508	0.153057	327.104080	0.003057
29	57.575454	0.017369	6.550877	0.152651	377.169693	0.002651
30	66.211772	0.015103	6.565980	0.152300	434.745146	0.002300
35	133.175523	0.007509	6.616607	0.151135	881.170156	0.001135
40	267.863546	0.003733	6.641778	0.150562	1.779090308	0.000562
45	538.769269	0.001856	6.654293	0.150279	3.585.128460	0.000279
50	1.083.657442	0.000923	6.660515	0.150139	7.217.716277	0.000139

Tabellen für die finanzmathematischen Faktoren — ANHANG

16,00 %

n	AuF $(1+i)^n$	AbF $(1+i)^{-n}$	DSF $\dfrac{(1+i)^n - 1}{i(1+i)^n}$	KWF $\dfrac{i(1+i)^n}{(1+i)^n - 1}$	EWF $\dfrac{(1+i)^n - 1}{i}$	RVF $\dfrac{i}{(1+i)^n - 1}$
1	1.160000	0.862069	0.862069	1.160000	1.000000	1.000000
2	1.345600	0.743163	1.605232	0.622963	2.160000	0.462963
3	1.560896	0.640658	2.245890	0.445258	3.505600	0.285258
4	1.810639	0.552291	2.798181	0.357375	5.066496	0.197375
5	2.100342	0.476113	3.274294	0.305409	6.877135	0.145409
6	2.436396	0.410442	3.684736	0.271390	8.977477	0.111390
7	2.826220	0.353830	4.038565	0.247613	11.413873	0.087613
8	3.278415	0.305025	4.343591	0.230224	14.240093	0.070224
9	3.802961	0.262953	4.606544	0.217082	17.518508	0.057082
10	4.411435	0.226654	4.833227	0.206901	21.321469	0.046901
11	5.117265	0.195471	5.028644	0.198861	25.732904	0.038861
12	5.936027	0.168463	5.197107	0.192415	30.850169	0.032415
13	6.885791	0.145227	5.342334	0.187184	36.786196	0.027184
14	7.987518	0.125195	5.467529	0.182898	43.671987	0.022898
15	9.265521	0.107927	5.575456	0.179358	51.659505	0.019358
16	10.748004	0.093041	5.668497	0.176414	60.925026	0.016414
17	12.467685	0.080207	5.748704	0.173952	71.673030	0.013952
18	14.462514	0.069144	5.817848	0.171885	84.140715	0.011885
19	16.776517	0.059607	5.877455	0.170142	98.603230	0.010142
20	19.460759	0.051385	5.928841	0.168667	115.379747	0.008667
21	22.574481	0.044298	5.973139	0.167416	134.840506	0.007416
22	26.186398	0.038188	6.011326	0.166353	157.414987	0.006353
23	30.376222	0.032920	6.044247	0.165447	183.601385	0.005447
24	35.236417	0.028380	6.072627	0.164673	213.977607	0.004673
25	40.874244	0.024465	6.097092	0.164013	249.214024	0.004013
26	47.414123	0.021091	6.118183	0.163447	290.088267	0.003447
27	55.000382	0.018182	6.136364	0.162963	337.502390	0.002963
28	63.800444	0.015674	6.152038	0.162548	392.502773	0.002548
29	74.008515	0.013512	6.165550	0.162192	456.303216	0.002192
30	85.849877	0.011648	6.177198	0.161886	530.311731	0.001886
35	180.314073	0.005546	6.215338	0.160892	1.120.712955	0.000892
40	378.721158	0.002640	6.233497	0.160424	2.360.757241	0.000424
45	795.443826	0.001257	6.242143	0.160201	4.965.273911	0.000201
50	1.670.703804	0.000599	6.246259	0.160096	10.435.648773	0.000096

ANHANG — Tabellen für die finanzmathematischen Faktoren

			17,00 %			
n	AuF $(1+i)^n$	AbF $(1+i)^{-n}$	DSF $\frac{(1+i)^n - 1}{i(1+i)^n}$	KWF $\frac{i(1+i)^n}{(1+i)^n - 1}$	EWF $\frac{(1+i)^n - 1}{i}$	RVF $\frac{i}{(1+i)^n - 1}$
1	1.170000	0.854701	0.854701	1.170000	1.000000	1.000000
2	1.368900	0.730514	1.585214	0.630829	2.170000	0.460829
3	1.601613	0.624371	2.209585	0.452574	3.538900	0.282574
4	1.873887	0.533650	2.743235	0.364533	5.140513	0.194533
5	2.192448	0.456111	3.199346	0.312564	7.014400	0.142564
6	2.565164	0.389839	3.589185	0.278615	9.206848	0.108615
7	3.001242	0.333195	3.922380	0.254947	11.772012	0.084947
8	3.511453	0.284782	4.207163	0.237690	14.773255	0.067690
9	4.108400	0.243404	4.450566	0.224691	18.284708	0.054691
10	4.806828	0.208037	4.658604	0.214657	22.393108	0.044657
11	5.623989	0.177810	4.836413	0.206765	27.199937	0.036765
12	6.580067	0.151974	4.988387	0.200466	32.823926	0.030466
13	7.698679	0.129892	5.118280	0.195378	39.403993	0.025378
14	9.007454	0.111019	5.229299	0.191230	47.102672	0.021230
15	10.538721	0.094888	5.324187	0.187822	56.110126	0.017822
16	12.330304	0.081101	5.405288	0.185004	66.648848	0.015004
17	14.426456	0.069317	5.474605	0.182662	78.979152	0.012662
18	16.878953	0.059245	5.533851	0.180706	93.405608	0.010706
19	19.748375	0.050637	5.584488	0.179067	110.284561	0.009067
20	23.105599	0.043280	5.627767	0.177690	130.032936	0.007690
21	27.033551	0.036991	5.664758	0.176530	153.138535	0.006530
22	31.629255	0.031616	5.696375	0.175550	180.172086	0.005550
23	37.006228	0.027022	5.723397	0.174721	211.801341	0.004721
24	43.297287	0.023096	5.746493	0.174019	248.807569	0.004019
25	50.657826	0.019740	5.766234	0.173423	292.104856	0.003423
26	59.269656	0.016872	5.783106	0.172917	342.762681	0.002917
27	69.345497	0.014421	5.797526	0.172487	402.032337	0.002487
28	81.134232	0.012325	5.809851	0.172121	471.377835	0.002121
29	94.927051	0.010534	5.820386	0.171810	552.512066	0.001810
30	111.064650	0.009004	5.829390	0.171545	647.439118	0.001545
35	243.503474	0.004107	5.858196	0.170701	1.426.491022	0.000701
40	533.868713	0.001873	5.871335	0.170319	3.134.521839	0.000319
45	1.170.479411	0.000854	5.877327	0.170145	6.879.290650	0.000145
50	2.566.215284	0.000390	5.880061	0.170066	15.089.501673	0.000066

Tabellen für die finanzmathematischen Faktoren — ANHANG

18,00 %

n	AuF $(1+i)^n$	AbF $(1+i)^{-n}$	DSF $\frac{(1+i)^n - 1}{i(1+i)^n}$	KWF $\frac{i(1+i)^n}{(1+i)^n - 1}$	EWF $\frac{(1+i)^n - 1}{i}$	RVF $\frac{i}{(1+i)^n - 1}$
1	1.180000	0.847458	0.847458	1.180000	1.000000	1.000000
2	1.392400	0.718184	1.565642	0.638716	2.180000	0.458716
3	1.643032	0.608631	2.174273	0.459924	3.572400	0.279924
4	1.938778	0.515789	2.690062	0.371739	5.215432	0.191739
5	2.287758	0.437109	3.127171	0.319778	7.154210	0.139778
6	2.699554	0.370432	3.497603	0.285910	9.441968	0.105910
7	3.185474	0.313925	3.811528	0.262362	12.141522	0.082362
8	3.758859	0.266038	4.077566	0.245244	15.326996	0.065244
9	4.435454	0.225456	4.303022	0.232395	19.085855	0.052395
10	5.233836	0.191064	4.494086	0.222515	23.521309	0.042515
11	6.175926	0.161919	4.656005	0.214776	28.755144	0.034776
12	7.287593	0.137220	4.793225	0.208628	34.931070	0.028628
13	8.599359	0.116288	4.909513	0.203686	42.218663	0.023686
14	10.147244	0.098549	5.008062	0.199678	50.818022	0.019678
15	11.973748	0.083516	5.091578	0.196403	60.965266	0.016403
16	14.129023	0.070776	5.162354	0.193710	72.939014	0.013710
17	16.672247	0.059980	5.222334	0.191485	87.068036	0.011485
18	19.673251	0.050830	5.273164	0.189639	103.740283	0.009639
19	23.214436	0.043077	5.316241	0.188103	123.413534	0.008103
20	27.393035	0.036506	5.352746	0.186820	146.627970	0.006820
21	32.323781	0.030937	5.383683	0.185746	174.021005	0.005746
22	38.142061	0.026218	5.409901	0.184846	206.344785	0.004846
23	45.007632	0.022218	5.432120	0.184090	244.486847	0.004090
24	53.109006	0.018829	5.450949	0.183454	289.494479	0.003454
25	62.668627	0.015957	5.466906	0.182919	342.603486	0.002919
26	73.948980	0.013523	5.480429	0.182467	405.272113	0.002467
27	87.259797	0.011460	5.491889	0.182087	479.221093	0.002087
28	102.966560	0.009712	5.501601	0.181765	566.480890	0.001765
29	121.500541	0.008230	5.509831	0.181494	669.447450	0.001494
30	143.370638	0.006975	5.516806	0.181264	790.947991	0.001264
35	327.997290	0.003049	5.538618	0.180550	1.816.651612	0.000550
40	750.378345	0.001333	5.548152	0.180240	4.163.213027	0.000240
45	1.716.683879	0.000583	5.552319	0.180105	9.531.577105	0.000105
50	3.927.356860	0.000255	5.554141	0.180046	21.813.093666	0.000046

ANHANG

Tabellen für die finanzmathematischen Faktoren

			19,00 %			
	AuF	AbF	DSF	KWF	EWF	RVF
n	$(1+i)^n$	$(1+i)^{-n}$	$\dfrac{(1+i)^n - 1}{i(1+i)^n}$	$\dfrac{i(1+i)^n}{(1+i)^n - 1}$	$\dfrac{(1+i)^n - 1}{i}$	$\dfrac{i}{(1+i)^n - 1}$
1	1.190000	0.840336	0.840336	1.190000	1.000000	1.000000
2	1.416100	0.706165	1.546501	0.646621	2.190000	0.456621
3	1.685159	0.593416	2.139917	0.467308	3.606100	0.277308
4	2.005339	0.498669	2.638586	0.378991	5.291259	0.188991
5	2.386354	0.419049	3.057635	0.327050	7.296598	0.137050
6	2.839761	0.352142	3.409777	0.293274	9.682952	0.103274
7	3.379315	0.295918	3.705695	0.269855	12.522713	0.079855
8	4.021385	0.248671	5.954366	0.252885	15.902028	0.062885
9	4.785449	0.208967	4.163332	0.240192	19.923413	0.050192
10	5.694684	0.175602	4.338935	0.230471	24.708862	0.040471
11	6.776674	0.147565	4.486500	0.222891	30.403546	0.032891
12	8.064242	0.124004	4.610504	0.216896	37.180220	0.026896
13	9.596448	0.104205	4.714709	0.212102	45.244461	0.022102
14	11.419773	0.087567	4.802277	0.208235	54.840909	0.018235
15	13.589530	0.073586	4.875863	0.205092	66.260682	0.015092
16	16.171540	0.061837	4.937700	0.202523	79.850211	0.012523
17	19.244133	0.051964	4.989664	0.200414	96.021751	0.010414
18	22.900518	0.043667	5.033331	0.198676	115.265884	0.008676
19	27.251616	0.036695	5.070026	0.197238	138.166402	0.007238
20	32.429423	0.030836	5.100862	0.196045	165.418018	0.006045
21	38.591014	0.025913	5.126775	0.195054	197.847442	0.005054
22	45.923307	0.021775	5.148550	0.194229	236.438456	0.004229
23	54.648735	0.018299	5.166849	0.193542	282.361762	0.003542
24	65.031994	0.015377	5.182226	0.192967	337.010497	0.002967
25	77.388073	0.012922	5.195148	0.192487	402.042491	0.002487
26	92.091807	0.010859	5.206007	0.192086	479.430565	0.002086
27	109.589251	0.009125	5.215132	0.191750	571.522372	0.001750
28	130.411208	0.007668	5.222800	0.191468	681.111623	0.001468
29	155.189338	0.006444	5.229243	0.191232	811.522831	0.001232
30	184.675312	0.005415	5.234658	0.191034	966.712169	0.001034
35	440.700607	0.002269	5.251215	0.190432	2.314.213721	0.000432
40	1.051.667507	0.000951	5.258153	0.190181	5.529.828982	0.000181
45	2.509.650603	0.000398	5.261061	0.190076	13.203.424228	0.000076
50	5.988.913902	0.000167	5.262279	0.190032	31.515.336327	0.000032

20,00 %

n	AuF $(1 + i)^n$	AbF $(1 + i)^{-n}$	DSF $\frac{(1 + i)^n - 1}{i (1 + i)^n}$	KWF $\frac{i (1 + i)^n}{(1 + i)^n - 1}$	EWF $\frac{(1 + i)^n - 1}{i}$	RVF $\frac{i}{(1 + i)^n - 1}$
1	1.200000	0.833333	0.833333	1.200000	1.000000	1.000000
2	1.440000	0.694444	1.527778	0.654545	2.200000	0.454545
3	1.728000	0.578704	2.106481	0.474725	3.640000	0.274725
4	2.073600	0.482253	2.588735	0.386289	5.368000	0.186289
5	2.488320	0.401878	2.990612	0.334380	7.441600	0.134380
6	2.985984	0.334898	3.325510	0.300706	9.929920	0.100706
7	3.583181	0.279082	3.604592	0.277424	12.915904	0.077424
8	4.299817	0.232568	3.837160	0.260609	16.499085	0.060609
9	5.159780	0.193807	4.030967	0.248079	20.798902	0.048079
10	6.191736	0.161506	4.192472	0.238523	25.958682	0.038523
11	7.430084	0.134588	4.327060	0.231104	32.150419	0.031104
12	8.916100	0.112157	4.439217	0.225265	39.580502	0.025265
13	10.699321	0.093464	4.532681	0.220620	48.496603	0.020620
14	12.839185	0.077887	4.610567	0.216893	59.195923	0.016893
15	15.407022	0.064905	4.675473	0.213882	72.035108	0.013882
16	18.488426	0.054088	4.729561	0.211436	87.442129	0.011436
17	22.186111	0.045073	4.774634	0.209440	105.930555	0.009440
18	26.623333	0.037561	4.812195	0.207805	128.116666	0.007805
19	31.948000	0.031301	4.843496	0.206462	154.740000	0.006462
20	38.337600	0.026084	4.869580	0.205357	186.688000	0.005357
21	46.005120	0.021737	4.891316	0.204444	225.025600	0.004444
22	55.206144	0.018114	4.909430	0.203690	271.030719	0.003690
23	66.247373	0.015095	4.924525	0.203065	326.236863	0.003065
24	79.496847	0.012579	4.937104	0.202548	392.484236	0.002548
25	95.396217	0.010483	4.947587	0.202119	471.981083	0.002119
26	114.475460	0.008735	4.956323	0.201762	567.377300	0.001762
27	137.370552	0.007280	4.963602	0.201467	681.852760	0.001467
28	164.844662	0.006066	4.969668	0.201221	819.223312	0.001221
29	197.813595	0.005055	4.974724	0.201016	984.067974	0.001016
30	237.376314	0.004213	4.978936	0.200846	1.181.881569	0.000846
35	590.668229	0.001693	4.991535	0.200339	2.948.341146	0.000339
40	1.469.771568	0.000680	4.996598	0.200136	7.343.857840	0.000136
45	3.657.261988	0.000273	4.998633	0.200055	18.281.309940	0.000055
50	9.100.438150	0.000110	4.999451	0.200022	45.497.190750	0.000022

LITERATURVERZEICHNIS

A

Adam, D.: Investitionscontrolling, 3. Aufl., München/Wien 2000.

Adelberger, O. L./Günter, H.: Fall- und Projektstudien zur Investitionsrechnung, München 1982.

Altrogge, G.: Investition, 4. Aufl., München 1996.

B

Bächtold, R. V.: Investitionsrechnung, Grundlagen und Tabellen, 2. Aufl., Bern/Stuttgart 1975.

Becker, H.-P: Investition und Finanzierung, 7. Aufl., Wiesbaden 2015.

Betge, P.: Investitionsplanung, 4. Aufl., Wiesbaden 2000.

Bewer, C.: Faktorentabellen, Düsseldorf 1983.

Beyer, H.-T./Bestmann, U. (Hrsg.): Finanzlexikon, 2. Aufl., München 1989.

Bieg, H./Kußmaul, H.: Investitions- und Finanzierungsmanagement, Band 1: Investition, München 2000.

Dieselben: Investition, München 2009.

Biergans, E.: Investitionsrechnung. Verfahren der Investitionsrechnung und ihre Anwendung in der Praxis, Nürnberg 1973.

Blohm, H./Lüder, K./Schaefer, C.: Investition, 10. Aufl., München 2012.

Blohm, H./Lüder, K.: Investition, 3. Aufl., München 1974.

v. Böhm-Bawerk, E.: Kapital und Kapitalzins, 2. Abteilung: Positive Theorie des Kapitals, 1. Bd., unveränd. Nachdr. d. 4. Aufl., Meisenheim a. Glan 1961.

Brandt, H.: Investitionspolitik des Industriebetriebes, 3. Aufl., Wiesbaden 1970.

Brenzke, D.: Wirtschaftlichkeitsrechnungen in öffentlichen Betrieben und Verwaltungen, Kronach/München 1989.

Breuer, W.: Investition I, Entscheidungen bei Sicherheit, 4. Aufl., Wiesbaden 2011.

Derselbe: Investition II, Entscheidungen bei Risiko, Wiesbaden 2001.

Broer, N./Däumler, K.-D.: Investitionsrechnungsmethoden in der Praxis. Eine Umfrage, in: Buchführung, Bilanz, Kostenrechnung (BBK), Herne 1986, Heft 13, Fach 2, S. 709 ff.

Bröhl, K.: Der Kalkulationszinsfuß. Ein Beitrag zur Gesamtbewertung von Unternehmungen, Kölner Diss. 1966.

Busse v. Colbe, W./Lassmann, G.: Betriebswirtschaftstheorie, Band 3, Investitionstheorie, 3. Aufl., Berlin/Heidelberg/New York/Tokio 1990.

C

Caprano, E./Gierl, A.: Finanzmathematik, 6. Aufl., München 1999.

Carstensen, P.: Investitionsrechnung kompakt, Heidelberg 2008.

Chmielewicz, K.-D.: Grundlagen der Investitions- und Wirtschaftlichkeitsrechnung, 9. Aufl., Herne/Berlin 1998.

Literatur

D

Däumler, K.-D.: Zum Einfluss der Gewinnbesteuerung auf die Höhe des Kalkulationszinsfußes, in: Der graduierte Betriebswirt, Wiesbaden, Jg. 6 (1973), S. 335 ff.

Derselbe: Investitionsrechnung – Leitfaden für Praktiker, 2. Aufl., Herne/Berlin 1996.

Derselbe: Finanzmathematisches Tabellenwerk, 4. Aufl., Herne/Berlin 1998.

Däumler, K.-D./Grabe, J.: Anwendung von Investitionsrechnungsverfahren in der Praxis, 5. Aufl., Herne/Berlin 2010.

Dieselben: Kostenrechnung 1. Grundlagen, 11. Aufl., Herne 2013.

Dieselben: Kostenrechnung 2. Deckungsbeitragsrechnung, 10. Aufl., Herne 2013.

Dieselben: Kostenrechnung 3. Plankostenrechnung, 9. Aufl., Herne 2015.

Dieselben: Kalkulationsvorschriften bei öffentlichen Aufträgen, Herne/Berlin 1984.

Dieselben: Kostenrechnungs- und Controllinglexikon, 2. Aufl., Herne/Berlin 1997.

Däumler, K.-D./Grabe, J./Meinzer, C.: Finanzierung verstehen, 11. Aufl., Herne 2019.

Däumler, K.-D./Heidtmann, D.: Anwendung von Investitionsrechnungsverfahren bei mittelständischen Unternehmungen, in: Buchführung, Bilanz, Kostenrechnung (BBK), Beilage zu Heft 12/1997, S. 4 ff.

Dahmen, A./Oehlrich, M.: Investition, 3. Aufl., München 2012.

Davenport, H. J.: The Economics of Enterprise, New York 1906.

Deutsche Bundesbank: Monatsberichte, Frankfurt, verschiedene Jahrgänge.

F

Fisher, I.: The Nature of Capital and Income, New York 1906.

Frey, S. R.: Richtig entscheiden, Teil 2, Investitionspolitik, Winterthur 1984.

G

Götze, U.: Investitionsrechnung, 6. Aufl., Berlin/Heidelberg 2008.

Grabbe, H.-W.: Investitionsrechnung in der Praxis – Ergebnisse einer Unternehmensbefragung, Köln 1976.

Green, D. I.: Pain-cost and Opportunity-cost, in: Quarterly Journal of Economics, Boston. Vol. 8 (1894).

Grob, H. L.: Einführung in die Investitionsrechnung, 5. Aufl., München 2006.

Größl, L: Finanzierung und Investition, 5. Aufl., Renningen 2014.

Günther, P./Schittenhelm, F. A.: Investition und Finanzierung, Stuttgart 2003.

H

Haberstock, L.: Grundzüge der Kosten- und Erfolgsrechnung, 3. Aufl., München 1982.

Hax, H.: Investitionstheorie, 5. Aufl., Würzburg/Wien 1985.

Heinhold, M.: Investitionsrechnung, 8. Aufl., München/Wien 1999.

Hering, T.: Investitionstheorie, 3. Aufl., Wiesbaden 2008.

Herrmann, B.: Anwendung der Investitionsrechnungsmethoden in der Praxis, Diplomarbeit, FH Kiel 1997.

Hirth, H.: Grundzüge der Finanzierung und Investition, 3. Aufl., München 2012.

Hölscher, R.: Investition, Finanzierung und Steuern, 2. Aufl., München 2014.
Hoffmann, S./Krause, H.: Mathematische Grundlagen für Betriebswirte, 9. Aufl., Herne 2013.
Hofmann, D.: Planung und Durchführung von Investitionen, Wiesbaden 1993.
Huch, B./Behme, W./Ohlendorf, Th.: Rechnungswesenorientiertes Controlling, 2. Aufl., Heidelberg 1995.

I

Institut der deutschen Wirtschaft (Hrsg.): Deutschland in Zahlen, diverse Jahrgänge, Köln.

J

Jacob, H.: Investitionsrechnung, in: Jacob. H. (Hrsg.): Allgemeine Betriebswirtschaftslehre, 5. Aufl., Wiesbaden 1988.
Jaspersen, T.: Investition, München 1997.

K

Kappler, E./Rehkugler, H.: Kapitalwirtschaft, in: Heinen, E.: Industriebetriebslehre, 9. Aufl., Wiesbaden 1991.
Kaserer, C.: Investition und Finanzierung case by case, 3. Aufl., Heidelberg 2009.
Kesten, R.: Investitionsrechnung in Fällen und Lösungen, 2. Aufl., Herne 2014.
Kilger, W./Pampel, J./Vikas, K.: Flexible Plankostenrechnung und Deckungsbeitragsrechnung, 13. Aufl., Wiesbaden 2012.
Kobelt, H./Schulte, P.: Finanzmathematik, 7. Aufl., Herne/Berlin 1999.
Köhler, H.: Finanzmathematik, 4. Aufl., München/Wien 1997.
Krag, J./Kaperzak, R.: Grundzüge der Unternehmensbewertung, 2. Aufl., Marburg 2009.
Kruschwitz, L.: Investitionsrechnung, 15. Aufl., München 2014.
Kruschwitz, L./Husmann, S.: Finanzierung und Investition, 7. Aufl., München 2012.
Kruschwitz, L./Decker, R./Möbius, C.: Investitions- und Finanzplanung, Wiesbaden 1994.
Küting, K. (Hrsg.): Handbuch der Betriebswirtschaftlichen Beratung, 4. Aufl., Herne 2007.
Kusterer, F.: Investitionsmanagement, München 2001.

L

Lücke, W. (Hrsg.): Investitionslexikon, 2. Aufl., München 1991.
Lüder, K. (Hrsg.): Investitionsplanung, München 1977.
Luger, A. E./Geisbusch, H.-G./Neumann, J. M.: Allgemeine Betriebswirtschaftslehre, Band 2, Funktionsbereiche des betrieblichen Ablaufs, 4. Aufl., München/Wien 1999.

M

Männel, W.: Die Wahl zwischen Eigenfertigung und Fremdbezug, 2. Aufl., Stuttgart 1981.
Marshall, A.: Principles of Economics. An Introductory Volume, 8th. Ed., London 1959.
Matschke, M. J.: Investitionsplanung und Investitionskontrolle, Herne/Berlin 1993.
Matschke, M. J./Brösel, G.: Unternehmensbewertung, Wiesbaden 2005.

Melcher, G.-H./Schmitten, R.: Leitfaden für Investitionsentscheidungen, Nürnberg o. J.

Meyer, P.: Arbeitsbuch Investitionslehre, 8. Aufl., Kiel 2000.

Michel, R. M.: Taschenbuch Investitionscontrolling: Know-how der Investitionsrechnung, Heidelberg 1992.

Möser, H. D.: Finanz- und Investitionswirtschaft in der Unternehmung, 2. Aufl., Landsberg 1993.

Müller-Hedrich, B. W./Schünemann, G./Zdrowomyslaw, N.: Investitionsmanagement, 10. Aufl., Renningen 2006.

Münstermann, H.: Die Bedeutung der Opportunitätskosten für unternehmerische Entscheidungen, in: Zeitschrift für Betriebswirtschaft, Wiesbaden, Jg. 36 (1966).

Derselbe: Wert und Bewertung der Unternehmung, 3. Aufl., Wiesbaden 1970.

Munz, M.: Investitionsrechnung, 2. Aufl., Wiesbaden 1974.

N

Nöll, B./Wiedemann, A.: Investitionsrechnung unter Unsicherheit, München 2008.

O

Olfert, K.: Investition, 13. Aufl., Ludwigshafen 2015.

Opitz, V.: Lexikon Wirtschaftlichkeitsrechnung, Wiesbaden 1995.

P

Peemöller, V. H. (Hrsg.): Praxishandbuch der Unternehmensbewertung, 6. Aufl. Herne 2014.

Perridon, L./Steiner, M./Rathgeber, W.: Finanzwirtschaft der Unternehmung, 17. Aufl., München 2016.

Pflaumer, P.: Investitionsrechnung, 5. Aufl., München/Wien 2003.

Poggensee, K.: Investitionsrechnung, 3. Aufl., Wiesbaden 2015.

R

Rinne, H.: Tabellen zur Finanzmathematik, Meisenheim a. Glan 1973.

Runzheimer, B./Bascovic, D.: Investitionsentscheidungen in der Praxis, Wiesbaden 1998.

S

Sander, H.: So optimieren Sie Ihre Investitionen, in: Status, München 1986, Heft 8, S. 24 ff.

Schäfer, H.: Unternehmensinvestitionen – Grundzüge in Theorie und Management, 2. Aufl., Heidelberg 2005.

Schär, J. F.: Allgemeine Handelsbetriebslehre, 5. Aufl., Leipzig 1923.

Schierenbeck, H./Wöhle, C.: Grundzüge der Betriebswirtschaftslehre, 18. Aufl., München 2012.

Schneider, D.: Investition, Finanzierung und Besteuerung, 7. Aufl., Wiesbaden 1992.

Schneider, E.: Kritisches und Positives zur Theorie der Investition, in: Weltwirtschaftliches Archiv. Zeitschrift des Instituts für Weltwirtschaft, Hamburg, Bd. 98 (1967), S. 314 ff.

Derselbe: Wirtschaftlichkeitsrechnung. Theorie der Investition, 8. Aufl., Tübingen 1973.

Schulte, K.-W.: Wirtschaftlichkeitsrechnung, 4. Aufl., Heidelberg/Wien 1986.

Schwellnuss, A. G.: Investitions-Controlling, München 1991.

Seicht, G.: Investition und Finanzierung, 8. Aufl., Wien 1995.

Derselbe: Die dynamische Stückkostenrechnung, in: Kostenrechnungs-Praxis, Heft 5, Wiesbaden 1979, S. 201 ff.

Derselbe: Moderne Kosten- und Leistungsrechnung, 11. Aufl., Wien 2001.

v. Stackelberg, H.: Grundlagen der theoretischen Volkswirtschaftslehre, Tübingen/ Zürich 1951.

Staehelin, E.: Investitionsrechnung, 10. Aufl., Chur/Zürich 2007.

Statistisches Jahrbuch für die Bundesrepublik Deutschland: diverse Jahrgänge.

Süchting, J.: Finanzmanagement, 6. Aufl., Wiesbaden 1995.

T

Terborgh, G.: Leitfaden der betrieblichen Investitionspolitik, Wiesbaden 1962.

ter Horst, K. W.: Investitionsplanung, Stuttgart 1980.

Derselbe: Investition, 2. Aufl., Stuttgart 2008.

Trechsel, F.: Investitionsplanung und Investitionsentscheidung, Bern 1973.

W

Walz, H./Gramlich, D.: Investitions- und Finanzplanung, 8. Aufl., Heidelberg 2011.

Wehrle-Streif, U.: Empirische Untersuchung zur Investitionsrechnung, Köln 1989.

Westermann, G.: Kosten-Nutzen-Analyse, Berlin 2012.

Wildemann, H.: Investitionsplanung und Wirtschaftlichkeitsrechnung für flexible Fertigungssysteme (FFS), Stuttgart 1987.

Z

Zimmermann, G.: Investitionsrechnung, 2. Aufl., München 2003.

Zischg, K.: Investitionen planen und bewerten, München 2004.

Derselbe: Praxishandbuch Investition, 2. Aufl., Wien 2013.

Derselbe: Investitionsrechnung in erwerbswirtschaftlichen Unternehmen, 2. Aufl., Wien 2018.

ZVEI Schriftenreihe 5: Leitfaden für die Beurteilung von Investitionen, hrsg. v. Betriebswirtschaftlichen Ausschuss des Zentralverbandes der elektrotechnischen Industrie e.V., 4. Aufl., Frankfurt 1989.

STICHWORTVERZEICHNIS

Die Zahlen verweisen auf die Randnummern.

A

Absolute Vorteilhaftigkeit 2620

Abzinsungsfaktor 2010, s. a. *Finanzmathematischer Tabellenanhang*

Abzinsungssummenfaktor 2016, s. a. *Finanzmathematischer Tabellenanhang*

Abzugskapital 2502

Alternativeninvestition 1110 ff.

Alternativenvergleich 1012, 2635 ff., 2639 ff., 3010, 3015 ff., 3030, 3035, 3040, 3060 ff., 3100, 4010, 4060

Alternativkosten 1110 ff.

Alternativrendite 1110 ff.

Amortisationskriterium 4000 ff.

Amortisationsrechnung 4000 ff.
- dynamische   4070 ff.
- statische   4000 ff.

Amortisationszeit
- maximale   4000 ff.
- tatsächliche   4000 ff.

Anlageninvestition 1000 ff.

Annuität 2200 ff., 2225 ff.

Annuitätenfaktor 2205, s. a. *Finanzmathematischer Tabellenanhang*

Annuitätenkriterium 2215 ff., 2229

Annuitätenmethode 2200 ff., 5006, 5061

Anschaffungsauszahlung
- anteilige   2223
- kritische   5002, 5015 ff.

Atomstrom 2541

Aufwand 1040

Aufzinsungsfaktor (AuF) 2005, s. a. *Finanzmathematischer Tabellenanhang*

Aufzinsungssummenfaktor 2020 ff., s. a. *Finanzmathematischer Tabellenanhang*

Ausgabe 1035 ff.

Ausrüstungsinvestition 1100

Auswahlproblem 2620 ff.

Auszahlung 1035 ff.

Auszahlungen
- nachzuleistende   2540 ff.
- vorzuleistende   2540 ff.

Auszahlungsbarwert 2517

Auszahlungskurs 2160

B

Barwert 2005, 2010, 2017, 2018, 2029

Barwertfaktor 2016

Barwertmethode 2027

Barwertrentabilitätsmethode 2100 ff.

Bergschäden 2212, 2512, 2532

betriebsnotwendiges Kapital 2502

Bewertungsanlässe 1000 ff.

Break-even-Analyse 2517, 5000 ff.

Break-even-point 5000 ff.

Bruttoanlageinvestition 1000 f.

Brutto-Vergleichsmethode 5172

C

Concept of Present Value 2027

D

Damnum 2160

DCF-Rendite 2102

Differenzfinanzierung 2312 ff.

Differenzinvestition 2312 ff., 2635 ff.

Disagio 2160

Discounted-Cash-Flow-Methode 2027, 2100

Diskontieren 2010

Diskontierungsmethode 2027

Diskontierungssummenfaktor (DSF) 2015, s. a. *Finanzmathematischer Tabellenanhang*

Durchschnitt
- arithmetischer   2237 ff.
- finanzmathematischer   2237 ff.

Stichwörter

durchschnittliche jährliche Auszahlungen 2515, 5140 ff.

durchschnittlicher jährlicher Überschuss 2217 ff., 2235 ff., 5140 ff., 5147

Durchschnittsrechnung 4020 ff.

dynamische Analyse 2000 ff., 3000 ff.

dynamische Investitionsrechnung 2000 ff.

dynamische Stückkosten 2515

dynamische Stückkostenrechnung 2500 ff.

dynamische Untersuchung 2000 ff., 3000 ff.

dynamische Verfahren 1050

E

Effektivbelastung 2150 ff.

Effektivzins 2104, 2300 ff., 2440 ff., 2600 ff.

Eigenfertigung 3028

einmalige Investition 5115 ff.

Einnahme 1035

Einzahlung 1035

Einzeldiskontierung 2045

Endwert 2005 ff., 2020 ff.

Endwertfaktor (EWF) 2020 ff., s. a. *Finanzmathematischer Tabellenanhang*

Ergänzungsinvestition 1015 f.

Errichtungsinvestitionen 1015 f.

Ersatzinvestitionen 1015 f.

Ersatzproblem 1012, 3010, 3035

Ersatzzeitpunkt 5160 ff.

Ertrag 1035

Ertragswert 6020 ff.

Erweiterungsinvestition 1015 f., 3035 ff., 3050

ewige Rente 2018, 2125 ff.

ex ante-Rechnung 5160

ex post-Rechnung 5160

extra Profit 2239

F

Finanzinvesitionen
- Begriff der 1015 f.
- Renditeberechnung bei 2110

Finanzinvestition 1015, 1017, 1045, 2114

finanzmathematische Faktoren für unterjährige Zinsperioden s. a. *Finanzmathematischer Tabellenanhang*

Fisher-Voraussetzung 2641 ff.

Fremdbezug 1045, 3010, 3028

G

Gegenwartswert 2005, 2010, 2014 ff.

Gegenwartsmethode 2027

geometrische Reihe 2015

Gewinnbesteuerung 1122

Gewinnkriterium 3035

Gewinnvergleichsrechnung 3035 ff.

Grenzauszahlungen 5117 ff.

Grenzeinzahlungen 5117 ff.

Gründungsinvestitionen 1015 f.

H

Höchstwert 5000 ff.

Horizontwert 2040 ff., 2245 ff., 2255

Hypothekarkredit 2155

I

immaterielle Investitionen 1015

Ingenieurformel 3020, 3057

internal rate of return 2105 ff.

interne Rendite 2105 ff.

interne Zinsfuß-Methode 2100 ff.

interner Ertragssatz 2105 ff.

interner Zinsfuß 2105 ff., 2300 ff., 2400 ff., 2600 ff.
- Definition des 2105 ff.
- Errechnung des 2105 ff.

internes Zinsfuß-Kriterium 2100 ff.

Interpolation 2115, 2322, 2326, 4030, 5040, 5129 ff.

Investition
- Anlage 1000
- Ausrüstungs- 1000
- Begriff der 1015
- Bruttoanlage- 1002
- Ergänzungs- 1015

Stichwörter VERZEICHNIS

- Errichtungs- 1015
- Ersatz- 1015, 3010, 3030, 3035
- Erweiterungs- 1015, 3030, 3050 ff.
- Finanz- 1015, 2114
- Gründungs- 1015
- immaterielle 1015
- kurzfristige 1023
- langfristige 1023
- laufende 1023
- mittelfristige 1023
- Produktions- 1015
- Rationalisierungs- 1015, 1021 ff., 3025, 3035, 3067, 3077, 3100, 4025
- Real- 1015
- Sicherheits- 1015
- Sozial- 1015
- wiederholte 135, 142 ff.

Investitionsgruppen 2610

Investitionskette 5135, 5150 ff., 5187, 5100, 5105

Investitionsquote 1002

Investitionsrechnung 1049
- dynamische 1049
- Methoden der 1049
- Notwendigkeit der 1000 ff.
- statische 3000 ff.

Investitionswiederholung 5115 ff., 5135, 5147, 5150, 5153

K

Kalkulationszinsfuß 6050 ff.

Kalkulationszinssatz
- Begriff des 1070 ff.
- Festlegung des 1070 ff.
- Höhe des 1070 ff.

kalkulatorische Kosten 2500 ff.

Kapital
- durchschnittlich gebundenes 3015 ff., 3070 ff.
- gebundenes 3015 ff., 2140 ff.

Kapitaldienst 2225 ff.
- approximativer 2230 ff., 3015 ff., 3030, 3070 ff.

Kapitaleinsatz 3070 ff.

Kapitalertragsrate 2102

Kapitalisierung 2016

Kapitalisierungsfaktor 2016, s. a. *Finanzmathematischer Tabellenanhang*

Kapitalmarktzins 1075, 1099

Kapitalrückflussrechnung 4000 ff.

Kapitalwert 2025 ff., 6070

Kapitalwertkriterium 2025 ff.

Kapitalwertkurve 2025 ff., 5004, 5047, 6070 ff.

Kapitalwertmethode 1050, 2000 ff.

Kapitalwiedergewinnungsfaktor (KWF) 2137, 2185, 2205 ff., s. a. *Finanzmathematischer Tabellenanhang*

Kernkraftwerk 2541

Kosten 1035

Kostenkriterium 3015, 3030 ff.

Kostenrechnung 1045 ff.

Kostenvergleichsrechnung 3010 ff.

kritische Werte 5000 ff.
- in Bezug auf eine Investition 5000 ff.
- in Bezug auf zwei Investitionen 5045 ff.

Kritische Werte-Rechnung 5000 ff.

kritische(r)
- Anschaffungsauszahlung 5002 ff., 5015
- Menge 3027, 3040 f., 5002 ff., 5047
- Minderauszahlung 5017 ff.
- Nutzungsdauer 5002 ff., 5047
- Restwert 5002 ff., 5047
- Rohstoffpreis 5002 ff., 5047
- Verkaufspreis 5002 ff., 5047
- Zinssatz 5002 ff., 5047

Kumulationsrechnung 4030

Kundenanzahlung 2143, 3010 ff.

kurzfristige Investition 1015

L

langfristige Investition 1023

laufende Investition 1023

Leasing 2180, 2214, 2440 ff.

Leasingraten 2214, 2308, 2440 ff.

Lebensversicherung 2155, 2205, 2207, 2422

Leibrente 2019

Leistung 1035

Lieferantenkredit 2143, 2144, 2180, 2300, 2314, 2319

lineare Interpolation 2115 ff., 2322, 2326, 4030, 5040, 5129

logarithmieren 5035 f.

547

M

Mehrdeutigkeit 2600 ff., 2650
Mengenbarwert 2517, 2524, 2529, 2550, 2555
Methode des internen Ertragssatzes 2100 ff.
Mindestabsatzmenge 5002
Mindestrentabilität 3060, 3065, 3100
Mindestverzinsungsanforderung 1070
– subjektive 1070 ff.
Mindestwerte 3065, 3100, 5002, 5004
Mischzinssatz 1085
mittelfristige Investition 1015 f.
Mittelwert
– arithmetischer 2237
– finanzmathematischer 2237

N

nachschüssige Zahlungsweise 4000 ff.
nachzuleistende Auszahlungen 2540 ff.
Näherungslösung 2115 f., 3070
Net Present Value-Methode 2025 ff.
Nettoanschaffungsauszahlung 5180
Nettobarwertmethode 2025 ff.
Nichtwiederholung 5115, 5128, 5147
Nutzungsdauer
– kritische 5002, 5047
– unbegrenzte 2050 ff.
Nutzwertanalyse 1095 ff.

O

öffentliche Investition 1015 f.
ökonomische Nutzungsdauer 5100 ff.
Opportunitätskosten 1100 ff., 1130, 5124
opportunity costs 1110
optimale Nutzungsdauer 5100 ff.
optimaler Ersatzzeitpunkt 5160 ff.
Optionspreis 2214

P

pay-back-Rechnung 4000 ff., 4010
pay-off-Rechnung 4000 ff., 4010
pay-out-Rechnung 4000 ff., 4010

Preissteigerungen 1122
private Investition 1015 f.
Produktionsinvestitionen 1015 f.

R

Rangfolge 2620
Ratenfall 2320 ff., 2330 ff.
Rationalisierungsinvestitionen 1015, 1021, 3025, 3035, 3067, 3077, 3100, 4025
Realinvestitionen 1015, 1017, 1025 ff., 2112, 2300
Rechnungselemente 1035, 3005 ff.
Rechtliche Nutzungsdauer 5100 ff.
Regula falsi 2115 ff., 2172, 2180, 2340, 2450, 5014, 5034, 5070
Relative Vorteilhaftigkeit 2620
Rendite 2100 ff.
– approximative 2165 ff.
Renditeberechnung 2600 ff., 3000 ff., 4000 ff.
Rentabilität 3060 ff.
Rentabilitätskriterium 3060 ff.
Rentabilitätsrechnung 3060 ff.
Rentabilitätsvergleich 3060 ff.
Rente 2019, 2200
Restwert 2210
– anteiliger 2220
– kritischer 5002, 5047
Restwertverteilungsfaktor (RVF) 2210, 2220, s. a. *Finanzmathematischer Tabellenanhang*
Return on Investment 3067
Risikokategorien 1100
Risikozuschlag 1075
Rohstoffpreis
– kritischer 5004, 5047
Rückflussdauer 4010 ff.

S

Sehnenverfahren 2115
Sicherheitsinvestitionen 1015
Sofortersatz 1130, 3010, 3035, 5110, 5162 ff.
Sonderfälle Effektivzinsberechnung 2123
Sozialinvestitionen 1015

Stichwörter VERZEICHNIS

statische Analyse 3000 ff.
statische Investitionsrechnung 3000 ff.
statische Rendite 3067
statische Untersuchung 3000 ff.
statische Verfahren 1050 ff., 3000 ff.
– primitive 3008
– verbesserte 3008
Stückkosten 2500 ff.
– dynamische 2500 ff.

T

Tabellen der Faktoren s. a. *Finanzmathematischer Tabellenanhang*
Technische Nutzungsdauer 5100 ff.

U

Überschuss
– durchschnittlicher jährlicher 2215 ff.
unterjährige Probleme 2300 ff.
Unternehmensbewertung 6000 ff.

V

Verfahrenswahl 3010
Verhandlungsspielraum 6000 ff.
Verkaufspreis
– kritischer 5002, 5047
Verrentung 2205 ff., s. a. *Finanzmathematischer Tabellenanhang*
Verrentungsfaktor 2205 ff., s. a. *Finanzmathematischer Tabellenanhang*
vollständige Alternativen 2635 ff.
vorschüssige Zahlungsweise 2400 ff.
Vorteilhaftigkeit 1010 f.
– absolute 1010 f.
– relative 1010 f.

Vorteilhaftigkeit 2620 ff.
– absolute 2620 ff.
– relative 2620 ff.
vorzuleistende Auszahlungen 2520 ff.

W

Wechseldiskontkredit 1122, 2143, 2180
Weiterbetrieb 5110, 5164
Widersprüchlichkeit 2620 ff.
Wiedergewinnungsanteil 2225 ff.
wirtschaftliche Nutzungsdauer 5100 ff.
Wirtschaftlichkeitskennzahl 3067

Z

Zahlungsreihe 1021
Zahlungsweise 2400 ff.
Zeitliche Grenzeinzahlungen 5117
Zeitliche Grenzauszahlungen 5117
Zeitpräferenz 2029, 2550, 3007, 3030, 3050
Zeitrente 2019
Zeitstrahl 1032
Zinsanteil 2225 ff.
Zinshypothek 2155 ff.
Zinssatz 2100 ff.
– kritischer 5002, 5047
Zinsumrechnungsformel 2300 ff.
Zukunftserfolgswert 6020 ff.
Zweck der Investitionsrechnung
– volkswirtschaftlicher 1000 ff.
– betriebswirtschaftlicher 1010 ff.
Zwei-Schritte-Schema 2310 ff.
Zweizahlungsfall 2030 ff., 2140 ff., 2310 ff., 2315 ff.
Zweizahlungsformel 2140, 2315 ff.